D1671959

ALESSANDRO NASO

I BRONZI ETRUSCHI E ITALICI

RÖMISCH-GERMANISCHES ZENTRALMUSEUM
FORSCHUNGSINSTITUT FÜR VOR- UND FRÜHGESCHICHTE

KATALOGE
VOR- UND FRÜHGESCHICHTLICHER ALTERTÜMER

BAND 33

MAINZ 2003

VERLAG DES RÖMISCH-GERMANISCHEN ZENTRALMUSEUMS

IN KOMMISSION BEI DR. RUDOLF HABELT GMBH · BONN

RÖMISCH-GERMANISCHES ZENTRALMUSEUM
FORSCHUNGSINSTITUT FÜR VOR- UND FRÜHGESCHICHTE

ALESSANDRO NASO

I BRONZI ETRUSCHI E ITALICI
DEL
RÖMISCH-GERMANISCHES
ZENTRALMUSEUM

CON IL CONTRBUTO DI

ARUN BANERJEE · JOACHIM HUTH

MAINZ 2003
VERLAG DES RÖMISCH-GERMANISCHEN ZENTRALMUSEUMS
IN KOMMISSION BEI DR. RUDOLF HABELT GMBH · BONN

Bibliografische Information Der Deutschen Bibliothek

Die Deutsche Bibliothek verzeichnet diese Publikation
in der Deutschen Nationalbibliografie;
detaillierte bibliografische Daten sind im Internet über
http://dnb.ddb.de abrufbar.

ISBN 3-88467-080-8
ISSN 0076-275X

© 2003 Verlag des Römisch-Germanischen Zentralmuseums
Das Werk ist urheberrechtlich geschützt.
Die dadurch begründeten Rechte, insbesondere die der Übersetzung, des Nachdrucks, der Entnahme von Abbildungen,
der Funk- und Fernsehsendung, der Wiedergabe auf photomechanischem (Photokopie, Mikrokopie) oder ähnlichem Wege und
der Speicherung in Datenverarbeitungsanlagen, Ton- und Bildträgern bleiben, auch bei nur auszugsweiser
Verwertung, vorbehalten. Die Vergütungsansprüche des § 54, Abs. 2, UrhG.
werden durch die Verwertungsgesellschaft Wort wahrgenommen

Satz: ars – archäologie · redaktion · satz, Dr. S. Biegert (Bonn), Dr. C. Nickel (Schmitten)
Herstellung: Hanf Buch und Mediendruck GmbH, Pfungstadt
Printed in Germany

SOMMARIO

PREMESSA

In questo catalogo, concepito a Magonza nel 1995 grazie all'invito esteso con grande liberalità dalla direzione del Römisch-Germanisches Zentralmuseum (RGZM), vengono presentati i bronzi etrusco-italici acquisiti nel corso della lunga vita dell'Istituto. Sono molto grato al dr. K. Weidemann, Direttore generale, e al dr. U. Schaaff, Direttore della sezione di preistoria e protostoria, non solo per avermi accordato lo studio della raccolta e per aver messo a disposizione le infrastrutture (biblioteca, archivi) e il personale specializzato (restauratori, disegnatori, fotografi), ma anche per aver voluto includere un volume in lingua italiana tra gli scritti del RGZM.

La mia attività a Magonza, nata da una proposta del prof. F.-W. von Hase, è stata facilitata dall'apporto del prof. M. Egg e del dr. F. J. Hassel, che hanno agevolato in ogni modo l'accesso ai materiali e agli archivi. Nei laboratori e nelle officine ho inoltre trovato interlocutori pronti a collaborare e ad affrontare per le proprie competenze i quesiti legati ai reperti metallici e alla tecnologia antica, la cui importanza è per tradizione al centro degli interessi del RGZM. Tra i molti con i quali ho intrattenuto un proficuo rapporto pressoché quotidiano mi piace ricordare la dr. Susanne Greiff, che ha effettuato le analisi di fluorescenza per la composizione dei metalli, gli esperti restauratori C. Eckmann, U. Herz e L. Lehóczky, nonché F. Hummel, responsabile delle riprese Röntgen. I disegni sono stati eseguiti in modo impeccabile dai disegnatori Julia Ribbeck, H. Schmidt, Monika Weber e Heike Wolf v. Goddenthow, mentre la documentazione fotografica è stata curata con la consueta perizia da V. Isernhardt, Christine Beeck, Sabine Hölper e Dörte Süberkrüb.

Le mie ricerche, avviate a Magonza, sono proseguite a Roma e altrove, giovandosi della specifica esperienza di numerosi studiosi, che è gradito ringraziare: ricordo Giovanni Colonna, quindi M. Bentz, Cristina Cagianelli, lo scomparso M. Cristofani, Bettina v. Freytag gen. Löringhoff, A. Guidi, Sybille Haynes, Ursula Höckmann, Fritzi Jurgeit, H.-M. v. Kaenel, F. Longo, G. Paolucci, C. Rolley, C. M. Stibbe, Judith Swaddling, Patrizia Tabone. Per integrare la rosa dei confronti ho ritenuto opportuno menzionare materiali anche inediti, conservati nei musei che in questi anni ho visitato in Italia (Adria, Ancona, Aquileia, Ascoli Piceno, Bologna, Firenze, Modena, Orvieto, Padova, Roma, Siena, Udine, Venezia, Viterbo) e altrove (Antikensammlungen e Archäologische Staatssammlung a Monaco di Baviera, British Museum a Londra).

In mancanza di notizie sui luoghi di rinvenimento (a eccezione dei due complessi nn. 1-2), è stato necessario suddividere i materiali per classi funzionali; nella compilazione di ogni scheda è stata prestata particolare attenzione alle informazioni reperibili solo in Museo, ossia descrizioni degli oggetti e dati ancora esistenti nell'archivio, distrutto pressoché completamente nel 1942. La mole e l'eterogeneità della collezione hanno indotto a ridurre all'essenziale gli inquadramenti critici, che comprendono riferimenti bibliografici quanto più possibile esaustivi e aggiornati.

STORIA DELLA COLLEZIONE

Nel quadro di un ampio disegno teso al recupero e alla valorizzazione delle comuni origini delle genti tedesche, ancora non governate da uno stato unitario, per iniziativa di alcune "Altertumsvereinigungen"[1], vennero fondati nel 1852 due istituti museali, il Römisch-Germanisches Zentralmuseum a Magonza e il Germanisches Nationalmuseum a Norimberga, dedicato l'uno all'antichità e l'altro al medioevo.

L'indirizzo generale impresso al RGZM dal fondatore e primo direttore, l'insegnante di disegno L. Lindenschmit d. Ä.[2], venne caratterizzato dalla volontà di realizzare una vasta esposizione museale che illustrasse il maggior numero possibile di popoli e di culture, nella quale era annessa particolare importanza alle stirpi italiche preromane, a causa degli intensi contatti che avevano intrattenuto con i popoli a nord delle Alpi[3].

In una lettera al conte G. Gozzadini, l'instacabile indagatore della preistoria e protostoria emiliana, L. Lindenschmit d. Ä. affermava addirittura «dopo quindici anni ... sono fermamente convinto che tutti i bronzi ritrovati da noi in questo periodo sono importati dall'Italia»[4]: l'affermazione, al di là della sua ingenua perentorietà, acquista interesse qualora si pensi che lo stesso Lindenschmit stava curando l'edizione della monumentale opera "Die Alterthümer unserer heidnischen Vorzeit" (Magonza, a partire dal 1858), che si prefiggeva di documentare tutti i reperti archeologici conservati nei musei tedeschi, per lo più in bronzo.

La formazione della Lehrsammlung del RGZM fu nei tempi iniziali facilitata e anzi resa possibile non con la ricerca di materiali originali, costosi per un museo il cui direttore rinunciò per molti anni a qualsiasi forma di emolumento, ma con la realizzazione di calchi e copie, in virtù della funzione didattica e comparativa che solo le riproduzioni permettono: l'acquisizione di originali era limitata a quanto veniva donato dai proprietari (spesso negli anni successivi alla realizzazione della copia nei laboratori del museo) o a quanto veniva proposto in scambio. Tra le prime donazioni di materiali etrusco-italici si possono ricordare l'applique proveniente dalla collezione di Friedrich Lehne (1771–1836)[5], e l'orgoglio della raccolta etrusca, il thymiaterion bronzeo donato al museo nel 1861 da Napoleone III in riconoscimento della consulenza prestata da L. Lindenschmit d. Ä. nella progettazione e nell'allestimento dell' attuale Museo di Antichità Nazionali di Saint-Germain-en-Laye (Tav. 1; 4).

L'acquisizione di materiali originali venne invece avviata a partire dai primi anni del Novecento, quando l'aumentata dotazione finanziaria lo consentì; l'intento comparativo che caratterizza la formazione della raccolta di riproduzioni e l'intera esposizione museale nel suo complesso si riverbera anche sulle antichità etrusco-italiche, in particolare sui bronzi[6].

[1] Sul ruolo di queste associazioni nel panorama culturale della Germania nei secoli XIX e XX è utile il recente bilancio tracciato in Archäologisches Nachrichtenblatt 5, 2000, 3–106 dedicato a 100 Jahre West- und Süddeutscher Verband für Altertumswissenschaft (1900–2000).

[2] La storia delle origini e degli anni iniziali del RGZM è tracciata nei contributi che i direttori dell'istituzione hanno dedicato rispettivamente nel cinquantesimo e nel centesimo anniversario della fondazione (Schumacher 1927 e Behrens 1952), integrati per gli anni successivi dai contributi di K. Böhner, il primo dei quali edito in occasione del 125. anniversario (Böhner 1978 e Böhner 1981). Sulla figura di L. Lindenschmit d. Ä., oltre ai cenni biografici del figlio e successore (L. Lindenschmit d. J. 1927), si rimanda ai cenni di Guidi 1988, 15, all'esaustiva analisi di Panke 1998 e all' ampio contributo di v. Hase 2000. La storia del Germa-

nisches Nationalmuseum a Norimberga è delineata da Menghin 1983.

[3] Come notano Behn 1920a, III e K. Schumacher, MainzZ 20–21, 1925–1926, 81.

[4] Il brano, stralciato da G. Gozzadini (Gozzadini 1875, 40, nota 3), è stato commentato da Guidi 1983, 5.

[5] La biografia di F. Lehne, professore all'università e bibliotecario della città di Magonza, è compresa nell'edizione integrale delle sue opere (Külb 1836). L'applique è il n. 154: il numero d'inventario piuttosto alto (O. 23185) si deve alla catalogazione tardiva, effettuata nel 1931. L'applique venne riprodotta già in Lindenschmit d. Ä. 1881, 3. Heft, Taf. II.7.

[6] Uno studioso della statura di Theodor Wiegand considerava la collezione del RGZM un modello da seguire, specie per le innovazioni apportate durante la direzione di K. Schumacher (Watzinger 1944, 357).

Gli acquisti, effettuati a partire dai primi anni del Novecento non solo sul mercato antiquario nazionale e internazionale ma anche presso collezionisti privati, furono infatti mirati a estendere la vastità della raccolta in cerca di documenti di nuove culture, senza per questo trascurare singoli approfondimenti: in questo modo il patrimonio museale del RGZM conta non solo materiali dell'Italia antica che figurano spesso nelle collezioni di vasto respiro, come statuette etrusche e umbre (nn. 3–46), bronzetti sabellici a figura umana (nn. 47–74), lamine di cinturone e ganci isolati di tipo 'sannitico' (nn. 314–342), ma anche reperti più rari a trovarsi al di fuori dei territori di origine, come lamine votive dalla Sicilia (n. 2), bronzetti a figura umana veneti (nn. 75–82), pettorali e altri ornamenti piceni (nn. 262–263 e passim), dischi-corazza centro-italici (nn. 217–224), fibule a spirali dell'Italia meridionale (nn. 370–373), la cui eterogeneità fornisce un'immagine adeguata del mosaico etnico dell'Italia preromana (Fig. 1).

La collezione di antichità etrusco-italiche venne quindi formata nel corso del tempo con quella sistematicità che insita nell'indole germanica fu fatta propria anche da L. Lindenschmit d. Ä. e dal consiglio scientifico, nel quale sedettero alcuni dei nomi più prestigiosi della Altertumswissenschaft tedesca, sino a Theodor Mommsen.

Fonte di approvigionamento fu il mercato antiquario: acquisti vennero effettuati non solo presso gli antiquari attivi a Magonza, come Karl Bloch[7], Franz Broo[8], Johannes Bapt. Broo[9], Joseph Hartmann[10], David Reiling[11], a Colonia, come Joseph e Robert Becker[12], e a Berlino, come Ph. Lederer[13], ma anche sulla scena internazionale, come Alfandari a Parigi[14] e Stürmer a Budapest. In Italia, dove all'inizio del Novecento il RGZM venne spesso rappresentato da P. Reinecke (1872–1958), tra i principali interlocutori figurano antiquari come Giulio Simotti Rocchi a Roma e Giuseppe Pacini a Firenze, nonché personaggi di secondo piano come Paolo Petraccelli (Chianciano Terme)[15].

[7] Rheinstr. 39, Magonza. Gli indirizzi di questo e dei seguenti esercizi commerciali sono tratti dagli annuari Pantheon. Adressbuch, Esslingen a. N. 1914; Handbuch des Kunstmarktes. Kunstadressbuch für das Deutsche Reich, Danzig und Deutsch-Österreich, Berlin 1926.

[8] Rheinstr. 73, Magonza. Alla morte (1917) F. Broo lasciò in eredità la propria raccolta di antichità, formata da 126 oggetti, alla città di Magonza, che ne curò un'esposizione presso l'Altertumsmuseum (attuale Landesmuseum): una punta di lancia in bronzo (n. inv. O. 28075) fu poi ceduta da quest'istituzione al RGZM (cenno di K. Schumacher, MainzZ 12–13, 1917–1918, 173). Non figura invece traccia negli inventari del Landesmuseum del nucleo di fibule cedute nel 1927 in cambio al RGZM (nn. inv. O. 13817–O. 13834). Colgo l'occasione per ringraziare il dr. M. Klein, che mi ha pazientemente aiutato nella ricerca negli inventari del Landesmuseum di Magonza.

[9] Pfaffengasse 20, Magonza.

[10] Rheinstr. 73, Magonza; J. Hartmann subentrò nel 1917 a Franz Broo.

[11] Flachsmarkt 2, Magonza. David Reiling funse da intermediario per un nucleo di materiali provenienti da Terni compresi nella collezione Forrer acquistati dal Museo di Essen negli anni precedenti la prima guerra mondiale (Schumacher 1991, 1). Isidor Reiling fu inoltre in contatto con L. Pollak, come dimostra la regolare citazione del suo nome nei taccuini Pollak, dal 1899–1900 al 1924–1928

(Merkel Guldan 1988, indice p. 414). J. Reiling, antiquario, era responsabile degli scritti dell'associazione per la cura delle antichità giudaiche di Magonza (Verein zur Pflege jüdischer Altertümer), non conservati (Dressler 1934, 634).

[12] Bechergasse 16, Köln. Nel 1938 Robert Becker vendette bronzetti italici al Römisch-Germanisches Museum di Köln (Ritter 1994, 461, nota 1).

[13] Am Kupfergraben 4, Berlino.

[14] L'Istituto di Archeologia dell'Università di Colonia acquistò materiali archeologici da quest'ultimo nel 1929 (Berger 1994, 292 n. AI 1).

[15] Su P. Reinecke si veda Guidi 1988, 43 e 49. G. Pacini fu in contatto con Ludwig Pollak dal 1891 al 1907–1909 (Merkel Guldan 1988, indice p. 411). Nei propri taccuini Pollak ha occasione di citare Magonza nel 1887–1888, quando visitò la città, e nel 1904–1906, per motivi da chiarire (XIV, 72–76). Su G. Simotti Rocchi si veda il duro giudizio espresso nel 1934 dall'allora Soprintendente Giuseppe Moretti (Barbera 1999, 8). P. Petraccelli, nato a Chianciano Terme nel 1853, fu attivo nel commercio di antichità tra la fine dell'Ottocento e il Novecento, in particolare vendendo al Museo Archeologico di Firenze tra 1899 e 1915 materiali provenienti dalla necropoli della Pedata a Chianciano Terme (Paolucci, Rastrelli 1999, 11) e da località del territorio chiusino: devo queste informazioni alla cortesia e alla competenza dell'amico G. Paolucci.

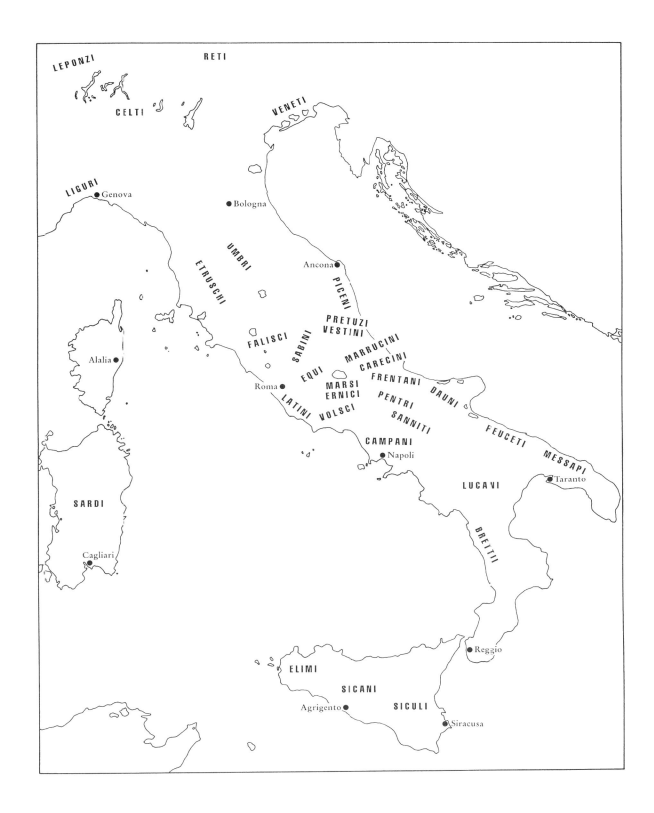

Fig. 1   Popoli e tribù dell'Italia preromana attorno al IV. sec. a. C.

3

Negli anni iniziali della formazione della raccolta numerosi acquisti furono effettuati presso Robert Forrer a Strasburgo[16]. In seguito le vendite all'asta di grandi collezioni private quali quelle di Franz v. Lipperheide (Berlino), di Ludwig Marx (Magonza) e di Albert Sieck (Monaco di Baviera) permisero acquisizioni rilevanti per l'ambito qui considerato[17]. Nel 1927 un nucleo di 18 fibule italiche pervenne in cambio dallo Altertumsmuseum (attuale Mittelrheinisches Landesmuseum) di Magonza[18]. Nel 1928 fu acquisita la raccolta privata del dr. Fliedner di Monsheim, comprendente anche un nucleo di 28 oggetti, molti dei quali provenienti dalla celebre collezione monacense di Julius Naue[19]; nello stesso anno entrò a far parte delle raccolte museali un cospicuo lotto di materiali, formato da oltre 200 pezzi, acquistati presso l'antiquario Stürmer a Budapest, nel quale erano compresi 85 pezzi provenienti dall'Italia[20]. Antichità italiche erano comprese anche in collezioni private minori dell'Assia e del Baden acquisite nel corso del tempo, come quelle di Friedrich Alexander Riese (Francoforte sul Meno)[21] e la raccolta Heerdt (Schloß Neuweier, Baden-Baden)[22]. In seguito all'identificazione della cimasa di candelabro n.O.8919 (n.150) con il pezzo già in possesso dell'ing. Prospero Sarti (Roma), occorre infine inserire anche questa collezione tra le fonti di approvigionamento del RGZM, sia pure tramite la mediazione di un antiquario attivo a Magonza[23].

[16] Universitätstr. 4, Strasburgo. R. Forrer, studioso di protostoria europea, fu dal 1883 al 1892 redattore della rivista Antiqua (Zurigo), nella quale dava notizia dei materiali acquisiti, che in seguito vendeva sul mercato antiquario, come un nucleo di bronzetti umbri da Amelia e alcune ghiande missili iscritte da Poggibonsi (rispettivamente Forrer 1892 e 1893. Le ghiande missili sono conservate al RGZM, nn.inv.O.10612–O.10624). Tra gli scritti più significativi si segnalano gli studi sulle bardature equine, pubblicati insieme a R. Zschille (Forrer, Zschille 1891; 1893; 1896), e il catalogo della collezione di armi di R. Zschille (Forrer 1896). Potrebbe essere lui il Forrer con cui L. Pollak fu in contatto tra 1913 e 1915 (Merkel Guldan 1988, 354). La sua attività di antiquario con specifico riguardo a reperti etrusco-italici giunti in Germania è nota da tempo, come indica per esempio il caso del trono in lamina bronzea pervenuto a Berlino con la sua mediazione (Strøm 1990, 139).

[17] Per la consistenza di queste collezioni si vedano i relativi cataloghi d'asta (München 1910 per la prima e München 1918 per le altre due). Nel caso dell'anfora bronzea da Chiusi, già nella collezione v. Lipperheide (n.88), è stato possibile verificarne la provenienza dalla collezione di Amilcare Ancona e in origine da Chiusi.

[18] Di queste, i cui numeri d'inventario sono compresi tra O.13817 e O.13834, non rimane traccia negli inventari del Landesmuseum, che ho potuto consultare grazie al cortese intervento del dr. M. Klein, al quale vanno i miei ringraziamenti.

[19] Sulla collezione Naue si veda Naue 1896 e il catalogo d'asta (München 1908). Julius Naue (morto nel 1907) fu artista, archeologo e collezionista: tra le molte opere spicca la cura dei Prähistorische Blätter (München 1889–1907). La collezione di antichità bavaresi costituì il nucleo centrale della Archäologische Staatssammlung di Monaco di Baviera, alla quale fu donata dopo la morte del proprietario. G. Behrens, MainzZ 23, 1928, 7–8 riferisce dell'acquisto degli oltre 1600 oggetti della collezione Fliedner; le antichità etrusco-italiche sono comprese tra i nn.inv.O.14000 e O.15422.

Nell'archivio del RGZM si conserva una raccolta di foto di oggetti della raccolta Fliedner, quasi un catalogo della collezione offerta in vendita.

[20] Si tratta degli oggetti contrassegnati dal numero d'inventario compreso tra O.17014 e O.17252.

[21] Klettenbergstr., Francoforte sul Meno. La collezione di F. A. Riese, filologo e studioso di antichità (1840–1922) fu acquisita dal RGZM presso un erede nel 1933: notizie sul collezionista sono fornite da J. Cahn 1929 e da U. Höckmann, in CSE BRD 1, 56 n.32. Nell'inventario manoscritto del RGZM si fa costante riferimento a un numero di catalogo dei singoli pezzi, che qualora scritto anche sui reperti, è stato di volta in volta riportato anche nelle schede di questo catalogo: è probabile che si riferisca a un inventario manoscritto della collezione, del quale non rimane traccia (se arrivato a Magonza, sarà verosimilmente andato distrutto nell'incendio del RGZM nel 1942).

[22] G. Behrens, MainzZ 28, 1933, 91–92.

[23] L. Pollak fu in regolare contatto con P. Sarti (1854–1904, v. delle Colonnette 61, Roma: se ne veda il vivace ritratto tracciato da Jandolo 1938, 24–25) dal 1899–1900 sino alla morte del collezionista, come dimostra la citazione del nome nei taccuini (Merkel Guldan 1988, passim), e venne incaricato dall'antiquario Giuseppe Sangiorgi di compilare il catalogo della collezione per la vendita all'asta (Pollak 1906). Nel 1917 ritrovò a Vienna nella collezione di Sigmund Freud alcuni oggetti della raccolta Sarti (Merkel Guldan 1988, 83–84 e luoghi citati nell'indice; per la collezione di Sigmund Freud: Marinelli 1998). La raccolta Sarti, nella quale figuravano anche numerosi bronzetti (Pollak 1994, 149, 204–205) in parte acquistati dal Museo Archeologico di Firenze (Acconcia 1998) venne alienata: gli oltre 1000 esemplari di ceramica aretina vennero dispersi tra Monaco di Baviera, Berlino e Tubinga (A. Balil, ArchEspA 37, 1964, 178 e cortese informazione della dr.ssa F. P. Porten Palange). Sulla collezione Sarti si vedano anche le note di Paribeni 1906, 326 nota 1 in merito ai materiali da Capena.

Conseguenza pressoché ineluttabile per una collezione di originali formata in tal modo è la perdita delle informazioni sul luogo di provenienza e sul contesto per la grande maggioranza dei reperti[24]: solo di rado e per lo più in tempi recenti questi due dati sono stati tramandati, ossia in appena 20 casi per un totale di 64 oggetti su un corpus di oltre 500 pezzi. Tra i più significativi si segnalano il complesso proveniente da una tomba maschile di alto rango sociale, rinvenuta a sud del promontorio Circeo (n. 1), le già citate lamine dalla Sicilia (n. 2) e un oggetto isolato quale il rarissimo copricapo cerimoniale con decorazione dipinta da Vulci (n. 204), che sarebbe stato rinvenuto come copertura di un cinerario[25]. In caso contrario è pressoché impossibile risalire né al luogo né tanto meno al contesto di rinvenimento, a eccezione di occasioni fortuite. Due fotografie pervenute nell'archivio dell'Istituto Archeologico Germanico di Roma con il lascito di G. Körte documentano per esempio la pertinenza di una statuetta di offerente femminile (n. 39) a un complesso preciso quale la stipe votiva del santuario rurale in località Fontana Liscia, nei pressi di Orvieto, indagato a più riprese nel corso dell'Ottocento[26].

I dati sulla provenienza, comunicati dagli antiquari o tramandati dai possessori degli oggetti, se non molto generici quali «Italien» o «Mittelitalien», devono essere accettati con molta cautela e vagliati in modo critico, confrontandoli con l'inquadramento culturale dei singoli oggetti. Del tutto falsi, ad esempio, appaiono alcuni presunti luoghi di ritrovamento escogitati con il chiaro scopo di ricavare maggiore profitto dalle vendite, come dimostrano le storielle che rivendicano al territorio ungherese le scoperte di oggetti etruschi e italici acquistati sul mercato antiquario a Budapest, riportate di volta in volta nelle singole schede[27]. Alla provenienza dal mercato antiquario si devono inoltre alcuni pastiches, come la testa di bronzetto umbro di periodo arcaico montata su una fibula romana (n. 9) e le integrazioni di fibule con frammenti non pertinenti, segnalate nelle rispettive schede.

[24] In merito occorre riferire la presenza al RGZM di corredi funerari provenienti dalla necropoli di Giubiasco nel Canton Ticino, la cui edizione complessiva rimane un desideratum della ricerca: tali materiali non sono stati inseriti nel presente catalogo, considerata l'entità complessiva del sepolcreto, scavato in maniera caotica e conservato ora in numerosi istituti museali, come A. Crivelli segnalò in pagine appassionate (Crivelli 1971). Sullo stato della ricerca della necropoli di Giubiasco si veda da ultima Primas 1992, 473–474.

[25] In merito alla tendenza emersa recentemente a contestualizzare oggetti provenienti da scavi illegali, si ricorda il caso paradossale di un corredo orientalizzante da Marsiliana, per il quale si dispone di uno schizzo planimetrico della giacitura degli oggetti nella tomba, redatto dagli scavatori clandestini (Egg 1995, fig. 1). Nel corredo, confluito solo in parte nella collezione Ebnöther, figurava anche un carrello cultuale bronzeo a quattro ruote (Genève 1993, 169 n. 73; Naso 2002 a).

[26] Naso 2002 b.

[27] La questione deve essere inserita nel voluminoso dossier relativo ai materiali etruschi e italici di presunto rinvenimento ungherese. E' stato chiarito che, se non pochi sono i materiali attribuiti all'Ungheria (Szilágyi 1962; Szilágyi 1989; Szilágyi 1992), pochissimi sono quelli colà realmente rinvenuti (Fekete 1982; Szabó 1982). Tra i materiali di presunta provenienza ungherese si possono citare anche altri casi: v. Mercklin 1935, 151, n. 136 riferisce all'Unghe-

ria due affibbiagli bronzei etruschi del tipo Vetulonia, conservati ad Amburgo; Hitzl 1933, 5 nota che nella collezione Fehr (Ungheria) si conservano numerosi oggetti la cui provenienza è data dall'Ungheria, ma che più verosimilmente provengono dall'Italia. Appare probabile che la maggior parte di questi oggetti sia filtrata in Ungheria attraverso il collezionismo e il mercato antiquario, come indica il caso del museo Déri a Debrecen, nel quale si conservano anche oggetti di arte etrusco-italica, acquistati a Vienna tra il 1910 e il 1920 (Szilágyi, Szabó 1976): sul collezionismo di antichità classiche in Ungheria nel secolo scorso si veda l'esauriente esame di Szilágyi 1994, con ampia bibliografia. Non si può non notare che attribuire all'Ungheria il luogo di rinvenimento di oggetti etrusco-italici, già riconosciuti come tali, permetteva agli antiquari di connotarli come particolarmente ricercati e ne faceva quindi lievitare le quotazioni, permettendo di realizzare guadagni più lauti. Un fenomeno in qualche misura analogo ai presunti rinvenimenti italici in Ungheria si verificò all'inizio del secolo scorso, quando il rinvenimento di armi venne connesso ai siti di famosi campi di battaglia, come nel nostro caso si verifica per il cinturone di produzione sannitica (322 = n. inv. O. 5241) il cui luogo di rinvenimento venne riferito improbabilmente a Gergovia, la capitale degli Arverni che nel 52 a. C. fu teatro della sconfitta inflitta dai Galli guidati da Vercingetorige ai Romani di Giulio Cesare. Il sito della battaglia fu individuato già nel secolo scorso nei pressi di Clermont-Ferrand (Texier 1999).

Nella storia delle collezioni del RGZM un cenno a parte merita infine il bombardamento aereo effettuato dalla Royal Air Force su Magonza nei giorni 11–12 agosto 1942, che danneggiò gravemente anche il castello, allora unica sede del museo: nei successivi incendi furono distrutti materiali metallici e fittili, con particolare riferimento alle fibule e agli oggetti in lamina di piccole dimensioni. Andarono in fiamme anche i documenti conservati nell'archivio del museo, relativi agli acquisti dei materiali (corrispondenza, note di credito, ricevute)[28]. Unici a salvarsi furono i fascicoli in grande formato degli inventari museali, che contengono scarne indicazioni sulla provenienza dei reperti, riprodotti in maniera fedele con disegni al tratto o acquarelli in scala (Tav. 2) e solo di rado in fotografia: ora costituiscono quindi l'unica fonte per la storia della raccolta[29].

---

[28] Si veda oltre per l'elenco dei materiali compresi nel catalogo di F. Behn e distrutti nel 1942: si lamenta in specie la perdita della bulla aurea etrusca iscritta raffigurante Fufluns e Apulu, edita da H. Klumbach (Klumbach 1940; ThLE I, ad voces). Tra i reperti già pubblicati e non reperiti in Museo si deve menzionare almeno l'anello bronzeo portastrigili di età tardo-repubblicana (n. inv. O. 34630), risultato irreperibile in Museo sino al 2001, malgrado le ricerche di M. Egg e F. J. Hassel: si può però contare su una pubblicazione recente, dotata di una buona descrizione e di una riproduzione grafica di ottima qualità (Ulbert 1984, 75, Abb. 19 Nr. 5).

[29] E' facile intuire che la compilazione degli inventari, corredati delle utilissime riproduzioni dal 1913 (n. inv. O. 7001) nel periodo della direzione di K. Schumacher, fu favorita dalla capacità manuale e artistica del personale delle officine, abituato a cimentarsi quotidianamente con le riproduzioni colorate degli oggetti.

STORIA DEGLI STUDI

La collezione di antichità italiche del RGZM era sinora nota agli studiosi grazie al catalogo dedicato nel 1920 da F. Behn ai reperti databili dalla preistoria sino al periodo ellenistico escluso, nel quale secondo la particolare tradizione dell'Istituto sono comprese anche le copie ed è riprodotto un numero molto limitato degli originali allora in possesso del Museo. Nel 1956 venne pubblicato un opuscolo divulgativo, dedicato all'arte etrusca e corredato dalle fotografie dei pezzi più significativi, ma destinato a una circolazione ristretta[30]. Il recente catalogo dell'intera sezione preistorica e protostorica del RGZM, comprendente anche i bronzi etruschi e italici (originali e copie), illustra i soli oggetti esposti[31]. La raccolta si può quindi considerare nel suo complesso poco documentata, pure se nel corso del tempo non sono mancati studi filologici, sia su singoli oggetti sia su intere categorie tipologiche. In proposito si ricordano i contenitori a volto femminile etruschi di periodo ellenistico, il cui ordinamento generale è stato avviato proprio con lo studio degli esemplari conservati nel RGZM[32], gli specchi etruschi[33] e gli elmi italici[34], senza dimenticare interi contesti, come le lamine votive della Sicilia[35]: la minuziosa ricerca compiuta nei depositi riordinati di recente e le acquisizioni successive hanno però consentito di arricchire anche i corpora di recente edizione.

L'edizione della raccolta di materiali etrusco-italici del RGZM si colloca in un clima di rinnovato interesse riscosso in Germania dalle culture dell'Italia preromana: si sono infatti moltiplicate le iniziative scientifiche, come indicano le edizioni di raccolte di varia consistenza, sia ridotte come quelle del Museum des Kunsthandwerks (Lipsia), dell'Istituto di Preistoria e Protostoria dell'Università (Göttingen), dell'Akademisches Kunstmuseum (Bonn), del Ruhrlandmuseum (Essen) e del Museum di Wiesbaden[36], sia vaste come le collezioni degli Istituti di Archeologia delle Università di Heidelberg e di Colonia,[37] nonché del Kestner-Museum di Hannover[38], sino alla monumentale edizione dei bronzi etruschi e italici del Badisches Landesmuseum di Karlsruhe[39]. A questa produzione scientifica corrisponde un'intensa attività espositiva, che ha visto i momenti di maggior rilievo nelle mostre allestite nel 1995 al Reiss-Museum di Mannheim (Italien vor den Römern) e nel 1999 alla Kunsthalle Schirn di Francoforte sul Meno (Die Picener. Ein Volk Europas)[40].

In relazione ai nuovi orientamenti emersi nella ricerca per la cronologia dell'età del Bronzo e del Ferro, che riguardano anche reperti presentati in questa sede, si precisa infine che si è ritenuto opportuno utilizzare la cronologia tradizionale, in attesa degli ulteriori sviluppi del dibattito scientifico in corso[41].

[30] Si tratta rispettivamente di Behn 1920a e di Küthmann 1956.

[31] Egg, Pare 1995.

[32] Si fa riferimento agli studi rispettivamente di Menzel 1959 (presentazione dei due esemplari del RGZM) e di Haynes 1959 (studio tipologico della classe).

[33] CSE BRD 1.

[34] Egg 1986a.

[35] Egg 1983.

[36] Rispettivamente Hummel 1983 per Leipzig; Stephan 1986 per Göttingen; Walberg 1987 per Bonn; E. Schumacher 1991 per Essen; Höckmann 1993 per Wiesbaden.

[37] Rispettivamente Borell 1989 e Donder 1994 per Heidelberg; Berger 1994 per Köln.

[38] Gercke 1996.

[39] Jurgeit 1999.

[40] I rispettivi cataloghi sono Mannheim 1996 e Frankfurt 1999 (del quale esiste anche una seconda edizione ampliata, riferita alla stessa mostra allestita a Roma: Roma 2001a).

[41] Alle tendenze espresse da specialisti di archeologia protostorica, che dilatano verso l'alto le cronologie sinora in uso (Carancini, Peroni 1999; Pacciarelli 1999a), corrispondono le reazioni di studiosi legati al periodo etrusco, che difendono le datazioni tradizionali (Bartoloni 2000, 21–23).

1. Con numero di inventario

N. inv. (O.)	N. cat. (Behn 1920a)	Oggetto e riferimento eventuale figura (Behn 1920a)	N. inv. (O.)	N. cat. (Behn 1920a)	Oggetto e riferimento eventuale figura (Behn 1920a)
1846	977	Armilla	10347	1194	Ascia
3049	1084	Bronzetto sardo	10356	827	Spirali
3486	822	Spirali	10357	826	Spirali
3488	734	Fibula	10364	860	Pendenti
5245	1080	Placca traforata, fig. 17	10426	1081	Armilla
6009	803	Armilla	10458	926	Piede di mobile
6030	876	Paletta da fuoco	11123	840	Sandali
6032	1183	Spillone	11128	895	Stanghe
6381	705	Fr. di fibula	11129	685	Punta di lancia
6439	874	Alare	11130	688	6 punte di lancia
6440	684	Sauroter	11131–2	651	Frr. di spade
6455	816	Bulla	11133a	915	Strigile
7047	692	Testa di mazza	11133g	1205	Fibula
7051	965	Pendenti	11133d	1206	Fibula
7059	725	Fibula	11138	1184	Punta di lancia
7060	726	Fibula	11180	760	Fibula
7078	577	Ansa	11181	752	Fibula
8800	783	Fibula	11184	754	Fibula
8801	782	Fibula	11185	753	Fibula
10223	823	Spirali	11186	758	Fibula
10317	1075	Fibula	11188	756	Fibula
10318	1077	Fibula	11189	755	Fibula
10319	1078	Fibula	17944	—	Bulla aurea
10320	765	Fibula	23173	578	Fr. di ansa
10328	963	Pendenti	23174	583	Fr. di ansa
10335	825	Spirali	23196	1166	Fibula, fig. 5.7
10336	824	Spirali	23198–9	1167	Fibula, fig. 5.13
10346	1193	Ascia	24321	—	Oinochoe

2. Senza numero d'inventario

N. cat. (Behn 1920a)	Descrizione oggetto (Behn 1920a)	N. cat. (Behn 1920a)	Descrizione oggetto (Behn 1920a)
		732	Fibula
701	Fibula	733	Fibula
702	Fibula	738	Fibula
703	Fibula	744	Fibula
706	Fibula	747	Fibula
714	Fibula	748	Fibula
724	Fibula	761	Fibula
727	Fibula	768	Fibula
729	Fibula	770	Fibula
731	Fibula	779	Fibula

CATALOGO

CONTESTI DI PROVENIENZA NOTA
(nn. 1–2)

Nel 1960 fu acquisito un complesso costituito da quattro oggetti in bronzo, che nell'inventario risultano provenienti dal territorio a sud del promontorio del Circeo («wenig südlich von Capo Circeo»). Dovrebbe quindi trattarsi di un contesto unitario, pertinente in origine allo stesso deposito archeologico, identificabile in base alla natura degli oggetti stessi con un corredo funerario maschile; si data alla seconda metà dell'VIII sec. a. C., un periodo al quale risalgono numerose sepolture di guerriero nel Lazio e in Etruria. Il ritrovamento assumerebbe dunque importanza specie riguardo alla località di provenienza, sebbene questa non sia circoscritta e neppure verificata. E' comunque arduo ricondurre il ritrovamento a un sito già noto: per un cenno ai ritrovamenti protostorici effettuati nel territorio del Circeo, non menzionati nella classica monografia di G. Lugli (Lugli 1928), si vedano le indicazioni fornite da De Rossi 1980, 60 (vari materiali compresa un'ascia bronzea attribuiti non senza dubbi all'età del bronzo furono rinvenuti in località Grotta della Sibilla sul versante settentrionale del monte, ma sono stati in seguito dispersi); Righi 1981, 210 n. 32 con bibliografia precedente; L. Quilici, Roma 1990a, 217–218. Le presenze archeologiche identificate nel territorio circostante sono state passate in rassegna da P. Attema (Attema 1993).

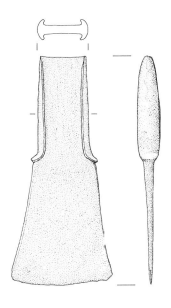

Fig. 2 Cat. 1.1 1:2

1.1. Ascia   Fig. 2; tav. 7
N. inv. O. 37686   H cm 12.5
Proviene dal territorio a sud del Circeo; acquistata nel 1960 insieme a O. 37683 – O. 37685.
Integra, ma con numerosi distacchi e abrasioni superficiali; lievi mancanze sul filo della lama; patina uniforme, bruna.
Fusto di forma pressoché rettangolare, con alette poco marcate, che si innestano sulla lama formando una spalla piuttosto estroflessa. L'attacco tra fusto e lama è sottolineato da una lieve sporgenza, appena accennata. Lama piatta di forma espansa, con margini convessi.
Egg, Pare 1995, 112 n. 35.

Non trova un preciso corrispettivo tipologico tra le asce dell'età del ferro a causa della forma delle alette: altre caratteristiche formali come la spalla marcata e la lama espansa richiamano il tipo Ardea, datato alla seconda metà dell'VIII sec. a. C. (Carancini 1984, 19–39, nn. 2146–2515). Seconda metà dell'VIII sec. a. C.

1.2. Punta di lancia   Fig. 3; tav. 7
N. inv. O. 37683   H max. cons. cm 16
Proviene dal territorio a sud del Circeo; acquistata nel 1960 insieme a O. 37684 – O. 37686. Integra, ma priva della punta, tagliata, e con i margini lievemente sbreccati; superficie regolare, patina omogenea, bruna.

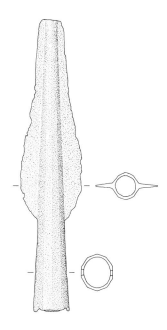

Fig. 3   Cat. 1.2   1:2

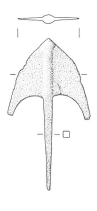

Fig. 4   Cat. 1.3   1:2

Punta a foglia di lauro, con cannone tronco-piramidale, a sezione circolare all'interno, decagonale
all'esterno. Il cannone si assottiglia progressivamente in direzione della punta. Presenta due fori
alla base del cannone per il fissaggio all'asta.

    Egg, Pare 1995, 112 n.35.

Punte di lancia bronzee a lama foliata e cannone
poligonale compaiono nel Lazio nel periodo IIB
(Satricum, tomba XVI: Waarsenburg 1995, 109
n.16.4, tav.26), sono documentate nel periodo III
(Bedini, Cordano 1980, 103 n.62) e divengono più
comuni nel periodo IV A (Bartoloni, Cataldi Dini
1980, 134, n.51 a, tav.35). Dalla necropoli di Osteria dell'Osa proviene una sola punta bronzea di
giavellotto a fronte di numerosi reperti analoghi
in ferro (Bietti Sestieri 1992, tipo 73, 408–409).
Punte di forma simile sono documentate anche in
Etruria (Guidi 1993, 68, tipo 186, varietà D,
fig.8.12), in Umbria e specie in Campania (Sannibale 1998, 30–31 n.3). Si veda anche la scheda
n.190. Seconda metà dell'VIII sec. a. C.

1.3.   Punta di freccia a codolo   Fig. 4; tav. 7

N.inv. O. 37684   H cm 8.2
Proviene dal territorio a sud del Circeo; acquistata nel 1960 insieme a O. 37683 – O. 37686.

Pressoché integra, con un'aletta ricongiunta e l'altra percorsa da una cricca. Superficie regolare,
patina uniforme, bruna.
Fusa, con codolo centrale a sezione quadrangolare, progressivamente assottigliato verso il basso. Ampia testa triangolare; alette lunghe e rientranti; margini concavo-convessi.

    Egg, Pare 1995, 112 n.35.

La punta ha una forma particolare, che a mia conoscenza è priva di confronti calzanti con materiali di sicura provenienza laziale: non compare
nella tipologia elaborata per i reperti del Lazio
nel periodo III (Bedini, Cordano 1980) né nel
periodo IV A (Bartoloni, Cataldi Dini 1980); in
tombe del II e III periodo della necropoli di Osteria dell'Osa sono documentate punte di freccia
in lamina bronzea di forma diversa e di uso non
funzionale (Bietti Sestieri 1992, 404, tipo 65a,
tav.41 e tipo 88y, 426, tav.45 per pendenti di forma simile). Una punta di freccia simile è invece
conservata al Museo di Perugia (Calzoni 1940,
52, forse già nella collezione di G. Bellucci che
ne raccoglieva almeno 70 da numerose località
dell'Italia centrale, come indica la tabella in Bellucci 1914, 56); una dal Gran Sasso (E. Brizio,
NSc 1902, 259); forma analoga, ma più sottile ha
un nucleo di punte raccolto da M. Sannibale attorno a un esemplare della collezione Gorga e a
uno dal ripostiglio di San Francesco a Bologna
(Sannibale 1998, 56 n.34). A Murlo sono state
rinvenute tre punte di freccia attribuite al VII e
VI sec. a. C. (Warden 1985, 109–110, nn.207–209
tav.26 b–d). Seconda metà dell'VIII sec. a. C.

1.4. Armilla   Fig. 5; tav. 7

N. inv. O. 37685   Diam. cm 8.5

Proviene dal territorio a sud del Circeo; acquistata nel 1960 insieme a O. 37683 – O. 37686. Integra, con incrostazioni diffuse sulla superficie.
Patina uniforme, bruna.
Fusa, a sezione quadrangolare, con estremità as-
sottigliate, presenta due avvolgimenti, pressoché
completi (non perfettamente sovrapposti).

> Egg, Pare 1995, 112 n. 35.

Nella tipologia sviluppata per la necropoli di
Osteria dell'Osa armille simili sono classificate
nel tipo 49e varI, attribuito al III periodo della
cultura laziale, diffuso anche in Etruria e nell'agro
falisco (Bietti Sestieri 1992, 394, tav. 40). Cfr.
anche la scheda n. 343 (n. inv. O. 1845). Seconda
metà dell'VIII sec. a. C.

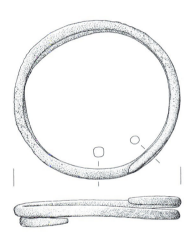

Fig. 5   Cat. 1.4   1:2

2. Lamine sbalzate   Figg. 6–27; tavv. 7–10

N. inv. O. 39845/1–22

Proverrebbero dai dintorni di Siracusa; acquisite
nel 1983 per donazione del dr. M. Ebnöther (Sem-
pach, CH).
Il gruppo comprende anche quattro lamine rima-
ste in proprietà del collezionista (rispettivamente
Egg 1983, nn. 2, 15, 18 e 19; pubblicate di nuovo
in Genève 1993, 276, n. 172; qui tav. 10,2a–c): a
eccezione del n. 1, i numeri delle singole lamine qui
presentate non corrispondono a quelli della prima
edizione, pur rispettandone l'ordine, poiché si riferiscono ai soli materiali ora in possesso del RGZM.

L'intero complesso è stato presentato in Egg 1983 e in Egg,
Pare 1995, 148, n. 330, tav. 49.2; è stato discusso da La Rosa
1991, 37, tav. 1; Albanese Procelli 1993, 172–176; Burgio
1993; Vassallo 1999, 98; Pelagatti 2000, 21.

2.1. Lamina a fascia rettangolare con tre la-
mine raffiguranti volti umani   Fig. 6; tav. 7

H della fascia cm 6.7; H complessiva cm 15.6;
lungh. della fascia cm 38.4

Sul lato superiore della lamina rettangolare sono
unite con ribattini altre tre lamine di forma
trapezoidale, due delle quali raffigurano volti
umani stilizzati. La fascia rettangolare, che presenta quattro fori agli angoli, è decorata a sbalzo
da file orizzontali di trattini verticali lungo i lati
lunghi e suddivisa in tre settori da quattro gruppi di tre strisce verticali di punti: nel settore centrale figura la riproduzione schematica di un volto, comprendente due semicerchi con un tratto
mediano in comune, che riproducono le arcate
sopraccigliari e il setto nasale, e due cerchi con
grande punto centrale, che rendono gli occhi. In
ognuno dei settori laterali figura un cerchio con
un grande punto sbalzato. La lamina centrale,
trapezoidale con il lato superiore a profilo convesso, è unita con un unico ribattino alla fascia e
riproduce un volto umano: sono raffigurati la fronte e il setto nasale con due costolature, ad andamento rispettivamente semicircolare e verticale,
gli occhi con un cerchio sbalzato e un punto centrale, e la bocca, a sbalzo. La riproduzione del volto
è integrata da trattini verticali nella parte superiore (che rendono la capigliatura) e da file verticali di puntini diffusi sulle guance (barba); sul
lato superiore due fori per l'affissione. La lamina
destra, di forma analoga alla centrale, reca una
decorazione meno dettagliata, comprendente soltanto una costolatura verticale per il setto nasale,
sotto la quale sono due fori, e due cerchi con
punto centrale per gli occhi. Sia la lamina destra
che la sinistra, del tutto liscia, sono unite alla fascia rettangolare da due ribattini.

2.2. Frammento di lamina raffigurante un
volto   Fig. 7; tav. 7

H cm 16.1; largh. cm 7.8; lungh. cm 37.2

Tagliato in un pezzo unico, è costituito da una lunga fascia di base, sovrastata al centro del lato lungo superiore da un'appendice trapezoidale, in parte conservata. Agli angoli della fascia quattro fori per l'affissione. La decorazione è resa a duplice file di puntini sbalzati: lungo i bordi corrono due file e sulla fascia rettangolare sei losanghe verticali. Alla base dell'appendice trapezoidale è tracciata una croce di Sant'Andrea, sopra la quale rimangono le parti inferiori degli occhi, a duplice fila di punti, il setto nasale, riprodotto con due file verticali di puntini, e la bocca, di forma trapezoidale, sbalzata.

2.3. Frammento di lamina rettangolare
Fig. 8; tav. 8

H cm 9; lungh. cm 24

Corrisponde verosimilmente alla metà destra della lamina originaria, come indicano due fori sul lato corto corrispondente e l'aspetto complessivo. La decorazione a sbalzo comprende due file orizzontali di tratti verticali lungo i bordi su due costolature orizzontali; all'interno da sinistra verso destra sono conservati la metà di un volto umano stilizzato, con arcata sopracciliare resa da un archetto aperto in basso, un occhio con due cerchi concentrici e un punto centrale, e metà della bocca, con fila di puntini sottolineata all'estremità da un tratto continuo e semicircolare teso verso l'alto. Sulla destra, al centro del frammento, campeggiano due gruppi di tratti verticali a zig-zag contrapposti, in modo da formare al loro interno due losanghe sovrapposte e in prossimità del margine due archetti contrapposti uniti da tratti mediani verticali, che presentano nella parte superiore un punto per lato.

2.4. Lamina con raffigurazione di un volto
Fig. 9; tav. 8

H cm 7.6; lungh. cm 30.7

Di forma rettangolare, ma con il lato lungo inferiore con andamento semicircolare, sporgente, presenta quattro fori agli angoli. La decorazione a sbalzo comprende file di trattini lungo i bordi e nella zona mediana due occhi stilizzati, resi con due cerchi concentrici con un punto centrale, tra i quali corre una fila verticale di puntini. Ai lati degli occhi due file verticali di puntini per parte e, vicino ai bordi, tre tratti verticali a zig-zag, irregolari.

2.5. Lamina rettangolare
Fig. 10; tav. 8

H cm 9.2; lungh. cm 45.9

La lamina, completa, conserva agli angoli quattro fori per l'affissione. La decorazione a sbalzo comprende le file orizzontali di trattini verticali lungo i bordi e, nel campo dal centro verso i margini, due gruppi di tratti verticali a zig-zag contrapposti, in modo da formare al loro interno due losanghe sovrapposte. Ai lati di questo motivo centrale in un'area liscia figurano due cerchi, ognuno formato da due circoli sbalzati concentrici, che contengono all'interno un punto di dimensioni maggiori. Sui lati decorazione del tutto simmetrica, comprendente la successione di tre gruppi di quattro strisce verticali ognuno, alternati a due file verticali di punti.

2.6. Frammento di lamina rettangolare
Fig. 11; tav. 8

H cm 8.5; lungh. cm 43.7

La lamina è costituita da due elementi, l'uno lungo cm 38.3, l'altro cm 5.4, uniti tra loro con tre ribattini. La decorazione a sbalzo comprende le file orizzontali di trattini verticali lungo i bordi e, nel campo dal centro verso i margini, due gruppi di tratti verticali a zig-zag contrapposti, in modo da formare al loro interno due losanghe sovrapposte. Ai lati di questo motivo centrale in un'area liscia compaiono due cerchi, ognuno formato da due ordini di puntini sbalzati concentrici, che contengono all'interno un punto di dimensioni maggiori. A destra comincia quindi il frammento aggiunto, decorato da tre zone successive con un tratto verticale a zig-zag, una serie di tratti orizzontali e quattro strisce verticali: tre fori sul margine destro. A sinistra tre gruppi di quattro strisce verticali ognuno, alternati a due gruppi di tratti verticali a zig-zag.

Fig. 6   Cat. 2.1   1:3

Fig. 7   Cat. 2.2   1:3

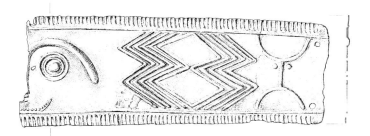

Fig. 8   Cat. 2.3   1:3

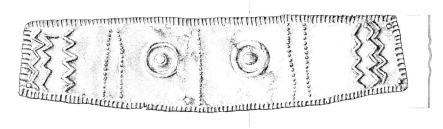

Fig. 9   Cat. 2.4   1:3

13

2.7. Frammento di lamina rettangolare
Fig. 12; tav. 8
H cm 8.4; lungh. cm 29.9
Su entrambi i lati corti si conservano due frammenti di altrettante lamine, entrambi della lunghezza di 1 cm, uniti da una coppia di ribattini ognuno. La decorazione a sbalzo comprende le file orizzontali di trattini verticali lungo i bordi e, nel campo dal centro verso i margini, due gruppi di tratti verticali a zig-zag contrapposti, in modo da formare al loro interno due losanghe sovrapposte. Ai lati di questo motivo centrale figurano due cerchi, ognuno formato da due ordini di puntini sbalzati concentrici, che contengono all'interno un punto di dimensioni maggiori: quindi una striscia verticale e sui margini un motivo a zig-zag per lato, con tratti più corti e più fitti rispetto a quelli al centro della lamina. Due fori nel campo.

2.8. Lamina rettangolare
Fig. 13; tav. 9
H cm 6.4; lungh. cm 18
Ottenuta tagliando una lamina in origine più lunga, come indicano i quattro fori per l'affissione, situati sui lati corti, che tagliano parte della decorazione; sono inoltre presenti anche altri fori di dimensioni più piccole a testimonianza di una riutilizzazione del pezzo. La decorazione a sbalzo comprende le file orizzontali di trattini verticali lungo i bordi e, all'interno, due gruppi di tratti verticali a zig-zag, l'uno completo l'altro interrotto sul margine destro: tra i gruppi zona liscia con due archetti contrapposti. Due linee verticali corrono in corrispondenza del margine sinistro.

2.9. Frammento di lamina
Fig. 14; tav. 9
H cm 9; lungh. cm 8.3
Bordo destro di lamina, con due fori per chiodi lungo il lato corto. I bordi superiore e inferiore non sono conservati: la decorazione a sbalzo comprende due gruppi di tre strisce verticali alternati a un motivo a zig-zag.

2.10. Frammento di lamina
Fig. 15; tav. 9
H cm 6.2; lungh. cm 5.7
Bordo destro di lamina, con due fori per chiodi lungo il lato corto. La decorazione a sbalzo comprende due file orizzontali di trattini verticali lungo i bordi e all'interno due file verticali di punti alternate a tre fasci di quattro linee verticali.

2.11. Lamina rettangolare
Fig. 16; tav. 9
H cm 8.1; lungh. cm 49.5
Lamina completa con due fori per chiodi lungo i lati corti. Decorazione a sbalzo: file orizzontali di trattini verticali lungo i bordi, due file orizzontali di dodici archetti contrapposti uniti da tratti mediani verticali, che presentano nella parte superiore un punto per lato.

2.12. Lamina rettangolare
Fig. 17; tav. 9
H cm 9.5; lungh. cm 45.1
Lamina completa con due fori per ribattini lungo i lati corti. Decorazione a sbalzo: file orizzontali di trattini verticali lungo i bordi, due file orizzontali di dieci archetti contrapposti uniti da tratti mediani verticali, che presentano nella parte superiore un punto per lato.

2.13. Frammento di lamina rettangolare
Fig. 18; tav. 9
H cm 8.4; lungh. cm 45.7
Costituita da una lunga lamina, alla quale è unita con tre ribattini una seconda lamina, di altezza maggiore, con la stessa sintassi decorativa: la sovrapposizione copre in parte la decorazione della lamina più lunga. Decorazione a sbalzo: file orizzontali di trattini verticali lungo i bordi (soltanto sul bordo superiore nel caso della lamina più corta), due file orizzontali di archetti contrapposti uniti da tratti mediani verticali, che presentano nella parte superiore un punto per lato.

2.14. Frammento di lamina
Fig. 19; tav. 9
H cm 8.3; lungh. cm 15.8

Fig. 10   Cat. 2.5   1:3

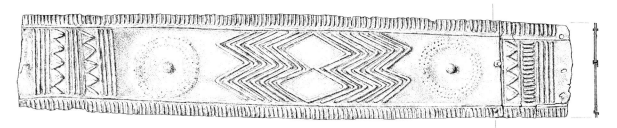

Fig. 11   Cat. 2.6   1:3

Fig. 12   Cat. 2.7   1:3

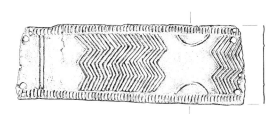

Fig. 13   Cat. 2.8   1:3

Fig. 14   Cat. 2.9   1:3

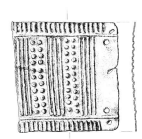

Fig. 15   Cat. 2.10   1:3

Fig. 16   Cat. 2.11   1:3

Con una lieve deformazione. Decorazione a sbalzo: una fila orizzontale di puntini lungo ogni lato e il resto di una fila verticale in basso a sinistra indicano che in origine era riprodotta una sorta di metopa, nella quale rimangono tre archetti contrapposti, due inferiori e uno superiore, uniti da due tratti verticali mediani. All'estrema destra è riprodotto un motivo stilizzato che ricorda la testa di un toro, con il muso rettangolare munito di due occhi, resi da punti sbalzati, e sovrastato da due corna falcate.

2.15. Frammento di lamina   Fig. 20; tav. 9
H cm 6.4; lungh. cm 6.4
Di forma rettangolare, presenta due fori sul lato verticale. Decorazione a sbalzo: rimangono parte della fila orizzontale di trattini verticali sul bordo inferiore e due archetti contrapposti al centro, connessi da un tratto mediano verticale, affiancato da due punti.

2.16. Disco concavo   Fig. 21; tav. 10
Diam. cm 13.9
Di forma circolare, è convesso, con la parte centrale appiattita: riproduce in maniera molto schematica un volto umano. Gli occhi sono resi con due borchie circolari forate, il naso con un foro, la bocca con due sottili costolature orizzontali, sotto le quali figura un altro foro, costituito in realtà da due fori tangenti. Integro.

2.17. Disco   Fig. 22; tav. 10
Diam. cm 3.8
Di forma circolare, presenta un foro al centro: sono sbalzate due file di cuppelle che seguono l'andamento semicircolare dei bordi. Forse faceva parte di una «maschera» non conservata, riproducente un volto umano. Integro.

2.18. Anello fuso   Fig. 23; tav. 10
Diam. cm 8.8
Di forma circolare, a sezione lievemene conica,

presenta un grande foro centrale (diam. 4 cm). Integro.

2.19. Piastra fusa   Fig. 24; tav. 10
H cm 6; lungh. cm 4.5
Integra. A clessidra, con incavi laterali di forma semicircolare, è percorsa da tre costolature, due semicircolari lungo i bordi, una verticale al centro: in alto due fori su ogni lato breve, praticati tra le costolature. La parte posteriore è piatta.

2.20. Quadrifoglio in rame   Fig. 25; tav. 10
cm 4.1 × 4.9
Integro. Con cinque fori disposti a croce greca, sui lobi e al centro: i fori sui lobi sono compresi entro cerchi concentrici sbalzati.

2.21. Borchia   Fig. 26; tav. 10
Diam. cm 3.8
Integra. Rotonda, con la faccia superiore convessa.

2.22. Borchia   Fig. 27; tav. 10
Diam. cm 3.8
Lievemente ammaccata. Rotonda, con la faccia superiore convessa.

La sintassi decorativa delle lamine a decorazione sbalzata permette di suddividere il nucleo in due gruppi, l'uno (nn. 1–10) contraddistinto dalle riproduzioni di volti umani con motivi geometrici e di zig-zag contrapposti, l'altro (nn. 11–15) caratterizzato dagli archetti contrapposti uniti dal tratto mediano, nei quali sono state riconosciute riproduzioni stilizzate di volti umani. Sin dall'edizione originaria le lamine del primo gruppo sono state accostate agli analoghi ritrovamenti effettuati in Sicilia nel ripostiglio del Mendolito di Adrano, a Sabucina e in Grecia nel santuario di Olimpia (un frammento), mentre è stata rilevata la mancanza di confronti per quelle del secondo. Caratteri comuni del gruppo di lamine sbalzate sono le riproduzioni schematiche di volti umani

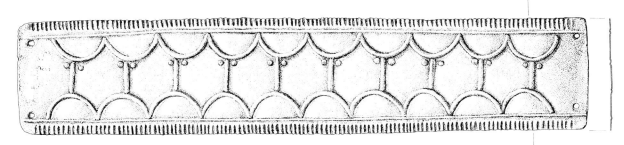

Fig. 17   Cat. 2.12   1:3

Fig. 18   Cat. 2.13   1:3

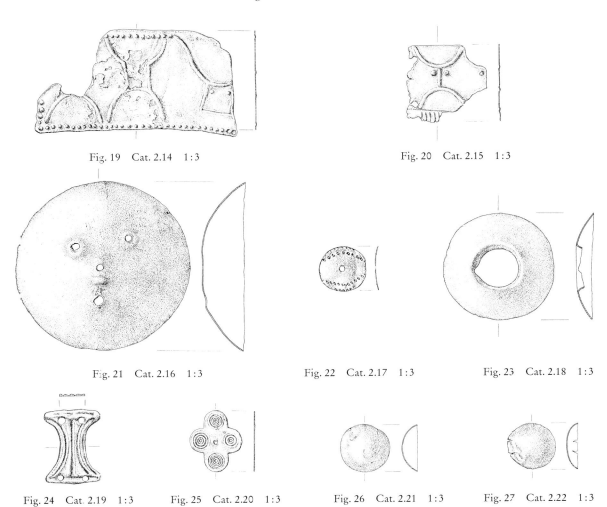

Fig. 19   Cat. 2.14   1:3

Fig. 20   Cat. 2.15   1:3

Fig. 21   Cat. 2.16   1:3

Fig. 22   Cat. 2.17   1:3

Fig. 23   Cat. 2.18   1:3

Fig. 24   Cat. 2.19   1:3

Fig. 25   Cat. 2.20   1:3

Fig. 26   Cat. 2.21   1:3

Fig. 27   Cat. 2.22   1:3

e la decorazione a zig-zag, che occorrono con particolare frequenza anche tra i materiali del Mendolito (Müller-Karpe 1959, 232, tav. 10–11; La Rosa 1991, 37, figg. 30 e 32; Albanese Procelli 1993, 170–176, tavv. 15–21) e sul frammento da Olimpia (Egg 1983, 202 e fig. 6, con bibliografia; Naso 2000c, 161): le tre lamine votive da Sabucina (Vassallo 1999, 97–98 figg. 107–109) sono contraddistinte da una riproduzione schematica del volto umano, che ha in comune con quelle esaminate anche la resa del setto nasale e delle arcate sopracciliari, rese da un'unica grande Y. Se alcuni hanno connesso le lamine del Mendolito a cinturoni (lamine rettangolari) e a corazze (lamine con riproduzioni del volto umano), il sottile spessore e la presenza dei ribattini di unione sugli elementi del contesto in esame hanno indotto M. Egg a escluderne qualsiasi uso funzionale e a privilegiarne la destinazione votiva.

In seguito V. La Rosa e R. M. Albanese Procelli hanno ribadito i confronti con i materiali provenienti dal Mendolito, interpretando i frammenti del RGZM come decorazioni di corazze o offerte votive senza una destinazione funzionale (La Rosa) oppure come cinturoni (Albanese Procelli). Il confronto istituibile tra le riproduzioni del volto umano di queste lamine e quelle di altre produzioni etrusche e italiche pressoché coeve, come l'urna cineraria da Veio (Martelli 1995, 13 e tav. 8) e l'applicazione in lamina bronzea di un elmo a calotta di produzione 'nord-picena' datato alla prima metà del VII sec. a. C. (Born, Nebelsick 1991: cfr. scheda n. 205), potrebbe però avvalorare la prima destinazione. V. La Rosa ha evidenziato il confronto con un cinturone da Terravecchia di Cuti, datato alla fine del VII sec. a. C., che a nostro avviso trova confronti in particolare con la lamina n. 2 (La Rosa 1991, 37, tav. 1 c): nella stessa località è stato in seguito rinvenuto un nucleo composto da tre cinturoni (?) e dal frammento di un quarto, inseribili comunque nella tradizione artigianale e formale dei pezzi discussi (Burgio 1993). Per questo gruppo, pur proveniente da scavi regolari, la giacitura secondaria non permette di accertare la destinazione originaria, pur se l'editore propende per la pertinenza a un deposito votivo. Un cinturone (?) in particolare presenta una decorazione a zig-zag e archetti contrapposti simile a quella delle altrimenti isolate lamine del secondo gruppo del

RGZM, trovando particolare confronto con la lamina n. 8 (Burgio 1993, 48 n. 3, figg. 9–10). Questo frammento è di particolare interesse anche per quanto riguarda la destinazione finale degli oggetti, perché è stato ottenuto tagliando una lamina in origine di maggiori dimensioni: è quindi da supporre anche un qualche uso primario per il frammento, in un secondo momento riutilizzato. Si può proporre un'analogia funzionale con i più recenti cinturoni «sannitici», che spesso presentano rattoppi e/o segni di uso prolungato (v. Kaenel 1991, 1992 e 1993; Romito 1995). Un altro importante nucleo di lamine decorate con riproduzione schematica del volto umano è stato recuperato di recente a Colle Madore di Lercara Friddi (Palermo), un sito a vocazione metallurgica identificato nel cuore della Sicilia occidentale, nel settore sicano dell'isola. Due lamine bronzee composite con il motivo del volto umano, una con protomi taurine e quattro con motivi geometrici, che ripetono in parte l'associazione del nucleo ora a Magonza, sono state considerate il deposito di fondazione di un luogo di culto risalente al terzo venticinquennio del VI sec. a. C., malgrado siano di più alta antichità, e hanno costituito lo spunto per discutere a fondo l'intero gruppo delle lamine sbalzate dalla Sicilia (Vassallo 1999, 90–111); non è da escludere che lamine decorate siano state rinvenute anche a Segesta (Vassallo 1999, 97 nota 5). L'evidenza documentata di recente in siti della Sicilia centro-occidentale ha quindi indotto alcuni studiosi a ipotizzare con la dovuta cautela che la provenienza siracusana del decontestualizzato nucleo a Magonza sia stata escogitata a posteriori e che in realtà questo ritrovamento sia da riportare a una località della Sicilia centro-occidentale (Vassallo 1999, 98; Pelagatti 2000, 21).

Sia pure con tutte le cautele del caso sembra lecito proporre anche per le lamine composite un uso funzionale, legato alla decorazione di cinturoni o corazze, che potrebbero essere stati dedicati in un santuario in un secondo momento. Nei costumi femminile e maschile in auge nella penisola italica nell'VIII sec. a. C. erano adottati vari tipi di cinturone (Albanese Procelli 1993, 175–176, da integare almeno con una lamina di Novilara, tomba Molaroni 2, edita da Beinhauer 1985, 690 n. 11, tav. 1 e con le osservazioni di de Marinis 2000 sui cinturoni di area leponzia) secondo un uso praticato almeno sino al V–IV sec. a. C. (si veda il bronzetto di guerriero n. 47, n. inv. 17017). Le lamine di maggior lunghezza (sino a 49.5 cm), dotate per di più dei soli quattro fori angolari, potrebbero invece avere destinazione soltanto decorativa; è stato però notato che la destinazione come cinturone permetterebbe di associarle alle lamine composite e considerarle anathemata di armature (Vassallo 1999, 101–102).

Un frammento di Glockenpanzer greco o di tipo greco (tav. 10,2a) non compreso tra i materiali ora a Magonza, ma rimasto al donatore, esplicitava l'allusione al mondo bellico (Egg 1983, 198–199 e 204, n. 18, fig. 4.1 e tav. 24.1); l'esibizione delle spoglie del nemico vinto ha sempre costituito nel mondo antico un motivo degno di nota, come indica di nuovo il milieu sannitico raffigurato nelle tombe pestane, che spesso riproducono un guerriero con le armi del nemico sconfitto (Pontrandolfo, Rouveret 1990).

Altri pezzi del complesso trovano confronto con i materiali del Mendolito, come la piastra anulare n. 18 (Albanese Procelli 1993, 195–196), il quadrifoglio in rame n. 20 (Albanese Procelli 1993, 250) e le calotte emisferiche nn. 21–22 (Albanese Procelli 1993, 193); la piastra da cinturone n. 19 si confronta invece con i rinvenimenti nelle tombe del Molino della Badia, di tradizione più antica (Egg 1983, 203 con bibliografia; per la cronologia La Rosa 1991, 37). La datazione del complesso a Magonza è stata posta nella fase finale della cultura di Finocchito, risalente in termini di cronologia assoluta al 730–650 a. C.; la datazione della corazza greca o di tipo greco, che trova confronti a Olimpia con materiali datati alla seconda metà del VII sec. a. C. (Egg 1983, 204–205), le nuove proposte sulla cronologia del ripostiglio del Mendolito derivate dall'edizione integrale di quel deposito, interrato nella seconda metà del VII sec. a. C. (Albanese Procelli 1993) e i dati provenienti dai contesti di Sabucina e di Colle Madore (Vassallo 1999, 107) inducono a preferire una data compresa nella seconda metà del VII sec. a. C.

BRONZETTI A FIGURA UMANA
(nn. 3–82)

3. Kouros   Tav. 11

N. inv. O. 17030   H cm 7.4

Provenienza sconosciuta; acquistato nel 1928 sul mercato antiquario a Budapest (Stürmer) con altri materiali (O. 17014 – O. 17252), tra i quali molti bronzi etrusco-italici.

Integro, superficie regolare, con patina omogenea, verde-grigiastra.

Figura eretta, con spalle pendule e braccia rigide lungo i fianchi, che sottolineano l'impostazione triangolare del corpo. Riproduzione sommaria del volto, con particolari anatomici rozzamente incisi; gli occhi e i capezzoli sono resi a cerchietti punzonati. La capigliatura ricade sulle spalle ed è caratterizzata nella parte posteriore da cerchietti incisi a punzone.

Cenno in MainzZ 24–25, 1929–1930, 110 (G. Behrens).

L'esemplare è ascrivibile alla produzione laziale della seconda metà del VI sec. a. C., analizzata e discussa di recente da A. Mazzocchi, che sulla scorta degli studi di E. Richardson (Hill Richardson 1983, 127: Kouroi, Middle Archaic, Series C, Group 2) ha distinto tre gruppi di kouroi, che con oltre 80 esemplari sinora noti costituiscono il prodotto più comune della piccola bronzistica laziale (Mazzocchi 1997, 134–151; ai bronzetti colà elencati adde Gercke 1996, 211 n. 281; Tabone 1996, 23 n. A 2, 88 n. A 75, con bibliografia; Cagianelli 1999, 141 n. 6). Per l'impostazione triangolare della figura e per l'uso dei cerchietti a punzone per occhi e capezzoli, l'esemplare in esame sembra rientrare nel terzo tipo, forte di 39 statuette (Mazzocchi 1997, 145–151, gruppo c). Un bronzetto analogo al nostro, acquisito dagli Staatliche Museen di Berlino, venne edito da K. A. Neugebauer (Neugebauer 1922, 90–91, n. 40), che ne ipotizzò la provenienza dalla stipe romana della via Portuense, dove nel 1888 furono rinvenute oltre cento statuette, che vennero vendute clandestinamente sul mercato antiquario (Colonna 1991; Mazzocchi 1997, 134–135 riassume le vicende della stipe). Una provenienza analoga si potrebbe presumere anche per questo esemplare, considerate le caratteristiche tipologiche, la località e l'anno di acquisizione sul mercato antiquario. 550–500 a. C.

4. Offerente maschile   Tav. 11

N. inv. O. 17044   H max. 8.5

Provenienza sconosciuta; acquistato nel 1928 sul mercato antiquario a Budapest (Stürmer) con altri materiali (O. 17014 – O. 17252), tra i quali molti bronzi etrusco-italici.

Integro, ma privo dell'attributo offerto nelle mani. Superficie corrosa, con patina verde scura. Volto ovale, con particolari anatomici incisi in modo sommario. Capigliatura circolare, appena rilevata. Ben piantato sulle gambe lievemente divaricate, protende le braccia in avanti, con i gomiti allargati, nell'atto di offrire un oggetto, perduto. Indicazione schematica del sesso. Masse muscolari accentuate. Tenoni sporgenti.

Inedito: cenno in MainzZ 24–25, 1929–1930, 110 (G. Behrens).

Il pessimo stato di conservazione e in specie la superficie fortemente abrasa rendono dubbia la classificazione di questa problematica statuetta di offerente, da riferire comunque a una produzione di scarso profilo artistico: se la solida struttura corporea potrebbe derivare da un gruppo diffuso in epoca arcaica nell'Etruria settentrionale che per la buona esecuzione potrebbe costituire il modello colto (Hill Richardson 1983, 128–132, Kouroi, Middle Archaic, Series D, figg. 277–288, in particolare nn. 1–3. Per l'esemplare da Cortona si veda anche Cagianelli 1992, 46 n. 12) e se la posizione delle braccia non è dissimile da quella dell'augure con il lituo dal deposito votivo del Niger Lapis a Roma (da ultimi A. De Santis, in: Roma 1990a, 56, n. 3.1.23, tav. II e Mazzocchi 1997, 133–134, n. 1), la testa a pallottola, le masse muscolari arrotondate e l'iconografia in complesso generica inducono alla prudenza, non facendo escludere una datazione estesa sino al periodo ellenistico.

5.   Guerriero (Laran?) in assalto   Tav. 11
N. inv. O. 8959   H cm 10.5
Provenienza sconosciuta; acquistato nel 1916 presso un collezionista a Strasburgo (R. Forrer?). Mancante del cimiero, delle mani, della lancia, dello scudo e del piede sinistro.
Stante sulla gamba destra, con la sinistra flessa in avanti. Braccio destro sollevato all'indietro, per scagliare la lancia, braccio sinistro piegato in avanti per sorreggere lo scudo, inserito in un foro, parzialmente conservato. Particolari anatomici del volto con linee incise, irregolari; naso prominente. Elmo con paraguance abbassati, dotato di una fessura superiore per l'inserimento del lophos di riporto; corta tunica.

Hill Richardson 1983, 176, n. 6, fig. 401–402 (Warriors, Late Archaic, Series A, Group 1); Egg, Pare 1995, 156 n. 20.

La statuetta è inseribile nella serie raccolta da M. Martelli intorno al «Marte» di Ravenna: si tratta di guerrieri in assalto, armati di lancia alzata nella mano destra, e di scudo tenuto sul braccio sinistro, che vestono un Glockenpanzer e un elmo con lophos. Il gruppo, attribuito al milieu volsiniese, risente però di un'originaria ispirazione vulcente, come dimostra il rinvenimento nelle tombe di questa città di intere panoplie, simili a quella indossata dai personaggi raffigurati nelle statuette: si tratta forse delle prime raffigurazioni della divinità etrusca della guerra, da identificare con Laran, equivalente al Marte del pantheon romano (Martelli 1983), le cui immagini verranno dedicate a lungo nei santuari etruschi (Bentz 1992, 192–194 per i bronzetti ellenistici). Terzo quarto del VI sec. a. C.

6.   Marte in assalto   Tav. 11
N. inv. O. 36086   H max. cons. cm 13
Provenienza sconosciuta; catalogato nel 1958 dai vecchi fondi del RGZM.
Privo della lancia, del braccio sinistro, della gamba destra sopra il ginocchio (la cui integrazione è di epoca moderna) e del piede sinistro. Una paragnatide è priva della punta. Superficie regolare, patina omogenea, verde scura.
Indossa un elmo, con alto lophos semicircolare e paragnatidi sollevate, una corta corazza liscia, con ogni verosimiglianza una casacca di pelle che la-

scia scoperto il sesso, e lo schiniere nella gamba sinistra (l'unica conservata). Il cimiero dell'elmo è decorato sulla parte sinistra da una corona di denti di lupo (in basso) e da file verticali di puntini, disposte irregolarmente; sulla parte destra compare soltanto una fila di puntini. Il braccio destro è sollevato all'indietro per sostenere la lancia, mentre il sinistro era forse piegato in avanti, per reggere lo scudo. Volto allungato, occhi grandi, naso robusto e pronunciato, labbra piccole, serrate.

Maule 1994a, 33–34, 41 n. 3, tav. 2.1 (The Strong Jaw Master).

La statuetta sembra accostabile all'ambiente umbro-meridionale, in base al confronto con le opere migliori del nucleo raccolto in Colonna 1970, 72–76, nn. 160–174 intorno all'esemplare più colto (n. 161, tav. 44); Hill Richardson 1983, Warriors, Late Archaic, Series C, Group 1, 188–190; in seguito è stata attribuita da Q. Maule all'attività di un artigiano, denominato The Strong Jaw Master in base alla conformazione degli zigomi, insieme ad altri trentaquattro bronzetti, raffiguranti tutti il tipo del Marte in assalto: le diverse fogge di corazza che indossano permettono di collocarli nell'arco del V secolo a. C., tra il 500 e il 430 a. C. Molto simile al bronzetto in esame è un esemplare conservato al Louvre (n. inv. 280), anch'esso con casacca di pelle e schinieri. Se le osservazioni sulla cronologia avanzate dallo studioso americano appaiono condivisibili, discutibile appare invece la pretesa di attribuire al medesimo artigiano una serie di bronzetti che pur inseriti nella stessa tradizione formale riflettono varie tendenze, sia colte che popolari. V sec. a. C., forse nella prima metà.

7.   Marte in assalto   Tav. 11
N. inv. O. 8958   H max. cons. cm 16.3
Provenienza sconosciuta; acquistato nel 1916 sul mercato antiquario a Strasburgo (R. Forrer).
Mancante della gamba sinistra e dei piedi, nonché degli attributi (cimiero, lancia, scudo). Superficie liscia, con patina omogenea, di colore verde intenso. Nudo, indossa il solo elmo, costituito da una prominenza della testa, con due solcature alla base e una fessura centrale sulla sommità per alloggiare

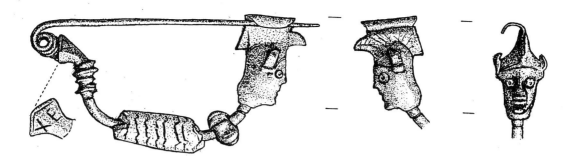

Fig. 28   Cat. 9   1 : 1

il cimiero di riporto. Corporatura filiforme, con indicazione dei capezzoli, di una collana (?), dell' ombelico e del sesso.

Hill Richardson 1983, 191, n. 7, figg. 442–443 (Warriors, Late Archaic, Series C, Group 3).

Il caratteristico profilo quasi filiforme trova confronto in una statuetta del Museo di Ancona (n. inv. 517) riferita all'ambiente umbro-settentrionale (Colonna 1970, 65 n. 136, tav. 35), al quale si riferisce anche un esemplare edito di recente, che presenta la stessa caratteristica impostazione del torso della figura (Genève 1993, 250, n. 150): il braccio destro, alzato a brandire la lancia, assume nei tre bronzetti una simile sagoma semicircolare, del tutto peculiare, mentre il sinistro pressoché teso sopporta il peso dello scudo. Vicini anche alcuni bronzetti della stipe di Cagli, sia fusi e di maggiore impegno formale (Colonna 1970, 42 n. 57, tav. 16) sia in lamina (Colonna 1970, 65 n. 137, tav. 35). V sec. a. C.

8. **Testa elmata**   Tav. 12
N. inv. O. 28850   H max. cons. cm 8.5
Provenienza sconosciuta; acquisita nel 1935 dal Museo di Worms.
Superficie regolare, con patina omogenea, verde scura.
Della statuetta rimane soltanto la testa sino al collo: l'elmo attico con alto lophos e paraguance alzati, decorato alla base del cimiero da denti di lupo, la caratterizza come riproduzione di Laran o di Menerva. Il volto presenta tratti marcati, quali grandi occhi, naso prominente e labbra piccole, ma carnose.

Inedita.

La testa è da attribuire all'ambiente umbro-meridionale, come indica il confronto con una serie raccolta da E. Hill Richardson (Hill Richardson 1983, Warriors, Late Archaic, Series B, Group 3A). V–IV sec. a. C.

9. **Testa elmata, reimpiegata in una fibula**
Fig. 28; tav. 12
N. inv. O. 16278   H max. cons. cm 2.2
Provenienza sconosciuta; acquistata nel 1929 sul mercato antiquario a Roma (G. Simotti Rocchi). Tagliata in basso in corrispondenza del collo. Superficie regolare, con patina omogenea color rame. Elmo con lophos (la parte superiore è stata asportata e sostituita con una lamina più sottile, la parte posteriore è tagliata) e paraguance sollevati. Indicazione schematica degli occhi con cerchietti, naso poco pronunciato e labbra sottili, appena delineate.

Inedita.

Questa testa, reimpiegata in un pastiche moderno creato sul mercato antiquario come indica ad abundantiam la perla di pasta vitrea, sembra da avvicinare alle opere di ambiente umbro-meridionale raccolte da G. Colonna nel gruppo Montesanto (Colonna 1970, 71, tavv. 42–43) e inserite da E. Hill Richardson in una serie (Hill Richardson 1983, Warriors, Late Archaic, Series C, Group 5). V–IV sec. a. C.

10. **Orante maschile**   Tav. 12
N. inv. O. 17026   H max. cons. cm 7.7
Provenienza sconosciuta; acquistato nel 1928 sul

mercato antiquario a Budapest (Stürmer) con altri materiali (O. 17014 – O. 17252), tra i quali molti bronzi etrusco-italici.

Privo della gamba sinistra. Superficie levigata, patina omogenea, verde scuro.

Figura schematica: testa arrotondata con alto collo, spalle pronunciate e corpo pressoché filiforme, indistinto. Il volto è raffigurato su due piani obliqui, convergenti verso il centro: indicazione della bocca con una fessura orizzontale. Braccia allargate. Indicazione del sesso.

Inedito: cenno in MainzZ 24–25, 1929–1930, 110 (G. Behrens).

Per la caratteristica resa del volto con ampio uso della lima questa statuetta è assegnabile al gruppo Amelia identificato da G. Colonna (Colonna 1970, 90–94). In seguito sul gruppo si vedano almeno Càssola Guida 1978, 54 n. 39; Scarpignato 1938, 251, n. 26, tav. 4; Zamarchi Grassi, Bartoli 1988, 41 (a destra nella fotografia in basso); Tabone 1996, 61, n. A 40; Cagianelli 1999, 254–260, nn. 91–114; Caliò 2000, 154 n. 264. Si veda anche la scheda successiva. V–IV sec. a. C.

11. Uomo stante — Tav. 12

N. inv. O. 26986   H 7.4 cm

Provenienza sconosciuta; acquistato nel 1933 sul mercato antiquario a Budapest (Stürmer) con indicazione di provenienza 'Westungarn' (cfr. supra, nota 27). Bava di fusione sotto il piede destro; privo del braccio sinistro.

Figura schematica: testa con spigolo frontale, longitudinale, che indica il setto nasale e, tramite un solco orizzontale, la bocca. Occhi a cerchielli. Braccio destro teso e mano larga, con estremità appiattita. Torso e gambe sottili. Indicazione a rilievo del sesso.

Inedito.

Attribuibile al gruppo Marzabotto definito da G. Colonna (Colonna 1970, 62–64) e incrementato in seguito da R. Macellari (bibliografia in Tabone 1996, 37–38, A 12 – A 13). V–IV sec. a. C.

12. Marte in assalto — Tav. 12

N. inv. O. 17027   H cm 9.4

Provenienza sconosciuta; acquistato nel 1928 sul mercato antiquario a Budapest (Stürmer) con altri materiali (O. 17014 – O. 17252), tra i quali molti bronzi etrusco-italici.

Privo di gran parte del braccio destro; superficie regolare, patina omogenea, verde scuro.

Figura schematica in movimento, con la gamba sinistra e il braccio corrispondente protesi in avanti. Indossa un elmo con grande lophos semicircolare. Volto formato da due metà convergenti verso il setto nasale, sulle quali sono indicati gli occhi, con impronte circolari, e la bocca, con una fessura. Il braccio destro era presumibilmente abbassato e portato all'indietro. Indicazione del sesso.

Cenno in MainzZ 24–25, 1929–1930, 110 (G. Behrens);
Egg, Pare 1995, 156 n. 20.

Il bronzetto è attribuibile all'ambiente umbro-meridionale e trova confronto in particolare con un nucleo di statuette del gruppo Foligno di G. Colonna: Espèrandieu, Rolland 1959, 26 n. 13 tav. 8; Colonna 1970, gruppo Foligno (in particolare serie A, 97, n. 266, tav. 69); Càssola Guida 1978, 53 n. 38; Hill Richardson 1983, Warriors, Late Archaic, Series C, Group 6, fig. 451; Càssola Guida 1989, 34–35, n. 6; sul gruppo recentemente anche Genève 1993, 249, n. 148; Zamarchi Grassi, Bartoli 1993, 119 fig. 91; Tabone 1996, 47–51, nn. A 21 – A 26; Jurgeit 1999, 36–37 n. 32. V sec. a. C.

13. Marte in assalto — Tav. 13

N. inv. O. 37299 bis H max. cons. cm 8 cm

Privo della lancia; gambe troncate. Superficie liscia, patina omogenea, verde scura.

Braccia pressoché orizzontali, la destra priva dell'estremità, ma con tracce del foro per l'inserimento della lancia. Elmo su sostegno verticale con grande lophos semicircolare. Volto cilindrico, su due piani convergenti verso il centro, con indicazione a cerchielli degli occhi, e a fessura della bocca. Sesso a rilievo.

Inedito.

Attribuibile al gruppo Nocera Umbra, definito da G. Colonna (Colonna 1970, 100–103, in particolare nn. 288 e 291, tav. 73), al quale appartengono anche le statuette edite da Monacchi 1988, 77, tav. 35, c; Scarpignato 1988, 246 n. 1 e 248–249 nn. 11–14, tav. 4; Tabone 1996, 57–58, nn. A 34–A 37; Cagianelli 1999, 264–265 nn. 122–126 e Jurgeit 1999, 40–41 n. 36. V–IV sec. a. C.

14. Orante maschile Tav. 13
N. inv. O. 37299   H cm 5
Provenienza sconosciuta; acquistato nel 1961 da un privato a Spira.
Superficie regolare, patina omogenea verde scuro. Figura schematica, braccia allargate: la bocca è indicata con un solco, gli occhi, i capezzoli e l'ombelico tramite cerchielli, disposti irregolarmente. Sesso a rilievo. Solchi obliqui alle estremità delle braccia. Estremità inferiori appuntite.

Inedito.

Attribuibile al gruppo Esquilino definito da G. Colonna, sul quale si rimanda alla scheda successiva. VI sec. a. C.

15. Donna orante Tav. 13
N. inv. O. 17025   H cm 6.6
Provenienza sconosciuta; acquistato nel 1928 sul mercato antiquario a Budapest (Stürmer) con altri materiali (O. 17014–O. 17252), tra i quali molti bronzi etrusco-italici.
Appendici di fusione. Superficie regolare, patina omogenea, verde scura.
Figura schematica, con braccia allargate, occhi, capezzolo destro e ombelico resi a cerchietti. Solchi obliqui all'estremità delle braccia.

Inedito: cenno in MainzZ 24–25, 1929–1930, 110 (G. Behrens).

Il minuscolo bronzetto è inseribile nel gruppo Esquilino riconosciuto da G. Colonna (Colonna 1970, 103–105, in particolare 104 n. 312, tav. 71); recentemente sul gruppo Manconi, De Angelis 1987, fig. 19; Monacchi 1988, 77, tav. 35, a–b, con bibliografia della stessa; per altri esemplari: Reusser 1986, 29, n. 6.6; Scarpignato 1988, 246–252 nn. 5, 15–25 e 27–31, tav. 4; Schaffhausen 1992, 153–154, n. 9.16; Szilágyi 1992, 223–224; Genève

1993, 254, n. 153; Tabone 1996, 60, n. A 39, 62–68, nn. A 41–A 50; Cagianelli 1999, 241–253, nn. 45–90; Jurgeit 1999, 41 n. 37. Al gruppo erano pertinenti anche gli esemplari di un deposito votivo da Todi, che dopo essere confluiti nella collezione di Amilcare Ancona (Milano), passarono nelle mani di R. Forrer (Strasburgo: Forrer 1892, 26–27, tav. XIII), dal quale vennero dispersi sul mercato antiquario. VI sec. a. C.

16. Donna incedente Tav. 13
N. inv. O. 24332   H cm 8.6
Provenienza sconosciuta; acquistato nel 1932 dalla collezione Heerdt (Schloß Neuweier, Baden-Baden).
Privo dell'avambraccio destro. Superficie regolare; patina non omogenea, che alterna un verde chiaro più diffuso a macchie scure.
Gamba sinistra avanzata e braccio corrispondente appoggiato sul fianco (mano rozzamente configurata). Il braccio destro, mancante dell'avambraccio, doveva essere piegato in avanti, per porgere un'offerta. Struttura corporea solida: volto ovale, con indicazione ora appena percettibile di occhi e bocca. Indossa una lunga veste e calza calcei repandi.

Inedito.

Lo schema della statuetta è frequente nel periodo arcaico e tardo-arcaico, come indicano i confronti con i gruppi raccolti da E. Hill Richardson: quest'esemplare sembra vicino a produzioni attribuite all'ambiente padano (Hill Richardson 1983, 324–325, gruppo Hamburg): si veda in particolare un bronzetto da Campigna Santa Sofia (Forlì) ora a Genève (Romualdi 1987, 294–295, n. V 1, fig. 196). Seconda metà del V sec. a. C.

17. Kore Tav. 13
N. inv. O. 9317   H max. cons. cm 10.6
Provenienza sconosciuta; acquistata nel 1917 da un privato (Biebrich).
Priva del braccio destro e dei piedi. Superficie liscia, patina omogenea, verde.
Incedente, con il braccio sinistro lungo il corpo e la palma aperta: il braccio destro doveva essere

proteso in avanti e recare un'offerta, in analogia con la gamba corrispondente. Volto allungato, sormontato da un diadema, con occhi a mandorla, naso piuttosto lungo, labbra piccole e prominenti. Seno rilevato e busto triangolare. Indossa una lunga veste sino alle caviglie.

Inedito.

Inseribile in un nucleo raccolto da E. Hill Richardson (Hill Richardson 1983, 317–320: Kore, Late Archaic, Series C, Group 3B), questo bronzetto risale alla seconda metà del V sec. a.C.

18. Donna incedente   Tav. 13
N. inv. O. 17029   H cm 9.9
Provenienza sconosciuta; acquistata nel 1928 sul mercato antiquario a Budapest (Stürmer) con altri materiali (O. 17014 – O. 17252), tra i quali molti bronzi etrusco-italici.
Priva dell'estremità del braccio destro, quasi per intero di quello sinistro e dei piedi. Superficie regolare, con patina omogenea, verde scuro.
Volto schematico, sormontato da un grande diadema: la parte frontale è costituita da due piani obliqui, convergenti, con la sola bocca indicata tramite una larga fessura. Nuca arrotondata. Spalle cadenti, busto sottile, braccia allargate, gamba destra protesa in avanti. Indossa una lunga veste.

Inedita: cenno in MainzZ 24–25, 1929–1930, 110 (G. Behrens).

Inseribile in un gruppo enucleato da E. Hill Richardson (Hill Richardson 1983, 320: Kore, Late Archaic, Series C, Group 3C), appare simile a un bronzetto a Torcello (Tombolani 1981, 26–27, n. 7). Il gruppo trova delle connessioni con esperienze precedenti più compiute, come l'esemplare dal santuario di Ancarano di Norcia (Manconi, De Angelis 1987, fig. 16 in basso a sinistra). Seconda metà del V sec. a.C.

19. Menerva in assalto   Tav. 14
N. inv. O. 36085   H cm 8.8
Provenienza sconosciuta; catalogata nel 1958 dai vecchi fondi del RGZM.
Integra; superficie liscia, patina omogenea, verde.

Figura schematica con gamba e braccio sinistri protesi in avanti, mentre il braccio destro è sollevato all'indietro per scagliare la lancia, inserita nell'apposito foro. Gamba sinistra con il ginocchio flesso. Estremità del braccio sinistro ingrossata, per indicare il pugno chiuso. La dea indossa un elmo attico con lophos semicircolare e una lunga tunica. Volto allungato, con occhi a cerchietti e bocca a fessura. Capezzoli e ombelico resi pure a cerchietti. Sotto i piedi, che recano la ripoduzione schematica delle dita, figurano resti dei tenoni.

Behn 1920a, 108, n. 844.

Questa statuetta è attribuibile a un gruppo di ambiente umbro, al quale appartengono anche una Menerva ad Amburgo (Hill Richardson 1983, 354, n. 1, fig. 852) e un Marte in assalto in collezione privata ticinese (Genève 1993, 247, n. 145), che presentano strettissime analogie formali tanto da indurre a riunirli in un nuovo gruppo, detto di Magonza. V sec. a.C.

20. Applique (?)   Tav. 14
N. inv. O. 31068   H cm 10
Provenienza sconosciuta; acquistata nel 1941 sul mercato antiquario a Monaco di Baviera.
La statuetta è ricomposta da tre frammenti, corrispondenti alla testa, alla parte superiore e alla parte inferiore del busto: la porzione centrale si estende dalla base del collo all'area centrale del torso, comprendendo anche le braccia all'altezza dei polsi. La testa è stata saldata al collo (tracce di argento in superficie); la frattura del busto, netta, ha un profilo sinuoso. L'interno, di bronzo massiccio, è attraversato da due viti, i cui fusti spuntano sotto la base. Sulla superficie sono diffuse bolle di varie forme, dovute a imperfezioni di fusione. La patina, omogenea, è nerastra.
È riprodotta la parte superiore del corpo di una donna, con le braccia allargate all'esterno e le mani appoggiate sui fianchi, con le palme aperte. Il volto, di evidente influsso ionico, è un ovale regolare, con le guance e il collo rigonfi; i capelli, la cui imponente calotta rilevata scende sulle spalle, sono indicati da tratti ondulati sottilmente graffiti, che nella parte posteriore lasciano libera la zona centrale, di forma triangolare (riempita da graffiti con lo stesso andamento delle linee

ondulate, ma non in prosecuzione o in connessione con queste). I capelli sono fermati sulla fronte da un diadema a fascia, decorato da denti di lupo graffiti. Le orecchie non sono uguali tra loro: il sinistro è più regolare e più piccolo, mentre il destro mostra dimensioni più grandi e forma non ben delineata. Gli occhi recano un profilo a mandorla accentuato; il naso, largo, è schiacciato a causa di di un colpo ricevuto; le labbra, carnose, sono piegate in alto nel cosiddetto sorriso arcaico; le braccia, il cui diametro diminuisce in progressione verso il basso, sono piegate ad angolo pressoché retto; le mani sono poggiate sui fianchi, senza distinzione delle dita. Nella parte superiore del busto è riprodotta la decorazione del chitone (?) indossato dalla donna: sono graffite delle linee ondulate, affiancate da file di minuscoli punti, che terminano in corrispondenza di tre linee concentriche graffite sulle braccia. Sotto il collo sono graffiti due ovali, irregolari, che alludono ai pendenti di una collana. Il seno è appena pronunciato; il busto, pressoché rettilineo, tende a ingrossarsi solo sotto il punto di appoggio delle mani. L'attuale estremità inferiore della statuetta corrisponde con la frattura del busto e con l'attacco di una sorta di placchetta rettangolare (sia nella forma sia nella sezione), che sporge sulla parte posteriore: la placchetta è fratturata nella parte posteriore, mentre sembra aver conservato il margine originario sulla faccia inferiore.

MainzZ 37–38, 1942–1943 2, tav. 1 (G. Behrens); H. Jucker 1970, 200–203, fig. 11.

Questa applique doveva essere inserita in un supporto di altro materiale, presumibilmente legno: potrebbe trattarsi del sostegno dei braccioli di un sedile, come indica la documentazione nota, con riferimento a una coppia di bronzi conservata presso la Bibliothèque Nationale (A.-M. Adam 1984, 89–90, nn. 99–100), a un esemplare del Museo Gregoriano Etrusco (Cagianelli 1999, 147–148 n. 9), un sostegno dei braccioli di sedile per due appliques del Museo Gregoriano Etrusco (Cagianelli 1999, 142–146 nn. 7–8) e una enigmatica applique a San Pietroburgo, interpretata come maniglia da porta (Berlin 1988, 193 B 7. 40). La cifra stilistica richiama quei modelli del tardo arcaismo già invocati da H. Jucker nella prima edizione dell'esemplare: sarebbe in ogni caso au-

spicabile una ricerca dettagliata sull'assemblaggio del pezzo, composto da tre frammenti, per chiarire le fasi originarie di realizzazione e l'intervento recente. L'identificazione del sesso del personaggio non è del tutto univoca, ma si basa sulla presenza dei due probabili pendenti di collana incisi sul collo, frequenti nelle riproduzioni di volti femminili (per esempio nelle antefisse fittili arcaiche a testa femminile, come quella edita in Roma 1990a, 142 n. 6.3.1., tav. 13). La sporgenza posteriore potrebbe essere vista anche come un resto delle gambe e indicare che la figura era inginocchiata. Tale posizione richiamerebbe le prèfiche riprodotte sul letto funerario del tumulo di Camucia a Cortona con le braccia allargate e i gomiti in fuori, ma con le mani sul petto (Giglioli 1935, tav. 74.1 e da ultimo Cortona 1992, 49 n. 40): in quel caso si tratta del tipico gesto del compianto funebre, come insegnano le statuette in bucchero di prèfiche dal tumulo monumentale di Poggio Gallinaro (Tarquinia), risalenti almeno al secondo quarto del VII sec. a. C. (C. Petrizzi, Milano 1986, 214, n. 594 fig. 192) e le cariatidi che sostengono i calici in bucchero a partire dal prototipo monumentale, il calice in lamina bronzea da Caere già nella collezione Castellani (Colonna 1982, fig. 1, tavv. 2–3). Le mani di alcune figure femminili che fungono da cariatidi per le pissidi fittili da Castelnuovo Berardenga, della fine del VII sec. a. C., poggiano invece sui fianchi, ma a due altezze diverse l'una rispetto all'altra (E. Mangani, Siena 1985, 160–161, nn. 25–27, 28, 31, 33, 38, 41).
Per quanto riguarda il repertorio dei bronzi, a prescindere dalle serie di kouroi nudi o togati, che tengono sul fianco la mano sinistra con il relativo gomito sporgente, ma tendono di fronte il braccio destro in atto di offerta (datati da E. Hill Richardson dal primo al tardo arcaismo: Hill Richardson 1983, figg. 507–521, 225–238), si possono ricordare alcuni pezzi piuttosto particolari, come il cosiddetto Apollo a Boston (attribuito alla Campania da E. Langlotz, H. Jucker e P. J. Riis: Comstock, Vermeule 1971, 157 n. 178; per gli aggiornamenti bibliografici si veda S. Fabing, Cleveland 1988, 186–190 n. 31) e una statuetta al museo Rolin di Autun attribuita a produzione greca, di autenticità sospetta (Lebel, Boucher 1975, 11 n. 1). La posizione delle braccia trova il migliore confronto in un più recente manico di

utensile, che conosco soltanto da una foto dell'archivio del DAI di Roma (Inst. Neg. 31. 2014 „Rom, Kunsthandel"). Riproduce un uomo nudo le cui braccia sono poggiate sui fianchi in un atteggiamento assai simile a quello della statuetta in esame: le gambe, conservate solo in parte, sono incrociate, lasciando così supporre che si tratti di un danzatore o di un acrobata. Una posa analoga con i gomiti allargati e le mani poggiate sui fianchi è tenuta anche da cinque personaggi femminili dipinti su uno stamnos etrusco a figure nere conservato alle Antikensammlungen di Monaco di Baviera (n. inv. 911), recentemente attribuito da N. Spivey a un seguace del Pittore di Micali, il Pittore del Vaticano 238 (o Pittore di Caineo: Spivey 1987, 44–45, n. 7), che sembrano accingersi a danzare; in tale prospettiva anche la statuetta in esame riprodurrebbe una danzatrice.

Seconda metà del VI sec. a. C.

21. Selvans Tav. 14
N. inv. O. 36231 H cm 7
Provenienza sconosciuta; acquisto nel 1956.
Privo del braccio sinistro e della parte inferiore delle gambe. Superficie regolare, con minuscole bolle di fusione, patina omogenea, nerastra.
La figura, vista di tre quarti, incede verso l'osservatore, con la gamba sinistra piegata e avanzata, in corrispondenza del braccio destro, con il quale, sollevato all'altezza della spalla, impugna un falcetto dal manico dritto. Dalla spalla destra pende il lembo di una veste, bipartita da un solco centrale. Sommaria raffigurazione dei tratti somatici, con resa degli occhi diversa: il destro a bulbo, il sinistro con semplice incisione. La massa dei capelli è articolata da solchi e incisioni, che ne esaltano il volume. Accenno di torsione del busto, nel quale sono evidenziate le fasce muscolari del torace e dell'addome. Sesso a rilievo. Le spalle, ben tornite, recano il solco tra le scapole.
Inedito.

Sui bronzetti raffiguranti Selvans si rimanda all'esauriente rassegna di M. Bentz (Bentz 1992, 199–206, 203 per la lista), da aggiornare con l'edizione di una statuetta al Römisch-Germanisches Museum a Colonia (Ritter 1995, 398–400, n. 79) e la segnalazione di un esemplare inedito al mu-

seo Claudio Faina di Orvieto (cortese informazione dott. A. Caravale): i volumi della capigliatura permettono di confrontare quest'esemplare con il bronzetto dal santuario di Diana presso il lago di Nemi. III sec. a. C.

22. Tinia / Veiovis Tav. 15
N. inv. O. 24334 H cm 10.3
Provenienza sconosciuta; acquistato nel 1932 dalla collezione Heerdt (Schloß Neuweier, Baden-Baden).
Integro, privo solo dell'attributo nella mano sinistra (fulmine?), inserito entro l'apposito foro. Superficie regolare, patina omogenea, verde scura.
La divinità è raffigurata di tre quarti, stante sulla gamba destra, dritta e rigida, e con la gamba sinistra in avanti, flessa. La capigliatura a calotta è resa con solchi piuttosto profondi e irregolari, a S. Arcate sopracciliari marcate, occhi a mandorla, irregolari, naso proporzionato, bocca molto piccola e serrata. La testa è di dimensioni piccole, rese più evidenti da un collo taurino; la muscolatura della gabbia toracica è ampia, resa con cura dei particolari, senza essere leziosa. La divinità impugna nella destra, sollevata all'altezza della spalla, un fulmine, con tre elementi disposti in circolo attorno a una punta centrale. Dita configurate a incisioni. Attorno al braccio sinistro, allargato per bilanciare la spinta necessaria al lancio del fulmine, è drappeggiata una veste, le cui estremità a forma di losanga pendono rispettivamente al di sotto e al di sopra del braccio stesso. Pube rilevato.
Bentz 1994, 171–172, n. 1.1d, fig. 4.

M. Bentz ha recentemente considerato di produzione etrusca questa statuetta, datandola al II sec. a. C.: al gruppo raccolto dallo studioso tedesco occorre aggiungere almeno un bronzetto seminedito ora nella collezione Borgia, ma già compreso nella collezione di A. Silveri Gentiloni, formata in prevalenza da materiali provenienti da Tolentino (Falconi Amorelli 1987, 38, n. 93, tav. 50); pertinente a Veiovis risulta anche una statuetta a Como (Tabone 1996, 120–121, n. A 102). Caratteristiche analoghe mostrano un Tinia ora al Louvre, con fulmine in posa diversa (De Ridder 1915, 51, n. 312, tav. 27: n. inv. 440) e un bronzetto a Baltimora (Kent Hill 1949, 61–62, n. 124, tav. 29). Statuette che come questa raffigurano una divinità giovanile non barbata, spesso con il fulmine, provengono per lo più da santuari rurali dall'area umbro-sabellica e in minore misura dall'Etruria: per identificarle, si è fatto ricorso a quanto le fonti archeologiche e letterarie tramandano a proposito di Ve(d)iovis, una divinità che, comunque legata a Juppiter/Tinia dall'attributo del fulmine, è priva di una chiara tradizione iconografica. Si è preferito infine supporre che Ve(d)iovis, la cui diffusione sembra molto limitata, abbia assunto a Roma una parte delle funzioni di Juppiter, che altrove erano attribuite allo stesso Juppiter (Bentz 1994). Su Ve(d)iovis si vedano anche le osservazioni avanzate nell'edizione di un bronzetto conservato al British Museum, raffigurante una divinità maschile di aspetto maturo e solenne, nuda e barbata, attribuita a Veiovis malgrado la presenza della barba, che farebbe preferire l'identificazione con Juppiter (Scotto di Freca 1995). II sec. a. C.

23. Atleta in riposo con halteres Tav. 15
N. inv. O. 5258   H 9.8
Provenienza sconosciuta; acquistato il 22.2.1910 da P. Reinecke all'asta della collezione Lipperheide insieme ad altri oggetti (O. 5212 – O. 5276). Superficie regolare, tranne che sulla spalla destra (fessurazioni e forellini da fusione); patina omogenea.
Atleta stante sulla gamba destra, con la sinistra lievemente avanzata e flessa. Il braccio destro segue il profilo del corpo, mentre il sinistro, teso, è allargato; impugna nelle mani due oggetti lunghi e affusolati, interpretabili come halteres. La capigliatura, che ricade sulle spalle, è resa da corte incisioni irregolari. Occhi troppo grandi, a mandorla; naso deviato rispetto all'asse di simmetria del volto; labbra socchiuse. Muscolatura evidenziata, specie nell'ampio torace e nelle braccia. Dita raffigurate con incisioni.

Münhen 1910, 47 n. 605.

Malgrado lo stile corsivo e affrettato, evidenziato dalla resa dei grandi occhi spalancati, isolo questa statuetta rispetto a quelle già note di analogo soggetto, come il raffinato atleta da Quarata (Cristofani 1985, 269 n. 48: 460–440 a. C., con menzione di un altro bronzetto di saltatore, con le braccia sollevate, da identificare con quello descritto da Thuillier 1985, 288–289) e uno in collezione americana (Cambridge 1967, 175 n. 177: 430 a. C.), l'impostazione generale della figura e la capigliatura la collocano in un momento avanzato del V secolo a. C., epoca nella quale la raffigurazione di atleti fu particolarmente in voga in Etruria, come indicano numerose ceramiche etrusche a figure nere (Martelli 1992: sul salto in lungo Thuillier 1985, 287–294). Anche le cimase di candelabro raffiguravano atleti (Testa 1989, 209 ss., nn. 24, 79, 129), come l'esemplare dalla tomba 39 di Valle Trebba a Spina, che riproduce un saltatore in riposo con halteres (Repertorio opere d'arte trafugate in Italia VI. Gennaio–dicembre 1970, Roma 1973, 33 fig. 46). V sec. a. C.

24. Atleta (?) Tav. 15
N. inv. O. 17022   H max. cons. cm 9.8 cm
Provenienza sconosciuta; acquistato nel 1928 sul mercato antiquario a Budapest (Stürmer) con altri materiali (O. 17014 – O. 17252), tra i quali molti bronzi etrusco-italici.
Privo delle braccia e di gran parte delle gambe. Superficie abrasa e corrosa. Patina scura verdenerastra, con chiazze irregolari.
Stante sulla gamba destra, ha la sinistra flessa e avanzata, lievemente piegata. La torsione del busto e la raffigurazione delle fasce muscolari dell'addome imprimono alla figura movimento e dinamismo. Capigliatura a calotta, con il bordo ingrossato sulla fronte; volto fortemente abraso, nel quale si riconoscono a stento gli occhi, il setto nasale e le labbra, molto piccole. Notevole anche il movimento della figura nella parte posteriore, con la schiena molto arcuata e la colonna vertebrale di forma accentuata.

Inedito: cenno in MainzZ 24–25, 1929–1930, 110 (G. Behrens).

Simile per la torsione del busto a un bronzetto raffigurante Ercole giovanile a Rouen (Espèrandieu, Rolland 1959, 37 n. 45 tav. 16), per la posa e il modellato anatomico a un atleta a Udine (Càssola Guida 1989, 98, n. 40) e a un altro probabile atleta della collezione Brommer (Krumme 1989,

22–23, n.70), trova tuttavia il miglior confronto nella statuetta con iscrizione di dedica a Selvans, che costituisce il riferimento colto del gruppo (Cleveland 1988, 254–258, n.47). Per il movimento impresso alla figura e per la capigliatura sembra databile dopo la seconda metà del IV sec. a. C.–III sec. a. C.

25. Offerente maschile Tav. 15
N. inv. O. 24340   H cm 7
Provenienza sconosciuta; acquistato nel 1932 dalla collezione Heerdt (Schloß Neuweier, Baden-Baden).
Pressoché integro, ma privo del piede destro e dell'attributo riportato nella mano destra. Forte abrasione sul setto nasale. Superficie regolare, patina omogenea, verde scura.
Stante sulla gamba destra, con la sinistra leggermente flessa in avanti. Testa inclinata in avanti e verso il basso, con capelli a calotta, caratterizzati da incisioni sottili, convergenti verso il centro. Occhi a mandorla, con indicazione delle sopracciglia, naso piuttosto largo (per quanto giudicabile), labbra piccole e rilevate. Il braccio destro, piegato all'altezza del gomito, è teso in avanti, di lato, con la mano stretta intorno a un attributo, ora mancante, in origine riportato entro un foro circolare. La mano sinistra, di proporzioni esagerate, è aperta, con la palma tesa e il pollice ben distinto. Indossa un mantello, che lascia scoperto il torace (capezzoli a cerchietti), con orlo superiore ingrossato, ripiegato sulla spalla destra. Sulla schiena sono indicati il solco tra le scapole e l'orlo del mantello, il cui lembo pende dalla spalla destra.
Inedito.

La statuetta si ispira ai modelli correnti nell'ambiente provinciale etrusco-settentrionale, come indicano i confronti con il gruppo enucleato da M. Cristofani, che lo ha attribuito alla prima metà del IV sec. a. C. (Cristofani 1985, 273, n.63; Bentz 1992, 17–19, fig. 13; 70, n. 9.6, fig. 89). Questo esemplare, pur rifacendosi a quella tradizione, ne costituisce un esito attardato, come sembrano indicare lo schematismo della posa, con particolare riferimento alla mano sinistra. Altre statuette simili sono Richter 1915, 106 n.186 (con la tuni-

ca sotto il mantello); Haynes 1985, nn. 131–132; Cagianelli 1992, 58 n.34, tav. VI. La stessa posa è assunta anche da offerenti femminili (Cagianelli 1999, 199–200 n. 30). Seconda metà del IV sec. a. C.

26. Orante maschile Tav. 16
N. inv. O. 34197   H cm 7.2, 7.6 (con tenoni)
Provenienza sconosciuta; acquisito nel 1952 sul mercato antiquario a Mittenwald (dr. Lucas).
Integro, superficie regolare con rare bolle di fusione, patina omogenea, verde scura, con rari affioramenti dorati.
Stante sulle gambe affiancate, allarga lateralmente le braccia in gesto di preghiera; le palme delle mani sono aperte. Capelli a calotta compatta, solcata sulla fronte da un'incisione centrale. Indossa una tunica, che lascia scoperta parte del torace, e un mantello, con il bordo reso a trattini che formano quasi degli ovoli, raffigurati anche nella parte posteriore; il lembo del mantello ricade sul braccio sinistro. Al collo porta una collana, i cui vaghi sono caratterizzati da incisioni verticali. Tenoni sotto i piedi. Sesso non indicato; tunica aperta sul torace.
Inedito.

Il bronzetto, simile al precedente, riproduce un orante, secondo uno schema diffuso nella bronzistica votiva etrusca (Di Stefano 1975, 47 s., n.79; Zampieri 1986, 96–97, n.37). IV–III sec. a. C.

27. Offerente maschile Tav. 16
N. inv. O. 24331   H cm 9.9, 11.1 (con tenoni)
Provenienza sconosciuta; acquistato nel 1932 dalla collezione Heerdt (Schloß Neuweier, Baden-Baden).
Integro, con tenoni di fusione sotto i piedi. Superficie regolare, con rade bolle di fusione sulla testa, patina verde. Braccio destro ricongiunto, forse non pertinente.
Stante sulla gamba destra, flette la sinistra in avanti: il braccio destro è proteso in avanti, lievemente piegato, con la mano aperta, in posizione analoga, ma non del tutto simmetrica al braccio sinistro (da questa posizione derivano i dubbi sulla reale pertinenza del braccio destro ricongiunto).

Le due mani, entrambe con la palma aperta verso l'alto, non sono delle stesse dimensioni, poiché la sinistra è più grande; soltanto i pollici sono configurati. Veste un corto mantello, che gli copre soltanto la vita e le cui estremità giacciono sull'avambraccio sinistro. Panneggio con pieghe morbide e ben modellate nella parte anteriore, più secche e nervose nella parte posteriore.

Inedito.

Vicino a un bronzetto dai dintorni di Siena (Bentz 1992, 70, n. 9.5, figg. 87–88). IV sec. a. C.

28. Offerente maschile Tav. 16
N. inv. O. 8797 H cm 7.8
Provenienza sconosciuta; acquistato sul mercato antiquario a Magonza nel 1915.
Pressoché integro, ma privo del piede destro. Sotto il piede sinistro è stata applicata una placchetta di appoggio.
Stante sulla gamba destra, con la sinistra lievemente flessa in avanti. Con il braccio destro, libero dalle vesti, proteso e piegato in avanti, offre una patera con omphalos centrale, mentre nella mano sinistra, accostata al corpo, stringe un oggetto rotondo. Veste la tunica sotto il mantello, con il bordo ingrossato e con le pieghe caratterizzate da solchi profondi e irregolari, sia nella parte frontale che sulla schiena. Sulla testa, inclinata verso sinistra, la corona di capelli è resa con solchi obliqui, piuttosto netti; i lineamenti del volto sono minuti.

Inedito.

Inseribile in un gruppo enucleato da M. Bentz (Bentz 1992, 116–117, gruppo 30.2, tav. 39), questo esemplare sembra databile al III sec. a. C. per la capigliatura.

29. Offerente maschile Tav. 17
N. inv. O. 17033 H cm 11
Provenienza sconosciuta; acquistato nel 1928 sul mercato antiquario a Budapest (Stürmer) con altri materiali (O. 17014 – O. 17252), tra i quali molti bronzi etrusco-italici.

Integro. Superficie regolare, patina omogenea, verde scura.
Figura allungata: le gambe sono affiancate, il braccio destro è teso in avanti, piegato e con la mano aperta, del braccio sinistro è raffigurata la sola mano, sporgente dal corpo. Le dita delle mani sono rese da brevi incisioni rettilinee le mani, ma i pollici sono configurati. Veste una tunica e un mantello, aperto sino alla vita, che cade con larghe e morbide pieghe sia fronte che sulla schiena. Il volto è caratterizzato da grandi occhi a bulbo sbarrati, da un naso corto e robusto, da labbra carnose, dischiuse. La massa dei capelli è solcata da tratti obliqui, irregolari.

Inedito: cenno in MainzZ 24–25, 1929–1930, 110 (G. Behrens).

Per la caratteristica figura allungata e appiattita la statuetta appartiene all'ambiente etrusco-settentrionale: Falconi Amorelli 1977, 179–180, tav. 93, l; Càssola Guida 1978, 62, n. 47 (con posa invertita); Bentz 1992, 118–119, gruppo 31.2; Jurgeit 1999, 45 n. 45, con altri confronti; pertinente al gruppo anche una statuetta inedita al museo Claudio Faina di Orvieto (n. inv. 1229: cortese informazione dott. A. Caravale). III sec. a. C.

30. Devoto Tav. 17
N. inv. O. 11348 H cm 5.8
Provenienza sconosciuta; acquisito nel 1919.
Integro, superficie corrosa e poco definita, patina omogenea, verde chiara.
Stante, con il braccio destro piegato lungo il corpo e la mano stesa alla base del collo. Il braccio sinistro è evidenziato da un gonfiore del lungo mantello, che avvolge il devoto. Solchi obliqui tracciati irregolarmente sulla superficie del mantello ne rendono le pieghe soltanto nella parte anteriore, mentre la posterore è completamente liscia e piatta. Capigliatura appena accennata con un lieve rigonfiamento, occhi piuttosto infossati, tratti somatici soltanto delineati.

Inedito.

Se sono noti in Etruria bronzetti di dimensioni ridotte e di stile corsivo, paragonabile a questo

(Bentz 1992, 85, nn. 12,8–10, figg. 117–119, da Vetulonia, via dei Sepolcri, datati dalla fine del V alla metà del IV sec. a. C.), il gesto della mano destra portata alla base del collo è documentato dalle statuette del santuario del Pozzarello a Bolsena (ibidem, 39–45, Kat. 1), risalenti alla fine del III–II sec. a. C. (Acconcia 2000, 96 G 7). Questo tipo è caratteristico dell'Etruria settentrionale (Mingazzini 1932, 467 n. 31, fig. 32; Bruni 2000, 22). III–II sec. a. C.

31. Offerente maschile   Tav. 17
N. inv. O. 25846   H cm 10.2
Provenienza sconosciuta; acquistato nel 1933 a Neustadt (C. Mehlis).
Integro, con cospicue tracce dei tenoni sotto i piedi. Superficie regolare, con patina verde oliva, sulla quale affiorano chiazze nerastre.
Stante, con le gambe lievemente divaricate, il ginocchio sinistro flesso in avanti. Il volto è dominato dagli enormi occhi, incavati, che delimitano uno stretto setto nasale; la bocca, piccola e serrata, è appena accennata. Collo taurino. Indossa un corto mantello, con i bordi ingrossati, segnato da un panneggio stanco e ripetitivo. Coronato da un diadema con cinque foglie triangolari, offre con la destra tesa in avanti e di lato una patera, con la sinistra, più accostata al corpo, una pisside o un'acerra: entrambi gli elementi presentano la parte superiore quadripartita. Pollici configurati. Posteriormente sono riprodotti i capelli, con linee convergenti verso il centro della nuca, e le pieghe del panneggio, oblique.

Inedito: cenno in MainzZ 29, 1934, 89 (G. Behrens).

Appartiene a una serie molto comune e di larga diffusione nell'Italia centrale, recentemente discussa da M. Bentz (Bentz 1992, 124–125, serie 33.4, tav. 44, figg. 248–249), alla quale appartengono anche altri esemplari (Kent Hill 1949, 63–64, nn. 133–134, 136, tav. 29; Rep. opere d'arte trafugate V, 1969 [1972], 37, fig. 84; VII, 1971 [1974], 32, fig. 112; Wikander 1983a, 40; Firenze 1985, 385–386, n. 17,1.2.3; Cagianelli 1992, 74–75 n. 60, tav. XI; Tabone 1996, 156–157, nn. A 131 – A 132; Jurgeit 1999, 45–47 nn. 46–49). Seconda metà del III–II sec. a. C.

32. Offerente maschile   Tav. 17
N. inv. O. 24330   H cm 8.8
Provenienza sconosciuta; acquistato nel 1932 dalla collezione Heerdt (Schloß Neuweier, Baden-Baden).
Pressoché integro, ma privo dei piedi e di una foglia della corona. Superficie regolare, patina omogenea, verde scura.
Del tutto simile al n. O. 25846: se ne distingue per le incisioni verticali al centro di ogni foglia sulla corona e per una struttura corporea in complesso meno snella, con resa appena accennata della muscolatura toracica.

Inedito.

Questa statuetta appartiene a una serie molto diffusa (cfr. scheda n. 31), che risale alla seconda metà del III–II sec. a. C.

33. Offerente maschile   Tav. 17
N. inv. O. 17037   H cm 4.9
Provenienza sconosciuta; acquistato nel 1928 sul mercato antiquario a Budapest (Stürmer) con altri materiali (O. 17014 – O. 17252), tra i quali molti bronzi etrusco-italici.
Integro. Superficie regolare, patina omogenea, verde chiara.
La figura, con un'impostazione complessiva ondulata, offre con la mano destra sollevata in alto e di lato una patera, mentre nella sinistra accostata al corpo sostiene un oggetto informe (pisside?). Coronata con un diadema a quattro foglie, veste un lungo mantello: il panneggio è indicato sommariamente da incisioni oblique, sia sulla parte anteriore che in quella posteriore. Raffigurazione sommaria, ma completa dei tratti somatici.

Inedito: cenno in MainzZ 24–25, 1929–1930, 110 (G. Behrens).

La statuetta appartiene a una serie cospicua, le cui provenienze note rimandano all'Etruria centrale e settentrionale (Bentz 1992, 125–126, gruppo 33.5, fig. 250). Allo stesso gruppo appartengono anche altri esemplari di provenienza sconosciuta, conservati in musei stranieri (Kent Hill 1949, 63–64, n. 135, tav. 29) e italiani (Cagianelli 1992, 75 n. 61, tav. XI; Tabone 1996, 160, n. A 135). La riproduzione schematica della figura umana di questo esemplare, che si differenzia da quelli esaminati nelle schede precedenti solo in alcuni dettagli, si confronta bene con le produzioni artigianali dell'Etruria nel II sec. a. C. (Bentz 1992, 158–165). Prima metà del II sec. a. C.

34. Offerente maschile — Tav. 17

N. inv. O. 8961   H cm 9.8

Provenienza sconosciuta; acquistato nel 1916 da un collezionista a Strasburgo (R. Forrer?).

Integro. Superficie regolare, con rare cavità di fusione. Patina omogenea, verde oliva.

La figura è del tutto appiattita e schematica: stante con le gambe lievemente divaricate, il braccio destro teso di lato, con l'estremità arrotondata e ingrossata che allude alla patera; il braccio sinistro è appoggiato sul corpo, dal quale è distinto soltanto da un foro all'altezza del gomito. Corona molto schematica, con cinque foglie; tratti somatici e mano sinistra incisi in maniera sommaria. Sesso rilevato, in corrispondenza del vertice inferiore dell'inguine, segnato da un'incisione a V.

Inedito.

Il bronzetto a figura umana schematica è attribuibile all'ambiente etrusco interno e umbro e trova confronti con le offerenti femminili delle stipi di Fiesole (tempio e Villa Marchi: Bentz 1992, 52–55, fig. 45 e 47) e di Vetulonia, via dei Sepolcri (Bentz 1992, 84–86: non coronati), nonché con statuette singole, come quella con iscrizione di dedica alla dea Thanr (Cagianelli 1999, 236–239 n. 33). Recenti osservazioni e bibliografia sulla diffusione di questo tipo di bronzetti in Ricciardi 1992, 155–156, ad nn. 34–35, figg. 18–19. Si vedano anche i nn. 35–36. La datazione del gruppo è stata posta da M. Bentz al II sec. a. C. (Bentz 1992, 146–147).

35. Offerente maschile — Tav. 18

N. inv. O. 7064   H cm 8.9

Proviene dall'Etruria; acquistato a Firenze nel 1913 sul mercato antiquario (Anichini?), insieme ad altri oggetti (O. 7055 – O. 7064) per 20 lire.

Integro. Superficie regolare, patina omogenea, verde scura.

La figura è del tutto appiattita, con le gambe unite, ma distinte da profondi solchi sia nella parte anteriore che in quella posteriore; il braccio sinistro è distaccato dal busto soltanto grazie a un foro circolare. Il braccio destro è teso lateralmente, con l'estremità ingrossata che allude alla patera offerta. Il sesso non è certissimo, poiché se l'aspetto complessivo della figura richiama una donna specie per il diadema, la protuberanza in corrispondenza dell'inguine allude all'organo genitale maschile.

Inedito.

Questa statuetta è del tutto simile a un esemplare del Museo di Arezzo (Scarpellini 2001, 192–193 n. 31). II sec. a. C.

36. Offerente — Tav. 18

N. inv. O. 24341   H cm 6.6

Provenienza sconosciuta; acquistato nel 1932 dalla collezione Heerdt (Schloß Neuweier, Baden-Baden).

Integro. Superficie regolare, patina omogenea, verde scura.

Corpo del tutto appiattito con un lungo mantello solcato da pieghe irregolari, dal quale spuntano le mani, ridotte a appendici informi, con solcature orizzontali per rendere le dita. Il volto reca l'indicazione degli occhi con bulbo centrale, del naso a fascia rettilinea e delle labbra dischiuse. Il sesso non è indicato.

Inedito.

Simile a produzioni schematiche dell'Etruria settentrionale, come alcuni bronzetti di Chiusi (Maetzke 1957, 505 n. 28), Fiesole (Bentz 1992, 53, n. 4.3, fig. 45 e 55, n. 5.4, fig. 47) e a un bronzetto ora a Como, per il quale sono stati istituiti confronti con esemplari da Todi e da Bolsena (Tabone 1996, 137, n. A 113). Bronzetti a corpo appiattito, noti anche in collezioni americane (Del Chiaro 1981, 19–20, fig. 13), sono di frequente rinvenimento in Italia centrale: alcuni esemplari provengono dal tempio di Fontanile di Legnisina a Vulci (Massabò, Ricciardi 1988, 36, fig. 17a; Ricciardi 1992, 155–156, nn. 34–35, figg. 18–19). Pertinente al gruppo anche una statuetta inedita al museo Claudio Faina di Orvieto

(n. inv. 1260: cortese informazione dott. A. Caravale). Fine III–II sec. a. C.

37. Menerva stante   Tav. 18
N. inv. O. 17035   H cm 9.2

Provenienza sconosciuta; acquistata nel 1928 sul mercato antiquario a Budapest (Stürmer) con altri materiali (O. 17014–O. 17252), tra i quali molti bronzi etrusco-italici.

Integra, priva della lancia e dell'attributo tenuto nella mano sinistra (scudo?). Superficie regolare, con patina omogenea, verde scura.

Stante sulle gambe lievemente piegate in avanti con i talloni avvicinati, si appoggia alla lancia, già tenuta nella mano destra, che è sollevata all'altezza della testa; la mano è di dimensioni esagerate, con pollice in grande evidenza. Calza un elmo frigio (?), dal quale fuoriescono i capelli, resi a trattini obliqui, e un peplo, chiuso in vita, che lascia scoperte le sole braccia; il panneggio, riprodotto solo di fronte, è concentrato nella parte centrale, con pieghe vistose.

I tratti del volto sono delineati solo sommariamente: occhi a bulbo, il sinistro dei quali non finito, setto nasale ingrossato, labbra piccole, mento pronunciato.

Inedita: cenno in MainzZ 24–25, 1929–1930, 110 (G. Behrens).

Lo schema di Menerva appoggiata alla lancia prevede nella bronzistica votiva sin dal IV sec. a. C. che la lancia possa essere tenuta nella mano destra (G. Colonna, LIMC II, 1059 n. 111; Cagiarelli 1999, 224–228 n. 38) o nella sinistra (A.-M. Adam 1984, 160, n. 236), impostazione che nel III–II sec. a. C. appare più diffusa (G. Colonna, cit., 160 n. 119). Databile verosimilmente alla fine del III–II sec. a. C.

38. Guerriero o divinità in riposo   Tav. 18
N. inv. O. 17048   H cm 8.3

Provenienza sconosciuta; acquistata nel 1928 sul mercato antiquario a Budapest (Stürmer) con altri materiali (O. 17014–O. 17252), tra i quali molti bronzi etrusco-italici.

Integra, ma priva dell'attributo tenuto nella mano

sinistra. Superficie corrosa e poco definita, patina omogenea, scura.

Stante sulla gamba destra, con la sinistra flessa solo lievemente in avanti: reca il braccio destro piegato sul fianco, mentre con il sinistro impugnava una lancia, alla quale si appoggiava. Calza sulla testa un elmo a calotta e indossa un corto chitone o una corazza (?).

Inedito: cenno in MainzZ 24–25, 1929–1930, 110 (G. Behrens).

Simile a una statuetta da Talamone (Bentz 1992, 75 s., n. 10.9, fig. 100), questo esemplare risale alla fine del III–II sec. a. C.

39. Offerente femminile   Tav. 19
N. inv. O. 28384   H cm 13.3, 14.2 (con i tenoni)

Malgrado questa statuetta sia stata acquistata nel 1935 sul mercato antiquario a Köln (R. Becker) senza indicazione di provenienza, è possibile connetterla a un ritrovamento preciso, ossia la stipe votiva proveniente dal piccolo santuario rurale in località Fontana Liscia (nei pressi di Orvieto) indagato nel 1848, nel 1878 e nel 1889, raffigurata in due fotografie pervenute con il lascito di G. Körte all'Istituto Archeologico Germanico di Roma[42]. L'archeologo tedesco, che frequentò a lungo la cittadina umbra per le proprie ricerche sulle antichità etrusche, acquistò nel 1894 a Orvieto da Riccardo Mancini parte del complesso votivo per conto dell'Akademisches Kunstmuseum di Bonn, istituto dove è tuttora conservato[43], a eccezione di alcuni esemplari e della statuetta in esame, senz'altro il pezzo più rilevante del complesso.

Non si conosce il luogo di conservazione della statuetta dall'epoca del ritrovamento all'accesso in museo.

[42] Foto DAI Rom, Inst. Neg. 31.1638–1639, edite recentemente in Bentz 1992, figg. 57–58.

[43] La cursoria edizione di G. Walberg (Walberg 1987, 466, fig. 28) risulta da integrare con le osservazioni di M. Bentz (Bentz 1992, 58–63). Le informazioni sullo scavo sono in Franci 1889. Notizie biografiche su G. Körte sono fornite da C. Schwingenstein, in Lullies, Schiering 1988, 102.

Stante sulla gamba destra, con la sinistra flessa all'indietro e di lato. Offre nel braccio destro, proteso a sinistra e lievemente piegato, una grande patera mesomphalica, mentre tiene nel braccio destro sollevato e piegato di fronte a sè un oggetto piatto e circolare, quadripartito da linee incise (acerra?). Indossa sulla tunica un mantello, il cui lembo cade sull'avambraccio sinistro. Il volto, con grandi occhi infossati, naso rilevato e labbra piccole, ma carnose, è sostenuto da un collo molto lungo, sul quale è evidente una collana incisa, con un tratto orizzontale e numerosi verticali, che si insinuano nella scollatura della tunica. Il panneggio è indicato con effetto plastico da grandi pieghe morbide nella parte frontale, mentre in quella parte posteriore compaiono incisioni più rigide.

Integra, con tracce dei tenoni sotto i piedi. Superficie molto regolare, con patina verde chiara, omogenea.

G. Behrens, MainzZ 31, 1936, 69[44]; Bentz 1992, 61, n. 10, fig. 58; 147–148 (II sec. a. C.); Bonamici 1996, 11, fig. 17 (III sec. a. C.).

Il materiale della stipe votiva riprodotto nelle foto DAI è stato acquistato dall'Akademisches Kunstmuseum di Bonn, a eccezione di alcuni pezzi dei quali non conosco l'attuale collocazione (Naso 2002b).

Caratteristiche salienti della statuetta sono la capigliatura lievemene ondulata e suddivisa in due metà da una scriminatura centrale, il chitone con allacciatura molto alta sotto il seno e il mantello: questo modello di offerente è molto attestato nell'Italia centrale a partire dal III sec. a. C., con frequenza particolare tra le offerte votive restituite dal santuario di Diana a Nemi (Haynes 1960), dal quale proviene una statuetta dell'altezza di circa 100 cm che costituisce un esemplare di grande prestigio (Cristofani 1985, 274 n. 68). Questa serie, alla quale appartiene anche la cosiddetta Hygieia del Museo Gregoriano Etrusco (Buranelli, Sannibale 1998, 421–422 n. 233; Cagianelli 1999, 217–223 n. 37), è stata recentemente analizzata da M. Bentz per quanto riguarda i bronzetti pertinenti all'ambiente etrusco interno e umbro, al quale è stato attribuito anche il pezzo ora a Magonza: nello studio di S. Haynes è stata infatti notata la mancanza di una differenziazione stilistica e regionale (Bentz 1992, 146–

148). Caratteristica propria del bronzetto è comunque la collana di forma del tutto particolare: all'interno della serie sono utilizzati come ornamento per lo più il torques e il diadema, come nell'esemplare da Nemi già ricordato. La cronologia, collocata da M. Bentz al II sec. a. C., è stata in seguito rialzata al III sec. a. C. da M. Bonamici, che ha calato il bronzetto in esame in un fitto quadro di corrispondenze tra bronzi di provenienza laziale e etrusco-meridionale, attribuiti all'ispirazione di maestranze originarie del Lazio (Praeneste?): tale rapporto è confermato anche dalla statuetta in esame, che trova uno stringente confronto con un esemplare da Norba. III sec. a. C.

40. Orante femminile   Tav. 19
N. inv. O. 17045   H cm 5.6

Provenienza sconosciuta; acquistata nel 1928 sul mercato antiquario a Budapest (Stürmer) con altri materiali (O. 17014 – O. 17252), tra i quali molti bronzi etrusco-italici.

Integra, superficie regolare, patina verde scura, poco omogenea con incrostazioni biancastre.

Stante sulle gambe rette, lievemente divaricate, allarga di fronte in un rigido gesto di preghiera le lunghissime braccia, con particolare riferimento al destro: le mani hanno le palme aperte e il solo pollice configurato. I tratti del volto sono delineati in maniera sommaria: capelli a calotta incisa, occhi a puntini, naso affilato, bocca indicata da un solco accennato. Sulla tunica indossa una casacca, stretta sotto il seno.

Inedito: cenno in MainzZ 24–25, 1929–1930, 110 (G. Behrens).

Il tipo, che raffigura un'orante in un gesto di preghiera diffuso nella piccola plastica dell'Italia centrale almeno dal IV sec. a. C. (Cagianelli 1999, 193–200 nn. 29–30), ricorda esemplari dal Lazio: per la posizione delle braccia allargate trova confronto con un bronzetto di provenienza sconosciuta ora a Como (Tabone 1996, 163, n. A 138). III sec. a. C.

---

[44] «Ferner gelang uns der Ankauf einer Jünglingsstatuette mit sehr schöner grünlicher Patina, die eine Kopie nach einer Arbeit des 4. Jahrh. v. Chr. sein dürfte».

41. Offerente femminile   Tav. 19

N. inv. O. 17038   H cm 8.4

Provenienza sconosciuta; acquistata nel 1928 sul mercato antiquario a Budapest (Stürmer) con altri materiali (O. 17014 – O. 17252), tra i quali molti bronzi etrusco-italici.

Integra, con superficie regolare e bella patina verde scura, molto omogenea.

Stante con le gambe lievemente divaricate, offre una patera con il braccio destro, proteso rigidamente in avanti e di lato, mentre il sinistro è piegato lungo il busto, con il gomito nettamente sporgente dal lungo mantello. L'omphalos, decentrato, è reso con un cerchietto inciso. La testa, volta a destra, ha i tratti somatici molto minuti, concentrati al centro. Le pieghe del lungo mantello, che copre anche i piedi, sono rese da incisioni distribuite irregolarmente solo nella parte anteriore. Il bordo del mantello, ingrossato, è solcato da incisioni oblique, piuttosto profonde. La parte posteriore della statuetta è del tutto piatta.

> Inedito: cenno in MainzZ 24–25, 1929–1930, 110 (G. Behrens).

Trova un ottimo confronto con un esemplare al Museo delle Origini dell'Università di Roma (Falconi Amorelli 1964) ed è inseribile nel gruppo denominato Pretoro da P. Tabone (Tabone 1996, 122–123, nn. A 103–104, con bibliografia). Per la capigliatura con anastolé sembra databile al III sec a. C.

42. Offerente femminile   Tav. 19

N. inv. O. 17051   H cm 6.9

Provenienza sconosciuta; acquistata nel 1928 sul mercato antiquario a Budapest (Stürmer) con altri materiali (O. 17014 – O. 17252), tra i quali molti bronzi etrusco-italici.

Priva di parte del braccio destro e dell'attributo tenuto nella mano sinistra. Superficie regolare, patina scura.

La figura, un po' appiattita, stante sulla gamba sinistra con la destra lievemente flessa in avanti, volge il capo in basso e a destra. Il braccio sinistro piegato lungo il corpo è proteso in avanti, con la mano stretta intorno a un'offerta, ora mancante. Veste una tunica e un mantello, il cui lembo ricade sull'avambraccio sinistro. Il sobrio panneggio è reso specie nella parte anteriore con pieghe larghe e morbide, mentre è più corsivo nella parte posteriore. Il volto, i cui tratti minuti sono racchiusi nella zona centrale del viso, è incorniciato da un diadema, dal quale sporgono sulle fronte ciocche di capelli, incise con tratti obliqui.

> Inedita: cenno in MainzZ 24–25, 1929–1930, 110 (G. Behrens).

Questo bronzetto appartiene a una serie ispirata a prototipi simili, ma di maggiori dimensioni dell'altezza di circa 11 cm (Bentz 1992, 103–104, gruppo 22.2, figg. 163–165), databili nell'ambito del II a. C. (ibidem, 146–148).

43. Offerente femminile   Tav. 20

N. inv. O. 17036   H cm 7.3

Provenienza sconosciuta; acquistata nel 1928 sul mercato antiquario a Budapest (Stürmer) con altri materiali (O. 17014 – O. 17252), tra i quali molti bronzi etrusco-italici.

Integra. Superficie regolare, patina omogenea, verde scura.

Stante, con la gamba destra lievemente flessa e arretrata, offre nel braccio destro, sollevato di lato e piegato in avanti, una patera (con quattro segni irregolari sulla faccia superiore), mentre nella mano sinistra, accostata al busto, tiene una pisside o un'acerra. Sul volto, coronato da un diadema con tre elementi, spunta una frangia dei capelli, raffigurati in modo sommario sulla nuca con incisioni verticali. Tratti somatici minuti. Il panneggio della veste è indicato in maniera molto dettagliata, anche nella parte posteriore, con pieghe mosse e di varia profondità.

> Inedita: cenno in MainzZ 24–25, 1929–1930, 110 (G. Behrens).

Il tipo, caratteristico per il diadema a tre lobi e l'abbigliamento, è noto in numerosi esemplari, raccolti da Cagianelli 1992, 79–80, n. 71, tav. 12 (con ampi confronti); Bentz 1992, 104, gruppo 22.3, figg. 168–169; Tabone 1996, 169, n. A 144 (con lievi differenze nel panneggio); Jurgeit 1999, 47–48, n. 50. Seconda metà del II sec. a. C.

44. Offerente femminile　　　　**Tav. 20**

N. inv. O. 24344　　H cm 4.7

Provenienza sconosciuta; acquistata nel 1932 dalla collezione Heerdt (Schloß Neuweier, Baden-Baden).

Rimane la sola parte superiore del busto, dalle braccia al volto. Superficie regolare, patina omogenea, verde scura, con incrostazioni terrose. Del tutto simile al n. 43, anche nei dettagli del panneggio e della capigliatura.

  Inedita.

Si veda una statuetta a Milano (Tabone 1990, 81 n. 57). Seconda metà del II sec. a. C.

45. Offerente　　　　**Tav. 20**

N. inv. O. 25813　　H cm 6.9

Provenienza sconosciuta; acquistata nel 1933 a Neustadt (C. Mehlis), già nella collezione del colonnello v. Gemmingen.

Integra. Superficie consunta, specie sul volto e nella parte inferiore del corpo. Patina verde scura, omogenea.

Posa del tutto rigida: con il braccio destro, atrofizzato, offre una patera, del tutto indistinta dalla mano vera e propria, mentre il braccio sinistro non è configurato se non per la mano che sporge dal fianco corrispondente, aperta, con il pollice ben definito. Veste un lungo mantello, con panneggio indicato sommariamente da tratti obliqui irregolari. Sulla sommità della testa reca un diadema a tre foglie, del tutto informi. Tratti somatici dominati da un naso troppo grande; occhi a bulbo. Nella parte posteriore figura soltanto un'incisione obliqua che allude al panneggio.

  Inedita: cenno in MainzZ 29, 1934, 89 (G. Behrens).

L'esemplare mostra i caratteri tipici di una serie numerosa definita di recente da M. Bentz (Bentz 1992, 128–129, gruppo 33.7, figg. 260–261), alla quale appartengono anche altri esemplari (per esempio Richter 1915, 103–104, nn. 177–178; Wikander 1983a, 39), che si distinguono per una riproduzione approssimata della figura umana, nella quale non è indicato con chiarezza neppure il sesso. II sec. a. C.

46. Offerente femminile　　　　**Tav. 20**

N. inv. O. 17031　　H cm 6.3

Provenienza sconosciuta; acquistata nel 1928 sul mercato antiquario a Budapest (Stürmer) con altri materiali (O. 17014 – O. 17252), tra i quali molti bronzi etrusco-italici.

Integra, ma con il diadema spezzato. Superficie regolare, patina omogenea, verde oliva.

Avvolta in un lungo mantello, il cui panneggio è caratterizzato solo frontalmente da profondi solchi irregolari, porge con il braccio destro, del tutto atrofizzato, una patera (mano indistinta), mentre il braccio sinistro non è configurato, se non per la mano, aperta, con il pollice in evidenza. Dalla parte inferiore del diadema, che contava una foglia più grande al centro e due minori sui lati, sporgono i capelli, resi con un fitto tratteggio verticale. La parte posteriore è del tutto piatta.

  Inedito: cenno in MainzZ 24–25, 1929–1930, 110 (G. Behrens).

Malgrado l'indicazione dei tratti somatici sia meglio accurata, questo esemplare è vicino a un gruppo etrusco-umbro riconosciuto da M. Bentz (Bentz 1992, 128–129, gruppo 33.7, figg. 260–261), accresciuto da P. Tabone (Tabone 1996, 160), C. Cagianelli (Cagianelli 1999, 236–239 n. 43; Buranelli, Sannibale 1998, 415 n. 227) e F. Jurgeit (Jurgeit 1999, 85 n. 115), che M. Bonamici ha considerato di origine laziale (Bonamici 1996, 11 note 83 e 87). II sec. a. C.

47. Guerriero　　　　**Tav. 20**

O. 17017　　H cm 9.5

Provenienza sconosciuta; acquistato nel 1928 sul mercato antiquario a Budapest (Stürmer) con altri materiali (O. 17014 – O. 17252), tra i quali molti bronzi etrusco-italici.

Integro, ma privo dell'estremità della mano sinistra e degli attributi tenuti in entrambe le mani. Superficie viziata da imperfezioni di fusione; patina omogena, nerastra (applicazione recente di cera?).

Posa simile a un Ercole in assalto: stante sulla gamba destra, tesa, flette in avanti la sinistra, con il braccio destro sollevato e piegato all'indietro, per brandire un'arma, perduta. Il braccio sinistro lievemente flesso all'altezza della spalla bilancia lo sforzo espresso dal destro. Capelli a calotta, con solchi verticali; fronte bassa; volto affilato, con grandi occhi incavati, naso largo e labbra carnose. Indossa una casacca di cuoio, stretta in vita da un cinturone metallico, del quale sono raffigurati la chiusura frontale, costituita da una coppia di ganci, e i bordi ingrossati per la cucitura al supporto di cuoio. Gambe tozze, con linea frontale spigolosa; due tratti obliqui a V con il vertice in basso segnano sulla casacca la linea dell'inguine.

Inedito: cenno in MainzZ 24–25, 1929–1930, 110 (G. Behrens).

La statuetta riproduce un guerriero sabellico con casacca di pelle e cinturone, il costume tipico del periodo arcaico (Colonna 1970, 133–136, nn. 394–403: pertinente al gruppo anche un bronzetto a Matera: Matera 1976, 117, tav. 35.3). Guerrieri italici occorrono spesso tra le offerte votive, come dimostrano il celeberrimo Marte al Louvre, che sulla corta casacca di pelle indossa la corazza a tre dischi (Colonna 1970, 135–136 n. 402, tavv. 96–97), i bronzetti da Roccaspinalveti, uno con casacca lunga sino alle ginocchia e cinturone (Franchi Dell'Orto, La Regina 1978, 377 tav. 181, con bibliografia precedente), l'altro con casacca più corta senza cinturone (Franchi Dell'Orto, La Regina 1978, 377 tav. 180); quindi l'esemplare dal Mendolito di Adrano con casacca di pelle e cinturone (La Rosa 1991, fig. 37) e, seguendo Bentz 1994, 173, almeno altre due statuette, rispettivamente a Rouen (Espèrandieu, Rolland 1959, n. 2 tav. 1: la casacca non risulta chiaramente sulla foto) e a Stuttgart (Hafner 1958, 12 n. 44, senza foto). In seguito R. Papi ha segnalato un esemplare inedito al museo di Chieti (n. inv. 14104: Papi 1992, 1054) e G. Colonna ha notato come la tunica e il cinturone siano il costume tipico non solo dei guerrieri, ma degli individui di sesso maschile in generale, bambini e vecchi compresi (Colonna 1997b, 68–71). Recentemente sono stati raccolti anche i bronzetti di guerriero vestiti di corazza anatomica (Hill Richardson 1996). V–IV sec. a. C.

48.–74. STATUETTE DI ERCOLE

La produzione delle statuette di ambiente sabellico è dominata dal tipo dell'Ercole, il cui culto secondo alcuni potrebbe essere stato trasmesso dalla Campania etrusca e da Roma alle popolazioni osche (Campanile 1992, 287–288; van Wonterghem 1992; Genovese 2000, 341–346 per la Calabria preromana). Per il periodo arcaico e tardo-arcaico è sempre fondamentale l'analisi della documentazione operata da G. Colonna, che ha effettuato la suddivisione in gruppi e serie (Colonna 1970), integrata da successive ricerche, con particolare riferimento al libro di A. Di Niro (1977), nel quale viene presentato un cospicuo numero di pezzi. Per il periodo ellenistico manca una raccolta sistematica, ma i gruppi fondamentali sono stati delineati da G. Colonna (Colonna 1975), che è più volte intervenuto sul tema (sino a Colonna 1997b).

48. Ercole in assalto   Tav. 21
N. inv. O. 8794   H cm 9.7
Provenienza sconosciuta; acquistato sul mercato antiquario a Magonza nel 1915.
Integro. Superficie regolare, con patina pressoché omogenea (verde scura, ma con chiazze nerastre). Posa consueta: stante sulla gamba destra, con la sinistra avanzata, flessa. La clava è dietro la testa. Capelli a calotta, resi con incisioni regolari. Fronte bassissima; occhi caratteristici, con due semicerchi accanto al setto nasale, piuttosto sottile, ma prominente. Bocca appena accennata. Capezzoli e ombelico indicati con cerchietti incisi; linea del torace delineata. Braccia massicce, esageratamente sviluppate; dita rese a incisioni irregolari. Profilo tagliente delle gambe, con stinchi e cosce affilati. Pube a rilievo. Leonté di forma trapezoidale, con frangia centrale.

Inedito.

Di ambiente sabellico, è attribuibile al Maestro Rapino (Colonna 1970, 137–140; Di Niro 1977, 27, n.1). V–IV sec. a. C.

49. Ercole in assalto Tav. 21

N. inv. O. 14003   H max. cons. cm 8.5

Provenienza sconosciuta; acquistato nel 1927 da un collezionista privato a Monsheim (dr. Fliedner).

Privo delle braccia e dei piedi. Superficie regolare, con patina pressoché omogenea (verde scura, ma con chiazze nerastre).

Posa consueta: stante sulla gamba destra, con la sinistra avanzata, flessa. Capelli a calotta, resi con incisioni regolari. Fronte bassissima; occhi caratteristici, con due semicerchi accanto al setto nasale, piuttosto sottile. Bocca appena accennata. Capezzoli e ombelico indicati con cerchietti incisi; linea del torace nettamente delineata. Profilo tagliente delle gambe, con stinchi e cosce affilati. Pube a rilievo.

MainzZ 23, 1928, 8 (G. Behrens); Behn 1920a, 109, n. 855 (Copia 9352).

Del tutto simile al n. 48 (n. inv. O. 8794), al quale si rimanda. V–IV sec. a. C.

50. Ercole in assalto Tav. 21

N. inv. O. 5257   H cm 6.2, 7.5 (clava)

Provenienza sconosciuta; acquistato il 22.2.1910 da P. Reinecke all'asta della collezione Lipperheide insieme ad altri oggetti (O. 5212 – O. 5276).

Integro. Superficie regolare, patina bruna.

Posa consueta: stante sulla gamba destra, dritta e rigida, con la sinistra avanzata e flessa. Capelli a calotta, resi a incisioni solo sulla fronte. Fronte bassissima, occhi a cerchietti, naso prominente, bocca appena accennata. Nella destra brandisce la clava, contraddistinta da nodi disposti con regolarità. Dal braccio sinistro pende la leonté riprodotta in modo schematico, di forma allungata; mano sinistra resa con un solco obliquo. Sesso rilevato, in evidenza. Profilo affilato della coscia e dello stinco sinistro.

München 1910, 46 n. 594.

Di ambiente sabellico, è vicino al gruppo Biel distinto da G. Colonna (Colonna 1970, 147–148 n. 447, tav. 107). Allo stesso gruppo sembrano attribuibili anche altri bronzetti di provenienza sconosciuta (Kent Hill 1949, 45 n. 91 tav. 23, di dimensioni analoghe; esemplare del Reiss-Museum a Mannheim esposto nella mostra 'Italien vor den Römern', ma non compreso nel catalogo Mannheim 1996). V–IV sec. a. C.

51. Ercole in assalto Tav. 21

N. inv. O. 17021   H cm 11.4

Provenienza sconosciuta; acquistato nel 1928 sul mercato antiquario a Budapest (Stürmer) con altri materiali (O. 17014 – O. 17252), tra i quali molti bronzi etrusco-italici.

Integro, ma privo della clava, spezzata. Superficie scabra, con patina non omogenea, chiazzata.

Posa consueta: stante sulla gamba destra, rigida, con la sinistra avanzata, piegata. Capelli a calotta, con solchi incisi regolarmente; fronte bassa, grandi occhi, naso sottile, labbra piccole. Sul torace è evidente la linea alba; pube a rilievo, gambe proporzionate, con stinchi lievemente affilati. Leonté di forma schematica, triangolare, e minuscolo arco. Le dita sono tralasciate.

Inedito: cenno in MainzZ 24–25, 1929–1930, 110 (G. Behrens).

La statuetta di ambiente sabellico appartiene al gruppo Baranello definito da G. Colonna, largamente diffuso nell'Italia centrale nell'ambito del ciclo che comprende anche altri gruppi sino al Campobasso (Colonna 1970, 158 n. 483, tav. 120; Di Niro 1977, 64–65 n. 35; Tabone 1996, 95–97, nn. A 81 – A 83). Di recente sono stati editi almeno i seguenti esemplari: Jerusalem 1991, 132–133, n. 144; Berger 1994, 312, AI 381, fig. 139 a–b; Gercke 1996, 205 n. 268; Barbera 1999, 89 n. 12. Tra gli esemplari inediti almeno una statuetta al Museo Claudio Faina di Orvieto (n. inv. 1186: cortese informazione dott. A. Caravale) V–IV sec. a. C.

52. Ercole in assalto Tav. 21

N. inv. O. 8795   H max. cons. cm 10.6

Provenienza sconosciuta; acquistato sul mercato antiquario a Magonza nel 1915.

Privo della clava e della mano sinistra. Superficie regolare con rade bolle di fusione, patina omogenea, colore scuro.

Posa consueta, ma legnosa: stante sulla gamba

destra, con la sinistra piegata in avanti. Capelli a calotta, fronte bassissima, naso aquilino, bocca piccola. Capezzoli a bottoncino; torace con largo solco verticale al centro, definito inferiormente da una linea retta. Gambe proporzionate, ma angolose, con stinchi e cosce affilate. Pube sottile, quasi affilato.

Inedito.

Di ambiente sabellico, è forse ascrivibile al gruppo Sulmona, in base al confronto con un esemplare a Cortona (Cagianelli 1992, 89, n. 90, tav. 16). Si veda anche il n. 51 (n. inv. O. 17021). V–IV sec. a. C.

53. Ercole in assalto Tav. 22
N. inv. O. 36087   H cm 10
Provenienza sconosciuta; catalogato nel 1958 dai vecchi fondi del RGZM.
Integro, superficie regolare, patina omogenea, nera (applicazione recente di cera?).
Posa consueta: stante sulla gamba destra, tesa, con la sinistra lievemente flessa. Il braccio destro, piegato e sollevato, brandisce la clava, caratterizzata da incisioni a V piuttosto larghe e profonde; sul sinistro, piegato, poggia la leonté, di forma schematica, con estremità appuntita. Capelli riprodotti con solchi irregolari, occhi resi a puntini, naso piuttosto largo, bocca piccola con labbra sottili. Capezzoli e ombelico resi con puntini, sesso appuntito.

Egg, Pare 1995, 156 n. 20.

Di ambiente sabellico, è vicino al gruppo San Severino (Colonna 1970, 161–163). V–IV sec. a. C.

54. Ercole in assalto Tav. 22
N. inv. O. 8792   H cm 11.7
Provenienza sconosciuta; acquistato sul mercato antiquario a Magonza nel 1915.
Mancante dell'estremità del braccio destro, del piede corrispondente, della frangia centrale della leonté e dell'arco, riportato nell'apposito foro. Superficie regolare, patina omogenea verde scura.
Posa consueta: stante sulla gamba destra, con la sinistra avanzata, flessa e lievemente piegata. Ca-

pelli a calotta, resi con cura: sulla fronte sono sfrangiati con grandi solchi, sulla parte superiore e sulla nuca sono invece caratterizzati da sottili incisioni. Il volto è dominato dagli occhi troppo grandi, a bottone riportato con un puntino centrale per evidenziare la pupilla. Naso molto largo, bocca semiaperta, con il labbro inferiore in evidenza. Capezzoli a bottone; muscolatura addominale con fasce orizzontali. Puntini sulla leonté per rendere il vello della fiera. Dita rese con striature. Piede destro su una base di lamina bronzea.

Inedito.

Di ambiente sabellico, è vicino al gruppo Lama dei Peligni (Colonna 1970, 171 n. 538, tav. 134). V–IV sec. a. C.

55. Ercole in assalto Tav. 22
N. inv. O. 37298   H max. cons. cm 7.2
Provenienza sconosciuta; acquistato nel 1960 sul mercato antiquario a Spira (G. Wink).
Integro, ma con la clava spezzata.
Posa consueta: stante sulla gamba destra, con la sinistra avanzata, flessa. Capelli a calotta, striati, fronte molto bassa, naso pronunciato. Occhi e ombelico resi a cerchietti. Nelle braccia viene tralasciato il gomito. Torso troppo lungo rispetto alle gambe. Leonté schematizzata, di forma quasi triangolare. Sesso a rilievo.

Inedito.

Di ambiente sabellico, è vicino al gruppo Campobasso (Maetzke 1957, 505 fig. 29; Colonna 1970, 175 n. 561, tav. 137; Jurgeit 1999, 57–58 n. 64). IV sec. a. C.

56. Ercole in assalto Tav. 22
N. inv. O. 14002   H cm 9.2
Provenienza sconosciuta; acquistato nel 1927 da un collezionista privato a Monsheim (dr. Fliedner). Integro, a eccezione della clava e del piede destro, spezzati. Inclinato all'indietro. Superficie scabra, specie sul dorso, altrimenti regolare; patina omogenea, verde scura.
Posa consueta: stante sulla gamba destra, con la sinistra flessa, lievemente avanzata. Capelli a ca-

lotta, arcate sopracciliari marcate, naso largo, bocca atteggiata quasi in un sorriso arcaico. Collo tozzo e largo, muscolature appena accennate. Sesso rilevato. Mano sinistra stretta a pugno, leonté schematica di forma trapezoidale.

MainzZ 23, 1928, 8 (G. Behrens).

Di ambiente sabellico, si può ascrivere al gruppo Cosenza, maestro B distinto da G. Colonna (Colonna 1970, 187 n.617, tav.150), sul quale è intervenuta recentemente P. Tabone (Tabone 1996, 98–99, nn.A 84–A 85). V–IV sec.a.C.

57.   Ercole in assalto   Tav.22
N.inv.O.8796   H cm 11.6
Provenienza sconosciuta; acquistato sul mercato antiquario a Magonza nel 1915.
Integro. Superficie regolare, con patina omogenea, verde scuro.
Posa consueta: stante sulla gamba destra, con la sinistra in avanti, lievemente flessa. Nella mano destra sollevata, brandisce la clava, la sinistra è vuota, stretta a pugno. Sul braccio sinistro reca una leonté di forma schematizzata, con appendice centrale più lunga. Occhi, capezzoli e ombelico resi con puntini incisi. Fronte molto bassa, bocca non configurata. Capelli a calotta, con incisioni. Muscolature non evidenziate, a eccezione dei polpacci. Sesso a rilievo.

Inedito.

Di ambiente sabellico, trova confronto con il gruppo Cosenza, maestro E (Colonna 1970, 188 n.629, tav.153), sul quale si vedano anche Di Niro 1977, 29–30 n.3 e 32–33 n.6; Tabone 1996, 98, n.A 84. Forse pertinente al gruppo anche una statuetta in Lussemburgo (Bertrang 1935, 58–59, n.23 al centro, in basso). V–IV sec.a.C.

58.   Ercole in assalto   Tav.22
N.inv.O.17018   H cm 10.7
Provenienza sconosciuta; acquistato nel 1928 sul mercato antiquario a Budapest (Stürmer) con altri materiali (O.17014–O.17252), tra i quali molti bronzi etrusco-italici.
Integro. Superficie regolare, patina omogenea verde scura, con rade chiazze dorate.

Posa poco consueta: stante sulla gamba destra, tesa, ma con la sinistra flessa di lato. La punta del piede destro è sollevata. Capigliatura raccolta entro una corona circolare, suddivisa in ciocche uguali. Occhi resi con puntini, naso pronunciato e sottile, bocca serrata. Capezzoli e ombelico resi con piccole cuppelle; sesso tronco-piramidale. Dita delle mani indicate con striature. La clava è caratterizzata con solchi irregolari; leonté schematica.

Inedito: cenno in MainzZ 24–25, 1929–1930, 110 (G. Behrens).

Di ambiente sabellico, trova confronto con esemplari a Chiusi (Maetzke 1957, 505 fig. 30), Lione, Musée des Beaux Arts (inv.L 346: Boucher 1970, 94, n.76) e a Verona (Franzoni 1980, 132, n.111). V–IV sec.a.C.

59.   Ercole in assalto   Tav.23
N.inv.O.8970   H cm 6.7
Provenienza sconosciuta; acquistato nel 1915 da un collezionista privato a Strasburgo (R. Forrer?). Privo della clava e del bracco sinistro. Superficie regolare, patina omogenea, nerastra.
Posa consueta: stante sulla gamba destra, con la sinistra flessa e vista di tre quarti. Capelli a calotta, striati, volto dominato da un naso largo, triangolare. Occhi e bocca non indicati. Busto liscio, sbilanciato all'indietro. Sesso nettamente rilevato.

Inedito.

Vicino al n.58 (n.inv.O.17018) e confronti ivi citati. V–IV sec.a.C.

60.   Ercole in assalto   Tav.23
N.inv.O.17015   H max. cons. cm 10.5
Provenienza sconosciuta; acquistato nel 1928 sul mercato antiquario a Budapest (Stürmer) con altri materiali (O.17014–O.17252), tra i quali molti bronzi etrusco-italici.
Integro, tranne per la parte inferiore delle gambe e i piedi, del tutto mancanti.
Posa consueta: stante sulla gamba destra, lievemente flessa, con la sinistra piegata in avanti, vi-

sta di tre quarti. Nel braccio destro sollevato impugna una grande clava, caratterizzata da profondi solchi, e sostiene sul braccio sinistro, piegato in avanti, una leonté molto piccola, con coda centrale più lunga. Dita delle mani rese da striature accentuate, come i capelli a calotta. Lineamenti del volto regolari, con occhi incavati, naso schiacciato, e bocca piccola, con labbra socchiuse. Torsione nel busto, spostato sulla destra dell'osservatore. Ripartizione di torace e addome segnata da solchi ben levigati. Sesso a piramide triangolare. Solco tra le natiche.

Inedito: cenno in MainzZ 24–25, 1929–1930, 110 (G. Behrens).

Simile per la posa all'esemplare della scheda successiva, non ne conosco tuttavia confronti calzanti. Databile al V–IV sec. a. C.

61. Ercole in assalto Tav. 23
N. inv. O. 17023   H cm 8.1
Provenienza sconosciuta; acquistato nel 1928 sul mercato antiquario a Budapest (Stürmer) con altri materiali (O. 17014 – O. 17252), tra i quali molti bronzi etrusco-italici.
Integro, ma privo dei piedi.
Malgrado assuma la posa consueta con la gamba destra puntata a terra, rigida e tesa, reca la sinistra vistosamente flessa in avanti, in modo da sbilanciare del tutto la figura. Impugna nella mano destra, sollevata e portata all'indietro, una piccola clava, mentre nella mano sinistra sostiene una minuscola leonté, ridotta a una losanga. Capelli a calotta, con striature convergenti verso il centro della nuca. Capezzoli e ombelico a cerchietti, sesso informe rilevato. Sulle spalle, solco tra le scapole e tra le natiche.

Inedito: cenno in MainzZ 24–25, 1929–1930, 110 (G. Behrens).

Simile per la posa all'esemplare della scheda precedente, non ne conosco tuttavia confronti stringenti. V–IV sec. a. C.

62. Ercole in riposo Tav. 23
N. inv. O. 29686   H cm 14.6
Provenienza sconosciuta; acquistato nel 1936 sul mercato antiquario a Colonia.
Integro, privo dell'attributo offerto nella mano sinistra, che non ha lasciato segni residui (a eccezione forse di una chiazza sulla spalla corrispondente, che potrebbe far pensare all'estremità superiore della clava). Superficie regolare con minuscole cavità di fusione e cricche, concentrate nella parte posteriore; patina omogenea, verde oliva, con incrostazioni nerastre.
Stante sulla gamba sinistra, con la destra avanzata e lievemente flessa, tiene il braccio destro poggiato sul fianco, con il gomito sporgente e il pugno chiuso, mentre nel sinistro, scostato dal corpo e piegato all'esterno, sorregge la leonté, offrendo nella mano aperta un attributo ora mancante, ma identificabile con certezza in un pomo. Il volto è dominato da grandi occhi spalancati, obliqui, con naso schiacciato e labbra molto strette. I capelli sono resi in modo plastico da riccioli semicircolari sulla fronte e da incisioni irregolari sulla testa. Sul busto sono indicati le fasce muscolari del torace, l'arcata epigastrica e l'inguine, con il sesso a rilievo. Resa piuttosto affilata e spigolosa delle gambe snelle, con le dita configurate in maniera rozza. La leonté reca sulla parte posteriore la raffigurazione espressiva della protome leonina.

Inedito.

Il tipo dell'offerente in riposo con il pomo si diffonde in specie dalla fine del IV sec. a. C., malgrado già in periodo arcaico fosse stato introdotto quell'attributo, ma con l'Ercole in assalto (Colonna 1970, 155–156 n. 475, tav. 117, vicino al maestro «Ansanto»). Il bronzetto in esame non sembra però rientrare nelle serie di Ercole sinora enucleate per l'età ellenistica (Colonna 1975): per la posa, già presente in opere della fine del V sec. a. C. «che rammentano il canone policleteo», come l'offerente da Monte Capra (Cristofani 1985, 271, n. 57), si veda in particolare un bronzetto al Museo Archeologico Nazionale di Firenze (sala XIV, vetrina F, secondo ripiano dall'alto, primo a sinistra nella metà destra della vetrina), simile nell'impianto generale, comprendente anche la leonté configurata a protome leonina, ma con ponderazione invertita; tra il materiale edito due bronzetti di Ercole in riposo rispettivamente a Baltimora (Kent Hill 1949, 46–47, n. 95, tav. 22) e a Rouen (Espèrandieu, Rolland 1959, 40–41 n. 56, tavv. 22–23). Per il volto con i tratti pieni e rotondi e per l'anatomia accurata, nota anche in altre statuette di Ercole in riposo come l'esemplare a Como dalla collezione Garovaglio (Tabone 1996, 138, n. A 114), questo prodotto sub-policleteo sembra databile agli anni finali del IV sec. a. C.

63.   Ercole in assalto   Tav. 24
N. inv. O. 21269   H cm 5.7, max. 7.1
Provenienza sconosciuta; acquisito nel 1931 dal Museo di Zurigo, con indicazione di provenienza dall'Ungheria, per la quale si veda quanto osservato supra (nota 27).
Integro. Superficie regolare, patina non omogenea, con una dominante verde, chiazzata di nero. Stante sulla gamba destra, con la sinistra avanzata e flessa. Tratti somatici delineati in modo sommario, con naso molto ampio e bocca spalancata. Nella mano destra sollevata brandisce la clava, che non si distingue dall'arto se non per il diametro lievemente minore e le incisioni che alludono alle dita della mano. Dal braccio sinistro pende una leonté fortemente schematizzata, romboidale; la mano corrispondente è appena configurata. Sesso rilevato.
    Inedito.

Di ambiente sabellico, è simile a un bronzetto a Heidelberg (Borell 1989, 58, n. 60, tav. 28), a uno a Vienna (Pitlik 1989, 15) n. 12, Taf. II) e a una statuetta del Reiss-Museum (Mannheim 1996, 89 fig. 17 b, al centro). Il recente rinvenimento di un esemplare analogo nella stipe votiva del santuario di Sant'Angelo di Civitella di Nesce (Pescorocchiano, RI) utilizzata dalla fine del IV alla metà del II sec. a. C. fornisce un inquadramento cronologico per la serie (Alvino 1995, 480 e fig. 16). Fine del IV sec. a. C.

64.   Ercole in assalto   Tav. 24
N. inv. O. 14001   H cm 10.2
Provenienza sconosciuta; acquistato nel 1927 da un collezionista privato a Monsheim (dr. Fliedner). Privo della clava, della mano sinistra e dei piedi. Foro cieco praticato recentemente tra le natiche. Superficie regolare, con patina pressoché omo-

genea, nerastra, ma con chiazze biancastre (forse dovute all'applicazione recente di cera?).
Posa consueta: gamba destra tesa, irrigidita, sinistra flessa in avanti. Braccio destro piegato e sollevato, per brandire la clava, in posizione frontale. Braccio sinistro piegato in avanti, per sostenere la leonté, di forma schematica rettangolare, con la coda pendula. Capigliatura a calotta compatta, con riccioli pendenti di lato. Grandi occhi a mandorla, con naso robusto, un po' schiacciato. Bocca piccola, appena delineata. Riproduzione essenziale, ma dettagliata delle fasce muscolari del torace dell'addome, con accenno di torsione del busto. Sesso molto piccolo e appuntito.
    MainzZ 23, 1928, 8 (G. Behrens).

Di ambiente ellenistico iniziale, si ascrive al gruppo Verona definito da G. Colonna (Colonna 1975, 175, fig. 5, sul quale si vedano anche Di Niro 1977, 43–44 n. 15, 68–69 n. 39 e 36–37 n. 9, 44–45 n. 16, 68–69 n. 39 e Bentz 1994, 171). Un esemplare del Römisch-Germanisches Museum di Colonia è stato edito di recente, senza esplicita attribuzione al gruppo (Franken 1995, 413, n. 8, figg. 16–17). Fine IV–III sec. a. C.

65.   Ercole in assalto   Tav. 24
N. inv. O. 24329   H cm 14
Provenienza sconosciuta; acquistato nel 1932 dalla collezione Heerdt (Schloß Neuweier, Baden-Baden).
Integro, ma privo della clava e della parte pendula della leonté (le fratture sono così levigate da far dubitare che in origine gli attributi fossero di dimensioni maggiori).
Posa poco consueta: stante sulla gamba destra, tesa, con la sinistra flessa, lievemente arretrata. Il braccio destro è sollevato, poiché nella mano corrispondente brandiva la clava, mentre il sinistro è piegato in avanti per sostenere la leonté, annodata sul torace: con la mano sinistra offre una melograna. Leonté riprodotta in modo grossolano: la protome di leone, con larga froge decentrata, ha occhi appena accennati; la pelle è decorata sulle spalle da incisioni ondulate a S, irregolari, e termina sul braccio dell'eroe. Il volto di questi, caratterizzato da tratti marcati, reca le arcate sopracciliari puttosto profonde, occhi a

bulbo, naso largo, labbra molto sottili, mento sfuggente. Masse muscolari appena accennate. Resa particolare del sesso, posto su un setto centrale con solchi laterali approfonditi. Dita dei piedi indicate da rozze striature.

Inedito.

Come un altro esemplare di ambiente sabellico (Colonna 1970, 155–156 n. 475) anche questo bronzetto sembra derivare dal gruppo Bari (Colonna 1970, 150–151, nn. 455–462; sul gruppo si veda anche Di Niro 1977, 28 n. 2, 76–77 n. 48). Per la posa si veda anche un bronzetto da Tarquinia (?) a Rouen (Espèrandieu, Rolland 1959, 39 n. 52 tavv. 20–21). Fine IV–III sec. a. C.

66. Ercole in assalto Tav. 24
N. inv. O. 8793   H. max. cons. cm 9.5
Provenienza sconosciuta; acquistato sul mercato antiquario a Magonza nel 1915.
Privo della clava e di entrambi i piedi. Superficie regolare, patina scura.
Posa consueta: stante sulla destra, tesa in avanti, con la sinistra flessa e piegata. Capelli resi da tratti nervosi, a forma di C; occhi grandi, con setto nasale sottile, ma pronunciato, labbra piccole e carnose. Sul torace linea alba e gabbia indicata con dovizia di dettagli, che comprendono anche le fasce addominali e l'ombelico. Mani strette a pugno, con dita rese da tratti incisi con cura: pollici configurati. Sesso a rilievo, con peluria a trattini. Gambe affusolate. Leonté rettangolare, con incisioni a V sulla faccia posteriore (moderne?).

Inedito.

Simile a un esemplare al Louvre (N. inv. 295: De Ridder 1915, 47, n. 288, tav. 25), rientra in un gruppo esaminato da B. Borell (Borell 1989, 57–58, n. 59, tav. 27). III–II sec. a. C.

67. Ercole in assalto Tav. 24
N. inv. O. 5256   H cm 9.6
Provenienza sconosciuta; acquistato il 22.2.1910 da P. Reinecke all'asta della collezione Lipperheide insieme ad altri oggetti (O. 5212 – O. 5276). Integro, ma privo dell'attributo impugnato nella mano sinistra (arco?). Superficie regolare, patina omogenea, verde scura. Chiodino moderno applicato sotto il tallone destro.
Posa consueta: stante sulla gamba destra, tesa, con la sinistra flessa in avanti. Capelli a calotta prominenti, caratterizzati da striature irregolari. Occhi profondamente incavati, naso sottile, ma robusto, bocca appena accennata, un po' incavata. Capezzoli a cerchietto, sesso appuntito. Gambe affusolate, ma con linea centrale angolosa e sporgente. Clava caratterizzata con solchi a V, piuttosto profondi; leonté di forma stretta e allungata.

München 1910, 46 n. 595.

Simile a un esemplare a Padova (Zampieri 1986, 74–75, n. 22) questa statuetta risale al periodo medio ellenistico. III–II sec. a. C.

68. Ercole in assalto Tav. 25
N. inv. O. 17020   H cm 9
Provenienza sconosciuta; acquistato nel 1928 sul mercato antiquario a Budapest (Stürmer) con altri materiali (O. 17014 – O. 17252), tra i quali molti bronzi etrusco-italici.
Privo della clava, della gamba destra dal ginocchio e del piede sinistro. Superficie regolare; patina omogenea, verde scura.
Stante sulla gamba destra, con la sinistra flessa in avanti. Nella mano destra, sollevata all'altezza della testa, impugnava una clava: la mano è configurata in maniera dettagliata, ma con proporzioni troppo grandi. Nella mano sinistra, ben configurata, stringe un piccolo arco; dal braccio pende una leonté, di forma allungata, con appendice di forma pressoché cilindrica per indicare la coda. La testa, con tenia, è sormontata al centro da una foglia, sporgente; gli occhi a mandorla, dominano la struttura del volto, nel quale sono indicati a rilievo il naso e le labbra, molto sporgenti. La struttura anatomica del busto, solido e ben tornito, è marcata inferiormente da due solchi a V, che segnano addome e inguine. Ombelico con un puntino. Sulle spalle, solco marcato tra le scapole e tra le natiche.

Inedito: cenno in MainzZ 24–25, 1929–1930, 110 (G. Behrens).

43

La statuetta risale al periodo ellenistico per l'impianto generale e il dettaglio dell'elemento centrale sporgente sulla testa, che viene interpretato o come allusione atrofizzata alla leonté (Ritter 1994, 466–467, n. 2) o come un richiamo alla foglia sorretta da una benda, che dal tardo arcaismo greco rimanda all'ambiente della palestra nel quale secondo alcuni si colloca anche l'efebo di Maratona (Louvre Br 163: da ultimo Lehman 1988, 291–293). Nel novero dei bronzetti italici raffiguranti Ercole non mancano gli esemplari che presentano questa appendice al centro della foglia, come ha notato A. di Niro (Di Niro 1978, 24–27). Questa statuetta non sembra inseribile in alcuno dei gruppi enucleati da Colonna 1975, ma trova confronto con un bronzetto del Museo di Campobasso (Di Niro 1978, 24–27, n. 6) e in specie con un esemplare inedito conservato nel Museo Civico Archeologico di Modena (n. inv. 379). III–II sec. a. C.

69.   Ercole in assalto   Tav. 25
N. inv. O. 28571   H cm 10

Provenienza sconosciuta; acquistato nel 1935 sul mercato antiquario a Magonza (Hartmann).
Integro, ma privo dell'estremità superiore della clava. Superficie regolare, con patina omogenea verde scura.
Gamba destra tesa e rigida, sinistra flessa e vista di tre quarti. Nel braccio destro sollevato impugna la clava, sottolineata da tacche oblique; sul sinistro è avvolta con tre pieghe la leonté, annodata sul torace e configurata in modo schematico sulla testa, con le sole orecchie; sulle spalle è solcata da incisioni semicircolari. Sul busto, del tutto piatto, è riprodotta la linea dell'inguine e l'ombelico, con un cerchietto. Gambe legnose, con le fasce muscolari in evidenza. Sesso rilevato.

Inedito.

Attribuibile all'età ellenistica, non è inseribile in alcuno dei gruppi enucleati da G. Colonna (Colonna 1975) e richiama un bronzetto del Reiss-Museum (Mannheim 1996, 89 fig. 17 b, a destra). III–II sec. a. C.

70.   Ercole stante   Tav. 25
N. inv. O. 24335   H cm 10.6

Provenienza sconosciuta; acquistato nel 1932 dalla collezione Heerdt (Schloß Neuweier, Baden-Baden).
Integro, ma privo della clava, riportata. Solco sulla guancia destra. Superficie regolare, con patina omogenea, verde chiara.
Stante sulle gambe lievemente divaricate, rigide. Solleva il braccio destro, con il gomito al di sotto delle spalle, mentre dal sinistro, piegato in avanti, pende la leonté, schematica, con la coda di forma triangolare. La mano destra non è configurata. Sul volto, racchiuso entro una corona con foglia centrale sporgente, sono raffigurati grandi occhi, naso sottile, piuttosto affilato, labbra molto strette, appena accennate. Busto dritto, senza alcun accenno alle fasce muscolari, ventre pingue, sesso appena rilevato, con linea a V sull'inguine. Sotto i piedi rimangono i tenoni di fusione, a V.

Inedito.

Attribuibile all'età ellenistica, non è inseribile in alcuno dei gruppi enucleati da Colonna 1975, ma trova confronto con Richter 1915, 96 n. 158 e con la statuetta n. 71 (n. inv. O. 33646). II sec. a. C.

71.   Ercole in assalto   Tav. 25
N. inv. O. 33646   H cm 8.6

Provenienza sconosciuta; acquistato nel 1949 sul mercato antiquario a Innsbruck (prof. Franz).
Integro, a eccezione della clava, spezzata. Superficie corrosa e irregolare; patina comunque omogenea, verde scura, con rade chiazze dorate.
Riproduzione schematica: stante sulla gamba destra, rigida e tesa, con la sinistra avanzata, lievemente flessa. Braccia sollevate, alla stessa altezza: nella destra stringe la clava, sulla sinistra è avvolta la leonté, con coda riprodotta in maniera schematica. Lineamenti indicati sommariamente: al centro della testa sporge una sorta di corno, che allude alla foglia centrale della corona. Sesso rilevato, di forma irregolare. Linea angolosa lungo le gambe. Solco tra le natiche.

Inedito.

Attribuibile all'età ellenistica, non è inseribile in alcuno dei gruppi isolati da Colonna 1975, ma trova confronto con una statuetta a Karlsruhe (Jurgeit 1999, 61 n. 72): la foglia centrale è simile a quella della statuetta n. 70 (n. inv. O. 24335, con la bibliografia citata). III sec. a. C.

72. Ercole offerente   **Tav. 26**
N. inv. O. 24333   H cm 9.3
Provenienza sconosciuta; acquistato nel 1932 dalla collezione Heerdt (Schloß Neuweier, Baden-Baden).
Pressoché integro, a eccezione della clava, dei piedi e di parte del sesso. Superficie regolare, ma con numerose cavità di fusione sulla parte posteriore; patina omogenea, verde scura.
Stante sulla gamba destra, tesa e rigida, piega in avanti la sinistra: il braccio destro, lievemente sollevato lungo il busto, era poggiato sulla clava, puntata sul terreno, mentre con il sinistro offre una melograna. Una lunghissima leonté, con incisioni lineari nella parte inferiore, annodata sul torace, è drappeggiata sul braccio sinistro; la protome leonina è molto stilizzata, con due cornetti superiori e froge appena accennata. Un'incisione verticale solca la zona centrale della leonté e della schiena. Sulla fronte fuoriescono dalla leonté dei riccioli stilizzati; lineamenti del volto piuttosto marcati, con occhi incavati, a bulbo, naso piuttosto largo e bocca, piccola, ma con labbra carnose. Il busto proteso all'indietro mette in evidenza il largo torace, la cui ripartizione anatomica è appena richiamata.

Inedito.

Questa statuetta appartiene a un tipo esaminato di recente da C. Cagianelli, che grazie ai diversi attributi ne ha riconosciuto numerose varianti (Cagianelli 1999, 234–235 n. 42). Le caratteristiche stilistiche rimandano all'ambiente tardo-ellenistico, vicino al gruppo Caramanico definito da G. Colonna (Colonna 1975, 176, fig. 10, cui appartiene anche Di Niro 1977, 74–75 n. 45), sul quale si rimanda da ultimo a Bentz 1994, 171. Si vedano anche Di Stefano 1975, 32, n. 51, tav. 13; Hamburg 1981, 122 n. 150 (non attribuito); Krumme 1989, 23–24, n. 71 (privo di leonté), Cagianelli 1992, 89–90, n. 91, tav. 16; Caliò 2000, 148, n. 253. Seconda metà del III sec. a. C.

73. Ercole in assalto   **Tav. 6,1; 26**
N. inv. O. 22351   H cm 12.8
Provenienza sconosciuta; acquistato nel 1930 a Colonia (Schmitz).
Privo del braccio destro, della mano sinistra, della gamba destra sotto il ginocchio. Patina scura, uniforme, con affioramenti dorati sulle spalle.
Del tutto simile al n. 74: se ne distacca soltanto per la posa della gamba sinistra, piegata all'interno, e per i solchi incisi sulla leonté, che in questo caso sono a traforo.

MainzZ 27, 1932, 87, tav. 14.3 (G. Behrens).

Questo bronzetto è attribuibile al gruppo Trieste, enucleato da Colonna 1975, 176, fig. 12. In seguito si vedano almeno Di Niro 1977, 54–56 nn. 25–26; Cassola Guida 1978, 29, n. 14 (bronzetto eponimo); A.-M. Adam 1984, 190, nn. 291–292; Reusser 1988, 95, E 129; J. Bouzek, Berlin 1988, 275, n. D 2. 36 per un altro esemplare (Praga, NM, inv. 4788, più grande), attribuito a produzione etrusco-meridionale di V sec. a. C. (sic). Un rendimento simile della parte posteriore della leonté caratterizza anche altre statuette, come un esemplare a Campobasso (Di Niro 1978, 48–50, n. 16); figure analoghe sono documentate anche per bronzetti di atleti (Paris 1968, n. 12). 150–90 a. C.

74. Ercole in assalto   **Tav. 27**
N. inv. O. 33643   H cm 12.8
Provenienza sconosciuta, acquisito nel 1949 sul mercato antiquario a Innsbruck (prof. Franz).
Integro, ma privo della clava (mano destra) e dell'arco (mano sinistra), riportati entro appositi fori. Foro cieco (moderno) sotto il piede destro. Superficie regolare, con rade bolle di fusione; patina non omogenea, con chiazze verdastre e affioramenti limitati dorati.
Posa consueta: stante sulla gamba destra, con la sinistra avanzata, flessa. Braccio destro sollevato, per brandire la clava, sinistro piegato in avanti e in basso per sostenere le tre pieghe della leonté, annodata sul torace. Delle spoglie del leone sono riprodotti molti dettagli: la protome ha larga froge e grandi occhi, la pelle è decorata sulle spalle da incisioni orizzontali ondulate a S, con il bordo inferiore sfrangiato e la frangia centrale più lunga. Il volto del semidio, caratterizzato da

tratti minuti, reca le arcate sopracciliari puttosto profonde, naso sottile, labbra semiaperte. Muscolature arrotondate, talora evidenziate da solchi (arcata epigastrica). Sesso a rilievo, con resa del pelo pubico a trattini verticali. Dita rese con

solchi regolari, piuttosto profondi.

Inedito.

Del tutto simile al n. 73 (n. inv. O. 22351), è anche esso attribuibile al gruppo Trieste. 150–90 a. C.

---

75.   Guerriero a cavallo   Tav. 27
N. inv. O. 9077   H cm 5.1; lungh. cm 5.2
Provenienza sconosciuta (proverrebbe dall'Ungheria: ma per questa indicazione di provenienza si veda quanto osservato supra, nota 27); acquistato nel 1916 presso un collezionista privato a Strasburgo (R. Forrer).
Integro, ma privo della lancia e forse dello scudo; superficie regolare; patina uniforme, verde scura. Raffigurazione schematica: sul cavallo, evidenziato come tale dalla criniera rilevata, con lunghe orecchie, muso sfinato, bocca semiaperta, coda robusta e zampe rigide, allargate, per indicare il galoppo, è un cavaliere, di cui viene raffigurato il solo busto. Sul volto, a pallottola, un colpo di lima orizzontale rende la bocca; il braccio destro, a pinna, è forato per l'inserimento della lancia di riporto, mentre il sinistro è piegato verso l'alto.

Egg, Pare 1995, 176, n. 2.

Il bronzetto di cavaliere è attribuibile ad ambiente paleoveneto (Zampieri 1986, 178–179, n. 94 con bibliografia precedente e confronti ivi citati; Pasucci 1990, 105, gruppo IV, A1a; B. Lavarone, in Padova 2000, 62–66, nn. 33–53). Accanto ai ritrovamenti di San Pietro Montagnon (Dämmer 1986, 151–153, nn. 13–17, tav. 9) e di Lagole (Fogolari, Gambacurta 2001, 116–117, n. 36), esemplari privi di contesto sono conservati nei musei italiani (Udine: Càssola Guida 1989, 48, n. 13; numerose statuette anche al Museo Archeologico di Firenze) e europei (Rouen: Espèrandieu, Rolland 1959, 55 n. 103, tav. 34; Hannover, Kestner-Museum: Hannover, 25). IV–III sec. a. C.

---

76.   Guerriero in assalto   Tav. 28
N. inv. O. 21271   H cm 5.4
Provenienza sconosciuta; acquisto nel 1931 dal Museo di Zurigo, con indicazione di provenienza dall'Ungheria, per la quale si veda quanto osservato supra (nota 27).
Integro, ma privo dell'attributo riportato nella mano destra, forata (spada?). Superficie regolare, ma con numerose sbavature di fusione, non limate. Patina omogena, scura.
Stante, con le gambe divaricate, e le braccia aperte: il braccio destro è forato, mentre il sinistro, pressoché atrofizzato, ha l'estremità affusolata e appuntita, forse in modo eccessivo per sopportare un eventuale scudo. Raffigurazione sommaria dei tratti somatici: calotta superiore, che simbolizza i capelli o l'elmo, grosso naso a punta, di forma conica, sesso rilevato, piuttosto evidente. Busto troppo sviluppato in lunghezza rispetto alle gambe.

Inedito.

Le caratteristiche formali del bronzetto rimandano all'ambiente paleoveneto (Zampieri 1986, 111, n. 48; Pasucci 1990, 97, gruppo I, 1a; Fogolari, Gambacurta 2001, 105–108). IV–III sec. a. C.

---

77.   Guerriero in assalto   Tav. 28
N. inv. O. 21272   H cm 5.3
Provenienza sconosciuta; acquisto nel 1931 dal Museo di Zurigo, con indicazione di provenienza dall'Ungheria, per la quale si veda quanto osservato supra (nota 27).

Privo di parte del braccio sinistro e dei piedi. Superficie regolare, posteriormente appiattita. Patina omogenea, verde scura.

È in posizione di assalto, con il braccio destro sollevato all'altezza della spalla e portato all'indietro, per sostenere la lancia ora mancante; la gamba corrispondente è flessa all'indietro, mentre la destra è portata in avanti. Capelli a calotta, indicati da tratti verticali, naso e bocca resi con due incisioni orizzontali. Sesso rilevato.

Inedito.

La posizione delle gambe imprime una carica dinamica a questo esemplare, è attribuibile all' ambiente paleoveneto (Pasucci 1990, 99, gruppo I, 2). IV–III sec. a. C.

78. Guerriero in assalto   Tav. 28
N. inv. O. 21273   H cm 5.3
Provenienza sconosciuta; acquisito nel 1931 dal Museo di Zurigo, con indicazione di provenienza dall'Ungheria, per la quale si veda quanto osservato supra (nota 27).
Integro, ma privo degli attributi riportati, infissi negli appositi fori sulle braccia. Superficie regolare, con bave di fusione all'interno delle gambe; patina omogenea, scura.
Stante, con le gambe divaricate e le braccia allargate, forate alle estremità superiori (fori decentrati). Rappresentazione sommaria dei tratti somatici, con volto pressoché animalesco, affusolato frontalmente, con la bocca indicata da un tratto orizzontale. Sesso rilevato.

Inedito.

Il bronzetto si può attribuire all'ambiente paleoveneto (Pasucci 1990, 97–99, gruppo I, 2; Fogolari, Gambacurta 2001). IV–III sec. a. C.

79. Guerriero in assalto   Tav. 28
N. inv. O. 21274   H cm 5.3
Provenienza sconosciuta; acquisito nel 1931 dal Museo di Zurigo, con indicazione di provenienza dall'Ungheria, per la quale si veda quanto osservato supra (nota 27).
Integro, ma privo degli attributi presumibilmente

infissi nei fori sulle braccia. Superficie regolare, patina omogenea, marrone.
Stante sulle gambe divaricate, corte rispetto al busto troppo sviluppato in altezza. Calotta sulla testa (capelli o, meno probabilmente, elmo), setto nasale rilevato, ma deforme. Braccia aperte, forate alle estremità, con la destra più grande. Una protuberanza appena percettibile indica il sesso.

Inedito.

Il bronzetto si può attribuire all'ambiente paleoveneto, come n. 79. IV–III sec. a. C.

80. Guerriero in assalto   Tav. 28
N. inv. O. 21275   H max. cons. cm 4.5
Provenienza sconosciuta; acquisito nel 1931 dal Museo di Zurigo, con indicazione di provenienza dall'Ungheria, per la quale si veda quanto osservato supra (nota 27).
Privo dei piedi e degli attributi inseriti nelle braccia. Superficie regolare, patina omogenea, marrone.
Stante sulle gambe divaricate, esageratamente corte rispetto al busto (nonostante la mancanza dei piedi). Braccia allargate, con un foro nel destro per l'inserimento della lancia, mentre il sinistro, pressoché atrofizzato, è ridotto a un moncone affusolato e appuntito, forse in modo anche eccessivo per permettere l'utile inserimento dello scudo. Il volto è riprodotto in modo molto schematico: affusolato anteriormente, con due solchi tangenti che ricordano il taglio inferiore del setto nasale e la bocca. Sesso indicato a rilievo. Linee angolose e piani molto marcati.

Inedito.

Il bronzetto si può attribuire all'ambiente paleoveneto, come n. 76. IV–III sec. a. C.

81. Guerriero in assalto   Tav. 28
N. inv. O. 21276   H cm 3.9
Provenienza sconosciuta; acquisito nel 1931 dal Museo di Zurigo, con indicazione di provenienza dall'Ungheria, per la quale si veda quanto osservato supra (nota 27).
Integro, a eccezione del piede sinistro, e degli

attributi recati dal guerriero. Superficie regolare, con patina bruno-nerastra cosparsa di chiazze di colore marrone.

Stante sulle gambe divaricate, con le braccia aperte, all'altezza delle spalle: il braccio destro è forato all'estremità, lievemente ingrossata, mentre il sinistro reca un semplice taglio nella metà superiore, funzionale all'inserimento dello scudo. Tratti del volto indicati in modo grossolano: struttura pressoché circolare, naso triangolare, bocca resa da un solco semicircolare. Sesso riprodotto con una protuberanza appena percettibile.

Inedito.

Il bronzetto si può attribuire all'ambiente paleoveneto, come n. 76. IV–III sec. a. C.

82.   Devoto   **Tav. 28**

N. inv. O. 21270   H. cm 5.5

Provenienza sconosciuta; acquisito nel 1931 dal Museo di Zurigo, con indicazione di provenienza dall'Ungheria, per la quale si veda quanto osservato supra (nota 27).

Privo del pube. Superficie regolare, con tracce di corrosione soltanto sulla nuca. Patina omogenea, verde scura.

Stante sulle gambe divaricate, con le braccia appena delineate (il destro del tutto atrofizzato). Sul volto è indicato il solo setto nasale, con un profondo taglio obliquo. Vello pubico a rilievo.

Inedito.

La foggia del bronzetto rimanda all'ambiente paleoveneto (Pasucci 1990, 100, gruppo II, 1b; Fogolari, Gambacurta 2001, 118–119 nn. 37–40). IV–III sec. a. C.

TESTE VOTIVE ETRUSCHE
(nn. 83–85)

83. Testa votiva maschile   **Tav. 28**

N. inv. O. 8980   H cm 3.8; 5.0 (con il fusto di sostegno)

Provenienza sconosciuta; acquistata nel 1916 presso un collezionista a Strasburgo (R. Forrer?). Integra, superficie regolare, patina uniforme verde scura.

Capigliatura a calotta piuttosto compatta, bipartita sulla fronte in due grandi ciocche simmetriche, solcate da irregolari trattini verticali. Nella parte posteriore un'incisione continua sembra alludere a una fascia che trattiene i capelli. Gli occhi a bulbo, evidenziati da un solco piuttosto largo, che non comprende le sopracciglia, sono disposti in modo asimmetrico. Setto nasale del tutto dritto e rigido, labbra piccole, pronunciate in avanti. Orecchie pressoché circolari, con cavità centrale e incisioni verticali.

Inedita.

La testa trova confronti per l'impostazione del volto e la capigliatura con Hill Richardson 1983, 242 s., tav. 167, fig. 552 e un esemplare in collezione privata (Hamburg 1981, 79, n. 95), di produzione etrusco-settentrionale. Teste votive bronzee della prima metà del V sec. a. C. comparivano anche nel deposito votivo del Lago degli Idoli (da ultimo Cherici 1996, 19, tav. II, nn. 1–2); la carta di distribuzione delle teste votive bronzee, dedicate come pars pro toto in sostituzione della figura intera, indica che l'uso fu caratteristico dei santuari dell'Etruria settentrionale interna (Steingräber 1980, fig. 1). V sec. a. C.

84. Testa votiva femminile   **Tav. 28**

N. inv. O. 30903   H cm 3.3, 5.5 (con il fusto di sostegno)

Provenienza sconosciuta; acquisita nel 1939 dal museo di Worms.

Integra, patina verde scura omogenea. Sulla superficie compaiono numerose bolle di fusione, anche di rilevanti dimensioni.

Il volto è dominato dai grandi occhi spalancati, con arcata sopracciliare pronunciata, naso molto sottile e affilato, labbra dischiuse. La capigliatura, a calotta liscia, regolare e compatta, è trattenuta sulla fronte da un diadema intagliato, sia sulla testa che sulla fronte. La demarcazione tra capigliatura e volto è segnata su entrambi i lati da caratteristici solchi, che alludono alle orecchie. Il collo, rastremato verso l'alto, è sorretto da un robusto fusto, a tronco di cono rovesciato.

Inedita.

Questa testa è caratterizzata dal diadema (Cristofani 1985, 270, nn. 51–53), che occorre anche in una testa votiva dalla stipe di Villa Marchi a Fiesole (Haynes 1985, 293, n. 130, con bibliografia; in seguito almeno Bentz 1992, 54–55), in un'altra già sul mercato antiquario (Catalogo Finarte Milano 1963, 126 n. 154, tav. 75) e in un esemplare a Vienna (Pitlik 1989, 157, n. 10, Taf. II). Si veda anche Hill Richardson 1983, 317–320, Group 3b n. 4, tav. 226, fig. 758; per il tipo di volto anche ibidem 153, n. 17, fig. 347 (kouros). Sull'offerta di teste votive si vedano anche le osservazioni e la bibliografia in Tabone 1996, 82–83, nn. A 69–A 70; da inserire nel dossier anche un esemplare inedito al Museo Civico di Modena. Databile agli anni finali del V sec. a. C.

85. Testa votiva femminile   **Tav. 28**

N. inv. O. 14006   H cm 3.9 (testa); 5.4 (con il fusto di sostegno)

Provenienza sconosciuta; acquistata nel 1927 da un collezionista privato a Monsheim (dr. Fliedner). Integra, ma con abrasioni sul naso, sulla guancia destra e sul mento; patina poco uniforme, con chiazze chiare.

Testa lievemente inclinata sulla destra, sormontata da un basso diadema, che trattiene la capigliatura. Questa è riprodotta in modo accurato, bipartita sulla fronte in grandi ciocche ondulate regolari, che la coprono solo parzialmente; sulla nuca linee regolari incise, convergenti verso il centro. La resa dei tratti anatomici è piuttosto rozza: grandi occhi, naso piuttosto largo, labbra carnose, semiaperte.

MainzZ 23, 1928, 8 (G. Behrens).

La testa, di produzione etrusco-settentrionale, trova confronto con Hill Richardson 1983, Kore, Late Archaic, Serie C, Group 6D (332, n. 2, fig. 799). Fine del V sec. a. C.

VASELLAME
(nn. 86–140)

86. Situla biconica **Fig. 29; tav. 29**

N. inv. O. 41300 H max. cons. cm 17.4; diam. orlo cm 13.7–14.4

Provenienza sconosciuta; acquistata nel 1984 sul mercato antiquario a Basilea (Deosarte) insieme ai nn. O. 41301–41308.

Priva del fondo, altrimenti integra. Superficie regolare; patina omogenea bruna, con chiazze dorate. Formata da due lamine tirate a martello, unite sulla spalla con ribattini a testa grande e piatta. Orlo piegato e arrotondato attorno a un filo a sezione circolare; collo distinto e retto; ampia spalla lievemente espansa; corpo troncoconico fortemente rastremato. Sotto l'orlo sono fissati gli attacchi dell'ansa, costituiti da un occhiello a sezione circolare terminante in due placchette rotonde, fissate al recipiente con un ribattino centrale. L'ansa mobile è a sezione circolare, con estremità a collo d'oca stilizzato. La decorazione a sbalzo, che copre il vaso sino al piede, è costituita da file di puntini alternate a file di punti di dimensioni maggiori.

JbZMusMainz 31, 1984, 647–649, fig. 37 (raffigurata con un fondo non pertinente, in seguito rimosso); Egg, Pare 1995, 114 n. 40, Taf. 36.2, sinistra.

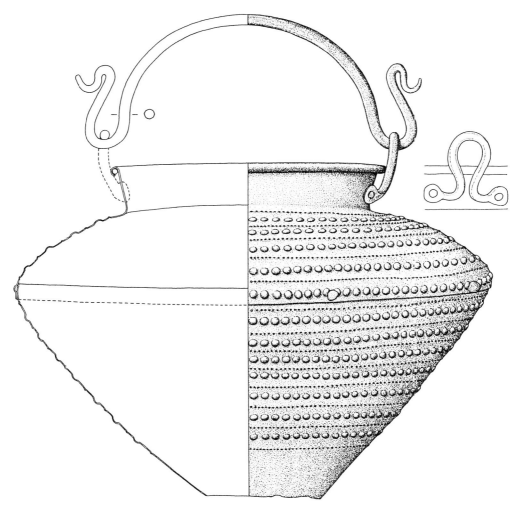

Fig. 29   Cat. 86   1:2

La forma, molto diffusa nel repertorio italico (Giuliani Pomes 1954, tipo B, fig. 22; Frankfurt 1988, 168–170 n. 18), occorre in corredi sepolcrali in associazione con altri vasi bronzei (Hencken 1968, 193–194, fig. 175 j, con un kyathos bronzeo simile al n. 135). Il profilo è replicato anche da vasi biconici, come l'urna da Bisenzio con decorazione plastica sul coperchio (C. Zaccagnino, in Venezia 2000, 541 n. 15). Seconda metà dell'VIII sec. a. C.

87. Situla troncoconica   Fig. 30; tav. 30
N. inv. O. 41301   Diam. all'orlo cm 24; diam. orlo 20.8–21.3; diam. piede cm 15
Provenienza sconosciuta; acquistata nel 1984 sul mercato antiquario a Basilea (Deosarte) insieme ai nn. O. 41300–41308.
Integrazioni e incrostazioni diffuse sul corpo; superficie regolare, con patina non omogenea, da verde chiara a verde scura.
Il corpo del recipiente è formato da quattro lamine unite da ribattini con la testa piuttosto larga (diam. max. cm 1), sub-circolare: le lamine corrispondono alla parte superiore del recipiente (due affiancate in verticale), alla fascia sottostante e al piede. A queste sono uniti con ribattini simili agli altri gli attacchi dell'ansa, fusi, formati da due occhielli affiancati, nei quali sono alloggiate le due anse mobili. Orlo piegato e arrotondato attorno a un filo a sezione circolare; collo retto, distinto; spalla pronunciata; corpo tronco-conico e piede a campana, espanso. Gli attacchi dell'ansa, fissati sotto l'orlo, sono a pelta con due occhielli superiori, internamente appiattiti, esternamente arrotondati. Le due anse, attorte, presentano le estremità conformate a collo d'oca stilizzato.

JbZMusMainz 31, 1984, 647–649, fig. 37; Egg, Pare 1995, 114 n. 42, Taf. 36.2, destra.

La forma di tradizione hallstattiana è largamente diffusa nell'Italia settentrionale e in Etruria con alcune varianti, legate alla foggia degli attacchi dell'ansa e al fondo: Giuliani Pomes 1954, tipo A, fig. 1 (con il fondo piatto); Hencken 1968, 262, fig. 246 b (con piede troncoconico, ma con una sola ansa e con attacchi conformati diversamente: è considerato uno degli esemplari più antichi del tipo, associato con un kyathos simile al n. 135);

Frankfurt 1988, 101–102 nn. 62–63 e 186–187 n. 96; Tovoli 1989, 251–252, tipo 62 con ampia bibliografia sulla diffusione del tipo, alla quale si possono aggiungere almeno due esemplari nella collezione Ligabue (de Min 1998, 64–65 nn. 10–11). Seconda metà dell'VIII sec. a. C.

88. Anfora antropomorfa   Fig. 31; tav. 31
N. inv. O. 5238   H cm 50.5; diam. max. cm 26.8; diam. piede cm 14.5
Malgrado sia considerata di provenienza sconosciuta nell'inventario, secondo il quale risulta acquistata il 22.2.1910 da P. Reinecke all'asta della collezione Lipperheide insieme ad altri oggetti (O. 5212 – O. 5276), l'anfora può essere identificata con un esemplare munito di anse già nella collezione di Amilcare Ancona a Milano, raffigurato in uno dei cataloghi compilati dallo stesso collezionista, che ne ricordava la provenienza da Chiusi. Questo iter antiquario richiamerebbe quello compiuto da 13 elmi bronzei compresi in origine nella raccolta Ancona, confluiti quindi nella collezione di Franz v. Lipperheide (Pflug 1988, 4). Nella collezione Ancona erano conservati materiali provenienti da Chiusi o dal territorio, come una testa di canopo ora al Museo Civico Archeologico di Milano (Gempeler 1974, 81 n. 70).
Assemblata da numerosi frammenti, con ampie integrazioni diffuse sul corpo e in particolare sul piede; priva delle anse; superficie regolare, con patina poco uniforme, che alterna aree brune a zone di colore verde scuro.
L'anfora è formata con quattro parti in lamina bronzea, lavorate singolarmente e quindi assemblate, corrispondenti al coperchio, alle due metà del corpo e al piede.
Coperchio a calotta emisferica, saldato sull'orlo a tesa molto sviluppata; collo cilindrico, corpo globulare su piede troncoconico, la cui estremità inferiore è lievemente svasata. Al centro del corpo, dove le due lamine sono sovrapposte, corre una fila orizzontale di capocchie semiglobulari, con la cima schiacciata: lo schiacciamento è dovuto alla battitura necessaria per far aderire ogni capocchia ai ribattini di sostegno, che tengono unite le due lamine. Attorno al collo nella metà superiore del corpo si vedono tre teste di altrettanti chiodini, che, infilati nella lamina del vaso

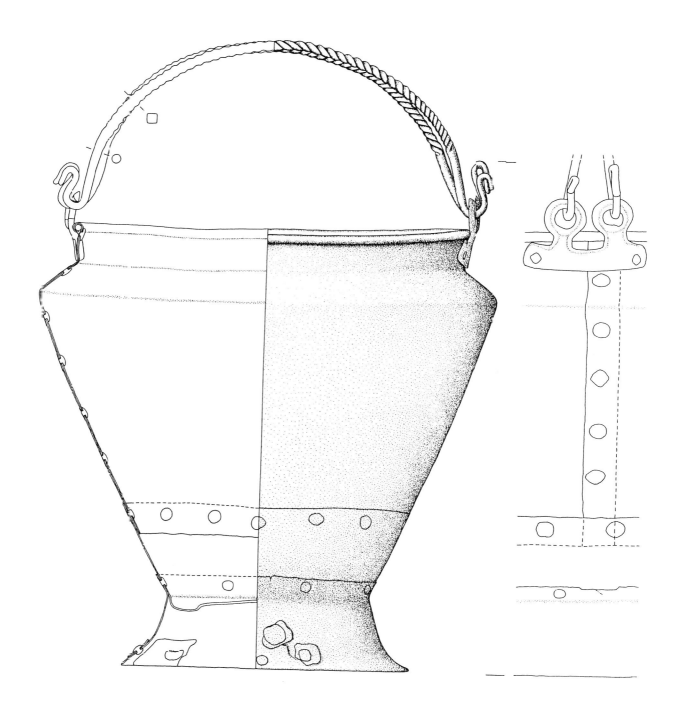

Fig. 30 Cat. 87 1:2

a distanze regolari, in origine fissavano le anse, ora perse, ma raffigurate nelle foto dei cataloghi della collezione Ancona (due anse a nastro verticali in lamina).

Ancona 1880, tav. XVII, n. 15 (senza riferimenti nel testo); Ancona 1886, 12, n. 100, tav. D; München 1910, 1 n. 1; Behn 1910, 80, fig. 4; Behn 1920a, 76, n. 545, fig. 8; Egg, Pare 1995, 150 n. 11; Egg 1995, 216–218, fig. 25.

Assieme a minuti resti di lamina, contrassegnati con lo stesso numero d'inventario dell'anfora e già considerati residui del restauro non impiegati nell'assemblaggio, sono stati identificati nel deposito del RGZM alcuni frammenti di lamina bronzea decorata a sbalzo, pertinenti a un trono di piccolo formato (cfr. scheda n. 89). Malgrado non siano citati nel catalogo dell'asta, è presumibile che i frammenti siano stati acquisiti all'asta della collezione Lipperheide insieme ai resti dell'anfora e che siano stati confusi con essi, senza essere riconosciuti: è quindi agevole presumere la loro provenienza da Chiusi dallo stesso corredo funerario dell'anfora, insieme alla quale confluirono nella collezione Ancona e poi nella collezione Lipperheide, prima di essere acquisiti dal RGZM.

L'identificazione permette di accostare con ogni probabilità quest'anfora a un costume funerario frequente a Chiusi e nel territorio circostante (Kistler 2001), dove nella seconda metà del VII sec. a. C. viene in voga l'uso di deporre nelle tombe troni o sedili in lamina bronzea (Strøm 1986, 1989 e 1990) insieme a vasi antropomorfi dello stesso materiale, che sono spesso cavi, ma chiusi e del tutto privi di un'utilizzazione funzionale, in evidente sintonia con una delle caratteristiche precipue di questo territorio, la deposizione di canopi fittili su trono. Il costume di deporre nella sepoltura vasi antropomorfi è documentato in Etruria già tra la fine dell'VIII e l'inizio del VII sec. a. C. e conta una speciale tradizione a Vulci e a Marsiliana, dove si conoscono sfere su collo cilindrico e busti assemblati da lamine bronzee che riproducono forme geometriche (Cristofani 1985, nn. 107–109, 288–289; Venezia 2000, 586 n. 136 con diversa interpretazione): l'intento dovrebbe essere il recupero della presenza fisica del defunto per lo più incinerato, secondo una prati-

ca funeraria adottata a Vulci già in precedenza dai vasi biconici con il coperchio a sfera (Colonna 1977, tav. 40, a) e a Bisenzio dal gruppo di testimonianze che fanno capo all'ossuario canopico della tomba Olmo Bello 18 (Delpino 1977, 177–180 tav. 35, a–b). Con la diffusione della cultura vulcente ancora in età orientalizzante (Camporeale 1977) questa tendenza è testimoniata anche a Chiusi, dove incide sulla produzione dei canopi, che le scoperte più recenti fanno risalire come era stato intuito (Cristofani 1971) già alla prima metà del VII sec. a. C. (Paolucci 2000, 222–223). In alcuni esemplari di alta antichità quale il canopo Paolozzi (Gempeler 1974, 18–19, n. 3, tav. 2.2) i volumi del corpo umano sono riprodotti in modo geometrico come sull'anfora in esame, specie nella calotta superiore, che ricorda la forma emisferica di alcuni elmi da parata villanoviani (si veda la scheda n. 204, n. inv. O. 39510). La nostra anfora è accostabile a una serie di anfore provenienti da Chiusi (Wehgartner 1995) e da Dolciano (Strøm 1989, fig. 13), entrambe associate a troni, e all'anfora della Cannicella di Orvieto, correlata alla produzione chiusina (Strøm 1989, 15–16, fig. 16 con bibliografia, da aggiornare con Camporeale 1994 per il nucleo di queste anfore arricchite da appendici plastiche zoomorfe e Wehgartner 1995 per l'anfora da Chiusi a Berlino): tratti comuni sono l'alto piede, il corpo globulare, il collo cilindrico. Anfore a corpo globulare di struttura antropomorfa sono documentate in Etruria (Vetulonia, Tarquinia), nell'agro falisco (Falerii) e nel Piceno (Pitino San Severino Marche: bibliografia in Frankfurt 1988, 186, n. 95, cui adde almeno l'anfora dalla tomba del Guerriero di Tarquinia, recentemente discussa in Berlin 1988, 65–66, n. A4.44; Frankfurt 1999, 247 n. 417 per l'anfora di produzione chiusina da Pitino); la presenza di un esemplare simile è stata presunta anche in un corredo da Marsiliana (Egg 1995, 216–218, che riporta ancora la denominazione Vetulonia del tipo, risalente a G. v. Merhart, che si preferisce non utilizzare); al gruppo afferiscono infine un'anfora dalla tomba A del Melone di Camucia (Cortona 1992, 34–36 n. 5) e un'anfora su sedile in bronzo da Chiusi al Museo Gregoriano Etrusco (Buranelli, Sannibale 1998, 283–285 nn. 120–121). 650–600 a. C.

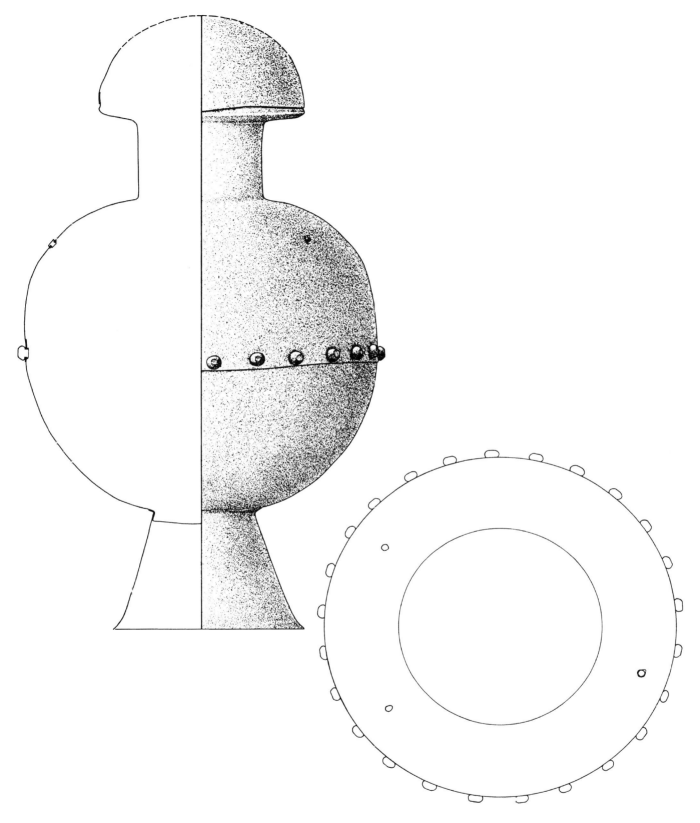

Fig. 31   Cat. 88   1:3

89. Frammenti di lamina pertinenti a un trono di piccolo formato   **Fig. 32; tav. 31**

N. inv. O. 5238   Lamina maggiore: L cm 21.5; H cm 10

Provenienza sconosciuta; acquistati il 22.2.1910 da P. Reinecke all'asta della collezione Lipperheide insieme ad altri oggetti (O. 5212 – O. 5276). Ne è presumibile la provenienza da Chiusi, come per l'anfora n. 88: conservati insieme a quell'anfora, furono già nelle collezioni Ancona e v. Lipperheide, prima di confluire nella raccolta del RGZM.

Le lamine sono ricoperte da una patina bruna, omogenea, che presenta in più punti le tracce dell'esposizione al fuoco (incendio del RGZM nel 1942?), che ne ha deformato singole zone. Si contano 5 frammenti maggiori, con decorazione incisa e sbalzata, 8 frammenti di dimensioni minori, 6 dei quali inornati e 2 con tracce di incisioni, e 45 minuti frustuli inornati, che non è stato possibile inserire nella ricostruzione grafica a causa delle dimensioni troppo esigue.

La presenza di una fila orizzontale di puntini sbalzati, contigui a una fila di chevrons pure sbalzati (parzialmente visibili) sui due frammenti maggiori e su due frammenti isolati comprendenti anche il bordo, consentono di concludere con una certa approssimazione che la lamina fosse in origine alta almeno 14 cm: se le file di puntini e chevrons correvano su entrambi i lati dei rosoni, come sembrano indicare i diversi orientamenti degli chevrons sui frammenti con il bordo, si ottiene un'altezza minima di cm 17.

La decorazione prevede una fila centrale di rosoni a sei petali ellittici, tracciati con una duplice linea di contorno, compresi entro cerchi tracciati pure con doppia linea di contorno, del diametro di cm 11.2. Linee circolari graffite in prossimità della circonferenza tra le estremità dei petali formano altri sei petali del tutto analoghi ai precedenti, ma distribuiti lungo la circonferenza interna. Punti sbalzati marcano i vertici dei petali e delle aree triangolari delimitate dai petali stessi. In prossimità della fila di rosoni, dei quali rimangono tracce di almeno quattro elementi, correvano una fila di puntini sbalzati e una fila di chevrons, pure realizzati a sbalzo. Il frammento maggiore, lievemente convesso, dimostra che la lamina era in origine pertinente a un oggetto ad andamento circolare: anche alcuni frammenti

minori sono convessi. Un'estremità del frammento maggiore mostra una nervatura rilevata, sulla quale corre una fila orizzontale di puntini sbalzati; su un lembo periferico dello stesso frammento rimangono resti di una seconda lamina applicata sulla prima con due ribattini a testa piatta piuttosto grande (diam. cm 0.6): dalle tracce residue sulla patina si distingue la forma di una placchetta rettangolare (larga cm 1.2, lungh. max. cons. cm 3), nella quale si può individuare una riparatura antica, effettuata non in fase di lavorazione, poiché copre la decorazione incisa. Inoltre i ribattini sono del tutto diversi da quello a testa piccola (diam. cm 0.3) che rimane sul bordo di un frammento decorato, in prossimità della fila di chevrons.

Come detto nella scheda precedente, i frammenti sono inediti, poiché sono stati confusi con i resti dell'anfora antropomorfa della quale recano lo stesso numero d'inventario: d'altronde K. Schumacher e F. Behn non si accorsero che alcuni frammenti di lamina bronzea giunti con la collezione Maler al Landesmuseum di Karlsruhe dei quali fecero effettuare un calco in gesso al RGZM erano pertinenti a un trono, poiché li attribuirono a un grande recipiente (Jurgeit 1990b, 2, con bibliografia; Jurgeit 1999, 195–197 n. 299).

I frammenti sono pertinenti alla metà superiore della base di un trono miniaturistico, realizzato in lamina di bronzo su un'intelaiatura di fasce di bronzo e filo di ferro, come dimostra l'esemplare da Poggio della Fornace ora a Firenze (Strøm 1989, 13, figg. 10–12). Al centro della base di quel manufatto, sul quale è applicata una placchetta di restauro, corre una nervatura rilevata orizzontale del tutto simile a quella notata sul frammento maggiore del nostro esemplare, per il quale il ribattino infisso sul bordo, da riferire alla parte superiore di connessione con il sedile piatto piuttosto che alla base, induce a ipotizzare la pertinenza alla metà superiore della base. I rosoni, molto diffusi nel repertorio decorativo della pittura parietale orientalizzante a Caere, i cui influssi sulla toreutica chiusina sono da tempo noti (Strøm 1989), compaiono sui troni intagliati nelle tombe (Naso 1996, 344, fig. 251) nonché sugli schienali dei modelli bronzei (sbalzati: Strøm 1986, fig. 1; Strøm 1989, fig. 11) e fittili (dipinti: Cristofani 1971, 20 fig. 7). I modelli bronzei in

Fig. 32   Cat. 89   ca. 1:2

57

miniatura dei troni, caratteristici di Chiusi e del territorio, sono stati illustrati di recente da I. Strøm (Strøm 1986, 1989, 1990), che ne ha opportunamente messo in luce significato e funzione nei corredi funerari della seconda metà del VII secolo; importanti osservazioni sulla tecnica di esecuzione e bibliografia sui troni di grandi dimensioni figurano nell'edizione dell'esemplare ora a Karlsruhe (Jurgeit 1990b). 650–600 a.C.

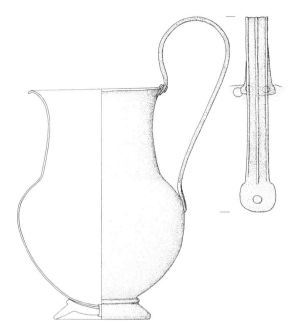

Fig. 33   Cat. 90   1:2

90.   Olpe   **Fig. 33; tav. 32**
N. inv. O. 24325   H cm 12.5; diam. orlo cm 7.2; diam. base cm 5
Provenienza sconosciuta; acquistata nel 1932 dalla collezione Heerdt (Schloß Neuweier, Baden-Baden).
Priva di un frammento dell'orlo e di parte del corpo, parzialmente integrato; superficie regolare, patina omogenea, verde scura.
Orlo estroflesso, collo tronco-conico, corpo pressoché globulare, piede a disco rilevato. È dotata di un'ansa a nastro sormontante, fusa, arcuata nel tratto soprastante l'orlo, al quale è fissata con due ribattini (un terzo ribattino figura nella lamina dell'orlo); la costa dell'ansa, i cui margini sono ispessiti, è solcata al centro da una nervatura rilevata; al centro dell'attacco inferiore, più largo e circolare, figura un ribattino.
Inedito: cenno in MainzZ 28, 1933, 91–92 (G. Behrens).

La forma di questo vaso in lamina bronzea è strettamente correlata a quella dei più comuni recipienti in impasto bruno (Bosio, Pugnetti 1986, 90, n. 7) e in bucchero (Rasmussen 1979, 90–91, jug 1a–1b, tavv. 23–24), frequenti in Etruria meridionale nel VII e VI sec. a. C. La conservazione dei più rari esemplari metallici, come quelli noti in Etruria da Trevignano, tomba Piacentini (Torino 1967, 50, n. 84 e relativa tavola, senza numero), Vulci, Orvieto, Populonia (tomba dei Flabelli di bronzo: Minto 1943, tav. 35. 8), Chiusi, Fiesole, Vetulonia, tomba dei Flabelli (Frankfurt 1988, 229–230 n. 39, con ampia discussione), dall' agro falisco (Narce, tomba Pietrina 1–LXXII) e nelle culture medio-adriatiche (Grottazzolina e Campovalano), conferma anche in questo caso la derivazione della forma ceramica dal vasellame bronzeo, come è consuetudine per molte for-

me del bucchero. La cronologia dei reperti fittili prevede un'introduzione nel VII sec. a. C. e un uso almeno sino al III quarto del VI sec. a. C.: lo sviluppo morfologico mostra un progressivo assottigliamento della forma. Per gli esemplari bronzei sono significativi i corredi da Trevignano, con numerose deposizioni effettuate nell'arco della prima metà del VI sec. a. C., da Narce e da Grottazzolina, pressoché coeve. Se la tipologia degli esemplari metallici ha seguito lo stesso percorso di quelli fittili, la forma poco sviluppata in larghezza e priva di decorazioni induce a proporre per questo esemplare una datazione non oltre la prima metà del VI sec. a. C., senza poter escludere l'ultimo quarto del secolo precedente. La linearità della forma unitamente all'estrema diffusione dei prototipi bronzei e delle imitazioni fittili indicano che la produzione dei vasi metallici non fu limitata a Volsinii (Frankfurt 1988, cit.). 625–550 a. C.

91.   Olpe   **Tav. 32**
N. inv. O. 28839   H cm 18.7; diam. orlo cm 5.2; diam. base cm 4.5
Proveniente dall'Italia; acquisita nel 1935 dal museo di Worms.

Leggera integrazione nella parte inferiore del corpo, con lievissime ammaccature e crepe nella zona circostante, altrimenti integra; superficie regolare, con patina omogenea bruna con chiazze dorate.

Orlo estroflesso, con bordo ispessito e tagliato obliquamente, che forma una gola nella parte inferiore; corpo a profilo indistinto, arrotondato, allargantesi verso il basso; base a disco, un po' concava. Ansa laminata, a nastro verticale sormontante, con margini rilevati, appiattiti, decorata nella parte frontale da una nervatura centrale, bordata su entrambi i lati da due file di trattini orizzontali, e piatta nella parte posteriore; l'attacco inferiore è configurato a palmetta, con quattro petali al di sotto e un calice rivolto verso l'alto al di sopra, fiancheggiati da due volute, campite a puntini disposti in modo regolare, su file semicircolari. L'ansa è fissata superiormente da due ribattini sotto l'orlo e inferiormente da uno, al centro della palmetta.

Weber 1983a, 164 nota 1; Egg, Pare 1995, 140 n. 255.

Questa olpe fa parte di un gruppo enucleato inizialmente da G. Camporeale (1976: 15 exx., 13 dei quali dall'Etruria e 2 da Narce) e da M. Martelli (1976, 44–45: cita gli esemplari elencati da Camporeale e uno da Campovalano, tomba 2, al quale si può aggiungere l'esemplare dalla tomba 164 a bocca trilobata edito in Zanco 1974, 45–46 n. 12: disegni dei due pezzi in Papi 1990b, 139), e cui liste sono state in seguito integrate da G. Colonna (1980, 44, nota 6: 4 exx. dall'Etruria, 1 ciascuno da Tolentino, Bologna e Ca' Morta) e da Th. Weber (1983a, cit., 8 exx. per lo più decontestualizzati, tranne uno da Bitalemi: adde A.-M. Adam 1984, 2, n. 2; Hayes 1984, 13–14, n. 17; del tipo con ansa terminante a zampa di rapace i due esemplari editi da Castoldi 1995, 51–52, nn. 54–55, tavv. 43–45). I prototipi sono stati individuati in esemplari greci, caratterizzati da un profilo distinto, che prevede una sorta di carena (Weber 1983a, cit. e 1983b per un esemplare corinzio della seconda metà del VI sec. a. C.; Marzoli 1991, 88 tav. 28 ne pubblica uno di produzione etrusca dalla penisola iberica). Come le olpai di forma analoga con ansa terminante a leone sono assegnate a Vulci (Guzzo 1970), così la paternità delle olpai etrusche di questo tipo viene attribuita a Volsinii, grazie ai significativi dati

di provenienza (10 exx.), che hanno permesso a G. Colonna di inserire questa forma nel novero delle esportazioni dei vasi bronzei (infundibula, foculi, bacili, patere e calderoni, oltre alle olpai), che questa città diffonde nel VI sec. a. C. non solo nell'intera Italia centrale, come dimostrano le numerose scoperte in area medioadriatica, ma anche nelle regioni settentrionali, con particolare riferimento a Bologna e alla Ca' Morta, e meridionali, dove la punta estrema dovrebbe essere costituita dall'esemplare rinvenuto in Sicilia, a Bitalemi, inedito e soltanto segnalato da T. Weber, che andrebbe a integrare la carta di distribuzione presentata in Colonna 1980, 49. A Orvieto furono prodotti anche esemplari in bucchero che ripetono la stessa forma, elencati in Martelli 1976, 44–45 e in Cristofani Martelli 1977, 29. I corredi orvietani risalgono alla prima metà del VI sec. a. C., una datazione confermata nel nostro caso anche dalla particolare conformazione della palmetta, che trova confronto anche in un'olpe a collo distinto da Campovalano, tomba 122 (Zanco 1974, 48–49, n. 15, tav. 27). Prima metà del VI sec. a. C.

92.   Ansa di oinochoe   Tav. 33
N. inv. O. 24444   H max. cons. cm 18.2
Provenienza sconosciuta; acquistata nel 1932 dalla collezione Heerdt (Schloß Neuweier, Baden-Baden).

Integra, con una lacuna in corrispondenza dell'attacco inferiore sotto il volto femminile, dovuta a una imperfezione di fusione (getto troppo sottile); superficie regolare, patina omogenea, verde scuro.
Ansa a nastro a sezione rettangolare, con gli attacchi decorati. L'attacco inferiore termina in una placca sommariamente configurata a palmetta, sulla quale è incisa in maniera rozza una palmetta a sei petali sormontata da due spirali. Alla base dell'ansa, che è un po' decentrata rispetto alla placca, è applicata una testa femminile con polos, caratterizzata da grandi occhi incisi con pallottola centrale, naso aquilino e bocca aperta, ricavata con la lima, con la quale è stato anche ritoccato il labbro superiore. La capigliatura a calotta lievemente rilevata è resa con incisioni oblique, raccolte in due gruppi, irregolari per numero e andamento delle linee. La costa dell'ansa è decorata alla base, tra la placca e la testa, da tre file di

intacche verticali, di altezza irregolare, comprese tra due solcature orizzontali; sopra la protome sono incisi dei tratti a V, tracciati con una doppia linea, con il vertice rivolto in basso. Sui bordi, vicino all'estremità superiore, corrono delle tacche. L'attacco superiore è ornato al centro da un volto femminile, con le gote rigonfie e grandi occhi, dei quali sono delineati contorni e iridi, con le pupille convesse; la bocca con labbra piccole e carnose è semiaperta; il mento è pieno e pronunciato. Il volto è incorniciato da una capigliatura a calotta rilevata, resa sulla testa da rozze striature, sulle tempie da trattini. L'attacco superiore si allarga quindi di lato in due braccia affusolate, terminanti in due teste animali molto stilizzate, non del tutto identiche tra loro: da una sorta di criniera crestata sporge il muso, frontalmente appiattito e bipartito da un setto centrale. Nella sola protome sinistra è raffigurato un solo occhio, con un puntino. Nell'incavo che percorre inferiormente le braccia laterali dell'ansa rimane ancora un lembo della lamina del vaso, con l'orlo ispessito, fissato all'ansa anche tramite un ribattino situato al centro, sotto la protome femminile. Un resto della lamina del recipiente rimane anche sotto la placca inferiore, trattenuto da tre ribattini, due superiori e uno inferiore.

Cenni in MainzZ 28, 1933, 91–92 (G. Behrens); Shefton 1992, 153, nota 31; Egg, Pare 1995, 156 n. 32; Stibbe 1998, 361 nota 26, Taf. 29, 1–2.

A giudicare dalla curvatura della lamina residua, l'ansa dovrebbe essere pertinente a un'oinochoe a corpo ovaleggiante. Il pezzo è stato segnalato da B. B. Shefton in uno studio dedicato alla diffusione in Italia dei vasi bronzei laconici con decorazione plastica e alle produzioni locali che ne derivarono in specie in area adriatica: lo studioso ha considerato l'ansa un prodotto etrusco influenzato da prototipi laconici (su questi da ultimo Stibbe 1994a e 1998). C. M. Stibbe ha invece notato la particolare conformazione della palmetta dell'attacco inferiore, che trova confronto solo con un'ansa di idria laconica, per ora isolata (Stibbe 1992, 55, n. F 10). Le caratteristiche mutuate dalla toreutica laconica sembrano ravvisabili in specie nella protome femminile con polos alla base dell'ansa sopra una palmetta: a titolo esemplificativo si ricordano l'ansa da Gela a Oxford (Herfort Koch 1986, 17, fig. 1; Shefton 1992,

tav. 37.2; Stibbe 1992, 54, D 4, fig. 22) e le anse di idrie al Metropolitan Museum (H. Jucker 1966, tavv. 35 e 36; in seguito per il primo esemplare si veda la bibliografia citata in Stibbe 1992, 56, G 9). Il polos suggerisce di identificare una divinità, forse Artemide (per la bibliografia H. Hoffmann, in Muscarella 1974, n. 19). La palmetta graffita, che sostituisce la più comune realizzazione a fusione, potrebbe costituire un'introduzione etrusca. Nella toreutica laconica è molto rara la decorazione a protome femminile sull'attacco superiore in sostituzione del più consueto leone (Stibbe 1994a, tav. 27.3), pure frequente in Etruria (Weber 1983a, 236–237, IAEtr. e 4–14: da aggiungere al nucleo l'ansa inedita n. inv. 789 al Museo Civico Archeologico di Modena). L'identificazione con scimmie proposta da Shefton per le protomi animali permetterebbe di accostare l'ansa al gruppo di oinochoai considerate laconiche da Th. Weber, che le ha datate al primo quarto del VI sec. a. C. (Weber 1983a, discusso da Shefton 1992, 140–141 nota 5); i tratti sommari e stilizzati dell'esemplare a Magonza non permettono però di escludere che vengano riprodotti dei felini piuttosto che le scimmie. L'ambiente di riferimento e la rete di confronti suggeriscono una datazione alla metà del VI sec. a. C.

93.   Ansa di oinochoe   Tav. 33
N. inv. O. 17115   H cm 12.9
Provenienza sconosciuta; acquistata nel 1928 sul mercato antiquario a Budapest (Stürmer) con altri materiali (O. 17014 – O. 17252), tra i quali molti bronzi etrusco-italici.
Integra, con il segno di un colpo sulla costa esterna del bastoncello; superficie regolare, patina omogenea, bruna.
Ansa a bastoncello, terminante superiormente in una protome leonina al centro e due di scimmia sui lati. Il muso del leone, appena configurato, con le orecchie rilevate (asimmetriche tra loro), è dominato dalla fronte spaziosa, con le arcate oculari incassate, il muso tripartito e un taglio pressoché obliquo che indica la bocca. Le protomi di scimmia, di forma allungata per la loro posizione, sono caratterizzate da orecchie rilevate e da un taglio centrale sulla fronte, proseguito sul muso da una costolatura rilevata; bocca semi-

aperta, con labbro inferiore sporgente. L'attacco inferiore, nella cui cavità centrale figura un dischetto schiacciato di riporto, è affiancato da due serpenti. Al di sotto è una massiccia palmetta, con dieci petali: tra questi e i serpenti figura un'incisione semicircolare, che segue il profilo superiore della palmetta. Al centro dell'attacco inferiore dell'ansa sporge in evidenza la testa del ribattino che fissava l'ansa al vaso. L'intera placchetta dell'attacco inferiore rammenta la fisionomia di un volto umano barbato.

Cenno in MainzZ 24–25, 1929–1930, 110 (G. Behrens); Egg, Pare 1995, 156 n. 30.

Questa ansa è inseribile nella serie di oinochoai etrusche enucleata da Th. Weber (Weber 1983a, IAEtr. b, 229–231) e costituita da sette oinochoai e diciannove anse isolate, alle quali si possono aggiungere almeno 1. Villa Giulia 64588 (Falconi Amorelli 1968, 175 n. 22: riferita a una plumpe Kanne da Bouloumié 1968, 438 e Pare 1992, 470 n. 9); 2. Jerusalem 1991, 34, n. 16; 3. Museo Civico Archeologico di Modena, n. inv. 790 (ansa isolata); è stata edita di nuovo l'ansa a Karlsruhe (Jurgeit 1999, 353 n. 574). Si tratta di oinochoai trilobate con corpo ovoide e piede ad anello, la cui forma è replicata anche in bucchero (Rasmussen 1979, 84, tipo 6a, fig. 54). La forma e la decorazione dell'ansa, che prevede la protome di leone fiancheggiata dalle scimmie nell'attacco superiore e due serpenti sopra la palmetta in quello inferiore, sono ispirate ad alcuni prototipi greci, forse laconici, della prima metà del VI sec. a. C. (Weber 1983a, 46–52): non a caso l'introduzione delle protomi di scimmia nella toreutica etrusca risale almeno al 575 a. C. (Shefton 1992, 140–141 nota 5). Le oinochoai etrusche elencate da Th. Weber sono tutte fuori contesto, a eccezione della IAEtr. b. 12, proveniente da Vetulonia, tomba 33 di Val Berretta, il cui corredo è però ancora inedito (Curri 1977, 265). 575–500 a. C.

94. Ansa di oinochoe 'rodia' Tav. 34
N. inv. O. 22515 H cm 18.8; largh. max. 7.5
Provenienza sconosciuta; acquistata nel 1930 sul mercato antiquario a Berlino (asta Grampe), a cui proveniva dallo Schloß Reinhartshausen.

Pressoché integra, lesionata soltanto sull'attacco inferiore, sfrangiato e ammaccato; superficie regolare, coperta da incrostazioni diffuse, dovute alla corrosione; patina verde chiara.

Ansa a nastro con margini ispessiti e appiattiti a martello, percorsa sulla costa da quattro solcature verticali; attacco inferiore configurato a palmetta, finemente graffita con due volute superiori e cinque petali. Al centro un ribattino per il fissaggio al corpo del vaso. L'attacco superiore è costituito da una placca, con una palmetta centrale, affiancata da due bracci terminati da due rotelle: la palmetta centrale è del tutto simile a quella che decora l'attacco inferiore. La faccia esterna delle rotelle è decorata da una rosetta a nove petali. La placca in cui si infila l'attacco superiore dell'ansa è costituita di fronte da un setto centrale e da due appendici verticali sui lati, mentre la parte posteriore assume una forma pressoché rettangolare, con un incavo semicircolare al centro del lato superiore. Il setto centrale è decorato da trattini verticali incisi.

Al di sotto della placca fusa corre una stretta fenditura, nella quale figurano resti della lamina del vaso.

Inedita.

Al corpus delle oinochoai cosiddette 'rodie' raccolto da B. B. Shefton (Shefton 1979, discusso da Camporeale 1981 e Hiller 1983) ha fatto seguito un intervento da parte di C. Rolley (Rolley 1988), che ha puntualizzato la tipologia proposta dal primo studioso. Se questi suddivideva il materiale in tre tipi, denominati rispettivamente A, B e C, ritenendo greci i primi due ed etrusco-italico il terzo, C. Rolley ha distinto nel gruppo A un sottogruppo di oinochoai di provenienza greca e magno-greca, e quindi forse di fabbrica greca, mentre ha attribuito a produzione etrusca e italica i restanti gruppi. La proposta dello studioso francese è giustificata dalla carta di distribuzione elaborata recentemente da Ch. Pare (Pare 1992, 445–446, fig. 16). Tra i materiali editi in seguito figurano almeno le anse da Falerii Veteres, necropoli delle Colonnette (De Lucia Brolli 1991, 35, fig. 11), quella delle Raccolte Civiche di Milano (Castoldi 1995, 35–36, n. 36, tav. 26), quelle a Karlsruhe (Jurgeit 1999, 348–349, nn. 566–567), l'esemplare della collezione Castellani a Villa Giulia (Sgubini Moretti 2000, 149 n. 100) e quelli conservati al Museo Provinciale di Capua (Grassi 2000, 61–62, nn. 1–2, 105–107). Le proposte di identificazione dei centri di produzione in Etruria, che tendono a localizzare a Vulci almeno un'officina, sono esaminate nelle recensioni e nella discussione dei tre esemplari dalla tomba dei Flabelli di Vetulonia, nella quale sono rappresentati tutti i tipi distinti da B. B. Shefton (Frankfurt 1988, 230–233, nn. 40–41). Questo esemplare appartiene al tipo C distinto da B. B. Shefton (Shefton 1979, 5–6, 80–87 per la lista, integrata da Pare 1992, 467). Prima metà del VI sec. a. C.

95. Frammento di ansa di oinochoe 'rodia'
Tav. 34

N. inv. O. 17125   H max. cm 6.5; largh. max. cm 8

Provenienza sconosciuta; acquistato nel 1928 sul mercato antiquario a Budapest (Stürmer) con altri materiali (O. 17014 – O. 17252), tra i quali molti bronzi etrusco-italici.

Superficie regolare, patina omogena, verde scura.

Il frammento comprende la parte superiore dell'ansa e l'attacco relativo: si distinguono l'ansa a nastro con margini ispessiti e appiattiti a martello, percorsa sulla costa da due nervature, affiancate da quattro solcature verticali. L'attacco superiore è costituito da una placca, con una palmetta centrale, affiancata da due bracci terminanti in due rotelle: la palmetta centrale è graffita in modo rozzo e irregolare, con una sorta di calice floreale, due volute e tre petali. La faccia esterna delle rotelle è decorata da una rosetta a sei petali, irregolari per forma e dimensione. Sia sulla palmetta che sulla rosetta compaiono puntini, distribuiti in modo casuale. La placca in cui è infilato l'attacco superiore dell'ansa è costituita di fronte da un setto (al centro) e da due appendici verticali (di lato), mentre sulla parte posteriore assume una forma pressoché rettangolare, con un incavo semicircolare al centro del lato superiore. Il setto centrale e le appendici laterali sono decorati da tratti verticali incisi.

Al di sotto della placca fusa corre una stretta fenditura, nella quale figurano attualmente resti della lamina del vaso.

Inedito.

Ascrivibile al tipo C di B. B. Shefton discusso nella scheda n. 94 (n. inv. O. 22515). Prima metà del VI sec. a. C.

96. Ansa di oinochoe 'rodia'
Tav. 35

N. inv. O. 36091   H cm 15.2; largh. max. cm 8

Provenienza sconosciuta; catalogata nel 1958 dai vecchi fondi del RGZM.

Pressoché integra, lesionata in corrispondenza dell'attacco inferiore; patina omogenea, verde scura.

Ansa a nastro con margini ispessiti e appiattiti a martello, percorsa sulla costa da quattro solcature verticali; attacco inferiore a piastra pressoché circolare, con ribattino centrale per il fissaggio al corpo del vaso. L'attacco superiore è costituito da una pesante placca fusa, nella quale è infilato il nastro dell'ansa: l'elemento centrale, irrobustito superiormente da un anello, è affiancato da due bracci, ognuno dei quali è coronato dalla protome di un animale, identificabile in un cavallo per la criniera posteriore. Orecchie costituite da due appendici plastiche a bastoncello, zigomi prominenti, muso sfinato, colpo di lima orizzontale per rappresentare la bocca. Sulla placca centrale inornata figura un ribattino per il fissaggio all'orlo del vaso, che era inserito entro una larga fenditura corrente sull'estremità inferiore dell'intero gruppo (la fenditura è attualmente del tutto vuota).

Egg, Pare 1995, 156 n. 28; Naso 2000a, fig. 53.

La presenza delle protomi equine in sostituzione delle usuali rotelle costituisce la caratteristica di una serie di anse di oinochoai, note in un ristretto numero di esemplari, attribuite a produzione picena da B. B. Shefton, seguito da A.-M. Adam (Shefton 1979, 84–85, C 17–C 18, tav. 10; 89, C 17 bis, tav. 11, e A.-M. Adam 1984, 18 n. 20; adde esemplari inediti di varia provenienza esposti al museo di Ancona). Quest'esemplare, quello da Trestina (Shefton 1979, C 17) e quello della Bibliothèque Nationale sono decorati dalle sole protomi, unite rispettivamente a galli (Trestina) e a figure umane (Bibliothèque Nationale); sull' esemplare da Acquaviva Picena compaiono due cavalli al galoppo al posto delle protomi (Shefton 1979, C 18). Le figure dei due uomini affiancate alle protomi equine sono state considerate da A.-M. Adam una possibile reminiscenza del culto dei Doscuri. Sulla bronzistica picena e sugli stretti rapporti con le produzioni greche, per lo più laconiche, si vedano ora le osservazioni di Shefton 1992, Stibbe 1992 e B.B. Shefton, in: Roma 2001a, 150–157, con rassegna critica della bibliografia precedente, aperta dallo studio di H. Jucker 1966. Prima metà del VI sec. a. C.

97.   Ansa di oinochoe 'rodia'   Tav. 35
N. inv. O. 26713   H cm 13.1; largh. cm 7.6
Provenienza sconosciuta; acquistata nel 1933 a Francoforte sul Meno (dalla collezione Riese: A. Riese l'aveva comprata dalla collezione Brofft). Superficie regolare, coperta da molte incrostazioni; patina omogenea, verde scura.
All'ansa è annodata un'etichetta cartacea con il n. 312 e la scritta «Römische Bronze-Henkel Italien» (coll. Brofft) ed è incollata un'altra etichetta cartacea con il n. 515 (coll. Riese).
Ansa a nastro con margini ispessiti e appiattiti a martello, percorsa sulla costa da quattro solcature verticali; priva dell'attacco inferiore. L'attacco superiore è costituito da una pesante placca fusa, nella quale è infilato il nastro dell'ansa: l'elemento centrale, irrobustito superiormente da un anello, è affiancato di lato da due rotelle. Sulla placca centrale, inornata, figura un ribattino per il fissaggio all'orlo del vaso, del quale rimangono esigui resti entro la larga fenditura corrente sul margine inferiore della placca. La placca centrale e forse anche le rotelle erano ricoperti da una lamina, della quale rimangono poche tracce solo sulla placca.

Inedita.

L'anello sulla sommità dell'attacco superiore dell'ansa, che sulle oinochoai considerate di produzione picena sostituisce il più comune setto con le appendici laterali, potrebbe far attribuire anche questo esemplare a quell'ambiente. L'esemplare appartiene al tipo C di B.B. Shefton come l'ansa n. 94 (n. inv. O. 22515). Prima metà del VI sec. a. C.

98.   Frammento di ansa di oinochoe 'rodia'
Tav. 35
N. inv. O. 28493   H max. cm 7.5; largh. max. cm 9.5
Provenienza sconosciuta; acquistato insieme a O. 28490 – O. 28504 nel 1935 a Mannheim da un privato (U. Moraweg nata Reiner, che aveva ricevuto in eredità questi materiali dall'avo J. Limmer, Schröding bei Landshut, Baviera).
Superficie regolare, patina molto omogenea, verde scura, brillante.
Il frammento comprende l'attacco superiore dell'ansa, fuso, nel quale rimangono ancora resti dell'ansa, costituiti da una lamina piatta, sulla quale erano saldate anteriormente quattro cannule, costituite da una sottile lamina di bronzo piegata, aperta nella parte inferiore, riempita di materiale organico (forse una mistura di argilla, pece e cera, necessaria per piegare la lamina di bronzo). L'attacco superiore è costituito da una placca con uno scudetto centrale sottostante, affiancata da due bracci terminati da due rotelle concave nel lato esterno, evidentemente destinato a ospitare una decorazione riportata, ora mancante. La placca in cui si infilano la lamina dell'ansa e le quattro cannule è costituita frontalmente da un setto (al centro) e da due appendici verticali (di lato), mentre sulla posteriore assume una forma pressoché rettangolare, con un incavo semicircolare al centro del lato superiore. L'elemento centrale, con un ribattino al centro, era ricoperto da una lamina, della quale rimangono poche tracce. Il setto centrale, le appendici laterali e le rotelle sono decorati da solcature verticali incise.
Al di sotto della placca fusa corre una larga fenditura, del tutto vuota. L'ansa è decentrata rispetto alla placca con le rotelle.

Egg, Pare 1995, 156 n. 29.

L'esemplare è attribuibile al tipo B di B.B. Shefton (Shefton 1979, 5–6, 80–87), la cui lista è stata integrata da C. Pare (Pare 1992, 467). Anse simili possono appartenere anche a brocche a collo distinto, come indica un esemplare nelle Raccolte Civiche di Milano (Castoldi 1995, 48–50, n. 51, tavv. 41–42).
Per la bibliografia generale sulle oinochoai 'rodie' si veda la scheda n. 94 (n. inv. O. 22515). Prima metà del VI sec. a. C.

99. Oinochoe   **Tav. 36**
N. inv. O. 28346   H cm 19.8
Provenienza sconosciuta; acquistata nel 1935 sul
mercato antiquario a Ettlingenweier (G. Vogel).
Parte inferiore del corpo e base assemblati e integrati; priva di un'estremità superiore dell'ansa; superficie molto regolare, patina omogenea, bruna.
Il becco, nel quale è prominente il lobo centrale,
è tagliato obliquamente verso l'alto, con il bordo
ingrossato e superiormente appiattito: l'ansa, fusa,
è a nastro, con tre larghe sfaccettature sulla costa
anteriore, piatta e liscia nella parte posteriore termina inferiormente con una palmetta a nove petali, con la netta preminenza del centrale, più lungo. La palmetta è sormontata da un'ancora, le
cui due marre non sono simmetriche: l'innesto
dell'ansa sull'ancora è marcato da una protuberanza. Superiormente l'ansa termina in due lunghe appendici laterali, con l'estremità residua a
pigna, assottigliata. La parte esterna dell'attacco
superiore è in basso ondulata in tre lobi. Due
ribattini orizzontali sull'attacco superiore dell'ansa e uno sulla palmetta fissavano l'ansa al vaso.

> Frey 1957, 62; Bouloumié 1973a, 198, 225, 231; Weber
> 1983a, 31 s., n. 1; Pare 1992, 470 n. 22, tav. 36.2; Egg, Pare
> 1995, 156 n. 31; Vorlauf 1997, O–45, 1 pp. 91, 148–149, 2
> p. 92.

Questo esemplare viene inserito da Th. Weber
in un ristretto gruppo di pezzi che si distaccano
dal tipo canonico delle Schnabelkannen per la
particolare conformazione del becco e dell'attacco superiore dell'ansa: il vaso in effetti mostra
anche molti punti in comune con le cosiddette
plumpe Kannen, alle quali venne avvicinato da
B. Bouloumié (sulle plumpe Kannen: Bouloumié
1973a, 216–218 con bibliografia precedente dello stesso A.; in seguito almeno Vitri 1980 e Pare
1992, 469–470; per Bouloumié 1968, 438 e Pare
1992, 470 n. 9, all'elenco non sembra pertinente
Villa Giulia 64588, che somiglia piuttosto alla
forma descritta alla scheda n. 93; adde invece
Bellelli 1993, 79, figg. 1, 17, 38, da Nocera). In
accordo con la nuova tipologia complessiva delle Schnabelkannen elaborata di recente da D.
Vorlauf, è possibile collocare il vaso tra i primi
esemplari della forma, le cui provenienze note
rimandano concordemente al distretto vulcente-
bisentino, al quale si può assegnare la paternità
del tipo (Vorlauf 1997, 163–164): per ulteriori riferimenti bibliografici si rimanda alle scheda
n. 102, n. inv. O. 29950 (si aggiunga soltanto il riferimento allo studio di Donati 1993 sull'evolu-
zione delle forme fittili). Anni finali del VI
sec. a. C.

100. Ansa di Schnabelkanne   **Tav. 36**
N. inv. O. 16760   H cm 17
Provenienza sconosciuta; acquistata nel 1928 sul
mercato antiquario a Parigi (Alfandari).
Integra; numerose bolle di fusione sulla superficie; patina uniforme, bruna.
Ansa a nastro, con tre larghe sfaccettature sulla
costa anteriore, piatta e liscia nella parte posteriore; termina inferiormente con una palmetta a
nove petali, con la netta preminenza del centrale, più lungo. La palmetta è sormontata da un'ancora: l'innesto dell'ansa sull'ancora è marcato
da una protuberanza. Superiormente l'ansa termina in due lunghe appendici laterali, con l'estremità sfinata, pressoché appuntita. Due ribattini
sull'ansa e uno sulla palmetta fissavano l'ansa al
vaso.

> Inedita: cenno in MainzZ 24–25, 1929–1930, 110 (G. Beh-
> rens).

Questo esemplare appartiene al tipo «en ancre»
di Bouloumié 1973a, 230–233, sul quale in seguito sono intervenuti anche Bouloumié 1973b,
nn. 8–9, 17, 27, 29–30, 32–33; Bouloumié 1986,
63 (5 exx. al British Museum); Borell 1989, 62
n. 65, tav. 29; Buranelli 1989, 109 nn. 79 e 82–87
per gli esemplari della raccolta Giacinto Guglielmi; Castoldi 1995, 36–39, nn. 37–39, tavv. 27–29,
per gli esemplari nelle Civiche Raccolte di Milano; Caliò 2000, 186–187, n. 348; infine, alcune
anse inedite del Reiss-Museum (Mannheim),
esposte nella mostra 'Italien vor den Römern'
(1995). Per la bibliografia sulle Schnabelkannen
si rimanda alla scheda n. 102 (n. inv. O. 29950).
Seconda metà del VI–V sec. a. C.

101. Ansa di Schnabelkanne   **Tav. 36**
N. inv. O. 34201   H max. cons. cm 14.2
Provenienza sconosciuta; acquistata nel 1952 sul
mercato antiquario a Mittenwald (dr. Lucas).

Priva del petalo centrale della palmetta nell'attacco inferiore e delle estremità laterali in quello superiore; una tacca sulla costa interna; superficie regolare; patina uniforme, bruna.

Ansa a bastoncello, terminante superiormente in due lunghe braccia laterali a sezione pressoché trapezoidale, entrambe fratturate, e inferiormente in una placchetta traforata, sormontata da un calice di fiore di loto inciso con finezza. La placchetta è formata da due doppie spirali affiancate, sovrapposte a due volute terminanti all'esterno con boccioli penduli. Dalla spirale inferiore pende una palmetta a tredici petali, con il centrale più lungo (ma ora fratturato e mancante). Tra le doppie spirali e le volute figura un foro circolare, nel quale alloggiava il ribattino che univa la placchetta al corpo del vaso. Al centro della parte posteriore dell'ansa corre una solcatura orizzontale.

Schaaff 1971, 64 nota 18 (cenno); Vorlauf 1997, O–47, 1 pp. 133–134, 161–162, 2 p. 92.

Questo esemplare è stato assegnato da D. Vorlauf al proprio tipo 2–2b, la cui cronologia oscilla tra la fine del VI–inizi del V sec. a. C. in Italia e l'intero arco del V secolo a. C. nell'Europa centrale. In particolare è del tutto simile a Comstock, Vermeule 1971, 369–370, n. 515 (acquistato a Santa Maria Capua Vetere: ma i boccioli sono più elaborati); Bouloumié 1973a, 114, figg. 170–171 (da Vulci) e 174, figg. 252–253 (Cerinasca d'Arbedo nel Canton Ticino) per la presenza di spirali e boccioli (240–241: forma 3). Per gli esemplari con sole spirali rinvenuti in necropoli della civiltà di Golasecca (fase III A1 di Peroni 1975) si vedano Frontini 1988, 50, n. 436, figg. 211–212 (Ca' Morta, tomba 114) e Casini 1988, 239 senza numero (prima a destra), con ulteriori indicazioni bibliografiche; si veda anche Buranelli 1989, 60 n. 78 e Bellelli 1993, 78–79, n. 4, figg. 1, 15–16, 37; Jockenhövel 1995, fig. 5 (dalla Renania). Fine VI – V sec. a. C.

102. Schnabelkanne Fig. 34; tav. 37
N. inv. O. 29950 H cm 34; diam. base cm 8.4
Provenienza sconosciuta; acquisita nel 1936 dallo Oberhessisches Museum Giessen (WG 327).
Vistose ammaccature e fratture sul corpo e sulla base, con una mancanza sulla spalla; l'attacco inferiore non aderisce più al corpo del vaso, malgrado il ribattino; superficie regolare, patina omogenea, verde scura.

Becco trilobato, con il lobo anteriore tagliato obliquamente, a cartoccio, collo robusto, corpo ovoide, rastremato verso il basso, con base a disco piatto. Sul bordo, superiormente appiattito e ispessito, aderiscono trattenute da due ribattini le braccia laterali dell'attacco superiore dell'ansa, sfaccettate, terminanti lateralmente in due pigne. L'ansa a bastoncello presenta tre sfaccettature sulla costa anteriore, mentre è arrotondata su quella posteriore; l'attacco inferiore è costituito da una placchetta, sormontata da due serpenti, divergenti lateralmente, con il capo triangolare, sotto i quali è conformata una palmetta a nove petali, con il centrale più lungo, di forma legnosa e spigolosa. Un collarino ingrossato marca l'attacco tra l'ansa e la palmetta, originariamente fissata al corpo del vaso da un ribattino, attualmente conservato solo per la parte compresa nella palmetta.

Bouloumié 1973a, 198, 227, 237; Egg, Pare 1995, 202, n. 5; Vorlauf 1997, O–46, 1 p. 162 2 p. 92.

Le brocche con il becco obliquo (Schnabelkannen) furono uno dei prodotti più tipici delle officine vulcenti, che le produssero a partire dalla seconda metà del VI sec. a. C. in numerose varianti: la forma incontrò largo favore non solo in Italia (oltre alle regioni medio-tirreniche e medio-adriatiche si conoscono numerose attestazioni dall'Italia meridionale e soprattutto settentrionale), ma anche nell'Europa centrale, come indicano le carte di distribuzione, periodicamente aggiornate (Bouloumié 1973a; Frey 1988, fig. 191; Kimmig 1988, 101, fig. 29; L. Aigner-Foresti, in Paris 1992, 167; Pare 1992, fig. 25; Vorlauf 1997, fig. 19). Le caratteristiche brocche venivano utilizzate nel banchetto insieme ad altri recipienti bronzei, che formavano veri e propri servizi potori, noti per lo più attraverso i rinvenimenti funerari (Bouloumié 1986). Dopo la sequenza tipologica elaborata da B. Bouloumié in base alla conformazione dell'attacco inferiore dell'ansa (Bouloumié 1968; 1973b; 1985), l'intero corpus delle attestazioni formato da circa 400 esemplari è stato sottoposto a una nuova classificazione tipologica, che tiene conto anche dei profili del collo e del corpo (Vorlauf 1997). Questo esem-

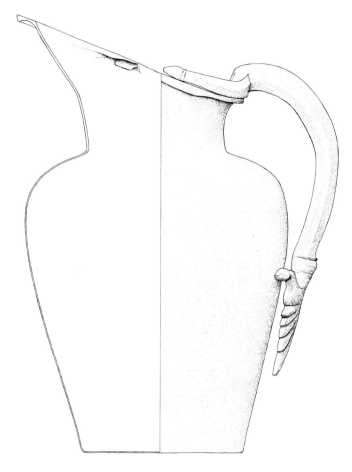

Fig. 34   Cat. 102   1:3

plare è stato assegnato al proprio tipo 2–2b da D. Vorlauf, la cui cronologia oscilla tra la fine del VI–inizi del V sec. a. C. in Italia e l'intero arco del V secolo a. C. nell'Europa centrale. La forma legnosa della palmetta suggerisce di riferire questa brocca alle ultime fasi di produzione del tipo, verosimilmente nel V secolo inoltrato. Anche la tecnica di produzione di queste brocche ha recentemente attratto l'interesse di numerosi ricercatori (da ultimo il contributo di Eiden 1995, con bibliografia precedente). Tra gli esemplari editi o riediti dopo il corpus di D. Vorlauf si possono citare quello rinvenuto nella stipe votiva di Anagni, Santa Cecilia (Anagni 1993, 105, n. 8. 212), gli esemplari conservati al Museo di Tarquinia (Bini et alii 1995, 11–13, tavv. 5–7), quelli a Karlsruhe (Jurgeit 1999, 369–377 nn. 599–615), al Museo Nazionale Romano nella collezione Gorga (Barbera 1999, 41, fig. 1) e al Museo Gregoriano Etrusco con la collezione Falcioni (Caliò

2000, 185–186, n. 347) per l'Italia centrale; per il territorio a nord delle Alpi si veda Jockenhövel 1995, figg. 3–7 (Museo di Wiesbaden). 500–450 a. C.

103.   Oinochoe   **Fig. 35; tav. 38**
N. inv. O. 41305   H all'ansa cm 21.0, all'orlo 16.4; diam. orlo cm 8.0; diam. base cm 13.0
Provenienza sconosciuta; acquistata nel 1984 sul mercato antiquario a Basilea (Deosarte) insieme ai nn. O. 41300–41308.
Integrata sul corpo, in corrispondenza di una grande ammaccatura, e sulla base; abrasioni sull' attacco inferiore dell'ansa.
Superficie regolare, patina omogenea, verde scura con affioramenti verde chiaro. Orlo estroflesso, tagliato obliquamente, ripiegato in basso su se stesso e ribattuto; breve collo troncoconico, cor-

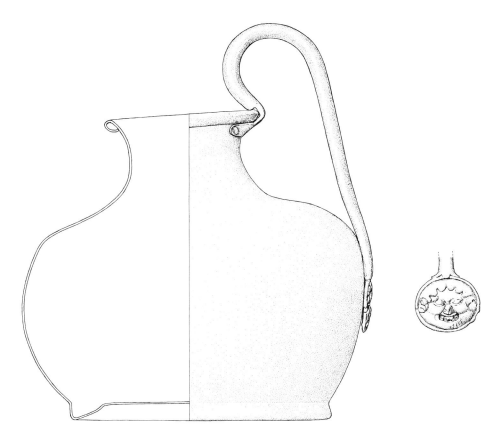

Fig. 35   Cat. 103   1:2

po globulare schiacciato, ansa a bastoncello sormontante, terminante in alto con una placchetta
rettangolare fissata con due ribattini sotto l'orlo
alla lamina del vaso. L'attacco inferiore termina
circa alla metà del corpo in una placchetta circolare, su cui è riprodotto un gorgoneion: riccioli
stilizzati a onde, coprenti in parte le orecchie,
occhi delineati in modo sommario, naso abraso,
bocca digrignante, da cui fuoriesce la lingua conservata solo parzialmente. La base è a disco rilevato, lievemente inclinato verso l'esterno.

JbZMusMainz 31, 1984, 647–649, fig. 38; Egg, Pare 1995,
202, n. 6.

L'oinochoe è inseribile nel gruppo IV Etr. b recentemente enucleato da Th. Weber (1983a, 176–
203 per la forma 9, 191–194 e tav. 17 per il gruppo con gorgoneion, documentato alle pp. 411–
413), formato da 32 recipienti e anse isolate: adde
in seguito almeno Weber 1990, 445–446; l'ansa
edita in Jerusalem 1991, 36 n. 20, con notizia di
altri esemplari; le osservazioni di F. Jurgeit, che

incrementa il corpus delle attestazioni (Jurgeit
1999, 396–397 nn. 651–652), l'esemplare al Museo Nazionale Romano, collezione Gorga (Barbera 1999, 41 fig. 4), quello a Francoforte sul Meno (Stutzinger 2000, 205–207 n. 80) e quelli elencati da Bellelli c. s. Tra gli esemplari rinvenuti in
contesto, assumono particolare interesse quelli
di provenienza spinetica, tra i quali spicca la tomba 128 Valle Trebba (da ultimo Ferrara 1993, 290,
n. 305, con fotocolor a 153, figg. 121–122), citata
anche a proposito dell'ansa di bacile da Fellbach
(n. 139, n. inv. O. 12073). La cronologia di questi
contesti e la derivazione da queste forme della
oinochoe attica a figure rosse dipinta dal pittore
di Shuvalov (bibliografia in Weber 1990, 446 nota
33), attivo attorno al 430–425 a. C., avrebbero
consentito secondo Th. Weber di datare alla seconda metà del V sec. a. C. i vasi metallici. L'analisi serrata dei vasi e dei loro contesti ha invece
permesso a I. Krauskopf e a F. Jurgeit di rialzare
tale datazione alla prima metà del V secolo a. C.
(Jurgeit 1999, 397). La distribuzione degli esem-

67

plari noti dimostra la principale concentrazione a Spina, seguita da Aleria e dai centri della Campania etruschizzata: è preferibile quindi pensare che la produzione non fosse limitata a un unico centro. 500–450 a.C.

104. Statuetta di discobolo (dal coperchio di un lebete capuano) Tav. 38

N. inv. O. 14000   H cm 8.2; diam. base cm 3.7

Provenienza sconosciuta; acquistato nel 1927 da un collezionista privato a Monsheim (dr. Fliedner). Integro, superficie regolare, patina bruno-nerastra con affioramenti verde scuro.

Stante sulla gamba destra, tesa e avanzata, mentre la sinistra è piegata e lievemente indietreggiata, l'atleta è nudo; tiene il disco, irregolarmente circolare, nella mano destra abbassata, con il braccio corrispondente teso in basso, mentre il braccio sinistro, piegato all'altezza della spalla, reca la mano aperta con la palma rivolta verso l'alto, per bilanciare il peso del disco e il movimento rotatorio preliminare al lancio, che si accinge a effettuare. Il busto eretto, con i muscoli pettorali in plastica evidenza, asseconda il movimento dell'atleta con una lieve torsione verso destra. Il capo, anch'esso rivolto a destra, è inclinato verso il basso: sono minuziosamente raffigurati i capelli, resi sulla fronte con un reticolo di losanghe, mentre al centro della nuca, dove formano un collarino ingrossato percorso da un tratteggio obliquo, sono raccolti in un krobilos di forma allungata, la cui estremità superiore ricade su se stessa. Dai capelli sporgono le orecchie, piccole e aguzze: la sobria resa del volto annovera arcate sopraccigliari incassate, bulbi oculari a mandorla debolmente rilevati, setto nasale sottile e proporzionato, labbra strette, con la preminenza del superiore. La muscolatura delle cosce e dei polpacci è posta in risalto, in maniera analoga ai glutei, percorsi da un profondo solco centrale. A eccezione della mano sinistra, ogni arto conta la minuziosa riproduzione delle dita, con striature più regolari sulla mano destra che sui piedi inferiori: il piede sinistro, piegato superiormente, è molto allungato. Il sesso è racchiuso in un cappuccio.

La base di sostegno, lievemente concava, è di forma irregolarmente circolare.

MainzZ 23, 1928, 8 (G. Behrens); Küthmann 1956, tav. 13; Bossert-Radtke 1990a.

I discoboli occorrono di frequente nel repertorio dei dinoi capuani, esattamente sette volte nel corpus dei 33 monumenti conosciuti (Benassai 1995, a cui occorre aggiungere almeno un esemplare nella collezione Ortiz, la cui figurina sembra però di dubbia autenticità: Bern 1996, n. 194)[45]. Il numero viene incrementato dalle statuette isolate di discoboli, tra i quali si possono isolare repliche attribuibili allo stesso artigiano: 1. la statuetta già nelle collezioni Tyskiewicz e A. Dutuit, per la quale si veda Froehner 1901, tav. 149 n. 169 e Kern 1957, 51 nota 14; 2. Berlin 1988, 212 s., n. 10; 3. Jerusalem 1991, 135–136, n. 150 (forse identificabile con il n. 1?). In questi esemplari si distinguono due diversi modelli di ponderazione del corpo, che presenta avanzate rispettivamente la gamba destra (Magonza e Berlino) o la sinistra (collezioni private). Inoltre tra i discoboli isolati si segnalano almeno Copenhagen 1928, tav. 95 (n. inv. H. 227) e Gardiner 1955, fig. 128 (London, collezione Esmond Durlacher, già collezione Wyndham F. Cook: si veda Kern 1957, 50–51 nota 12), per un totale di almeno dodici statuette di discobolo nel corpus dei lebeti capuani. I discoboli di Adolphseck e Detroit (rispettivamente Brommer 1955, n. 13 e Teitz 1967, 72, n. 61) aderiscono a una tradizione figurativa più corsiva, forse riferibile all'Etruria propria, dove il discobolo compare anche come cimasa di candelabro (Kern 1957, cui adde almeno Haynes 1985, 296, n. 139; New York 1987, 212 n. 120 e un esemplare da Populonia esposto nel Museo Archeologico di Firenze, settore topografico, vetrina 18). Questa larga diffusione del soggetto tra i dinoi deve essere correlata alla aderenza che il tipo atletico del discobolo mostrava con l'ideo-

---

[45] Nella figura centrale del dinos a New York (Metropolitan Museum, n. inv. 40.11.3) sembra preferibile riconoscere un discobolo, anziché un offerente, a causa della caratteristica posa della mano sinistra. Si coglie l'occasione per segnalare che il dinos con discobolo a Norimberga (Benassai n. I, 1) è conservato in quella città presso il Gewerbemuseum, Inv. Nr. 6604 (Bossert-Radtke 1990b; Egg, Pare 1995, 204 n. 14, Taf. 70). Questo discobolo, formalmente lontano dalla serie in esame, sembra accostabile a quello del dinos del British Museum, inv. B 559 = Benassai 1995, D. 1.

logia espressa dagli aristocratici capuani che prediligevano i lebeti per le proprie sepolture. Tra gli esemplari del gruppo editi e riediti di recente si vedano anche il lebete e la statuetta isolata di guerriero in atto di calzare lo schiniere destro (Knoll et alii 1993, 102–104, nn.74–75) e gli esemplari conservati al Museo Provinciale di Capua (Grassi 2000, 29–45, nn.1–5 e 79–92). Primo terzo del V sec.a.C.

105. Applique a sirena   Tav.39

N.inv.O.17056   H max. cons. cm 7.7

Provenienza sconosciuta; acquistata nel 1928 sul mercato antiquario a Budapest (Stürmer) con altri materiali (O.17014 – O.17252), tra i quali molti bronzi etrusco-italici.

Priva della parte inferiore, corrispondente all'estremità delle zampe; superficie regolare, tranne che sulla parte anteriore del volto, abraso e fluitato (con una sostanza acida?); patina omogenea, verde scura. Bolle di fusione diffuse, anche di notevoli dimensioni (la più rilevante sotto la zampa sinistra).

Una sirena con le ali spiegate è raffigurata frontalmente, affiancata in basso da due trofei vegetali, ognuno dei quali è costituito da un calice di fiore di loto traforato a giorno, con volute alle estremità, che racchiudono una palmetta a sette petali al centro: sia i calici che le palmette non sono repliche fedeli gli uni degli altri. Le grandi ali dell'essere fantastico, falcate, sono percorse da un finissimo tratteggio a spina di pesce: dalle ali vere e proprie, costituite da quattro fasce concentriche progressivamente rilevate dall'inferiore alla superiore, si distingue un settore più vicino al busto, rilevato e suddiviso da tratti obliqui incisi. La testa della sirena, del tutto abrasa sulla parte frontale, è appiattita in quella posteriore per meglio aderire al supporto di sostegno: è incorniciata da una folta capigliatura che ricade sulle spalle, caratterizzata da lunghe striature verticali, conservate solo sui lati. Sul volto liscio rimangono ora le cavità corrispondenti agli occhi e al taglio della bocca. Collo tozzo e rigonfio, alla cui base si nota l'orlo ingrossato della tunica aderente sull'intero busto: ne fuoriescono le zampe, delle quali rimane la sola parte superiore, dall'articolazione (corrispondente al ginoc-

chio umano) in giù, con l'esclusione delle zampe, non conservate. La parte centrale del busto è prominente ed è segnata da un solco longitudinale. La parte posteriore costituisce il negativo dell'anteriore, con l'ovvia eccezione dei dettagli rilevati e incisi.

Inedito: cenno in MainzZ 24–25, 1929–1930, 110 (G. Behrens).

In Grecia le appliques di sirena sono la decorazione più frequente per l'attacco inferiore delle anse verticali sulle idrie: introdotte sullo scorcio del VI sec.a.C., furono utilizzate sino al 375/350 a.C. (Diehl 1964, passim e tavv.6–7, 14–17: si aggiungano almeno Comstock, Vermeule 1971, 293, n.419; Kent Hill 1976, 18; v.Bothmer 1990, 108 n.89; Hofstetter 1990, 11 e passim). L'applique si inserisce nella tradizione delle decorazioni plastiche su vasellame bronzeo, splendidamente attestata per l'Etruria del secondo quarto del V sec.a.C. dall'anfora da Vulci già nella collezione Pourtalès e ora a Londra, attribuita a bottega vulcente (Haynes 1985, 284 n.105). Accanto all'anfora Pourtalès, ancora vicina alla tradizione iconografica greca, si conoscono in Etruria riproduzioni più corsiveggianti, come quelle che decorano i carrelli su ruote prodotti nell'ambiente tiberino (Giglioli 1935, tav.104.6: la bibliografia sulla classe è indicata nella scheda n.151, n.inv.O.30899) e altre forme vascolari, come le oinochoai di forma VI (Haynes 1985, 285 n.108: sulla classe si vedano gli studi preliminari di Krauskopf 1981 e 1995 e la rassegna di Castoldi 1995, 41–45, nn.43–46, tavv.32–35). Si veda anche l'ansa adespota (di oinochoe?) al Museo Archeologico di Firenze, esposta nella sala XIV, vetrina I (n.inv.76367). Seconda metà del V sec.a.C.

106. Ansa a maniglia orizzontale   Tav.39

N.inv.O.11492   H cm 5; lungh. cm 17

Proveniente forse dall'Italia; acquistata nel 1921 all'asta delle collezioni Sieck-Marx (Monaco di Baviera).

Integra, superficie regolare, con fioritura di alcune corrosioni, patina omogenea, verde. Nella cavità di un attacco rimane parte del riempimento originale in piombo di colore biancastro, ormai mineralizzato in carbonato.

L'ansa a maniglia, fusa assieme agli attacchi, presenta sezione esagonale: nella parte rivolta all'esterno conta cinque facce, mentre all'interno si nota un profilo continuo, semicircolare. Gli attacchi del tutto uguali tra loro sono a palmetta orizzontale, formata da sette petali piatti, con il centrale di maggior lunghezza. Le palmette sono coronate da due volute rilevate, a due avvolgimenti ciascuna, progressivamente più alte verso l'interno dell'avvolgimento. Le due volute sono unite da una sbarretta orizzontale con due apici centrali tesi verso l'esterno, campita a reticolo graffito.

München 1918, 30, n. 460.

L'esemplare, che trova un corrispettivo esatto in un'ansa pure isolata conservata a Vienne (Boucher 1971, 151, n. 299) e un confronto lievemente meno calzante in un pezzo adespota a Boston (raffigurato con la foto rovesciata in Vermeule, Comstock 1988, 85 n. 102 e connesso alla produzione magno-greca in virtù di un confronto poco pertinente: vedi oltre), sembra da ascrivere alla produzione etrusca per la forma delle palmette e specie per la caratteristica sbarretta orizzontale campita a reticolo posta tra le volute, che caratterizza anche le palmette degli stamnoi del gruppo VII, A «Giardini Margherita», recentemente definito da B. B. Shefton (Shefton 1988, 141, A 7, fig. 69) e gli attacchi inferiori delle anse delle oinochoai a corpo fortemente espanso (Weber 1990, 445–446, fig. 13, con bibliografia).

Il gruppo di anse enucleato, da ricondurre verosimilmente a idrie, potrebbe essere ispirato a recipienti di produzione greca: se già nelle idrie laconiche di periodo arcaico le anse orizzontali erano coronate da palmette (Rolley 1982, 31–47, tavv. 7–9; Stibbe 1992; Stibbe 1994b), un gruppo di recipienti discussi da K. A. Neugebauer (Neugebauer 1923–1924, 371–383) e da E. Diehl (Diehl 1964, 25–28, con bibliografia precedente: agli esemplari colà elencati si può aggiungere almeno l'ansa isolata apparsa sul mercato antiquario Basel 1968, n. 54) mostra anse piuttosto simili alle nostre. E. Diehl ha datato queste idrie al 470–440 a. C., lasciando sostanzialmente aperto il quesito legato all'identificazione del centro di produzione, pur esprimendo una leggera propensione per Corinto.

Le differenze principali tra le anse del gruppo greco e quelle del gruppo che si ritiene etrusco, da inserire nel novero delle produzioni avviate in Etruria su ispirazione di vasellame importato dal Peloponneso (H. Jucker 1966; Shefton 1992; Stibbe 1998), sembrano identificabili nella conformazione degli attacchi a palmetta, che solo negli esemplari greci contano una placca di base, e delle anse, che nei vasi greci mostrano una decorazione plastica al centro, mentre in quelli presunti etruschi sono sfaccettate e presentano sugli attacchi la sbarretta tra le volute. Le palmette in questione si differenziano da quelle di solito impiegate nelle Schnabelkannen e negli stamnoi vulcenti (per esempio Bouloumié 1978, tav. 2; Buranelli, Sannibale 1998, 251–254 n. 93) e anche da quelle di prodotti di rilievo, come il cratere dall'isola della Gorgona e l'anfora da Chiusi a Edimburgo (Cianferoni 1980). V sec. a. C.

107. Attacco di ansa di stamnos Tav. 39

N. inv. O. 32418   H cm 11.3; largh. max. cm 6.9

Provenienza sconosciuta; acquistato nel 1949 sul mercato antiquario a Monaco di Baviera-Schleissheim (N. Junkelmann).

Integro, con lievi ammaccature; superficie regolare, con patina uniforme, verde scura, con una fioritura di azzurrite. Nella concavità interna si notano tracce biancastre, che potrebbero essere mineralizzazioni di carbonato di piombo, residuo dell'originaria riempitura della calotta, frequente in questi esemplari.

Rimane la piastra di base di un attacco di ansa, di forma ovale, con estremità inferiore appuntita: al centro nella parte superiore si eleva la calotta a profilo semicircolare, con un foro centrale destinato all'inserimento dell'estremità dell'ansa vera e propria. Sotto la calotta è graffita una testa di satiro sormontata da due occhi molto stilizzati. Il volto del satiro, incorniciato superiormente da capelli resi con striature verticali e inferiormente dalla barba triangolare di simile rendimento, è dominato da grandi occhi e da un naso molto largo; le guance sono gonfie; gli ampi baffi mostrano le punte aperte verso l'alto. Le orecchie sono di dimensioni diverse tra loro, perché sulla sinistra del volto non era rimasto spazio: l'orecchio corrispondente è quindi atrofizzato, mentre l'altro riproduce le consuete fattezze caprine. Lungo il bordo della piastra corre una fila di foglie d'edera, in ognuna delle quali figurano due punti iscritti.

Egg, Pare 1995, 202, n. 3.

Gli stamnoi con testa di satiro sulla piastra dell' ansa sono stati elencati da J. D. Beazley (Beazley 1947, 248–249: nove esemplari); la lista dello studioso inglese è stata in seguito arricchita in specie da B. Bouloumié, sino al recente intervento di B. B. Shefton compreso nell'edizione della tomba di Kleinaspergle, nel cui corredo figura anche uno stamnos con le anse decorate in modo analogo (Shefton 1988). Nell'ambito della tipologia elaborata da B. B. Shefton gli esemplari in questione sembrano inseribili nel gruppo di anse adespote, attribuibili sia al gruppo II «Kleinaspergle» che al gruppo III «Weiskirchen», attribuiti entrambi a botteghe vulcenti (Shefton 1988, 125–128). Particolarmente simile è un'ansa da Vulci al British Museum che però conta tra gli occhi anche un cosiddetto 'motivo vegetale calcidese' (ibidem, 127 n. 6). Per la datazione del gruppo II «Kleinaspergle» si possono utilizzare non solo il repertorio figurativo, che annovera il motivo a foglie d'edera lungo il bordo, documentato nella toreutica nel repertorio degli specchi (Shefton 1988, 110–111) e in produzioni particolari come il disco dalla tomba del Guerriero di Lanuvio (Zevi 1993, 417–429), nonché attestato nella ceramica nel gruppo delle idrie ceretane (Hemelrijk 1984), ma anche dati di cronologia assoluta. Uno stamnos di quel gruppo rinvenuto in una sepoltura ad Altrier (Lussemburgo) conteneva infatti resti carbonizzati di quercia, un campione dei quali è stato datato al 434 a.C.: la datazione dendrocronologica sembra indicare una lunga utilizzazione di quel recipiente prima della deposizione. Sugli stamnoi vulcenti si veda anche la sintesi di F. Jurgeit (Jurgeit 1999, 338 n. 549). 475–450 a.C.

108. Ansa di stamnos Tav. 39
N. inv. O. 28490   H attacchi cm 11.2; largh. cm 13.1
Provenienza sconosciuta; acquistata insieme a O. 28490–O. 28504 nel 1935 a Mannheim (U. Moraweg nata Reiner, che aveva ereditato questi materiali dall'avo J Limmer, Schröding bei Landshut, Baviera).

Integra, con superficie regolare e bella patina uniforme verde scura.

Ansa a maniglia a fusione piena, in origine applicata al recipiente da due ribattini, due su un lato e tre sull'altro (questi ultimi fermati all'interno della calotta da una placchetta di lamina bronzea). La maniglia è decorata frontalmente da nervature rilevate. Le calotte degli attacchi d'ansa sono poco sviluppate. Gli attacchi di forma ovale con estremità appuntita sono decorati da palmette a sette petali penduli, che sporgono da un intreccio di volute e petali. Lungo i bordi degli attacchi corrono due linee continue.

Egg, Pare 1995, 202, n. 3.

Decorazioni floreali sulle anse di stamnoi non sono comuni nel vasto repertorio delle decorazioni che compaiono sul vasellame vulcente, enucleabile specie dai contributi di Beazley 1947, 248–250; Bouloumié 1978; Bouloumié 1986 e Shefton 1988, integrati da edizioni di singoli pezzi (Reusser 1986, 21, n. 4.2: verosimilmente con testa di Acheloo; Vermeule, Comstock 1988, 91–92, n. 116: privo delle anse) e di attacchi isolati (Paoletti 1991, 304, fig. 6, con preziosa lista dei pezzi ritrovati nell'Italia centro-meridionale appenninica; Jerusalem 1991, 36, n. 19: con testa di Acheloo graffita negli attacchi: da aggiungere alla bibliografia Beazley 1947, 250, E). Tra gli esemplari vicini all'ansa in esame si possono citare una coppia di anse al Museo di Villa Giulia a Roma (Beazley 1947, 250, D 4–5), un'ansa adespota e una coppia di anse fuse con decorazione a rilievo al Landesmuseum di Karlsruhe (Jurgeit 1999, 337–338 n. 548 e 340 n. 553). Seconda metà V sec. a.C.

109. Ansa di stamnos Tav. 39
N. inv. O. 17964   H cm 15.9; largh. max. cm 13
Provenienza sconosciuta; acquistata nel 1932.
Pressoché integra, a eccezione della terminazione centrale di una palmetta, priva della punta; superficie cosparsa di forellini di fusione, concentrati specie sulle anse. Patina omogenea, verde chiara. L'ansa a maniglia, fusa assieme agli attacchi, presenta quattro facce appiattite: sulla superiore corrono tre scanalature. L'ansa è innestata su due placche di forma pressoché ovale, superiormen-

te circolari e conformate per tre quarti della lunghezza a palmetta pendula, con undici petali, il centrale dei quali di maggiore lunghezza. Nella parte superiore, subito sotto l'ansa, è rilevata una doppia voluta, i cui avvolgimenti, progressivamente pù alti verso l'interno, sono uniti tra loro da una sorta di sbarretta, pure rilevata. Una foglia per parte corona superiormente le volute.

Inedita.

L'ansa è del tutto simile a due esemplari, anch'essi isolati e adespoti, conservati rispettivamente a Vienne (Boucher 1971, 149, n. 293) e a Heidelberg (Borell 1989, 68, n. 73, tav. 31), non solo nella struttura e nella sintassi decorativa, ma anche nelle dimensioni, che ne suggeriscono l'appartenenza alla stessa officina. La forma della palmetta, simile a quella di un'ansa vulcente (Guarducci 1936, 29, tav. 10.5), la presenza delle scanalature, la mancanza della decorazione perlinata e infine l'osservazione di B. B. Shefton riguardo alla tecnica di realizzazione delle anse degli stamnoi, completamente fuse a partire dal gruppo V «San Ginesio», databile al tardo V–IV sec. a. C., suggeriscono la pertinenza di questa serie di anse a una bottega vulcente, attiva nella seconda metà del V sec. a. C. 450–400 a. C.

del V a. C. (Gjødesen 1970, 154, figg. 14–17, da Dodona). In Etruria teste di acheoloo sono utilizzate come appliques su elmi (A.-M. Adam 1984, 110–111, nn. 133–135; Egg 1986, n. 176, tav. 105 a–c; S. Boriskovskaja, Atti Berlin 1990a, tav. 22.1; Jurgeit 1999, 125–126 n. 165), thymiateria (cfr. n. 146) e oinochoai (A.-M. Adam 1984, 6, n. 7; Jerusalem 1991, 35, n. 18). I prodotti etruschi sono spesso noti tramite le appliques isolate, che sono fuse e quindi di maggiore resistenza (Isler 1970, 158–160 tav. 18; LIMC I [1981], 21–22, nn. 142–160). Non desta quindi stupore rinvenire anche in Etruria protomi della divinità fluviale come decorazioni di anse mobili su recipienti tradizionalmente legati alla conservazione e al trasporto dell'acqua quali sono le situle. Alla lista degli esemplari compilata da H.-P. Isler (Isler 1970, 160, nn. 229–232; in LIMC I [1981], 22, nn. 152–155) si può aggiungere almeno un'ansa isolata a Marzabotto (Muffatti 1969, 247, n. 330, tav. 49, a, 2), una a Toronto (Hayes 1984, 15, n. 19), la situla al British Museum forse da Vulci (Haynes 1985, 285 s., n. 110) e un'ansa isolata al Museo Archeologico di Venezia, già in collezione privata (n. inv. Br. 83), afferenti a situle di vario tipo (Micozzi 2000, 173). Inizio del V sec. a. C.

110. Occhiello di ansa mobile di situla con applique a a testa di acheloo Tav. 40
N. inv. O. 8957 H cm 3.8
Provenienza sconosciuta; acquistato nel 1916 da un collezionista a Strasburgo (R. Forrer?).
Integro, ma con occhiello lesionato; superficie regolare; patina omogenea, scura.
Applique di situla, costituita da una testa di acheloo, con corna sporgenti, occhi appena delineati, naso affilato, bocca piccola, barba fluente, con punta quadrata. Sulla testa dell'acheloo è saldato un robusto anello, nel quale si infilava l'ansa mobile della situla. Lateralmente figurano due occhielli, uno dei quali è ancora parzialmente occupato dai resti del ribattino che fissava l'applique alla lamina del vaso.

Inedito.

Le teste di acheloo utilizzate sulle anse delle situle sono documentate in Grecia almeno dall'inizio

111. Doppia ansa mobile di situla a beccuccio Tav. 40
N. inv. O. 36084 Diam. max. cons. cm 20.5; H cm 9
Provenienza sconosciuta; catalogata nel 1958 dai vecchi fondi del RGZM.
Un'estremità dell'ansa contorta; superficie regolare, con rare bolle di fusione; patina omogenea, verde scura.
Il frammento comprende l'ansa mobile, costituita da due verghe arcuate a sezione rettangolare, e un beccuccio a protome leonina. Le estremità dell'ansa, che sono costituite da due ganci a sezione pressoché ellittica con tre sfaccettature frontali, coronati superiormente da due boccioli compresi tra due doppi collarini orizzontali, sono inserite entro due occhielli ricavati in una spessa placchetta: tra gli occhielli figura una sorta di peduncolo centrale, decorato da un tratteggio obliquo. La protome è caratterizzata da una criniera con due ordini di ciuffi di pelame, resi da

linee pressoché semicircolari, delineate una a una. Gli occhi, profondamente incassati, sono coronati da sopracciglia ondulate, solcate da trattini obliqui. Il naso, appiattito e allargato di fronte, è rilevato, con tratteggio superiore a spina di pesce. Nelle fauci, sormontate da baffi allungati in alto, è inserito il beccuccio versatoio, sporgente e assottigliato verso l'esterno. Nella parte inferiore delle fauci il pelame è reso con un tratteggio a spina di pesce. Dell'altro attacco rimane la sola placchetta con gli occhielli, uno dei quali è privo di circa un quarto della circonferenza: la placchetta, per quanto pertinente all'oggetto come sembra indicare la patina identica, mostra attualmente la parte in origine rivolta verso l'esterno girata all'interno e viceversa, evidentemente rimossa rispetto alla posizione originaria. Tra gli occhielli figura una semplice protuberanza arrotondata.

Inedita.

L'ansa appartiene a un tipo di situla caratterizzato dall'ansa mobile infilata entro due differenti attacchi: l'uno a versatoio era conformato a protome leonina e fuso assieme alla placchetta con gli occhielli, mentre l'altro per lo più a maschera silenica era saldato alla placchetta con gli occhielli. Le differenti tecniche fanno si che spesso insieme all'ansa si conservi soltanto la più resistente protome leonina: si veda per esempio l'esemplare conservato ad Amburgo molto simile a questa sia per le condizioni di conservazione sia per le caratteristiche stilistiche (W. Hornbostel, Amburgo 1977, 96–97, n.66). Queste situle conoscono un'ampia distribuzione, che interessa l'Etruria, l'Italia meridionale, i Balcani e la Russia meridionale: l'intero gruppo è stato attribuito a fabbrica tarantina e gli esemplari rinvenuti altrove sono stati considerati esportazioni (Candela 1985, sulla quale non incidono per l'argomento in esame le critiche avanzate da Byvanck-Quarles van Ufford 1986: ma vedi infra). Ai 63 esemplari metallici colà elencati (almeno due dei quali sono stati riediti in Buranelli, Sannibale 1998, 291 n 129 e 317 n.168) adde almeno, senza pretesa di completezza: 64–66) Hayes 1984, 27–29, nn.31–33 a Toronto, Royal Ontario Museum; 67–68) New York 1987, 223–225, nn.129–130 (coll. Bastis); 69) Jerusalem 1991, 39, n.25; 70–78) Cianferoni 1992, 15–16, Mus. Arch. Firenze, nn.inv.

78545–78546 e altri ivi citati; 79–80) Szilágyi 1994, 530–531, nn.37–38, che discute la bibliografia più recente (in particolare i lavori di M. Pfrommer e B.B. Shefton) e rivendica l'esistenza di una pluralità di centri di produzione, tra i quali annoverare anche l'Etruria, dove una bottega può essere localizzata forse a Volsinii per la presenza dell'iscrizione suthina su alcuni esemplari (ma si tratta di iscrizioni graffite, tracciate dopo la produzione e quindi non necessariamente nello stesso luogo della bottega; 81) Bini et alii 1995, 131–132, tav.58 (al Museo di Tarquinia); 82–83) Castoldi 1995, 21–23, nn.19–20, tavv.16–17; 84–85) Gercke 1996, 189–190, nn.238–239; 86) Barbera 1999, 32 fig.2 (collezione Gorga, al Museo Nazionale Romano); 87) a Villa Giulia, collezione Castellani (Sgubini Moretti 2000, 151 n.103); si considerino infine esemplari inediti di varia provenienza esposti al museo di Ancona e la riedizione della situla a Karlsruhe (Jurgeit 1999, 327–328 n.537). Per la provenienza da Bolsena degli oggetti con iscrizione suthina si veda Pandolfini 1987, 623; Szilágyi 1994, 531; Fontaine 1996. Si vedano anche le schede nn. 112–113. 330–300 a.C.

112. Beccuccio a protome leonina di situla
Tav. 40

N. inv. O.6371   H cm 5.9; largh. cm 4.4
Acquistato presso il dr. Milani a Eltville nel dicembre 1911 per 100 RM, insieme a O.6369–O.6370.
Mancante di parte del beccuccio e di un occhiello; superficie regolare, con patina omogenea, verde-bruna. Attualmente è inserito nell'ansa n.114, alla quale è sicuramente non pertinente per le profonde differenze che si notano nelle patine.
Beccuccio raffigurante una protome leonina di stile estremamente corsivo: la protome è racchiusa entro una criniera costituita da ciuffi del tutto regolari, semicircolari. Presenta una fronte appena pronunciata, occhi pressoché ellittici incassati nelle orbite, naso costituito da un bulbo allungato arrotondato superiormente, che termina di fronte in un'appendice esile, fiancheggiata dai baffi, resi con solchi semicircolari, piuttosto allungati nel tratto posteriore. Nelle fauci spalancate è inserito il beccuccio, prominente in avanti. La parte inferiore del beccuccio è liscia.

Frankfurt 1883, 116, n. 390 (raffigurata in un'ansa di situla insieme a un altro beccuccio a protome leonina); Egg, Pare 1995, 204, n. 10.

Si veda la scheda n. 111 (n. inv. O. 36084). 330–300 a. C.

113. Beccuccio a protome leonina di situla
Tav. 40

N. inv. O. 6370   H cm 7; largh. cm 5.3

Acquistato presso il dr. Milani a Eltville nel dicembre 1911 per 100 RM, insieme a O. 6369 e O. 6371; proveniva dalla collezione Pourtalès-Gorgier.

Integro; superficie molto regolare; patina estremamente omogenea, verde scura. È attualmente infilato entro l'ansa n. 114, alla quale è però senza altro non pertinente per le patine diverse.

La protome è caratterizzata da una criniera con due ordini di ciuffi di pelame, resi da linee pressoché semicircolari, delineate singolarmente, che partono da un solco centrale. Gli occhi, profondamente incassati, sono di forma circolare con punto centrale; sono sormontati all'interno da un disco rilevato, decorato da una girandola incisa. Il naso, di fronte appiattito e allargato, è rilevato, con solchi superiori che ondulano la superficie; è decorato da un fitto puntinato. Nelle fauci, sormontate da baffi allungati in alto resi con tratti ondulati molto regolari, è inserito il beccuccio versatoio, sporgente e assottigliato all'esterno. Nella parte inferiore del beccuccio è delineata a rilievo soltanto la fauce. La protome è sormontata da due occhielli di forma pressoché circolare, percorsi da una nervatura, con i bordi rilevati. Tra gli occhielli figura al centro un peduncolo di forma triangolare con i vertici stondati e un bocciolo rilevato centrale, racchiuso entro una corona di linee semicircolari, ondulate, piuttosto corte.

Frankfurt 1883, 116, n. 391 (all'altra estremità dell'ansa è infilato l'attacco a maschera di sileno); Klumbach 1937, Beil. F, 9–10; Zahlhaas 1971, 90, C 9; Candela 1985, 32, n. 58; Egg, Pare 1995, 204, n. 10.

Si veda la scheda n. 111 (n. inv. O. 36084). 330–300 a. C. (320–310 secondo Candela 1985, 42–43).

114. Doppia ansa mobile di situla   **Tav. 41**

N. inv. O. 6369   Largh. cm 14.3

Acquistata presso il dr. Milani a Eltville nel dicembre 1911 per 100 RM, insieme a O. 6370–O. 6371; proveniva dalla collezione Pourtalès-Gorgier.

Integra, superficie regolare, con patina omogenea, verde-bruna. Attualmente sono inseriti negli uncini dell'ansa i beccucci a protome leonina nn. 112–113, sicuramente non pertinenti per le profonde differenze che si notano nelle patine. Doppia ansa a verga appiattita, con le estremità piegate a uncino, sormontate da un bocciolo conico, coronato da una sferetta. Sotto il bocciolo è rilevato un collarino appena accentuato.

Frankfurt 1883, 116, n. 391 (nell'ansa erano infilati il beccuccio a protome leonina n. 113 e un attacco a maschera silenica); Egg, Pare 1995, 204, n. 10.

Per la bibliografia sulla classe si rimanda alla scheda n. 111 (n. inv. O. 36084). 330–300 a. C.

115. Kyathos a rocchetto   **Fig. 36; tav. 41**

N. inv. O. 7073   H cm 8.7 (all'ansa), cm 5.6 (all'orlo); diam. orlo cm 5.4, diam. base cm 5.4

Provenienza sconosciuta; acquistato nel 1913 sul mercato antiquario a Milano (Ratto) per 5 lire.

Privo del fondo, integrato, altrimenti in buone condizioni; superficie regolare, con patina omogenea, verde scura.

Ansa sopraelevata a bastoncello, impostata sull' orlo e quasi sul fondo, con attacco inferiore a

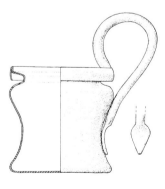

Fig. 36   Cat. 115   1:2

foglia lanceolata; orlo a fascia verticale; corpo sinuoso, con gola sotto l'orlo, spalla pronunciata e base a disco piatto della stessa larghezza dell' orlo e della spalla.

Behn 1920a, 82, n. 585; Egg, Pare 1995, 204, n. 9; Vitali 1991, 259, n. 8, fig. 24.8, 271.

Questi recipienti figurano nei servizi potori metallici e fittili in Etruria dalla prima metà del V sec. a. C., con la funzione non solo di attingitoi, ma anche di unità di misura, come dimostra il ritrovamento di serie complete, in genere formate da cinque esemplari di proporzioni progressivamente crescenti e quindi con differenti capacità: accanto alla serie fittile della tomba H di Montepitti presso Populonia (Sheperd 1992, 155, fig. 9), se ne conoscono numerose bronzee, come quelle dalle tombe 58C di Valle Pega a Spina (F. Berti, in Baldoni 1993, 96 nn. 62–68), 136A di Spina (Ferrara 1993, 304, nn. 484–488: a giudicare almeno dalle misure progressive dei recipienti, uno solo dei quali è riprodotto) e dei Curunas a Tuscania (Moretti, Sgubini Moretti 1983, 37–38, nn. 34–38). L'intera serie era contenuta entro una teglia bronzea, come indica tra gli altri il ritrovamento della tomba 58C di Valle Pega (F. Berti, in Baldoni 1993, 96 n. 61, con bibliografia). Sui singoli componenti del servizio potorio in Etruria si veda Bouloumié 1986). Kyathoi simili sono conservati in numerosissime collezioni museali, in riflesso di una diffusione che dall'Etruria raggiunse numerose località dell'Italia centro-settentrionale, dalla Romagna all'Abruzzo: a titolo esemplificativo si citano Martelli 1976, 46, con bibliografia precedente; Vitali 1991, 259 n. 8, fig. 248, 271; Cianferoni 1992, 19 (51 exx. dalla sola Populonia); Vitali 1992, tav. 36, n. 291 (dalla tomba Benacci 953); per alcuni esemplari da Spina: Ferrara 1993, 290, nn. 301–304 (tomba Valle Trebba 128), 297, nn. 374–378 (tomba 1157), 304, nn. 484–488 (tomba 136A); per gli esemplari al Museo di Tarquinia: Bini et alii 1995, 104–116, tavv. 53–55: per quelli delle Raccolte Civiche di Milano: Castoldi 1995, 31–34, nn. 29–32, tav. 24; Paolucci, Rastrelli 1999, 75–76, n. 26. Inoltre: Boucher 1971, 134, n. 248; Jurgeit 1999, 427 n. 707 e due esemplari inediti nei Musei Civici di Udine. La differente conformazione dell'orlo potrà forse permettere di distinguere varianti regionali o locali. IV–III sec. a. C.

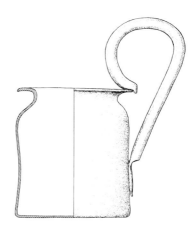

Fig. 37   Cat 117   1 : 2

116. Kyathos a rocchetto   **Tav. 41**
N. inv. O. 7074   H cm. 5.8; diam. orlo cm 4.9; diam. base cm 4.9
Provenienza sconosciuta; acquistato nel 1913 sul mercato antiquario a Milano (Ratto) per 5 lire.
Privo dell'ansa, malgrado sia conservata con lo stesso n. inv. un'ansa a bastoncello con foglia lanceolata sull'attacco inferiore, pertinente a un vaso dello stesso tipo, ma di dimensioni lievemente maggiori. Superficie con numerosi punti di corrosione, accentuati dall'esposizione al fuoco (incendio del RGZM nel 1942?), che ha conferito alla patina un uniforme colore bruno.
Orlo a fascia verticale; corpo sinuoso, con gola sotto l'orlo, spalla pronunciata e base a disco piatto della stessa larghezza dell'orlo e della spalla.

Behn 1920a, 82, n. 586.

Si rimanda alla scheda n. 115 (n. inv. O. 7073). IV–III sec. a. C.

117. Kyathos a rocchetto   **Fig. 37; tav. 41**
N. inv. O. 24324   H cm 10.8 (all'ansa), cm 6.8 (all'orlo); diam. orlo cm 6.2, diam. base cm 6.0
Provenienza sconosciuta; acquistato nel 1932 dalla collezione Heerdt (Schloß Neuweier, Baden-Baden).
Privo della tesa dell'orlo in corrispondenza dell' attacco superiore dell'ansa e con alcuni fori sul corpo; superficie non del tutto omogenea, con aree di corrosione, patina verde scura.

Ansa a bastoncello sopraelevata, impostata sull'orlo e pressoché sulla base, con l'attacco inferiore conformato a foglia lanceolata; orlo a tesa, gola piuttosto pronunciata, corpo appena sinuoso, con base piatta della stessa larghezza dell'orlo e della spalla.

Cenni in MainzZ 28, 1933, 91–92 (G. Behrens); Egg, Pare 1995, 204, n. 9.

Sui kyathoi a rocchetto si rimanda alla scheda n. 115 (n. inv. O. 7073): questo esemplare presenta differenze morfologiche nell'orlo e nel corpo. L'esame dei numerosissimi esemplari noti potrà forse rivelare se tali differenze siano da imputare a un determinato periodo o piuttosto a un centro di produzione. IV–III sec. a. C.

118. Fiasca   Tav. 42

N. inv. O. 27586   H max. cons. cm 14.2; diam. max. cm 10.5

Provenienza sconosciuta; acquistata nel 1933 sul mercato antiquario a Colonia (R. Becker).

Lacunosa sulla massima espansione e priva del fondo, presenta ammaccature diffuse sulla superficie per lo spessore particolarmente esiguo della lamina. Sotto lo strato di corrosione che copre l'intera superficie si nota una patina lucida color argento, che si distingue al momento solo nella fascia di massima espansione del vaso. Un'analisi di fluorescenza effettuata dalla dr. S. Greiff (RGZM) non ha rivelato alcuna traccia di argento e ha restituito invece due curve molto simili relative alla percentuale di stagno nella lamina e nella superficie lucida: il contenuto analogo di stagno induce quindi a escludere con certezza che si tratti di argento o di un altro rivestimento metallico e permette di ipotizzare piuttosto una lucidatura della superficie bronzea.

Collo tronco-conico, corpo globulare, con base retta. Presenta la successione di quattro fasce orizzontali sul collo e di sette sul corpo decorate a sbalzo, di varia ampiezza e con differenti motivi, separate da file di puntini compresi tra due solcature orizzontali. Dall'alto, si susseguono sul collo una fascia vuota e tre con catene di foglie, costituite da archetti semicircolari, campiti da un fitto tratteggio di linee oblique, disposte a spina di pesce, il cui differente orientamento è dato da

un motivo centrale a V rovesciata. Alla base del collo segue una fascia con onde marine, pendule e rivolte verso l'alto: quelle pendule sono campite da file orizzontali di puntini, distribuiti con regolarità. Nella fascia successiva sono sbalzate linee verticali con cerchietti alle due estremità. Quindi, tra due basse strisce a ovoli, rispettivamente penduli e rivolti verso l'alto, corre lungo la massima espansione una fascia nella quale sono raffigurate coppie di foglie d'edera, alternatamente pendule e rivolte verso l'alto, che pendono o spuntano da una linea ondulata. Due fasce, rispettivamente a kyma lesbio con puntini negli spazi liberi e a ovoli penduli, chiudono la superficie del vaso.

Inedito.

Questa fiasca appartiene a una serie di recipienti di pertinenza femminile utilizzati per contenere unguenti profumati, che possono avere corpo liscio o decorato a sbalzo: la sostanziale coevità dei due tipi è documentata da almeno due corredi funerari nei quali occorrono entrambi (tomba dei Calisna Sepu di Monteriggioni e tomba 10 dell'Osteria a Vulci).

Accanto a esemplari lisci di provenienza sconosciuta (München 1918, 32, n. 483 fig. 23), da Bomarzo (Boston, Museum of Fine Arts, inv. 98.683: Baglione 1976, 143 n. 30; tav. 87. 3, con bibliografia precedente), da Tuscania (Moretti, Sgubini Moretti 1983, 114–115 nn. 80–81), dall'Etruria settentrionale (Volterra 1985, 151–152, nn. 204–210), da Tarquinia (Bini et alii 1995, 211–221, tav. 79) e nella collezione Falcioni (Caliò 2000, 217–218, nn. 388–389), una nutrita serie di flaconi decorati ha permesso a G. C. Cianferoni di riconoscere l'attività di un'officina (Volterra 1985, 148–152). La lista delle attestazioni è stata incrementata da F. Jurgeit (Jurgeit 1999, 536–537 n. 893) e da L. Ambrosini soltanto per gli esemplari decorati (Ambrosini c.s.; una fiaschetta è a Villa Giulia, collezione Castellani: Sgubini Moretti 2000, 143 n. 94). W. Herrmann ha proposto di localizzare a Chiusi almeno la produzione dei vasi sbalzati (Herrmann 1964, 120 s., che conosco solo dalla citazione di E. Paul, Berlin 1988, 270), secondo un'ipotesi condivisa anche da G. C. Cianferoni, ma non da altri studiosi (Jurgeit 1999, 537 ad n. 893): la carta di distribuzione del tipo consente però di confermare quella localizzazione (Ambrosini c.s.). Alcuni esemplari permettono di integrare la presenza originaria di un'ansa mobile a catenella sulla sommità del vaso, talora dotato di un sostegno con tre piedi a zampa ferina, e offrono un utile riferimento cronologico: il resto di un corredo da Bomarzo comprendeva anche un vaso plastico a testa femminile, la cui produzione inizia intorno al 300 a.C. (Blanck 1992, 778–779). Le similitudini riscontrate da E. Paul con vasellame bronzeo dalla Dacia e dalla Pannonia, argenteo dalla Russia meridionale sembrano da inserire nella serie di interdipendenze già notate per la toreutica tardo-classica e protoellenistica, imputabili anche ai caratteri eclettici propri dell'ellenismo (Pfrommer 1983).

I risultati dell'analisi di fluorescenza sulla fiasca a Magonza inducono a chiedersi se l'argentatura segnalata in alcuni esemplari sulla fascia della massima espansione non sia in realtà una lucidatura; l'estensione dell'analisi di fluorescenza a un maggior numero di campioni potrebbe chiarire se i casi segnalati in bibliografia corrispondano a una lucidatura o a un'argentatura. 250–200 a.C. circa.

119. Contenitore configurato a volto femminile Tav. 6,2

N. inv. O. 13099   H cm 10.2; diam. superiore cm 2.5; diam. base cm 5.2

Provenienza sconosciuta; acquistato nel 1927 presso un privato a Wiesbaden (sig.na Adelsberger).

Integro, con un'ammaccatura sull'estremità superiore e un foro sopra la base; privo della chiusura superiore; superficie regolare, coperta da una patina nerastra, dovuta verosimilmente a una sostanza artificiale.

Contenitore cavo inferiormente aperto, realizzato a fusione e di spessore rilevante, raffigurante un volto femminile. La capigliatura a melone, raccolta sull'occipite in un cercine, è suddivisa in 24 ciocche rilevate, molto regolari, decorate da trattini obliqui graffiti, disposti in modo tale che due ciocche contigue formino una spina di pesce. La capigliatura è fermata da un diadema a fascia, che occupa l'intera circonferenza: la forma ricorda quella di due navi con le prue affrontate, rese in maniera molto stilizzata, con una sorta di ovale rilevato proprio nell'area centrale (che potrebbe riprodurre la pietra dura incastonata nei diademi veri e propri). L'orlo di ogni ciocca è decorato da una pallottola applicata, affiancata a coppie a quella della ciocca contigua. Sopra il diadema figurano due occhielli applicati pressoché rettangolari, con un foro al centro per le catenelle di sospensione dell'oggetto o per l'inserimento del coperchio mobile (come l'esemplare con l'iscrizione CIE III, 3, 11363), mentre in corrispondenza della poppa delle imbarcazioni sono rilevate due sporgenze rettangolari. Dalla capigliatura pendono tre riccioli per parte, del tutto simmetrici (rispettivamente al centro, davanti e dietro le orecchie). I lineamenti del volto ovale sono piuttosto marcati: la fronte è ridotta a una stretta fascia sotto la capigliatura. Gli occhi presentano palpebre rilevate e bulbi appena pronunciati; il naso è regolare, ma lievemente rigido e legnoso; delle labbra, serrate, l'inferiore è più carnoso; il mento è sormontato da una fossetta e molto assottigliato; le orecchie piccole recano il contorno a rilievo con una pallottola centrale applicata; il collo è piuttosto rigonfio. La donna indossa un paio di orecchini a disco, con bottoncino centrale e pendente a forma di piramide rovesciata, e una collana con pendenti a goccia rovesciata, fermata sulla parte posteriore da un nodo, le cui estremità formano una grande V con il vertice in alto.

MainzZ 23, 1928, 7, fig. 13 (G. Behrens); Menzel 1959, 110, tav. 42; Haynes 1959, 116, gruppo I. 9.

Questa testa e le due successive fanno parte di una serie di contenitori analoghi, che risulta attualmente formata da oltre 120 esemplari, poiché agli 81 raccolti da Haynes 1959, occorre aggiungere almeno gli altri elencati da A.-M. Adam 1984, 38–41 (11 exx.), da Blanck 1992, 791 (21 exx.) e inoltre: Repertorio opere d'arte trafugate in Italia VI, 1970 [1973], 36 fig. 51; Buranelli 1991, 225–228 (da Grotte di Castro); Szilágyi 1994, 528, nn. 33–36; CIE III, 3, 11363 per un esemplare al Louvre, con iscrizione suthina; Bini et alii 1995, 269–272, tavv. 143–144 pubblicano gli esemplari del Museo di Tarquinia, già compresi nell'elenco di H. Blanck; Moltesen, Nielsen 1996, 142–143, n. 56 pubblicano nuovamente l'esemplare conservato nella Ny Carlsberg Glyptothek a Copenhagen (Haynes 1959, n. 10); Bern 1996, n. 199

(collezione G. Ortiz); Corsi 1997, 50–51 (nella collezione Buonarroti); Marinelli 1998, 139 n. 71 per l'esemplare gianiforme nella collezione Freud, con volti di donna (menade?) e di satiro; Jurgeit 1999, 535–536 n. 892; Harari 1999 (per un esemplare già nella collezione Caylus). Si avverte la necessità di un esame complessivo del cospicuo nucleo da un lato per verificare la validità della distinzione in 7 gruppi proposta a suo tempo da S. Haynes, che ne localizzava la bottega a Chiusi, dall'altro per chiarire la funzione delle teste. Alcuni esemplari conservano ancora una chiusura mobile superiore, che può essere o fissata a una catenella o infilata entro una vera e propria cerniera (come nell'esemplare con l'iscrizione CIE III, 3, 11363), mentre nella parte inferiore sono del tutto aperti; non sono state mai segnalate tracce di un eventuale fondo metallico. Occorre dunque pensare a una funzione ornamentale come ha proposto A.-M. Adam (che localizza una produzione a Volsinii) seguita in parte anche da H. Blanck (Blanck 1992, 790 con bibliografia). Il notevole peso di alcuni esemplari non dotati di sospensione induce a esplorare la possibilità di un uso alternativo come coperchio o coronamento di un oggetto del mundus femminile che si poteva infilare nella base, rimanendo poi nascosto alla vista. Non sembra necessario ipotizzare una chiusura del fondo in materiale deperibile, che presupporrebbe un contenuto particolare non bisognoso di una chiusura fissa e stabile. Per quanto riguarda la cronologia della serie, H. Blanck ha recentemente attirato l'attenzione sui pochi esemplari per i quali è noto il contesto di ritrovamento, databili attorno al 300 a. C., che suggeriscono di rialzare almeno a quest'epoca l'inizio della produzione, fissata dalla Haynes al tardo III sec. a. C. Con questa data più alta non contrastano né l'adozione della capigliatura «a melone», introdotta in Grecia nella seconda metà del IV sec. a. C. e diffusa anche in Etruria, né nel nostro caso gli orecchini a disco con pendente a piramide rovesciata, documentati sia da esemplari (G. Cateni, in Cristofani, Martelli 1983, 314 n. 254 da Volterra) che su raffigurazioni in vari monumenti (Blanck 1992, 779), tra i quali spiccano i noti busti da Ariccia (da ultimo Carafa 1997, 275–279), agganciati a monumenti etruschi come i busti da Caere (per un esemplare La Rocca 1990, 351 fig. 155). Sembra quindi proponibile per i nostri pezzi una datazione al III sec. a. C.

120. Contenitore configurato a volto femminile Tav. 42

N. inv. O. 13619   H cm 10.5; diam. superiore cm 2.7; diam. base cm 4.5

Provenienza sconosciuta; acquistato nel 1927 sul mercato antiquario a Parigi (Alfandari).

Priva della chiusura originaria superiore, con l'orlo della base sfrangiato e con numerose abrasioni, specie nella parte frontale; superficie irregolare, con bolle di fusione piccole, ma diffuse; bella patina verde chiaro.

Contenitore cavo, fuso e di spessore rilevante, aperto nella parte inferiore, raffigurante un volto femminile. È sormontato da un orifizio, il cui fusto è decorato da baccellature verticali a rilievo di lunghezza irregolare, mentre sull'orlo a fascia corre un collarino rilevato; ai lati della fascia sporgono due occhielli per la sospensione. La capigliatura a melone, suddivisa in 14 spicchi, è raccolta sulla nuca in una crocchia, decorata da una girandola. La crocchia è fermata da una fascia, che circonda l'intera capigliatura e che è decorata da trattini a V in orizzontale, con un nodo al centro della fronte. Sulla fronte, ampia e spaziosa, i capelli si allargano a partire dal centro in due morbide ciocche, ondulate; un ricciolo pende davanti alle orecchie, che sono rese con un tratto a rilievo piuttosto marcato, semicircolare. Alle orecchie sono raffigurati orecchini a disco quadripartito da una croce incisa e con pendenti a forma di piramide rovesciata. Il volto è di forma ovale, molto regolare, con lineamenti fini, ma con il mento lievemente rigonfio: occhi incassati nelle arcate sopracciliari, con ciglia a rilievo e pupille convesse; naso triangolare, molto regolare; labbra strette. Sul labbro superiore è impresso un puntino.

MainzZ 23, 1928, 7, fig. 13b (G. Behrens); Menzel 1959, 110 tav. 52.7; Haynes 1959, 119, gruppo IV. 13

Per la bibliografia sulla classe si veda la scheda precedente (n. inv. O. 13099). Di recente è stata localizzata nell'agro falisco la produzione nel IV sec. a. C. di sostegni fittili a volto femminile in ceramica argentata, del tutto simili ai contentori bronzei in questione (Ambrosini, Michetti 1995). III sec. a. C.

121. Contenitore configurato a volto femminile   Tav. 42

N. inv. O. 29119   H cm 10.2; diam. superiore cm 2.7; diam. base cm 5.1

Provenienza sconosciuta; acquistato nel 1935 sul mercato antiquario a Monaco di Baviera (H. Bayerlein).

Privo della chiusura superiore, conserva entro un occhiello i resti di un anello della catenella di sospensione, fortemente ossidata; superficie coperta da incrostazioni diffuse; patina omogenea, verde scura con chiazze dorate.

Contenitore cavo, fuso e di spessore rilevante, aperto nella parte inferiore, raffigurante un volto femminile. La testa è coronata da un orifizio, di forma cilindrica, liscio, ai lati del quale sono due occhielli di sospensione, entrambi ostruiti da grumi ossidati. La capigliatura a melone, suddivisa in 12 spicchi solcati da trattini orizzontali, è raccolta sulla nuca in una crocchia, formata dai capelli annodati e avvolti a girandola: è tenuta da una benda bipartita, che presenta un nodo sulla parte frontale. Le ciocche di capelli che sulla fronte pendono dalla fascia sono ondulate in morbide pieghe: due riccioli sono riprodotti davanti e dietro le orecchie. I tratti incisi che caratterizzano le ciocche e i riccioli sono di plastica evidenza e di grande morbidezza, poiché la larghezza dei solchi non è costante, ma corrisponde all'onculazione. Alle orecchie, che sono molto piccole e realizzate con un tratto rilevato semicircolare, sono appesi orecchini a disco con pendenti a forma di piramide rovesciata. Il volto è di forma ovale, molto regolare, con lineamenti fini, ma con il mento lievemente rigonfio: occhi incassati nelle arcate sopracciliari, con ciglia a rilievo, pupille convesse e iride indicata con un lievissimo solco; naso triangolare, molto sottile; labbra strette, con l'inferiore in grande evidenza, tanto da sembrare quasi applicato. Un puntino è impresso sul labbro superiore. Il collo è articolato in due facce orizzontali con un leggero solco centrale.

Inedito.

Questa testa, da inserire nel gruppo IV di Haynes 1959, è molto simile al n. 120 (n. inv. O. 13619) per l'impianto generale del volto e della capigliatura, nonché per dettagli quali il nodo frontale della fascia che cinge i capelli e il puntino sul labbro superiore; una testa a Vienna (Pitlik 1989, 157 n. 13, Taf. III) permette forse di isolare un gruppo distinto all'interno della classe illustrata alla scheda n. 119 (n. inv. O. 13099). Inizi del III sec. a. C.

122. Cista   Fig. 38; tav. 43

N. inv. O. 24323   H cm 19; diam. orlo cm 9.1; diam. fondo cm 10.3

Provenienza sconosciuta; acquistata nel 1932 dalla collezione Heerdt (Schloß Neuweier, Baden-Baden).

Assemblata da numerosi frammenti, largamente integrata nel coperchio e nel fondo. Superficie regolare, ma percorsa da crepe; patina omogenea, verde scura.

Cista a corpo cilindrico tirato a martello con un collarino sotto l'orlo, che funge da battente per il coperchio, e altri due in corrispondenza del fondo. È sorretta da tre piedi a zampa ferina, sormontati da una protome femminile. Il volto di questa, ovale e coperto da un berretto frigio, è caratterizzato da lineamenti molto marcati: occhi incisi in maniera profonda, naso robusto e molto largo, labbra strette e carnose, mento appuntito. Il coperchio, con l'orlo arrotondato estroflesso e il battente più stretto, presenta al centro una presa fusa, configurata a delfino, con la coda sollevata verso l'alto a terminazione bifida, incisa con un motivo fitomorfo. L'animale presenta pinna dorsale appuntita e laterali meno sviluppate: il muso, allungato e schiacciato, è suddiviso in tre anelli, progressivamente più sottili. Sull'orlo del coperchio è graffita un'iscrizione etrusca sinistrorsa, della quale rimangono le prime due lettere MU, integrabili con grande verosimiglianza in MU[ΘINA]. H lettere cm 1.2.

Fig. 38   Cat. 122   1:1

79

Cenni in MainzZ 28, 1933, 91–92 (G. Behrens) e foto in Küthmann 1956, tav. 14; Egg, Pare 1995, 204, n. 8; A. Naso, REE 1997 [1999], n. 35 (iscrizione).

Le ciste etrusche di piccole dimensioni sono state esaminate da Hayes 1984, 29–30, n. 34, con bibliografia. Agli esemplari elencati adde almeno le seguenti ciste: 1. New York, Metropolitan Museum, n. inv. GR 446, compresa in un corredo da Bolsena con iscrizione MUΘINA graffita sia sul coperchio sia sul corpo, dotata di piedi molto simili a quelli dell'esemplare in discussione (Richter 1915, 180 per il corredo, 292, n. 845 per la cista, la cui iscrizione è stata edita in CIE III, 2, 10846); 2. Londra, British Museum, n. inv. GR 1873.8–20.194, con iscrizione MUΘINA, edita in CIE III, 2, 10884; 3. Roma, Villa Giulia, n. inv. 51206 nella collezione Castellani, con iscrizione MUΘINA; 4. Perugia, Museo Archeologico Nazionale, n. inv. 1239, da Porano (G. Fiorelli, NSc 1876, 53; Bellucci 1910, 149, n. 308); 5. Bruxelles, Musées Royaux d'Art et d'Histoire, n. inv. R 1039 (Meester de Ravestein 1884, 308, n. 1039); 6. Firenze, Museo Archeologico, n. inv. 70803, esposta nella sala XIV, vetrina I; 7. Roma, Museo Nazionale Romano, collezione Gorga (Barbera 1999, 42 fig. 10); 8. Roma, Villa Giulia, n. inv. 63363, da Vulci, tomba Osteria 17, con sostegni a teste femminili e felino sul coperchio. La presenza dell'iscrizione etrusca su quest'esemplare, che appartiene alla serie suthina (Pandolfini 1987, 623; Szilágyi 1994, 531; Fontaine 1996), permette di attribuire questa cista alla produzione volsiniese dello scorcio del IV–III sec. a. C. (Colonna 1985, 130–131, nota 116), e per analogia anche i piedi di cista n. 129 (n. inv. O. 7079), del tutto analoghi. Il delfino occorre spesso nell'arte etrusca di periodo alto-ellenistico in associazione con il motivo a onde marine (per esempio in un cratere bronzeo dalla tomba dei Curunas a Tuscania: Moretti, Sgubini Moretti 1983, 28–31 n. 9) e con un personaggio umano o satiresco sulla groppa (Ambrosini 2000), quale probabile allusione al viaggio nell'aldilà e alla funzione purificatrice propria dell'acqua. Fine IV–III sec. a. C.

123. Piede di cista   Tav. 43
N. inv. O. 17053   H cm 7.8; largh. cm 4.7
Provenienza sconosciuta; acquistato nel 1928 sul mercato antiquario a Budapest (Stürmer) con altri materiali (O. 17014 – O. 17252), tra i quali molti bronzi etrusco-italici.
Integro (le figure umane sono state ricongiunte all'altezza delle caviglie), superficie regolare, con patina uniforme, bruna.
Su una zampa ferina, che sostiene una sorta di plinto con due volute plastiche appena accennate alle estremità e una fascia rilevata superiore, sono raffigurati a giorno con vista frontale due personaggi maschili in piedi, rivolti uno verso l'altro: il personaggio di destra, identificabile con Ercole per la clava che impugna nella mano destra, sorregge con la mano sinistra un calderone, che è tenuto con la mano destra dal personaggio che precede, retrospiciente e con il braccio sinistro piegato all'altezza della vita. Le riproduzioni dei due personaggi sono sommarie: sul volto sono raffigurati il profilo degli occhi, le capigliature a calotta e il naso. Sulla parte posteriore, appiattita e un po' incavata, si notano una sporgenza ovale orizzontale all'altezza del plinto, che contiene un chiodo conficcato in senso verticale, e un ribattino, che fora invece in orizzontale il calderone; i due chiodi fissavano il piede al recipiente.

Cenno in MainzZ 24–25, 1929–1930, 110 (G. Behrens); Jurgeit 1986, 29, n. K 3, 18, tav. 10 b–c.

Il piede, che rappresenta la contesa tra Eracle e Apollo per il tripode delfico, è stato inserito da F. Jurgeit in una serie di venti repliche con questo soggetto, caratterizzate da elementi in comune come la fusione in un unico getto, il fissaggio alla cista con ribattini e la lavorazione a giorno. Questi dettagli tecnici, che distinguono anche altri piedi bronzei di ciste lignee, hanno consentito di isolare la produzione di un'officina localizzata a Vulci, che avrebbe a propria volta influenzato la produzione di due distinte botteghe, situate invece a Chiusi (Jurgeit 1986, 79–91). Buranelli 1989, 64 n. 120 e 110, nn. 121–122 pubblica alcuni sostegni, che rientrano in tipi già enucleati da F. Jurgeit; questa studiosa ha inoltre riedito l'esemplare a Karlsruhe (Jurgeit 1999, 524 n. 876). Primo quarto del V sec. a. C.

124. Manico di cista Tav. 43

N. inv. O. 13420   Lungh. max. cons. cm 14.1;
H cm 4.2 (senza tenoni)

Provenienza sconosciuta; acquistato nel 1927 da
un collezionista privato a Ditterswind (barone
v. Gersdorff). Priva di parte di un perno per il
fissaggio nella lamina del coperchio e del bocciolo centrale di una foglia, altrimenti integra.
Superficie viziata da piccole cavità (bolle di fusione); patina omogenea, bruna.
Raffigura una donna nuda, rovesciata all'indietro, con il corpo disposto ad arco; le mani e i
piedi sono poggiati su basette rilevate. Il volto è
coronato da una capigliatura compatta, mossa da
linee ondulate orizzontali; i rozzi lineamenti presentano orbite incavate, occhi a pallottola applicati, grande naso e taglio orizzontale della bocca, con labbra molto sviluppate. Sono modellati
il seno e in modo sommario la muscolatura del
busto, tesa nello sforzo. Incisioni indicano l'ombelico e il sesso. Mani e piedi conservano una
forma sommaria, e si fondono con le basette di
appoggio. I glutei sono attraversati da un'incisione longitudinale, che delinea anche le gambe.
Le basette di appoggio sono configurate a foglie
d'edera, terminate in alto da due volute con un
bocciolo centrale: incisioni larghe e profonde
marcano il contorno e l'asse longitudinale delle
foglie, mentre sul bocciolo sono incisi trattini a
zig-zag.

Inedito.

Figure di acrobate sono spesso utilizzate come
manici per le ciste prenestine (Bordenache Battaglia, Emiliozzi 1990, nn. 63, 77, 85, 91, 112;
ibidem, n. 100 e Jurgeit 1986, K 7, 1–3, tav. 14 a e K
42, 1–3, tav. 43 d per acrobati maschili; lista delle
attestazioni dei manici isolati in Coppola 2001,
95–96). Questo manico trova il miglior confronto in una cista ovale in origine liscia ora a Forest
Hills, il cui fregio inciso è stato realizzato forse
nel Novecento, derivandolo da un vaso attico a
figure rosse attribuito al 'Coghill Painter' (Bordenache Battaglia, Emiliozzi 1979, 90–91, n. 20
tavv. 110–111, con bibliografia). Il paragone con
il manico in oggetto, che non si limita all'aspetto
complessivo della figura umana, ma comprende
anche le basette a foglia d'edera con bocciolo,
induce a attribuire i due prodotti a un'unica bottega. Sulle ciste prenestine si vedano anche i contributi di Bordenache Battaglia, Emiliozzi 1992,
che considerano in modo critico gruppi e singole
ciste, e Baglione 1992, dedicato invece all'esame
dei contesti di ritrovamento desumibili dalla documentazione archivistica. Seconda metà del IV–
III sec. a. C.

125. Piede di cista configurato a leone

Tav. 44

N. inv. O. 30538   H cm 6.8

Provenienza sconosciuta; acquistato nel 1939 sul
mercato antiquario a Colonia (R. Becker).
Integro; superficie regolare, patina omogenea, bruna con chiazze verdastre e affioramenti dorati.
Al di sopra di una zampa ferina, posta su una
basetta cilindrica con orlo superiore decorato da
un fregio di perle e caratterizzata da quattro dita
unghiate con due incisioni orizzontali al centro,
è riprodotto una sorta di capitello con due volute, tra le quali corre un fregio inciso a zig-zag. Il
capitello sostiene un leone volto a sinistra, che
sembra prepararsi a saltare: accucciato sulle zampe anteriori, ma con quelle posteriori ritte e tese,
tiene le fauci spalancate, con la lingua pendula.
La criniera e il vello dorsale sono lievemente rilevati e solcati da fitte incisioni. La coda è arricciata
in alto. Il piede è cavo. Sul lato posteriore si nota
un ampio ripiano che sosteneva il corpo della cista.

Inedito.

I piedi di cista configurati a leone, già esaminati
da W. Ll. Brown (1960, 161–162), compaiono di
frequente nell'ampio repertorio delle ciste prenestine (Bordenache Battaglia, Emiliozzi 1979;
Bordenache Battaglia, Emiliozzi 1990), all'interno del quale l'esemplare in oggetto trova un buon
confronto (Bordenache Battaglia, Emiliozzi 1990,
244–246, n. 73 tav. 342). I piedi configurati a leone, di dimensioni pressoché standardizzate (altezza media ca. 7 cm), furono introdotti nel IV
sec. a. C. nelle officine prenestine e ne costituiscono la produzione più massiccia, durata almeno sino alla seconda metà del III sec. a. C., come
ha notato F. Jurgeit (Jurgeit 1986, 156). Questo
esemplare sembra però lontano dai prodotti più
tardi per lo stile asciutto ed essenziale: pare quindi
proponibile una datazione ancora nell'ambito del
IV sec. a. C.

126. Piede di cista configurato a leone
                                                    Tav. 44

N. inv. O. 30539   H cm 6.8
Provenienza sconosciuta; acquistato nel 1939 sul mercato antiquario a Colonia (R. Becker).
Integro; superficie regolare; patina omogenea, bruna.
La zampa ferina, posta su una basetta cilindrica con orlo superiore decorato solo anteriormente da un collarino e caratterizzata da quattro dita delineate in modo sommario, è coronata da una sorta di capitello, decorato da due volute, indicate da due linee a rilievo. Il capitello sostiene un leone volto a destra pronto a saltare: accucciato sulle zampe anteriori, ma con quelle posteriori ritte e tese, ha le fauci spalancate, che per la cattiva qualità della fusione sono del tutto lisce e pressoché indistinte. La criniera e il vello dorsale sono lievemente rilevati e solcati da fitte incisioni. La coda, configurata in maniera plastica, è appena accennata. Il piede è cavo. Un ampio ripiano sul lato posteriore sosteneva il corpo della cista.

    Inedito.

Per l'inquadramento generale si rimanda alla scheda precedente (n. inv. O. 30538); come confronto specifico per questo pezzo si veda Bordenache Battaglia, Emiliozzi 1990, 322–326, n. 102. IV sec. a. C.

127. Tre piedi di cista configurati a leone
                                                    Tav. 44

N. inv. O. 27966   H cm 7.1
Provenienza sconosciuta; acquistati nel 1932 sul mercato antiquario a Colonia (R. Becker).
Al di sopra di una zampa ferina, su una basetta cilindrica con orlo superiore decorato da trattini verticali e caratterizzato da quattro dita unghiate, che presentano due incisioni orizzontali al centro, è configurato una sorta di capitello con due volute, poste su una fascia a basso rilievo. Il capitello sostiene un leone volto a sinistra, che sembra prepararsi a saltare: le zampe anteriori sono distese in avanti, mentre quelle posteriori, piegate e tese, esprimono la tensione dell'animale pronto a balzare. Le masse muscolari sono indicate da lievi ondulazioni della superficie (sul

treno posteriore) e da incisioni (sul fianco). Le fauci sono spalancate, con la lingua pendula. La criniera è resa con un collarino rilevato, inciso a trattini; il vello dorsale, lievemente rilevato, è solcato da fitte incisioni a zig-zag e oblique. La coda, configurata in modo plastico, è arricciata in alto. Il piede è cavo. Un ampio ripiano sul lato posteriore sosteneva il corpo della cista.

    Egg, Pare 1995, 202, n. 4 (due esemplari).

Per l'inquadramento generale si rimanda alle schede precedenti (n. 125–126). IV sec. a. C.

128. Piede di cista configurato a sfinge
                                                    Tav. 45

N. inv. O. 17054   H cm 8.6
Provenienza sconosciuta; acquistato nel 1928 sul mercato antiquario a Budapest (Stürmer) con altri materiali (O. 17014 – O. 17252), tra i quali molti bronzi etrusco-italici.
Integro, a eccezione del ribattino sul petto, tranciato sul lato posteriore; superficie regolare, patina omogenea, bruna.
Piede a zampa ferina, posta su una base cilindrica, decorata nella parte superiore da un fregio di perle: la zampa è suddivisa in quattro dita unghiate, più strette al centro, che si riuniscono superiormente in un fusto sfaccettato, coronato da due volute laterali. Sulle volute è raffigurata in vista frontale una sfinge seduta: la capigliatura rilevata è a calotta percorsa da fitte incisioni. Il volto prevede arcate sopracciliari marcate, congiunte al setto nasale, occhi incavati, e bocca resa con un taglio orizzontale, che un colpo di lima sul lato destro ha reso del tutto irregolare. Il busto è caratterizzato da incisioni ad archetti capovolti, quasi delle squame, che giungono sino alle zampe. Queste, strettamente raggruppate, sono rilevate e recano incise le dita. La sfinge è dotata di due ali, spiegate, suddivise da linee ondulate in tre fasce verticali: quella superiore è caratterizzata da squame simili al busto, le due inferiori da linee verticali. Le ali sono inferiormente lavorate a giorno. Nella parte posteriore figura un incavo, in corrispondenza del corpo della sfinge, e una sorgenza centrale a linguetta, che sostiene il corpo della cista.

Inedito: cenno in MainzZ 24–25, 1929–1930, 110 (G. Behrens).

Il piede sembra attribuibile con grande verosimiglianza a quell'officina di Praeneste dedita alla produzione di anse e piedi in bronzo fuso per ciste lignee rivestite di lamina bronzea decorata a traforo, che F. Jurgeit ha distinto e denominato A (Jurgeit 1986, 119–133). Per piedi di cista configurati a sfinge seduta in vista frontale si veda A.-M. Adam 1984, 33–34, nn. 34–35; Jurgeit 1986, 56–57, K 24, 2–3, tav. 33, b–c e 132 per la datazione, posta non senza dubbi nella seconda metà del IV sec. a. C. 350–300 a. C.

129. Tre piedi conformati a busto femminile
Tav. 44

N. inv. O. 7079 a–c   H cm 5.8
Forse da Nemi. Furono acquistati per 30 lire a Venezia nel 1913, insieme a una statuetta di Bes, proveniente forse dall'Italia meridionale (O. 7080). Integri; superficie regolare, con patina omogenea, verde scura.
Volto femminile con sommaria rappresentazione del busto, terminante in basso in una zampa ferina, che poggia su un plinto quadrato scanalato. La testa è incorniciata dalla capigliatura liscia che arriva sino alla base del collo: il volto ovale comprende una fronte piuttosto bassa, occhi a pallottola riportati entro ampie orbite oculari, naso di forma allungata e labbra serrate, piuttosto piccole. Il collo è coperto da una sorta di stretta gorgiera; sul petto del personaggio sono rilevati dei triangoli con un vertice rivolto in basso, che si stringono progressivamente verso l'alto. Di lato figurano due appendici che possono rappresentare sia delle braccia molto stilizzate (in base alle quali il personaggio raffigurato sarebbe una donna) sia delle ali (che qualificherebbero una sirena). Sulla parte posteriore a profilo concavo figura una sporgenza di forma semicircolare e irregolare, che sosteneva un recipiente di forma semicircolare.

Behn 1920a, 86, n. 619.

Nella bronzistica di età ellenistica e romana sono diffusi piedi conformati a volto di donna destinati a sorreggere recipienti (per lo più ciste, ma non esclusivamente) e arredi (tripodi metallici, mobili lignei): nel caso delle ciste si tratta di for-

me di dimensioni ridotte, in voga tanto nella produzione etrusca quanto in quella prenestina (A.-M. Adam 1984, 34, n. 36; 94–95, nn. 107–108, raccoglie i materiali sinora noti). La mancanza di confronti adeguati nel corpus delle ciste prenestine (Bordenache Battaglia, Emiliozzi 1979; Bordenache Battaglia, Emiliozzi 1990) e lo stringente confronto con la cista etrusca n. 122 (n. inv. O. 24323) inducono ad attribuire i tre piedi a una bottega etrusca di periodo ellenistico: viceversa la presunta provenienza da Nemi, sito del santuario di Diana, potrebbe indurre a localizzare questa bottega nel Lazio. In tal caso anche queste ciste sarebbero da inserire nel novero della documentazione utilizzata da M. Bonamici per ricostruire una fitta trama di relazioni che almeno dalla prima metà del IV sec. a. C. legò la toreutica laziale all'ambiente etrusco-meridionale, in particolare volsiniese, al quale non a caso sono attribuite anche ciste (Bonamici 1996). Fine IV–III sec. a. C.

130. Piede conformato a busto femminile
Tav. 45

N. inv. O. 24352   H cm 5.2
Provenienza sconosciuta; acquistato nel 1932 dalla collezione Heerdt (Schloß Neuweier, Baden-Baden).
Integro, con alcune incrostazioni; superficie regolare, con patina omogenea, bruna.
Volto femminile, con sommaria rappresentazione del busto, terminante in basso in una zampa ferina, che poggia su un plinto quadrato. La testa è incorniciata da una capigliatura a calotta, caratterizzata da brevi linee oblique: il volto ovale comprende una fronte piuttosto bassa, occhi a pallottola riportati entro ampie orbite oculari, naso di forma allungata e labbra serrate, piuttosto piccole. Il collo è coperto da due sporgenze triangolari con un vertice rivolto in avanti. Lungo i lati si notano due appendici che possono rappresentare tanto delle braccia molto stilizzate (per cui il personaggio raffigurato sarebbe una donna) che delle ali (nel qual caso si tratterebbe di una sirena). Sulla parte posteriore a profilo concavo figura una sporgenza di forma irregolarmente semicircolare, che sorreggeva un recipiente di forma circolare.

Inedito: cenno in MainzZ 28, 1933, 91–92 (G. Behrens).

Si rimanda alla scheda n. 129 (n. inv. O. 7079): come confronto specifico si vedano tre piedi di cista adespoti al Museo Archeologico di Firenze, esposti nella sala XIV, vetrina II. III sec. a. C.

131. Piede conformato a busto femminile (sirena?)　　　　　Tav. 45
N. inv. O. 24350　　H cm 5.2

Provenienza sconosciuta; acquistato nel 1932 dalla collezione Heerdt (Schloß Neuweier, Baden-Baden).
Integro; superficie regolare, con patina omogenea, verde scura.
Volto femminile, con sommaria rappresentazione del busto, terminante in basso in una zampa ferina, che poggia su un plinto quadrato. La testa è incorniciata dalla capigliatura, caratterizzata da linee orizzontali che mettono in evidenza grandi ciocche, raccolte sulla nuca: il volto ovale comprende una fronte piuttosto bassa, occhi a pallottola riportati entro ampie orbite oculari, naso sottile e labbra serrate, piccole. Sul busto sono indicati sia il seno con un leggero rigonfiamento sia le ali. Sulla parte posteriore a profilo concavo figura una sporgenza di forma irregolarmente semicircolare destinata a sostenere un recipiente di forma circolare.

Inedito: cenno in MainzZ 28, 1933, 91–92 (G. Behrens).

Cfr. scheda n. 129 (n. inv. O. 7079): si aggiungano tra i confronti tre piedi di cista adespoti al Museo Archeologico di Firenze, esposti nella sala XIV, vetrina II. Periodo ellenistico.

132. Piede conformato a corpo di uccello (pipistrello?)　　　　　Tav. 45
N. inv. O. 24346　　H cm 4.1

Provenienza sconosciuta; acquistato nel 1932 dalla collezione Heerdt (Schloß Neuweier, Baden-Baden).
Integro, tranne una lieve mancanza sull'ala sinistra e sulla base; alcune incrostazioni; superficie regolare, con patina omogenea, verde scura.
Volto ferino, dominato da un grande naso trian-

golare, con occhi a pallottola, forati al centro, riportati entro orbite di forma allungata. Di lato si spiegano le ali simmetriche, costituite da tre penne, marcate da linee graffite; la penna centrale è più lunga. Corpo teso in avanti su una zampa ferina rilevata in modo accurato, che poggia su un plinto rotondo. Sulla parte posteriore a profilo concavo figura una sporgenza appena accennata di forma irregolarmente semicircolare destinata a sostenere un recipiente di forma circolare.

Inedito: cenno in MainzZ 28, 1933, 91–92 (G. Behrens).

Piedi conformati in modo analogo sono conservati in diverse collezioni museali, per lo più privi dell'oggetto che sostenevano (K. Schumacher 1890, 47, n. 263, tav. IV; Bieber 1915, 86, nn. 358–361; Di Stefano 1975, 157 n. 408 tav. 60 (molto stilizzata); Galliazzo 1979, 46 n. 136 (stilisticamente diverso) e altri citati da A.-M. Adam 1984, 95, n. 108; Caliò 2000, 264 n. 482. La mancanza di confronti datati induce a proporne una pertinenza all'ambiente tardo-ellenistico, senza poterne escludere una datazione alla prima età imperiale romana, come ha sostenuto V. Galliazzo e come risulta anche da un esemplare dal territorio di Augusta Raurica (attuale Augst, Svizzera: Kaufmann-Heinimann 1977, 126, n. 198, tav. 133, senza datazione) e da altri inediti conservati nel Museo di Aquileia. Perplessità analoghe sulla datazione sono state espresse anche da F. Jurgeit (Jurgeit 1999, 480 n. 803).

133. Attingitoio con anello di sospensione
Fig. 39; tav. 45
N. inv. O. 28086　　H cm 24.5; diam. base cm 19; diam. orlo cm 11.8

Provenienza sconosciuta; acquistato nel 1935 sul mercato antiquario a Monaco di Baviera (H. Bayerlein).
Privo di frammenti sull'orlo e sul fondo, rinforzato all'interno con una lamina. Superficie regolare, patina omogenea, verde scura.
Il corpo in lamina ha profilo campaniforme con orlo arrotondato e fondo concavo. All'esterno è applicata un'ansa fusa, che termina in basso in una foglia d'edera stilizzata, in alto in due occhielli, il più piccolo dei quali riservato a un anello di sospensione, non conservato (scheda n. 134,

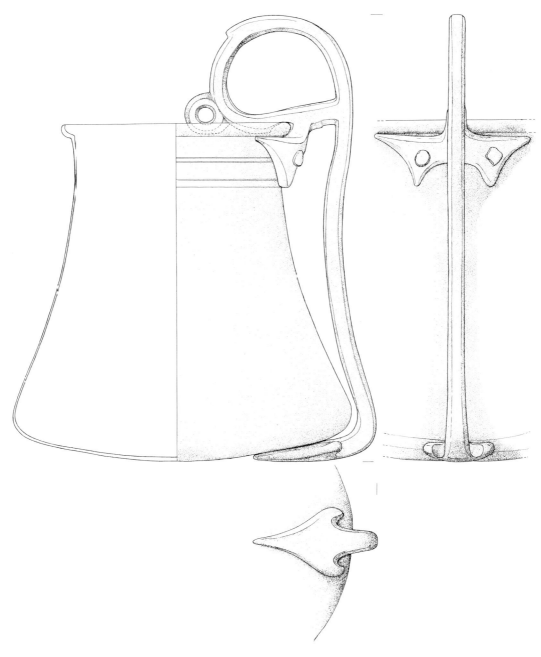

Fig. 39   Cat. 133   1 : 2

n. inv. O. 16759). Due fasci di incisioni orizzontali corrono nella parte superiore del corpo.

Inedito.

La forma, definita in modo improprio 'cacabus'
nella letteratura del secolo scorso, presenta spesso nell'anello mobile di sospensione un secondo
anello triangolare, che potrebbe essere stato uti-

lizzato per appendere all'interno del recipiente
un oggetto che non doveva toccare il fondo, ma
piuttosto rimanere immerso: si è pensato al contenitore di sostanze lasciate in infusione, desti-
nate ad aromatizzare il contenuto nel vaso. Se
l'ipotesi cogliesse nel segno, si tratterebbe di un
recipiente destinato alla preparazione di infusi o
salse (Castoldi 1995). Vasi di questa forma furo-

no documentati inizialmente nei corredi funerari di alcune tombe galliche dell'Italia centrale (San Ginesio: Silveri Gentiloni 1886, 45, fig. F; Montefortino, tomba 8: Brizio 1899a, 669–670, tav. IV, 7; Filottrano: Dall'Osso 1915, 119 e 255–256) e in specie nelle necropoli di Capena (Paribeni 1906, coll. 472–473, fig. 76 cita 27 esemplari). In seguito ne sono stati identificati altri in collezioni museali, sia all'estero (Kent Hill 1976, n. 3, con datazione troppo alta), sia in Italia (Castoldi 1995, 27–28, n. 26, tav. 20, con menzione di altri esemplari); si possono aggiungere almeno un attingitoio al Museo Nazionale Romano (M. Barbera, in Velletri 1996, 95 n. 52; Barbera 1999, 42 fig. 13) e materiali inediti conservati nel Museo di Ancona, nel Museo Gregoriano Etrusco nella Città del Vaticano, un esemplare da Sepino (Matteini Chiari 2000, 289 fig. 8) e un'ansa isolata nell'Antiquarium del Museo di Villa Giulia a Roma, dove almeno un esemplare è pervenuto con la collezione Castellani (Sgubini Moretti 2000, 154, n. 106.1). Di rilievo è il vasellame con iscrizione etrusca MUΘINA, documentato per lo meno in un corredo funerario dell'agro volsiniese (CIE III, 2, 10832) e al Museo Archeologico di Firenze (n. inv. 1406) con iscrizione incisa profondamente sotto l'orlo e gorgoneion all'attacco inferiore dell'ansa. I corredi da San Ginesio e da Montefortino costituiscono due complessi di grande importanza per la definizione dell'età ellenistica nell'Italia centrale e presentano molti punti in comune tra loro, a cominciare dagli stamnoi bronzei etruschi (rispettivamente Shefton 1988, 131 A 9 e 134 B 2): alla metà del IV sec. a. C. dovrebbe risalire la tomba di San Ginesio (Landolfi 1987, 457–459; Venezia 1991, 722–723, n. 274), mentre quella di Montefortino 8 è datata di solito alla fine del III–inizio II sec. a. C. (Lollini 1989, 47–48: per la bibliografia si veda anche Shefton 1988, loc. cit.; Kruta 1990, figg. 217–218, 220 propone una data alla fine del IV–III sec. a. C.). Gli esemplari con iscrizioni etrusche di ambito volsiniese, che non sono stati utilizzati sinora nel dibattito scientifico, orientano verso una datazione alta, alla fine del IV–III sec. a. C. (Pandolfini 1987, 623; Szilágyi 1994, 531; Fontaine 1996). A botteghe etrusche rimandano anche le anse fuse con la terminazione inferiore a foglia d'edera, che caratterizzano interi servizi bronzei, come quello della II tomba dei Curunas a Tuscania (Moretti,

Sgubini Moretti 1983, 105, tavv. 105–106). III sec. a. C.

134. Ansa di attingitoio con anello di sospensione   Tav. 46
N. inv. O. 16759   H cm 24.5
Provenienza sconosciuta; acquistata nel 1929 sul mercato antiquario a Parigi (Alfandari).
Superficie regolare, patina omogenea, bruna.
Ansa fusa, terminante in basso in una foglia d'edera stilizzata, in alto in due occhielli, il più piccolo dei quali riservato a un anello di sospensione, ancora conservato.

Inedito: cenno in MainzZ 24–25, 1929–1930, 110 (G. Behrens).

Del tutto identica all'esemplare esaminato nella scheda precedente (n. inv. O. 28086), alla quale si rimanda: questa ansa conserva l'anello di sospensione utilizzato per appendere un oggetto all'interno del recipiente. III sec. a. C.

135. Kyathos   Fig. 40; tav. 46
N. inv. O. 41302   H all'orlo cm 10.8, all'ansa 18.4; diam. orlo cm 18–18.5; diam. piede cm 8.6–8.9
Provenienza sconosciuta; acquistato nel 1984 sul mercato antiquario a Basilea (Deosarte) insieme ai nn. O. 41300–41308.
Con integrazioni e ammaccature nella vasca; superficie regolare; patina omogenea, verde scura con chiazze dorate.
Ricavato da un'unica lamina tirata a martello, presenta orlo arrotondato, collo retto distinto, spalla pronunciata, ampia vasca troncoconica, piede ad anello lievemente espanso. All'interno dell'orlo e sotto la spalla è fissata una larga ansa a nastro, la cui conformazione inferiore segue il profilo della vasca, della spalla e dell'orlo del recipiente, disegnando una S. L'attacco inferiore è fissato su una placchetta di rinforzo: i ribattini della placchetta sono a testa larga e piatta, mentre quelli dell'ansa sono a testa piccola e sporgente. Presenta sull'orlo una decorazione a denti di lupo graffiti con tratto sottile, campiti da un tratteggio obliquo, pure graffito. Sulla spalla cor-

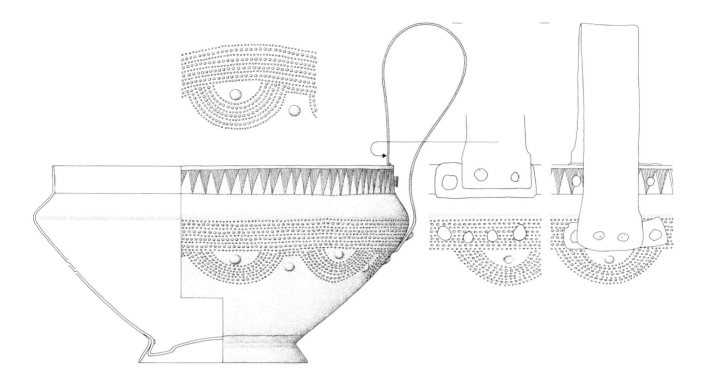

Fig. 40   Cat. 135   1:2

rono otto file pressoché parallele di puntini sbalzati, sotto i quali figurano semicerchi penduli,
riprodotti tramite sei file concentriche di puntini sbalzati. La decorazione a sbalzo è completata
da due file di punti sfalsati, che sono posti all'interno dei semicerchi e tra due semicerchi conse-
cutivi. I semicerchi penduli sono di ampiezza
costante, a eccezione di due, più grandi, tra i quali
figurano due punti sbalzati, affiancati.

JbZMusMainz 31, 1984, 647–649, fig. 37; Egg, Pare 1995,
114 n. 41; Taf. 36.2, al centro.

La decorazione della tazza, simile alla foggia di
origine centroeuropea denominata Stillfried-
Hostomice da G. v. Merhart, riprende il tipo dei
semicerchi penduli, verosimilmente su influsso
delle tazze medio geometriche, per la cui bibliografia e diffusione in Italia si rimanda a v. Hase
1995, 248–251. Esemplari bronzei simili: Kent
Hill 1976, n. 45 (da Bisenzio, su alto piede); Hencken 1968, 193–194, fig. 175 j (associata con una
situla biconica bronzea simile al n. 86); Hencken
1968, 262, fig. 246 b (associato a una situla tron-
conica simile al n. 87) e passim; Genève 1993, 165–

166, n. 70 (con decorazione a denti di lupo sul
collo).
A Vulci e nell'entroterra vulcente si sviluppa una
produzione di tazze fittili baccellate con decorazione a lamelle metalliche applicate, derivata da
tazze analoghe, ma con vasca baccellata, esaminate da K. Raddatz (Raddatz 1990). Seconda metà
dell'VIII sec. a. C.

136.   Phiale baccellata   Tav. 46
N. inv. O. 39648   Diam. orlo cm 21.6; diam.
base (anello) cm 11.7; H cm 5.5
Provenienza sconosciuta; acquisita nel 1975 per
donazione da parte della 'Gesellschaft der Freun-
de des RGZM'.
Un foro per la sospensione sotto l'orlo è originario, mentre altri quattro, due dei quali vicini, al
colmo delle baccellature, piuttosto irregolari e
con i bordi slabbrati, saranno da attribuire a
un'utilizzazione secondaria. Il corpo, sul quale
si notano lacune integrate, è solcato da crepe e
fratture diffuse. Superficie molto regolare, con

patina poco omogenea, da bruna a verde scura, con rare chiazze dorate e aloni bluastri. Superficie lucida all'esterno e opaca all'interno.
Orlo estroflesso, tagliato obliquamente, con collo a gola, alla cui base terminano delle robuste baccellature, lievemente rastremate, che giungono sino alla base. Questa è appiattita e presenta al centro un anello rilevato a sbalzo.

Egg, Pare 1995, 150 n. 9.

Le phialai baccellate costituiscono un elemento caratteristico nei corredi spettanti a individui di alto rango sociale nell'Italia centrale dalla seconda metà dell'VIII sec. a. C. alla fine del VII sec. a. C. Sono infatti documentate in tutti i complessi principali delle due fasi: dalla tomba 871 di Casale del Fosso a Veio, alle tombe Bernardini, Barberini e Castellani a Praeneste, alla tomba del Duce a Vetulonia, alla Regolini-Galassi a Caere, sino alla recente attestazione nella tomba 600 dell'Osteria dell'Osa. Fuori dall'ambito etrusco-laziale si possono ricordare gli esemplari da Satricum, quelli dalle tombe picene di Santa Maria in Campo presso Fabriano (Marconi 1933, 301 e figg. 25–26) e di Pitino San Severino, ancora inediti (al Museo di Ancona: Naso 2000a, 119), e da Altamura (Museo di Altamura). Come si verifica per molte produzioni orientalizzanti, gli esemplari più antichi di importazione orientale vennero presto imitati da produzioni etrusche, che presentano caratteri tipologici propri.
Per il profilo schiacciato e per il diametro dell' orlo minore rispetto a quello della zona baccellata, questo esemplare sembra attribuibile al nucleo formato dai gruppi 4–7 raccolti da P. H. G. Howes Smith, i cui criteri di classificazione non sono sempre chiari, in particolare al gruppo 5 (Howes Smith 1984, 83–84; sulle phialai rinvenute nell'Italia centrale è in corso una ricerca di F. Sciacca all'Università di Roma 'La Sapienza'). Esemplari editi o riediti recentemente: Reusser 1988, 28, E 28 (= Howes Smith 1984, 81, gruppo II n. 4); A. Bedini, Roma 1990b, 53 per la citazione dei materiali dalla tomba Acqua Acetosa Laurentina 70, già segnalati da Howes Smith 1984, 81; Jerusalem 1991, 25 n. 5; Osteria dell' Osa, tomba di guerriero 600 (quattro esemplari) e tombe 224 e 284 (uno per tomba): Bietti Sestieri 1992, tipi 80b e 80c, 413, tav. 47; Waarsenburg 1995, 197 nota 542 e 209–210 per i materiali da

Satricum; 'numerosi esemplari' dalla tomba A di Casale Marittimo (Esposito 1999, 56, figg. 48–49); due esemplare adespoti, uno a Karlsruhe (Jurgeit 1999, 299–300 n. 498) e uno nella collezione Gorga al Museo Nazionale Romano (Barbera 1999, 33 fig. 18 con ansa non pertinente); un esemplare al Museo Archeologico di Siena da Busona-Castellina in Chianti. Da ricordare anche le phialai rinvenute nell'Italia settentrionale (Frankfurt 1988, 190 nn. 102–103), i tre esemplari scoperti a nord delle Alpi del tipo attribuito a Vetulonia (Chaume, Feugère 1990, 43–46, figg. 38–40 con carta di distribuzione a fig. 41), e il nucleo da Olimpia (inedito). Per la distribuzione si veda v. Hase 1995, fig. 29 (da integrare con i dati di più recente acquisizione).
Per quanto riguarda gli esemplari fittili che ripetono la stessa forma (Howes Smith 1984, fig. 4), due inediti sono conservati presso il RGZM (nn. inv. O. 7170 e O. 13685, entrambi con coppia di fori da sospensione sull'orlo). Prima metà del VII sec. a. C.

137. Bacile a orlo perlato   Fig. 41; tav. 47
N. inv. O. 13684   H cm 5.4; diam. orlo cm 28.7
Provenienza sconosciuta; acquistato da P. Reinecke sul mercato antiquario romano nel 1927.
Con tagli e piccole mancanze lungo il bordo, fori sul fondo; piccole integrazioni diffuse, specie nella gola dell'orlo. Superficie viziata da cavità di piccole dimensioni, sparse irregolarmente; patina bruna.
Orlo estroflesso arrotondato, decorato da una fila di punti sbalzati; vasca a profilo tronco-conico; fondo piatto

Inedito.

I bacili a orlo perlato costituiscono una caratteristica classe di recipienti del periodo orientalizzante e arcaico, utilizzati forse per diversi scopi, dalla cottura per ebollizione alla conservazione e presentazione dei recipienti bronzei del servizio simposiaco, come lascia evincere il materiale associato (Bouloumié 1986). Sono diffusi in Italia, in Sicilia, nell'Europa centrale a nord delle Alpi e in alcune località dell'Egeo, come hanno indicato gli studi più accurati e recenti, dovuti a R. M. Albanese Procelli (Albanese Procelli 1985,

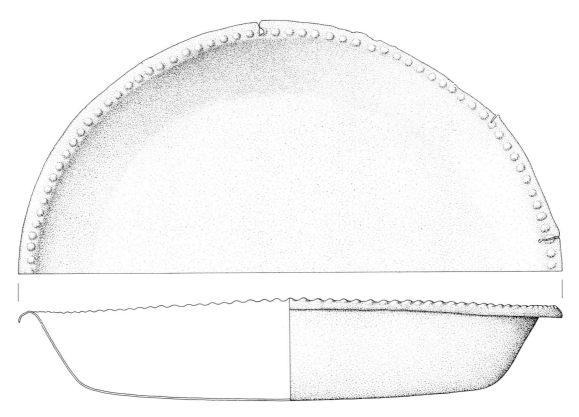

Fig. 41   Cat. 137   1 : 2

con rimandi ai lavori precedenti), Ch. F. Pare (Pare 1992, figg. 13–14, 465–467, Listen 2–3) e D. Krauße (Krauße 1996, 246–286, 422–423, Liste 13F; Naso 2000b, 177–178 per l'Egeo), che ne ha proposto un'articolata tipologia (da aggiungere gli esemplari della collezione Gorga al Museo Nazionale Romano: Barbera 1999, 32 figg. 8–11 e uno conservato al Museo Provinciale Capua: Grassi 2000, 50–51, n.1 99–104. Un frammento è finito nel ripostiglio di Arbedo: Schindler 1998, 321 n.129). Questo esemplare è inquadrabile nella variante Imola del tipo Imola-Hundersingen, caratterizzato da un'unica fila di perle sull'orlo estroflesso e da un profilo basso e schiacciato del recipiente (Krauße 1996, 262–269, figg. 191–192). Con l'ausilio di una serie di corredi provenienti dall'Umbria, dal Piceno e dalla zona a nord del Po, Krauße fissa la cronologia del tipo dalla seconda metà del VI alla prima metà del V sec. a. C.: nell'ambito del tipo la variante Imola, considerata più recente di quella a vasca profonda denominata Hundersingen, viene collocata nella prima metà del V sec. a. C., con una particolare concentrazione nel primo quarto per la presenza di

tardi vasi attici a figure nere in numerosi contesti. Le provenienze sono concentrate in specie nel Piceno, dove si può proporre di individuare un'area di produzione, forse non l'unica. 500–450 a. C.

138.   Bacile a orlo piatto   Fig. 42; tav. 47
N. inv. O. 30704   H cm 6.2; diam. orlo cm 48.6
Provenienza sconosciuta; acquistato nel 1939 a Magonza.
Lacunoso, con ampie integrazioni sull'orlo e nella vasca, deformata in più punti. Superficie regolare, patina bruna.
Vasca dritta, con fondo arrotondato e orlo piatto: sulla tesa sono graffiti tre motivi a guilloche, costituiti da due tratti semicircolari con un punto al centro. Due fori sulla tesa per la sospensione.
   Inedito.

Bacili di questo tipo sono diffusi in area centro-italica e particolarmente medio-adriatica, come indicano gli esemplari noti a Belmonte Piceno

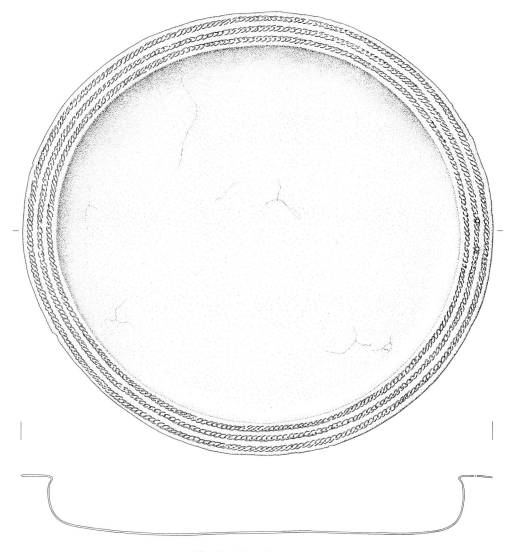

Fig. 42   Cat. 138   ca. 1:4

(Dall'Osso 1915, 70) e i sei documentati nella tomba 2 di Campovalano (Roma 1969, 63, nn. 96–98, tav. 45. Sulla datazione al secondo quarto del VI sec. a. C. di quel corredo: Zanco 1974, 29–30 n. 1; Bouloumié, Lagrand 1977, 25; Cristofani Martelli 1977, 29–30 e Papi 1990b, 133–134). Da segnalare anche l'eccezionale (ventuno?) numero di esemplari per lo più in frammenti presenti nel corredo della tomba del Carro di Monteleone di Spoleto (Richter 1915, 205 nn. 542–562, quattro dei quali sono stati esposti nella mostra sulle antichità umbre a New York: New York 1991, 182–184, nn. 3.13–3.16). Si devono considerare anche un esemplare dalla collezione Casamarte (De Menna 1998, 29 fig. 67 con treccia duplice o

triplice) e uno inedito di provenienza sconosciuta al Museo di Chieti (n. inv. 22846). La vasca meno capiente distingue l'esemplare a Magonza da quello da Fabriano, che pure conta una decorazione simile sull'orlo (Marconi 1933, 266–267, figg. 1–2).

A. Romualdi nomina altri bacili nell'edizione del deposito di Brolio, che ne comprende anche uno con omphalos centrale e trecce sull'orlo, di dimensioni ridotte rispetto a quelli diffusi in area medio-adriatica (Romualdi 1981, 32 n. 28): questo esemplare permette di rivendicare l'origine etrusca del tipo, successivo ai bacili a orlo perlato (Johannowsky 1996). Di estremo interesse anche la segnalazione di un bacile compreso in un corredo vulcente rimescolato e inedito (Mus. Arch. Firenze, n. inv. 76129: G. Pellegrini 1896, 286 con citazione di due esemplari; Cristofani Martelli 1977, 29–30 nota 65).

Il tipo è diffuso anche in Italia meridionale e verosimilmente con il tramite capuano (Capua, tomba 1502, datata all'ultima fase dell'orientalizzante recente, da Johannowsky 1992, 262 e 269) arriva anche nel Melfese, a Ruvo del Monte (tomba 29: A. Bottini 1979, 90 nota 58), a contrada Chiucchiari e Leonessa, a Banzi (A. Bottini 1980, 75 nota 26) e in altre località della Lucania (distribuzione in Bottini, Tagliente 1996, fig. 4). Sul tipo si vedano anche le note e la distribuzione elaborata da Krauße 1996, 285–286, fig. 204 e 432–433, Liste 15 per l'elenco degli esemplari. Prima metà del VI sec. a. C.

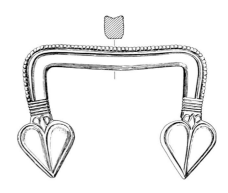

Fig. 43   Cat. 139   1:2

139. Ansa di bacile   **Fig. 43; tav. 48**
N. inv. O. 12073   Lungh. cm 10.4; H cm 7.5
Trovata a Fellbach (Baden-Württemberg); acquistata nel 1924 sul mercato antiquario a Magonza. Fusione piena. Integra, con lievi tracce di corrosione sulla parte posteriore. Superficie regolare, patina omogenea, bruna, dovuta all'esposizione al fuoco (incendio del RGZM nel 1942?).
Ansa a maniglia verticale, a sezione sub-rettangolare, insellata superiormente e lateralmente, dove i bordi sono decorati da una fila di ovoli, sottolineata all'esterno e all'interno da due incisioni che seguono il profilo dell'ansa. Nella parte inferiore termina con due attacchi a foglia d'edera, bipartiti in due petali da un'incisione: sopra gli attacchi dell'ansa, che non sono simmetrici tra loro, sono incise due palmette e corrono quattro nervature orizzontali rilevate.

Schaaff 1969, 187 ss., tav. 13.1; Egg, Pare 1995, 194, n. 9.

L'ansa appartiene a un bacile con vasca bassa e schiacciata, per lo più inornata, la cui unica decorazione è affidata alle anse con attacchi a foglia d'edera. La lista degli esemplari, compilata da U. Schaaff (Schaaff 1969, 195–198), comprende materiali che sono stati editi in seguito, come l'ansa a Vienne (Schaaff 1969, 198 n. 15f = Boucher 1971, 150, n. 296), la Schnabelkanne a Londra (Schaaff 1969, 198 n. 15g = Bouloumié 1986, 66 n. 5 con bibliografia precedente) ed editi di

nuovo, come il bacile dalla tomba 128 di Valle Trebba a Spina (Ferrara 1993, 290 n. 297). Le anse di questi bacili possono presentare anche delle varianti, come l'esemplare rinvenuto nella tomba principesca di Vix (da ultimo Paris 1987, 222 n. 138 fig. 286) e quelle con struttura più elaborata (Bini et alii 1995, 168, tav. 68), comunque pertinenti al tipo. Il vasellame rinvenuto in contesto, nel quali spiccano i corredi della tomba grande dei Giardini Margherita a Bologna e la tomba 128 di Valle Trebba a Spina (infra), suggerisce una cronologia agli anni finali del V sec. a. C.
La carta di distribuzione non presenta particolari concentrazioni, a eccezione dei tre esemplari a Bologna e dei due a Vulci: il ritrovamento di sei esemplari in Germania (e uno forse in Francia) insieme alla presenza di attacchi a foglia d'edera su anse di Schnabelkannen inducono ad attribuire la paternità del tipo alle officine vulcenti, i cui prodotti raggiungono il territorio a nord delle Alpi a partire dagli anni finali del VI secolo a. C., mentre le produzioni di altri centri come Volsinii non sono per il momento note al di fuori dell' Italia centrale e settentrionale (Colonna 1980). Questi bacili fanno quindi parte del flusso del vasellame bronzeo etrusco di destinazione simposiaca, costituito specie da Schnabelkannen e da stamnoi (per la bibliografia si vedano le rispettive schede), ai quali si aggiunge il bicchiere ansato a corpo tronco-conico (Husty 1990), i cui esemplari più antichi sono associati proprio a bacili di questa foggia (per esempio nella tomba 128 di Valle Trebba: Ferrara 1993, 290, n. 300). Fine del V sec. a. C.

140. Phiale   **Fig. 44; tav. 48**

N. inv. O. 41306   H cm 3.1; diam. orlo cm 16.2, diam. inferiore omphalos cm 2.5

Provenienza sconosciuta; acquistata nel 1984 sul mercato antiquario a Basilea (Deosarte) insieme ai nn. O. 41300–41308.

Integra, ma con l'omphalos ricongiunto. Presenta in superficie un principio di corrosione, con fioritura di azzurrite, a chiazze marmorizzate. Patina uniforme, bruna.

Orlo indistinto, superiormente appiattito, ribattuto a martello; vasca ampia, a profilo semicircolare, al cui centro è applicato un grande omphalos a pomello, con corto fusto cilindrico.

JbZMusMainz 31, 1984, 647–649, fig. 38; Egg, Pare 1995, 202, n. 7.

Questa forma riproduce il modello di patera ombelicata molto comune in Grecia almeno dal V sec. a. C. in bronzo (Comstock, Vermeule 1971, 323, n. 453) e in argento (Kent Hill 1976, n. 59); alcune esemplari di epoca più recente sono stati rinvenuti anche in Italia, come per esempio due phialai da Spina con decorazione figurata a sbalzo, da poco riedite (Cristofani 1994, 46, con bibliografia). Anche in Etruria la foggia fu in voga almeno dallo scorcio del V sec. a. C., come indicano le numerose riproduzioni documentate da-

gli offerenti nella piccola plastica votiva (per esempio Bentz 1992, 17–19, n. B 2, tav. 4), per divenire molto comune nel III sec. a. C. A quest'epoca risalgono le esemplificazioni sia nella plastica votiva in bronzo sia nella scultura funeraria in pietra, che i defunti di sesso maschile raffigurati sui coperchi di sarcofago (Herbig 1952, passim) e sulle urne volterrane tengono in mano. La forma conta numerose riproduzioni fittili, prima nel bucchero e nella ceramica etrusco-corinzia (Rasmussen 1979, 126, tav. 42: prima metà del VI sec. a. C.), in seguito nella ceramica acroma e in quella a vernice nera, sia ornata a rilievo sia liscia (Cianferoni 1992, 23 per le varie produzioni etrusche, tra le quali si segnala l'officina Malacena attiva a Volterra alla fine del IV sec. a. C., che precede le botteghe campane, situate in particolare a Cales nel III–II sec. a. C., come rileva Morel 1981, specie 2170, 143–145, tavv. 33–34. Tra le riproduzioni bronzee note (una per esempio a Edinburgo, Royal Scottish Museum, inv. 253: Johnstone 1937, 400), sono simili a questa patera due esemplari a Lecce (Delli Ponti 1973, 32, nn. 39–40, tav. 32), altri a Tarquinia (Bini et alii 1995, 160–162, tav. 67) e uno a Karlsruhe da Vulci (Jurgeit 1999, 303–304 n. 505), con il caratteristico omphalos a pomello. V–IV sec. a. C.

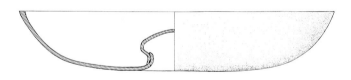

Fig. 44   Cat. 140   1:2

141. Frammento di rasoio Tav. 49

N. inv. O. 31643 Lungh. max. cons. cm 5.1

Provenienza sconosciuta; acquistato nel 1944 sul mercato antiquario a Salisburgo (Kress).

Superficie abrasa e corrosa in più punti; patina omogenea, verde scura.

Frammento relativo al manico e alla parte iniziale della lama di un rasoio lunato: ai lati del manico ad anello circolare, piuttosto robusto, compaiono due verghette ripiegate su se stesse con l'estremità aderente all'anello, alludenti alla sagoma di un uccello. Al centro del manico tra le due verghette una lieve protuberanza a punta si distacca dall'anello. Il fusto di sostegno dell'anello è schiacciato e decorato sui lati da trattini obliqui graffiti. Sulla lama si distingue lo sperone, in corrispondenza del quale si trova un'apofisi profilata, inclinata all'indietro e costituita da un globetto schiacciato tra due dischi. Sulla lama rimangono resti della decorazione graffita, costituita da due meandri campiti a tratteggio.

Inedito.

L'esemplare è attribuibile al tipo Populonia di V. Bianco Peroni (Bianco Peroni 1979, 94–95, tav. 46, nn. 561–565): l'ottimo confronto con il n. 564, dalla tomba 19 di Fermo (che contiene anche una spada ad antenne del tipo Tarquinia: Bianco Peroni 1970, n. 311; Kilian 1974, 34), risalente alla prima metà dell'VIII sec. a. C., induce a estendere a questa epoca la cronologia, malgrado il tipo di origine forse bolognese sia complessivamente datato alla seconda metà del IX sec. a. C. Per i riferimenti ad altri rasoi lunati editi recentemente si vedano i nn. 143 e 534. 850–750 a. C.

142. Rasoio lunato Tav. 49

N. inv. O. 28724 H cm 12.2

Acquistato nel 1934 sul mercato antiquario a Monaco di Baviera (v. d. Marwitz).

Pressoché integro, ma con il taglio consunto; parzialmente coperto da incrostazioni terrose; patina verde chiara. Manichetto a losanga, appiattito e piuttosto sviluppato in lunghezza, con anello circolare robusto. Lama a crescente lunare, a sezione triangolare, di forma allungata.

Inedito.

Attribuibile al tipo Belmonte (Bianco Peroni 1979, 166–169, nn. 1060–1089): la mancanza dell'ingrossamento dorsale e il confronto con il n. 1067 (da Este) inducono ad assegnarlo alla varietà A, datata alla prima metà dell'VIII sec. a. C. R. Peroni ha considerato questo tipo tra le fogge caratteristiche della fase recente della prima età del ferro (Peroni 1989, fig. 80 n. 10). Per altri rasoi lunati si vedano i nn. 143 e 534. 800–750 a. C.

143. Rasoio lunato Tav. 49

N. inv. O. 41303 H max. cons. cm 10.5

Provenienza sconosciuta; acquistato nel 1984 sul mercato antiquario a Basilea (Deosarte) insieme ai nn. O. 41300–41308.

Taglio sfrangiato, altrimenti integro; superficie regolare; patina uniforme, verde scura con chiazze dorate. Manico circolare con due appendici plastiche semilunate (protomi ornitomorfe); fusto di sostegno cilindrico. Dorso ingrossato e munito di sperone, su cui si trova una piccola apofisi a globetto. Su entrambe le facce della lama, in prossimità del dorso, corrono cinque solcature semicircolari su una fascia decorata da gruppi di tre trattini verticali, compresi tra due solcature semicircolari.

JbZMusMainz 31, 1984, 647–649, fig. 37; Egg, Pare 1995, 112 n. 39.

Attribuibile al tipo Benacci, varietà B (Bianco Peroni 1979, 146–152, nn. 899–934), databile alla seconda metà dell'VIII sec. a. C. (Peroni 1979, 199; Peroni 1989, fig. 83 n. 6). In seguito adde almeno gli esemplari nella raccolta Guglielmi (Buranelli 1989, 56 n. 61, 108 n. 60) e il n. 534.

Dopo l'edizione del corpus di V. Bianco Peroni sono stati editi rasoi lunati di vari tipi, tra i quali si segnalano almeno Reusser 1988, 31 E 36; Jerusalem 1991, 70–71, nn. 76–78; Genève 1993, 109 n. 19; gli esemplari di Vetulonia (Cygielman 1994, passim); Schindler 1998, 61–62, 318 nn. 20–21, uno del tipo Grotta Gramiccia al Museo di Padova (R. Gregnanin, in Padova 2000, 147 n. 256). 750–700 a. C.

144. Fuso   Tav. 49
N. inv. O. 11495   H cm 20.4
Provenienza sconosciuta; acquistato nel 1919 all' asta delle collezioni Marx-Sieck.

Integro, a eccezione dei dischi superiori, i cui bordi sono sfrangiati e rinforzati all'interno. Superficie regolare, con patina uniforme, bruna, con rade chiazze dorate.

Lasta, rigonfia al centro, è costituita da una lamina ripiegata su se stessa e infilata nelle due estremità, fuse. È coronata superiormente da due dischi, il superiore dei quali, pressoché piatto in basso e a profilo conico in alto, è fissato con un ribattino all'asta. Quattro collarini separano il primo dal secondo disco, a profilo campaniforme svasato in basso. L'estremità inferiore è conclusa da nove collarini, di diametro progressivamente inferiore, e da un disco di forma analoga al superiore, ma di minori dimensioni e capovolto, fissato con un ribattino all'asta.

München 1918, 23, n. 366; Egg, Pare 1995, 112 n. 8.

Il disco campaniforme e i collarini permettono di attribuire questo fuso alla cultura villanoviana di Bologna dell'VIII sec. a. C. (Panichelli 1990, CON 1, 255, tav. 12 n. 276). Sono rarissimi prima della seconda metà dell'VIII sec. a. C., epoca che ne segna l'attestazione più frequente sino all' inizio del VII sec. a. C. (Panichelli 1990, 329). I collarini contraddistinguono anche altri oggetti della cultura villanoviana bolognese, come spilloni e chiodi (rispettivamente Carancini 1975, tavv. 63–66 e Pincelli, Morigi Govi 1975, 455, nn. 5–6, tav. 304).

Una rassegna sulla documentazione dell'Etruria e quella più scarsa del Lazio è offerta da B. d'Agostino (d'Agostino, Gastaldi 1990, 73–74 tipo 46, 82 e tav. 23 per i fusi da Pontecagnano; si veda

anche Ruby 1995 per gli esemplari da Sala Consilina). Le sporadiche attestazioni del Lazio sono da integrare con i cospicui ritrovamenti dell'Osteria dell'Osa (10 esemplari classificati in quattro varianti: Bietti Sestieri 1992, 394–395 tipo 50, tav. 41), che permettono di modificare l'opinione di una diffusione molto rara del fuso nei corredi femminili della cultura laziale grazie all'osservazione sulla deposizione originaria di esemplari lignei non conservati, ma identificabili da tracce sul terreno e da una fuseruola, utilizzata come volante.

Il fuso bronzeo quale elemento caratteristico del mundus muliebris contraddistingue i corredi femminili di alto rango sociale, secondo una tendenza che prosegue sino al periodo orientalizzante (Torelli 1997), documentata anche dall'esemplare in argento della tomba Regolini Galassi di Caere (da ultimi Buranelli, Sannibale 1998, 421–424 n. 234). Databile alla fase III del villanoviano bolognese, all'ultimo quarto dell'VIII – prima metà del VII sec. a. C.

145. Frammento di incensiere   Tav. 50
N. inv. O. 9092   H cm 12.1
Provenienza sconosciuta; acquistato nel 1916 presso R. Forrer (Strasburgo).

Un'integrazione sulla punta di una foglia; numerose crepe e fratture sul busto, rotto sulla schiena; patina omogenea, bruna.

Il frammento comprende un calice floreale con quattro foglie pendule, lanceolate, al cui centro si eleva il busto di un personaggio maschile, raffigurato schematicamente, con le braccia sollevate verso l'alto e le mani aperte, con il pollice e le palme caratterizzate in modo sommario, strette intorno a una stanga orizzontale (perduta), fissata alle mani da due ribattini, dei quali rimangono residui. Le braccia filiformi sono piegate in corrispondenza del gomito e presentano avambracci molto lunghi, lievemente rientranti e di lunghezza differente. Il torso, pressoché cilindrico, si assottiglia verso il basso: in fondo si allarga di nuovo, formando una sporgenza piuttosto netta. Il volto, di impostazione triangolare con il mento quasi a punta, presenta tratti somatici molto marcati: i capelli a calotta sono resi con un contorno piuttosto duro, campito da tratti verticali irregolari graffiti; arcate sopraccigliari e naso, uniti, appaiono sporgenti; gli occhi sono a pallottola riportata; le labbra, molto lunghe, sono semiaperte. Sia il busto, cavo e lavorato a parte, che il calice floreale sono infilati su un perno di ferro che costituisce l'anima dell'oggetto, corroso e ossidato.

Egg, Pare 1995, 150 n. 10.

Il frammento è pertinente a un incensiere della serie prodotta a Vetulonia nella prima metà del VII sec. a. C. (lista in Camporeale 1967, 89–92; in seguito Camporeale 1969, 48–49, tav. 11; 52; 56 tav. 14.3–4; 67 tav. 20. 2; 89; 91–92 tav. 24.2; altra bibliografia in Frankfurt 1988, 155–156 n. 243), caratterizzata dal calice floreale a foglie lanceolate. Al centro di questo, con la funzione di sostegno della sbarretta del manico, possono essere utilizzati protomi animali o busti umani, i quali sono di impiego più raro. Ai due esemplari con busti umani della lista di G. Camporeale si possono aggiungere altre attestazioni. 3: H. Jucker 1961, 180, fig. 81 in collezione privata americana; 4: Jerusalem 1991, 30, n. 11, del tutto simile al n. 4 della lista di Camporeale; 5: Genève 1993, 168 n. 72bis, dalla collezione G. Ortiz; 6. da Casale Marittimo: Esposito 1999, 59 fig. 52. Tra questi esemplari i più simili al nostro sono i nn. 3 e 5, anch'esso caratterizzato da braccia troppo lunghe. Prima metà (secondo quarto?) del VII sec. a. C.

146. Thymiaterion a base troncopiramidale
Fig. 1; tavv. 4; 51–53

N. inv. O. 23189   H cm 46.8

Provenienza sconosciuta; catalogato nel 1932 dai vecchi fondi del RGZM, a cui fu donato nel 1861 da Napoleone III in riconoscimento della consulenza prestata da L. Lindenschmit d. Ä. nella progettazione e nell'allestimento del Museo di Antichità Nazionali di St.-Germain-en-Laye (v. Hase 2000). Il thymiaterion, giunto a Magonza con tre lucerne bronzee non pertinenti infilate nei rebbi (Fig. 1), faceva parte in origine della collezione di Louis Fould (ArchZeit 17, 1859, 118–119), alienata nel 1861 subito dopo la morte del proprietario (Chabouillet 1861). La collezione comprendeva autentici capolavori dell'arte etrusca, come una coppia di magnifici orecchini

aurei ora al British Museum (Szilágyi 1994, 513–514 n. 8) e due superbi stamnoi a figure rosse pervenuti al Louvre (Villard, Gaultier 1985). Al Museo del Louvre pervennero nel 1857 quattro scarabei egizi dalla collezione di Achille Fould (1800–1867)[46].

Privo del piattello superiore; i tre elementi che compongono il fusto non aderiscono perfettamente tra loro, ma le giunture sono sconnesse e il segmento inferiore è percorso da una frattura, che è stata parzialmente risarcita (in antico?) smontando il pezzo e colando attorno al nucleo di ferro del metallo fuso, probabilmente piombo (visibile nella ripresa Röntgen = tav. 53); superficie della base costellata da piccole cavità; patina uniforme, verde scura, con rade chiazze dorate.

L'arredo è composto da una base troncopiramidale sormontata da un fusto cilindrico, composto da tre segmenti identici cavi, infilati entro un'asta in ferro, coronati da un elemento a fiore stilizzato. La base triangolare riposa su tre zampe ferine, poggianti su altrettante tartarughe: dell'animale è riprodotto il guscio, le quattro zampe e la testa, in modo sommario. All'attacco tra le zampe e la base sono riprodotte due ali falcate, disposte in modo tale che ogni coppia sia tangente a quelle della faccia attigua: nel punto di contatto, situato al centro delle facce laterali della base, pende verso il basso una palmetta configurata a nove petali. Le ali sono caratterizzate da due ordini di piume, alternatamente vuote e campite da un leggero tratteggio obliquo. Il settore centrale di ogni ala in corrispondenza della zampa ferina è campito da squame con tratteggio obliquo interno. La base vera e propria è quindi una piramide con tre facce, con uno scheletro costituito dai tre sostegni angolari, che delimitano tre aree finestrate. Ogni area è dominata da una coppia di personaggi umani, riprodotti a tutto tondo ma con la parte posteriore appiattita, raffigurati su due spirali contrapposte applicate alla base e coronate superiormente da una palmetta configurata, con cinque petali con due volute alla base, rivolta in basso. Sono riprodotti Hercle con

---

[46] Achille (figlio del banchiere Pierre-Lèon), ministro delle finanze di Napoleone III e membro dell'Accademia di Belle Arti dal 1858, vendette nel 1860 al Louvre parte della propria collezione di antichità egizie, provenienti dalla collezione Anastasi (AA.VV. 1989, 209).

Uni, due satiri e due personaggi maschili in corsa. Hercle è rivolto verso destra: vestito della leonté, della quale sono raffigurati la testa, le zampe anteriori annodate sul torace e quelle posteriori pendule lungo le cosce, brandisce sopra il capo con la destra una clava nodosa, mentre con il braccio sinistro teso in avanti in posizione chiastica rispetto al destro ghermisce Uni, le cui braccia sono strette attorno al collo dell'eroe. La dea è raffigurata retrospiciente, il capo coperto da un alto cappuccio, e con una lunga veste, che arriva sino alle caviglie: l'orlo inferiore è decorato da trattini verticali. Uni è rivolta verso due satiri nudi itifallici con grandi orecchie e piedi equini, in Knielauf: il movimento delle braccia, piegate in posizione chiastica, enfatizza la corsa dei due esseri, i cui volti sono incorniciati da una barba larga e da una capigliatura fluente con tratti incisi lievemente ondulati. I volti non sono paralleli: il satiro più vicino a Uni volge il capo di lato, mentre quello che lo segue è rivolto in avanti. Le mani, lunghe e affusolate, recano solo talvolta l'indicazione delle dita; la posizione della mano sinistra in corrispondenza delle natiche ha impedito di realizzare la coda sottostante. La restante coppia di personaggi, in Knielauf del tutto identica a quella dei satiri, si dirige verso questi ultimi: i due uomini recano solo un perizoma annodato in vita, il cui lembo ricade tra le gambe. I volti fissano l'osservatore e sono incorniciati da una capigliatura compatta, che cade sulla schiena con la terminazione inferiore retta. Le mani, rivolte alternativamente in alto e in basso, presentano un caratteristico profilo appuntito. La base troncopiramidale è coronata da un toro rigonfio, da cui si staccano tre teste di acheloo, collocate in corrispondenza dei tre sostegni angolari: la massa dei capelli resi a cerchietto e puntino centrale, dalla quale spuntano due robuste corna e le orecchie, lascia scoperta una porzione minima della fronte, piuttosto stretta per evidenziare le larghe guance; la barba, fluente e caratterizzata da finissime incisioni ondulate, ha forma arrotondata; le labbra turgide sono strette nel cosiddetto sorriso arcaico.

Il fusto è costituito da tre elementi modulari identici, che mostrano la successione di due coppie di anelli alternate a un largo disco, per un totale di undici anelli e tre dischi: gli anelli superiore e inferiore di ogni elemento sono conformati a echino e a echino rovescio, per mascherare le giunture tra gli elementi. Il fusto è coronato da un quarto elemento, con echino, toro e collarino, dal quale si staccano sei rebbi, configurati alternatamente a verga con bocciolo terminale e a foglia lanceolata: le foglie, lievemente più alte, dovevano evidentemente offrire appoggio al piattello sommitale, del quale non rimane però alcuna traccia.

Chabouillet 1861, 62, n. 1226, tav. 15; Conestabile 1862, 70; Savignoni 1897, 284 nota 4, 339 nota 2; v. Duhn 1907, 121 n. 425 B (copia a Heidelberg); Behn 1911; Behn 1920a, 111, n. 877, tav. 10.1, fig. 20; Wigand 1912, 33 e 51–52; Neugebauer 1923, 311 s., fig. 4; Neugebauer 1924, 30; Lindenschmit d. J. 1927, 40 (cenno); Riis 1941, 81, nota 1; Neugebauer 1943, 262 ss., fig. 44; Zancani Montuoro 1950, 87–90, figg. 4–5; Mainz 1952, tav. 7; v. Vacano 1955, 76 e 164, tav. 99; Zürich 1955, 186; Küthmann 1956, tavv. 8–11; Isler 1970, 57, 104, 114 e 161 n. 233; Macnamara 1986, 87, nota 7, fig. 1; Testa 1989, 86; Egg, Pare 1995, 202, n. 23, Fotocolor 25.2; Riis 1998, 42–52, fig. 36 a–d; Jurgeit 1999, 497 ad n. 820; v. Hase 2000, fig. 4.

I thymiateria a base troncopiramidale sono attestati in Etruria da un numero limitato di esemplari (l'elenco in Testa 1989, 81, ad n. 30, comprende 15 pezzi, tralasciando proprio il pezzo a Magonza, pur citato altrove nel testo; si aggiunga alla lista almeno un altro esemplare già sul mercato antiquario: catalogo Finarte, Milano 1963, 123–124 n. 151, tav. 74). Alcuni frammenti sono documentati in santuari greci (Olimpia e Lindos: Testa 1989, 84, nota 6 con bibliografia e le osservazioni di Haynes 1985, 288, n. 117). Anche le provenienze ne confermano l'attribuzione alle officine vulcenti, come indicano gli esemplari lisci rinvenuti rispettivamente nella tomba del Guerriero, una delle non molte sepolture intatte degli anni finali del VI sec. a. C. (P. Baglione, in Firenze 1985, 301, n. 11.21. 8) e nella tomba Olmo Bello LXXX di Bisenzio, esposto nel Museo di Villa Giulia.

Lo splendido thymiaterion, dopo le prime generiche citazioni derivate dall'edizione nel catalogo della collezione Fould (tra le quali si segnala la prudente posizione di L. Savignoni), nel primo studio espressamente dedicatogli fu attribuito da F. Behn alla produzione greca, segnatamente ionica: poco dopo K. Wigand, in seguito allo studio sistematico dei thymiateria greci, riusciva però a escludere un'origine ionica per il pezzo e lo assegnava all'arte etrusca, opinione seguita da K. A. Neugebauer, che lo considerava di fabbrica vulcente. Malgrado non sia citato da M. Guarducci nella rassegna dedicata ai bronzi vulcenti (Guarducci 1936), non sfuggì a P. Zancani Montuoro, che interpretò le raffigurazioni della base alla luce della mitologia greca e italiota. Le tre coppie di personaggi riproducono il mito di Era difesa da Eracle dall'attacco di due sileni, diffuso in Occidente sia in Magna Grecia sia in Etruria: le metope dell'Heraion alla foce del Sele, che riproducono anche le figure della divinità attaccata da due coppie di sileni e difesa dall'eroe, sono state considerate da quella studiosa il veicolo di diffusione nell'Etruria (Zancani Montuoro 1950; in seguito Simon 1992 e Krauskopf 1992). Nell'arte etrusca il motivo occorre anche in altri prodotti dell'industria bronzistica vulcente come i caratteristici tripodi a verghette, nei quali i tre gruppi di personaggi sono riprodotti a tutto tondo nei differenti gruppi riconosciuti di recente nella classe (Riis 1998). Già P. Zancani Montuoro riconobbe nel thymiaterion in esame la testa di serie del gruppo vulcente, poiché il toreuta etrusco sostituì la seconda coppia di sileni compresa nel motivo originario con «due insignificanti figure nello stesso schema di corsa», come si verifica anche sui tripodi, che si possono considerare successivi a causa di ulteriori cambiamenti apportati, i quali disgregano ulteriormente l'originaria unità compositiva: i calzari alati indossati dai due hanno permesso di riconoscere i Dioscuri nella seconda coppia di personaggi raffigurati su alcuni tripodi con Era attaccata dai sileni (l'ipotesi espressa da J.-R. Jannot nello studio citato da A.-M. Adam 1984, 63–66, è stata ripresa anche da J. Gy. Szilágyi, Berlin 1988, 390, nn. I 5, I 6). Non sembrano invece da connettere all'episodio illustrato sulla base né le soprastanti teste di acheloo, che appaiono spesso nella toreutica etrusca arcaica e tardo-arcaica senza interferire negli episodi narrati nei relativi monumenti (per esempio sugli elmi di tipo Negau e sul noto frammento di tripode vulcente dall'Acropoli di Atene: si vedano rispettivamente Isler 1970, nn. 208–228 e n. 234, con bibliografia), né le tartarughe che sostengono l'arredo: è preferibile ipotizzare per entrambe una funzione esclusivamente decorativa, fermo restando che le tartarughe fungono da veri e propri plinti, come indica il confronto con thymiateria più tardi, le cui zampe ferine poggiano su plinti quadrangolari.

Le protomi di Acheloo sono molto simili alle appliques che decorano l'elmo di tipo Negau proveniente da un contesto significativo come la tomba del Guerriero di Vulci (sul tipo di applique A.-M. Adam 1984, 110–111, n. 134; per l'elmo si rimanda alla bibliografia indicata infra, alla scheda n. 208). Le palmette pendule sopra le coppie di personaggi ricordano da vicino quelle riprodotte su alcuni tripodi a verghette vulcenti e sulle appliques degli elmi tipo Negau (A.-M. Adam 1984, 113, n. 140; Camporeale 1986). Le ali falcate che ornano la base del thymiaterion sono frequenti in questa classe (ricorrono in tre dei quattro esemplari del Museo Gregoriano Etrusco: Testa 1989, 82–87, nn. 31–33). La configurazione dell'elemento sommitale, che in origine sosteneva il piattello ora mancante, segue quella usuale per la classe, alternando foglie lanceolate a boccioli (Testa 1989, 86–87, n. 33; Jurgeit 1999, 496–497 n. 820). Le tartarughe come sostegno dei piedi occorrono anche in un thymiaterion bronzeo a Villa Giulia (Giglioli 1935, 3; Guarducci 1936, 37–38); nella serie dei tripodi a verghette sono invece spesso raffigurate delle rane. La datazione attorno al 530 a. C., proposta da E. Macnamara, è basata sui particolari delle figure come gli atticciati personaggi maschili che recano ancora la capigliatura dei kouroi arcaici e sono simili alla coppia di danzatori della tomba delle Leonesse a Tarquinia; in seguito P. Riis e F. Jurgeit hanno tuttavia proposto datazioni più basse, rispettivamente attorno al 510 e all'iniziale V secolo a. C. Sembra condivisibile in particolare l'opinione espressa da P. Riis che con un esame complessivo dei prodotti più prestigiosi della bronzistica vulcente ha riconosciuto nell'esemplare a Magonza la testa di serie di un gruppo comprendente sia arredi sia statuette isolate; queste proposte confermano inoltre il probabile rapporto con esemplari della tomba del Guerriero di Vulci. La tecnica di costruzione del fusto, costituito da quattro elementi inseriti su un lungo perno di ferro, è già attestata in un esemplare conservato al British Museum, simile anche nella morfologia (Macnamara 1986, 82–83, figg. 12 a–b). 510–500 a. C.

147. Piattello di thymiaterion   Tav. 53
N. inv. O. 24349   H cm 3.1; largh. cm 8.8
Provenienza sconosciuta; acquistato nel 1932 dalla collezione Heerdt (Schloß Neuweier, Baden-Baden).
Due colombe staccate, privo di una e con un' estremità spezzata; coperto da incrostazioni; patina bruna (per quanto visibile).
Piattello rotondo con quattro lobi e con grande vaschetta centrale, il cui orlo è sopraelevato. Sul bordo in corrispondenza degli assi mediani sono quattro fori, destinati ad alloggiare altrettante colombe: le tre residue, molto stilizzate, presentano corpo compatto, coda squadrata, robusto collo cilindrico e testa piccola, con grande becco a punta. Accanto a ogni foro destinato alle colombe, praticato entro i lobi semcircolari, è un foro più piccolo, che originariamente ospitava la catenella con pendente. Sulla vaschetta esterna in posizione decentrata rimane traccia circolare del supporto, in origine saldato.

Cenno in MainzZ 28, 1933, 91–92 (G. Behrens); Ambrosini 2002, 256 n. 227.

La forma del piattello rotondo a quattro lobi occorre più raramente di quella a piattello quadrato tra i thymiateria del Museo Gregoriano Etrusco (Testa 1989, 88–119, nn. 35–57: 112–114, n. 54 per il piattello rotondo con quattro lobi di un esemplare eccezionale anche sotto altri punti di vista, datato all'inizio del III sec. a. C.) e quelli della collezione Gorga al Museo Nazionale Romano (L. Ambrosini, in Barbera 1999, 59–68, nn. 1–23). Tra gli esemplari editi di recente si vedano almeno Wikander 1983b; Williams 1984, 63 n. 47; Buranelli 1989, 110 n. 148 (cenno); Jerusalem 1991, 46–47, nn. 32–34; Lisboa 1995, 178, nn. 388–390; Bini et alii 1995, 371–461. L. Ambrosini ha accostato l'esemplare a Magonza a uno a Bruxelles (n. inv. R 1214: Meester de Ravestein 1884, 348–349) e a un altro in collezione privata a Ginevra (Jerusalem 1991, 46–47, n. 32, fig. 32), ritenendo il nucleo di produzione falisca (Ambrosini 2002, 168, tipo G IV a2 a vaschetta emisferica). Come è noto, il motivo delle colombe intorno a una vasca è frequente nell'arte ellenistica (Testa 1989, 119 con bibliografia). Fine IV – metà III sec. a. C.

148. Applique conformata a uccello stilizzato
Tav. 53
N. inv. O. 37304   H cm 2.8; largh. cm 2.9
Provenienza sconosciuta; acquistato nel 1961 da un privato a Spira.
Integro; superficie regolare; patina uniforme, bruna.
Uccello con corpo ovale e coda a punta, collo corto e robusto, becco poco pronunciato. Sotto il corpo figura un perno cilindrico, con estremità assottigliata, per l'inserimento nel sostegno.

Ambrosini 2002, 256 n. 228.

Applique di thymiaterion, per cui si rimanda alla scheda n. 147 (n. inv. O. 24349). Fine IV–III sec. a. C.

149. Candelabro   Tavv. 5; 54
N. inv. O. 22513   H: candelabro (rebbi) cm 98.2; statuetta cm 8.5
Provenienza sconosciuta; acquistato nel 1930 sul mercato antiquario a Berlino (asta Grampe), a cui proveniva dallo Schloß Reinhartshausen. L'esemplare sembra molto simile al candelabro descritto da Neugebauer 1943, 262 nota 3 in mostra nel 1932 a Berlino: la somiglianza basata sulla descrizione e la medesima provenienza dalla collezione dello Schloß Reinhartshausen non sembrano però sufficienti a proporne l'identificazione con il pezzo a Magonza.
Un rebbio è privo delle estremità e due sono lievemente incompleti; le zampe sono ricongiunte. Il candelabro alterna aree ben conservate, con patina verde chiara, a zone di forte corrosione, di colore bruno. La statuetta mostra invece un ottimo stato di conservazione con superficie regolare e patina omogenea, di colore bruno. In seguito a un recente intervento di pulizia sono state notate su un plinto di base incisioni superficiali: un'accurata autopsia ha permesso di distinguere un probabile segno a freccia. Sui candelabri etruschi sono documentati graffiti che facilitavano l'assemblaggio dei singoli componenti (Macnamara 1986).
Treppiede a zampe ferine, accuratamente delineate, collocate su tre dischi modanati: sono indicati unghie, dita, tendini, speroni, ginocchia con due lievi gobbe frontali; il modellato generale

esprime la tensione dei muscoli sotto sforzo. Le zampe sono fuse assieme al fusto superiore di raccordo, lievemente tronco-conico: la tripartizione delle zampe è impostata sul fusto dalle cosiddette «ali di coleottero» rilevate e con nervatura centrale, che percorrono l'intero fusto e le zampe ferine sino all'articolazione del ginocchio. Le ali delimitano un settore distinto, di forma triangolare, all'attacco tra zampe e raccordo: tale spazio è marcato inferiormente da tre palmette a sette petali pendule, configurate in modo plastico e sormontate da due capocchie ribattute, tra le quali corre una fascia graffita con un reticolo obliquo. Sopra questa fascia si distingue una palmette eretta a sette petali rilevata, che funge da pendant per le più grandi palmette sottostanti; l'apice del settore triangolare è vuoto. Sul raccordo è quindi inserito il rocchetto di congiunzione tra il piede e il fusto vero e proprio. Il rocchetto tronco-conico, che presenta un collarino di base molto espanso orlato lateralmente da ovoli, è sormontato da otto protuberanze «a lumaca». Il fusto vero e proprio fu conficcato nella base con un perno e forse venne saldato, come indicano alcune tracce, viste all'interno in occasione di un recente smontaggio del pezzo. La base è contrassegnata da una fascia di ovoli compresi tra due linee rilevate, e da sei ordini di squame, sfalsate tra loro, campite internamente da un nucleo triangolare e da trattini obliqui graffiti. Il fusto rastremato presenta dodici scanalature a spigolo vivo. Sul fusto è inserito un piattello rovesciato a orlo rientrante, liscio, sotto il quale corre un collarino rilevato. Sopra il piattello si trova il rocchetto articolato in toro, collarino centrale ed echino, che sostiene la ciambella con i rebbi. Questi hanno sezione poligonale e terminano in boccioli stilizzati, che presentano due foglie alla base, due volute laterali e una punta triangolare al centro, con nervatura rilevata.

Non sembra di poter dubitare della pertinenza al candelabro della statuetta di coronamento, conservata a parte: una base a disco sostiene un guerriero stante, con la gamba sinistra piegata e avanzata, nell'atto di allacciarsi gli spallacci della corazza. Indossa una corta tunica, della quale si vedono le maniche e l'orlo inferiore del gonnellino, e una corazza, forse del tipo a lamelle rettangolari, come sembrano indicare i cordoni orizzontali graffiti con cerchietti distribuiti in modo

irregolare. La corazza è terminata in basso da due serie sfalsate e in parte sovrapposte di fimbrie con quattro puntini incisi negli angoli, che alludono ai ribattini impiegati nelle corazze funzionali. Il guerriero, le cui braccia sono in posa del tutto simmetrica con i gomiti piegati in fuori e in basso, tiene stretti nelle mani i due lembi degli spallacci: il sinistro è aderente al torace e il destro ne rimane ancora distante, poiché il guerriero lo sta allacciando, verosimilmente a una borchia non visibile, coperta dalle mani. Gli spallacci presentano un tallone laterale retto piuttosto marcato e come la corazza sono decorati a cerchielli incisi; al centro delle spalle sporge dalla corazza il paranuca a linguetta. La capigliatura a calotta, molto uniforme per via delle sottili linee incise che la caratterizzano, è trattenuta da una benda. I tratti del volto sono delineati in modo dettagliato: la forma ovale, con ampie arcate sopraccigliari, quasi semicircolari, è viziata dall'eccessiva accentuazione dello zigomo destro, che pone in evidenza il bulbo oculare sporgente. Occhi molto grandi, naso stretto, labbra chiuse, piuttosto sottili.

Küthmann 1956, tav. 12; Egg, Pare 1995, 202, n. 18 (entrambi con le foto della sola cimasa).

Le dimensioni ridotte della cimasa e i confronti per essa reperibili inducono ad accostarla alla plastica spinetica, i cui caratteri sono stati di recente delineati (Hostetter 1986; Gilotta 1995). Se si conoscono da tempo tre coronamenti di candelabro da Spina raffiguranti guerrieri in atto di allacciarsi una corazza a fimbrie (Hostetter 1979; Hostetter 1986, 53–60, nn. 28–30), analoga a quella indossata dal Marte di Todi (Roncalli 1973, 58–65), un altro confronto per lo stile e il gesto è reperibile in una statuetta mutila della parte inferiore (Bologna 1960, 188 n. 636; Hostetter 1979, 142, tav. 86, figg. 8–9), la cui provenienza bolognese ribadisce il favore incontrato nell'Etruria padana tra 480 e 430 a.C. dallo schema della vestizione della corazza (Gilotta 1995, 51). Un altro coronamento proviene da Castelvetro (al Museo Civico di Modena: Crespellani 1881, 229, tav. 1, fig. 2); di recente è stato segnalato un esemplare dal Casentino, noto solo tramite un disegno delle carte Gamurrini ad Arezzo (Cherici 1996, 11–14, tav. I). Queste statuette non sono state identificate con un determinato eroe, ma sono state considerate generici richiami ai protagonisti del mondo omerico (Hostetter): è stato proposto il nome di Ettore, specie alla luce del confronto con un'anfora di Euthymides a Monaco di Baviera (Antikensammlungen 8731: Ohly Dumm 1975, tav. 8 e O. Touchefeu, LIMC IV.1, 482–498). Oltre a quelle nominate, si conoscono inoltre le seguenti statuette di guerrieri che si allacciano la corazza (non gli spallacci come nel nostro esemplare): 1. al Louvre (De Ridder 1915, 46, n. 273, tav. 24); 2. a Maiorca, di provenienza locale (A. Garcia y Bellido, AA 56, 1941, 202 s., fig. 4); 3. l'esemplare descritto da K. A. Neugebauer citato in relazione all'origine di questo esemplare. Pertinente al gruppo sembra anche un candelabro da Numana, al Museo di Ancona, la cui cimasa presenta un giovane in atto di allacciarsi la veste. Da segnalare anche una cimasa di candelabro a Dresda che riproduce un guerriero in atto di sfilarsi gli schinieri, di cui l'editore propone una paternità vulcente (M. Raumschüssel, in Knoll et alii 1993, 105, n. 77).

Il candelabro è del tipo C 1 di A. Testa (Testa 1989, n. 12, 48–49, datato alla seconda metà del V–IV sec. a. C.). Per altri candelabri editi o riediti in seguito si vedano almeno Buranelli 1989, 65–66, n. 145 (tipo C 1) e 67 n. 146 (tipo C 2); Buranelli, Sannibale 1998, 182–190 nn. 14–22, 258–259 n. 99, 427–429 n. 240; Schindler 1998, 319, nn. 45–47; Jurgeit 1999, 503–507 nn. 834–836. Seconda metà del V sec. a. C.

150. Coronamento di candelabro raffigurante due guerrieri Tavv. 3,2; 55
N. inv. O. 8919   H cm 12.6
Provenienza sconosciuta; acquistato nel 1916 sul mercato antiquario a Magonza (Reiling).
Privo delle estremità del paranuca e delle armi, altrimenti integro; superficie molto regolare, con un'unica zona di corrosione sul piede destro del personaggio destro; patina omogenea, verde chiara. L'estremità inferiore della gamba destra del personaggio di destra è ricongiunta, dal ginocchio alla caviglia; poco più in alto, sul fianco destro, rimane una profonda intacca provocata dai colpi ricevuti. La ripresa Röntgen indica che anche le caviglie dell'altro guerriero sono state ricongiunte; l'estrema raffinatezza della ripara-

zione induce a pensare che l'intervento sia avvenuto già in antico nel punto più critico della pesante figura fusa. L'accurata lavorazione della corazza del personaggio di destra anche nelle zone coperte dall'altro guerriero indica che la statuetta fu lavorata a parte e quindi aggiunta al gruppo, come conferma anche il piede destro del guerriero, che sporge leggermente dalla base.

Su una base cilindrica con due tori alle estremità, scozia al centro e bordo superiore percorso da una fila di ovoli, sono raffigurati due guerrieri stanti sulla gamba destra, entrambi con la sinistra lievemente avanzata e piegata, abbigliati in modo identico: il personaggio di destra poggia la mano sinistra sulla spalla destra dell'altro personaggio. Anche il rendimento dei volti è del tutto simile: la capigliatura fluente con linee ondulate piuttosto rade che partono dal centro della testa è trattenuta da una benda sottile, fusa sulla fronte con la frangia dei capelli resa a incisioni oblique piuttosto marcate. Arcate sopracciliari sporgenti, occhi incassati, naso accentuato e tagliente. Labbra chiuse, più pronunciate nel personaggio di destra. I due guerrieri indossano una corta tunica, che sporge sul collo, sulle braccia e sotto il gonnellino, e una corazza a fasce orizzontali, che in basso termina in due ordini di fimbrie sovrapposte e sfalsate, mentre in alto è trattenuta da una sorta di mantellina. Questa è fissata sul lato frontale da due spallacci e su quello posteriore da un bavero su due spallacci. Sulla corazza figurano due fasce orizzontali, decorate da un reticolo obliquo e da due file di puntini: le fimbrie sono alternatamente decorate da un reticolo pure obliquo e da una croce di Sant'Andrea con cerchietti. Gli spallacci anteriori sono simmetrici, ma irregolari, poiché in entrambi i guerrieri quello sinistro è più lungo e con l'estremità inferiore più larga. L'estremità inferiore degli spallacci è decorata con un reticolo obliquo, mentre la restante parte e l'intera mantellina sono campite a cerchietti, distribuiti in modo casuale.

Gli attributi tenuti dei due guerrieri sono perduti: quello di sinistra portava sul braccio sinistro uno scudo (ne rimane il puntello cilindrico), e nella mano destra verosimilmente una lunga spada poggiata sul terreno come sembra risultare dalla posizione della mano (una lancia avrebbe coperto parzialmente l'altro personaggio). Il guerriero di sinistra sosteneva una lancia con la mano destra. Sulla base rimangono le impronte delle estremità inferiori della lancia e della spada.

MainzZ 12–13, 1917–1918, 82 (K. Schumacher); Behn 1920a, 109, n.853, taf. 9.1; Behn 1927, 103, tav. 10.1; Küthmann 1956, tav. 14; Maule 1977, 498, fig. 13; Dohrn 1982, 44, n.5, 83, tav.26.2; Sassatelli 1987, 73; Egg, Pare 1995, 202, n.19, Fotocolor 25.1.

Questo pezzo è stato considerato una replica del pezzo già conservato nella collezione dell'ing. Prospero Sarti a Roma (Pollak 1906, 11, n.26 tav. VI; Messerschmidt 1928, 153 s., fig.3; Mansuelli 1947, 320; Dohrn 1982, 44, n.5, 83; Sassatelli 1987, 73). Questo confronto si può però rettificare, identificando questo pezzo con quello nella collezione Sarti, come indica il confronto con una foto dell'archivio del RGZM (Platte Nr.1461), che raffigura il gruppo subito dopo l'acquisto e prima della pulizia: si verificano con certezza le medesime chiazze di uguale forma sulla patina, le linee di fratture risarcite e la posizione levemente inclinata dell'intera cimasa, dovuta all'inserimento entro un supporto ligneo, parzialmente visibile nella fotografia dell'archivio del RGZM e successivamente asportato. Si deve rilevare solo la mancanza dello scudo sul guerriero destro, andato perduto o rimosso perché non pertinente. In merito all'identificazione è opportuno ricordare che la vendita della collezione Sarti fu effettuata nel 1906, mentre il pezzo fu acquisito dal RGZM solo nel 1916 presso l'antiquario David Reiling: dall'indice della corrispondenza, risulta che L. Pollak, estensore del catalogo della collezione Sarti, fu in contatto epistolare in quegli anni con un Isidor Reiling (Merkel Guldan 1988). Si tratta dunque di un'unica cimasa e non di due esemplari del tutto simili tra loro (Dohrn 1982, 44–47, 83), come quelli raffiguranti un guerriero che sorregge un anziano, nella quale G. Sassatelli ha proposto di identificare il gruppo di Enea e Anchise (Sassatelli 1987, 74–79: all'elenco dei coronamenti con due personaggi adde almeno una probabile cimasa, esposta nel Museo Archeologico di Firenze, sala XIV, raffigurante un personaggio maschile alato che sorregge sulle braccia il corpo di una bambina (?), con le braccia piegate e le mani levate verso l'alto). Non sembrano sussistere elementi caratterizzanti per identificare i due personaggi che per il gesto della mano poggiata sulla spalla appaiono legati da un rapporto di amicizia; la coppia è stata sinora considerata la riproduzione generica di 'due compagni in armi', un soggetto raffigurato anche su cimase più antiche (come l'esemplare a New York, Metropolitan Museum: Hostetter 1986, 54). La presenza della corazza, la mancanza dei cavalli o di un esplicito riferimento a essi, tendono a far escludere che si tratti dei Dioscuri (le cui raffigurazioni, raccolte recentemente da R. D. De Puma, in LIMC, III, 597–608, s. v. Tinias Cliniiaras, non comprendono i coronamenti di candelabro con uomo e cavallo, di solito interpretati come uno dei gemelli: Jerusalem 1991, 54 n.39. Si vedano in merito anche le osservazioni di A.-M. Adam 1995, 93–94). Il coronamento è stato datato da T. Dohrn alla prima metà del IV sec. a. C., al ventennio 380–360 a. C.

151. Applique a ippocampo   Tav. 55
N. inv. O. 30899   Lungh. max. cm 12.7
Provenienza sconosciuta; acquisito nel 1939 dal Museo di Worms. Sul corpo è scritto con inchiostro di china nero il n.170, da riferire verosimilmente al numero inventariale del Museo di Worms. Integro; superficie lievemente corrosa; patina omogenea, verde chiara, con chiazze nerastre.
Una spessa lamina appiattita riproduce la sagoma di un cavallo marino, con corpo sinuoso, pinna caudata superiore e ampia coda bipartita. Sono incisi il taglio della bocca, la criniera dorsale e tratti obliqui sulla pinna e sulla coda. L'occhio è indicato con un solco ovale, indicato tramite una duplice linea di contorno incisa, tra cui corre un solco della stessa forma. In basso al centro della parte anteriore figura un perno (H cm 2.7), utilizzato per inserire l'applique nel supporto di sostegno.

Inedito.

L'applique era inserita in origine all'angolo di un carrello rettagolare su ruote di produzione etrusca: la sagoma semplificata e appiattita ricorda le decorazioni inserite nell'esemplare a Karlsruhe (Jurgeit 1999, 472–475 n.794) e le appliques isolate ad Amburgo (Hamburg 1981, 71 n.81 e 72, n.82, di forma più elaborata) e Hannover (Gercke 1996, 183 n.226). Le provenienze di tali focolari, le cui liste sono state compilate più volte (Brown

1960, 94, nota 1; Camporeale 1974, 126; Höck-mann 1982, 76–78, nn.32–34, tavv.42.3–4; 43.1–2; A.-M. Adam 1984, 85, n.93) indicano che la produzione era concentrata nel distretto tiberino: l'attribuzione a Volsinii, presunta da G. Colonna (Colonna 1980, 46), è stata modificata da G. Paolucci, che in base alla provenienza chiusina di oltre il 70% dei 49 esemplari a lui noti, propone di localizzare a Chiusi l'officina (Paolucci 1999, 290–292). Oltre a questa applique alla lista si possono aggiungere almeno quella ad Hannover già citata e il braciere al Martin von Wagner Museum der Universität Würzburg (Simon 1985). Le appliques angolari sono configurate per lo più a leone o a ippocampo: il gruppo a ippocampo è costituito da 27 esemplari, almeno 17 dei quali provengono da Chiusi o dal territorio (Paolucci, Rastrelli 1999, 73 n.21.9). Il fondo in legno dell' esemplare rinvenuto nella tomba 21 di Chianciano Terme dimostra che la destinazione di questi oggetti poteva essere anche soltanto funeraria, escludendone un uso concreto. I pochi esemplari provenienti da contesti risalgono all'intero arco del V sec. a.C.

152. Applique a protome di leone   Tav. 55

N. inv. O. 12120   H cm 2.9; diam. cm 2.3
Provenienza sconosciuta; acquistata nel 1924 sul mercato antiquario a Magonza (Reiling).
Quasi integra, a eccezione della lingua, troncata completamente nella parte sporgente; superficie regolare; patina omogenea, verde chiara. Sull'orlo posteriore sono saldate due spesse lamine, di forma differente, che venivano inserite nel supporto: la lamina superiore piatta è forata al centro, mentre quella inferiore curva e concava termina a punta (sporgenti rispettivamente cm 3 e cm 2.1).
Protome fusa raffigurata con le fauci spalancate: la criniera è resa con trattini radiali obliqui, interrotti solo in corrispondenza delle orecchie, incavate. Sulla fronte, al di sopra degli occhi, corrono due nervature rilevate longitudinali. Gli occhi recano palpebre a rilievo, come le sopracciglia e l'iride, mentre le pupille sono rese con un forellino cieco. Naso corrugato e schiacciato, con due forellini ciechi. Le fauci spalancate, con orlo rilevato e schiacciato superiormente, sono

percorse da due larghe solcature, che alludono ai baffi e al pelame.
Brown 1960, 145.

W. Ll. Brown inserì questa protome in un gruppo di sedici pezzi, per lo più inediti, datati al V sec. a.C.; lo studioso inglese pubblicò la foto di un solo esemplare (Brown 1960, 145, tav.52, c–e). Le appliques potevano decorare casse lignee: ad arredi lignei vengono infatti riferite le protomi rinvenute nella tomba del Guerriero di Vulci, che forniscono un prezioso orientamento cronologico alla fine del VI sec. a.C. (M. P. Baglione, in Firenze 1985, 301, n.10); non è stata attribuita a nessun oggetto particolare la protome rinvenuta nella tomba I dei Curunas a Tuscania, datata al pieno IV sec. a.C. (Moretti, Sgubini Moretti 1983, 50 n.75). Con questa applique è stato confrontato l'esemplare migliore del nucleo di dieci protomi da Perugia, Monteluce, località Madonna del Riccio (Leningrado 1990, n.4.17, 258–260, n.inv. 49423); tra gli esemplari editi in seguito si vedano anche quelli del Museo di Tarquinia (Bini et alii 1995, 493–496, tav.104). Sulla scorta di un'urnetta litica chiusina con due protomi leonine in bronzo ancora infisse (Jannot 1984, 19–20, gruppo B.I, 1, datata al 535–520 a.C.), le appliques sono state accostate alla decorazione di urnette litiche chiusine (del tipo discusso da A.-M. Adam 1984, 86–87, ad n.95 con bibliografia), senza escludere l'eventualità che decorassero casse lignee, come è stato di recente ribadito (Jurgeit 1999, 201–202, nn.303–304). A urnette chiusine saranno da riferire anche le protomi adespote rinvenute nella tomba di Poggio Renzo (Levi 1931, 212, fig.9 c) e quelle pervenute a Palermo con la collezione Bonci Casuccini (Di Stefano 1975, 115, nn.213–214, tav.46). Il confronto formale con le protomi da Poggio Renzo consente di attribuire la nostra protome alla stessa officina, attiva forse a Chiusi nella prima metà del V sec. a.C. (alla quale sembra attribuibile anche l'esemplare a Oxford, Ashmolean Museum G 420, edito in foto da W. Ll. Brown). Le differenti forme delle due lamine posteriori sono da ricondurre al sistema di fissaggio, che prevedeva un chiodo o un perno nella lamina posteriore, mentre quella inferiore aderiva a una superficie curva, e caratterizzano anche il nucleo da Perugia, Monteluce (nel quale però la lamina superiore termina a punta). A età ellenistica risale un gruppo di protomi di grifo da Todi utilizzate forse come appliques di casse lignee (Jurgeit 1990a) e le quattro protomi leonine di forma schematica e semplificata dalla tomba dei Salvi a Ferento (Museo Civico di Viterbo). Prima metà del V sec. a. C.

153. Applique a leone accosciato   Tav. 55
N. inv. O. 17060   Lungh. cm 4.8
Provenienza sconosciuta; acquistata nel 1928 sul mercato antiquario a Budapest (Stürmer) con altri materiali (O. 17014 – O. 17252), tra i quali molti bronzi etrusco-italici.
Integro, con lievi lesioni nella parte superiore della testa; superficie regolare, lievemente incrostata; patina verde chiara.
L'animale è seduto, con le zampe anteriori stese in avanti (senza distinzione in due unità). Muso sottile, con la bocca spalancata realizzata con un colpo di lima, sopracciglia rilevate, senza resa degli occhi, orecchie ovali applicate e criniera costituita da una nervatura, che percorre interamente la parte posteriore del collo. Il corpo è caratterizzato dalla forte sporgenza dei quarti posteriori, dai quali spunta la lunga coda, con estremità ingrossata e rivolta in alto.

Inedito.

Non citato da W. Ll. Brown, che dovette visitare anche il deposito del RGZM come dimostra la citazione di materiali inediti (cfr. scheda precedente), il leoncino deve essere confrontato con una serie di ritrovamenti analoghi, utilizzati specie a Vulci per decorare l'orlo di vasellame, come lebeti (De Ridder 1915, 101, n. 2600, tav. 93) e oinochoai (Wikander 1983a, 29), e di arredi domestici quali incensieri (tipo Haynes 1985, 265 s., n. 56), carrelli su ruote (Höckmann 1982, 82–83, nn. 38–39, tav. 42. 5–7; Reusser 1986, 25 n. 5.6), colini (Höckmann 1982, tav. 63.2) e altri utensili. Leoncini adespoti di forma analoga occorrono in numerose collezioni museali: Magi 1941, 231, n. 118, fig. 68; Brown 1960, 91, B; Falconi Amorelli 1977, 183, tav. 95a; Falconi Amorelli 1982, 131–132, nn. 141–142; Höckmann 1982, 78, n. 35, tav. 43.3–4 (più antico e di produzione più colta rispetto all'esemplare in questione); A.-M. Adam 1984, 82, n. 89 (più antico del nostro); Berger

1994, 311 n. AI 376 (inizio V sec. a. C.); Bini et alii 1995, 500, n. 117, tav. 106.1; Franken 1995, 409 n. 3; Gercke 1996, 180 n. 221 (più antico); Jurgeit 1999, 302 n. 503. V sec. a. C.

154. Applique configurata ad anatra   Tav. 53
N. inv. O. 23185   Lungh. cm 4.2; H cm 2.6
Provenienza sconosciuta, acquisita dalla collezione di Fr. Lehne; catalogata solo nel 1932 dai vecchi fondi del RGZM.
Integra; superficie regolare; patina scura, molto omogenea.
L'uccello acquatico è raffigurato con le ali chiuse, caratterizzate da file regolari di trattini obliqui disposti a spina di pesce, che in prossimità del collo assumono invece forma semicircolare; lungo becco prominente; occhi incisi lateralmente a puntino e cerchietto. Sotto il corpo reca una basetta rettangolare per l'inserimento nel supporto.

Riprodotta in Lindenschmit d. Ä. 1881, 3. Heft, Taf. II.7 (collezione Lehne); Behn 1920a, 110, n. 864.

Non conosco buoni confronti formali per questo pezzo: anatre a tutto tondo sono impiegate con frequenza nella bronzistica etrusca tardo-arcaica in specie a Vulci per decorare tripodi (Hostetter 1986, tav. 3 d), incensieri (Haynes 1985, 264–265, nn. 54–55), coperchi di anfore (Hamburg 1981, 80, n. 97) e in seguito thymiateria (Wikander 1983a, 45–47; Haynes 1985, nn. 54–55; Testa 1989, 115, n. 55: non pertinente al pezzo); si vedano anche gli esemplari conservati al Museo di Tarquinia (Bini et alii 1995, 507, nn. 127–128, tav. 108.2–3) e un'applique di ambiente hallstattiano (Cordier 1966). V sec. a. C.?

155. Colino   Tav. 56
N. inv. O. 29843   Lungh. cm 31; H cm 5.8; diam. cm 13.7
Provenienza sconosciuta; acquistato nel 1936 sul mercato antiquario a Colonia (R. Becker).
Quasi integro, con una lieve ammaccatura sulla calotta, integrata (l'integrazione impedisce di verificare l'eventuale presenza in origine dell' occhiello di sospensione); superficie molto regolare; patina uniforme, bruna con riflessi dorati.

Manico costituito da un'unica verga ondulata, a sezione circolare, con terminazioni appuntite e divergenti, fissate alla calotta con tre ribattini per parte, uno maggiore fiancheggiato da due minori. La calotta mostra orlo arrotondato e rientrante, quasi rettilineo rispetto alla vasca dritta; il filtro centrale molto approfondito ha forma di pomello, con otto file di forellini irregolari.

Egg, Pare 1995, 156 n. 34.

Questo utensile, utilizzato per filtrare il vino ed eliminarne le impurità, faceva parte del servizio simposiaco, come indicano le numerose attestazioni, raccolte da V. Bellelli (Bellelli 1993, 96 e Bellelli 1995, 2–4), che oltre all'Etruria propria comprendono i centri etruschi della Campania, Campovalano, Bologna e Como (Ca' Morta), giungendo sino ad Aleria. Agli esemplari citati adde almeno Zuffa 1960, 171 tav. XIXa (edito nuovamente in Castoldi 1995, 60, n. 64, tavv. 51–52); Boucher 1971, 169, n. 379; Boucher, Tassinari 1976, 112, n. 126 con bibl. prec.; Lollini 1977, fig. 20 (tomba 22 Quagliotti di Numana); A.-M. Adam 1984, 68–69 n. 69; Berlin 1988, 192, B 7.37; Buranelli 1989, 69 n. 154; Salerno 1990, 244, n. 9, fig. 409 (dalla tomba 29 di Fratte, datata agli inizi del V sec. a. C., menzionata anche da Pontrandolfo et alii 1994, 478, tav. 12); Cianferoni 1992, 21 fig. 23 (con filtro lavorato a parte) e notizia di altri esemplari da Populonia; Anagni 1993, 95, n. 8.140 (dalla stipe di Santa Cecilia); Bini et alii 1995, 76–78, tipo A, tav. 44 (al Museo di Tarquinia); Jurgeit 1999, 458–459 n. 772; Grassi 2000, 71–74, n. 1 (con decorazione incisa conservato al Museo Provinciale di Capua). Si vedano anche gli esemplari di provenienza apula (Tarditi 1996, 143 e 54–56 per il catalogo); tra gli inediti almeno l'esemplare a Londra, British Museum, n. inv. GR 1837.6–9.80, forse vulcente per la provenienza dalla collezione del principe di Canino). Fine VI – metà V sec. a. C.

156. Colino Tav. 56

O. 39365   H cm 3.9; lungh. cm 24.4.
Provenienza sconosciuta; acquisito nel 1970, per donazione di v. Waldner (Monaco di Baviera). Con integrazioni nel filtro, altrimenti integro; superficie viziata da cavità diffuse; patina bruna uniforme.

Calotta rotonda, con orlo a tesa appiattito, risega interna e passatoio forato. Robusto manico a clessidra, fuso in un solo pezzo con la calotta, munito di uncino all'estremità, configurato a protome di uccello acquatico e rivolto in basso: grande becco appiattito ed espanso, occhi con tre cerchietti concentrici incisi, due incisioni a U sul muso. Sul manico in prossimità della calotta figura un incavo, destinato a favorire l'appoggio del pollice.

Inedito.

Questo tipo di colino, una componente caratteristica del servizio simposiaco, è piuttosto comune in area tirrenica, in Campania e in Puglia nel V sec. a. C. (Delli Ponti 1973, 36–37, nn. 54–57, tavv. 36–38 e recentemente G. Semeraro, in Lecce 1990, 96, n. 10); un esemplare è stato rinvenuto nella penisola iberica nei pressi di Cordoba (Marzoli 1991, 88–89, tav. 29 b). In seguito si vedano i colini editi da Szilágyi 1994, 538, n. 50 fig. 31 con altra bibliografia; Pontrandolfo et alii 1994, 468 tav. V (dalla tomba 60 di Fratte); Tarditi 1996, tipo B, 142–143, 48–50 nn. 80–87 (dall'Apulia). Il manico può essere decorato da graffiti, raffiguranti palmette e volute (Jerusalem 1991, 37–38, nn. 21–22). V sec. a. C.

157. Colino Tav. 57

N. inv. O. 29952   Lungh. cm 32.2; H cm 5.3; diam. cm 13.3
Provenienza sconosciuta; acquistato nel 1936 dall'Oberhessisches Museum Giessen (WG 295). Con una piccola lacuna sul fondo del passatoio; patina uniforme, verde chiara. Due fratture in corrispondenza delle apofisi del manico sono state riparate con due lamine identiche, una esterna, l'altra interna, fissate con cinque rivetti. Il manico appare lievemente piegato per usura.
Fuso in un pezzo unico, presenta un manico a clessidra di spessa lamina, terminante in un uncino con estremità conformata a protome animale stilizzata: due incisioni verticali, divergenti verso l'alto, e una orizzontale richiamano la partizione anatomica del muso allungato e delle orecchie. La vasca presenta orlo a tesa, un po' inclinato verso l'interno, con due apofisi triangolari appena accennate vicino all'attacco del manico:

in posizione diametralmente opposta al manico si staccano dall'orlo due fasce orizzontali ritagliate, che sorreggono una placchetta rettangolare saldata. Accanto alle fasce due apofisi del tutto simili a quelle del manico. Calotta quasi emisferica, sul fondo della quale corrono nove file di forellini irregolari: la fila superiore è più distanziata dalle altre.

Egg, Pare 1995, 204, n.12.

Questa foggia di colini è più recente di quella presentata nella scheda precedente, come hanno rivelato gli studi sinora condotti: Richter 1915, 230–231 n.639 con bibliografia precedente; Kent Hill 1942, strainer tipo 5, 54 ss. table 2, fig.12 (esemplare da Cortona con iscrizione latina CIL, I², 580=ILS 9233=ILLRP 6); Hayes 1984, 31 n.35, con lista degli esemplari (datati alla fine IV–inizio III sec.a.C.); Vitali 1991, 250 n.19, fig.10 (da Montebibele, tomba 116) 270, con altra bibliografia; altri esemplari sono elencati in Jerusalem 1991, 38 n.23; il materiale da Populonia è elencato da Cianferoni 1992, 21, fig.22; M. Barbera, in Velletri 1996, 94 n.50 (= Barbera 1999, 48 fig.15); Buranelli, Sannibale 1998, 297–299 nn. 137–138; Jurgeit 1999, 450 n.760 con notizia di altri esemplari; Caliò 2000, 223–224 n.400; si veda anche la scheda successiva. Fine IV–III sec.a.C.

158. Colino   Tav.57
N.inv.O.38063   Lungh. 31 cm; H max. cons. cm 5.8; diam. cm 13.3
Proverrebbe da Maria Saal (Carinzia); acquistato nel 1963 sul mercato antiquario a Bachern (Streubert).
Privo del fondo del passatoio, con lacune e fori nella vasca, integrati; aree di corrosione diffuse sulla superficie; patina uniforme, bruna con chiazze dorate.
Fuso in un pezzo unico, presenta un manico a clessidra in spessa lamina, che termina in un uncino con estremità conformata a protome animale stilizzata: due incisioni verticali divergenti verso l'alto e una orizzontale richiamano la partizione anatomica del muso allungato e delle orecchie. La vasca presenta orlo a tesa inclinato verso l'interno con due apofisi triangolari appena accennate vicino all'attacco del manico: in posizione

opposta al manico si staccano dall'orlo due fasce ritagliate, che sorreggono una placchetta rettangolare saldata; accanto alle fasce due apofisi del tutto simili a quelle del manico. Sul fondo della calotta quasi emisferica rimangono sei file di forellini, molto regolari.

Egg, Pare 1995, 204, n.13.

Per i colini di questo tipo si rimanda alla scheda precedente. La provenienza consente di inserire questo esemplare nel nutrito novero delle esportazioni etrusche a nord delle Alpi. Fine IV–III sec.a.C.

159. Simpulum   Tav.58
N.inv.O.41307   H cm 38.5; diam. coppetta cm 9.8
Provenienza sconosciuta; acquistato nel 1984 sul mercato antiquario a Basilea (Deosarte) insieme ai nn.O.41300–41308.
Integro, ma con il manico ricongiunto alla coppetta; superfice regolare, con piccolissime cavità e puntini diffusi; patina uniforme, verde-bruna. Fuso in un pezzo unico: l'estremità superiore del manico a sezione rettangolare è biforcata in due bastoncelli a sezione circolare, terminanti in due ganci divergenti configurati a protome di anatra, sui quali sono graffite le piume dorsali e la linea di contorno del becco largo e appiattito; il cerchietto oculare e le pupille sono rilevati. L'attacco inferiore dei bastoncelli è marcato (solo sul lato esterno) da una fascia di ovoli, compresa tra due linee orizzontali rilevate. La coppetta presenta bordo appiattito con due foglie a rilievo in corrispondenza dell'attacco del manico e vasca emisferica con parete distinta.

JbZMusMainz 31, 1984, 647–649, fig.38; Egg, Pare 1995, 204, n.15.

La documentazione indica che i simpula facevano parte del servizio simposiaco: questo esemplare trova confronto in specie con quelli provenienti da Vulci, Volsinii e Chiusi. Tra i contesti significativi figura un corredo da Campagnano, datato al 500–470 a.C. (Della Seta 1914, 283, n.21, fig.5, con bibliografia) e gli esemplari da Aleria, risalenti al V sec.a.C. (lista in Jehasse 1973, 604 tav.154); in seguito almeno Hayes 1984, 42, n.52;

Zerbinati 1994, 150, fig. 3, con altra bibliografia, per un esemplare rinvenuto nel Settecento in provincia di Rovigo; Castoldi 1995, 54–56, in particolare n. 61, tav. 47, con lista di esemplari, da completare almeno con quelli rinvenuti in seguito a Chianciano (Paolucci, Rastrelli 1999, 75, n. 21.13), un esemplare nella collezione Gorga al Museo Nazionale Romano (Barbera 1999, 46 fig. 3) e quello della collezione Falcioni (Caliò 2000, 225–226, n. 402). Si veda la scheda n. 160 (n. inv. O. 39260). Fine VI–V sec. a. C.

160. Simpulum   Tav. 58
N. inv. O. 39260   H cm 29.5; diam. coppetta cm 8.8
Provenienza sconosciuta; catalogato nel 1969 dai vecchi fondi del RGZM.
Integro; superfice regolare, con abrasioni diffuse; patina uniforme, bruna.
Fuso in un pezzo unico: l'estremità superiore del manico a sezione rettangolare è biforcata in due bastoncelli a sezione circolare, terminanti in due ganci divergenti configurati a protome di anatra, con il becco espanso e appiattito. L'attacco inferiore dei bastoncelli è marcato sul lato esterno da due linee orizzontali rilevate. La coppetta presenta bordo appiattito, con due foglie a rilievo appena accennate in corrispondenza dell'attacco del manico, e vasca emisferica, con parete distinta.

Egg, Pare 1995, 204, n. 15.

Del tutto analogo all'esemplare esaminato nella scheda precedente, alla quale si rimanda. V sec. a. C.

161. Simpulum   Tav. 58
N. inv. O. 41308   Lungh. cm 42.1; H vasetto cm 6.5; diam. vasetto cm 5
Provenienza sconosciuta; acquistato nel 1984 sul mercato antiquario a Basilea (Deosarte) insieme ai nn. O. 41300–41307.
Integro, tranne due fori sul vasetto, il cui orlo è corroso; superficie regolare; patina uniforme, verde scura. Attorno ai due fori figurano degli aloni senza una forma precisa, ma comunque

netti, come se in origine vi aderissero delle lamine metalliche (restauri rimossi?).
L'utensile è composto da un vasetto e da un manico orizzontale, che gli è letteralmente attorcigliato attorno. Il vasetto presenta orlo distinto estroflesso e corpo rastremato verso l'estremità inferiore, che termina a punta. Il manico fuso di spessore rilevante è ingrossato in corrispondenza dell'uncino terminale, la cui estremità è distinta (forse in ricordo del becco che caratterizza le terminazioni a protome animale così frequenti in questa classe di oggetti?). In corrispondenza del vasetto il manico si divide in due sottili lamine, le cui estremità sono annodate tra loro nel punto opposto.

JbZMusMainz 31, 1984, 647–649, fig. 38; Egg, Pare 1995, 204, n. 15.

Questo simpulum appartiene a un tipo noto, studiato da D. Kent Hill (ladle tipo 3: Kent Hill 1942, 44 ss., figg. 6–7, table 1), Ö. Wikander (Wikander 1983a, 29) e V. Bellelli (Bellelli 1993, 86–87, n. 21, figg. 28 e 45 con discussione degli esemplari noti, tra i quali si vedano Roma, Villa Giulia, n. inv. 24614, con estremità del manico annodate come nel simpulum a Magonza e in un esemplare nella collezione Gorga al Museo Nazionale Romano, segnalato da Barbera 1999, 46 fig. 7). Da questa foggia trasse probabilmente origine il tipo Pescate, diffuso nella cultura di La Tène, e gli esemplari tardo-repubblicani discussi da Hayes 1984, 73–75 n. 117. Tra i simpula recentemente editi si vedano quelli conservati al Museo di Tarquinia (Bini et alii 1995; 88–100, tavv. 48–50) e l'esemplare a Hannover (Gercke 1996, 184–185 n. 229). V sec. a. C, forse seconda metà per la mancanza di decorazioni.

162. Strigile   Fig. 45; tav. 59
N. inv. O. 27969   H cm 24.6; lungh. iscriz. cm 1.95; lungh. stamp. cm 1.8
Provenienza sconosciuta; acquistato nel 1932 sul mercato antiquario a Colonia (R. Becker).
Ricongiunto sulla *ligula*, altrimenti integro. Superficie regolare; patina verde scura omogenea.
Capulus piatto a clessidra, che prosegue piegato sulla parte posteriore, più stretto e di forma ar-

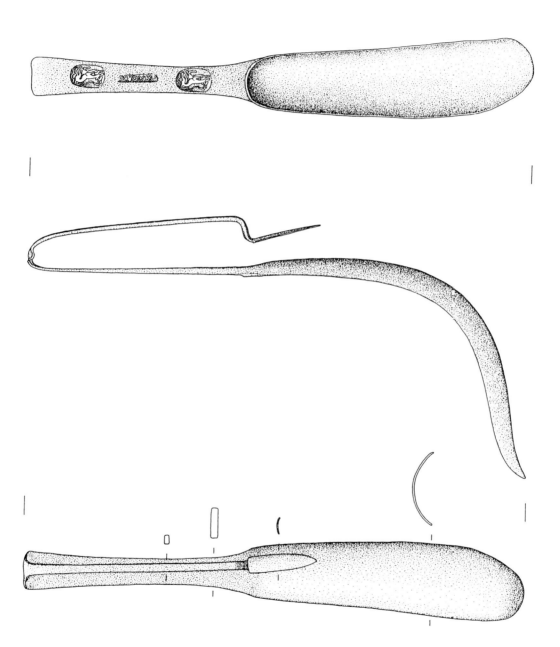

Fig. 45 Cat. 162 1:2

107

cuata, terminando in una foglia lanceolata, in origine saldata alla *ligula*, ma ora staccata; *ligula* concava.

Sulla faccia anteriore del *capulus* tra due stampigli uguali, ma in differenti condizioni (lo stampiglio inferiore è impresso più nitidamente del superiore) raffiguranti un felino che, sotto un racemo vegetale, azzanna una lepre sul collo, bloccandola con la zampa anteriore destra (?), è impressa entro cartiglio un'iscrizione a rilievo in caratteri greci, con *ductus* sinistrorso, priva dell'estremità destra, corrispondente alle prime due lettere. Si legge nitidamente [--]ΟΛΛΟΩΡΩ, da integrare in [ΑΡ]ΟLLΟΩΡΩ (forma in genitivo dorico).

Inedito.

Gli strigili con questo antroponimo si riferiscono a un *officinator* attivo a Praeneste alla fine del IV–inizio del III sec.a.C. e conoscono un'ampia distribuzione geografica estesa da Adria a Cuma, Aleria inclusa: le prime liste di Martelli 1976, 46–47, 49 note 43–52 (gli esemplari da Bologna sono ora pubblicati da Vitali 1992, 274 n.1, tav.29 e 292, n.20 tav.38), di Kotera Feyer 1993, 138 nota 80 e di Tagliamonte 1993, 188 ss., 197, A 8, sono ora sostituite dall'esauriente studio di Jolivet 1995, che elenca 61 esemplari con bollo ΑΡΟLLΟΩΡΩ, ibidem, 449 fig.3 per la carta di distribuzione: alle località citate occorre aggiungere almeno Adria, dove un esemplare è stato rinvenuto nella tomba 57 di v.Spolverin (Museo Nazionale di Adria); gli esemplari al Landesmuseum di Karlsruhe sono stati riediti da F. Jurgeit (Jurgeit 1999, 552–553, nn.918–919); quello a Villa Giulia da G. Caramella (Sgubini Moretti 2000, 142–143 n.93.3). La mancanza di documentazione nel Lazio, con l'eccezione di Praeneste, corrisponde alla generale assenza di strigili nella regione e dovrebbe essere imputata al mancato uso dell'utensile nella vita quotidiana a Roma in età medio-repubbblicana, a fronte di una larga diffusione tra gli Etruschi e i Galli (Senoni e Boi), più ricettivi nell'assuzione del costume ellenico. Nel quadro della diffusione della pratica un ruolo attivo venne quindi svolto da Praeneste, tradizionale centro di produzione di oggetti bronzei di prestigio come specchi e ciste, in virtù della quale si erano stanziati nel centro latino numerosi artigiani di origine greca dediti alla produzione di strigili a manico pieno. Il nucleo con

marchio ΑΡΟLLΟΩΡΩ costituisce il gruppo di gran lunga più numeroso tra gli strigili prenestini (63 esemplari con questo, su 95 iscritti in greco). La provenienza da Cuma di un esemplare iscritto da questo artigiano, giudicato da V. Jolivet tra i più antichi nella sua produzione, potrebbe indicare un'originaria provenienza dalla Magna Grecia del personaggio, successivamente insediatosi a Praeneste. V. Jolivet ha prospettato la possibilità di assegnare ad Apollooros anche altri strigili anepigrafi, decorati con marchi che riproducono motivi decorativi di vario tipo (stelle, palmette: Jolivet 1995, 448 nota 9): agli esemplari citati dallo studioso francese si può aggiungere un frammento da Capua, ora a Ginevra, verosimilmente pertinente al gruppo per la presenza di un punzone simile a quello dell'esemplare in oggetto, ma con resto di iscrizione su tre righe (?): Fol 1874, 202, n.929. 300–275 a.C.

163.   Strigile frammentario   Tav.59
N.inv.O.22851   H max. cons. cm 20.5; lungh. stamp. cm 2
Provenienza sconosciuta; acquistato nel 1930 da una collezione privata (Baldauf).
Privo dell'estremità inferiore della *ligula*; superficie incrostata e corrosa; patina omogenea, verde scura.
Capulus piatto a clessidra, che prosegue piegato sulla parte posteriore, più stretto e di forma arcuata, terminando in una foglia lanceolata, in origine saldata alla *ligula*, ora staccata; *ligula* concava. Al centro del *capulus* sono impressi tre stampigli uguali raffiguranti due palmette con sette petali, unite per la base. Attorno alle due palmette corrono quattro cerchietti impressi.

Inedito.

Sugli strigili si rimanda alla scheda precedente; si aggiunga l'edizione dei materiali conservati al Museo di Tarquinia (Bini et alii 1995, 225–244, tavv.81–87). IV–III sec.a.C.

164.   Strigile   Tav.59
N.inv.O.25052   H cm 21
Provenienza sconosciuta; acquistato nel 1933 sul

mercato antiquario a Francoforte sul Meno (v.d. Marwitz).

Integro; superficie incrostata e corrosa; patina omogenea, verde chiara con chiazze bluastre. *Capulus* piatto a clessidra, che prosegue piegato sulla parte posteriore, più stretto e di forma arcuata, terminando in una foglia lanceolata, in origine saldata alla *ligula*, ora staccata; *ligula* concava.

Inedito.

Sugli strigili si rimanda alle schede precedenti. IV–III sec. a. C.

165. Finale di piede di diphros   Fig. 46; tav. 59
N. inv. O. 17129   H cm 12.5; diam. base cm 3.6 × 3.9

Provenienza sconosciuta; acquistato nel 1928 sul mercato antiquario a Budapest (Stürmer) con altri materiali (O. 17014 – O. 17252), tra i quali molti bronzi etrusco-italici.

Quasi integro, con cospicui resti lignei all'interno; superficie regolare, tranne i resti di una grossa bolla di fusione sotto la base; patina uniforme, verde scura.

Il rivestimento finale, di pianta circolare, è costituito per un terzo da una base cava con il piede allargato e forato al centro per un chiodo a sezione quadrata, che lo fissava al piede di legno, del quale rimangono residui. I restanti due terzi sono costituiti da due robuste lamine diametralmente opposte, unite nella parte superiore da una traversa, che proseguono l'andamento arcuato dell'intero rivestimento. Di forma rettangolare, terminano in alto con una sorta di foglia o palmetta stilizzata: quello anteriore reca quattro petali configurati per lato, oltre al centrale.

Inedito.

Appartiene al piede di un diphros okladias di tipo ben noto, conosciuto tramite sia esemplari rinvenuti come quello della Montagnola di Quinto Fiorentino (Venezia 2000, 620 n. 266), dalla tomba Certosa 27 di Bologna, del 500 a. C. circa (Richter 1926, fig. 273; Steingräber 1979, 193, n. 3, tav. 5.1), sia noti nel repertorio iconografico come quello raffigurato su una lastra Campana (Roncalli 1965, 20–22, n. 5; Richter 1966, n. 448). Tra i ritrovamenti di provenienza nota figurano quelli

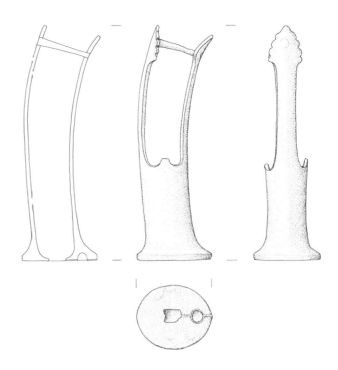

Fig. 46   Cat. 165   1 : 2

effettuati nella necropoli della Certosa a Bologna, tombe 406 e 411 (Zannoni 1876, 403 e 404); Marzabotto, sporadico (Muffatti 1969, 257–258, nn. 407–409, tavv. 50, b, 2 e 51 a, 1–2); Orvieto, tomba 1 Crocefisso del Tufo (A. Melucco Vaccaro, in Firenze 1971, 81 n. 18, tav. 41.1); Cerveteri, tomba Bufolareccia 170 del 580–570 a. C., con piedi a zampa ferina rivestiti di bronzo (Steingräber 1979, 194, n. 5 = M. A. Rizzo, Firenze 1985, 199 n. 32; Cuggiono vicino Milano (de Marinis 1981, p. 155 n. 137 tav. 9.2); Falerii Veteres, t. 16–LXXXVII di Celle del 500–450 a. C. (esposta a Villa Giulia); a Bisenzio (inediti, scavi G. Colonna); Vulci, tomba (Roma 2001b, 236); Delfi, santuario di Apollo (Naso 2001). Di provenienza ignota sono invece l'esemplare a Hannover, Kestner-Museum (Gercke 1996, 185 n. 230) e il nucleo a Karlsruhe, Badisches Landesmuseum (Jurgeit 1999, 204–205, nn. 307–310).

Il diphros è legato al mondo maschile e veniva deposto nei corredi funerari con allusione alle cariche magistratuali ricoperte in vita dal defunto (Jannot 1993, 222–224): si veda per esempio l'esemplare in avorio da Bologna, Giardini Margherita (G. Sassatelli, Firenze 1985, 252, n. 9.14).

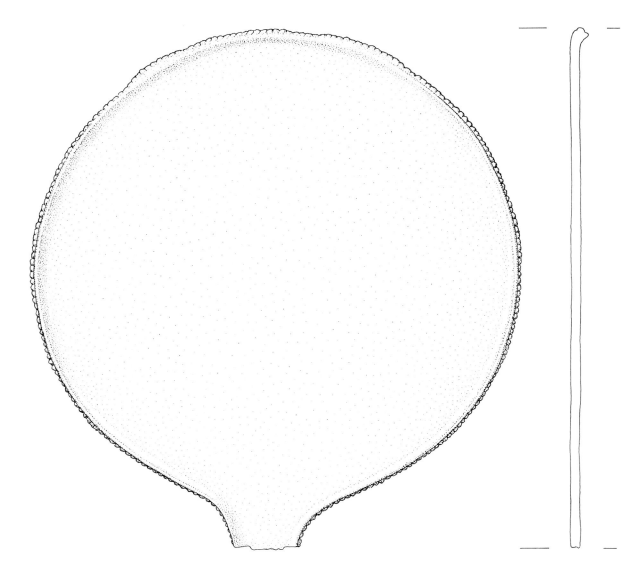

Fig. 47a   Cat. 166   3:4

Proprio a Bologna e nell'Etruria padana i diphroi conobbero una particolare diffusione, come indicano i rinvenimenti nella necropoli della Certosa e a Marzabotto: l'evidenza dei corredi funerari dimostra che ogni piede del diphros era munito di un finale bronzeo, decorato da una palmetta. Anche il finale a Magonza sembra quindi attribuibile all'Etruria padana. VI–V sec. a. C.

166.   Specchio liscio   **Fig. 47**
N. inv. O. 24393   H max. cons. cm 19; diam. cm 17.2

Provenienza sconosciuta; acquistato nel 1932 dalla collezione Heerdt (Schloß Neuweier, Baden-Baden).

Privo del manico; superficie incrostata dalla corrosione, che sul lato riflettente ha coperto quasi del tutto la patina, bruna.

Specchio liscio, molto spesso e pesante, con il bordo rilevato, decorato sullo spessore da un fregio di perle. La palmetta a sette petali incisa sopra l'attacco del manico sul lato riflettente sembra essere una goffa aggiunta moderna: compresa tra due S oblique, dalle quali superiormente si stacca uno stelo con una foglia d'edera, è incisa in maniera molto maldestra, con pentimenti e cor-

110

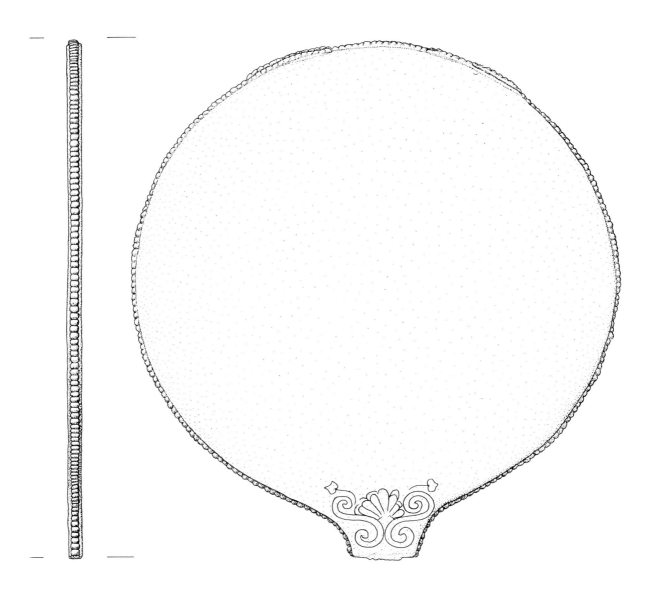

Fig. 47b   Cat. 166   3:4

rezioni: Molte foglie sono riprodotte con doppia linea di contorno.

Inedito.

Appartiene alla classe con codolo inserito in un manico di riporto, nella quale sono documentate anche palmette incise, ma di esecuzione diversa (CSE Italia 1, 46 n. 28). Fine V – prima metà IV sec. a. C.

167. Specchio liscio   **Fig. 48**
N. inv. O. 36090   H cm 20.8; diam. cm 14.4
Provenienza sconosciuta. Catalogato nel 1957 dai vecchi fondi del museo.

Ricongiunto da due grandi frammenti, deformato, con la superficie coperta dalla corrosione, che nasconde quasi del tutto la patina bruna.
Liscio, presenta soltanto il bordo ingrossato sul lato non riflettente. Il codolo triangolare a sezione rettangolare schiacciata si prestava all'inserimento in un manico di riporto.

Inedito.

La documentazione sinora edita indica che specchi di questa forma comune, priva di caratteristiche, furono in uso a lungo (CSE Great Britain 1, 9–17, nn. 1–13). Fine del V–IV sec. a. C.

111

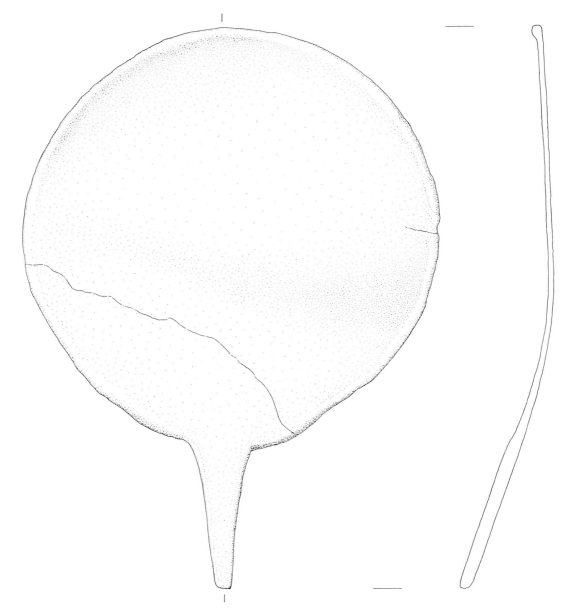

Fig. 48   Cat. 167   3:4

168.   Teca di specchio **Fig. 49; tav. 60**
N. inv. O. 34796   diam. cm 9–9.1
Provenienza sconosciuta; acquistata nel 1955 sul
mercato antiquario a Monaco di Baviera-Schleissheim (N. Junkelmann). Una teca del tutto analoga conservata al Museo di Mariemont fu acquisita in quello stesso anno presso la collezione
J. Brassinne a Liegi: forse anche questo esemplare potrebbe provenire da quella collezione?
Priva dei ribattini che fissavano la lamina alla
maniglietta mobile (ne rimangono i due fori); lesioni, fratture e mancanze sulla superficie, priva
di un frammento superiormente. Superficie regolare, con patina verde scura, sulla quale affiorano chiazze dorate e aree più chiare.
Sono sbalzati due personaggi, dei quali l'impiego di una matrice stanca non lascia più distinguere né le fattezze anatomiche né i dettagli della composizione: un uomo nudo, in piedi, visto
frontalmente, con la gamba sinistra incrociata anteriormente alla destra portante, stringe nella
mano destra un krateriskos (del genere Morel

Fig. 49   Cat. 168   3 : 4

1981, n. 3500), con il braccio piegato in avanti e di lato. La gamba destra è coperta da un drappo, del quale è riprodotto il panneggio a larghe pieghe mentre sul piede sinistro in primo piano incossa un calzare. Alla sua sinistra un personaggio femminile nudo e raffigurato di spalle gli passa il proprio braccio sinistro attorno al collo e rivolge il volto verso di lui; il braccio destro cade lungo il fianco e le gambe sono incrociate anteriormente in una posa analoga a quella dell'uomo. Un quadrupede, identificabile con una pantera per i puntini che ne caratterizzano il vello, si insinua tra le gambe dell'uomo. Completano la scena un tirso piantato nel terreno (sulla sinistra), un cratere (del genere Morel 1981, n. 4600) poggiato su una roccia in basso e un drappo di stoffa appeso in alto (sulla destra). Il terreno è reso con una fascia ondulata di fitti puntini, irregolari; altrimenti la scena è racchiusa entro una cornice costituita da una linea circolare con trattini obliqui. Il tirso, la pantera e i vasi legati al simposio inducono a riconoscere nei due personaggi Dioniso e Arianna.

Inedito.

Gli specchi a teca furono introdotti in Etruria dalla Grecia, dove i modelli più antichi si datano alla fine del V sec. a. C. Due esemplari di importazione sono stati rinvenuti a Tarquinia, la città che con almeno trenta esemplari costituisce il più

fecondo luogo di ritrovamento di specchi di questa foggia in Etruria (I. Jucker 1988, 37); le botteghe tarquiniesi ebbero quindi un ruolo di rilievo nella produzione etrusca, avviata almeno alla fine del IV sec. a. C. (E. Hill Richardson, in Thomson de Grummond 1982, 14–21). Il motivo di Dioniso e Arianna è diffuso nel repertorio degli specchi a teca etruschi (Pochmarski 1988): si conoscono almeno otto repliche di questo motivo, la cui qualità riflette le condizioni della matrice utilizzata: due a Londra (1.–2. BM: Walters 1899, 127, nn. 733–734; in seguito per il n. 733 F. Jurgeit, LIMC III, 1074, s. v. Ariadne / Ariatha, n. 27 e Szilágyi 1994, 542. n. 56; per il n. 734 M. Cristofani, LIMC III, 535–536, s. v. Dionysos/ Fufluns, n. 61); tre a Firenze (3.–5. Museo Archeologico Nazionale, nn. inv. 70816–70818: per 70816 Thomson de Grummond 1982, 19, fig. 20); 6. Morlanwelz, Musèe Royal de Mariemont (CSE Belgique 1, 49–50, n. 28); 7. Tarquinia, Museo Nazionale, n. inv. R. C. 6278; 8. Svizzera, coll. privata (I. Jucker 1988, 18 nota 55, con altra bibliografia). Lo schema rimane essenzialmente analogo, con lievi varianti: l'esemplare meglio conservato del gruppo è a Londra, BM 734, nel quale la composizione più equilibrata e l'eccellente stato di conservazione permettono di notare particolari altrimenti non ben distinguibili, come la roccia sotto il cratere; in quest'opera manca il tirso e cambia la posizione della gamba destra di Dioniso, raffigurata di fronte. Replica di quest'esemplare è la teca al Museo di Mariemont, nella quale varia però la decorazione circolare che racchiude la scena. In BM 733 Dioniso impugna un tirso anziché il krateriskos. Dal primo gruppo dovrebbe derivare la serie di qualità inferiore costituita dal nostro esemplare e da uno a Firenze, ricavato anch'esso da una matrice stanca (n. inv. 70816: gli altri due esemplari di Firenze, nn. inv. 70817–70818, non sono stati mai riprodotti). La cronologia della serie con Dioniso e Arianna oscilla nelle datazioni correnti dalla seconda metà del IV secolo (F. Jurgeit: produzione prenestina), al 300 circa (M. Cristofani), alla prima metà del III sec. a. C. (J. Szilágyi): sembra condivisibile la prudente posizione espressa da R. Lambrechts (CSE Belgique 1, 50), che, pur propendendo per l'inizio del III sec. a. C., ricorda la presenza dello stesso schema nel repertorio decorativo della ceramica calena. III sec. a. C.

113

Fig. 50a   Cat. 169   3:4

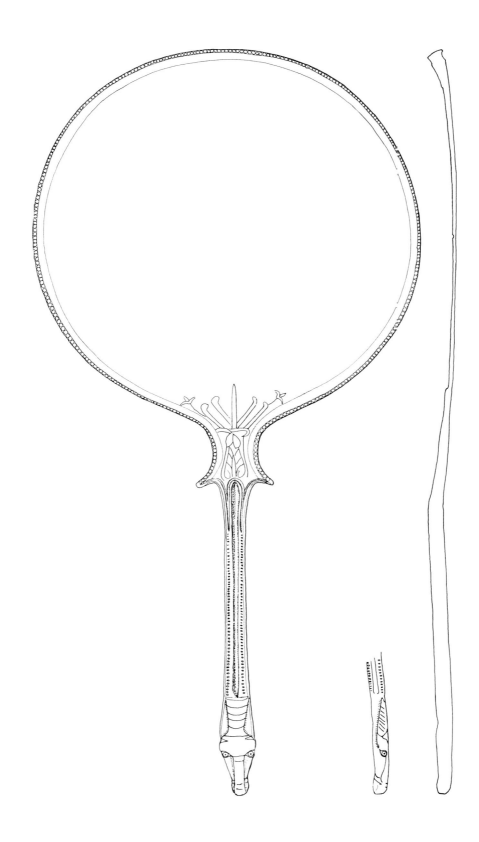

Fig. 50b   Cat. 169   3:4

169. Specchio inciso   **Fig. 50; tav. 60**

N. inv. O. 34239   H cm 27.3; diam. cm 13.5

Provenienza sconosciuta; acquisito nel 1952 sul mercato antiquario a Monaco di Baviera-Schleissheim (N. Junkelmann).

Integro, con patina omogenea bruna, e macchie scure solo sulla parte riflettente.

Disco circolare, convesso, con il bordo tagliato in senso obliquo. Il manico a sezione semicircolare si restringe dopo il terzo iniziale, terminando in basso con una protome di cervo: gli occhi, le orecchie e la bocca dell'animale sono riprodotti in modo plastico sulla parte riflettente. Lungo il manico corre un solco verticale bordato sui lati da una fila di puntini.

Sulla parte superiore del manico nella parte riflettente è riprodotto un calice floreale sormontato da una palmetta a cinque petali, il centrale dei quali di altezza maggiore; nella parte incisa sono invece raffigurate foglie d'acanto.

Entro una cornice di foglie d'alloro formata da due racemi contrapposti sono incisi quattro personaggi, visti frontalmente e di tre quarti: tra due personaggi maschili, raffigurati secondo lo schema di solito impiegato sugli specchi per i Dioscuri (scheda n. 172, n. inv. O. 28842), sono due donne, rivolte verso il personaggio situato all'estrema sinistra. I personaggi maschili sono riprodotti in modo analogo: corto chitone stretto in vita, che lascia scoperte le ginocchia, braccia incrociate dietro il torso e quindi riprodotte solo in parte, una gamba piegata all'indietro e l'altra tesa in avanti. Entrambi calzano stivali, con il bordo superiore rovesciato; dietro il personaggio di sinistra spunta l'estremità del fodero di una corta spada. Verso di lui è rivolta la figura femminile in primo piano, vestita di un ampio peplo drappeggiato stretto sotto il seno da una fascia che cade a bandoliera dalla spalla sinistra: il braccio sinistro è allungato sul fianco, mentre il destro è piegato in avanti, con la mano sollevata e rivolta all'indietro, con indicazione delle singole dita. Le capigliature degli uomini e della donna in primo piano sono rese in modo molto simile, con trequattro grandi ciocche ognuna a tratti circolari concentrici o a tratti semicircolari contrapposti e sfalsati. La scena è completata da una seconda figura femminile, visibile solo in parte tra l'uomo di destra e la donna in primo piano: sono riprodotte la testa, coperta da un berretto frigio, e

la parte superiore del busto, in modo del tutto analogo all'altra donna.

Sullo sfondo è visibile la parte superiore di un edificio, costituita da linee orizzontali inferiori e da linee ondulate superiori, che alludono in modo schematico a frontoni di tetti a doppio spiovente.

CSE BRD 1, 58–59, n. 34; Wiman 1990, 6 n. 27 (analisi sulla composizione); Egg, Pare 1995, 201, n. 14, Taf. 69.1.

Nel novero degli specchi etruschi si conoscono diversi esemplari con due uomini nello schema dei Dioscuri e due figure femminili, una riprodotta in primo piano e l'altra sullo sfondo, in modo del tutto analogo a questa raffigurazione (lista degli esemplari di U. Höckmann, in CSE BRD 1, 58). Per il primo personaggio femminile già E. Gerhard pensò ad Atena, che però non è mai raffigurata con uno degli attributi che le sono consueti; in alternativa lo stesso Gerhard propose i Dioscuri con Afrodite e Nemesi o con Leda ed Elena, mentre altri hanno creduto di poter riconoscere una versione semplificata del giudizio di Paride, con Ermes, Atena, Afrodite o Era e Paride. Le iscrizioni dimostrano però che si tratta di raffigurazioni stereotipe di uno schema che poteva essere adattato a personaggi diversi (M. S. Pacetti, in CSE Italia 4, 23–24, con rassegna bibliografica). U. Höckmann ha dato l'esemplare allo scorcio del III sec. a. C., senza escludere l'inizio del secolo successivo. III sec. a. C.

170. Specchio inciso   **Fig. 51; tav. 60**

N. inv. O. 26704   H cm 25.7; diam. cm 12.2

Provenienza sconosciuta; acquistato nel 1932 dalla collezione Riese (comprato a Roma nel 1884: Katalog Sammlung Riese n. 507).

Integro, con ristrette aree di corrosione sulla parte riflettente; patina bruna, con chiazze scure solo sulla parte riflettente.

Disco circolare convesso, con il bordo tagliato in senso obliquo. Il manico a sezione rettangolare si restringe dopo il quarto iniziale, terminando in basso in una protome di cervo. Lungo i bordi del campo e della parte superiore del manico corre un solco continuo. La parte superiore del manico, inornata nella parte riflettente, reca un fiore di loto stilizzato nella parte incisa. Sulla parte riflettente è raffigurata una figura femmirile nuda alata, vista di tre quarti, incedente verso sinistra: la gamba sinistra è avanzata, mentre la destra, riprodotta in modo legnoso, è portata all'indietro. Il capo è coperto da un berretto frigio, dal quale pendono di lato tre lunghe appendici; nel volto campeggia l'occhio sinistro, raffigurato in visione frontale. Le braccia molto lunghe seguono chiasticamente il movimento delle gambe: il destro è piegato in avanti con la mano rivolta in basso (solo il pollice è configurato), mentre nella mano sinistra che cade lungo il corpo è stretto un alabastron cilindrico di forma stilizzato, indistinto dalla mano vera e propria. Sul torso della figura sono indicati il seno, la linea alba e la gabbia toracica, riprodotta con una U. Nel campo dello specchio sono raffigurate due grandi ali aperte con una doppia linea di contorno: le piume sono riprodotte con tratti semicircolari paralleli in centro, all'altezza della vita della figura, terminanti in basso in altrettante linee oblique che convergono verso il centro.

CSE BRD 1, 56–57, n. 32; Wiman 1990, 6 n. 25 (analisi sulla composizione) e 164, BD 32, fig. 12.1:17; Egg, Pare 1995, 202, n. 17.

Nella figura si riconosce il genio femminile alato per convenzione definito «Lasa» negli studi (Rallo 1974; Krauskopf 1987, 80–82), riprodotto con particolare frequenza sugli specchi di età tardo-ellenistica, come indicano le liste compilate da E. Mangani (Mangani 1985, 36–37 n. 19), U. Höckmann (CSE BRD 1, 57) e G. Cateni (CSE Italia 3, 34–35) e la rassegna di I. Wiman (Wiman 1990). Alle numerose attestazioni, che ne fanno uno dei gruppi più numerosi nell'intero novero degli specchi insieme a quello dei Dioscuri, si possono aggiungere almeno uno specchio del Museo Nazionale Romano, collezione Gorga (Barbera 1999, 75 fig. 7) e due esemplari inediti, al Museo Civico di Tolfa e al Museo Civico di Udine. I motivi decorativi sono così comuni da divenire standardizzati e da rendere di difficile soluzione la questione della cronologia (Ambrosini 1998, 77–88). Il gruppo con «Lasa» incappucciata è più frequente in Etruria settentrionale che nel settore meridionale: gli studiosi sono concordi nel localizzare a Volterra un'officina attiva tra la fine del III e la metà del II sec. a. C. Sulla scorta di due esemplari particolari da Corchiano una bottega dedita alla produzione di questi specchi

è stata identificata anche nell'agro falisco (Ambrosini 1998). 200–150 a. C.

171. Specchio Fig. 52; tav. 61
N. inv. O. 16600 H cm 24.5; diam. cm 11.4
Provenienza sconosciuta; acquistato nel 1928 sul mercato antiquario a Francoforte sul Meno (Ad. Cahn).
Integrato sul bordo, altrimenti in ottime condizioni; patina verde scura con chiazze brune.
Disco circolare convesso, con il bordo tagliato in senso obliquo. Il manico a sezione semicircolare si restringe dopo il quarto iniziale, terminando in basso in una protome di ariete: gli occhi, le corna spiraliformi, le orecchie e la bocca dell'animale sono conformati in modo plastico sulla parte riflettente. Trattini semicircolari rendono il vello. Lungo i lati del manico corre un fregio a ovoli rilevati.
La parte superiore del manico reca sulla parte incisa un fiore di loto stilizzato; sulla parte riflettente è invece raffigurato un calice con una foglia centrale molto stretta.
Sulla parte incisa sono raffigurati due personaggi maschili, visti quasi di tre quarti, rivolti l'uno verso l'altro, pressoché simmetrici: ognuno piega lievemente una gamba all'indietro con il tallone sollevato, mentre l'altra è avanzata. Il personaggio di sinistra ha le braccia incrociate dietro la schiena; il braccio sinistro del personaggio di destra piegato lungo il fianco è in primo piano. L'abbigliamento, uguale per entrambi, prevede un berretto frigio, un chitone stretto sotto il torace da una fascia, che lascia le braccia scoperte, e calzari a strisce di cuoio incrociate. Alle spalle dei due uomini sono appoggiati sul terreno due grandi scudi circolari di tipo oplitico, decorati da cerchi concentrici, mentre tra loro spunta dal terreno una linea ondulata, alludente forse a un arbusto stilizzato, che giunge sino all'altezza della vita degli uomini. Nella parte superiore del campo all'altezza del torace e dei volti dei personaggi sono due gruppi di linee orizzontali, ognuno composto da due strisce, separati da due S e da un cerchietto.
I volti dei due personaggi sono riprodotti in modo sommario: gli occhi presentano pupille raffigurate di profilo, trattino orizzontale per la bocca

117

Fig. 51a   Cat. 170   3:4

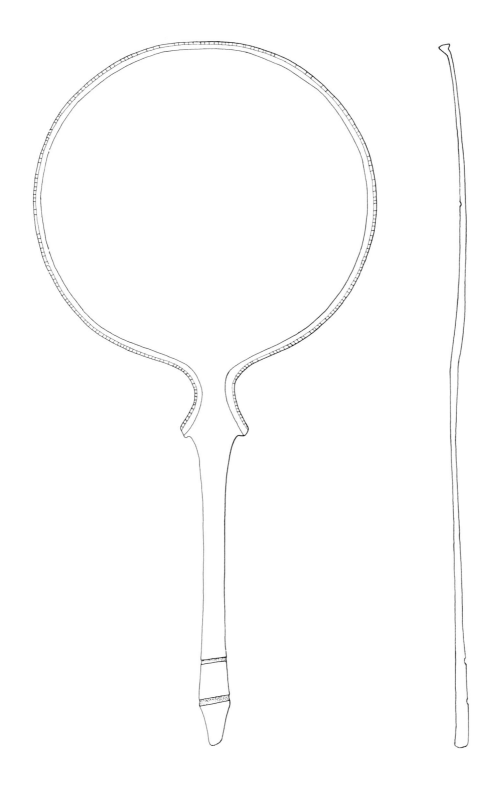

Fig. 51b   Cat. 170   3:4

Fig. 52a   Cat. 171   3:4

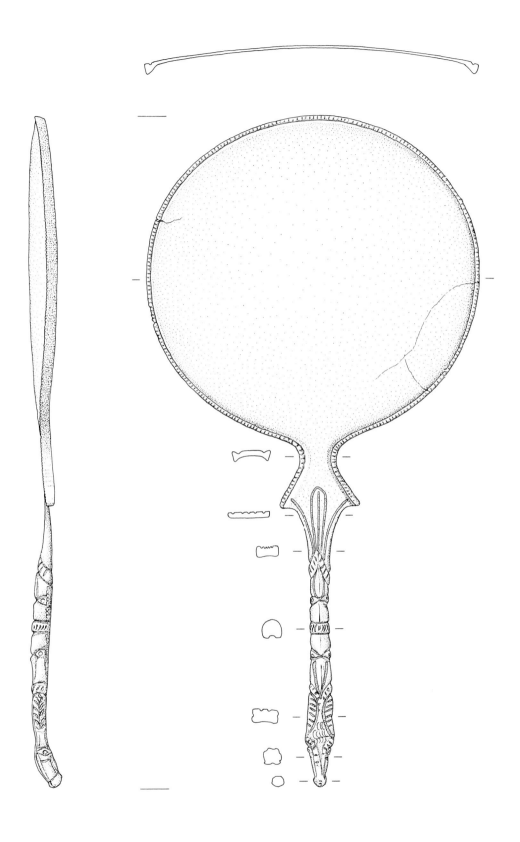

Fig. 52b   Cat. 171   3:4

e mento arrotondato. Linee verticali riproducono in modo schematico e simmetrico i panneggi delle vesti.

MainzZ 24–25, 1929–1930, 110, tav. XXV.4 (G. Behrens).

Nei due personaggi si riconoscono i Dioscuri, che come la «Lasa» compaiono con grande frequenza nel repertorio figurativo degli specchi etruschi del III–II sec. a. C., come indica la lista compilata da E. Mangani (Mangani 1985, 36–37; si veda anche Wiman 1990, 201), dalla quale risulta come lo schema con gli scudi e l'albero centrale sia poco frequente (G. Cateni, in CSE Italia 3, 20); sono attestate anche le S (una probabile allusione ai dokana: M. S. Pacetti, in CSE Italia 4, n. 8, 27) e la decorazione degli scudi (ES 47, 1; 267, 3). In seguito sono stati editi altri esemplari del gruppo, conservati a Orvieto, Museo Faina (M. S. Pacetti, in CSE Italia 4, n. 4, 18–20 e passim)[47] e al Museo Nazionale Romano nella collezione Gorga (Barbera 1999, 76–77 nn. 11–13). Le figure allungate dei Dioscuri e la chiusura alta del chitone potrebbero risalire alla prima metà del II sec. a. C. (si veda anche la scheda n. 172, n. inv. O. 28842). Prima metà del II sec. a. C.

172. Specchio inciso   **Fig. 53; tav. 61**
N. inv. O. 28842   H cm 26.1; diam. cm 12.3
Provenienza sconosciuta; acquisito nel 1935 dal Museo di Worms, che l'aveva acquistato dalla collezione del barone Maximilian v. Heyl.
Integro, ad eccezione di due fori vicino al bordo, e del manico, ricongiunto; patina bruna sulla parte riflettente, verde scura su quella incisa.
Disco circolare convesso, con il bordo tagliato in senso obliquo. Il manico, a sezione semicircolare, si restringe dopo il terzo iniziale, terminando in basso in una protome di ariete: sulla faccia riflettente gli occhi, le corna spiraliformi, le orecchie e la bocca dell'animale sono conformati in modo plastico. Lungo i lati del manico corre un fregio a ovoli rilevati.
Sulla parte superiore del manico della faccia posteriore è inciso un fiore di loto stilizzato; sul lato riflettente sono invece raffigurate foglie molto strette con una centrale più lunga, con file a puntini lungo i bordi. Sulla parte incisa sono raffigurati in modo simmetrico, ma speculare due

personaggi maschili, visti quasi di tre quarti e rivolti l'uno verso l'altro: ognuno piega una gamba all'indietro con il tallone sollevato, mentre l'altra è avanzata. Le braccia sono incrociate dietro la schiena, in modo tale che in primo piano sia visibile soltanto uno, quello esterno. I volti sono dominati dai grandi occhi, con le pupille raffigurate frontalmente. L'abbigliamento, uguale per entrambi, prevede berretto frigio e chitone stretto sotto il torace da una fascia che lascia le braccia scoperte. I panneggi delle vesti, del tutto simmetrici, sono schematici.
Tra i due uomini è raffigurato un cerbiatto, volto a sinistra, il cui treno posteriore è in parte coperto dal personaggio di destra. In basso è raffigurato il terreno con linee ondulate, mentre alle spalle dei due uomini figurano due grandi scudi circolari, decorati da cerchi concentrici. Nella parte superiore del campo, all'altezza del torace e dei volti dei personaggi sono due gruppi di linee orizzontali, composti rispettivamente da tre (l'inferiore) e da due (il superiore) strisce, separati da due S con le volute pronunciate.

CSE BRD 1, 57–58, n. 33, con bibliografia precedente; Wiman 1990, 6 n. 26 (composizione chimica); in seguito Egg, Pare 1995, 202, n. 16.

Nei due personaggi sono riconoscibili i Dioscuri, un soggetto molto frequente nel repertorio figurativo degli specchi etruschi del III–II sec. a. C., come indicano i numerosi contributi citati alla scheda precedente, alla quale si rimanda. Il nesso tra il cerbiatto, animale per tradizione legato a Dioniso, e i Dioscuri, che in ricordo della loro nascita sono spesso raffigurati insieme a un cigno (ES 48,1.2), potrebbe alludere agli aspetti ctoni del culto dei gemelli, messi in risalto di recente da G. Colonna per l'età tardo-arcaica (Colonna 1996b): se si accogliesse questa interpretazione, la raffigurazione dello specchio potrebbe essere di destinazione prevalentemente funeraria, in accordo a una tendenza già presunta per questa classe (M. S. Pacetti, in CSE Italia 4, 20). Prima metà del II sec. a. C.

[47] Occorre precisare che la provenienza da Parigi per uno specchio del gruppo dei Dioscuri, riportata in Paris 1989, 43 e accettata da M. S. Pacetti venne escogitata come molte altre dall'imprenditore di quegli scavi, che si faceva chiamare Charles Magne ed era abituato a mescolare i reperti di scavo con quelli acquistati sul mercato antiquario, come mi informa cortesemente il prof. V. Kruta.

173. Specchio inciso   **Fig. 54; tav. 61**
N. inv. O. 10756   H cm 26.9; diam. cm 13.9
Provenienza sconosciuta; acquistato nel 1917
presso R. Forrer (Strasburgo), era già nella collezione Borselli a Sarteano.

Integro; patina omogenea, bruna, con macchie
color ruggine diffuse sulla parte riflettente.
Disco circolare convesso, con il bordo tagliato
in senso obliquo. Il manico, a sezione rettangolare, si restringe dopo il terzo iniziale, terminando in basso in una protome di cervo: sulla faccia
riflettente gli occhi e le orecchie dell'animale sono
conformati in modo plastico. Incisioni verticali
corrono al centro lungo i lati del manico. Nella
parte iniziale del manico sulla faccia riflettente
sono incise due lunghe foglie, dalle quali si staccano motivi floreali allungati (è conservato solo
il sinistro), mentre sulla faccia incisa sono riprodotte due foglie d'acanto affiancate, sormontate
da sei cerchietti irregolari e da due linee quasi
orizzontali, che fungono da base per la scena
soprastante.
In questa sono riprodotte quattro figure femminili, suddivise in due gruppi. La scena è riprodotta in maniera simmetrica, con le due figure
esterne sedute rivolte verso il centro, dove le due
interne sono in piedi: all'estrema sinistra siede
l'unico personaggio identificabile con certezza,
Menerva, riconoscibile dall'elmo corinzio che le
copre la parte superiore del capo, in parte conservato, e dall'egida sulle spalle. La dea veste un
lungo chitone stretto in vita e un mantello attorno alla parte inferiore del corpo, entrambi con
ricco panneggio. Lungo il corpo è visibile la parte superiore del braccio sinistro, mentre con il
braccio destro in primo piano piegato Menerva
afferra il braccio sinistro della figura antistante.
Questa, stante, è raffigurata di tre quarti; veste
anch'essa un lungo peplo stretto in vita, reca una
corona sui capelli, dalla quale pendono riccioli
in basso, e una collana con pendenti triangolari
attorno al collo. Il braccio sinistro è piegato lungo il corpo e teso in avanti verso la mano di Menerva, mentre il destro visibile solo in parte è piegato verso l'alto; dalla mano tesa all'indietro,
pende una coroncina e il polso è cinto da un'armilla. Sullo sfondo tra le teste delle due figure
femminili un oggetto (un sacco?) è appeso alla
costruzione che chiude la scena.
Il secondo gruppo è costituito da due personaggi

femminili: il primo, riprodotto di fronte, veste
un chitone stretto in vita, del quale è raffigurato
il panneggio. Il capo è velato; la mano sinistra,
sollevata all'altezza del volto, lambisce la piega
del velo. La quarta figura seduta veste il solito
chitone e un berretto frigio sul capo, dal quale
fuoriescono le ciocche della capigliatura, rese a
semicerchi coprentisi l'uno con l'altro. Attorno
al collo porta una collana, resa con due linee ondulate, e sul polso sinistro una stretta armilla. Il
braccio sinistro piegato in avanti è poggiato sulla
gamba, con la mano pendula; il destro sullo sfondo è chiasticamente sollevato, con la mano rivolta verso il volto. Sullo sfondo è raffigurata una
costruzione a due piani, costituita da travi incrociati e coperta da un tetto a doppio spiovente.

CSE BRD 1, 53–54, n. 30 con bibl. prec.; Wiman 1990, 6
n. 24 (composizione chimica), 119; Egg, Pare 1995, 201, n. 15.

La scena è stata dubitativamente accostata da U.
Höckmann alle riproduzioni del giudizio di
Paride: ma la stessa studiosa ricorda che altre scene raffiguranti Menerva con tre personaggi femminili (per esempio ES 271 A, 2) sono state in-
terpretate come raffigurazioni di genere, prive di
un rimando mitologico e frequenti anche nei fascicoli del CSE editi in seguito. Nel repertorio
degli specchi etruschi le scene riproducenti quattro figure femminili occorrono più spesso in associazione con le cornici ornamentali, come ES
187 (= Berlin Fr 126) 271 A, 2; 272, 1; 272, 3.4;
273 A, 1 e 274, 1 (entrambi a Vienna) piuttosto
che isolate. Il panneggio delle vesti permette una
datazione alla prima metà del II sec. a. C.

174. Specchio inciso   **Fig. 55; tav. 62**
N. inv. O. 16601   H cm 24; diam. cm 12.3
Provenienza sconosciuta; acquistato nel 1928 sul
mercato antiquario a Francoforte sul Meno (Ad.
Cahn).

Questo esemplare risulta ora in condizioni peg-
giori rispetto a quelle dell'acquisto a causa dei
danni riportati in seguito all'incendio del RGZM
nel 1942: privo di gran parte dell'orlo, con il bordo residuo sfrangiato e con frammenti ricongiunti; manico ricongiunto, percorso da una lesione
in corrispondenza dell'attacco con il disco; privo dell'estremità del manico. Lesioni e lacune

Fig. 53a   Cat. 172   3 : 4

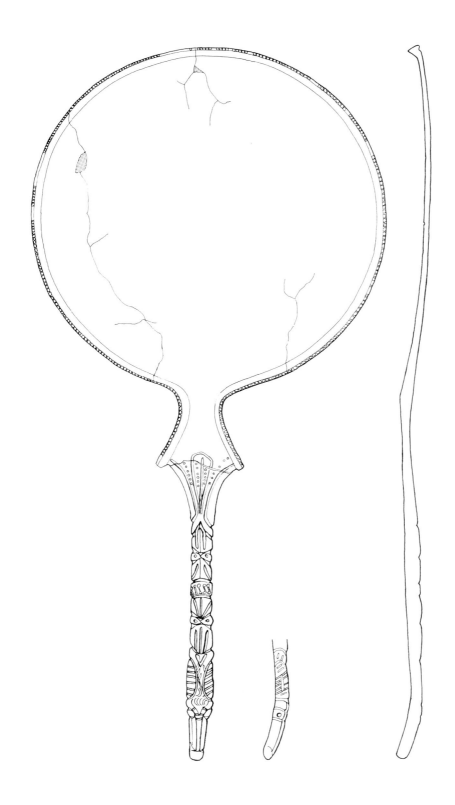

Fig. 53b   Cat. 172   3 : 4

Fig. 54a   Cat. 173   3 : 4

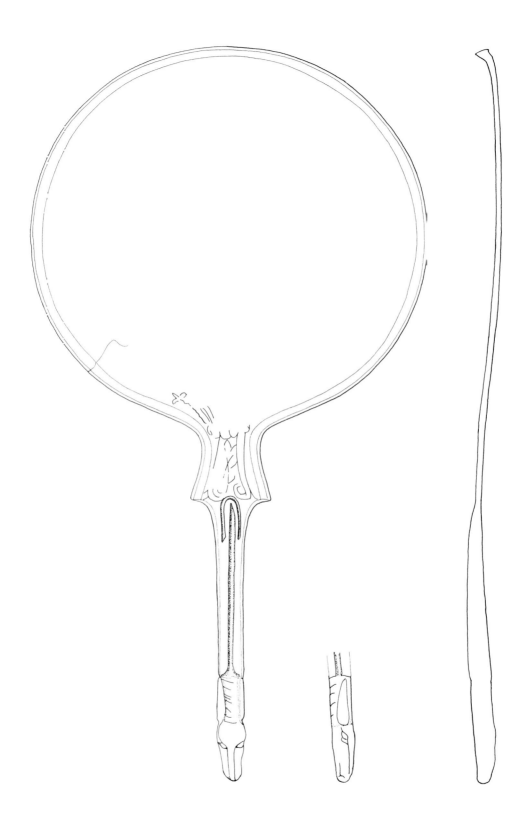

Fig. 54b   Cat. 173   3:4

Fig. 55a   Cat. 174   3:4

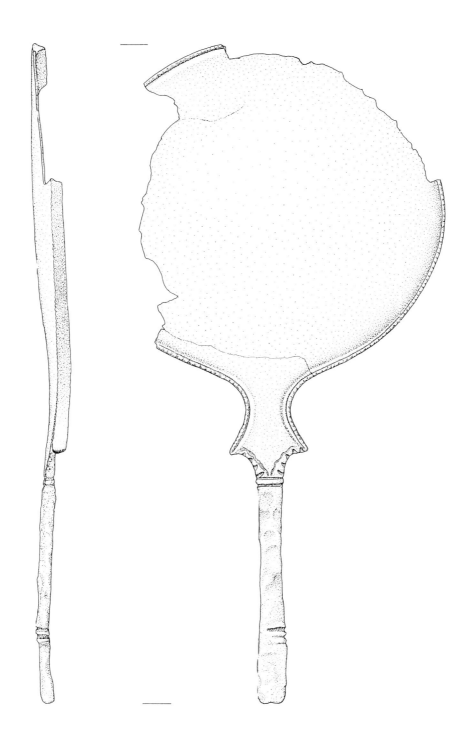

Fig. 55b   Cat. 174   3:4

integrate diffuse sulla superficie; patina bruna, con chiazze dorate.

Il rovescio, al centro del quale figura un incavo circolare, è compreso entro una fascia rilevata, su cui corre un fregio continuo di foglie d'olivo. Nel campo è raffigurato un giovane seduto con atteggiamento pensoso; è nudo, a eccezione di un drappo che gli cinge l'addome e forma un rigido lembo, cadendo lungo una zampa del sedile. Il braccio sinistro è appoggiato sulla spalliera del sedile, mentre il destro segue il profilo del busto; nella mano destra impugna l'elsa di una spada chiusa nel fodero, che tiene orizzontale sulle cosce. Il volto inclinato è coronato da una folta capigliatura, le cui ciocche sono riprodotte con linee ondulate. I particolari anatomici si riducono alla linea alba e ai muscoli pettorali. Alla sua destra un genio alato nudo tiene di fronte a sé le braccia, che formano un insieme indistinto. Alla sua sinistra si distinguono tra lacune risarcite alcune linee ondulate, attribuibili forse a un motivo fitomorfo, che di lato formava una voluta (?) insinuata intorno alle braccia del genio.

Il manico a sezione rettangolare schiacciata, fuso assieme, è ornato alle estremità da due gruppi di due linee incise; all'estremità superiore la targhetta, rastremata al centro con apici laterali in basso, è decorata sul lato inciso da un fiore di loto su un trofeo a clessidra. L'orlo del disco, ingrossato a sezione triangolare, prosegue sulla targhetta; l'orlo è decorato solo sul lato riflettente da un fregio di perle, che corre lungo la fascia rilevata di delimitazione del campo.

MainzZ 24–25, 1929–1930, 110, tav. XXV.4 (G. Behrens).

La decorazione accessoria, consistente nel fregio di foglie d'olivo e nel fiore di loto sulla targhetta, compare su specchi di forma simile, datati al II sec. a. C. (CSE BRD 1, n. 11); alla stessa epoca dovrebbe risalire anche questo esemplare, caratterizzato da un disegno complessivamente stanco e sciatto, del tutto privo di espressività. Il soggetto sembra riprodurre un'immagine di genere ambientata nell'aldilà, come indica il genio alato. II sec. a. C.

175.   Specchio   **Fig. 56; tav. 62**
N. inv. O. 28841   H cm 24; diam. cm 15.9

Provenienza sconosciuta; acquisito nel 1935 dal Museo di Worms, a cui era pervenuto per acquisto dalla collezione del barone Maximilian v. Heyl. Manico e disco assemblati già in antico; superficie molto corrosa, in specie sul rovescio, tanto da coprire in parte la decorazione graffita. È infilato in un manico in osso, integrato in epoca moderna con due finali bronzei non pertinenti. Disco circolare piatto con il bordo rialzato, munito di un'appendice inferiore di forma rettangolare, dalla quale si stacca il manico a codolo triangolare.

CSE BRD 1, 68–69, n. 43 (graffiti falsi) con bibliografia precedente; Egg, Pare 1995, 201, n. 11.

Nella scena graffita sullo specchio, riproducente Hercle con due divinità, è stata riconosciuta la copia esatta di un esemplare conservato al museo di Perugia (ES 141): è quindi da considerare una contraffazione moderna, effettuata verosimilmente sulla scorta della riproduzione dello specchio pubblicata da G. Conestabile. Lo specchio è invece autentico e dovrebbe risalire al III–II sec. a. C.

176.   Specchio inciso   **Fig. 57; tav. 63**
N. inv. O. 16730   H cm 30.1; diam. cm 17

Provenienza sconosciuta; acquistato nel 1929 sul mercato antiquario a Parigi (Alfandari), proveniva dalla collezione di Alessandro Castellani. Assemblato da tre frammenti (il manico, l'esergo e il disco), altrimenti in ottimo stato di conservazione; patina di colore nerastro nel settore superiore, bruno in quello inferiore. Disco di forma ovale, lievemente convesso, con il bordo tagliato in senso obliquo. Il manico, a sezione rettangolare, si restringe in modo progressivo verso il basso, terminando con una protome di cervo. Il manico, liscio sulla parte incisa, reca nella parte posteriore due solchi verticali, paralleli, coronati al di sopra da tre gocce rilevate; il terzo inferiore del manico è conformato a protome di cervo, con le lunghe orecchie rese plasticamente. Fregio a ovoli.

Sulla parte riflettente sono raffigurate due figure femminili: quella in primo piano, sulla sinistra del campo, seduta su uno sgabello visibile solo in parte, tiene un neonato in grembo, cingendogli il capo con la mano sinistra, le cui dita sono troppo sviluppate. Del piccolo è riprodotta solo parte del volto, in cui si nota un occhio chiuso. La figura femminile è raffigurata di fronte e inclina il capo verso destra in un atteggiamento triste e mesto; si sostiene con il braccio corrispondente, coperto da un lungo e ampio mantello che giunge sino alla testa, cadendo sulla sinistra in un'ampia piega, dalla quale fuoriesce sul grembo la mano sinistra. Il mantello copre anche le ginocchia e arriva sino agli stinchi: la parte inferiore delle gambe è coperta da una veste sino alle calzature, delle quali si vedono solo le punte (tomaia e strisce ondulate di cuoio). Poco arretrata a destra, una figura femminile stante fissa la donna seduta: con il capo inclinato verso destra, avvicina al petto la mano corrispondente, mentre la sinistra spunta sotto le pieghe del mantello drappeggiato sulla spalla sinistra. Anche in questo caso le mani sono sproporzionate; l'abbigliamento è del tutto simile a quello della prima figura (tunica, mantello e calzature; orecchini a pendente triangolare). Anche il volto della seconda donna esprime mestizia; il rendimento dei capelli nelle due figure è del tutto simile, con tratti ad S combinati tra loro in vario modo. Alla sinistra della seconda figura spunta dal suolo un arbusto ondulato con rami minori, sulla cui sommità è appollaiata una civetta. Nell'esergo sono raffigurati un piccolo felino rivolto a sinistra (la testa non è conservata), sotto al quale è incisa una palmetta a sette petali, racchiusa tra due volute: da queste trae origine un tralcio ondulato con foglie di vite, che circonda l'intero campo figurato dello specchio.

CSE BRD 1, 54–56, n. 31 con bibliografia precedente; Egg, Pare 1995, 201, n. 12, Taf. 69.1.

La scena raffigurata su questo specchio, attribuito da U. Höckmann alla produzione prenestina, sembra tratta da una raffigurazione più grande, dedicata con grande verosimiglianza all'illustrazione di un episodio mitologico per la coerenza che contraddistingue il carattere espresso dalle due figure. Le esegesi possibili sono numerose, per la mancanza di elementi probanti: anche la rappresentazione *ex absentia* di Atena tramite la civetta non costituisce un punto fermo, perché i graffiti di qualche specchio, pur raffiguranti l'uccello, sono del tutto privi di relazione con questa divinità.

Con esegesi poco convincenti si è pensato a Penelope con il piccolo Telemaco e la nutrice Euristea o ad altri episodi. Maggior peso sembra avere la proposta di accostare questo specchio alla tragedia Ipsipile di Euripide, rappresentata nel 409 a. C., alla quale alludono numerosi vasi apuli, campani e pestani (LIMC II, 427 ss. s. v. Archemoros [W. Pülhorn]). A Ipsipile era stata affidata la cura del piccolo Ofelte, figlio di Licurgo e Euridice, che la ragazza lasciò incustodito per il tempo necessario a mostrare una sorgente d'acqua agli eroi dei Sette contro Tebe; al suo ritorno il bambino era stato ucciso dal morso di un serpente. Sullo specchio sarebbe quindi riprodotto il dolore della madre con il bambino morto in grembo, mentre la nutrice cerca di giustificarsi con il gesto della mano portata al petto. Differente rispetto alle raffigurazioni dei vasi italioti risulterebbe soltanto l'età di Ofelte, che sulle rappresentazioni vascolari è un giovanetto. Sulla scorta di confronti con specchi e ciste prenestini ne è stata proposta una datazione alla fine del IV–III sec. a. C.

177. Manico di specchio   **Fig. 58; tav. 63**
N. inv. O. 28663   H cm 14.3
Provenienza sconosciuta; acquistato nel 1935 sul mercato antiquario a Magonza (Hartmann).
Integro; superficie regolare, con tracce di corrosione; patina ben conservata, verde.
Manico fuso, a sezione quasi esagonale, coronato superiormente da una protome femminile, priva del collo: si distinguono bene i lunghi capelli mossi da incisioni longitudinali, il naso a fascia rettangolare e gli occhi infossati. Ai lati della protome sono due ali stilizzate falcate e percorse da nervature oblique. Una costolatura rilevata liscia corre al centro del manico, mentre gli spessori tagliati in senso obliquo e a spigolo vivo sono decorati da solcature oblique, che ripetono il motivo delle ali. L'estremità inferiore è configurata plasticamente a testa d'animale (cervide?): muso allungato con naso allargato, orbite incavate, occhi a pallottola, corna appena accennate e orecchie appuntite.

Inedito.

Manici fusi a parte e applicati al disco sono una caratteristica produzione delle botteghe prenesti-

Fig. 56a   Cat. 175   3:4

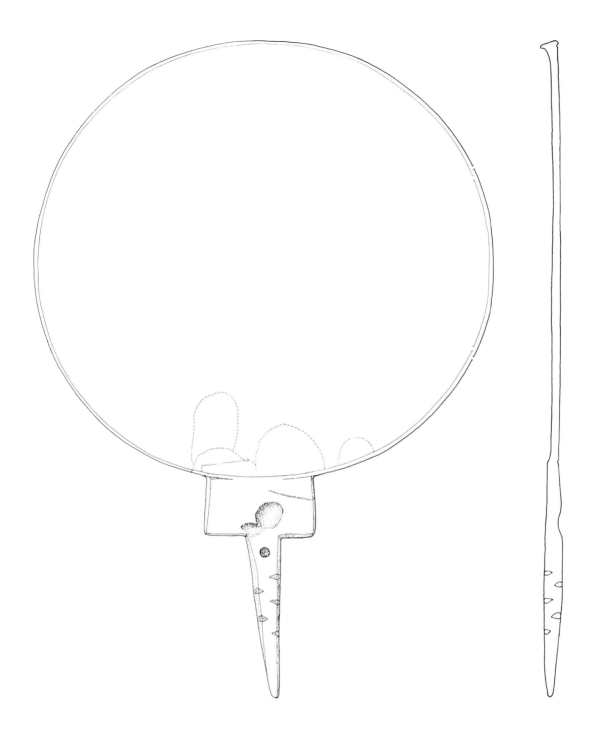

Fig. 56b   Cat. 175   3:4

Fig. 57a   Cat. 176   3:4

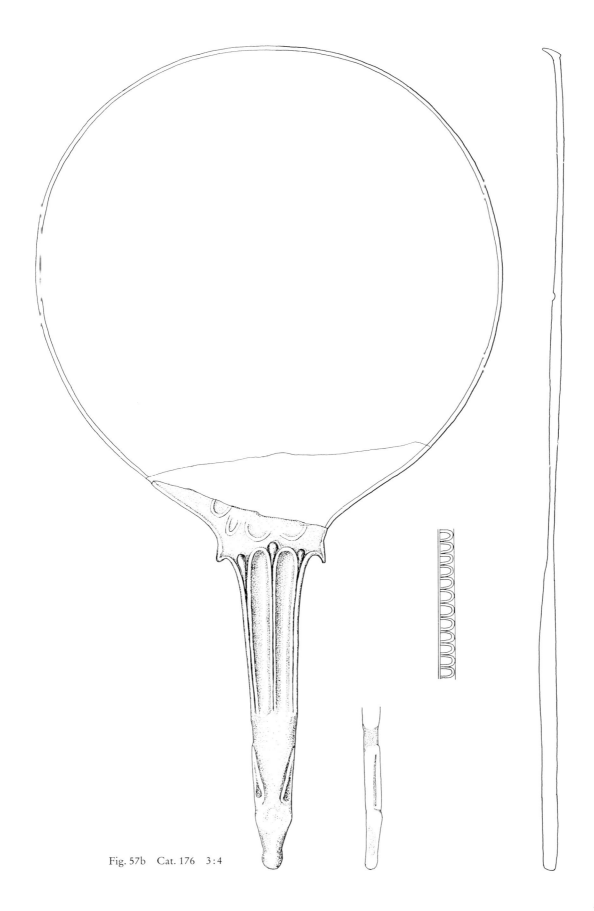

Fig. 57b   Cat. 176   3:4

ne e falische di III–II sec. a. C.: sono spesso decorati da una protome animale in fondo con il fusto articolato in varie sezioni separate da collarini, ma presentano tre protomi femminili sulla sommità, come l'esemplare amburghese CSE BRD 2, 40–41, n. 15, con ampia discussione della bibliografia (nella quale si segnalano i nuclei a Bruxelles e a Berlino: Lambrechts 1978, 323–330, nn. 57–59 e CSE DDR 1, 35, nn. 16–17). In maniera analoga sono attribuiti a Praeneste manici isolati decorati da tre differenti palmette sovrapposte, come l'esemplare al Louvre CSE France 1, 45 n. 81. Manici comparabili al nostro non compaiono nelle classiche raccolte degli specchi prenestini (Matthies 1912; Lambrechts 1978; R. Adam 1980). III–II sec. a. C.

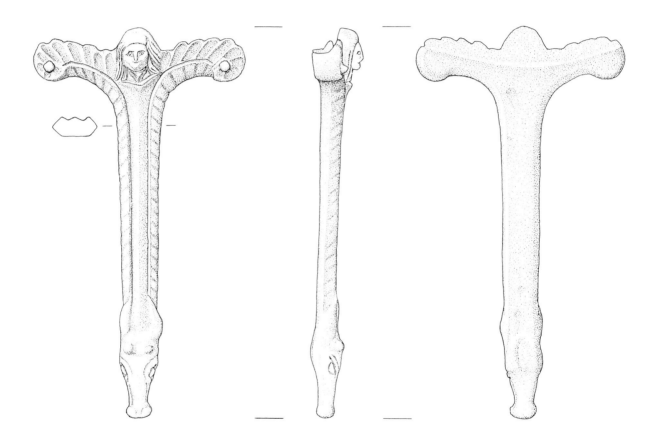

Fig. 58   Cat. 177   3:4

178. Spada corta a lingua di presa tipo Cuma
Fig. 59; tav. 64

N. inv. O. 17985   H cm 37.8; largh. elsa max.
cons. cm 3.8

Provenienza sconosciuta; acquistata nel 1930 ad
Aquisgrana (H. Corr).

Lama ricongiunta all'elsa, con integrazione lungo la frattura; priva delle estremità della piastra per l'incastro del pomo. Tracce di colpi lungo i fendenti; bolle di fusione nel terzo superiore della lama. Patina omogenea, bruna, più chiara nel terzo inferiore.

Piastra per l'incastro del pomo a crescente, lingua di presa a contorno fusiforme e margini fortemente rilevati, che terminano in corrispondenza della spalla; spalla arrotondata; punta della lama assottigliata. Quattro fori passanti, due in verticale sulla lingua di presa, due in orizzontale sulla spalla. Due gruppi di sei nervature rilevate sulla lama.

> MainzZ 27, 1932, 87 (G. Behrens); Kilian 1974, 57, spade a lingua di presa tipo IVb, tav. 11, A 2; Egg, Pare 1995, 112 n. 23, Taf. 35.1.

Le nervature rilevate hanno indotto K. Kilian a attribuire quest'esemplare a un'officina localizzata in Etruria che produceva spade del tipo Cuma, così definito da V. Bianco Peroni (Bianco Peroni 1970, 86–90, nn. 214–237; Bianco Peroni 1974, 20, nn. 227, A e 236, A; Kilian 1974, 45–64). IX sec. a. C.

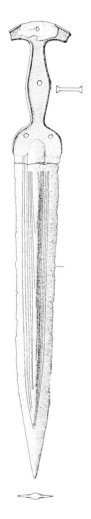

Fig. 59   Cat 178   1 : 3

179. Spada corta a lingua di presa tipo Cuma
Fig. 60; tav. 64

N. inv. O. 21657   H cm 41.1; largh. elsa cm 4.9

Provenienza sconosciuta; acquistata nel 1930 sul mercato antiquario a Roma (G. Simotti Rocchi), insieme ad altri oggetti etruschi (O. 21654 – O. 21659).

Quasi integra, con cospicui residui dell'elsa. Traccia di un colpo lungo un fendente; patina poco omogenea, con aree brune e verdastre.

Piastra per l'incastro del pomo arcuata solo in alto, lingua di presa a contorno fusiforme e margini fortemente rilevati, che terminano in corrispondenza della spalla; spalla assottigliata, con le due metà asimmetriche; punta della lama assottigliata. Quattro fori passanti, due in verticale sulla lingua di presa, due in orizzontale sulla spalla (in uno resti del ribattino bronzeo) fissavano sull'elsa un rivestimento in materiale deperibile. Due gruppi di quattro nervature a rilievo corrono sulla lama. Il pomo venne riparato già in antico con un getto di fusione.

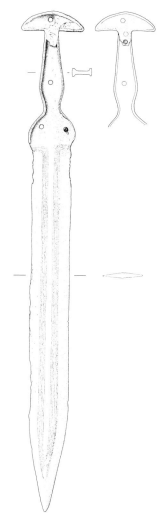

Fig. 60　Cat. 179　1:3

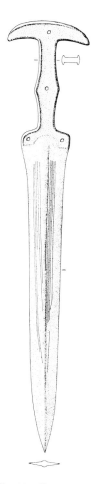

Fig. 61　Cat. 180　1:3

MainzZ 27, 1932, 87 (G. Behrens); Kilian 1974, 56, spade a lingua di presa, tipo IVa, tav. 11, A 1; Egg, Pare 1995, 112 n. 22, Taf. 35.1.

Questo esemplare è stato inserito da K. Kilian in una serie costituita da pezzi unici, distinta nell' ambito del gruppo Cuma C di V. Bianco Peroni; per la bibliografia si rimanda alla scheda precedente. IX sec. a. C.

180. Spada corta a lingua di presa tipo Terni
Fig. 61; tav. 64

N. inv. O. 29121　　H cm 35; largh. elsa cm 6.5
Provenienza sconosciuta; acquistata nel 1935 sul

mercato antiquario a Monaco di Baviera (H. Bayerlein), proveniva dalla collezione Lipperheide. Integra, con margini ben conservati; superficie regolare e patina uniforme, bruna. Segnato con inchiostro di china bianco porta il n. 202 (che non corrisponde a quello edito con quel numero nel catalogo a stampa della collezione Lipperheide). Piastra per l'incastro del pomo a crescente; lingua di presa con contorno quasi romboidale e margini fortemente rilevati, che terminano in corrispondenza della spalla; spalla angolare marcata; punta della lama assottigliata 'a lingua di carpa'. Quattro fori passanti, due in verticale sulla lingua di presa, due in orizzontale sulla spalla, fissavano all'elsa un rivestimento in materiale deperibile. Due gruppi di tre incisioni verticali corrono sulla lama.

München 1910, 7 n. 81; Kilian 1974, 50, spade a lingua di presa tipo IIIb (Terni), tav. 10, D 1; Egg, Pare 1995, 112 n. 24, Taf. 35.1.

138

La spada è stata attribuita al tipo Terni definito da V. Bianco Peroni (Bianco Peroni 1970, 91–93, 242–258; Bianco Peroni 1974, 20, nn. 244, A e 256, A) e da K. Kilian (Kilian 1974, 49–51); R. Peroni ha collocato il tipo tra quelle fogge dell'Italia centro-meridionale tirrenica che, pur apparendo nell'orizzonte avanzato della fase iniziale della prima età del ferro, rimangono in uso anche nella fase successiva (Peroni 1989, fig. 77 n. 12). La lama a punta assottigliata induce a inserirla tra le attestazioni più recenti del tipo, databile alla fine del IX–VIII sec. a. C.

181. Spada ad antenne variante Tarquinia-Vetulonia
Fig. 62; tav. 64

N. inv. O. 28278   H cm 63.9; largh. elsa 8.4 cm
Provenienza sconosciuta; acquistata nel 1935 sul mercato antiquario a Colonia (R. Becker).

Quasi intatta, con una lieve integrazione sotto l'elsa; abrasioni e tracce di colpi lungo i fendenti; superficie regolare; patina con dominante bruna e chiazze dorate.

Antenne ampie con un avvolgimento; peduncolo centrale tronco-conico; echino applicato sotto le antenne con trattini obliqui graffiti; impugnatura fusiforme con tre listelli equidistanti, solcati da trattini a spina di pesce (tracce); spalla leggermente angolata, alla quale è fissata con due ribattini e due listelli centrali la lama, con quattro costolature parallele.

> Müller-Karpe 1961, 63 n. 25, tav. 55. 7 (tipo Tarquinia);
> Bianco Peroni 1970, 114 n. 309, tav. 46 (tipo Tarquinia);
> Kilian 1974, 34 (tipo Tarquinia, variante Tarquinia); Egg,
> Parè 1995, 112 n. 25, Taf. 36. 1, sinistra.

La spada ad antenne appartiene a una foggia diffusa in Italia e nell'Europa centrale con numerose varianti, già distinte da H. Müller-Karpe che denominò Tarquinia il tipo italico (Müller-Karpe 1961, 63–67), contraddistinto dai listelli bipartiti decorati a spina di pesce sull'elsa e dalla forma angolata della spalla. Gli esemplari di provenienza italica sono stati quindi esaminati da V. Bianco Peroni (Bianco Peroni 1970, 112–115, nn. 301–313) e da K. Kilian, che in base alle differenti decorazioni dell'elsa ha riconosciuto quattro varianti e attribuito alla più recente questo esemplare (Kilian 1974, 34–37). Dopo un intervento

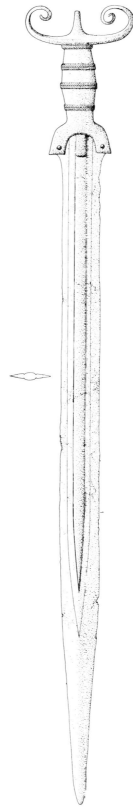

Fig. 62   Cat. 181   1:3

di R. Peroni (Peroni 1979, 196), F.-W. v. Hase ne
ha proposto una carta di distribuzione (v. Hase
1992, fig. 3). Sono stati editi di recente un esemplare in collezione privata (Genève 1993, 139,
n. 49) e uno compreso in un corredo funerario da
Gazzo Veronese, che ha dato modo a R. de Marinis di passare in rassegna le complesse questioni
legate alla distinzione della tipologia delle varianti
e alla loro denominazione, per la quale si preferisce usare la definizione Tarquinia-Vetulonia per
il gruppo tirrenico e Ancona per quello adriatico, meno cospicuo (de Marinis 1999, 542–548).
L. Malnati ha infine riedito la spada proveniente
dal Trevigiano (Malnati 1999, 245; Malnati 2000,
72, tavv. 6–7). Una spada ad antenne italica forse
della variante Ancona-Adriatico è stata rinvenuta nell'Heraion di Samo (v. Hase 1997, 298, fig,
11; Naso 2000c, 159 fig. 79). IX sec. a. C.

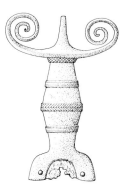

Fig. 63   Cat. 182   1 : 3

182.   Elsa di spada ad antenne variante Anco-
na-Adriatico   Fig. 63; tav. 64
N. inv. O. 29377   H cm 13.5; largh. elsa cm 8.5
Provenienza sconosciuta; acquistato nel 1935 sul
mercato antiquario a Berlino (Lederer).
Elsa integra, in ottimo stato di conservazione;
superficie regolare; patina con dominante bruna
e chiazze verdastre e bluastre.
Antenne ampie con due avvolgimenti; peduncolo
centrale tronco-conico; echino applicato sotto le
antenne, con trattini obliqui graffiti; impugnatura fusiforme, con tre listelli equidistanti, il centrale solcato da trattini a spina di pesce, gli estremi con quattro costolature; spalla leggermente
angolata, al cui interno rimangono resti della lama
in ferro. Il foro al centro della lama e il margine
inferiore tagliato di netto sono dovuti alla rimo-
zione di una lama non pertinente, effettuata nei
laboratori del RGZM.

> MainzZ 32, 1937, 110, fig. 2 (G. Behrens); Müller-Karpe
> 1961, 63 n. 25, tav. 55. 6 (tipo Tarquinia); Bianco Peroni
> 1970, 119 n. 323, tav. 48 (tipo Fermo); Kilian 1974, 35 (tipo
> Tarquinia, variante Fermo); Egg, Pare 1995, 112 n. 26,
> Taf. 36.1, destra.

La decorazione dei listelli, a spina di pesce sul
mediano e a linee orizzontali sugli altri, permette di accostare questo esemplare alla variante adriatica delle spade ad antenne, ora definita An-

cona-Adriatico (de Marinis 1999, 545–548, con
rassegna della bibliografia, per la quale si rimanda anche alla scheda precedente). Questo esemplare occupa una posizione del tutto particolare
nella sequenza delle spade ad antenne perché è
l'unica arma sinora conosciuta con una lama in
ferro. IX sec. a. C.

183.   Spada in ferro, con resti del fodero in
legno, bronzo e ferro   Fig. 64; tav. 65
N. inv. O. 2935   H cm 71.5
Proviene da Capena, tomba 41. Comprata sul
mercato antiquario a Magonza (Reiling) nell'aprile 1905 insieme ai 10 vasi nn. inv. O. 3022 – O. 3030a
(Reinecke 1907, 50–51, fig. 17 = Behn 1920a,
nn. 428, 491–492, 495–496, 498–500).
Priva del pomo dell'elsa (in legno rivestito di ferro, ma fortemente restaurato, secondo la descrizione di P. Reinecke), altrimenti conservata per
intero, con notevoli resti del fodero ancora ade-
renti all'arma. Il fodero è in legno rivestito in ferro, con puntale in bronzo traforato e riempito
con un'unica placca di materiale biancastro, identificabile in avorio. Si distinguono i ribattini che
fissavano all'elsa il manico ligneo, i cui resti sono
diversi per colore e consistenza da quelli del fodero. L'elsa piatta ha margini convessi e si allarga in corrispondenza dell'attacco con la lama,
della quale ora si distingue ben poco sotto gli stra-
ti sovrapposti di fibre lignee e di ferro; sull'impugnatura era previsto l'inserimento di due guan-
ciole in legno, eventualmente impreziosite da
intarsi in materiale prezioso (ambra, avorio). Sul
fodero è infisso il puntale in bronzo, costituito

da una spessa lamina traforata e ritagliata in modo da aderire al fodero, con i bordi ripiegati su se stessi sulla faccia posteriore, alla quale è tenuta da ribattini bronzei conficcati lungo il perimetro esterno. Sulla faccia anteriore entro una metopa a giorno è raffigurato un leone alato con una gamba umana pendente dalle fauci; la metopa è preceduta da tre triangoli con l'apice rivolto verso l'elsa. Sulla pelta semicircolare sono raffigurati a traforo su entrambe le facce del puntale due protomi animali forse di grifo, contrapposte e unite tra loro alla base del collo: i tratti somatici degli animali sono riprodotti in modo sommario, il pelame è reso da trattini irregolari riuniti a gruppi. La placca di avorio terminale è spessa circa 1.5 cm alle estremità, 1 cm al centro.

Paribeni 1906, 319–320 e 403, fig. 27; Reinecke 1907, 51, fig. 18; Behn 1920a, 89, n. 647, tav. 10.2; Brown 1960, 51, n. 3; Zanco 1974, 21 nota 29 (non si accorge che l'esemplare conservato al RGZM proviene da Capena e li considera due distinti); Stary 1981, 446 n. 35 (considera un unico esemplare le due spade rinvenute nella tomba 41); Jurgeit 1990c, 106, nota 11; Egg, Pare 1995, 156 n. 25, Taf. 52.3; Benelli, Naso c.s.

La tomba 41 di Capena era un sepolcro a camera con sei loculi; rinvenuta già saccheggiata, restituì un nucleo di materiale eterogeneo, residuo degli originari corredi corrispondenti alle numerose deposizioni effettuate nei loculi e nella camera (Paribeni 1906, 318–320). La spada in questione fu rinvenuta in un loculo insieme a una seconda spada in ferro, donata dallo scavatore F. Mancinelli-Scotti[48] al Museo Preistorico-Etnografico L. Pigorini, dove è conservata con il n. inv. 74495 (Paribeni 1906, 319–320, 404 e fig. 28), mentre risultano dispersi gli altri materiali, che, almeno in base alla descrizione di R. Paribeni, sembrano appartenere a deposizioni più recenti (ceramica attica a figure nere, strigili bronzei, bucchero pesante). La quota parte dei reperti spet-

[48] Sulla figura di Francesco Mancinelli-Scotti, imprenditore di numerosi scavi in Etruria e nel Lazio, nonché tra i principali accusatori di F. Barnabei nella questione del museo di Villa Giulia, si vedano i numerosi cenni in Barnabei, Delpino 1991, riepilogati nell'indice di quel volume (pagina 487), dal quale si ricava ulteriore bibliografia.

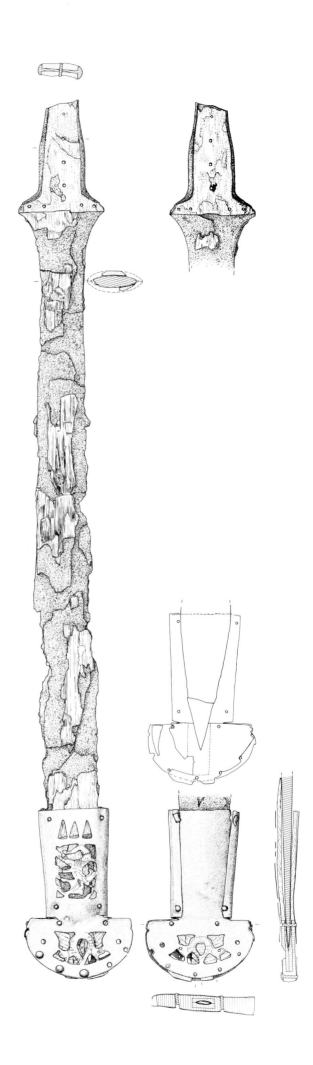

Fig. 64   Cat. 183   1:3

tante agli esecutori dello scavo, dei quali solo un quarto potè essere trattenuta dallo Stato italiano in base alla legislazione allora vigente (Paribeni 1906, 284), fu quindi alienata, verosimilmente senza tener conto delle originarie associazioni, se già R. Paribeni lamentava le confusioni operate tra diversi corredi nei materiali capenati acquistati da P. Sarti e venduti alla sua morte (Paribeni 1906, 326 nota 1; per la collezione Sarti: Pollak 1906)[49]. Dopo la divisione dei materiali rimasero al Museo Pigorini sei corredi funerari e alcuni oggetti donati da F. Mancinelli-Scotti, tra i quali figura la seconda spada della tomba 41. Questa, accostata da R. Paribeni a esemplari di IV–III sec. a. C., sembra in realtà simile alla spada in esame, tanto che di recente sono state considerate un unico esemplare (Stary 1981): si tratta di un tipo attestato nell'Italia centrale nel VII–VI sec. a. C., originario forse dell'area medio-adriatica, come indicano la diffusione (Stary 1981, W 27, 445–447; sulle spade in ferro dell' area medio-adriatica si veda recentemente anche Grossi 1990, 269) e i confronti con alcuni pezzi molto celebri, come quello compreso nell'armamento del guerriero di Capestrano o l'esemplare rinvenuto nella tomba 69 di Campovalano (Papi 1990b, 134 e 144). Il rinvenimento di due spade lunghe nella stessa panoplia permette forse di riconoscere un esemplare riservato alla parata (spada a Magonza) e uno funzionale (spada a Roma). Foderi di spada in ferro con puntali in bronzo traforati e placche di avorio sono documentati in area medio-tirrenica (Capena e Falerii Veteres), talora con agemine in argento; sul versante medio-adriatico (Campovalano e Alfedena) si conoscono invece esemplari con puntali in ferro e placche in osso. L'uso di differenti materiali permette forse di riconoscere due distinte tradizioni artigianali, una tirrenica più prestigiosa e l'altra adriatica (Benelli, Naso c.s.). La decorazione a traforo è ben attestata a Capena nella produzione delle tipiche placche da cinturone (Colonna 1958 e 1974, 195 s. nota 7; v. Hase 1971, 16–21 e fig. 23 per la placca citata da Paribeni 1906, 403–404 come confronto per la spada; Swaddling 1978; per Campovalano: Zanco 1974, 57–59, nn. 24–25; per Corvaro di Borgorose: Alvino 1987, 339, fig. 14; per Melfi: A. Bottini 1983). Il motivo della gamba umana pendente dalle fauci del leone è tipico dell'orientalizzante etrusco, dal quale fu

trasmesso anche ad altri ambienti, come quello capenate (Bonamici 1974, 122–123 nota 155, con bibliografia). Seconda metà del VII sec. a. C.

184.   Punta di lancia   Tav. 66
N. inv. O. 22442   H cm 16.3
Provenienza sconosciuta; acquistata nel 1930 sul mercato antiquario a Roma (Biondi), insieme ad altre punte di lancia (O. 22434 – O. 22442) e a un coltello a lama serpeggiante (O. 22433), falso (M. Egg). Integra, con superficie regolare e patina omogenea, bruna.
Punta bilobata a profilo sinuoso, con cannone conico piuttosto lungo a sezione circolare, che si assottiglia progressivamente verso la punta. Due fori di fissaggio alla base del fusto.
Inedita: cenno in MainzZ 27, 1932, 87 (G. Behrens).

Il caratteristico profilo sinuoso della lama, rappresentato già nella rassegna di A. Talocchini (Talocchini 1942, al tipo D, 14 e 37, tavv. I, 2 b e VII, 40; Cortona 1985, 123 n. 74), è documentato in corredi funerari della età del ferro a Populonia (prima fase) e Tarquinia (seconda fase: Venezia 2000, 560 n. 58), nonché da una punta di presunta provenienza livornese (Livorno 1997, 176, n. 26, fig. 112, con bibliografia). Fine IX sec. a. C. – prima metà VIII sec. a. C.

185.   Punta di lancia   Tav. 66
N. inv. O. 22438   H cm 16
Provenienza sconosciuta; acquistata nel 1930 sul mercato antiquario a Roma (Biondi), insieme ad altre punte di lancia (O. 22434 – O. 22442) e a un coltello a lama serpeggiante (O. 22433), falso (M. Egg). Integra, ma con lievi mancanze lungo i margini; superficie regolare, patina omogenea, bruna.
A foglia di lauro con profilo sinuoso poco accentuato, con cannone conico a sezione circolare,

[49]   Il corredo della tomba 38 di Capena pervenne parzialmente al Kunst und Gewerbe Museum di Amburgo con la collezione J. W. F. Reimers: sulla dispersione in Italia e all'estero dei materiali capenati si rimanda alle recenti osservazioni di C. Belardelli, in Belardelli et alii 1995, 142, nota 37.

che si assottiglia progressivamente verso la punta. Il fusto di sostegno è più lungo della cuspide vera e propria.

Inedita: cenno in MainzZ 27, 1932, 87 (G. Behrens).

Vicina all'esemplare esaminato nella scheda precedente, questa punta trova confronto con una cuspide forse da Livorno (Livorno 1997, 176, n.27, fig.112). IX sec. a.C.

186. Punta di lancia Fig. 65; tav. 66
N.inv. O. 22434   H cm 18.5
Provenienza sconosciuta; acquistata nel 1930 sul mercato antiquario a Roma (Biondi) insieme ad altre punte di lancia (O. 22434–O. 22442) e a un coltello a lama serpeggiante (O. 22433), falso (M. Egg). Quasi integra, ma priva di un frammento lungo i margini; superficie coperta da incrostazioni, di colore verde chiaro.
Lama a foglia di lauro formante un lievissimo angolo acuto; il cannone a sezione circolare si assottiglia progressivamente verso la punta. Minuti resti lignei nel cannone.

Inedita: cenno in MainzZ 27, 1932, 87 (G. Behrens).

Questa punta, derivata dal tipo San Francesco attribuito da G. L. Carancini e R. Peroni alle fasi 2 e 3 dell'età del Bronzo finale (Carancini, Peroni 1999, tav.30 n.29; M. Cupitò, in Padova 2000, 103–104 n.116), corrisponde a una foggia diffusa in numerosi ambiti culturali della penisola italica e in Sicilia nell'età del Ferro (Jurgeit 1999, 160 n.205). VIII sec. a.C.

187. Punta di lancia Tav. 66
N.inv. O. 22435   H cm 10.8
Provenienza sconosciuta; acquistata nel 1930 sul mercato antiquario a Roma (Biondi) insieme ad altre punte di lancia (O. 22434–O. 22442) e a un coltello a lama serpeggiante (O. 22433), falso (M. Egg). Integra, ma con mancanze e fratture su una faccia dovute a una fusione imperfetta; superficie regolare, con patina omogenea.
Lama a foglia di lauro; il cannone a sezione circolare si assottiglia progressivamente verso la

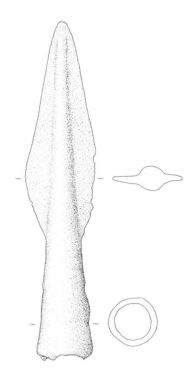

Fig. 65   Cat. 186   1:2

punta. Fusto tozzo e compresso; due fori di fissaggio sotto la lama.

Inedita: cenno in MainzZ 27, 1932, 87 (G. Behrens).

Simile all'esemplare illustrato nella scheda precedente, alla quale si rimanda. VIII sec. a.C.

188. Punta di lancia Fig. 66; tav. 66
N.inv. O. 23175   H cm 24.9
Provenienza «Italia» (catalogata nel 1932 dai vecchi fondi del RGZM).
Integra, con lievi sbreccature lungo un margine della cuspide e graffi sulla superficie, regolare; patina omogenea, bruna, con chiazze dorate.
A foglia di lauro; il cannone conico a sezione circolare internamente ed ellittica esternamente si assottiglia progressivamente verso la punta. Due fori alla base del cannone sulla nervatura rilevata.

Egg, Pare 1995, 112 n.29.

Simile all'esemplare illustrato alla scheda n.186 (n. inv. O. 22434), alla quale si rimanda. VIII sec. a.C.

Fig. 66   Cat. 188   1:2

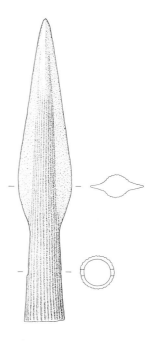

Fig. 67   Cat. 189   1:2

circolare percorso da fitte nervature rilevate; due fori alla metà del fusto.

Inedita.

Punte di lancia con cannone costolato sono documentate nell'Etruria (Talocchini 1942, 12, tipo A 2, tav. I, 2 a, segnala anche due esemplari, da Vetulonia e Tarquinia) e nel Lazio (Sannibale 1998, 28–30 n. 2, con attestazioni anche da Veio). Esemplari conservati in collezioni museali straniere sono accreditati di provenienze da San Marino (Stephan 1986, 215–216, n. 36, figg. 2.3 e 10.1) e dalla Calabria (D. Cahn 1989, 15, W 2 c, con menzione di altri esemplari dall'Italia meridionale). VIII sec. a. C., forse 775–725 a. C.

189.   Punta di lancia con cannone costolato
Fig. 67; tav. 66
N. inv. O. 37155   H cm 16.5
Provenienza sconosciuta; acquistata nel 1960 sul mercato antiquario a Monaco di Baviera-Schleissheim (N. Junkelmann).
Integra, ma con lievi integrazioni nel terzo superiore, accanto alla punta. Bolle di fusione diffuse; superficie regolare, con patina uniforme, bruna. Punta a foglia di lauro, con cannone a sezione

190.   Punta di lancia con cannone poligonale
Tav. 66
N. inv. O. 22437   H max. cons. cm 17.4
Provenienza sconosciuta; acquistata nel 1930 sul mercato antiquario a Roma (Biondi) insieme ad altre punte di lancia (O. 22434 – O. 22442) e a un coltello a lama serpeggiante (O. 22433), falso (M. Egg). In due frammenti, priva di parte dei margini e della base; superficie regolare, patina uniforme, verde chiara.

144

A foglia di lauro, con cannone a sezione circolare all'interno, poligonale all'esterno. Punta arrotondata. Sul margine inferiore della base si distingue parte di un foro di fissaggio.

Inedita: cenno in MainzZ 27, 1932, 87 (G. Behrens).

Esemplari di questa foggia sono documentati in numerosi ambiti dell'Italia centrale, quali il Lazio (Bietti Sestieri 1992, tipo 73b, 408–409, tav. 43), l'Etruria (Talocchini 1942, 12, tipo A 2, tav. I 2 a e Egg 1995, 208–210, fig. 17) e l'Umbria (Jurgeit 1999, 159–160 n. 203). Si vedano anche gli esemplari delle schede successive (nn. inv. O. 22436 e O. 8790) e il 1.2 (n. inv. O. 37683). VIII sec. a. C.

191. Frammento di punta di lancia con cannone poligonale Tav. 66

N. inv. O. 22436   H cm 14.4

Provenienza sconosciuta; acquistata nel 1930 sul mercato antiquario a Roma (Biondi) insieme ad altre punte di lancia (O. 22434 – O. 22442) e a un coltello a lama serpeggiante (O. 22433), falso (M. Egg). Priva del fusto e della parte terminale della cuspide, altrimenti integra; lievi mancanze lungo i margini; superficie regolare; patina omogenea, verde con chiazze brunastre.

A foglia di lauro; il cannone, a sezione circolare all'interno e ottogonale all'esterno, si assottiglia progressivamente verso la punta.

Inedita: cenno in MainzZ 27, 1932, 87 (G. Behrens).

Del tutto simile all'esemplare esaminato nella scheda precedente, alla quale si rimanda. VIII sec. a. C.

192. Punta di lancia con cannone poligonale
Fig. 68; tav. 66

N. inv. O. 8790   H cm 27.7

Provenienza sconosciuta; acquistata sul mercato antiquario a Magonza nel 1915.

Punta ricongiunta, ma priva di un frammento lungo i margini; superficie coperta da incrostazioni diffuse e con lievi mancanze; patina omogena, verde chiara, più scura sulle incrostazioni.

A foglia di lauro con alette ad angolo acuto, con espansioni inferiori rettilinee; il cannone a sezione circolare all'interno, ottogonale all'esterno si as-

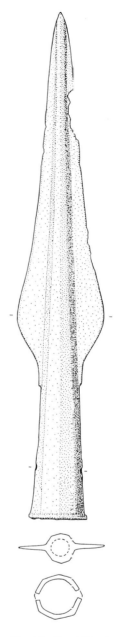

Fig. 68   Cat. 192   1:2

sottiglia progressivamente verso la punta. Presenta un anello ingrossato alla base e due fori sul fusto.

Behn 1920a, 92, n. 674; Egg, Pare 1995, 112 n. 27.

Forse pertinente al sauroter esaminato nella scheda successiva (n. inv. O. 8791), che risulta però più lungo della cuspide. Punte di lancia a cannone poligonale sono documentate nell'Italia centrale

145

almeno in Etruria, Umbria e Lazio, come risulta dai rimandi bibliografici indicati nella scheda n.190, alla quale si aggiungano almeno gli esemplari dalla tomba dei Carri di Populonia (A. Romualdi, in Viterbo 1997, 159, s.1–s.4). Seconda metà VIII–VII sec. a.C.

193. Sauroter   **Fig. 69; tav. 66**
N. inv. O. 8791   H cm 39.8
Provenienza sconosciuta; acquistato sul mercato antiquario a Magonza nel 1915.
Integro, superficie regolare; patina omogenea, verde chiara.
Cavo, a sezione circolare all'interno, osserva una forma ottagonale all'esterno, con i lati di larghezze diverse. Due fori di fissaggio sopra la base; punta arrotondata. Resti lignei all'interno.

Behn 1920a, 93, n.681; Egg, Pare 1995, 112 n.27.

Forse pertinente alla punta di lancia illustrata nella scheda precedente (n.inv. O.8790), è simile per le dimensioni e la forma poligonale con imboccatura circolare a esemplari nella collezione Gorga, da Satricum e da Vetulonia; forme analoghe sono documentate in Sardegna (Sannibale 1998, 48 n.24). Tra le lance dotate di sauroter provenienti dall'Etruria si segnala un esemplare datato alla fine del VII sec. a.C. (D. Cahn 1989, 77, W 33). Nell'Etruria e nel Lazio sono documentati anche puntali conici in ferro (Bietti Sestieri 1992, 410, tipo 74, tav. 42). Seconda metà VIII–VII sec. a.C.

194. Punta di lancia   **Fig. 70; tav. 66**
N. inv. O. 25853   H cm 17.5
Provenienza sconosciuta; acquistata nel 1933 a Neustadt (C. Mehlis: etrurische Funde Bologna, Orvieto, Rom n. O.25852 – O.25860).
Integra, con una bolla di fusione; superficie regolare; patina omogenea, bruna.
A foglia di lauro con alette ad angolo acuto; il cannone conico a sezione circolare all'interno ed ellittica all'esterno si assottiglia progressivamente verso la punta. Due fori alla base del cannone sulla nervatura rilevata.

Inedita: cenno in MainzZ 29, 1934, 89 (G. Behrens).

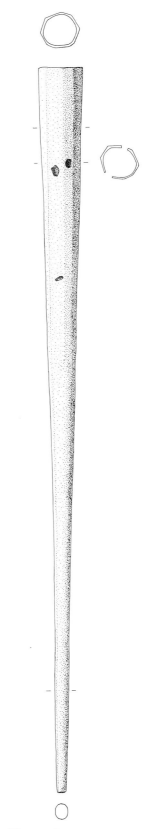

Fig. 69   Cat. 193   1:2

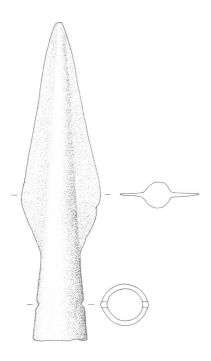

Fig. 70   Cat. 194   1 : 2

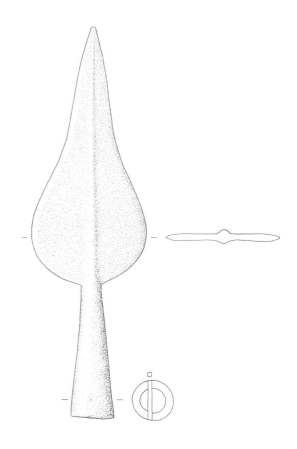

Fig. 71   Cat. 196   1 : 2

Questa foggia, simile ai nn. 186–188 ma con la nervatura sul cannone è caratteristica nell'età del Ferro in molte regioni dell'Italia centro-meridionale, come ha rilevato di recente F. Jurgeit (Jurgeit 1999, 160–161 n. 206). Seconda metà dell'VIII sec. a. C.

195. Punta di lancia   Tav. 66
N. inv. O. 22440   H cm 17.5
Provenienza sconosciuta; acquistata nel 1930 sul mercato antiquario a Roma (Biondi) insieme ad altre punte di lancia (O. 22434–O. 22442) e a un coltello a lama serpeggiante (O. 22433), falso (M. Egg). Pressoché integra, ma priva di parte della base e della punta, tagliata di netto; superficie regolare; patina omogena, bruna.
A foglia di lauro con alette ad angolo acuto; cannone tronco-conico, con due fori nella parte inferiore.
    Inedita: cenno in MainzZ 27, 1932, 87 (G. Behrens).

Del tutto simile all'esemplare esaminato nella scheda precedente (n. inv. O. 25853), alla quale si rimanda. Seconda metà dell'VIII sec. a. C.

196. Punta di lancia   Fig. 71; tav. 67
N. inv. O. 1957   H cm 21.5
Provenienza sconosciuta; acquisita nel 1909 sul mercato antiquario a Magonza (Reiling).
Integra, con incrostazioni diffuse, che coprono del tutto la patina, affiorante solo in due punti (verde chiara).
A foglia d'edera, larga in basso e con sezione piatta; punta lunga con margini obliqui e nervatura centrale poco rilevata, che si appiattisce in direzione dell'estremità; cannone conico piuttosto sottile e sviluppato in altezza. Vicino al margine inferiore del cannone entro una coppia di fori di fissaggio si nota un chiodo a sezione quadrata; all'esterno si distingue la capocchia di un ribattino superiore; cospicui resti lignei all'interno del cannone.
    Behn 1920a, 166, n. 1199.

Questa cuspide e le due successive sono caratterizzate da profilo appiattito, espansione alla base

147

della lama, cannone sviluppato in altezza e nervatura che non costituisce il prolungamento del cannone stesso sulla lama, come si verifica di solito: queste prerogative, che rendono le armi poco funzionali e adatte all'uso reale qualificandole piuttosto come insegne di potere politico e religioso (Scarani Ussani 1996), occorrono anche su esemplari di grandi dimensioni dall'Italia centrale, provenienti dal versante adriatico (Montelius 1910, pl. 161, 5 dalla provincia di Ancona a cannone poligonale; Dall'Osso 1915, 152 da Numana), dalle regioni interne (Montelius 1910, tav. 252, 13: a Perugia) e dal versante tirrenico, dove due esemplari sono stati rinvenuti a Vetulonia nella necropoli di Colle Baroncio (Talocchini 1942, 14, tipo E, tav. II, 7), un sepolcreto utilizzato almeno dal momento finale dell'antica età del ferro (Cygielmann 1994, 259). L'espansione della base della lama è documentata nell'Italia centrale già nella ultima fase del Bronzo finale – fase iniziale dell'età del Ferro da alcuni frammenti di lancia del ripostiglio di Piediluco-Contigliano (Sannibale 1998, 37; Carancini, Peroni 1999, 19–20) e perdura almeno sino alla metà del VI sec. a.C., come indicano le cuspidi raffigurate sulle stele funerarie di Larth Ninies dai dintorni di Fiesole e di Avile Tite da Volterra (Venezia 2000, 564 n.76 e 615 n.49) e la coppia sul Guerriero di Capestrano (Frankfurt 1999, 240 n.390). Si può quindi proporre una data estesa dalla fase finale dell'antica età del ferro all'orientalizzante. VIII – prima metà VII sec. a.C.

197.   Punta di lancia   Tav. 67
N. inv. O. 22110   H cm 22
Provenienza sconosciuta; acquistata nel 1930 sul mercato antiquario a Roma (Biondi).
Integra, con incrostazioni diffuse sulla lama; superficie regolare; patina bruna.
A foglia d'edera, larga in basso e con sezione piatta; punta lunga con margini obliqui e nervatura centrale poco rilevata, che si appiattisce in direzione dell'estremità; cannone conico piuttosto sottile e sviluppato in altezza. Sul cannone vicino al margine inferiore e sotto la lama si distinguono due coppie di fori di fissaggio, occupati da due chiodi ben conservati; minuti resti lignei all'interno del cannone.

Inedita: cenno in MainzZ 27, 1932, 87 (G. Behrens).

Del tutto simile all'esemplare n.196 (n.inv.O. 1957), al quale si rimanda. VIII – prima metà VII sec. a.C.

198.   Punta di lancia   Tav. 67
N. inv. O. 22439   H cm 21.5
Provenienza sconosciuta; acquistata nel 1930 sul mercato antiquario a Roma (Biondi), insieme ad altre punte di lancia (O. 22434 – O. 22442) e a un coltello a lama serpeggiante (O. 22433), falso (M. Egg).
Integra, con incrostazioni ferrose diffuse sulla lama; superficie regolare; patina bruna.
A foglia d'edera, terminante in una lunga punta, con margini obliqui e nervatura centrale; cannone conico piuttosto sottile e sviluppato in altezza. Sul cannone si distinguono due fori vicino al margine inferiore per il chiodo di fissaggio, in parte conservato insieme a minuti resti lignei, che presumibilmente comprendono anche il ribattino superiore.

Inedita: cenno in MainzZ 27, 1932, 87 (G. Behrens).

Del tutto simile all'esemplare n.196 (n.inv.O. 1957), al quale si rimanda. VIII – prima metà VII sec. a.C.

199.   Punta di lancia   Fig. 72; tav. 67
N. inv. O. 28075   H cm 33.8
Provenienza sconosciuta; acquisita nel 1934 dallo Altertumsmuseum di Magonza, attuale Landesmuseum (n.inv. 1917. 33), a cui proveniva dal lascito dell'antiquario F. Broo (Magonza).
Integra, con lievi sbreccature lungo i margini della cuspide; superficie regolare, con minuscole e rade bolle di fusione; patina omogenea, bruna.
A foglia di lauro, con cannone conico a sezione circolare, che si assottiglia progressivamente verso la punta. Due fori di fissaggio alla base del cannone.

MainzZ 12–13, 1917–1918, 173; Egg, Pare 1995, 112 n.28.

L'esemplare di grandi dimensioni, presente nella rassegna tipologica di A. Talocchini (Talocchini 1942, tav. VII, 37), corrisponde a una foggia diffusa specie nell'Etruria settentrionale durante l'età del ferro, nella prima (Livorno 1997, 176

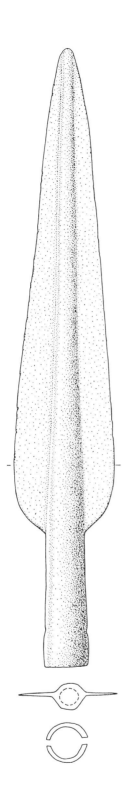

Fig. 72   Cat. 199   1:2

nn. 28–29 fig. 113) e nella seconda fase, con possibilità di scendere anche in periodo orientalizzante (D. Cahn 1989, 77–78, W 34 con datazione troppo bassa). IX – inizio VII sec. a. C.

200.   Punta di lancia in ferro   **Fig. 73**
N. inv. O. 41258   Lungh. cm 35
Proveniente dall'Italia meridionale, è stata acquistata sul mercato antiquario nel 1992.
Quasi completa, con lievi integrazioni lungo i margini. Presenta zone di lieve ossidazione. Patina omogenea, bruna.
Cannone trapezoidale, con un foro sotto la punta: quest'ultima, a foglia d'olivo, presenta una lieve costolatura centrale.

Egg, Pare 1995, 200 n. 9.

Malgrado si tratti di una foggia di lunga durata, come dimostrano i due esemplari deposti nel corredo della tomba Chiaromonte 170 risalente alla prima metà del VI sec. a. C. (Melfi 1993, 74, nn. 2–3), questa punta è pertinente a una lancia in uso nell'Italia meridionale nel IV–III sec. a. C.: si vedano AA. VV. 1982, 19 n. 52, fig. 9 (Alfedena); D. Cahn 1989, 72, W 29, con confronti per la Basilicata; in seguito la proposta di classificazione più articolata di A. Bottini (Bottini, Fresa 1991, 106–107, tipo 8b, 60, nn. 68–69, tavv. 123–124, dalla seconda deposizione della tomba 669, datata alla fine del IV sec. a. C.). IV–III sec. a. C.

201.   Ascia a cannone   **Tav. 67**
N. inv. O. 16275   H cm 13.7
Provenienza sconosciuta; acquistata nel 1929 sul mercato antiquario a Roma (G. Simotti Rocchi). Integra, con le appendici laterali spuntate; grossa bolla di fusione sul fusto e minute sulla lama; bella patina uniforme, verde chiara.
Cannone quadrangolare, di forma slanciata, con margine dell'imboccatura ingrossato e fusto rastremato verso il basso; lama progressivamente allargata verso il taglio, a profilo arrotondato. L'attacco tra fusto e lama è marcato da due appendici laterali tronco-coniche, incurvate verso il basso.

Egg, Pare 1995, 112 n. 37.

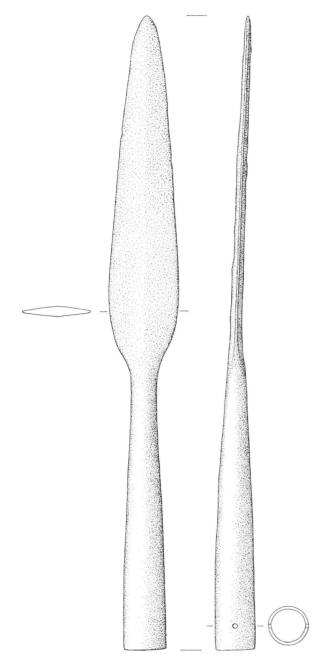

Simile al tipo definito Valentano da G. L. Carancini (Carancini 1984, 174, nn. 3986–3987, tav. 138),
datato all'VIII sec. a. C. in base al materiale associato al pezzo eponimo, forse compreso in un ripostiglio (Carancini 1984, 30 ad n. 2362). VIII
sec. a. C.

202. Coltello con manico ad anello   Tav. 67

N. inv. O. 21659   H cm 30.5
Provenienza sconosciuta; acquistato nel 1930 sul
mercato antiquario a Roma (G. Simotti Rocchi),
insieme a oggetti etruschi (O. 21654 – O. 21659).
Privo della punta e della parte inferiore della lama, fratturata e ricongiunta, con integrazioni lungo le fratture. Superficie regolare, patina uniforme, verde chiara.
Manico attorto, terminante superiormente in un
anello quasi circolare; dorso della lama di rilevante spessore a sezione pressoché quadrangolare;
lama con profilo superiore fortemente angolato.

Cenno in MainzZ 27, 1932, 87 (G. Behrens); Egg, Pare
1995, 112 n. 36.

Questo esemplare trova confronto con un manico di coltello da Aprato (UD) attorto e con anello (ma con un fusto di congiunzione tra lama e
manico), attribuito alla fase avanzata dell'età del
Bronzo finale (Bianco Peroni 1976, 26–27 n. 78
tav. 9). X sec. a. C.

203. Coltello a lingua di presa Fig. 74; tav. 67

N. inv. O. 22112   H max. cm 3.5; lungh. cm 23.5
Provenienza sconosciuta; acquistato nel 1930 sul
mercato antiquario a Roma (Biondi).
Integro, con lievi mancanze sulla lama e cricche
sulla lingua da presa; superficie regolare, patina
uniforme bruna.

Fig. 73 Cat. 200   1 : 2

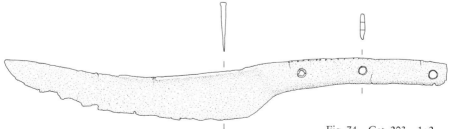

Fig. 74 Cat. 203   1 : 2

Fig. 75   Cat. 204   1 : 3

Lingua di presa rettangolare, con tre fori equidistanti; dorso con andamento concavo, ispessito a martellatura; taglio a profilo convesso; il raccordo tra lingua e taglio è obliquo.

Inedito: cenno in MainzZ 27, 1932, 87 (G. Behrens).

Questo coltello è ascrivibile al tipo Leprignano definito da V. Bianco Peroni databile con estrema verosimiglianza al VII sec. a. C. per la provenienza degli esemplari eponimi dalla necropoli di Capena (Bianco Peroni 1976, 23–24, nn. 64–65, tavv. 7–8). Un esemplare è nella collezione Gorga al Museo Nazionale Romano (Sannibale 1998, 104 n. 123). VII sec. a. C.

204.   Elmo pileato   Fig. 75; tav. 3,1
N. inv. O. 39510   Diam. cm 26.7 × 23.4; H cm 14.5; spessore mm 1–2 sull'orlo, altrimenti mm 0.5. Peso g 300
Da Vulci, dove sarebbe stato rinvenuto come copertura di un'urna fittile; acquistato nel 1971 sul mercato antiquario.

In leggerissima lamina tirata a martello, è privo del pileo e presenta un'ampia lacuna laterale, i cui bordi sono stati risarciti e parzialmente integrati; lievi ammaccature, fratture e forellini diffusi; superficie regolare, con fioritura di ossidi; patina bruna, almeno per quanto visibile in alcuni punti sotto lo strato di pittura.
Calotta molto ampia a profilo continuo, che sull' orlo si rialza in maniera pressoché impercettibile. Conserva una decorazione policroma, costituita da resti di colore di un certo spessore in differente stato di conservazione, spesso coperti dalla corrosione del metallo: si tratta di un disegno geometrico, costituito da cinque ordini di foglie piumate, diverse per dimensioni e proporzioni (l'acquarello presentato in Born 1985, 83 e la fig. 75 sono ricostruzioni schematiche), sovrapposti in modo tale che la punta di ogni piuma cada a metà della base della foglia dell'ordine superiore. La policromia, costituita dai colori rosso, bianco, arancio e grigio–verdastro, prevede un largo uso del bianco: ogni foglia è suddivisa in due metà longitudinali, rese rispettivamente in bianco e in un colore contrastante, secondo l'or-

151

dine (a partire dal basso) grigio-verdastro, rosso, arancio, rosso, arancio. La zona intorno al pileo è lasciata acroma, mentre lungo la base si distinguono chiazze bianche (in corrispondenza della parte bruna delle foglie superiori) alternate ad aree acrome: nelle chiazze bianche, in cattivo stato di conservazione, si distingue un profilo semicircolare (il motivo sembra riprodurre la sola punta delle foglie piumate).

Analisi di vario tipo (spettroscopia e microscopia elettroniche) eseguite prima da E.-L. Richter e poi da J. A. Banerjee e J. Huth (presentate nel contributo a p. 283 ss.) hanno individuato i diversi componenti dei singoli colori: il pigmento rosso è formato da ematite, quarzo e un minerale argilloso non meglio identificabile, il bianco è composto da una miscela di gesso, carbonato di calcio e quarzo. Il colore arancio risulta dalla miscela di rosso e bianco, mentre il grigio-verdastro venne ottenuto con l'aggiunta di nero vegetale al bianco. I colori vennero stesi con uno strumento simile a un pennello.

> Born 1985, 83, con schema ricostruttivo della decorazione
> e risultati delle analisi; Born 1990, 189, figg. 13a–b; Egg,
> Pare 1995, 112 n. 31.

Il copricapo da parata ha una di forma del tutto particolare, confrontabile con un tipo diffuso nell'Italia centrale tirrenica, noto sia da esemplari bronzei sia da riproduzioni fittili: per i primi si vedano Hencken 1971, 149–153 (Cap Helmets with Cast Knobs; Stary 1986, fig. 25.7; v. Hase 1988, 196 fig. 1.2; Schauer 1988, fig. 9, Glockenhelme; de Min 1998, 156 n. 54), mentre per le seconde, le cui decorazioni si ispirano a un repertorio diverso rispetto all'elmo considerato, si rimanda alla recente edizione degli esemplari da Pontecagnano (d'Agostino, Gastaldi 1990, 35–36, tipo 20, tav. 14, 38–42, con bibliografia), di quelli in una collezione di Ginevra (Camporeale 1991, 9–10, nn. 4–5, tavv. IV–V) e alla rassegna di K. Raddatz (Raddatz 1998), che integra l'esame di O.-H. Frey, limitato agli esemplari crestati (Frey 1990). L'uso di questo come di altri elmi coevi era limitato alla parata non solo per l'esiguo spessore della lamina, ma anche per la presenza dell'eccezionale decorazione dipinta, del tutto priva di confronti a mia conoscenza: un elmo crestato con piume o crini di cavallo dipinti in rosso e in blu era raffigurato nei rilievi del palazzo di Sargon II (721–

705 a. C.) a Khorsabad (Dezsö 1998, 27); di tradizione orientale sono considerati in Italia gli elmi a calotta conica con doppia cresta rinvenuti a Novilara e Verucchio, muniti di una cresta di crini di cavallo (M. Egg, in Mainz 1988, 218–221). Non a caso la decorazione dipinta dell'elmo a Magonza sembra riprodurre elementi organici, forse piume. La provenienza da Vulci indicata sul mercato antiquario risulta verosimile, perché non sorprende che un elmo dipinto risalente all'età del ferro medio-tirrenica possa essere stato realizzato proprio nella città le cui officine avevano raggiunto livelli elevati nelle produzioni metallurgiche (da Vulci proviene l'unica urna a capanna interamente bronzea sinora nota: Bartoloni et alii 1987, 53–54, n. 67) e nella pittura vascolare (F. Canciani, in Martelli 1987, 9–15). Le caratteristiche tipologiche inducono a proporre una datazione del copricapo alla seconda metà del IX–VIII sec. a. C.

205. Elmo a calotta composita   Fig. 76; tav. 68
N. inv. O. 39767   H cm 18.6; diam. cm 30.9 × 29.9; spessore cm 3.9 – 0.5.
Provenienza sconosciuta; acquisito nel 1979 in dono dall'amministrazione comunale di Magonza per il 125. anniversario della fondazione del RGZM.
Integro, ma privo di alcuni ribattini sulla tesa e con alcune fratture lungo l'orlo, risarcite. All'esterno figurano alcune ammaccature e ossidazioni diffuse, all'interno nuclei più consistenti di ossido, in corrispondenza dei ribattini. Patina non uniforme, verde chiara con chiazze dorate.
Profilo continuo con tesa terminale. Formato da cinque parti, che in parte si sovrappongono: due lamine coronate da una larga lamina a sviluppo rettangolare sono unite con lunghi ribattini a capocchia quasi sferica alla larga fascia che costituisce la tesa e l'attacco della calotta. Il pezzo di base è decorato nella parte superiore da una fila di puntini sbalzati, intervallati alle capocchie sferiche dei ribattini. Le altre lamine sono invece percorse da costolature rilevate, il cui andamento segue il profilo della calotta: cinque costolature con andamento semicircolare figurano sia sulle laterali sia sulla centrale, suddivise in due rettan-

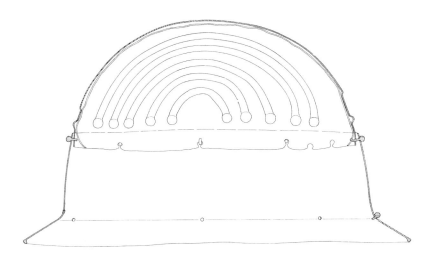

Fig. 76   Cat. 205   1 : 3

...goli iscritti l'uno nell'altro. La lunghezza dei ribattini che sporgono all'interno indica l'originaria esistenza di un rivestimento in materiale deperibile, forse pelle o vimini: un ribattino, piegato a 90° e con l'estremità ripiegata su se stessa per formare un occhiello, indica che il rivestimento era verosimilmente cucito sui ribattini.
Quattro fori, posti uno al centro della parte frontale, uno al centro della laterale e due sulla sommità della calotta, attestano l'originaria presenza di un sottogola e di un cimiero.

Egg 1982, 273 ss. figg. 1–2, tavv. 7–9; Egg 1986a, 156 n. 84, tav. 40, fig. 102; Born, Nebelsick 1991, 43–44; Egg, Pare 1995, 160 n. 15, Taf. 53.2.

L'elmo è stato assegnato da M. Egg al tipo piceno, variante Novilara degli elmi a calotta composita, diffusa a Novilara e in Romagna nella seconda metà del VII sec. a. C. (Egg 1986a, 23–27). I rilievi applicati su quest'elmo occorrono anche in un esemplare conservato presso le Antikensammlungen a Monaco, anch'esso di provenienza sconosciuta (Egg 1986a, 157 n. 85, tav. 41). Un elmo a calotta composita con una decorazione applicata a protome umana, proveniente dal territorio a nord di Ancona, è stato attribuito al sottogruppo Casalfiumanese della variante Novilara insieme al pezzo eponimo e ai due già ricordati a Magonza e a Monaco di Baviera, datati alla pri-

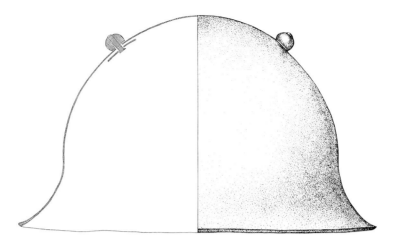

Fig. 77   Cat. 206   1 : 3

ma metà del VII sec. a. C. (Born, Nebelsick 1991, 41–45). Allo stesso periodo risalgono anche l'elmo rinvenuto a Matelica nella tomba princi-pesca di Villa Clara (G. de Marinis, in Frankfurt 1999, 209 n. 158), nonché un secondo esemplare da Matelica pure con protome umana (G. de Marinis, in Roma 2001a[50], 314 n. 25). L'origine picena della tipologia degli elmi a calotta compo-sita, affermata nella ricerca grazie alla provenien-za di tutti gli esemplari da località del versante medio-adriatico, è stata messa in discussione dal rinvenimento di un elmo di questa foggia a Casale Marittimo nel territorio di Volterra in una tom-ba principesca datata al primo quarto del VII sec. a. C. (M. Egg, in Frankfurt 1999, 117–118; A. M. Esposito, in Bologna 2000, 232 n. 260), che sembra ricondurre alle officine etrusche la pater-nità anche di questa foggia. La variabilità nella composizione e nella decorazione di questo grup-po di elmi, pur contraddistinti dalla stessa foggia, può essere connessa al rango principesco o regale delle rispettive deposizioni, che consente forse di pensare a lavori su commissione. 700–650 a. C.

206.   Elmo a calotta   **Fig. 77; tav. 69**
N. inv. O. 39853   H cm 18; diam. cm 28.2; spes-sore cm 0.2–0.3
Provenienza sconosciuta; acquistato nel 1975 sul mercato antiquario svizzero (Münzen- und Me-daillen AG).
Integro; superficie regolare; patina non unifor-me, con dominante verde scura e chiazze nerastre.

Profilo continuo, quasi sferico, interrotto solo da una leggerissima gola rientrante in corrisponden-za della tesa, il cui bordo è rialzato. Due capoc-chie pressoché sferiche, fermate all'interno da ribattini e da piastrine quadrangolari, decorano la sommità della calotta.
   Basel 1975, n. 214; Egg 1986a, 140 n. 34, tav. 16a, fig. 80; Egg, Pare 1995, 160, n. 14, Taf. 53.1.

Assegnato da M. Egg alla variante Montegiorgio Piceno degli elmi a calotta liscia, diffusi nella cul-tura picena nella seconda metà del VII sec. a. C. quale imitazione di prototipi etruschi più pesan-ti e di maggiore antichità, classificati nella va-riante Vetulonia (Egg 1986a, 11–13 fig. 1; M. Egg in Frankfurt 1999, 117–120). Per esemplari editi in seguito si veda almeno Sebastiani, Calzecchi Onesti 1991, 68–69, n. 106, tav. 9. Seconda metà del VII sec. a. C.

207.   Borchia di elmo a calotta   Fig. 78; tav. 69
N. inv. O. 10296   Diam. cm 3.4
Acquistata nel 1917 da R. Forrer (Strasburgo). Proviene forse da Bologna.
Integra, con resti all'interno del perno in ferro per il fissaggio all'elmo. Superficie regolare, pa-tina uniforme, verde chiara.
Di forma circolare, con calotta quasi emisferica.

[50]   La cura profusa nella decorazione e lo spessore ridotto della lamina inducono a dubitare dell'uso funzionale degli elmi a calotta composita.

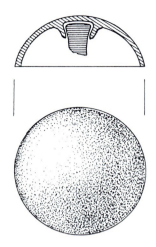

Fig. 78   Cat. 207   1:1

Behn 1920a, 126, n.969 (Knopf); Egg 1986a, 140 n.36, fig. 81.1 (elmo).

Assegnata da M. Egg a un elmo a calotta liscia con borchie di tipo non definibile, databile verosimilmente ancora nel VII sec. a. C.

208.   Elmo tipo Negau   Tav. 70
N. inv. O. 39819   H cm 20.9; diam. cm 24.2 × 22.6; spessore cm 2.0–0.6
Provenienza sconosciuta; acquistato nel 1982 sul mercato antiquario svizzero (Münzen und Medaillen AG).
Integro, con un'unica lieve rottura sulla tesa; superficie regolare, con rade tracce di corrosione; patina uniforme, bruna.
Calotta ovoidale, percorsa al centro da una piega a spigolo, prolungata solo nella parte anteriore sino alla gola che chiude in basso la calotta; posteriormente si perde circa a metà altezza della calotta. La gola inferiore, accentuata, è conclusa da una tesa orizzontale, affiancata da una lamina verticale. Sulla tesa orizzontale figura una coppia di fori su ogni lato per fissare il sottogola. All'interno della calotta corrisponde alla tesa una lamina bronzea piatta, con il bordo piegato, che presenta numerosi forellini, a distanze regolari, ai quali era in origine cucito il rivestimento dell'elmo, in materiale organico. La lamina interna è saldata su un apposito supporto di piombo, a fascia rettangolare.

Basel 1975, 99 n. 220, tav. 58 n. 220; JbZMusMainz 30, 1983, 551, tav. 116.2; Egg 1986a, 215 n. 286, tavv. 204–205a; Egg, Pare 1995, 156 n. 23.

M. Egg ha attribuito questo elmo al tipo Negau, variante Vetulonia, cosiddetta dal rinvenimento di un deposito sotto le mura dell'arce di quella città, composto da circa 125 elmi, attualmente suddivisi tra il Kunsthistorisches Museum a Vienna (114 esemplari) e il Museo Archeologico Nazionale a Firenze (11 unità) (Venezia 2000, 562 n. 70 con bibliografia); tutti gli elmi del deposito appartengono a questa variante, la più comune tra gli elmi tipo Negau, attestata per il momento da circa 220 esemplari e datata dalla fine del VI sec. a. C. a tutto il V sec. a C. (Egg 1986a, 51–61). Tra le testimonianze più antiche la tomba del Guerriero a Vulci (M. P. Baglione in Firenze 1985, 248 n. 9.8 e 300–303 n. 11.21). Dopo il corpus di M. Egg sono stati pubblicati almeno: 1. da San Pietro in Campiano (Ravenna: Bermond Montanari 1985); 2. da Vulci raccolta Giacinto Guglielmi (Buranelli 1989, 56 n. 63; Buranelli, Sannibale 1998, 257 n. 96); 3. a Roma, Castel Sant' Angelo (Sebastiani, Calzecchi Onesti 1991, 73–75, nn. 111–113, tav. 12); 4.–5. nei musei di Agde e di Tolosa (Agde 1991, 25–26, nn. 6–7), il primo dei quali del tipo Vetulonia è stato rinvenuto in mare in Linguadoca (Feugère, Freises 1996); 6. dal Trevigiano (Malnati 1999, 245); 7.–8. dalle acque antistanti Populonia (A. Romualdi, in Venezia 2000, 562 n. 68); 9. Due frammenti dal ripostiglio di Arbedo (Schindler 1998, 319, nn. 38–39). Si ricordino il modello miniaturistico in frammenti compreso in una panoplia, afferente a una categoria già nota (cenno in Egg 1986a, 216; Jerusalem 1991, 91–92 n. 109 B), le osservazioni di M. Martelli, in REE 1995 [1996], n. 22 in merito ad alcuni esemplari iscritti, uno dei quali è conservato con altri della stessa foggia nel Badisches Landesmuseum a Karlsruhe (Jurgeit 1999, 122–124 nn. 157–161) e infine gli esemplari provenienti da varie località dell'Abruzzo (Papi 2000, 150). V sec. a. C. (prima metà?).

209.   Applique di elmo   Fig. 79; tav. 70
N. inv. O. 28996   H cm 3.6
Provenienza sconosciuta; acquistata nel 1935 sul

Fig. 79   Cat. 209   1:1

mercato antiquario a Monaco di Baviera-Schleiss-heim (N. Junkelmann).

Quasi integra, priva della punta di una palmetta inferiore; superficie regolare; patina uniforme, verde scura con chiazze dorate.

A palmetta configurata, è costituita da una base e da una piastra a sviluppo verticale: l'elemento verticale è formato da due palmette fenicie disposte in verticale, contrapposte, con le spirali aperte all'esterno, sormontate da una palmetta a nove petali. La piastrina di base, la cui disposizione obliqua segue la forma dell'elmo, è invece decorata da due spirali al centro, dalle quali pende una palmetta del tutto simile alla superiore. Le estremità delle spirali confluiscono in due palmette affusolate pendule, ognuna con due spirali alla base.

Egg, Pare 1995, 156 n. 27, Taf. 52.2.

Palmette con funzione di sostegno del cimiero sono documentate su elmi di tipo Negau delle varianti Volterra (seconda metà VI–V sec. a. C.: Egg 1986a, 195 n. 163, tav. 93; 196 n. 171 tav. 99) e Vetulonia (fine VI–fine V sec. a. C.: Egg 1986a, 215 n. 280 tav. 200; 215 n. 283, tav. 202a), decorati anche da fregi graffiti con palmette. Questa palmetta trova un buon confronto con un'applique di elmo adespota al Museo Gregoriano Etrusco (Guarducci 1936, tav. VIII.11: da Vulci?), con quelle al Museo di Tarquinia (Bini et alii 1995, 490–492, tav. 103) e in specie con un esemplare da Genova, rinvenuto in uno strato datato alla prima metà del V sec. a. C. (Melli 1999, 169–171, fig. 9.1). Per gli elmi tipo Negau si rimanda alla scheda precedente (n. inv. O. 39819). 550–450 a. C.

210.   Elmo a calotta conica con bottone
Tav. 71

N. inv. O. 39882   H cm 20.2; diam. cm 17.5 × 22.2

Privo delle paragnatidi e con un foro sulla calotta, altrimenti integra; superficie regolare; patina uniforme, verde scura.

Calotta emisferica, coronata da un bottone a pigna, lievemente schiacciato, decorato di lato da due ordini di ovuli e nella parte superiore da una rosetta; attorno al bottone resti di un elemento in ferro a V (destinato a sostenere il cimiero). Il bordo inferiore, ingrossato e con paranuca, è decorato da nervature rilevate oblique, che invertono la propria inclinazione a partire dal centro della parte frontale, dove figurano trattini incisi pressoché verticali. Sopra le nervature corrono altre fasce rilevate, che acquisiscono maggiore rilievo in corrispondenza del paranuca: si susseguono una fascia liscia alternata a una decorata con vari motivi (dall'alto: trattini a spina di pesce, trattini obliqui a verso alterno, intacche). All'interno della calotta in corrispondenza del centro del paranuca è fissata con un ribattino una lamina piegata su se stessa, dalla quale pendono due anelli ovali. In due coppie di fori laterali erano fissate le paragnatidi: di una rimane ancora un frammento, con i due ribattini.

Schaaff 1986, fig. 89 (con il n. inv. O. 39853); Egg, Pare 1995, 202, n. 2.

Elmi di questa foggia sono molto comuni nell' Italia antica, come dimostrano anche le lingue in cui sono redatte le iscrizioni che indicano il nome del proprietario: latino (Coarelli 1976; de Min 1998, 170 n. 63), sudpiceno (Marinetti 1985, 252–255), etrusco (Pandolfini 1987, 623, fig. 6), forse in riflesso della militanza di contingenti di socii italici nell'esercito romano. Nei due studi tipologici dedicatigli la classificazione dei tipi è affidata a profili essenziali di piccolo formato tratti da fotografie e non dall'originale (Princ 1975 e Coarelli 1976): l'esemplare in questione appartiene al tipo B3 di Princ, equivalente alle forme C–D della classificazione proposta da Coarelli e Montefortino di M. Junkelmann (Junkelmann 2000). Si avverte però la necessità di elaborare una sequenza tipologica per il gran numero di esemplari conosciuti e di riconoscerne le varianti cronologiche e locali, come hanno cominciato a distinguere A. Bottini sulla scorta della documentazione di Forentum (A. Bottini, in Bottini, Fresa 1991, 58 n.62, 98–99, tav.72) e F. Quesada Sanz per la penisola iberica (Quesada Sanz 1997). Sulle linee evolutive della classe è intervenuto più volte anche U. Schaaff (Schaaff 1981 e 1988b), che ne ha sostenuto la derivazione da prototipi celtici in ferro (Schaaff 1973 e 1988a; elmi celtici da Montebibele e Bologna, in ferro talvolta con applicazioni bronzee, sono editi da Vitali 1991 e 1992): agli elmi celtici si sarebbero ispirati gli artigiani dell'Etruria e dell'Italia centrale, legati all'esecuzione di elmi in bronzo. Questa posizione è radicalmente diversa dall'ipotesi espressa da F. Coarelli (Coarelli 1976) e da altri studiosi italiani, che in seguito hanno ridimensionato notevolmente il presunto apporto celtico (Ridella 1994, 47–48).

Esemplari della classe recentemente editi o riediti: A.-M. Adam 1984, 117 n.147; Sebastiani, Calzecchi Onesti 1991, 76–78, nn.114–115, tav.13; Cianferoni 1992, 32 fig.61; Vitali 1992, 359 n.13; Szilágyi 1994, 544 n.61; Raev et alii 1995, 472–476, n.1, fig.3, tav.27; Jurgeit 1999, 130–131, nn.172–173; Sgubini Moretti 2000, 133 n.82; Junkelmann 2000, 93–116. Fine IV–III sec.a.C.

211. Elmo a calotta conica con bottone
Tav.72

N.inv.O.29376   H cm 24.9; diam. cm 23.7 × 19.9

Dal mare di fronte a Taormina; acquistato nel 1935 sul mercato antiquario a Berlino (P. Lederer).

Privo delle paragnatidi; due fratture e due forellini sulla calotta, che presenta all'interno concrezioni marine; superficie regolare; patina uniforme, verde scura.

La calotta conica con paranuca è coronata da un bottone a pigna tronco-conico, tagliato di netto nella parte superiore e decorato di lato da tre ordini di ovuli. Il bordo inferiore, ingrossato, è decorato da nervature rilevate oblique, che invertono la propria inclinazione a partire dal centro della parte frontale, dove figurano trattini incisi pressoché verticali. Nella parte superiore corrono dal basso verso l'alto una linea a dentelli e due linee orizzontali graffite; il paranuca è percorso da due linee graffite. All'interno della ca-

lotta in corrispondenza del centro del paranuca è fissata con un ribattino una lamina piegata, dalla quale pendono due anelli circolari. Lungo i lati sono fissati con due ribattini gli attacchi per le paragnatidi, costituiti da una lamina ripiegata su se stessa.

MainzZ 32, 1937, 110, fig.2 (G. Behrens); Mainz 1952, tav.6; Egg, Pare 1995, 202, n.26.

Si rimanda alla scheda precedente (n.210) e per un confronto a Raev et alii 1995, 491 n.10, fig.28, tav.36. Un elmo di questa foggia rinvenuto in Sicilia con incrostazioni conchiglifere è conservato al museo di Palermo (informazione G. Tagliamonte). Sarebbe suggestivo accostare la provenienza dell'esemplare a Magonza dal mare antistante Taormina, anche se non accertata, alla partecipazione di nuclei di mercenari etruschi e italici all'attività bellica intrapresa da Siracusa, ricordata dalle fonti letterarie a partire dal IV sec.a.C. e intensificata nell'età di Agatocle (Colonna 1981, 180–183; Tagliamonte 1994a, 156–157). Fine IV–III sec.a.C.

212. Elmo a calotta conica con bottone
Tav.72

N.inv.O.12897   H cm 20.9; diam. cm 24.9 × 18.6

Provenienza sconosciuta, acquisito sul mercato antiquario a Francoforte (v.d. Marwitz) dal Land dell'Assia e donato al RGZM nel 1927 in occasione del 75. anniversario della fondazione del museo.

Privo delle paragnatidi, altrimenti integro; superficie regolare; patina uniforme, verde scuro.

Calotta emisferica, coronata da un bottone a pigna cilindrico e schiacciato, decorato di lato da tre ordini di ovuli. Il bordo inferiore ingrossato e dotato di paranuca è decorato da nervature rilevate oblique, che invertono la propria inclinazione a partire dal centro della parte frontale, dove figurano trattini verticali incisi. Sopra questi corrono altre fasce rilevate, che acquisiscono maggiore rilievo in corrispondenza del paranuca: si susseguono una fascia liscia alternata a una decorata con motivi vari (dall'alto: trattini a spina di pesce, trattini obliqui a verso alterno, intacche). All'interno della calotta in corrispondenza del cen-

157

Fig. 80   Cat. 214   1:2   Fig. 80a   Cat. 213   1:3

tro del paranuca è fissata con un ribattino una lamina piegata, nella quale rimane ora un solo anello ovale. Due coppie di fori laterali, occlusi da resti dei ribattini, fissavano le paragnatidi.

MainzZ 23, 1928, 3, tav. Ia (G. Behrens); Egg, Pare 1995, 202, n. 1.

Per l'inquadramento della classe si rimanda alla scheda n. 210 (n. inv. O. 39882) e per un confronto a Raev et alii 1995, 483–488 n. 6, fig. 20, tav. 32. Fine IV–III sec. a. C.

213.   Elmo a calotta conica con bottone
Fig. 80a; tav. 73

N. inv. O. 39459   H cm 22.2; diam. cm 22.3 × 20.9
Provenienza sconosciuta; acquistato nel 1971.
Privo delle paragnatidi, presenta il pileo sfondato nella parte superiore e ammaccature diffuse nella parte frontale; superficie regolare, tranne alcune corrosioni fiorite in corrispondenza delle ammaccature; patina uniforme, verde.
Calotta conica con paranuca, coronata in alto da un bottone pressoché cilindrico, liscio, su breve fusto tronco-conico. Lungo il bordo inferiore, ingrossato e decorato da coppie di incisioni oblique, corrono tre linee graffite parallele; sul para-

nuca ne compaiono altre due. Al centro del paranuca, all'interno, si nota un alone, dovuto all'originaria presenza della lamina piegata con gli anelli ovali; all'esterno nel punto corrispondente figurano resti del ribattino in ferro. In due coppie di fori sui lati lungo il bordo erano fissate le paragnatidi: accanto a una coppia figurano dodici puntini impressi profondamente, quasi fori ciechi, che forniscono un contrassegno senza riprodurre una forma particolare.

Inedito.

Si rimanda alla scheda n. 210 (n. inv. O. 39882).
Fine IV–III sec. a. C.

214.   Maniglia con due pendenti, pertinente a uno scudo
Fig. 80; tav. 74

N. inv. O. 17124   H 6.2 cm; largh. max. 3.2
Provenienza sconosciuta; acquistata nel 1928 sul mercato antiquario a Budapest (Stürmer) con altri materiali (O. 17014 – O. 17252), tra i quali molti bronzi etrusco-italici.
Integri, con superficie regolare e patina omogenea, bruna.
Maniglia ad arco, a sezione circolare, con due placchette terminali in lamina, attraversate da un ribattino per il fissaggio allo scudo (della cui la-

mina rimangono minuti resti). I due pendenti, del tutto identici tra loro, a sezione quadrata, presentano (dall'alto) anello di sospensione, due corte appendici laterali rivolte verso l'alto non del tutto simmetriche tra loro e due brevi spirali avvolte all'interno appena accennate.

Geiger 1994, 62 n.34, fig.36 c, tav.39; Egg, Pare 1995, 112 n.38.

I pendenti, ascrivibili a uno scudo del tipo Geiger 1a, 1b o 1c, costituiscono una versione semplificata rispetto alla tipologia corrente per la mancanza delle protomi d'uccello interne e per le spirali molto corte. I grandi scudi da parata in lamira decorata a sbalzo furono deposti dalla seconda metà dell'VIII sec.a.C. in tombe di personaggi di rango regale o principesco caratterizzati come guerrieri: l'uso, diffuso dall'Etruria meridionale ad altre regioni della penisola (Etruria settentrionale, Lazio, Campania, Piceno, Romagna), dipende da una consuetudine di origine orientale che vedeva nello scudo un simbolo di status e avrà fortuna per un lungo periodo (Naso 1996, 405–412). Successivamente allo studio di A. Geiger sono stati editi almeno i seguenti pendenti: 1. Osteria dell'Osa, tomba n.600 (Bietti Sestieri 1992, 427–428, tipo n.88jj, tav.48, pertinente ai tipi 1e–f di Geiger 1994, 72–75, tav.53); 2. Berger 1994, 310, n. AI 375 fig.134 (tipo 1e–1f di Geiger 1994, 72–75, tav.53, databile al 720–680 a.C.). Tra gli scudi editi successivamente al corpus di A. Geiger, ma privi di pendenti, si vedano almeno: 1. Tarquinia, Civita (Milano 1986, 105, n.198); 2.–3. gli esemplari da Acqua Acetosa Laurentina, tombe 70 e 121 (Roma 1990b, 63–64, n.28); 4. Vignanello, nel loculo di una tomba a camera del IV sec.a.C., conservato per numerose generazioni prima di essere deposto (De Lucia Brolli 1991, 92–93, fig.60); 5. frammento isolato da Tarquinia già nella collezione Terrosi (Paolucci 1991, 146 n.194); 6. frammenti dalla tomba orientalizzante di Tolentino nel Piceno attribuibili a uno scudo del tipo 3b di Geiger per la caratteristica coda a S delle sfingi (Percossi Serenelli 1992, 148–149, n.6, fig.5b); 7. frammenti da Cretone in Sabina (Mari 1996, 307, tav.IV, in basso); 8. collezione G. Ligabue (de Min 1998, 62–63 n.9; Venezia 2000, 550 n.60); 9. Casale Marittimo (Esposito 1999, 41, fig.30). Seconda metà VIII–prima metà VII sec.a.C.

215. Scudo miniaturistico Tav.74

N.inv.O.7095   H max. cons. cm 13.7; largh. cm 8

Acquisito nel 1912 sul mercato antiquario, con indicazione di provenienza dalla Grecia (?).

Privo di un'estremità, con tagli e mancanze lungo il bordo, presenta anche lievi deformazioni; superficie irregolare, con patina verde chiara talora coperta da chiazze nerastre

Riproduce uno scutum ovale, con spina centrale e umbone resi a sbalzo, di forma arrotondata.

Behn 1914, 8, fig.4.

Analogamente al successivo, il modellino riproduce la foggia di un tipo reale di scutum, utilizzato dall'età ellenistica alla fine dell'età repubblicana (Eichberg 1987, 154–166, tipo C; per gli scudi votivi ibidem, 50–53). Tra i complessi noti si segnalano in specie i ritrovamenti di Este, Baratela del IV sec.a.C. (Klindt-Jensen 1950, 133 ss., fig.89) e di Talamone, datato alla seconda metà del II sec.a.C. (M. Michelucci in Roma 1978, 211–216: 214 nn.569–573 per gli scudi, dei quali si veda in particolare il n.569; idem, in Firenze 1985, 140–142, n.6.7.). III–II sec.a.C.

216. Scudo miniaturistico Tav.74

N.inv.O.7093   H cm 8.5 cm; largh. cm 4.4

Acquisito nel 1912 sul mercato antiquario a Milano, assieme al n.O.7094.

Integro, ma privo del bracciale posteriore e con le estremità lievemente deformate; superficie regolare, con patina verde chiara.

Riproduce uno scutum a doppio tronco di piramide, con spina centrale rilevata e umbone applicato, di forma arrotondata con due appendici laterali, fissate da tre ribattini ognuna. Sulla parte posteriore rimangono i resti del bracciale, originariamente applicato.

Behn 1914, 7–8, fig.4.

Analogamente al precedente, a cui si rimanda, il modellino riproduce la foggia di un tipo reale di scutum, utilizzato dall'età ellenistica alla fine dell'età repubblicana (Eichberg 1987, 164–166, tipo D). Tra i complessi sinora noti si veda in particolare il deposito di Talamone, datato alla seconda metà del II sec. a.C. (M. Michelucci, in

Roma 1978, 211–216: 214 nn. 569–573 per gli scudi, dei quali si veda in particolare il n. 570; idem, in Firenze 1985, 140–142, n. 6.7.). II–I sec. a. C.

217. Disco-corazza a due elementi
Fig. 80b; tav. 74

N. inv. O. 30797   Diam. cm 24.8 e 11.8
Provenienza sconosciuta; acquisto nel 1939 dal Museo di Worms. Copia 9287.

Ricomposto e integrato da numerosi frammenti, con la borchia centrale lacunosa; patina poco uniforme, con aree brune alternate a chiazze dorate. Formato da due dischi sovrapposti: il maggiore, del tutto piatto con foro circolare al centro, presenta sulla faccia inferiore due occhielli, ai quali corrispondono due borchie sulla superficie (un foro attesta l'originaria presenza di un terzo occhiello con relativa borchia), e una maniglietta di forma rettangolare fissata da due ribattini, ai quali sulla superficie corrispondono due borchie più piccole delle precedenti. La decorazione a traforo alterna due fasce di fori pseudo circolari sfalsate tra loro e due file di cerchi delimitati da triangoli traforati e contenenti una ruota a quattro raggi, con fori pseudo circolari analoghi ai precedenti.

Sull'umbone cinque denti di lupo rivolti all'interno formati da file di puntini e trattini, tra i quali compaiono cinque punti di grandi dimensioni attorno a una capocchia centrale, fermata da un ribattino. L'umbone è delimitato da una fila di punti sbalzati. A distanze regolari si notano inoltre cinque segmenti radiali, costituiti da due file di fori fiancheggiati da bersagli graffiti di piccole dimensioni. L'orlo del grande foro interno è decorato da una fila di bersagli.

Il disco minore di profilo convesso ripete le caratteristiche e la decorazione di quello maggiore, a eccezione del centro, dove figura una borchia circolare, a cui corrisponde sulla faccia inferiore un occhiello. Attorno alla borchia si nota sulla faccia superiore una decorazione a triangoli traforati.

Behn 1920b, 6 n. 3 tav. II. 1; MainzZ 36, 1941, 3, tav. 2.1 (G. Behrens). Si riferisce a quest'esemplare il riferimento generico di Papi 1991, 239 n. 15 (gruppo Casacanditella); Egg, Pare 1995, 158, n. 6; Tomedi 2000, 82–83, nn. 346–347 (gruppo Casacanditella).

Sui dischi corazza, dopo l'ordinamento tipologico proposto da G. Colonna nel 1974 e i recenti interventi di R. Papi (1988, 1990b, da integrare con le osservazioni presentate in Micozzi 1988 e 1991, nonché Papi 1996), si vedano anche le osservazioni di altri studiosi (d'Ercole 1990, 86 e Grossi 1990, passim; Mangani 2000 per gli esemplari al Museo Pigorini, già in Papi 1990a). In considerazione della recente edizione dello studio sistematico dedicato all'intera classe dei dischi-corazza da G. Tomedi, al quale si devono già pregevoli contributi preliminari (Tomedi 1987, 1993 e 1994), si preferisce rimandare a quell'opera generale per la classificazione degli esemplari conservati al RGZM (Tomedi 2000). In questa sede ci si limita a notare che i dischi-corazza, derivati dagli scudi circolari tardo-villanoviani, sono da riferire alla panoplia di guerrieri di alto rango sociale: vennero utilizzati dalla fine dell'VIII al VI sec. a. C. in una vasta area dell'Italia centrale, corrispondente alle attuali regioni Umbria, Abruzzo e Marche, con punte fino al Lazio, come indica il recente rinvenimento di un esemplare nel territorio tra Anagni e Ferentino (Anagni 1993, 111–112, n. 9.1), attribuibile allo stesso gruppo del disco a Magonza. Le diverse produzioni regionali, ancora poco distinte, sono localizzate per lo meno in Abruzzo, nel bacino del Fucino, e nelle Marche: è stato anche ipotizzato che le diverse decorazioni corrispondano a raggruppamenti di tipo clanico (V. d'Ercole, in d'Ercole, Cairoli 1998, 117–118) o tribale (Tomedi c.s.). In ambiente piceno coppie di dischi di dimensioni tra loro diverse compaiono anche in sepolture femminili (Naso 2000a, 134–136). In relazione alla tecnica decorativa e ai motivi raffigurati è possibile distinguere vari gruppi, prodotti in zone e in epoche diverse, la cui distinzione non è sempre agevole. Rinvenimenti archeologici e monumenti noti quali la stele di Guardiagrele e il guerriero di Capestrano dimostrano che facevano parte dell'armatura difensiva ed erano assicurati al torace del guerriero da cinghie di cuoio, fissate con tre borchie a un'estremità del disco e con una maniglietta all'altra. I dischi sono da considerare all'origine delle corazze a tre dischi, caratteristiche nell'armamento difensivo dei guerrieri dell'Italia centromeridionale (infra n. 225). Di recente sono stati editi i seguenti dischi-corazza conservati in musei e in collezioni non italiani: Mitten 1975, 87–

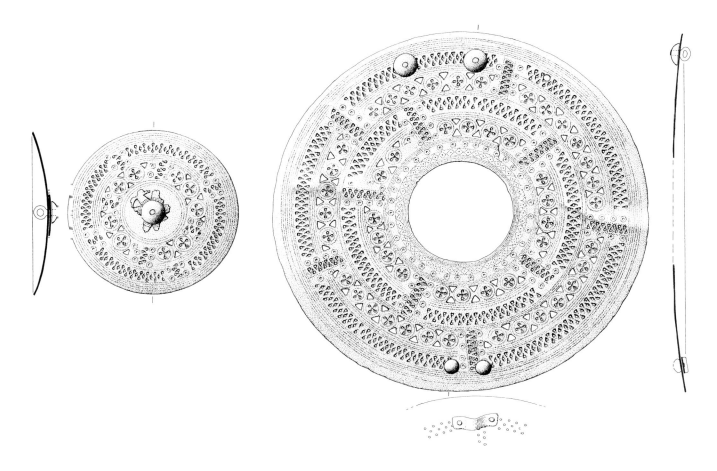

Fig. 80b   Cat. 217   2:5

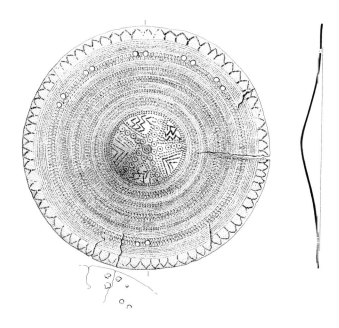

Fig. 80c   Cat. 218   2:5

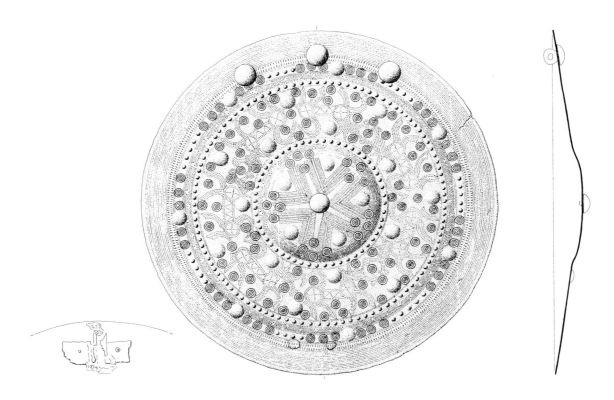

Fig. 80d   Cat. 219   2:5

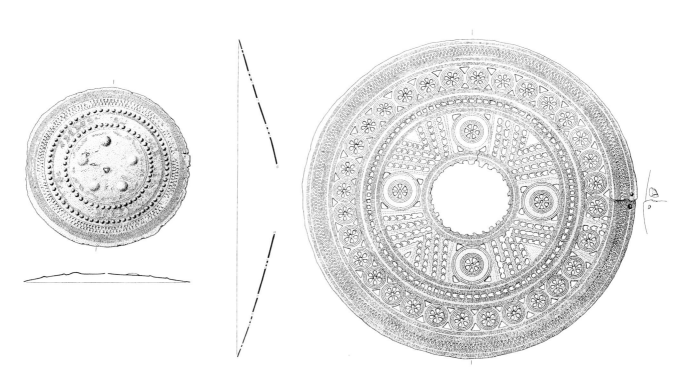

Fig. 80e   Cat. 220   2:5

Fig. 80f   Cat. 221   2:5

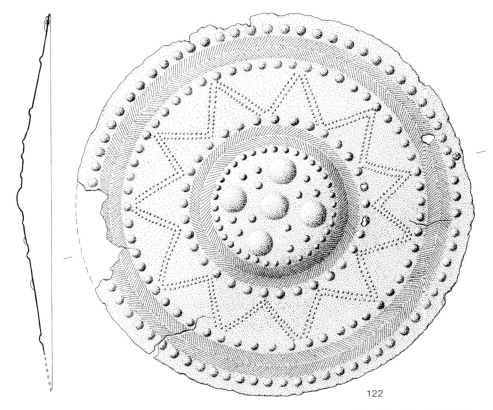

122

Fig. 80g   Cat. 222   2:5

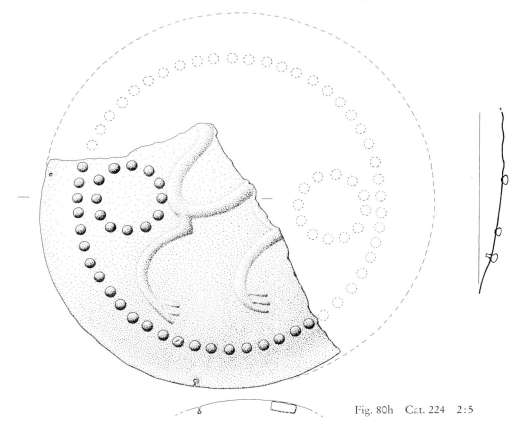

Fig. 80h   Cat. 224   2:5

89, n. 27; Williams 1984, 46–47 n. 31 (due exx.); Reusser 1988, 60–61, E 80–81; Jerusalem 1991, 90, n. 107; Colonna 1992a, 20, fig. 11; Genève 1993, 140–141, nn. 50–51; de Min 1998, 76–77 n. 18.

Questo esemplare è stato attribuito al gruppo Casacanditella, la cui area di produzione, riferita alle fasi iniziali della classe per la tecnica decorativa (traforo e rotella) e per lo stile, è stata localizzata nel Fucino nei decenni finali dell'VIII sec. a. C.

218.   Disco-corazza   Fig. 80c; tav. 75
N. inv. O. 1979   Diam. cm 18
Acquistato nel 1903 sul mercato antiquario a Budapest (Rosonowsky), con presunta indicazione di provenienza da Rimaszonbath (attuale Rimavska Sobota, Ungheria), per la quale si veda quanto osservato supra (nota 27).
Integro, ma con tre tagli, alcune ammaccature e rade incrostazioni; patina uniforme, verde chiara. In spessa lamina, di forma circolare, piatta, rialzato al centro, presenta cinque coppie di fori, equidistanti, e una sesta coppia isolata, diametralmente opposta a quella centrale. La decorazione, disposta su fasce concentriche, prevede sull' orlo denti di lupo apicati, resi con un tratteggio fine, e quindi tre motivi alternati per tre volte, costituiti da fitti denti di lupo incisi in modo profondo, semplici linee concentriche e doppia fila di puntini. Al centro una stella a cinque punte, formata da cerchietti con puntino centrale; tra le punte della stella sono raffigurati denti di lupo rivolti verso l'interno, con un duplice ordine di puntini e tre file a tratteggio.

Reinecke 1907, 52, fig. 19; Behn 1920a, 130, n. 993, tav. 12.2; Behn 1920b, 10–11, fig. 12; Papi 1990a, 37, ad n. 19, 22; Egg, Pare 1995, 158, n. 2; Tomedi 2000, 58 n. 169.

Per la bibliografia e le osservazioni generali sulla classe si rimanda alla scheda precedente. VII sec. a. C.

219.   Disco-corazza   Fig. 80d; tav. 75
N. inv. O. 11140 Diam. cm 23.3
Provenienza sconosciuta: acquistato nel 1918 all' asta dalle collezioni Marx e Sieck. Integro, ma privo di una capocchia e della maniglietta inferiore; patina verde scura.

In spessa lamina, convesso, di forma circolare, con umbone centrale. Presenta nella parte inferiore due robusti occhielli sporgenti, a ognuno dei quali corrisponde in superficie una capocchia: un foro e tracce residue attestano l'originaria presenza di tre capocchie e quindi di un terzo occhiello. Diametralmente opposte si distinguono le tracce residue di un'applicazione in ferro (maniglietta), di forma rettangolare. La decorazione a fasce concentriche prevede linee graffite sull' orlo, due file di trattini, una fila di bersagli a due cerchietti con puntino centrale alternati a punti sbalzati allineati di piccole dimensioni o isolati più grandi; seguono verso il centro fasci contrapposti di linee spezzate inframmezzati a puntini e una larga fascia intorno all'umbone, nella quale sono raffigurati sette quadrupedi fantastici, a coppie unite per le code o affrontate, con le fauci spalancate e le orecchie aguzze. Sul corpo, reso a puntini, figurano croci distribuite in modo irregolare. In questa fascia si distribuiscono due file concentriche di punti sbalzati, tra i quali compaiono bersagli a due cerchietti. Sull'umbone cinque denti di lupo rivolti all'interno, formati da file di puntini e trattini, e cinque punti di grandi dimensioni attorno a una capocchia centrale, fermata da un ribattino. L'umbone è delimitato da una fila di punti sbalzati.

München 1918, 17, n. 275, tav. 12; MainzZ 15–16, 1920–1921, 51 (K. Schumacher); Behn 1920a, 131, n. 994, tav. 12.1, fig. 13; Behn 1920b, 3, n. 1, Beil. 1.1, fig. 1; Behn 1927, 104, tav. 7, fig. 26; Micozzi 1988, 48, fig. 4; Papi 1991, 241 e fig. 6 (le coppie di cavalli contrapposti sono inserite nella discussione del gruppo Alba Fucens, dal quale sembrano però distinte); Egg, Pare 1995, 158 n. 3; Tomedi 2000, 77 n. 315 (gruppo Alba Fucense).

Per la bibliografia e le osservazioni generali sulla classe si rimanda alla scheda n. 217 (n. inv. O. 30797). VII sec. a. C.

220.   Disco-corazza   Fig. 80e; tav. 76
N. inv. O. 17169   Diam. cm 11.3
Provenienza sconosciuta; acquistato nel 1928 sul mercato antiquario a Budapest (Stürmer) con altri materiali (O. 17014 – O. 17252), tra i quali molti bronzi etrusco-italici.
Integro, con i bordi consunti in due punti dia-

metralmente opposti tra loro. Superficie regolare, con incrostazioni diffuse; patina omogenea, verde scura, con una chiazza bruna. Al centro un foro, attorno al quale sulla faccia esterna sono evidenti le tracce di incrostazioni ferrose.

Di forma circolare, lievemente convessa. Decorato da sei incisioni concentriche lungo il bordo, da una fascia di denti di lupo contrapposti, incavati, da una fila di punti sbalzati, separati da una fascia analoga grazie a un fregio di linee spezzate, disposte a spina di pesce. Nel centro intorno a cinque bugne poste al centro di un triangolo realizzato con file di puntini, corre una fascia di linee spezzate a zig-zag.

Tomedi 2000, 68 n.250 (gruppo Collarmele).

I dischi di piccolo formato, spesso rinvenuti in ricche sepolture femminili, sono stati considerati un attributo delle donne di alto rango. Questo esemplare è simile a una coppia da Collarmele (Papi 1990a, 42–43 nn.38–39 fig.39a–b). Per la bibliografia e le osservazioni generali sulla classe si rimanda alla scheda n.217 (n.inv.O.30797). VII sec.a.C.

221. Disco-corazza a due elementi
Fig. 80f; tav.76
N.inv.O.23193   Diam. cm 22
Provenienza sconosciuta; catalogato nel 1932 dai vecchi fondi del RGZM.

Privo del disco minore centrale, è altrimenti integro, ma con un taglio e un'ammaccatura. Patina uniforme, verde scura.

In lamina piuttosto spessa, di forma circolare e convessa, con profilo conico, presenta un'articolata decorazione a traforo, disposta a fasce concentriche. Dall'esterno verso l'interno si susseguono, alternate a file di linee graffite, due file di puntini sfalsati tra loro, una fila di cerchi con ruote a sei raggi, una fascia pressoché vuota con radi chevrons e attorno al grande foro centrale una fascia più larga, formata da quattro cerchi con ruota a sei raggi iscritta alternati a denti di lupo spezzati, formati da listarelle risparmiate, unite tra loro da chevrons e percorse da file di puntini sbalzati.

Behn 1920a, 132, n.999 con bibl. prec.; Behn 1920b, 8, n.4, Beil. 2.2; dovrebbe riferirsi a questo esemplare il riferimento generico di Papi 1991, 239 n.7 (gruppo Civitaluparella); Egg, Pare 1995, 158, n.5; Tomedi 2000, 85 n.362 (gruppo Casanditella).

Per la bibliografia e le osservazioni generali sulla classe si rimanda alla scheda n.217 (n.inv.O. 30797). VII sec.a.C.

222. Disco-corazza
Fig. 80g; tav.77
N.inv.O.30513 Diam. cm 26
Provenienza sconosciuta; acquistato nel 1939 sul mercato antiquario a Francoforte sul Meno (Button).

Integro, a eccezione di lievi sbreccature lungo l'orlo (risarcite), ma lievemente deformato; patina uniforme, verde scuro.

In spessa lamina, di forma circolare, con l'area centrale lievemente convessa. Sull'orlo presenta i resti ossidati di un ribattino in ferro, infilato dal basso. È decorato da quattro file concentriche di punti sbalzati, che racchiudono a partire dall'esterno rispettivamente un motivo a spina di pesce a linee graffite, grandi denti di lupo a puntini sbalzati nella fascia mediana e un motivo a spina di pesce del tutto analogo al precedente attorno nell'area centrale, dove si distinguono cinque grandi punti sbalzati, tra i quali figurano gruppi di tre punti a sbalzo, ma di dimensioni minori.

MainzZ 36, 1941, 3, tav.2.2 (G. Behrens); Egg, Pare 1995, 158, n.4; Tomedi 2000, 55 n.122.

Per la bibliografia e le osservazioni generali sulla classe si rimanda alla scheda n.217 (n.inv.O. 30797). VII sec.a.C.

223. Disco-corazza
Tav.77
N.inv.O.36096   Diam. cm 21.5
Provenienza sconosciuta; catalogato nel 1958 dai vecchi fondi del RGZM.

Unico frammento, privo di molte parti lungo il bordo; fori (moderni) diffusi. Superficie regolare, con incrostazioni concentrate in una fascia lungo il bordo; patina omogenea, verde scura. Di forma circolare, convessa, è decorato da tre file concentriche di punti a rilievo. Al centro è una capocchia arrotondata, cava, fissata con un ribattino. La circonferenza di punti lungo il bordo si interrompe in corrispondenza di un foro, attorno al quale sono tracce di incrostazioni ferrose.

Inedito.

La decorazione geometrica essenziale e il ridotto spessore della lamina trovano confronti in quel nucleo di dischi-corazza (Papi 1990a, 55 nn. 77–78, figg. 62–63), che sono stati considerati appannaggio del mundus muliebris con la funzione di indicatori di alto rango sociale, rivelati specie dalle scoperte effettuate nelle Marche a Moie di Pollenza e più di recente a Ponte di Pitino (Lollini 1977, 175; M. Landolfi, in StEtr 54, 1986, 396–397). Per la bibliografia e le osservazioni generali sui dischi-corazza bronzei di pertinenza maschile si rimanda alla scheda n. 217 (n. inv. O. 30797). VII sec. a. C.

224. Disco-corazza Fig. 80h; tav. 78

N. inv. O. 5242   Diam. cm 24.5

Provenienza sconosciuta; acquistato il 22.2.1910 da P. Reinecke all'asta della collezione Lipperheide insieme ad altri oggetti (O. 5212 – O. 5276). La provenienza tradita da Napoli si riferisce probabilmente al luogo di acquisto piuttosto che a quello di ritrovamento.

Il frammento, relativo a circa 3/5 del disco, è integrato in resina; patina uniforme, verde scura. Due fori, isolati, lungo il bordo.

In lamina piuttosto sottile, presenta forma convessa. È decorato lungo il bordo da una fila di capocchie applicate, inserite in appositi fori e fermate da un ribattino; al centro rimangono le zampe e parte del corpo filiforme di un animale fantastico (un volatile?), reso a sbalzo, davanti al quale rimane un cerchio di capocchie riportate del tutto analoghe a quelle descritte. Le zampe dell'animale presentano tre punte.

München 1910, 20–21 n. 255; Behn 1910, 81, tav. 4.5; Behn 1920a, 130, n. 992, tav. 11.1; Behn 1920b, 10, fig. 11; Colonna 1974, 204, n. 5 (gruppo Numana, datato al 625–575 a. C.); Tomedi 1987, Abb. 3 B (gruppo Numana); Egg, Pare 1995, 160, n. 12; Papi 1996, 121–122; Tomedi 2000, 44, n. 58 (gruppo Numana).

Per la bibliografia e le osservazioni generali sulla classe si rimanda rimanda alla scheda n. 217 (n. inv. O. 30797). 625–575 a. C.

225. Segmento laterale di corazza bivalve a tre dischi Tav. 79

N. inv. O. 36653   Lungh. max. cons. cm 18.6; H cm 7.9

Provenienza sconosciuta; acquistato nel 1959 sul mercato antiquario a Monaco di Baviera (H. Bayerlein).

Integro; superficie regolare, patina omogenea, bruna.

Il segmento, che in origine univa tra loro le due metà di una corazza bivalve a tre dischi, è costituito da una lamina piuttosto spessa, con fori a distanze regolari lungo i bordi, lievemente arcuata. Al centro dei lati corti conserva da una parte un gancio in lamina per la chiusura e dall'altra la cerniera per l'alloggiamento dell'anello di congiunzione con la corazza: il gancio unito da un ribattino è costituito da un corpo a palmetta graffita in modo sommario e da un uncino; la cerniera incrostata da residui dell'anello riproduce una foglia pressoché circolare con un ribattino al centro.

Inedito.

Il segmento fa parte di una corazza bivalve del tipo a tre dischi adottata in Italia centro-meridionale dalle tribù sannitiche: la foggia, nota da numerosi ritrovamenti, non è ancora studiata a fondo (Franchi Dell'Orto, La Regina 1978, 338, tav. 133 da Alfedena, tomba 169; Connolly 1986, triple disc cuirasses, type 1, 123, fig. 5, i cui elementi laterali sono riprodotti in Roma 1969, tav. XII). Il corpus di questi materiali è stato notevolmente incrementato dalle scoperte effettuate nelle necropoli del territorio pestano (Paestum 1996, 140–158, passim e in Cipriani 2000, 207–208 figg. 10–11 per la tomba 136). Ganci a verghetta semplice occorrono anche su cinturoni di maggiore antichità come un esemplare apulo con due ganci semplici decorati da graffiti geometrici (D. Cahn 1989, 31, c, fig. 9 = Robinson 1995, type 1). Fine V–IV sec. a. C.

BARDATURE EQUINE
(nn. 226–259)

226. Coppia di morsi Tav. 79
N. inv. O. 41304 Lungh. cm 16.8
Provenienza sconosciuta; acquistati nel 1984 sul mercato antiquario a Basilea (Deosarte) insieme ai nn. O. 41300–41308.
Integri, con patina simile, verde-bruna.
In un filetto a sezione circolare, terminante in due occhielli in ognuno dei quali è infilato un anello, sono inseriti degli elementi triangolari, costituiti da tre sbarrette con tre occhielli agli angoli.

> JbZMusMainz 31, 1984, 647–649, fig. 37; Egg, Pare 1995, 114 n. 45.

I morsi appartengono al tipo a triplice anello definito Veio da F.-W. v. Hase (v. Hase 1969, 28–31, nn. 155–186, tavv. 14–17: per il filetto unico e non formato da due elementi snodati si vedano in particolare i nn. 163–164, da Veio-Vaccareccia, tomba 12). Di recente è stata edita una coppia con filetto snodato nella collezione Costantini a Acquapendente (Bertolani et alii 1993, 12, n. 29, fig. 13). Se i morsi in esame provenissero da un unico contesto, come sembrerebbe indicare la patina identica, la deposizione dei due esemplari potrebbe adombrare il riferimento a una coppia di cavalli e quindi a un carro, appannaggio solo dei capi delle comunità, come è documentato altrove (Bertolani et alii 1993, 14). VIII sec. a. C.

227. Montante di morso a cavallino
Tavv. 6,3; 80
N. inv. O. 34629 H cm 8.5; lungh. cm 11.7
Provenienza sconosciuta; acquisito nel 1954 sul mercato antiquario a Parigi (Galerie Segredakis).
Integro, con patina uniforme, bruna.
Nella sagoma stilizzata di un cavallo bardato sono inserite due protomi di uccello (sotto la groppa), mentre sul dorso figura un cavallino più piccolo, la cui coda coincide con quella del cavallo maggiore. Al centro del dorso di questo figura un robusto occhiello, analogo ai due posti sotto le zampe. Nei due cavalli la criniera è fortemente sviluppata: alla base di quella del cavallo maggiore figura un motivo angolare, a spigolo vivo.

> Egg, Pare 1995, 114 n. 44, Taf. 35.2.

Il morso a cavallino è classificabile nel tipo definito Volterra da F.-W. v. Hase (v. Hase 1969, 11–14, nn. 35–52, tavv. 3–5). Tra i morsi a cavallino editi in seguito si vedano almeno Cambridge 1967, 155 n. 153 (tipo Volterra); Reusser 1986, 17, n. 3.2 (tipo Cerveteri); Jerusalem 1991, 86–87, n. 102 = Genève 1993, 123 n. 34 (tipo Volterra, con notizia di altri esemplari in entrambi i casi); Buranelli, Sannibale 1998, 275 n. 114–115 (tipo Cerveteri); Venezia 2000, 540 n. 8 (tipo Volterra, da Volterra Poggio alle Croci). Fine VIII sec. a. C.

228. Morso ad arco con coppie di protomi equine Fig. 81; tav. 80
N. inv. O. 9079 H cm 11.4 × 17.7 (1); cm 11.2 × 16 (2).
Proverrebbe dal Sud Tirolo; acquistato nel 1915 presso R. Forrer (Strasburgo), che l'aveva comprato all'asta della collezione Lipperheide.
Integri, ma 1) presenta una coppia di protomi deformata, notevolmente rientrante, mentre in 2) un intero semicerchio non è simmetrico all'altro. Minuscole bolle di fusione in superficie; patina omogenea, verde scura con chiazze azzurrognole.
Due semicerchi affiancati e concentrici, uniti tra loro da un robusto occhiello al centro della parte inferiore, rinforzato su entrambi i lati da una placchetta – in ferro in 1), in bronzo in 2) – fissata con quattro ribattini, sono coronati superiormente da due coppie di protomi equine contrapposte. La criniera è resa da vistose solcature e le orecchie sono plastiche; sul muso sono incisi gli occhi ed è tracciato il solco della bocca.

> München 1910, 43–44, n. 569; Behn 1920a, 112, n. 885 = 144, n. 1062; Behn 1927, 104–105, tav. 7.1; Egg 1986b, 75, fig. 9.2, tav. 15.1; Egg, Pare 1995, 160, n. 31.

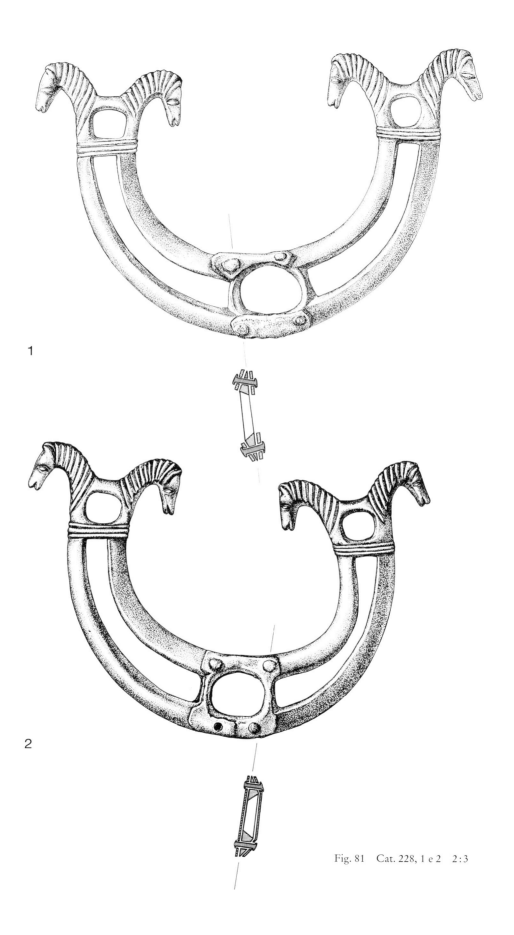

1

2

Fig. 81   Cat. 228, 1 e 2   2:3

I morsi ad arco di questa foggia sono imitazioni picene dei morsi frequenti in età arcaica in Etruria, originari forse del distretto chiusino, che sono caratterizzati da un'esecuzione generale più accurata e da una riproduzione più fedele delle protomi equine. Una lista preliminare comprende esemplari di provenienza generica dalle Marche (Calzoni 1940, 21 e 58), alcuni esemplari del nucleo da Cupramarittima (v. Hase 1969, 25, tav. 22, nn. 275–278), uno da Belmonte Piceno (Lollini 1977, 146–147, fig. 17.2 con attribuzione alla fase picena IV A) e da Trestina in Umbria (Karlsruhe 1980, 131, fig. 95a in basso al centro). L'esemplare compreso in un corredo funerario proveniente forse dall'entroterra di Metaponto datato al secondo terzo del VI sec. a. C. (D. Cahn 1989, 13–14, d) è stato rivendicato alla produzione etrusca da G. Colonna (Colonna 1997a, 23). Lo stesso studioso ha pubblicato due esemplari da Roma al Museo Gregoriano Etrusco (Colonna 1996a, 347–348; Buranelli, Sannibale 1998, 333–351 n. 187) e ha richiamato l'attenzione sulle imitazioni slovene di forma simile, ma prive delle protomi equine e in ferro: è probabile che la foggia sia giunta nel Caput Adriae con il tramite piceno. Un esemplare del British Museum con il filetto in ferro snodato proverrebbe da Chiusi (N. inv. G&R 1923.10–16.2). VI sec. a. C.

229.   Montante di morso   Fig. 82; tav. 80
N. inv. O. 16770   H cm 10.4
Provenienza sconosciuta; acquistato nel 1928 sul mercato antiquario a Budapest (Stürmer).
Integro, ma con la superficie corrosa; patina omogenea, bruna.
Configurato a ippocampo, del quale viene riprodotto il muso, con il taglio della bocca, gli occhi appena accennati e le orecchie a rilievo. Il dorso dell'animale è caratterizzato da un fitto tratteggio, che è ripreso anche sulla pinna caudata. Un grande occhiello, posto sul dorso, destinato a ospitare la correggia di pelle, contiene al suo interno una sorta di passante. La briglia, raffigurata sotto il muso, e la sola zampa anteriore alludono a un cavallo vero e proprio, ricordando la destinazione finale dell'oggetto.
Egg 1986b, 76, fig. 10.2, tav. 15.3.

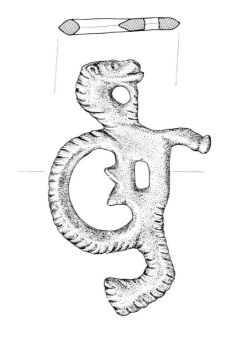

Fig. 82   Cat. 229 2 : 3

Il confronto con oggetti votivi di provenienza nota ha permesso di attribuire questo oggetto alla cultura retica di Sanzeno (Marzatico 1992). M. Egg mi ha inoltre cortesemente segnalato l'esistenza di altri oggetti simili da Sanzeno nel Tiroler Landesmuseum di Innsbruck. Per altri esemplari, le cui provenienze note rimandano invece a Perugia e alla cultura picena, alla cui produzione sembra da accostare anche un esemplare inedito allo Stiftsmuseum di Aschaffenburg cortesemente mostratomi dal dr. G. Ermischer, si rimanda a Höckmann 1982, 106, n. 11. 73, tav. 16.7 (forse appartenente al corredo della tomba con il carro di Castel San Mariano), nota 553 con notizia di altri quattro esemplari, tra i quali l'unico di provenienza nota da Falerone, è pubblicato da G. Moretti (NSc 1921, 185 fig. 4). L'esemplare più simile al nostro per la presenza della zampa e della briglia è quello ad Amburgo (AA 1928, 458, n. 142, fig. 168); il pezzo segnalato alla Bibliothèque Nationale di Parigi non compare in A.-M. Adam 1984. Fine VI–V sec. a. C.

230.   Cilindro cuspidato   Tav. 81
N. inv. O. 24776   H cm 3.1; diam. cm 3.5
Provenienza sconosciuta; acquistato nel 1932 dal-

la collezione Heerdt (Schloß Neuweier, Baden-Baden).

Integro, ma con due fratture alle estremità; alcuni spunzoni presentano tracce di usura; patina verde scura.

Cilindro con tre file sfalsate di quattro spunzoni, di forma conica, disposti a distanze regolari.

Inedito.

Per l'esame della classe si rimanda alla scheda n. 250 (n. inv. O. 17087). Fine VI–IV sec. a. C.

231. Cilindro cuspidato Tav. 81
N. inv. O. 17088   H cm 3.3; diam. cm 2.8
Provenienza sconosciuta; acquistato nel 1928 sul mercato antiquario a Budapest (Stürmer) con altri materiali (O. 17014 – O. 17252), tra i quali molti bronzi etrusco-italici.

Integro, ma privo di sei spunzoni; i tre superstiti presentano tracce di usura; patina scura.

Cilindro con tre file sfalsate di tre spunzoni, di forma conica, disposti a distanze regolari.

Inedito.

Per l'esame della classe si rimanda alla scheda n. 250 (n. inv. O. 17087). Fine VI–IV sec. a. C.

232. Cilindro cuspidato Tav. 81
N. inv. O. 17089   H cm 3.0; diam. cm 2.3
Provenienza sconosciuta; acquistato nel 1928 sul mercato antiquario a Budapest (Stürmer) con altri materiali (O. 17014 – O. 17252), tra i quali molti bronzi etrusco-italici.

Integro, ma privo di uno spunzone. Gli spunzoni presentano tracce di usura; patina verde.

Cilindro con tre file sfalsate di tre spunzoni, di forma conica, disposti a distanze regolari.

Inedito.

Per l'esame della classe si rimanda alla scheda n. 250 (n. inv. O. 17087). Fine VI–IV sec. a. C.

233. Cilindro cuspidato Tav. 81
N. inv. O. 17090   H cm 2.6; diam. cm 2.3
Provenienza sconosciuta; acquistato nel 1928 sul

mercato antiquario a Budapest (Stürmer) con altri materiali (O. 17014 – O. 17252), tra i quali molti bronzi etrusco-italici.

Integro; alcuni spunzoni presentano tracce di usura; patina azzurra.

Cilindro con tre file sfalsate di quattro spunzoni, di forma conica, disposti a distanze regolari.

Inedito.

Per l'esame della classe si rimanda alla scheda n. 250 (n. inv. O. 17087). Fine VI–IV sec. a. C.

234. Cilindro cuspidato Tav. 81
N. inv. O. 17091   H cm 3.4; diam. cm 1.8
Provenienza sconosciuta; acquistato nel 1928 sul mercato antiquario a Budapest (Stürmer) con altri materiali (O. 17014 – O. 17252), tra i quali molti bronzi etrusco-italici.

Integro, ma con due fratture alle estremità; alcuni spunzoni presentano tracce di usura; patina verde scura.

Cilindro con tre file sfalsate di quattro spunzoni, di forma conica, disposti a distanze regolari.

Inedito.

Per l'esame della classe si rimanda alla scheda n. 250 (n. inv. O. 17087). Fine VI–IV sec. a. C.

235. Cilindro cuspidato Tav. 81
N. inv. O. 17092   H cm 1.8; diam. cm 1.0
Provenienza sconosciuta; acquistato nel 1928 sul mercato antiquario a Budapest (Stürmer) con altri materiali (O. 17014 – O. 17252), tra i quali molti bronzi etrusco-italici.

Integro; alcuni spunzoni presentano tracce di usura; patina verde scura.

Cilindro con due file tra loro corrispondenti di cinque spunzoni, di forma conica, disposti a distanze regolari.

Inedito.

Per l'esame della classe si rimanda alla scheda n. 250 (n. inv. O. 17087). Fine VI–IV sec. a. C.

236. Cilindro cuspidato   **Tav. 81**
N. inv. O. 17083   H cm 3.8; diam. cm 3.0
Provenienza sconosciuta; acquistato nel 1928 sul mercato antiquario a Budapest (Stürmer) con altri materiali (O. 17014 – O. 17252), tra i quali molti bronzi etrusco-italici.
Integro, ma privo di alcuni spunzoni; molti presentano tracce di usura; patina verde scura.
Cilindro con tre file tra loro corrispondenti di dodici spunzoni, di forma conica, disposti a distanze regolari.

> Inedito.

Per l'esame della classe si rimanda alla scheda n. 250 (n. inv. O. 17087). Fine VI–IV sec. a. C.

237. Cilindro cuspidato   **Tav. 81**
N. inv. O. 17082   H cm 3.8; diam. cm 3.0
Provenienza sconosciuta; acquistato nel 1928 sul mercato antiquario a Budapest (Stürmer) con altri materiali (O. 17014 – O. 17252), tra i quali molti bronzi etrusco-italici.
Integro; molti spunzoni presentano tracce di usura; patina verde scura.
Il cilindro assume esternamente una forma esagonale, con una serie di spunzoni, disposti su tre ordini di sei elementi ognuno. Entrambe le estremità sono ribattute e allargate.

> Inedito.

Per l'esame della classe si rimanda alla scheda n. 250 (n. inv. O. 17087). Fine VI–IV sec. a. C.

238. Cilindro cuspidato   **Tav. 81**
N. inv. O. 17081   H cm 3.9; diam. cm 2.7
Provenienza sconosciuta; acquistato nel 1928 sul mercato antiquario a Budapest (Stürmer) con altri materiali (O. 17014 – O. 17252), tra i quali molti bronzi etrusco-italici.
Integro; molti spunzoni presentano tracce di usura; patina verde scura.
Del tutto simile al n. 237 (n. inv. O. 17082).

> Inedito.

Per l'esame della classe si rimanda alla scheda n. 250 (n. inv. O. 17087). Fine VI–IV sec. a. C.

239. Cilindro cuspidato   **Tav. 81**
N. inv. O. 17084   H cm 3.5; diam. cm 2.9
Provenienza sconosciuta; acquistato nel 1928 sul mercato antiquario a Budapest (Stürmer) con altri materiali (O. 17014 – O. 17252), tra i quali molti bronzi etrusco-italici.
Integro; molti spunzoni presentano tracce di usura; patina verde scura.
Del tutto simile al n. 237 (n. inv. O. 17082).

> Inedito.

Per l'esame della classe si rimanda alla scheda n. 250 (n. inv. O. 17087). Fine VI–IV sec. a. C.

240. Cilindro cuspidato   **Tav. 82**
N. inv. O. 24077   H cm 2.6; diam. cm 3.5
Provenienza sconosciuta; acquistato nel 1932.
Una lacuna sul bordo, altrimenti integro; molti spunzoni presentano tracce di usura; patina scura.
Del tutto simile al n. 237 (n. inv. O. 17082).

> Inedito.

Per l'esame della classe si rimanda alla scheda n. 250 (n. inv. O. 17087). Fine VI–IV sec. a. C.

241. Cilindro cuspidato   **Tav. 82**
N. inv. O. 17085   H cm 3.0; diam. cm 2.8
Provenienza sconosciuta; acquistato nel 1928 sul mercato antiquario a Budapest (Stürmer) con altri materiali (O. 17014 – O. 17252), tra i quali molti bronzi etrusco-italici.
Integro; molti spunzoni presentano tracce di usura; patina scura.
Del tutto simile al n. 237 (n. inv. O. 17082).

> Inedito.

Per l'esame della classe si rimanda alla scheda n. 250 (n. inv. O. 17087). Fine VI–IV sec. a. C.

242. Cilindro cuspidato   **Tav. 82**
N. inv. O. 7047   H cm 2.6; diam. cm 3.3
Provenienza sconosciuta; comprato a Ravenna nel 1913.

Integro; superficie lievemente incrostata; patina verde chiara.
Del tutto simile al n. 237 (n. inv. O. 17082).

Behn 1920a, 94, n. 692.

Per l'esame della classe si rimanda alla scheda n. 250 (n. inv. O. 17087). Fine VI–IV sec. a. C.

243. Cilindro cuspidato Tav. 82
N. inv. O. 6976   H cm 1.8; diam. cm 2.4
Comprato nel 1913 a Chiusi da Paolo Petraccelli per 9 lire, insieme ai vasi nn. O. 6968–O. 6971 (Behn 1920a, nn. 460, 459, 442, 469, 261), al bronzo (O. 6972), a due fuseruole O. 6973 (Behn 1920a, n. 11; disperse), a un bucchero (O. 6974: Behn 1920a, n. 913) e a un altro cilindro simile (n. inv. O. 6975 = n. 244).
Integra, ma con punti di usura; superficie regolare; patina verde scura.
Del tutto simile al n. 237 (n. inv. O. 17082).

Behn 1920a, 94, n. 696.

Per l'esame della classe si rimanda alla scheda n. 250 (n. inv. O. 17087). Fine VI–IV sec. a. C.

244. Cilindro cuspidato Tav. 82
N. inv. O. 6975   H cm 1.7; diam. cm 2.5
Provenienza sconosciuta; comprato nel 1913 a Chiusi da Paolo Petraccelli per 9 lire, insieme ai materiali descritti nella scheda precedente.
Integro, ma con punti di usura; superficie regolare; patina verde scura.
Del tutto simile al n. 237 (n. inv. O. 17082).

Behn 1920a, 94, n. 697.

Per l'esame della classe si rimanda alla scheda n. 250 (n. inv. O. 17087). Fine VI–IV sec. a. C.

245. Cilindro cuspidato Tav. 82
N. inv. O. 7146   H cm 1.4; diam. cm 1.9
Proverrebbe da Bologna. Comprata a Bologna nel 1913 inseme a O. 7095 e a O. 7143–O. 7146 per 10 lire.

Integra; superficie regolare; patina verde scura.
Del tutto simile al n. 237 (n. inv. O. 17082).

Inedito.

Per l'esame della classe si rimanda alla scheda n. 250 (n. inv. O. 17087). Fine VI–IV sec. a. C.

246. Cilindro cuspidato Tav. 82
N. inv. O. 24775   H cm 1.9; diam. cm 2.4
Provenienza sconosciuta; acquistato nel 1932 dalla collezione Heerdt (Schloß Neuweier, Baden-Baden).
Con una lacuna a un'estremità e un'ammaccatura sull'altra; superficie regolare; patina verde scura.
Del tutto simile al n. 237 (n. inv. O. 17082).

Inedito.

Per l'esame della classe si rimanda alla scheda n. 250 (n. inv. O. 17087). Fine VI–IV sec. a. C.

247. Cilindro cuspidato Tav. 82
N. inv. O. 21544   H cm 1.7; diam. cm 2.1
Proverrebbe dall'Ungheria (?); acquisito nel 1932 per cambio dal Museo di Zurigo.
Integro; forti tracce di usura su oltre metà della circonferenza; superficie regolare; patina verde scura.
Del tutto simile al n. 237 (n. inv. O. 17082).

Inedito.

Per l'esame della classe si rimanda alla scheda n. 250 (n. inv. O. 17087). Fine VI–IV sec. a. C.

248. Cilindro cuspidato Tav. 82
N. inv. O. 12368   H cm 1.4; diam. cm 1.6
Provenienza sconosciuta; acquisito nel 1927 per cambio dal Museo di Bautzen.
Integro; tracce di usura su circa metà della circonferenza; superficie regolare; patina verde scura.
Del tutto simile al n. 237 (n. inv. O. 17082).

Inedito.

Per l'esame della classe si rimanda alla scheda n. 250 (n. inv. O. 17087). Fine VI–IV sec. a. C.

249. Cilindro cuspidato   **Tav. 82**

N. inv. O. 17086   H cm 1.5; diam. cm 2.2

Provenienza sconosciuta; acquistato nel 1928 sul mercato antiquario a Budapest (Stürmer) con altri materiali (O. 17014 – O. 17252), tra i quali molti bronzi etrusco-italici.

Integro; superficie regolare; patina verde scura. Il cilindro presenta all'esterno una serie di spunzoni, disposti su due ordini di otto elementi ognuno. I due ordini sono separati da un solco orizzontale, su cui figura anche un foro passante.

    Inedito.

Per l'esame della classe si rimanda alla scheda n. 250 (n. inv. O. 17087). Fine VI–IV sec. a. C.

250. Cilindro cuspidato   **Tav. 82**

N. inv. O. 17087   H cm 1.4; diam. cm 1.6

Provenienza sconosciuta; acquistato nel 1928 sul mercato antiquario a Budapest (Stürmer) con altri materiali (O. 17014 – O. 17252), tra i quali molti bronzi etrusco-italici.

Integro; tracce di usura su circa metà della circonferenza; superficie regolare; patina verde scura. Di forma ovale, ma con caratteristiche del tutto simili al n. 249 (n. inv. O. 17086), a eccezione del foro, che non figura su questo esemplare.

    Inedito.

Questi oggetti figurano privi di contesto in moltissimi depositi museali e sono stati a lungo identificati con teste di mazza, che però sono documentate almeno a Campovalano da esemplari globulari e privi di spunzoni (Roma 1969, 49, n. 21, tav. 18; Zanco 1974, 22; Franchi Dell'Orto, La Regina 1978, 275 nn. 60–61). I cilindri cuspidati sono in realtà elementi di morsi equini, che venivano infilati in numero di due nei tiranti del filetto (Guidi 1980, 24, n. 26, con lista dei ritrovamenti e citazione del lavoro di Anderson 1961 che riproduce alcuni esemplari greci integri). I morsi nei quali i cilindri cuspidati erano inseriti sono considerati di origine orientale: trasmessi dalle popolazioni vicino orientali e scitiche ai Greci, furono introdotti anche in Italia. La lista più completa sinora edita delle attestazioni è dovuta a M. Sannibale, che sulla scorta dei 180 esemplari della collezione Gorga ha anche trac-

ciato le linee evolutive dell'oggetto in ambito italico, distinguendone quattro varianti tipologiche, databili dalla metà del VI al IV sec. a. C. (Sannibale 1998, 253–296, nn. 319–498). Si possono aggiungere altri esemplari di provenienza nota, come quelli da M.te Pallano (Roma 1969, 50, n. 22, tav. 18) e da Alfedena, sebbene «non sicuramente proveniente dalla necropoli» (Mariani 1901, 366–367 fig. 82) e adespoti (Falconi Amorelli 1977, 124–126, nn. 132–134 tav. 50, con bibliografia; Falconi Amorelli 1982, 124–126, nn. 132–134, tav. 50; Sebastiani, Calzecchi Onesti 1991, 34–35, nn. 35, 36, 38, tav. IV; Jurgeit 1999, 183–186, nn. 263–278; exx. inediti anche nel Museo Gregoriano Etrusco della Città del Vaticano (cortese informazione di M. Sannibale, che ne sta curando l'edizione; gli esemplari della collezione Falcioni sono editi da Caliò 2000, 333–336, nn. 599–613; S. Zanini, in Padova 2000, 119 n. 151). Esemplari sono stati raccolti in superficie nei pressi di Civitavecchia (Angioni 1990, 255 fig. 323 nn. 4–6). Accanto al tipo con spunzoni esagonali (Sannibale 1998, tipo 1), tra gli esemplari a Magonza figura anche quello con spunzoni sfalsati (Hayes 1978, 84–85, tav. 17, nn. 7–8; Sannibale 1998, tipo 4). Gli esemplari simili rinvenuti a Olimpia (Furtwängler 1890, 195 n. 1250, tav. 66, con la menzione di altri pezzi) e in Inghilterra, fuori contesto, attribuiti dubitativamente all'età del Bronzo o al Medioevo (Sheppard 1941, 150 ss.) attestano l'elevata diffusione dell'oggetto, in ambiti culturali così distanti: in merito è da segnalare che elementi simili in acciaio sono utilizzati anche nei morsi rinascimentali, come si riscontra nella documentazione esposta nel Museo Civico di Modena e nel Museo Nazionale di Ravenna. L'impiego nei morsi è dubbio solo per i cilindri di minori dimensioni tra quelli documentati a Magonza, la cui destinazione rimane da chiarire. Fine VI–IV sec. a. C.

251. Fibbia   **Tav. 82**

N. inv. O. 14109   H cm 7.3; largh. cm 4.8

Provenienza sconosciuta; acquistata nel 1927 da un collezionista privato a Monsheim (dr. Fliedner), insieme a molti altri materiali.

Integra, lievemente incrostato, superficie regolare, patina bruna con chiazze verde chiaro.

Occhiello di forma e sezione pressoché circolari, sormontato da due stanghette verticali, lievemente allargate verso l'alto, unite superiormente da una traversa orizzontale. Il perimetro esterno è irto di quindici capocchie, fortemente sporgenti.

Inedito.

L'oggetto, caratteristico nella cultura materiale picena (Lollini 1976, 135–136, tav. X.21, con l'attribuzione alla fase Piceno IV A; Percossi Serenelli 1989, 96 tipo 17 per il sottotipo 17a, foto a 191 per il sottotipo 17b, cui è attribuibile il pezzo in esame), viene interpretato come pendente e inserito quindi nella sfera degli ornamenti personali. Del tutto simili sono due esemplari da Alfedena, che lo scopritore interpretava come occhielli da cinghia (Mariani 1901, 354, fig. 76a), connettendoli all'armatura delle corazze a dischi, con i quali non sembrano invece avere a che fare, almeno secondo le ricerche di P. Connolly (Connolly 1986) e le scoperte effettuate nel territorio pestano (Paestum 1996, 140–158). I pezzi da Alfedena provengono da corredi funerari con associazioni poco perspicue per la destinazione finale dell'oggetto (Mariani 1901, tomba XXV, 440, n. 230 e tomba 260, 539, n. 1809). Pezzi adespoti figurano nelle collezioni museali (De Ridder 1915, 78 n. 2093 tav. 90; Boucher 1971, 188 n. 514) e in raccolte private come la collezione Jatta (Jatta 1904, 49, n. 4, tav. VIII.2). La pesantezza del reperto, privo di un vero e proprio foro di sospensione, induce però a non sottovalutare l'aspetto funzionale e a privilegiare la destinazione finale come fibbia o passante: questa interpretazione sembra sorretta anche dalla traversa orizzontale interna, destinata a favorire il passaggio di una fascia di cuoio. Si preferisce quindi ipotizzare un utilizzo della fibbia nelle bardature equine, anche se l'esatta destinazione rimane da stabilire. VI sec. a. C.

252. Fibbia   Tav. 82
N. inv. O. 17132   H cm 4.5; largh. cm 3.7
Provenienza sconosciuta; acquistata nel 1928 sul mercato antiquario a Budapest (Stürmer) con altri materiali (O. 17014 – O. 17252), tra i quali molti bronzi etrusco-italici.

Integra, con superficie regolare, ricoperta da piccole incrostazioni, e patina omogenea, verde scura. La sezione quasi circolare presenta nella parte inferiore un assottigliamento dovuto a un difetto di fusione.

Occhiello di forma circolare, sormontato da due corti elementi verticali, dritti, che sostengono superiormente una traversa orizzontale. Il perimetro esterno è irto di nove capocchie sporgenti.

Inedita.

Si rimanda alla scheda n. 251 (n. inv. O. 14109). VI sec. a. C.

253. Morso equino   Tav. 83
N. inv. O. 11488   Lungh. cm 24 × largh. cm 17
Proveniente dall'Italia (?); acquistato nel 1919 all'asta delle collezioni Marx-Sieck.
Integro; superficie regolare; patina uniforme, verde scura. Resti di un'etichetta cartacea, sulla quale è a stento leggibile il n. 293.
Costituito da due filetti a sezione circolare, terminanti alle due estremità in altrettanti anelli: questi sono rispettivamente connessi a un'estremità a due grandi anelli uniti tra loro da un anello a otto, all'altra estremità negli occhielli terminali di una spessa lamina bronzea con i lati lievemente piegati all'esterno. Su ogni filetto è applicato un occhiello rettangolare, pressapoco a due terzi della lunghezza. I due anelli più grandi sono chiusi da ribattini.

München 1918, 19, n. 293; Schüle 1969, 127–128, fig. 33.

L'esemplare non trova confronti a mia conoscenza con materiali italici, ma è del tutto simile ad alcuni pezzi della cultura iberica Tajo della fase A 2 (V sec. a. C.), che però di regola sono realizzati in ferro (Schüle 1969, tav. 29 n. 2; Stary 1994, 150–151, 43 e Karte 47 per la lista dei ritrovamenti, ai quali si possono aggiungere quelli editi da Lenerz-de Wilde 1991, 269, tav. 32 e 293–294, tav. 131 m–n). Vi è quindi motivo di dubitare della reale provenienza dall'Italia per il pezzo in esame, a meno di non ipotizzare con la dovuta cautela un episodio di mobilità geografica simile alla situazione descritta da Diodoro Siculo a proposito dei preparativi intrapresi da Dionigi I di

Siracusa nel 399/398 a.C. in vista della ripresa delle ostilità contro Cartagine. Lo storico sostiene infatti che in quell'occasione il tiranno assoldò un gran numero di mercenari di varie provenienze, che volle equipaggiare ognuno con le armi tipiche della propria regione di origine, fabbricate appositamente a Siracusa (sulla questione da ultimo Tagliamonte 1994a, 133–134). V sec.a.C.

254. Anello gemino cuspidato Tav. 83
N.inv.O.10421 Lungh. cm 7.3; largh. cm 3.1
Provenienza sconosciuta; acquistato nel 1917 presso R. Forrer (Strasburgo).
Integro; superficie corrosa e con alcune bolle di fusione; patina verde scura.
L'oggetto è formato da due anelli accoppiati, che mostrano nel punto di tangenza due alti spunzoni: sulla faccia anteriore figura un unico elemento, mentre su quella posteriore l'elemento è superiormente bipartito da una larga fessura triangolare. Sugli anelli della faccia anteriore figurano degli elementi triangolari, sporgenti, con tracce di incrostazioni ferrose.
Inedito.

Si rimanda alla scheda n. 259 (n.inv.O.17095).
IV–III sec.a.C.

255. Frammento di anello gemino cuspidato
Tav. 83
N.inv.O.10781 Lungh. max. cons. cm 3.2; largh. max. cons. cm 2.2
Acquistato nel 1917 presso R. Forrer (Strasburgo), proverrebbe da Bellinzona.
Superficie regolare; patina verde scura.
Rimane la parte centrale di un oggetto del tutto simile al n.254 (n.inv.O.10421): presenta al centro del lato frontale una sporgenza triangolare.
Behn 1920a, 148, n.1082.

Si rimanda alla scheda n. 259 (n.inv.O.17095).
IV–III sec.a.C.

256. Frammento di anello gemino cuspidato
Tav. 83
N.inv.O.11355 Lungh. max. cons. cm 3; largh. max. cons. cm 2
Provenienza sconosciuta; acquisito nel 1919.
Superficie regolare; patina bruna, con chiazze dorate.
Rimane la parte centrale di un oggetto del tutto simile al n.254 (n.inv.O.10421).
Inedito.

Si rimanda alla scheda n. 259 (n.inv.O.17095).
IV–III sec.a.C.

257. Anello gemino cuspidato Tav. 83
N.inv.O.17096 Lungh. cm 7; largh. cm 3
Provenienza sconosciuta; acquistato nel 1928 sul mercato antiquario a Budapest (Stürmer) con altri materiali (O.17014 – O.17252), tra i quali molti bronzi etrusco-italici.
Integro; superficie regolare; patina verde chiara.
Del tutto simile al n.254 (n.inv.O.10421): anteriormente presenta due sporgenze oblunghe sugli anelli.
Inedito.

Si rimanda alla scheda n. 259 (n.inv.O.17095).
IV–III sec.a.C.

258. Anello gemino cuspidato Tav. 83
N.inv.O.17097 Lungh. cm 6.7; largh. cm 3.1
Provenienza sconosciuta; acquistato nel 1928 sul mercato antiquario a Budapest (Stürmer) con altri materiali (O.17014 – O.17252), tra i quali molti bronzi etrusco-italici.
Integro; superficie regolare; patina verde chiara.
Del tutto simile al n.254 (n.inv.O.10421): due sporgenze oblunghe sugli anelli nella faccia frontale e due spunzoni tronco-piramidali al centro.
Inedito.

Si rimanda alla scheda n. 259 (n.inv.O.17095).
IV–III sec.a.C.

259. Anello gemino cuspidato   **Tav. 83**

N. inv. O. 17095   Lungh. cm 7.9; largh. cm 3.3

Provenienza sconosciuta; acquistato nel 1928 sul mercato antiquario a Budapest (Stürmer) con altri materiali (O. 17014 – O. 17252), tra i quali molti bronzi etrusco-italici.

Integro; superficie lievemente corrosa; patina bruna.

Del tutto simile al n. 254 (n. inv. O. 10421): due sporgenze oblunghe sugli anelli nella faccia frontale.

Inedito.

Malgrado sia stato scritto molto sulla funzione di questi oggetti, l'interpretazione più soddisfacente rimane quella espressa all'inizio di questi studi da P. Strobel, che li ritenne di probabile impiego nella bardatura equina come valida alternativa ai morsi: con le punte si poteva infatti esercitare una pressione dolorosa su parti sensibili del cavallo (Strobel 1888 e 1889). In alternativa numerosi studiosi hanno proposto la funzione di tenditore per arco (Bogenspanner in lingua tedesca: riferimenti in Jurgeit 1999, 178–179). La bibliografia successiva agli interventi di P. Strobel è riepilogata da A.-M. Adam 1984, 105–106, ad n. 119 (molto simile all'esemplare in questione per i triangoli sulla faccia anteriore) e discussa in modo critico da Sannibale 1998, 222–253, nn. 269–318, che compila una lista di attestazioni, alla quale si possono aggiungere almeno: Rep. opere trafugate 5, 1969 [1972], 38, fig. 88; Piombino 1989, 131, n. 155; Caliò 2000, 332 nn. 596–598; S. Zanini, in Padova 2000, 119 n. 153 (sette esemplari). Tra i pochi ritrovamenti in contesto figurano gli esemplari da Marzabotto e Volterra (Guerruccia, tomba 7: StEtr IV, 1930, 41, fig. 26, del IV sec. a. C.). Alcuni esemplari provengono da raccolte di superficie in siti attribuiti a epoca romana (?) nel territorio di Civitavecchia (Angioni 1990, 247 fig. 323 nn. 1–3). Oggetti simili sono stati rinvenuti anche a Olimpia (Furtwängler 1890, 195 n. 1249, tav. 66) e nell'oppidum celtico tardo-lateniano di Manching presso Ingolstadt (Monaco di Baviera, Prähistorische Staatssammlung, n. inv. 1961. 72). IV–III sec. a. C.

ABBIGLIAMENTO E ORNAMENTO
(nn. 260–530)

260. Cinturone a losanga   **Tav. 84**

N. inv. O. 38861   H max. cm 12.5; lungh. cm 55.5
Provenienza sconosciuta; acquistato nel 1966 sul mercato antiquario a Francoforte sul Meno.
Lievemente sfrangiato sul bordo sinistro, altrimenti integro. Patina bruna piuttosto uniforme, con chiazze dorate.
Fascia in lamina piuttosto sottile, più larga al centro. Due coppie di fori (antichi) all'estremità destra, una coppia (recente) all'estremità sinistra; fori e lacerazioni diffusi sulla superficie.
Lungo l'intero perimetro corre una fascia di tre file di punti sbalzati; una fila orizzontale di punti analoghi divide la lamina in due metà, la cui decorazione è simmetrica. Procedendo dall'esterno verso l'interno si notano tre coppie di punti con cerchio di contorno, due protomi di uccello acquatico che formano una barca solare (con profilo a puntini e linea centrale a punti più grandi), una coppia di punti sbalzati circondati da un triplice cerchio di contorno e infine al centro un punto sbalzato con duplice cerchio di contorno, circondato da tre cerchi concentrici di punti sbalzati, alternati a circoli di puntini, pure a sbalzo.

Egg, Pare 1995, 112 n. 9.

Nel corso dell'età del Ferro i cinturoni in lamina decorata a sbalzo furono adottati nel costume degli individui femminili di rango elevato in diversi ambiti culturali della penisola italica (Albanese Procelli 1993, 177–178). La forma a losanga, diffusa nella regione medio-tirrenica e nelle aree di cultura villanoviana, è sinora priva di uno studio aggiornato: la bibliografia è reperibile in contributi di taglio generale (v. Hase 1979, 71, note 40 s.; v. Hase 1981, 15; A.-M. Adam 1984, 131–133, nn. 164–165; Fugazzola Delpino 1984, 41, 91 e 104 per l'esemplare dalla tomba vulcente "dei bronzetti sardi" della seconda metà del IX sec. a. C., che è uno dei più antichi datati; Gras 1985, 671 s.; Bartoloni 1989, 149, 162, 191, 199). Di recente sono stati editi alcuni esemplari conservati in collezioni private (Reusser 1986, 15, n. 2.8; Jerusalem 1991, 77–78, nn. 90–92; Genève 1993,

136 sg., n. 47; de Min 1998, 60–61 n. 8). Il motivo della barca solare induce a collocare questo esemplare nella fase iniziale della produzione. Fine IX–VIII sec. a. C.

261. Cinturone a nastro   **Tav. 84**

N. inv. O. 38860   H max. 16.3, min. 1.9
Provenienza sconosciuta; acquistato nel 1966 a Francoforte sul Meno.
Bordi lievemente sfrangiati in aree delimitate, altrimenti integro. Superficie della faccia anteriore regolare, con patina verde scura, con chiazze dorate; la superficie posteriore è invece ossidata in modo uniforme, con numerose incrostazioni.
In spessa lamina di forma quasi ellittica, termina all'estremità sinistra con un gancio, all'estremità destra con una piastra quadrangolare con i bordi ripiegati. Presenta due fori allineati in verticale sulla piastra e due presso il margine in corrispondenza dell'altezza maggiore del cinturone. È decorato nella parte frontale da tre file di bugne circolari, costituite rispettivamente da tre, cinque e tre elementi, delimitate verticalmente da quattro colonne di pseudo-meandri, che corrono anche lungo i bordi del cinturone: gli pseudo-meandri, disposti lungo apposite linee guida lievemente incise, sono graffiti e campiti da trattini obliqui. Tra le bugne sono graffite losanghe concentriche, con denti di lupo ai vertici. File di denti di lupo corrono anche lungo gli pseudo-meandri dei bordi; un fregio orizzontale a denti di lupo contrapposti, rispettivamente penduli ed eretti, corre al centro del cinturone. Sulla piastra quadrangolare è graffita una croce di Sant'Andrea, con triplice linea.

Egg, Pare 1995, 112 n. 10.

Questa foggia, ispirata ai prototipi villanoviani, è documentata in sepolture femminili nel Lazio (Roma 1976, 88 nn. 3–4; Bartoloni, Cataldi Dini 1980, 134 n. 48). VIII sec. a. C.

262. Pettorale a fascia con pendenti   Tav. 85
N. inv. O. 11499   Largh. cm 28.5; H cm 32.5
(totale); batacchio cm 1.7; mani cm 6.5; triangoli
cm 3.9; figure umane cm 5.5 e cm 8.5
Provenienza sconosciuta; acquistato nel 1919 all'
asta delle collezioni Marx-Sieck.
Fascia integra, con superficie fortemente corrosa in due punti e patina omogenea, bruna. Ricomposto con l'ausilio di anelli di plexiglas.
Fascia rettangolare di spessa lamina concava; al
centro del bordo superiore figura il sistema di
sospensione, formato da tre stanghette verticali
fiancheggiate da due oblique, che sostengono una
traversa orizzontale coronata da tre occhielli.
Lungo il bordo inferiore corre una fitta serie di
forellini, occupati solo in parte da quindici catenelle di varia lunghezza, formate da anelli doppi
intrecciati, alle cui estremità inferiore pendono
con una disposizione simmetrica da sinistra verso destra un segmento di catenella a maglie più
strette, due pendenti a batacchio, una mano aperta, quattro triangoli antropomorfi alternati a tre
figure umane stilizzate, una mano aperta, due
batacchi e un segmento di catenella. Le due mani
sono dissimili tra loro: la sinistra, coronata da
una testa elmata riprodotta schematicamente, ha
un fusto di sospensione con incisioni orizzontali
e mostra sulla palma due cerchi concentrici; la
destra inornata ha un fusto di sospensione liscio,
molto rigido. I quattro pendenti a triangolo sono
simili tra loro e mostrano nell'estremità superiore due appendici laterali, che simboleggiano le
braccia aperte. Anche i due pendenti laterali a
figura umana sono del tutto simili tra loro e raffigurano un uomo stante con le braccia sporgenti poggiate sull'addome che disegnano due ampie circonferenze; degli uomini, che indossano
uno stretto perizoma, sono raffigurati gli occhi
(con due puntini), le orecchie (con due forellini),
la bocca (con un taglio orizzontale), i capezzoli
(con cerchietti e puntino centrale). Pendente centrale: uomo stante, con le braccia allargate lungo
i fianchi piegate all'altezza del gomito quasi ad
angolo retto, volto appiattito con orecchie (occhielli applicati, dai quali pendono due cerchi),
occhi (cerchietto e puntino) e bocca (segmento
orizzontale), alto collo con linee orizzontali e
spezzate, torso stretto e allungato con capezzoli
e ombelico (entrambi resi con cerchietto e puntino centrale), due linee oblique che segnano l'in

guine (residuo del perizoma?), gambe sottili, divaricate. Intorno alla vita e alle braccia sono avvolte strettamente fitte spirali di filo.

München 1918, 19 n. 302, tav. 13; Behn 1927, 103, tav. 7.3; Egg, Pare 1995, 160, n. 18, Taf. 54.1; Naso 2000a, fig. 43.

L'ornamento è ascrivibile alla cultura picena, nella quale si conosce una notevole varietà di pettorali, esaminati da D. Lollini (Lollini 1977, fig. 7
fase III), C. Reusser (Reusser 1986, 14, n. 2.4) e
in specie M. Landolfi (Landolfi 1990, 363, tav. VI;
M. Landolfi, in Frankfurt 1999, 126–127). Gravi
sospetti di autenticità gravano sulla serie a figura
sbalzata (Zuffa 1959; Naso 2000a, 171). Uno
stringente confronto è offerto da un pettorale a
Vienna simile all'esemplare a Magonza anche per
l'esuberanza degli accessori (Lippert 1994, figg. 1–
9): in merito occorre osservare che gli esemplari
filtrati attraverso le maglie del mercato antiquario possono avere subito integrazioni o sostituzioni. In questi due ornamenti sono di grande rilievo i pendenti a figura umana, di conformazione così simile da permetterne l'attribuzione alla
stessa cerchia artigianale, influenzata dalle coeve
esperienze della piccola plastica medio-tirrenica
(Lippert 1994, fig. 3 n. 13 per i due pendenti laterali, fig. 4 n. 34 = 11 in basso per il pendente centrale, più lungo). Per i singoli elementi si veda
anche la bibliografia indicata nelle schede nn. 278
(mano aperta), 275 (pendenti appiattiti antropomorfi); per pendenti a figura umana si veda anche Tabone 1996, 186, n. A 159. Prima metà del
VII sec. a. C.

263. Pettorale   Tav. 85
N. inv. O. 11498   H cm 41
Dalle Marche; acquistato nel 1919 all'asta delle
collezioni Marx-Sieck.
Integro, ma con maglie di catenelle talora ossidate e legate dalle incrostazioni. Sul sostegno:
patina poco omogenea, con chiazze giallastre su
fondo bruno.
Dal sostegno centrale di spessa lamina con aspetto
antropomorfo (corpo triangolare con tre appendici superiori, una centrale verticale che simboleggia il busto e la testa, due oblique più sottili
alludenti alle braccia alzate e allargate) pendono
otto file verticali di anelli, in duplice o triplice

maglia, con tre catenelle di rinforzo disposte in orizzontale a distanze regolari. All'estremità inferiore delle catenelle sono appesi in totale sedici pendenti fusiformi, con nodulo centrale.

München 1918, 19 n.301, tav.13; Behn 1927, 103, tav.7.4; Egg, Pare 1995, 160, n.18; Naso 2000a, fig.44.

La foggia di questo ornamento è stato attribuita alla fase IV A della periodizzazione della cultura picena (Lollini 1977, 143 e fig.15, 1; Landolfi 1990, 363, tav.VI; M. Landolfi, in Frankfurt 1999, 126–127). I pendagli con nodulo centrale sono anch'essi largamente diffusi nella cultura materiale picena (Offida 1977, 81, tav.46, B 15). VI sec.a.C.

264. Chatelaine a spirali — Tav.86

N.inv.O.14107 a–b   Lungh. cm 37.8 (con il pendaglio), cm 29.5 (senza pendaglio); largh. cm 9
Proverrebbe da Chiusi (?); acquistata nel 1927 presso un collezionista privato a Monsheim (dr. Fliedner), che l'aveva comprata dalla collezione Neue (Monaco di Baviera). Copia n.11501.
Integra. Patina bruna omogenea, con alcune scalfitture diffuse.
È formata da tredici coppie di spirali di filo, lavorate singolarmente e legate tra loro da anelli singoli o doppi: la superiore è conformata al centro a omega, per favorire la sospensione, mentre le altre mostrano tre occhielli centrali intrecciati. Nelle spirali inferiori, che sono di dimensioni minori e mostrano un'omega centrale, è infilato un pendente sferoidale cavo, con occhiello superiore, fusto di sospensione e appendice inferiore. Con il n.O.14107 b è conservato a parte un frammento di spirale, nel quale è infilato un pendaglio sferoidale del tutto simile, tranne che per il fusto di sospensione, costolato (H cm 8.7).

München 1908, 21 n.305; MainzZ 23, 1928, 8 (G. Behrens); Egg, Pare 1995, 160, n.17.

Malgrado questo ornamento femminile non compaia nella tipologia elaborata per la necropoli di Alfedena, Campo Consolino (AA.VV. 1975 e 1982), i reperti noti dai precedenti scavi condotti in quella località consentono di riconoscerlo come caratteristico del Sannio settentrionale, dove è documentato in particolare nella valle del

Sangro (Roma 1969, 55, nn.47–49, tav.29.49 = Franchi Dell'Orto, La Regina 1978, 341, tav.135; A. Faustoferri, in Frankfurt 1999, 270, n.565), da cui si diffuse anche altrove, come attesta una chatelaine da Cerveteri o Palestrina (Colonna 1992a, 20, fig.10, con notizia di altre). Si conoscono inoltre esemplari acespoti (Calzoni 1940, 63; Jurgeit 1999, 629–630 n.1108 forse dalla Puglia) e pendagli simili isolati (Dall'Osso 1915, 303). Sebbene siano documentate con certezza chatelaines rinvenute al di fuori della zona di produzione, da connettere alla mobilità dei personaggi femminili che li possedevano, la provenienza da Chiusi tradita per il pezzo a Magonza è da considerare con molta cautela: potrebbe infatti riferirsi al luogo di acquisto del reperto, che spesso veniva identificato con il luogo di provenienza. VII – prima metà del VI sec.a.C.

265. Collana — Tav.85

N.inv.O.37327   Lungh. max. cm 34
Provenienza sconosciuta; acquistata nel 1960 sul mercato antiquario a Spira (G. Wink).
Superficie regolare; patina omogenea nei vari elementi, simili anche per fogge.
Formata da undici spirali arrotolate (i cosiddetti saltaleoni) e da undici pendenti: dieci, otto dei quali del tutto simili tra loro, sono costituiti da un lungo fusto cilindrico, con occhiello di sospensione superiore, terminanti in basso in una goccia. Al centro figura un pendente a oinochoe trilobata, fuso.
Per similitudine nella patina e nella foggia la collana potrebbe anche essere di composizione antica: non pertinenti sembrano invece due spirali di sezione diversa e due pendenti più piccoli degli altri, con corpo globulare e appendici a lira sopra l'occhiello di sospensione. È quindi probabile che la collana sia stata in origine più corta; è incerto se comprendesse il pendente a forma di oinochoe.

Inedita.

La collana è stata verosimilmente ricomposta con materiali eterogenei, almeno per quanto riguarda la posizione centrale del pendente a oinochoe: segmenti spiraliformi sono attestati nella cultura villanoviana di Bologna (Pincelli, Morigi Govi 1975, 49–50, tomba 13, tav. 59 n. 5) e nelle culture medio-adriatiche (AA.VV. 1975, 428, n. 2, fig. 30: da Alfedena, tomba 8). I pendenti a oinochoe figurano tra gli ornamenti più caratteristici dell'area medio-adriatica, nella quale sono impiegati in collane, come quella formata da sei oinochoai rinvenuta nella tomba 127 di Campovalano (Zanco 1974, 62 n. 28), armille (Dall'Osso 1915, 143) e specie fibule (Roma 1969, 60–61, nn. 75, 76, 83, tavv. 34–35 = Franchi Dell'Orto, La Regina 1978, 283, tav. 71 da Campovalano). Le oinochoai riproducono il tipo cosiddetto rodio, prodotto in Etruria e diffuso anche in località del versante adriatico (per le quali si rimanda alla scheda n. 94, n. inv. O. 22515), come hanno notato i numerosi studiosi che se ne sono occupati (Colonna 1974a, 93 nota 2; Lollini 1977, 143 per l'attribuzione al Piceno IV A; Santoro 1977, 226 n. 9 per la diffusione concentrata in area medio-adriatica; Bouzek 1980, 67–68, figg. 3–4; A.-M. Adam 1984, 139–140, n. 181 con lista di esemplari; Landolfi 1990, tav. VI; van Dommelen 1991, 46, tav. 4.3; Colonna 1992a, 20; Bianchi 1995, 36–38; Tabone 1996, 182–183, n. A 155; Jurgeit 1999, 638 nn. 1123–1125; N. Lucentini, in Frankfurt 1999, 267, n. 548; esemplari inediti sono esposti anche nel Museo Archeologico di Firenze (sala XV: i numeri d'inventario visibili sono 1556 e 1557). VI sec. a. C.

266. Due perle di collana **Tav. 86**

N. inv. O. 10256   H cm 0.8; diam. cm 1.1

Acquistato nel 1917 presso R. Forrer (Strasburgo). Proverrebbero da Bologna.

Integri; superficie regolare; patina verde scura.

Forma cilindrica, schiacciata, con grande foro centrale.

Behn 1920a, 126, n. 968 (Vier kleine Perlen).

Perle bronzee per collana sono diffuse in Etruria, nel Lazio e nella Campania etrusca (Bietti Sestieri 1992, tipo 89x, 436, tav. 46), ma non sono per ora documentate nelle necropoli villanoviane di Bologna (Pincelli, Morigi Govi 1975; Tovoli 1989). IX–VIII sec. a. C.

267. Pendenti **Tav. 86**

N. inv. O. 10326   H max. cm 3

Proverrebbero da Bologna; acquistati nel 1917 presso R. Forrer (Strasburgo).

Integri; superficie regolare; patina bruna.

Quattro pendenti verticali di filo bronzeo, formati da tre occhielli tangenti, terminanti in basso in un ingrossamento sferoidale. Cfr. il n. 268 (n. inv. O. 10331), del tutto simile.

Behn 1920a, 125, n. 962.

I frammenti simili attestati nei corredi funerari villanoviani di Bologna-San Vitale sono stati ritenuti le estremità di armille spiraliformi (Pincelli, Morigi Govi 1975, 48, tomba 11, n. 5 tav. 58; n. 167, n. 4 tav. 142; 187, tomba 278, n. 4 tav. 151; 409, tomba 709 n. 3–4, tav. 281). L'uso come pendente dei quattro esemplari integri a Magonza è invece certo. IX–VIII sec. a. C.

268. Pendente **Tav. 86**

N. inv. O. 10331   H cm 2.6

Proverrebbe da Bologna; acquistato nel 1917 presso R. Forrer (Strasburgo).

Integro; superficie regolare; patina bruna.

In filo di bronzo, è formato da tre occhielli tangenti e termina inferiormente in un ingrossamento sferoidale.

Behn 1920a, 125, n. 963.

Si rimanda alla scheda n. 267 (n. inv. O. 10326). IX–VIII sec. a. C.

269. Pendente ad ascia **Tav. 86**

N. inv. O. 7094   Lungh. cm 3.3

Acquisito nel 1912 sul mercato antiquario a Milano, assieme al n. O. 7093.

Integro; superficie ricoperta da incrostazioni diffuse; patina verde scuro (per quanto visibile).

Il pendente riproduce un'ascia a occhio miniaturistica: occhio pressoché circolare e lama stretta, espansa in corrispondenza del taglio.

Riprodotto in Behn 1914, 7–8, fig. 4, senza essere discusso nel testo.

Esemplari simili sono attestati in numerose culture dell'Italia protostorica: in Etruria a Poggio Civitate, da uno strato datato nell'avanzato VII sec. a. C. (Warden 1985, 46–51 n. 56 con bibliografia e confronti), nel Piceno nella collezione Allevi (Offida 1977, 82, B 313) e nell'Italia meridionale a Torre Galli (Orsi 1926, 98, fig. 87 = Pacciarelli 1999a, 183 n. 9, tav. 125). VIII–VII sec. a. C.

270. Pendente ad ascia   Tav. 86
N. inv. O. 7095 a   H cm 5
Provenienza sconosciuta; acquistato a Bologna nel 1913.
Privo di un angolo e di parte dell'anello di sospensione. Superficie regolare, con patina omogenea, verde scura, coperta in parte da incrostazioni verdastre.
Di forma triangolare, con i margini ad andamento circolare. Sulla sommità ispessita figura un occhiello di sospensione di forma ellittica, posto su un fusto di sostegno.

Behn 1914, 7, fig. 4.

La forma riprodotta occorre spesso a Bologna nella cultura villanoviana, sia in forme miniaturistiche come questa, nella serie delle palette votive (Tovoli 1989, 287–288, nn. 177–179, tav. 122) sia in dimensioni maggiori, nella serie dei tintinnabuli (Morigi Govi 1971, 228 tav. 50, n. 12), come si evince dalla rassegna bibliografica curata da G. Warden (Warden 1985, 47–49, ad n. 56). Pendenti ad ascia sormontati da una protome ornitomorfa sono noti nella cultura laziale, come un esemplare edito di recente (Genève 1993, 106, n. 17). VII sec. a. C.

271. Pendente a pettine   Tav. 86
N. inv. O. 17178   Lungh. cm 7.5; h cm 5.4
Provenienza sconosciuta; acquistato nel 1928 sul mercato antiquario a Budapest (Stürmer) con altri materiali (O. 17014 – O. 17252), tra i quali molti bronzi etrusco-italici.
Privo dell'angolo superiore e di due denti, altri dei quali sono spezzati. Superficie corrosa e incrostata; patina verde scura.

A undici denti aguzzi, conici, a sezione circolare, distanziati tra loro. Al centro della fascia superiore, decorata da cerchietti incisi con un puntino al centro, sporge un manico semicircolare, con trafori laterali e un foro centrale per la sospensione.

Inedito.

Pendagli bronzei a pettine sono diffusi in diverse regioni dell'Italia antica, in modo particolare nel versante medio-tirrenico (Paribeni 1906, 391, fig. 13; Hall Dohan 1942, tomba 19 M, 38, n. 15, 40 con confronti, tav. 20 n. 15 e tomba 23 M, 43, tav. 22, n. 22; Jerusalem 1991, 72, n. 79, con altri confronti; di recente l'intera classe è stata esaminata da K Berggren (Berggren 1995). VIII–VII sec. a. C.

272. Pendente a goccia   Tav. 86
N. inv. O. 10423   H cm 8.4
Proverrebbe da Bologna, acquistato nel 1917 presso R. Forrer (Strasburgo).
Integro; superficie regolare, ma con tracce di ossido di ferro; patina omogenea, verde chiara.
Corpo affusolato in basso, coronato da un occhiello di sospensione, occluso da un resto di ferro a sezione quadrata, pertinente al filo di sospensione. Simile all'esemplare della scheda successiva, con il quale formava forse lo stesso ornamento.

Behn 1920a, 125, n. 959.

I pendenti a goccia conoscono un'amplissima diffusione nell'Italia settentrionale e centrale e compaiono a Bologna nei corredi della seconda fase villanoviana; divengono più frequenti nella terza fase (Warden 1985, 55–58, n. 66). VIII–VII sec. a. C.

273. Pendente a goccia   Tav. 86
N. inv. O. 10425   H cm 6.7
Proverrebbe da Bologna; acquistato nel 1917 presso R. Forrer (Strasburgo).
Integro; superficie regolare, ma con tracce di ossido di ferro; patina omogenea, verde chiara.
Corpo affusolato in basso, coronato da un occhiello di sospensione. Nell'occhiello un fram-

mento di ferro, a sezione quadrata. Simile all' esemplare presentato nella scheda precedente, con il quale decorava forse lo stesso ornamento.

Behn 1920a, 125, n. 960.

Si rimanda alla scheda precedente. VIII–VII sec. a. C.

274. Pendente a batacchio biconico   Tav. 86
N. inv. O. 26709   H cm 4.7
Provenienza sconosciuta; acquistato nel 1932 dalla collezione Riese (comprato a Roma nel 1895: Katalog Sammlung Riese n. 512).
Integro; superficie incrostata; patina bruna.
Corpo biconico, sormontato da un occhiello per la sospensione.

Inedito: cenno in MainzZ 29, 1934, 89 (G. Behrens).

Pendenti di forma simile sono diffusi in Etruria e nel Lazio nell'VIII sec. a. C. (Bietti Sestieri 1992, tipo 88 bb, 426 tav. 45); possono essere connessi anche a bardature equine, come un esemplare dal deposito di Brolio in Val di Chiana (Romualdi 1981, 20 e 34). VIII–VII sec. a. C.

275. Pendente appiattito   Tav. 86
N. inv. O. 30886   H cm 4.2
Provenienza sconosciuta; acquisito nel 1939 dal Museo di Worms.
Integro; superficie incrostata; patina verde.
Corpo di forma triangolare, sovrastato da due appendici laterali, sporgenti e dall'occhiello di sospensione al centro. La forma complessiva del pendente richiama una sagoma antropomorfa.

Inedito.

Ornamenti di questa foggia sono frequenti nella III fase della cultura picena, come dimostrano numerosi confronti dalla collezione Allevi (Offida 1977, 81, tav. 46, B 20 e van Dommelen 1991, 46, tav. 5.2) e di altra provenienza (Lippert 1994, 152 e 158, figg. 1–2, 5, 8–9, 12 (prima metà VII sec. a. C.). Esemplari inediti si conservano anche nel Museo di Etruscologia e Antichità Italiche dell'Università di Roma «La Sapienza». VII sec. a. C.

276. Pendente appiattito   Tav. 86
N. inv. O. 30887   H cm 3.6
Provenienza sconosciuta; acquisto nel 1939 dal Museo di Worms.
Occhiello di sospensione spezzato; superficie incrostata; patina verde.
Corpo di forma triangolare, sovrastato da due coppie di appendici laterali, sporgenti, ma di dimensioni diverse, e dall'occhiello di sospensione al centro. La forma complessiva del pendente richiama una sagoma antropomorfa.

Inedito.

Si rimanda alla scheda precedente. VII sec. a. C.

277. Pendente appiattito   Tav. 86
N. inv. O. 26711   H cm 3.6
Provenienza sconosciuta; acquistato nel 1932 dalla collezione Riese (comprato a Roma nel 1895: Katalog Sammlung Riese n. 513b).
Rotture alla base; superficie regolare; patina verde chiara.
Largo corpo triangolare, dal quale sporgono in alto e di lato (dal basso in alto) due anelli, due appendici dritte e l'occhiello di sospensione, ostruito da residui di filo bronzeo. La forma complessiva ricorda una sagoma antropomorfa.

Inedito: cenno in MainzZ 29, 1934, 89 (G. Behrens).

L'ornamento è attribuibile alla fase III della cultura picena (Dumitrescu 1929, fig. 20, n. 3; Offida 1977, 81, tav. 46, B 31). Si veda anche la scheda n. 275 (n. inv. O. 30886). VII sec. a. C.

278. Pendente a mano aperta   Tav. 86
N. inv. O. 10409   H cm 8.4
Provenienza sconosciuta; acquistato nel 1917 da R. Forrer (Strasburgo), che lo aveva comprato a Parigi.
Integro. Superficie regolare; patina verde scura. Incrostazioni su una sola faccia.
Mano di forma circolare, decorata sulle due facce da cinque cerchietti graffiti, con puntino centrale. Cinque dita stilizzate, sottili e aguzze. Fusto di sospensione decorato da collarini di varie

dimensioni, terminati superiormente da una sfera e dall'occhiello.

Inedito.

Il pendente a mano aperta che figura nell'ornamento appeso a una fibula da Numana (collezione Rilli), quello dalla stipe votiva di Appennino di Visso e il pettorale n. 262 (n. inv. O. 11499) consentono di attribuire anche questo pendente alla fase III della cultura picena (Lollini 1977, fig. 7 e tav. 139 e Landolfi 1990, tav. VI), diffuso anche in altre località (Colonna 1992a, 16 ss., fig. 9); Lippert 1994, fig. 7; Tabone 1996, 185, n. A 158. VII sec. a. C.

279. Pendente a melograna (?) Tav. 87
N. inv. O. 7143 H cm 2.9
Proverrebbe da Bologna. Comprato a Bologna nel 1913 insieme a O. 7095 e a O. 7144 – O. 7146 per 10 lire.
Integro; incrostazioni diffuse sul corpo; patina verde scura.
Pendente di forma globulare, con costolature verticali sul corpo, che ricordano la forma di una melograna; è coronato da un breve fusto e da un occhiello di sospensione. È conservato insieme a una catenella, formata da 14 anelli circolari, doppi.

Behn 1920a, 126, n. 966.

Pendagli di forma paragonabile sono attestati a Belmonte Piceno (Dall'Osso 1915, 42 e 51, penultima fila in basso a sinistra), nella collezione Allevi (Offida 1977, 82, tav. 46, B 318) e a Novilara (forse dalla necropoli del fondo Servici: Beinhauer 1985, 802, tav. 189, n. 2214). A Bologna sono molto frequenti in periodo villanoviano pendenti sferoidali senza costolature (tra i tanti Pincelli, Morigi Govi 1975, 419, tomba 719, tav. 285 n. 5). Le catene a doppia maglia occorrono non solo negli ornamenti piceni (Lippert 1994, fig. 1), ma anche in quelli etruschi (Warden 1985, 77, n. 118, tav. 14 c–d). VII sec. a. C.

280. Pendente a batacchio Tav. 87
N. inv. O. 25858 H cm 7.3

Provenienza sconosciuta; acquistato nel 1933 a Neustadt (C. Mehlis: etruische Funde Bologna, Orvieto, Rom n. O. 25852 – O. 25860).
Integro, superficie corrosa, patina verde scura.
A fusto cilindrico, con appendici superiori a lira ai lati dell'occhiello di sospensione, ingrossamento sferoidale nel centro e punta arrotondata. È infilato in una catenella formata da quattro anelli di filo a sezione circolare (diam. cm 2.3).

Inedito: cenno in MainzZ 29, 1934, 89 (G. Behrens).

Pendenti di forma simile sono molto diffusi nella cultura picena (Jurgeit 1999, 641–642 n. 1131); dalla necropoli di Numana proviene anche una forma di fusione in bronzo (Frankfurt 1999, 276 n. 602). VII–VI sec. a. C.

281. Pendenti a goccia Tav. 87
N. inv. O. 10327 H cm 2.4
Proverrebbero da Bologna; acquistati nel 1917 da R. Forrer (Strasburgo).
Tre pendenti a goccia, con occhiello superiore per la sospensione; sotto l'occhiello sono incise due linee orizzontali. I pendenti sono infilati in tre anellini, occlusi attualmente dalla corrosione del metallo.

Behn 1920a, 125, n. 961.

Pendenti simili sono attestati nella cultura picena (Dall'Osso 1915, 143, in alto a destra da Numana; Jurgeit 1999, 648 n. 1149) e nel Bellunese (Viel 1999, 90–91). VII–VI sec. a. C.

282. Pendente composito Tav. 87
N. inv. O. 14106 H max. cm 10.0
Proverrebbe da Cortona (?); acquistato nel 1927 da un collezionista privato a Monsheim (dr. Fliedner), che lo aveva comprato dalla collezione Naue (Monaco di Baviera).
Apparentemente integro; superficie in vario stato di conservazione, incrostata e regolare; patina verde chiara o bruna.
L'ornamento è composto da due elementi in filo con estremità avvolte a spirale, uniti tramite anelli anch'esso di filo. In uno degli archi sono infilati cinque pendenti di bronzo fuso di forma biconica,

appiattiti. Un elemento è integro, dell'altro rimane circa la metà.

München 1908, 21 n.301; Behn 1920a, 128, n.980.

Gli oggetti sono stati accostati sul mercato antiquario, combinando due ganci in filo di bronzo di un tipo documentato nell'VIII sec.a.C. nel Lazio e in Campania (G. Colonna, citato in Jurgeit 1999, 650 n.1152) con cinque pendenti di ambiente piceno, risalenti al VI sec.a.C. (Dall'Osso 1915, 186 dalle necropoli tra Grottammare e Cupramarittima e i confronti citati da Jurgeit 1999, 647 n.1146).

pia protome taurina in Sardegna (Karlsruhe 1980, 427 s., n.290); sembrano invece da riferire ad altri orizzonti culturali i pendenti restituiti da alcuni santuari greci (Olimpia e Delfi: bibliografia in Comstock, Vermeule 1971, 180 n.215), che presentano un foro per la sospensione al posto del comune occhiello. L'attribuzione alla fase IV della cultura picena è stata proposta da D. Lollini in base ai reperti della tomba 19 di Grottazzolina, dove erano utilizzati come maglie di cintura (Lollini 1977, 143, fig.12), e da M. Landolfi (Landolfi 1990, tavola VI). VI sec.a.C.

283.   Pendente a doppia protome di ariete
Tav.87

N.inv.O.8799   H cm 3; lungh. cm 5.1
Provenienza sconosciuta; acquistato sul mercato antiquario a Magonza (1915).
Le corna e una coppia di zampe sono prive delle estremità. Cricche in superficie; patina omogenea, bruna.
Corpo schematico, con quattro zampe e con protomi alle estremità, caratterizzate da un muso triangolare e da lunghe corna a voluta: una protome mostra solo le corna, senza muso. Robusto anello di sospensione al centro del corpo.

Inedito.

Nell'ambito della vasta produzione di pendenti a quadrupede, comuni a numerose culture della Italia preromana, questa foggia rimanda senza dubbi alla cultura picena, come indica una messe di confronti (Dall'Osso 1915, 301 con una fotografia che mostra diversi tipi di pendagli a protome animale, doppia e semplice; Calzoni 1940, 55; Peroni 1976, 100–101, fig. 1, 23; Roma 1981, 109–110, n.69 per la lista più completa di esemplari simili). Tra gli esemplari editi in seguito si vedano almeno Falconi Amorelli 1982, 99–102, nn.103–107; A.-M. Adam 1984, 136–137, n.176–178; Lloyd Morgan 1986; Walberg 1987, 452, n.4, fig. 4; Reusser 1988, 61, E 82; van Dommelen 1991, 46, tav.5.3; Lippert 1994, 153, figg.6, 13; Bianchi 1995, 27–31; Tabone 1996, 178–181, nn.A 151–A 154; Jurgeit 1999, 633 n.1113. Degni di nota i ritrovamenti di un pendente a dop-

284.   Pendente a doppia protome di ariete
Tav.87

N.inv.O.8963   H cm 2.8; lungh. cm 5.1
Provenienza sconosciuta; acquistato nel 1916 presso un collezionista a Strasburgo (R. Forrer?). Privo di una zampa e di un corno; superficie regolare; patina omogenea, verde scuro.
Corpo schematico, con quattro zampe e con protomi alle estremità, caratterizzate da un muso triangolare e da lunghe corna a voluta. Anello di sospensione al centro del corpo.

Behn 1920a, 128, n.982.

Si rimanda alla scheda precedente. VI sec.a.C.

285.   Pendente a doppia protome equina
Tav.87

N.inv.O.23192   H cm 3; lungh. cm 5.7
Provenienza sconosciuta; catalogato nel 1932 dai vecchi fondi del RGZM.
Integro; un foro in basso tra due zampe; superficie regolare, con lievi incrostazioni; patina bruna.
Corpo schematico di forma stretta e allungata, con quattro zampe appena accennate e due protomi alle estremità, caratterizzate da un collo molto lungo e da un muso configurato in modo sommario. Al centro anello di sospensione.

Behn 1920a, 128, n.984.

Si rimanda alla scheda n.283 (n.inv.O.8799). VI sec.a.C.

236. Pendente a doppia protome taurina Tav. 87
N. inv. O. 37297   H cm 3.1; lungh. cm 5.6
Proviene forse da Firenze (?); acquistato nel 1960 sul mercato antiquario a Spira (G. Wink).
Privo di un corno, spezzato; superficie lievemente incrostata; patina bruna, con chiazze verdastre. Corpo schematico, con quattro zampe e due protomi alle estremità, caratterizzate da un lungo collo, muso appena accennato e corna attorte. Al centro foro per la sospensione.
Inedito.

S rimanda alla scheda n. 283 (n. inv. O. 8799). VI sec. a. C.

237. Pendente a forma di ariete Tav. 87
N. inv. O. 23186   H cm 3.2; lungh. cm 4.5
Provenienza sconosciuta; catalogato nel 1932 dai vecchi fondi del RGZM.
Integro; superficie lievemente incrostata; patina non omogena, verde-bruna.
Corpo schematico, lunghe zampe, rigide e legnose, coda massiccia, muso triangolare sommariamente configurato, corna a voluta. Al centro del dorso un occhiello per la sospensione.
Behn 1920a, 110, n. 865.

Per pendenti simili A.-M. Adam 1984, 138, n. 180 e la bibliografia citata alla scheda n. 283 (n. inv. O. 8799): da segnalare un esemplare inedito al Museo di Melfi, da Ripacandida. VI sec. a. C.

238. Pendente a forma di cavallo Tav. 87
N. inv. O. 23187   H cm 4.3; lungh. cm 5.5
Provenienza sconosciuta; catalogato nel 1932 dai vecchi fondi del RGZM.
Privo delle zampe anteriori, delle estremità della coda e di una zampa posteriore. Superficie regolare; patina molto omogenea, bruna.
L'animale presenta un corpo assottigliato al centro, lungo collo e muso triangolare, configurato sommariamente: sulla testa è raffigurato un uccello, di forma schematica. Al centro occhiello per la sospensione.
Behn 1920a, 110, n. 866.

Ornamenti di questa foggia sono largamente utilizzati nella fase IV A della cultura picena (Lollini 1977, 143; Landolfi 1990, tav. VI); se ne conservano esemplari in numerose collezioni museali tra le quali si ricordano Châlon-sur-Saône (Boucher 1983, 38, n. 9 considerato celtico!), Parigi, Bibliothéque Nationale (A.-M. Adam 1984, 137–138, n. 179 con datazione al VII, anziché al VI sec. a. C.), Bonn, Akademisches Kunstmuseum (Walberg 1987, 451, n. 3, fig. 3), Basilea, Antikenmuseum (Reusser 1988, 61–62, E 83, a–c), Como, Museo civico (Tabone 1996, 174–175, n. A 147) e Karlsruhe, Landesmuseum (Jurgeit 1999, 634 nn. 1114–1115). Accanto a pendenti decorati da una protome di uccello sulla testa del cavallo sono documentati esemplari che ne sono privi (Bianchi 1995, 27–31). Gli ornamenti provenienti dall'Etruria e dal Lazio sono forse da accostare alla presenza di personaggi femminili di origine picena in questi territori. Accanto ai pendenti piceni occorre comunque distinguere altre produzioni regionali, come un esemplare da Pompei di fattura locale (Limata 1995, tav. 41.3), uno da Voghenza (Naso 2000a, fig. 62) e una collana da Palestrina (Sgubini Moretti 2000, 176 n. 128), di origine per ora incerta. VI sec. a. C.

289. Pendente a forma di cavallo Tav. 87
N. inv. O. 26987   H max. cons. cm 3.3; lungh. cm 4.9
Provenienza sconosciuta; acquistato nel 1933 sul mercato antiquario a Budapest (Stürmer) con indicazione di provenienza 'Westungarn' (?), per la quale si rimanda a quanto osservato supra, nota 27.
Privo delle estremità delle zampe e della coda; anello di sospensione troncato. Superficie lievemente corrosa; patina omogenea, bruna.
Corpo schematico, assottigliato al centro, quattro zampe, collo lungo e muso sottile, sormontato dal residuo di una protome di uccello. Al centro del muso del cavallo corre un solco incidentale. Occhiello di sospensione al centro del dorso.
Inedito.

Si rimanda alla scheda precedente. VI sec. a. C.

290. Tre pendenti a conchiglia   **Tav. 88**
N. inv. O. 30821   H cm 3.9, 3 e 2.9
Provenienza sconosciuta; acquistati nel 1940 sul mercato antiquario a Colonia.
Integri. L'esemplare di maggiori dimensioni riproduce una conchiglia ciprea, solcata al centro della base da una larga fessura, con i bordi decorati da tratti obliqui; i due più piccoli, simili tra loro, hanno corpo allungato, con cavità al centro della base, che ricorda la fessura del pendente più grande.

    Inediti.

L'uso di conchiglie ciprae e di riproduzioni bronzee come pendenti è molto frequente nelle deposizioni femminili della cultura picena, in particolare nel settore meridionale (Dall'Osso 1915, 148 e 187; Lollini 1977, 143, fig. 15.3 li attribuisce al Piceno IV A; Landolfi 1990, tav. VI; van Dommelen 1991, 46, tav. 5.1 per le due più piccole; Colonna 1992a, 16 fig. 7, 20; Jurgeit 1999, 635–636 n. 1118). Pendenti bronzei a conchiglia sono documentati anche in altre regioni della penisola italica, almeno da Bologna a Sala Consilina (Barbera 1994, 56–57, n. 3, fig. 43), forse a testimonianza della presenza di personaggi femminili di origine picena. VI sec. a. C.

291. Pendente a conchiglia   **Tav. 88**
N. inv. O. 7051   H cm 3.4
Proviene dai dintorni di Bologna; acquistata a Bologna nel 1913 presso il prof. Pagan per 25 lire.
Occhiello di sospensione spezzato; superficie regolare; patina verde scura.
Viene riprodotta una conchiglia ciprea, solcata al centro della base da una larga fessura.

    Behn 1920, 126 n. 965.

Si rimanda alla scheda precedente. VI sec. a. C.

292. Bulla bivalve   **Tav. 88**
N. inv. O. 7052   H cm 2.8; diam. cm 2.2
Proverrebbe dai dintorni di Bologna; acquistata a Bologna nel 1913 presso il prof. Pagan per 25 lire.
Integra; incrostazioni ferrose sulla superficie; patina verde scura.

Ottenuta da una lamina unica piegata con le valve aperte, che mostrano una protuberanza centrale esterna; all'estremità superiore una fascia per la sospensione.

    Behn 1920a, 126, n. 967.

Bulle bivalvi di questa foggia sono molto comuni nell'Italia centrale e settentrionale, particolarmente nella cultura picena, fasi IV A e IV B (Offida 1977, 83, tav. 48; van Dommelen 1991, 45, tav. 4.2; Colonna 1992a, 16 ss., fig. 9; Anagni 1993, 94, n. 8.126), ma sono documentate anche in altri ambienti culturali, come Alfedena (AA.VV. 1982, 17, n. 12), Murlo in Etruria (Warden 1982; Warden 1985, 51, nn. 57–58, tav. 7 a, c–d), fino a un esemplare del II sec. a. C. rinvenuto in Tentino nella Val di Non (A.-M. Adam 1993, 47–49, fig. 1). VI–III sec. a. C.

293. Anello con bulle   **Tav. 88**
N. inv. O. 14104   Diam. anello cm 4.9; H bullae cm 3.6
Proverrebbe da Cortona; acquistato nel 1927 da un collezionista privato a Monsheim (dr. Fliedner), che lo aveva comprato dalla collezione Naue (Monaco di Baviera).
Anello con un avvolgimento e mezzo, rotto a entrambe le estremità; superficie regolare; patina non omogenea, con chiazze brune e verdi chiare.
Anello a sezione circolare, nel quale sono infilate tramite due anellini due bulle bivalvi. Ogni valva è forata al centro e unita all'altra da un perno a sezione quadrata.

    München 1908, 20, n. 285 tav. 6; Behn 1920a, 105, n. 817 (Copia 10742).

Per le bulle si rimanda alla scheda precedente. VI–III sec. a. C.

294. Pendente a secchiello   **Tav. 88**
N. inv. O. 10257   H cm 3.8
Acquistato nel 1917 da R. Forrer (Strasburgo). Proverrebbe da Bologna.
Integro; superficie regolare; patina omogenea, verde scura.
Occhiello di forma ellittica, sormontato da un

tronco di cono, terminante con una protuberanza conica (a ghianda).

Behn 1920a, 126, n. 964.

I pendenti a secchiello sono un ornamento caratteristico della cultura di Golasecca, nella quale sono documentati dalla fase II B della periodizzazione elaborata da R. de Marinis. Questo esemplare si ascrive al tipo a terminazione profilata, varietà C, tipica dei corredi tombali assegnati alla fase Golasecca III A 3 (de Marinis 1981, 231–232, fig. 5). Fine V – prima metà IV sec. a. C.

295. Torques   Tav. 88

N. inv. O. 7048   Diam. cm 15.4; sezione cm 0.5
Acquistato a Bologna nel 1913 presso il prof. Pagan per 25 lire: proverrebbe dai dintorni di Bologna.
Integro; superficie incrostata, di colore verde-bruno.
Cerchio irregolare a capi aperti, con sezione circolare, presenta le estremità a lamina appiattita, avvolta su se stessa, in modo da formare due occhielli. Nel torques sono infilati attualmente con dei fili metallici moderni due pendenti identici (H cm 3.6 ognuno), costituiti da un triangolo con il vertice in basso, sormontato da un fusto cilindrico, nel quale figura un anello per la sospensione. Uno dei due pendagli, che non sono pertinenti, reca il n. inv. O. 7049. Nel torques è infilato anche un anello a lamina appiattita, avvolta su se stessa.

Behn 1920a, 125, n. 957.

Torques simili, ma in verga attorta sono documentati dall'età del Bronzo finale alla prima età del ferro specie in Italia meridionale (Pacciarelli 1999b, 44 nn. 62–63), ma anche nelle regioni settentrionali (un esemplare di dimensioni minori da San Marino: Stephan 1986, 216, n. 37, fig. 9.4). Ornamenti simili a quello in esame sono diffusi in area medio-adriatica, come indica il confronto con alcuni pezzi nella collezione Allevi (Offida 1977, 80, tav. 45, B 304 e B 299). In seguito alle invasioni celtiche si diffusero nella penisola italica torques con terminazioni ad anello (Piana Agostinetti 1997). VIII sec. a. C.

296. Pendente triangolare   Tav. 88

N. inv. O. 7049   H cm 3.6
Proverrebbe dai dintorni di Bologna; acquistato a Bologna nel 1913 presso il prof. Pagan per 25 lire. Integro; superficie regolare; patina omogenea, verde scura.

Behn 1920a, 125, n. 958.

Si rimanda alla scheda n. 295 (n. inv. O. 7048).

297. Torques con estremità a ghianda
                                                    Tav. 89

N. inv. O. 5240   Diam. cm 16
Provenienza sconosciuta; acquistato il 22.2.1910 da P. Reinecke all'asta della collezione Lipperheide insieme ad altri oggetti (O. 5212 – O. 5276). Privo di una ghianda; superficie incrostata, di colore verdastro; patina bruna. Scritto con inchiostro di china reca il n. 561 (che non corrisponde a quello edito con quel numero nel catalogo a stampa della collezione Lipperheide).
A cerchio irregolare con sezione circolare, progressivamente assottigliata verso le estremità, nelle quali è infilata una ghianda, su un fusto cilindrico.

München 1910, 37 n. 450; Behn 1920a, 127, n. 975.

Ornamenti di questa foggia sono tipici della fase IV A della cultura picena (Lollini 1977, 143; Landolfi 1990, tav. VI). Numerosi confronti, concentrati a Belmonte Piceno, ne indicano la pertinenza femminile (Dall'Osso 1915, 44; Dumitrescu 1929, fig. 13, n. 2, da Belmonte Piceno; Comstock, Vermeule 1971, 222–223, nn. 305–306; Falconi Amorelli 1982, 97, n. 97, tav. 36; A.-M. Adam 1984, 133–134, nn. 168–170; Lollini 1976, tav. X.6 e Lollini 1977, tav. 112 da Belmonte Piceno, tomba 201; G. Baldelli, in Frankfurt 1999, 268 n. 551; Jurgeit 1999, 622–623 n. 1090). VI sec. a. C.

298. Torques con estremità a ghianda

                                                    Tav. 89

N. inv. O. 5239   Diam. cm 14.2
Provenienza sconosciuta; acquistato il 22.2.1910 da P. Reinecke all'asta della collezione Lipperheide insieme ad altri oggetti (O. 5212 – O. 5276).

Integro, ma privo di una ghianda. Superficie con lievissime incrostazioni, molto circoscritte; patina verde scuro. Scritto con inchiostro di china reca il n.562 (che non corrisponde a quello edito con quel numero nel catalogo a stampa della collezione Lipperheide).

A cerchio irregolare con sezione circolare, che si assottiglia progressivamente verso le estremità, nelle quali è infilata una ghianda tronco-conica.

München 1910, 37 n.450; Behn 1920a, 127, n.976.

Si rimanda alla scheda precedente. VI sec. a. C.

299. Affibbiaglio a tre gangheri configurati a protomi animali e volto femminile   Tav. 89

N. inv. O. 17174   Telaio: cm 6.1 × 3.0

Provenienza sconosciuta; acquistato nel 1928 sul mercato antiquario a Budapest (Stürmer) con altri materiali (O. 17014 – O. 17252), tra i quali molti bronzi etrusco-italici.

Integro, superficie regolare, patina omogenea verde scura, con incrostazioni verdastre.

Telaio rettangolare, basso e allungato, con costolature agli angoli. Le protomi animali raffigurano forse due leoni, con il muso schiacciato nella parte frontale, occhi a bulbo, orecchie aguzze rilevate e due riccioli centrali, decorati da trattini obliqui, che cadono alla base del collo. La protome femminile ha volto ovale con estremità inferiore triangolare, fronte bassa, occhi a bulbo obliqui, setto nasale largo e labbra turgide; la capigliatura, resa a incisioni oblique sulla nuca, termina in due ampi riccioli alla base del collo, caratterizzati da trattini obliqui. Incisioni a V sottolineano l'attacco inferiore dei fusti di sostegno.

MainzZ 24–25, 1929–1930, 110 (G. Behrens); v. Hase 1971, 47, fig.11.a–b (del tutto simile a O.36094, poco più grande).

Questi pesanti affibbiagli bronzei costituivano in origine la chiusura frontale di cinturoni in cuoio: l'evidenza dei non molti ritrovamenti in corredi funerari permette di concludere che venivano utilizzati sia nel costume maschile che in quello femminile, differenziandosi solo nelle dimensioni, come rivelano anche alcuni esemplari della collezione del RGZM. Il centro di produzione è stato localizzato a Vetulonia (v. Hase 1971), dove

vennero realizzati a partire almeno dal primo quarto del VII sec. a. C., come indica la datazione di un corredo funerario da Orbetello (Cristofani 1977, 246). L'esemplare in oggetto rientra in un gruppo di esecuzione molto accurata, caratterizzato da tre gangheri invece del più comune modello con due, conformati a protome animale e/o umana; oltre a questa combinazione si conosce anche quella più rara con tre protomi animali o tre protomi umane, elencata da F.-W. v. Hase (v. Hase 1971, 47–48), alla cui lista si possono aggiungere almeno un affibbiaglio a Long Island con tre protomi femminili (Mitten 1975, 85–86, n.26), uno a Toronto con tre gangheri (Hayes 1975, 81–82, n.21, tav.17.5), uno da Roselle con protome femminile tra due felini (Bettini 1996, n.2, fig.2). Un esemplare a due gangheri è conservato nella collezione Gorga (Sannibale 1998, 127–128 n.152). La protome femminile riproduce un tipo ben noto nella piccola plastica dell'orientalizzante medio noto da documenti in bronzo (Hill Richardson 1983, 43, n.2, figg.33–35) e in argilla, come le statuette in bucchero dalla Regolini-Galassi (Pareti 1947, 272–281, n.233, gruppo IV, tav.28 e Damgaard Andersen 1993, fig.36) e quelle in impasto dalla tomba delle Cinque Sedie di Caere, la cui impostazione del volto è molto simile (Damgaard Andersen 1993, 46–49, n.44, fig.57c; Bologna 2000, 172 nn.124–125). Anche le protomi animali trovano buoni confronti con la produzione vetuloniese, per esempio con le anse dei bacili (Frankfurt 1988, 226–227, n.36). Prima metà del VII sec. a. C.

300. Affibbiaglio a tre gangheri configurati a protomi animali e a volto femminile   Tav. 89

N. inv. O. 36094   Telaio a gangheri: cm 7.3 × 3.3; telaio con occhielli: cm 7.1 × 3.5

Proverrebbe dalla Renania (?); acquisito da una collezione privata e catalogato nel 1958 dai vecchi fondi del RGZM.

Rimane solo la metà con i gangheri configurati. Superficie regolare, ma consunta, tanto da non distinguere i tratti somatici delle protomi; patina omogenea scura.

Telaio rettangolare basso e allungato, con costolature rilevate agli angoli: le protomi conservano la resa dei particolari solo sui fusti, poiché i volti sono del tutto consunti. Rimangono evidenti i riccioli della capigliatura nella protome femminile con trattini orizzontali, le orecchie e i riccioli delle protomi animali. Caratteristica per ogni protome l'inserimento alla base del fusto di una foglia rilevata. I tre occhielli, tangenti tra loro, sono decorati superiormente nei punti di contatto da incisioni angolari che mettono in evidenza una protuberanza centrale.

Lindenschmit d. J. 1889, tav. 33. 21; Behn 1920a, 103, n. 792 (Copia 4253); v. Hase 1971.

Si rimanda alla scheda n. 299 (n. inv. O. 17174). Prima metà del VII sec. a. C.

301. Affibbiaglio a due gangheri configurati a protome equina e a occhiello　　Tav. 90

N. inv. O. 7036　　Telaio con protomi: cm 6.7 × 3.6 Telaio con occhielli: cm 6.9 × 3.8

Provenienza sconosciuta; acquistato nel 1913 sul mercato antiquario a Firenze (Squilloni), insieme ad altri oggetti (O. 7030 – O. 7045).

Integro. Superficie regolare, patina omogenea, verde chiara, con incrostazioni scure.

Telaio rettangolare allungato: le protomi animali minuziosamente configurate e del tutto simili agli esemplari schedati ai nn. 302 e 303 hanno orecchie applicate a bastoncello, occhi prominenti a bulbo, bocca schiacciata, con un elemento centrale sporgente. Sul collo figurano incisioni trasversali e a V; solchi longitudinali e a croce per isolare i bulbi oculari corrono tra le orecchie e sul muso. Incisioni trasversali e a V sottolineano la parte frontale dell'affibbiaglio con gli occhielli.

Behn 1920a, 103, n. 788; v. Hase 1971, 45.

Questo affibbiaglio è assimilabile al tipo detto Vetulonia dal probabile luogo di produzione (v. Hase 1971, con carta di distribuzione a fig. 41). Altri esemplari del tipo sono elencati in Hayes 1975, 81, n. 20, tav. 17. 6; Naso 1993, 36 nota 21; Genève 1993, 186, n. 90; Bettini 1996, n. 1, fig. 1; E. Pellegrini 1999, 122–123, n. 68, tav. 12.3; un esemplare adespota è conservato nel Museo Nazionale di Aquileia (n. inv. 17947). Prima metà del VII sec. a. C.

302. Affibbiaglio a due gangheri configurati a protome equina　　Tav. 90

N. inv. O. 28502　　Dimensioni: cm 6.4 × 2.9

Provenienza sconosciuta; acquistato insieme a O. 28490 – O. 28504 nel 1935 a Mannheim da un privato (U. Moraweg nata Reiner, che aveva ereditato questi materiali dall'avo J. Limmer, Schröding bei Landshut, Baviera).

Rimane solo la metà con i gangheri a protome equina; superficie regolare (una bolla di fusione), patina omogenea, verde scura.

Telaio rettangolare. Protomi equine delineate in maniera minuziosa, del tutto simili agli esemplari schedati ai nn. 301 e 303: orecchie applicate a bastoncello; bulbi oculari molto sporgenti, isolati da solchi angolari; muso frontalmente schiacciato, bocca resa con una sporgenza semicircolare. Accurato lavoro di incisione: sul collo e tra le orecchie figurano solchi longitudinali, compresi sul collo entro una spina di pesce; sul muso solchi a croce (tra gli occhi) e trasversali (sopra la bocca).

v. Hase 1971, 45.

Tipo Vetulonia, per il quale si rimanda alla scheda n. 301 (n. inv. O. 7036). Prima metà del VII sec. a. C.

303. Affibbiaglio a due gangheri configurati a protome equina e a occhiello　　Tav. 90

N. inv. O. 36095　　Telaio con protomi: cm 7.4 × 3.3. Telaio con occhielli: cm 7.3 × 3.3

Secondo l'inventario del museo sarebbe stato rinvenuto nel secolo scorso a Moosburg (Oberbayern): venne catalogato solo nel 1958 dai vecchi fondi del RGZM. Con estrema probabilità si identifica invece con un affibbiaglio di provenienza sconosciuta raffigurato da uno schizzo nell'inventario del Landesmuseum di Magonza, acquistato il 17 febbraio 1867 dall'allora Altertumsmuseum presso l'antiquario Altmann (Magonza) e in seguito ceduto al RGZM.

Integro. Superficie regolare, patina omogenea, verde scura.

Telaio rettangolare. Protomi equine delineate in modo minuzioso, del tutto simili agli esemplari schedati ai nn. 301 e 302: orecchie applicate a bastoncello; bulbi oculari molto sporgenti, isolati da solchi angolari; muso frontalmente schiacciato, bocca resa con una sporgenza semicircolare. Accurato lavoro di incisione: sul collo e tra le orecchie figurano solchi trasversali e longitudinali, questi ultimi compresi sul collo entro una spina di pesce; sul muso solchi a V (tra gli occhi). Solchi a V anche alla base del fusto delle protomi e nella parte frontale della metà con gli occhielli, rispettivamente alla base del fusto e all'attacco dell'occhiello; incisioni trasversali sul fusto.

Lindenschmit d. Ä. 1870, VI. Heft, tav. I.2; Lindenschmit d. J. 1889, tav. 33.20 (da riferire a questo esemplare piuttosto che [v. Hase 1971, 45] al n. inv. O. 7036, acquistato nel 1913); Behn 1920a, 103, n. 790 (Nachb. 4160); v. Hase 1971, 45.

Tipo Vetulonia, per il quale si rimanda alla scheda n. 301 (n. inv. O. 7036). Prima metà del VII sec. a. C.

304. Affibbiaglio a due gangheri configurati a protome equina Tav. 90
N. inv. O. 17175 Dimensioni: cm 6.4 × 2.9
Provenienza sconosciuta; acquistato nel 1928 sul mercato antiquario a Budapest (Stürmer) con altri materiali (O. 17014 – O. 17252), tra i quali molti bronzi etrusco-italici.
Rimane solo la metà con i gangheri a protome equina; superficie regolare, patina omogenea, verde scura, coperta da incrostazioni chiare.
Telaio rettangolare, basso e allungato. Protomi equine delineate in modo solo sommario: orecchie sporgenti; bulbi oculari resi con un rigonfiamento, isolato da solchi angolari; muso frontalmente appiattito e schiacciato.

MainzZ 24–25, 1929–1930, 110 (G. Behrens); v. Hase 1971, 45.

Tipo Vetulonia, per il quale si rimanda alla scheda n. 301 (n. inv. O. 7036). Prima metà del VII sec. a. C.

305. Affibbiaglio a due gangheri Tav. 90
N. inv. O. 17173 Telaio con gli occhielli: cm 7.3 × 4.9. Telaio con gangheri: cm 7.4 × 5.1
Provenienza sconosciuta; acquistato nel 1928 sul mercato antiquario a Budapest (Stürmer) con altri materiali (O. 17014 – O. 17252), tra i quali molti bronzi etrusco-italici.

Integro (ma il telaio con gli occhielli è fratturato su un lato), superficie regolare, patina omogenea, verde scura.
Telaio rettangolare allungato, con una piastra sul lato lungo opposto ai gangheri: al centro di ogni piastra figurano tre capocchie riportate entro apposti fori, ma all'estremità di ogni piastra compaiono altri due fori e sulla metà con i gangheri anche due fori di dimensioni minori tra le capocchie. Gangheri a uncino, con estremità appiattita e ingrossata.

Inedito: cenno in MainzZ 24–25, 1929–1930, 110 (G. Behrens).

La forma caratteristica dei gangheri induce a classificare questo affibbiaglio nel tipo in voga in area chiusina, che si propone di definire Chiusi dal centro di produzione: da questo territorio provengono gli esemplari di provenienza nota (v. Hase 1971, 40, con carta di distribuzione a fig. 41; Camporeale 1974, 101 nota 9; adde in seguito almeno Stephan 1986, 210, n. 27, fig. 9.1; Scarpellini 2001, 194–195 nn. 36–37). Seconda metà del VII sec. a. C.

306. Affibbiaglio a due gangheri Tav. 91
N. inv. O. 14102 Telaio con gangheri: cm 7.7 × 4.3. Telaio con occhielli: cm 7.8 × 3.8
Proviene dall'Italia centrale; acquistato nel 1927 da un collezionista privato a Monsheim (dr. Fliedner), che lo aveva comprato dalla collezione Naue (Monaco di Baviera). Copia 10489.
Integro. Superficie regolare, con patina non omogenea, verde scura con incrostazioni chiare. Telaio rettangolare con angoli prominenti: gangheri a uncino, decorati da nervature rilevate che ne seguono la forma, ingrossata all'estremità. Solco centrale sul fusto di sostegno dei gangheri: anche il fusto degli occhielli è caratterizzato da un largo solco centrale.

München 1908, 21 n. 309; MainzZ 23, 1928, 7–8 (G. Behrens); v. Hase 1971, 45.

Tipo Chiusi, per il quale si rimanda alla scheda n. 305 (n. inv. O. 17173). Seconda metà del VII sec. a. C.

307. Affibbiaglio a due gan   Tav. 91
N. inv. O. 30697   Telaio con ganderi: cm 7.9 ×
4.0. Telaio con occhielli: cm 7.5 × 3.9
Provenienza sconosciuta; acquistato nel 1939 a
Magonza.
Integro, superficie regolare, con patina omogenea, scura, lievemente incrostata.
Telaio rettangolare stretto e allungato, molto robusto, sul quale si impostano gli occhielli e i gangheri a uncino con estremità appiattita e con il fusto poligonale sulle facce a vista.
Inedito: cenno in MainzZ 36, 1941, 3 (G. Behrens).

Tipo Chiusi, per il quale si rimanda alla scheda n. 305 (n. inv. O. 17173). Del tutto simile al n. 308 (n. inv. O. 30698). Seconda metà del VII sec. a. C.

308. Affibbiaglio a due gangheri   Tav. 91
N. inv. O. 30698   Telaio con gangheri: cm 8.1 ×
4.2. Telaio con occhielli: cm 8 × 4
Provenienza sconosciuta; acquistato nel 1939 a
Magonza.
Integro, superficie regolare, con patina omogenea, verde chiaro, lievemente incrostata.
Telaio rettangolare stretto e allungato, molto robusto, sul quale si impostano gli occhielli e i gangheri, a uncino con estremità appiattita e con il fusto poligonale sulle facce in vista.
Inedito: cenno in MainzZ 36, 1941, 3 (G. Behrens).

Tipo Chiusi, per il quale si rimanda alla scheda n. 305 (n. inv. O. 17173). Del tutto simile al n. 307 (n. inv. O. 30697). Seconda metà del VII sec. a. C.

309. Affibbiaglio a due gangheri   Tav. 91
N. inv. O. 36093   Telaio con occhielli; cm 4.9 ×
2.0. Telaio con gangheri: cm 4.8 × 1.9
Provenienza sconosciuta; catalogato nel 1958 dai
vecchi fondi del RGZM.
Integro, superficie regolare, con patina molto omogenea, verde scuro, in perfetto stato.
Telaio rettangolare, allungato, sul quale si impostano rispettivamente gli occhielli e gli uncini, questi ultimi con estremità appiattita e leggermente ingrossata. Sul telaio con i due occhielli compaiono un ingrossamento su ogni lato corto,

e tra i due occhielli, un sostegno, terminante superiormente con corona semicircolare.
Inedito.

Tipo Chiusi, per il quale si rimanda alla scheda n. 305 (n. inv. O. 17173). Questo esemplare, come il n. 310 (n. inv. O. 17176), si distingue per le dimensioni ridotte, che ne suggeriscono una destinazione femminile o infantile. Seconda metà del VII sec. a. C.

310. Affibbiaglio a due gangheri   Tav. 91
N. inv. O. 17176   Telaio con occhielli; cm 4.9 ×
2.0. Telaio con gangheri: cm 4.8 × 1.9
Provenienza sconosciuta; acquistato nel 1928 sul mercato antiquario a Budapest (Stürmer) con altri materiali (O. 17014 – O. 17252), tra i quali molti bronzi etrusco-italici.
Integro, superficie regolare, con patina poco omogenea, che alterna aree verde chiare, in perfetto stato, a corrosioni e incrostazioni anche consistenti.
Telaio rettangolare, basso e allungato, sul quale si impostano gli occhielli e gli uncini, questi ultimi con estremità assottigliata. Sul dorso dei gangheri incisioni a spina di pesce.
MainzZ 24–25, 1929–1930, 110 (G. Behrens).

Tipo Chiusi, per il quale si rimanda alla scheda n. 305 (n. inv. O. 17173). Questo esemplare, come il n. 309 (n. inv. O. 36093), si distingue per le dimensioni ridotte e potrebbe quindi essere di destinazione femminile o infantile. Seconda metà del VII sec. a. C.

311. Placca di cinturone capenate   Tav. 91
N. inv. O. 4722a–b   a = 12.4 × 9.5; b = cm 10.2 × 9.4
Provenienza sconosciuta; acquisita nel 1909 sul mercato antiquario a Monaco di Baviera (E. Kohn).
Contorta e tagliata, sfrangiata lungo le fratture, priva di parti. Superficie in buone condizioni, patina verde scura.
Due placche rettangolari in lamina, decorata ognuna da motivi sbalzati e da capocchie, varie per numero e posizione, che costituiscono la testa di altrettanti ribattini fermati inferiormente

da una placchetta quadrata: in a (placca maschio) le capocchie sono dodici, disposte su tre file di quattro elementi ognuna, mentre in b (placca femmina) sono conservate dieci capocchie, distribuite in modo irregolare, quattro lungo il perimetro e due al centro (sul lato posteriore erano però tre, poiché manca una capocchia rispetto al lato anteriore, sul quale figurano quattro anelli). Tra le file di capocchie due rettangoli a puntini sbalzati, che contengono due file orizzontali di palmette fenicie contrapposte. La differente disposizione delle capocchie determina due ipotesi sulla chiusura del cinturone: o venivano chiusi i soli due ganci estremi o la femmina era fissata a 90° rispetto alla decorazione dell'altra metà con le file di palmette disposte in senso verticale.

Behn 1910, 80, tav. 4.6; Behn 1920a, 143, n. 1061, tav. XI.2; Colonna 1974, 195, tav. 48, a–b; Lucentini 2000, 300 (cenno).

Questo esemplare appartiene a una nota classe di placche da cinturone, individuata da G. Colonna, che l'attribuì all'artigianato di Capena (Colonna 1958; v. Hase 1971; Colonna 1974, 195 in merito al quale si nota che gli esemplari da Poggio Sommavilla al Museo Nazionale di Firenze erano introvabili almeno nel 1973: Cristofani Martelli 1974, 116, nota 1; A. Bottini 1983, 43). In seguito sono stati editi esemplari da scavo da Poggio Civitate (Warden 1985, 71–74, n. 103), Colle del Forno, tomba 11 (Santoro 1977, 273 n. 18 fig. 79), Corvaro di Borgorose, con notizia di altre placche (Alvino 1987, 338 fig. 11) e i reperti conservati in collezioni private e raccolte museali (Jerusalem 1991, 80, n. 96; Sannibale 1998, 128–130, n. 153). La recente scoperta di un consistente nucleo di placche simili nella necropoli di Fossa, nell'Abruzzo aquilano, induce a ipotizzarne una produzione anche in area adriatica (Benelli, Naso c.s.). Seconda metà del VII–VI sec. a. C.

312. Tre lamine traforate   Tav. 92
N. inv. O. 4721 a–c   H cm 9.8; lungh.: a = cm 14.2, b = cm 15.6, c = cm 24.8
Provenienza sconosciuta; acquistate il 26.3.1909 sul mercato antiquario a Monaco di Baviera (E. Kohn).
a integra, b e c mancanti di frammenti e percorse da fratture.

Superficie annerita, patina omogenea, verde chiara. Le lamine rettangolari sono decorate a traforo da triangoli e losanghe, disposti in modo regolare su file simmetriche. Al centro di ogni lamina è risparmiata una cornice, che contiene file di soli triangoli traforati, contrapposti. Le fasce risparmiate sono percorse da file di puntini sbalzati. Le lamine erano fissate a un supporto (di pelle?) tramite ribattini, fermati nella parte inferiore da piastrine di forma quadrilatera, irregolare; rimangono numerosi ribattini, ma poche piastrine.

Behn 1910, 80–81, tav. 4.6 (in basso); Behn 1920a, 143, n. 1060, tav. 11.2.

Lo spessore esiguo e l'estrema fragilità delle placche traforate lasciano pensare che in origine queste lamine fossero applicate a una fascia di pelle (cinturone?), come indicano anche le piastrine sulla faccia inferiore. Malgrado le lamine sfuggano a confronti precisi, lo stato attuale delle conoscenze induce ad attribuirle ad ambiente centroitalico. Nuclei di nove lamine con decorazione sbalzata geometrica attribuite a cinture provengono infatti dall'Ascolano: come quelle in esame presentano stessa altezza ma lunghezze varie (Lucentini 1999, 151–160). I triangoli a traforo compaiono nella decorazione delle placche da cinturone a Göttingen (Schiering 1978, 25 s., tav. 4), da Lavello (A. Bottini 1983, 33–34, figg. 16–17) e in un cinturone da Loreto Aprutino (R. Papi, in Frankfurt 1999, 270 n. 564), ma sono documentati anche su altri manufatti come baltei di dischi-corazza, foderi di spada (Sannibale 1998, 77, n. 67) e lamine di destinazione incerta (Jurgeit 1999, 197–198, n. 300). VII–VI sec. a. C.

313. Placca di cinturone   Tav. 92
N. inv. O. 30699   H cm 9.8 × largh. cm 8.9
Provenienza sconosciuta; acquistato nel 1939 a Magonza. Sulla placca maschio è incollata un'etichetta cartacea, recante la scritta 'Terontola', da riferire alla provenienza. Su ogni placca è inoltre scritto con inchiostro di china il numero 116.
Priva di alcune capocchie, altrimenti integra; superficie ricoperta di incrostazioni, anche terrose, altrimenti regolare: patina verde chiara.
In lamina, piuttosto spessa, con orlo piegato esternamente e ribattuto. Ogni placca è decorata lun-

go il perimetro da dodici capocchie di chiodo, tre per lato, e da quattro al centro, disposte a losanga: lo stelo del chiodo è inferiormente tagliato a metà e le due estremità sono allargate, per fissare il chiodo stesso. All'estremità di ogni piastra sono invece fissati con ribattini rispettivamente quattro anelli e quattro ganci, ad angolo retto, con la testa ingrossata, per chiudere la placca. La placca veniva fissata al cinturone di cuoio soltanto tramite le pallottole riportate, che aderiscono bene alle piastre, lasciando dunque immaginare una chiusura piuttosto stretta.

Inedita: cenno in MainzZ 36, 1941, 3 (G. Behrens).

La placca è accostabile alla classe cui appartiene l'esemplare n. 311 (n. inv. O. 4722a–b), cui si rimanda per la bibliografia generale: per gli occhielli e i ganci di chiusura si vedano per esempio due placche conservate al museo di Siena (v. Hase 1971, 21, figg. 24–25), mentre il particolare modo di fissare le pallottole, con le estremità inferiori allargate, trova confronto con i cinturoni rinvenuti a Laos, decorati da appliques in argento (v. Kaenel 1992, 42). La provenienza tradita da Terontola sembra troppo particolare per essere revocata in dubbio e potrebbe accreditare l'ipotesi di un prodotto centro-italico, per la cui cronologia sembra possibile indicare l'arco cronologico del VI–V sec.

314. Cinturone con due ganci a palmetta
Fig. 83; tav. 93

N. inv. O. 38885   H cm 7.5; lungh. max. cons. cm 21.3

Provenienza sconosciuta; acquistato nel 1966 sul mercato antiquario a Monaco di Baviera.

Bordi sfrangiati e corrosi, una protome di mostro marino priva del becco. Superficie lievemente corrosa; patina poco omogenea, con chiazze rossastre e brune all'esterno, verdi all'interno. Una fascia scura lungo i bordi indica che in origine la pelle doveva essere ripiegata all'esterno. Sui bordi della lamina corre una fila di fori, allineati lungo una linea-guida. Ganci con corpo a palmetta e uncino a punta di freccia, percorso da scanalature e delimitato inferiormente da un fascio di linee trasversali. Sul corpo figura una palmetta a sette petali con quello centrale più lungo, lungo il quale sono allineati puntini impressi; la palmetta è contornata all'esterno da puntini. Quattro ribattini (due in alto, uno al centro e uno in basso) fissano i ganci alla lamina.

In corrispondenza delle due coppie di fori nei quali si inserivano i ganci, è applicata al cinturone con numerosi ribattini a capocchia sporgente una lamina con una decorazione ritagliata e graffita di altissima qualità.

Sono raffigurate due coppie di protomi animali, del tutto simmetriche e speculari: ogni coppia è formata da due animali, rivolti all'esterno. Al di sopra sono riprodotti le teste e i colli di due cavalli, tra i quali si erge una palmetta a sette petali. I contorni delle protomi e della palmetta sono segnati da una fila di puntini; all'interno delle protomi corrono una linea campita da trattini obliqui e una linea a puntini, che seguono la curva dei colli. Sotto le protomi equine sono riprodotti due Meermischwesen, costituiti da protomi di leoni, terminanti in basso in due grandi volute, configurate a protome di serpente marino. Tra le protomi inferiori pende una foglia di edera, pendant contrapposto della palmetta superiore. La criniera dei leoni è resa con trattini semicircolari e il vello anteriore da quattro archetti continui sporgenti; il profilo del mostro marino è invece sottolineato da archetti continui rientranti. Occhi a mandorla finemente incisi. Due coppie di linee incise nettamente al centro seguono l'andamento sinuoso della coppia inferiore.

Egg, Pare 1995, 200, n. 10, Taf. 68.

L'esemplare è da assegnare alla classe dei cinturoni bronzei che facevano parte della panoplia dei guerrieri dell'Italia meridionale nel V–IV secolo a.C., noti in un cospicuo numero di esemplari, attualmente dispersi in numerosissimi musei. Dopo gli studi pionieristici di D. Rebuffat Emmanuel (Rebuffat Emmanuel 1962 e 1966), M. Suano ha edito il corpus conservato al British Museum, proponendo una tipologia da estendere all'intera categoria specie per i ganci di chiusura fusi e applicati con ribattini sulla lamina, che costituiscono spesso l'unico resto dei cinturoni (Suano 1986: per la bibliografia sui ganci si rimanda alla scheda n. 328, n. inv. O. 14095; Suano 2000). Alcuni esemplari sono stati in seguito pubblicati da H.-M. v. Kaenel (v. Kaenel 1991 e 1992), che sta preparando l'edizione complessiva del

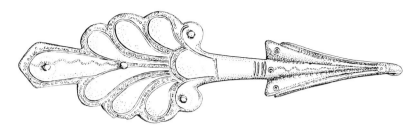

Fig. 83 Cat. 314 1 : 1

corpus; a dimostrazione del crescente interesse riservato alla classe sono infine stati editi gli studi di E.D.G. Robinson, che prendendo spunto da un gancio adespota conservato a Sydney ha proposto un nuovo ordinamento tipologico rispetto alla proposta di M. Suano (Robinson 1995), e di M. Romito, che ha raccolto l'imponente massa di cinturoni conservati nei depositi museali italiani, elencando oltre 800 esemplari (Romito 1995 e 2000). M. Sannibale infine ha pubblicato gli esemplari della collezione Gorga, per lo più costituiti da ganci isolati, che gli hanno consentito di proporre una sequenza tipologica relativa alla forma dei ganci (Sannibale 1995; Sannibale 1998, 135–201, nn.159–244). In questo studio si cominciano inoltre a distinguere le diverse produzioni regionali, sinora non definite.

All'interno della classe un posto di rilievo è occupato dagli esemplari decorati con lamine applicate, il cui primo elenco è stato compilato da Colonna 1975, 174 e nota (gli esemplari conservati al British Museum sono stati successivamente editi in Suano 1986, 19–20, nn.36–37, tavv.23–24). Le lamine applicate raffigurano per lo più motivi animalistici, spesso del tutto fantastici come nel caso in esame: su un cinturone al Museo Nazionale Romano figura un cavallo marino (Candilio 1988, 32–36, n.3, con decorazione sbalzata, molto simile a Rebuffat Emmanuel 1962, 343 e 347.1, con decorazione su lamina applicata); sono noti anche ganci con il corpo configurato a leone (Kusel 1917, 78–79, fig.27) e a toro (Paestum 1996, 143, n.49.6; per altri esemplari si veda anche Romito 1995, 25, tav.VII e Cipriani 2000, 201 ss.). La fisionomia sinuosa delle lamine applicate avvicina il cinturone a Magonza a una serie di cinturoni con calici floreali (Romito 1995, 25; Sannibale 1995, 969, n.81). L'applicazione della lamina sulla femmina implica che le decorazioni stesse fossero coperte in modo totale o parziale quando il cinturone era allacciato.

Per quanto riguarda i centri di produzione, dopo aver superato l'attribuzione iniziale di M. Rostovzeff all'arte scitica e il presunto dualismo tra Paestum e Taranto individuato in seguito da alcuni studiosi, H.-M. v. Kaenel (in verbis) tende ad assegnare la paternità dei cinturoni con decorazioni a lamine applicate di grande impegno formale come quello in esame alla tradizione italica (inaugurata dagli esemplari raccolti da A. Bottini 1983) dei centri indigeni dell'Italia meridionale situati in aree fortemente ellenizzate e aperte agli influssi di Taranto, come Canosa o Ruvo, noti per le vocazioni artigianali e per le ricche necropoli, che hanno restituito anche numerose panoplie (D. Cahn 1989, 27–68; Bari 1992, passim). Fine V–inizio IV sec.a.C.

315. Cinque frammenti di cinturone con due ganci a palmetta   Tav.94
N.inv.O.36651   H cm 8.7; lungh. cm. 34.8 (due frammenti contigui); cm 16.5 (frammento con ganci); cm 16.7; cm 16.2
Acquistati nel 1959 sul mercato antiquario a Monaco di Baviera (H. Bayerlein).
Ganci conservati per intero, lamine con bordi sfrangiati; superficie regolare, con rade incrostazioni; patina bruna, con chiazze dorate.
Ganci con corpo a palmetta e uncino a punta di freccia. Al centro dell'uncino corre una fila ondulata di puntini, compresa tra altri punti; alla base dell'uncino figura un fascio di incisioni trasversali, irregolari. Sul corpo a palmetta a sette petali con quello centrale molto lungo è graffita una seconda palmetta, compresa entro due grandi S campite da trattini orizzontali. Due ribattini nella parte superiore, uno al centro e uno in basso fissano i ganci alla lamina. Forellini lungo i

bordi permettevano il fissaggio al supporto di pelle. Su un frammento compaiono tre coppie di fori per la chiusura del cinturone; su un altro frammento sono due fori allineati in senso verticale, forse per ribattini che rinforzavano l'attacco al supporto di pelle (la patina non sembra rivelare le tracce di un eventuale lamina bronzea applicata).

Egg, Pare 1995, 200, n. 10.

I ganci con corpo a palmetta e uncino a punta di freccia, simili a quelli del precedente esemplare, sono classificati nel tipo 1b di M. Suano, in quello I.1.A di M. Sannibale e in quello 3 di Robinson 1995 (= Romito 1995, 24, tav. VI. 6). Un cinturone completo con ganci simili è approdato con la collezione Castellani al Museo di Villa Giulia (Sgubini Moretti 2000, 133–134 n. 83 con datazione troppo alta). Questa foggia di ganci rimase a lungo in uso, come conferma anche il corredo della tomba 1 di Agropoli, località Mattine, risalente al terzo quarto del IV sec. a. C. (inedita, cortese informazione F. Longo). Fine V–IV sec. a. C.

316. Due frammenti di cinturone con due ganci a palmetta Tav. 94
N. inv. O. 36650   H cm 9; lungh. cm 19.5 (ganci), cm 25.5
Provenienza sconosciuta, acquistato nel 1959 sul mercato antiquario a Monaco di Baviera (H. Bayerlein).
Bordi sfrangiati, ganci integri. Superficie corrosa; patina disomogenea, con chiazze rossastre e brune. Lungo i bordi della lamina corre una fila di forellini, sotto i quali sono sbalzate due file di puntini, dai quali partono denti di lupo con il vertice rivolto all'interno. Ganci con corpo a palmetta e uncino a punta di freccia, percorso da scanalature. Sul corpo palmetta a sette petali, con l'elemento centrale più lungo, lungo il quale figurano due file di puntini impressi. Tre ribattini, due nella metà superiore e uno in quella inferiore, fissano i ganci alla lamina.

Egg, Pare 1995, 200, n. 10.

I ganci di questa forma (Robinson 1995, 150, fig. 7 tipo 3), risalgono per lo più alla fine del V–IV sec. a. C.

317. Cinturone in lamina Tav. 95
N. inv. O. 38886   H max. cons. cm 7.8; lungh. cm 86 circa
Provenienza sconosciuta; acquistato nel 1966 a Monaco di Baviera sul mercato antiquario.
Lamina piegata, priva dei bordi; superficie regolare all'esterno, corrosa e incrostata all'interno; patina esterna bruna con chiazze dorate, interna di colore verde scuro. A parte si conservano anche minuti frammenti di lamina.
Ganci con corpo a palmetta e uncino a testa di animale, configurato solo all'estremità su un fusto piuttosto lungo. La palmetta conta undici petali, graffiti in modo sommario e con tratto incerto; i ganci sono fissati da tre ribattini. Sull'estremità femmina del cinturone, munita di quattro coppie di fori per consentire di variare l'ampiezza della fascia, è applicata una lamina, che nella parte anteriore presenta forma ellittica, bipartita da tre linee graffite orizzontali e da due file di puntini: in ogni metà è graffita in modo sommario una palmetta analoga a quelle dei ganci. Nella parte posteriore è invece configurata come una fibbia da cintura, con i montanti orizzontali lisci ritagliati in forma di due calici di fiore di loto. Il passante verticale è decorato da un fregio a denti di lupo graffito con linee e file di punti. La lamina è fissata con numerosi ribattini.

v. Kaenel 1991, tipo 3, 103, n. 20, 110 s. nota 38; Egg, Pare 1995, 200, n. 6.

L'esemplare è stato citato da H.-M. v. Kaenel a confronto per il cinturone dalla tomba Lavello 600 (v. Kaenel 1991, n. 48 tav. 20): lo studioso ha riconosciuto nella decorazione applicata il motivo dei fiori di loto, che caratterizza anche altri esemplari, sui quali si sono soffermati in seguito M. Romito (Romito 1995, 25) e M. Sannibale (Sannibale 1995, 971–972, n. 83). I ganci non trovano un preciso corrispettivo né nella tipologia elaborata da M. Suano (sebbene siano vicini al tipo Suano 1991, fig. 22, tipo 2a), né in quella proposta da E. D. G. Robinson. In base alla cronologia del gruppo di appartenenza, si può proporre una datazione alla seconda metà del V sec. a. C.

318. Frammento di lamina di cinturone con decorazione sbalzata Fig. 84; tav. 95
N. inv. O. 36652   H cm 8.4; lungh. cm 12.2

Provenienza sconosciuta; acquistato nel 1959 sul mercato antiquario a Monaco di Baviera (H. Bayerlein).

Superficie regolare, patina bruna con chiazze dorate.

Frammento di cinturone a fascia rettangolare, con fori sui margini (visibili solo su un lato per le condizioni di conservazione). Nella parte anteriore conserva parte di una lamina sovrapposta, unita da ribattini, con decorazione a sbalzo figurata, realizzata nello spazio compreso tra i due ganci di chiusura (resta un frammento con un ribattino, relativo al petalo centrale della palmetta): tra due ampie volute allargate in alto, è sbalzata una palmetta a cinque petali, mutila.

Numerosi fori di varie dimensioni al centro e sui lati delle due lamine attestano come la lamina sbalzata fosse in origine di lunghezza almeno pari al frammento di cinturone conservato. Altri fori nella lamina inferiore lasciano presupporre che almeno questa sia stata riutilizzata.

Inedito.

Databile con grande verosimiglianza all'inizio del IV sec. a. C. per la forma dei ganci a palmetta.

319. Due frammenti di lamina di cinturone
Tav. 95

N. inv. O. 36654   H cm 8.7; lungh. max. cons. cm 24.3

Provenienza sconosciuta; acquistato nel 1959 sul mercato antiquario a Monaco di Baviera (H. Bayerlein).

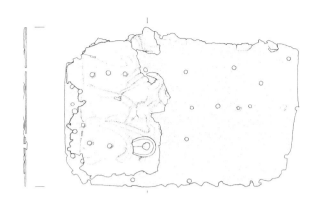

Fig. 84   Cat. 318   1 : 2

Frammenti rettangolari. Superficie regolare, patina omogenea bruna, con rare chiazze dorate. Fila di fori lungo i bordi.

Inedito.

320. Frammento di lamina di cinturone
Fig. 85; tav. 96

N. inv. O. 5624   H cm 9.2; lungh. max. cons. cm 10.1

Provenienza sconosciuta; comprata sul mercato antiquario a Monaco di Baviera (E. Kohn) il 9.9. 1910 insieme ad altri materiali (O. 5613–O. 5636, tra i quali una brocchetta etrusco-corinzia (Behn 1920a, n. 526).

Bordi sfrangiati da numerose fratture; superficie regolare; patina omogenea, verde scura.

Fila di forellini lungo i bordi, allineati lungo una linea-guida sottilmente incisa. Nella parte infe-

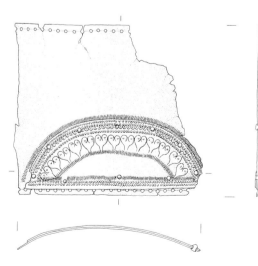

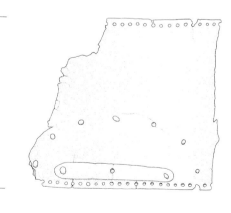

Fig. 85   Cat. 320   1 : 2

196

riore (?) è applicata una lamina semicircolare con nove ribattini e una sbarretta posteriore di rinforzo; lungo il perimetro della lamina corre una duplice fila di puntini sbalzati. Sotto questi lungo l'arco semicircolare figura una fila di cerchietti con puntini graffiti, un'altra fila di puntini sbalzati e infine un tralcio di foglie, con due puntini all'interno di ogni foglia. Le foglie d'edera sono delimitate in basso da una linea a zig-zag incisa, che compare anche lungo il margine inferiore della lamina applicata. La forma della lamina applicata è replicata sulla lamina del cinturone da un fregio zig-zag inciso, che conferma l'originaria pertinenza della lamina applicata a un cinturone.

Inedito.

Le foglie di edera sono utilizzate diffusamente nella toreutica italica, come indicano le grandi fibule a foglia da un corredo della seconda metà del IV sec. a. C. da Ortona, Chieti (Papi 1979, 76, n. 12, fig. 20). Anche nell'imponente corpus dei cinturoni sono stati segnalati esemplari decorati da «elementi cuoriformi, evidente rappresentazione delle foglie d'edera» (Romito 1995, 25); sono pure documentati tralci d'edera vicino ai ganci (Rebuffat Emmanuel 1962, 347.6 e 350 per una lamina di cinturone tipo Suano 1991, fig. 22. 8: da Sarno, NSc 1949, 176–177, tombe 1 e 2). Nelle collezioni del British Museum è compreso infine un cinturone riparato con una placca decorata a foglie d'edera (Suano 1986, 16, n. 20, tav. 13). La mancanza dei ganci e di qualsiasi altro particolare sulla conformazione del cinturone inducono a suggerire una datazione piuttosto vasta, compresa tra la fine V–IV sec. a. C.

321.   Finale di cinturone con due ganci
Tav. 96

N inv. O. 14099   H max. cons. cm 8.8
Proviene dall'Italia meridionale (la provenienza tradita da Napoli andrà riferita al luogo di acquisto piuttosto che a quello di ritrovamento); acquistato nel 1927 da un collezionista privato a Monsheim (dr. Fliedner), che lo aveva comprato dalla collezione Naue (Monaco di Baviera).
Superficie regolare, corrosa sui ganci; patina omogenea, bruna.

Parte finale di cinturone, con i ganci fusi direttamente insieme alla lamina: a testa di lupo, con orecchie rilevate e linee incise, sia sul raccordo tra ganci e lamina che sulla lamina stessa, coperta da una fitta serie di lunule incise. Sul fusto di raccordo corre una linea ondulata a puntini e rosetta.

München 1908, 21 n. 307; MainzZ 23, 1928, 8 (G. Behrens).

Questo finale di cinturone appartiene a una serie ben nota, caratteristica nell'Abruzzo meridionale della zona tra i fiumi Fortore e Pescara (Papi 1979, passim; Heres 1980, 87, tav. 8.4; AA.VV. 1982, 14, n. 1.2 da Alfedena; Papi 1988, gruppo 1, 152–154, in particolare n. 4, fig. 20 da Alfedena; d'Ercole 1990, tav. IV (fotocolor); Sebastiani, Calzecchi Onesti 1991, 124, n. 153, tav. 18; Suano 1991, fig. 22, tipo 8; Sannibale 1995, tipo III.1.B, 962–964; Papi 2000, 154 f.g. 53). Per la cronologia risulta preziosa la presenza di un tardo esemplare simile nella tomba 6 di Agropoli, località Muoio, al Museo Nazionale di Paestum, databile alla seconda metà del IV sec. a. C.: i ganci sono fusi assieme alla piastra, ma non presentano la caratteristica terminazione a testa di lupo (inv. 7452: inedito, cortese informazione F. Longo). Fine V–IV sec. a. C.

322.   Cinturone con ganci «a otto»
Fig. 86; tav. 96

N. inv. O. 5241   Lungh. cm 77; largh. cm 6.6
Acquistato il 22.2.1910 da P. Reinecke all'asta della collezione Lipperheide insieme ad altri oggetti (O. 5212 – O. 5276). L'indicazione di provenienza dal campo di battaglia di Gergovia, escogitata sul mercato antiquario (vedi p. 5), venne già messa in dubbio sul registro inventariale con un punto interrogativo tracciato a matita.
Lievi ammaccature, fori e strappi diffusi, patina omogenea, bruna con chiazze dorate: nella faccia posteriore reca tre linee orizzontali equidistanti e due cerchi concentrici entro le due protrusioni, tra le quali figurano anche le diagonali tracciate per fissare il centro della lamina e realizzare quindi la decorazione a ruota. Reca scritto a china bianca il n. 100 (che non si riferisce al catalogo della collezione Lipperheide). Nei pressi dell'orlo è visibile in più punti la colorazione

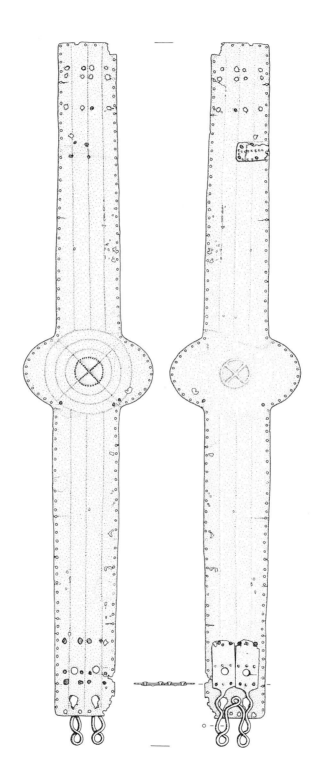

Fig. 86 Cat. 322 1:4

dovuta al supporto di pelle, originariamente piegato in fuori. La sottile lamina reca un rattoppo fissato con dei ribattini vicino all'orlo esterno; nella porzione di lamina occupata dalla chiusura si vedono anche fori non utilizzati, pertinenti evidentemente alla chiusura originaria, obliterata dall'attuale.

A lamina rettangolare, dalla quale nel punto opposto alla chiusura si staccano due protrusioni semicircolari, sul bordo superiore e su quello inferiore: al centro è sbalzato con file di puntini un cerchio contenente all'interno un segno a X. Della chiusura si conserva solo l'elemento femmina, costituito da due piastre sub-rettangolari, fissate con sei ribattini alla lamina e terminanti in un occhiello di filo bronzeo «a otto». Le piastre sono state applicate in un secondo momento, come indicano i fori sottostanti, e con grande verosimiglianza non costituiscono la chiusura originaria del cinturone. Ogni piastra è forata al centro: il filo sporge oltre la lamina e unisce le due piastre, formando due occhielli anteriormente, pressapoco allineati con i fori sulle piastre, e uno posteriore, in posizione centrale sulla lamina. Del maschio rimangono sull'altra estremità della lamina le tracce delle piastre. Lungo i bordi file regolari di fori per il fissaggio al supporto di cuoio.

Münchén 1910, 18, n. 230; Behn 1910, 81, tav. 4. 8; Behn 1920a, 166, n. 1191, tav. 11.3; Tagliamonte 1997, 103 (centro).

Sebbene poco frequenti (si veda però la scheda successiva), i cinturoni con ganci «a otto», indossati con l'ausilio di lacci in pelle, sono attestati nel Sannio da esemplari isolati, provenienti dalle necropoli di Guardiagrele (Ferrari 1913, 42 tomba 44 tav. C, in basso a destra), Villalfonsina (Papi 1979, 50, n. 2), Troccola (tomba 1 della prima metà del V sec. a. C.: Isernia 1980, 133 s., n. 2, con bibliografia e Papi 1988, 161, fig. 40 n. 2), Castelbaronia e Teano (Romito 1995, 25, con bibliografia), nonché dal santuario di Colla nella valle del Noce (P. Bottini 1998, 132, n. 27). Lo scarso numero di confronti e la loro estrema pertinenza permettono di ipotizzare una rarità del tipo, prodotto in un'area ristretta dalla prima metà del V sec. a. C. per lo meno sino alla metà del IV sec. a. C.; la realizzazione era facilitata dall'assenza di elementi di esecuzione complessa.

E estremamente probabile che la chiusura a otto sia stata applicata sul mercato antiquario a questo cinturone, la cui classificazione è incerta. La forma del cinturone con le protrusioni semicircolari al centro della fascia posteriore è infatti molto particolare, sebbene protrusioni siano documentate su cinturoni dell'Italia preromana (D. Cahn 1989, 89–90 n. W 43). La decorazione a ruota su lamina applicata è diffusa nel repertorio decorativo degli elmi (Delli Ponti 1973, 60, n. 86, tav. 52) e dei cinturoni italici; alla lista compilatane da H.-M. v. Kaenel (v. Kaenel 1992, 55 nota 144) si possono aggiungere almeno un cinturone da Vaste, deposito funerario 584 (G. Semeraro, in Lecce 1990, 131 s., n. 199) e le osservazioni di M. Romito (Romito 1995, 25). M. Sannibale ha infine proposto di datare alla seconda metà del IV sec. a. C. l'introduzione del nuovo costume di decorare i cinturoni a sbalzo anziché applicarvi una seconda lamina (Sannibale 1995, 992). V–IV sec. a. C.

323. Frammento di cinturone, con lamina e gancio «a otto»   Fig. 87; tav. 96
N. inv. O. 14101   Diam. max. cons. cm 5.3 (H) × 8.3 (lungh.)
Proviene dall'Italia meridionale (la provenienza tradita da Napoli andrà riferita al luogo di acquisto piuttosto che a quello di ritrovamento); acquistato nel 1927 da un collezionista privato a Monsheim (dr. Fliedner), che lo aveva comprato dalla collezione Naue (Monaco di Baviera).
Superficie in buone condizioni, bella patina verde scura.
Estremità di cinturone a lamina con fori sull'orlo per cucire l'imbottitura di cuoio. Sulla lamina sono fissati con due ribattini due occhielli «a otto»: ognuno è costituito da una piastra sub-rettangolare, forata al centro, dalla cui parte anteriore si stacca un robusto filo, che sporge dalla lamina e unisce le due piastre, formando due occhielli sulla parte anteriore, pressapoco allineati con i fori sulle piastre, e uno su quella posteriore, in posizione centrale sulla lamina.

München 1908, 21 n. 308; MainzZ 23, 1928, 8 (G. Behrens).

Per i cinturoni con ganci «a otto» si rimanda alla scheda precedente. V–IV sec. a. C.

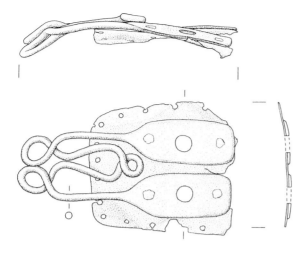

Fig. 87   Cat. 323   1:2

324.   Gancio di cinturone a palmetta   Tav. 97
N. inv. O. 14093   H cm 12
Proviene dall'Italia meridionale (la provenienza tradita da Napoli andrà riferita al luogo di acquisto piuttosto che a quello di ritrovamento); acquistato nel 1927 da un collezionista privato a Monsheim (dr. Fliedner), che lo aveva comprato dalla collezione Naue (Monaco di Baviera), nel cui catalogo era riferito all'Italia meridionale.
Integro, conserva sotto il petalo centrale della palmetta un frammento della lamina del cinturone. Superficie regolare, patina bruno verdastra sul corpo, verde sull'uncino.
Corpo a palmetta e uncino semplice, decorato all'estremità superiore del fusto dalla riproduzione stilizzata di una testa di serpente, con due linee trasversali e due file longitudinali di semicerchi, aperti verso l'esterno: ogni fila è composta da due ordini. Sul corpo figurano due volute con centro rilevato, superiormente unite da una fascia orizzontale finemente campita a tratteggio obliquo. La palmetta conta nove petali per parte e uno centrale sporgente. Due ribattini sono ancora conservati. Simile ai nn. 325–326 (ma con palmette a sette petali).
    München 1908, 21 n. 306; MainzZ 23, 1928, 8 (G. Behrens).

La particolare forma della palmetta non trova un corrispettivo nella tipologia di M. Suano (Suano 1991, fig. 22), pur avvicinandosi al tipo 2c, simile al tipo 1 di E. Robinson (Robinson 1995, 149, fig. 7). I ganci con la riproduzione stilizzata della testa di serpente si collocano all'inizio della sequenza tipologica, nella seconda metà del V sec. a. C.

325.   Gancio di cinturone a palmetta   Tav. 97
N. inv. O. 14092   H cm 8.8
Proviene dall'Italia meridionale (la provenienza tradita da Napoli andrà riferita al luogo di acquisto piuttosto che a quello di ritrovamento); acquistato nel 1927 da un collezionista privato a Monsheim (dr. Fliedner), che lo aveva comprato dalla collezione Naue (Monaco di Baviera), nel cui catalogo era riferito all'Italia meridionale.
Privo dell'uncino e dell'estremità di alcuni petali, fratturata nel centro. Superficie regolare, con patina non omogenea, che alterna chiazze chiare e scure.
Corpo a palmetta e uncino a punta di freccia: la palmetta, configurata e incisa con i consueti sette petali per parte e quello centrale, è sormontata da due spirali incise. Due fori per ribattini, parzialmente ostruiti. Simile a n. 326.
    München 1908, 21 n. 306; MainzZ 23, 1928, 8 (G. Behrens).

Verosimilmente del tipo a testa di serpente, per il quale si rimanda alla scheda n. 324 (n. inv. O. 14093). Seconda metà del V sec. a. C.

326.   Frammento di gancio di cinturone a palmetta   Tav. 97
N. inv. O. 14098   H max. cons. cm 4.8
Proviene dall'Italia meridionale (la provenienza tradita da Napoli andrà riferita al luogo di acquisto piuttosto che a quello di ritrovamento); acquistato nel 1927 da un collezionista privato a Monsheim (dr. Fliedner), che lo aveva comprato dalla collezione Naue (Monaco di Baviera), nel cui catalogo era riferito all'Italia meridionale.
Superficie regolare, con patina scura.
Rimane la parte superiore della palmetta e l'attacco del raccordo con l'uncino. Palmetta a sette petali per parte simile ai nn. 324–325 (a nove petali).
    München 1908, 21 n. 306; MainzZ 23, 1928, 8 (G. Behrens).

Verosimilmente del tipo a testa di serpente, per il quale si rimanda alla scheda n. 324 (n. inv. O. 14093). Seconda metà del V sec. a. C.

327. Frammento di gancio di cinturone a palmetta Tav. 97

N. inv. O. 14100   H max. cons. cm 2.1
Proviene dall'Italia meridionale (la provenienza tradita da Napoli andrà riferita al luogo di acquisto piuttosto che a quello di ritrovamento); acquistato nel 1927 da un collezionista privato a Monsheim (dr. Fliedner), che lo aveva comprato dalla collezione Naue (Monaco di Baviera), nel cui catalogo era riferito all'Italia meridionale.
Superficie incrostata, patina bruna.
Rimane la parte superiore della palmetta, con i petali configurati e con un ribattino centrale.

München 1908, 21 n. 306; MainzZ 23, 1928, 8 (G. Behrens).

Verosimilmente del tipo a testa di serpente, per il quale si rimanda alla scheda n. 324 (n. inv. O. 14093). Seconda metà del V sec. a. C.

328. Gancio di cinturone a palmetta stilizzata Tav. 97

N. inv. O. 14095   H cm 9.1
Proviene dall'Italia meridionale (la provenienza tradita da Napoli andrà riferita al luogo di acquisto piuttosto che a quello di ritrovamento); acquistato nel 1927 da un collezionista privato a Monsheim (dr. Fliedner), che lo aveva comprato dalla collezione Naue (Monaco di Baviera), nel cui catalogo era riferito all'Italia meridionale.
Privo della punta dell'uncino, altrimenti integro, superficie regolare, ma incrostata e corrosa; patina omogenea, bruna.
Corpo a palmetta stilizzata e uncino a punta di freccia, percorso da scanalature; incisioni trasversali sul fusto di raccordo; volute a spirale rilevata, particolari configurati. Resti del ribattino al centro nella parte inferiore.

München 1908, 21 n. 306; MainzZ 23, 1928, 8 (G. Behrens).

Questo tipo di gancio, raffigurante una palmetta stilizzata, viene di solito definito a cicala (Suano 1991, fig. 22, tipo 4b = metà IV sec. a. C.; Romito

1995, 20 e 28, con discussione esaustiva della bibliografia; Sannibale 1995, tipo II.1.A, 952–954). Documentato in numerosi esemplari, compare alla fine del V sec. a. C. e si afferma nel corso della prima metà del IV sec. a. C., prima del tipo a palmetta configurata (palmetta a lira secondo la definizione di H.-M. v. Kaenel). Nel rimandare per una discussione dettagliata all'edizione del lavoro sui cinturoni italici di H.-M. v. Kaenel, si può comunque osservare che i ganci di questo tipo sono diffusi in moltissimi musei, spesso con indicazioni di provenienza fuorvianti: gli esemplari al Kestner-Museum di Hannover, tra i primi editi della classe (pubblicati comunque in Lindenschmit d. Ä. 1870, Heft IX, tav. II.2–5 e non Lindenschmit d. Ä. 1858, come scrive M. Suano), non provengono da Edendorf, ma dall'Italia, come è stato chiarito dopo la prima edizione (Ergänzungsheft zu Band I–IV der Altertümer unserer heidnischen Vorzeit, Mainz 1900, 3). Sono numerosi i casi di ganci giunti fuori d'Italia tramite le vie del mercato antiquario e del collezionismo, che sono stati in seguito considerati provenienti dai luoghi di residenza dei rispettivi collezionisti: nello Stiftsmuseum di Aschaffenburg si conserva per esempio un nucleo di 28 ganci di vari tipi, acquisiti per cambio dal Museo di Augsburg, ma di provenienza italica (cortese informazione del dr. G. Ermischer). Sembra quindi da rifiutare la provenienza dal territorio francese dei ganci nei musei di Saint-Germain e di Lyon (pace Boucher, Perdu, Feugère 1980, 25 n. 208). Un esemplare è stato rinvenuto in Tirolo (Zemmer-Plank 1980).
La bibliografia successiva all'intervento di Suano 1986 è indicata da M. Romito (in Salerno 1990, 288) e da G. Tagliamonte (Tagliamonte 1994b); il già ricordato studio di Robinson 1995 ha proposto per parte della documentazione una nuova classificazione tipologica in quattro gruppi, la cui successione rispecchia lo sviluppo cronologico. Di recente sono stati pubblicati esemplari in contesto dalle necropoli di Alfedena (AA.VV. 1982, 14 n. 1), Gildone (Di Niro, Petrone 1993, 23, figg. 13–14), Sterpina, Montescaglioso (Lo Porto 1992, 400 n. 5, figg. 110.2 e 111.2 per la tomba 2 della prima metà del IV sec. a. C.). Alcuni corredi funerari inediti, come la tomba 40 di Paestum, località Spinazzo scendono all'inizio del III sec. a. C. (cinturone n. inv. 32361 del Museo Na-

zionale di Paestum: cortese informazione F. Longo). Altri esemplari privi di contesto sono conservati in musei americani (Cambridge 1967, 197, n. 202; Williams 1984, 61 n. 45) ed europei (Borell 1989, 84 s., n. 92, tav. 37). Prima metà del IV sec. a. C.

Caratterizzato da un'esecuzione accurata, forse in riflesso di una datazione lievemente antica, questo esemplare presenta una palmetta più larga rispetto al tipo corrente (Suano 1991, fig. 22, tipo 4b, per il quale si rimanda alla scheda n. 328, n. inv. O. 14095). Prima metà del IV sec. a. C.

329. Gancio di cinturone a palmetta stilizzata
Tav. 97

N. inv. O. 14097   H cm 7.6

Proviene dall'Italia meridionale (la provenienza Napoli tradita da Behn andrà presumibilmente riferita al luogo di acquisto); acquistato nel 1927 da un collezionista privato a Monsheim (dr. Fliedner), che lo aveva comprato dalla collezione Naue (Monaco di Baviera), nel cui catalogo era riferito all'Italia meridionale.
Privo dell'attacco inferiore, altrimenti integro; superfice regolare, bella patina omogenea verde. Corpo a a palmetta stilizzata e uncino a punta di freccia. File di puntini impressi sul fusto triangolare a punta di freccia sotto l'uncino; fascio irregolare di strisce orizzontali sul raccordo tra punta di freccia e palmetta stilizzata. Volute a spirale rilevata. Due fori per i ribattini di fissaggio del gancio alla lamina.

München 1908, 21 n. 306; MainzZ 23, 1928, 8 (G. Behrens).

Assimilabile al tipo 4 b della classificazione di M. Suano (Suano 1991, fig. 22), per il quale si rimanda alla scheda n. 328 (n. inv. O. 14095). Prima metà del IV sec. a. C.

330. Gancio di cinturone a palmetta stilizzata
Tav. 97

N. inv. O. 23202   H cm 9.1

Provenienza sconosciuta; catalogato nel 1932 dai vecchi fondi del RGZM.
Integro. Superficie regolare, patina omogenea, scura, con chiazze dorate.
Corpo a palmetta stilizzata e uncino a punta di freccia, decorato da un fascio regolare di incisioni trasversali, da una fila di cerchietti e da un'incisione trasversale alla base. Foro superiore ostruito. Volute della palmetta a spirale rilevata.

Behn 1920a, 159, n. 1148.

331. Gancio di cinturone a palmetta stilizzata
Tav. 97

N. inv. O. 23203   H cm 7.3

Provenienza sconosciuta; catalogato nel 1932 dai vecchi fondi del RGZM.
Privo della parte inferiore; superficie regolare, patina scura, omogenea.
Corpo a palmetta stilizzata e uncino a punta di freccia, decorato da file di puntini impressi e alla base da un fascio regolare di incisioni trasversali, puntini e cerchietti. Volute della palmetta a spirale rilevata.

Behn 1920a, 160, n. 1150.

Simile all'esemplare della scheda precedente, appartiene al tipo 4 b della classificazione di M. Suano (Suano 1991, fig. 22), per il quale si rimanda alla scheda n. 328 (n. inv. O. 14095). Prima metà del IV sec. a. C.

332. Due ganci di cinturone a palmetta stilizzata
Tav. 97

N. inv. O. 36092   H max. cons. cm 9.1 e 9.2

Provenienza sconosciuta; catalogati nel 1958 dai vecchi fondi del RGZM.
Privi della parte inferiore; superfcie regolare, patina omogenea, scura.
Corpo a palmetta stilizzata, raccordo scanalato e uncino a punta di freccia. Sull'uncino file di puntini di piccolissime dimensioni (verosimile accenno alla testa di serpente); raccordo piuttosto lungo, percorso da scanalature longitudinali, comprese tra due fasci di incisioni trasversali; palmetta di forma allungata, con fini incisioni nel campo e sulle volute a spirale rilevata. In entrambi i ganci figurano resti di ribattini nel foro superiore (inferiore non conservato).

Inediti.

Anche se vicini al tipo 4b di M. Suano (Suano 1991, fig. 22), per il quale si rimanda alla scheda n. 328 (n. inv. O. 14095), la forma allungata ne denuncia una datazione recente nell'ambito del tipo, che prelude al 5b. Attorno alla metà del IV sec. a. C.

333. Gancio di cinturone a testa di lupo
Tav. 97

N. inv. O. 23201   H max. cons. cm 8.7
Provenienza sconosciuta; catalogato nel 1932 dai vecchi fondi del RGZM.
Privo della parte inferiore della palmetta; superficie corrosa, patina omogenea, bruna.
Corpo a palmetta stilizzata e uncino a testa di lupo, sul quale si distinguono le sole orecchie rilevate, altrimenti del tutto simile al n. 334. Volute a spirale rilevate, con particolari finemente graffiti.

Behn 1920a, 160, n. 1151.

I ganci configurati a testa di lupo sono tra i più tardi nella sequenza tipologica dei cinturoni (Suano 1991, fig. 122, tipo 4a). L'adozione di una protome simile non desta meraviglia in considerazione della scelta del lupo come animale totemico da parte delle genti irpine, che nel proprio etnonimo ricordavano questa derivazione. Seconda metà del IV sec. a. C.

334. Gancio di cinturone a testa di lupo
Tav. 97

N. inv. O. 17177   H cm 8.8
Provenienza sconosciuta; acquistato nel 1928 sul mercato antiquario a Budapest (Stürmer) con altri materiali (O. 17014 – O. 17252), tra i quali molti bronzi etrusco-italici.
Integro, superficie regolare, patina bruna, con chiazze verdastre.
Corpo a palmetta stilizzata e uncino a testa di lupo, con orecchie rilevate e occhi incisi. Tratti incisi anche sulle orecchie e trasversali sulla palmetta. Volute a spirale rilevata; linee incise molto sottili. Due fori per i ribattini di ferro (in parte conservati).

Inedito.

Del tutto simile all'esemplare precedente, alla cui scheda si rimanda. Seconda metà del IV sec. a. C.

335. Gancio di cinturone a testa di lupo
Tav. 97

N. inv. O. 14096   H cm 10.9
Proviene dall'Italia meridionale (la provenienza tradita da Napoli andrà riferita al luogo di acquisto piuttosto che a quello di ritrovamento); acquistato nel 1927 da un collezionista privato a Monsheim (dr. Fliedner), che lo aveva comprato dalla collezione Naue (Monaco di Baviera), nel cui catalogo era riferito all'Italia meridionale.
Integro, superficie regolare, patina omogenea, verde scura.
Corpo a palmetta stilizzata e uncino a testa di lupo, con orecchie rilevate e occhi incisi. Linee longitudinali incise sul raccordo tra corpo e uncino. Corpo di forma allungata e sottile, ricoperto da sottili linee incise longitudinali; volute a spirale rilevata. Due fori per i ribattini.

München 1908, 21 n. 306; MainzZ 23, 1928, 8 (G. Behrens).

Questo esemplare è contraddistinto da una forma allungata e sottile, nonché dalle incisioni sul corpo, che lo collocano tra le produzioni più recenti del tipo a testa di lupo (Suano 1991, fig. 122, tipo 4a). Si veda anche la scheda n. 333 (n. inv. O. 23201). Seconda metà del IV sec. a. C.

336. Gancio di cinturone con palmetta a lira
Tav. 98

N. inv. O. 30882   H max. cons. cm 10.8
Provenienza sconosciuta; acquisito nel 1939 dal Museo di Worms.
Privo dell'estremità inferiore della palmetta; superficie regolare, patina omogenea, bruna.
Corpo a palmetta e uncino a punta di freccia, decorato sopra la base da quattro cerchietti disposti a triangolo, su un fascio di linee graffite irregolari. La palmetta a lira, compresa tra due grandi S e sormontata da una fila di cerchietti, conta sette petali per parte e una palmetta minore incisa. Nelle due palmette sono graffiti cerchietti con punto centrale. Quattro fori per ribattini. Simile per foggia e patina al gancio esaminato nella scheda

successiva, appartiene forse allo stesso cinturone.

Inedito: cenno in MainzZ 36, 1941, 3 (G. Behrens).

I ganci con la palmetta a lira, giudicati tipici delle aree appenniniche, chiudono la sequenza dei ganci da cinturone in uso nell'Italia meridionale (Suano 1991, fig. 22, tipo 1b; Sebastiani, Calzecchi Onesti 1991, 122–123, nn. 149–152, tav. 18; Tagliamonte 1994b, con altra bibliografia, cui adde Robinson 1995, 149, figg. 1 e 7, n. 4; Jurgeit 1999, 117–118, nn. 150–153). Seconda metà del IV–III sec. a. C.

337. Gancio di cinturone con palmetta a lira
Tav. 98

N. inv. O. 30883   H cm 11
Provenienza sconosciuta; acquisito nel 1939 dal Museo di Worms.
Integro. Superficie regolare, patina omogenea, bruna.
Corpo a palmetta e uncino a punta di freccia, decorato sopra la base da quattro cerchietti disposti a triangolo, su un fascio di linee graffite irregolari. La palmetta è a lira, compresa entro due grandi S e sormontata da una fila di cerchietti, conta i soliti sette petali per parte e la palmetta minore incisa. Come caratteristica peculiare compaiono nelle due palmette cerchietti con punto centrale. Cinque fori per ribattini.
Simile per foggia e patina al gancio esaminato nella scheda precedente, appartiene forse allo stesso cinturone.

Inedito: cenno in MainzZ 36, 1941, 3 (G. Behrens).

Del tutto simile all'esemplare della scheda precedente, al quale si rimanda. Seconda metà del IV–III sec. a. C.

338. Gancio di cinturone con palmetta a lira
Tav. 98

N. inv. O. 25856   H max. cons. cm 9.1
Provenienza sconosciuta; acquistato nel 1933 a Neustadt (C. Mehlis: etrurische Funde Bologna, Orvieto, Rom n. O. 25852 – O. 25860).
Privo della parte inferiore della palmetta; superficie regolare, patina verde sulla palmetta, scura sull'uncino (più spesso).

Corpo a palmetta e uncino a punta di freccia, decorato da file di puntini piccolissimi, molto fitti, che al centro compongono una sorta di voluta. Sotto l'uncino è inciso un fascio di linee oblique, irregolari. Sulla palmetta a lira le due S, campite da trattini orizzontali, non sono distinte nella parte superiore, ma sono unite e prive di volute. Palmetta centrale a sette petali, talora campiti da file di puntini.

Inedito: cenno in MainzZ 29, 1934, 89 (G. Behrens).

Del tutto simile all'esemplare n. 336 (n. inv. O. 30882), al quale si rimanda. Seconda metà del IV–III sec. a. C.

339. Gancio di cinturone con palmetta a lira
Tav. 98

N. inv. O. 25857   H max. cons. cm 10.6
Provenienza sconosciuta; acquistato nel 1933 a Neustadt (C. Mehlis: etrurische Funde Bologna, Orvieto, Rom n. O. 25852 – O. 25860).
Il gancio conserva ancora un frammento della lamina del cinturone, unito da quattro ribattini, con forellini sull'orlo; gancio privo dell'estremità inferiore. Superficie regolare, patina verde scura, con chiazze brune.
Corpo a palmetta e uncino a punta di freccia: sull'uncino file di puntini piccolissimi di lato e linea ondulata di puntini al centro; fascio irregolare di linee oblique e fila di puntini alla base dell'uncino e al di sopra della palmetta a lira, compresa entro due grandi S. La palmetta conta sette petali configurati, le due grandi S, campite da trattini orizzontali, e una palmetta minore graffita con cerchietti e puntini nei petali.

Inedito: cenno in MainzZ 29, 1934, 89 (G. Behrens).

Del tutto simile all'esemplare n. 336 (n. inv. O. 30882), al quale si rimanda. Seconda metà del IV–III sec. a. C.

340. Gancio di cinturone con palmetta a lira
Tav. 98

N. inv. O. 14091   H cm 9.7
Proviene dall'Italia meridionale (la provenienza tradita da Napoli andrà riferita al luogo di ac-

quisto piuttosto che a quello di ritrovamento); acquistato nel 1927 da un collezionista privato a Monsheim (dr. Fliedner), che lo aveva comprato dalla collezione Naue (Monaco di Baviera), nel cui catalogo era riferito all'Italia meridionale.

Privo della parte inferiore. Superficie regolare, lievemente corrosa; patina verde scura sulla palmetta, bruna sull'uncino. Chiazza dorata sulla palmetta.

Corpo a palmetta e uncino a punta di freccia. File di puntini piccolissimi sull'uncino (probabile accenno alla testa del serpente), alla cui base compare un fascio di incisioni oblique, irregolari. Fila di cerchietti sopra la palmetta a lira, a sette petali con quello centrale molto lungo: è compresa tra due grandi S campite da trattini orizzontali, con petali lungo i lati e alla base. Due fori superiori e uno inferiore, con resti dei ribattini.

München 1908, 21 n. 306; MainzZ 23, 1928, 8 (G. Behrens).

Del tutto simile all'esemplare n. 336 (n. inv. O. 30882), al quale si rimanda. Seconda metà del IV–III sec. a. C.

341.   Gancio di cinturone con palmetta a lira
Tav. 98

N. inv. O. 14094   H cm 10.8

Proviene dall'Italia meridionale (la provenienza tradita da Napoli andrà riferita al luogo di acquisto piuttosto che a quello di ritrovamento); acquistato nel 1927 da un collezionista privato a Monsheim (dr. Fliedner), che lo aveva comprato dalla collezione Naue (Monaco di Baviera), nel cui catalogo era riferito all'Italia meridionale.

Privo della parte inferiore e della punta dell'uncino; superficie regolare, patina bruna con chiazze dorate.

Corpo a palmetta e uncino a punta di freccia, decorato da file di puntini piccolissimi impressi (probabile accenno alla testa del serpente) e da un fascio regolare di linee incise oblique alla base. La palmetta a lira, configurata, è compresa tra due grandi S campite da trattini orizzontali, all' interno delle quali sono incise una S più piccola e motivi circolari. Tre fori per il fissaggio, due superiori e uno inferiore.

München 1908, 21 n. 306; Behn 1920a, 160, n. 1159 (Nach. 10665); MainzZ 23, 1928, 8 (G. Behrens).

Del tutto simile all'esemplare n. 336 (n. inv. O. 30882), al quale si rimanda. Seconda metà del IV–III sec. a. C.

342.   Gancio di cinturone raffigurante un kouros
Tav. 98

N. inv. O. 11243   H cm 10.7

Provenienza sconosciuta; acquistato nel 1920 presso la principessa v. Battenberg.

Gancio integro; superficie corrosa e abrasa sul volto, sulle gambe e sul torace; patina omogenea, verde scura.

Sotto il gancio è raffigurato un personaggio maschile stante, con le braccia lungo il corpo e le mani strette sui fianchi (attorno ai ribattini che fissavano il gancio alla lamina). I particolari anatomici sono riprodotti in modo sommario: sul volto molto corroso era forse raffigurato soltanto il naso; una lieve calotta rilevata sulla sommità della testa allude alla capigliatura; sul torace e sull'addome compaiono due fasce di trattini verticali, fittamente incisi; il sesso è rilevato. Sulla base modanata rimane un terzo ribattino per il fissaggio alla lamina; la faccia posteriore è piatta.

Behn 1920a, 161, n. 1161 (pubblica la copia di questo originale, pervenuto al RGZM in seguito); Rebuffat-Emmanuel 1962, 341.

In Etruria ganci di cinturone configurati a figura umana risalgono già alla prima metà del VII sec. a. C. (v. Hase 1971, 25–30, figg. 28–31). Per le regioni appenniniche sono documentati ganci conformati a kouros di varie fogge: i confronti più puntuali per questo esemplare rimangono quelli individuati da D. Rebuffat-Emmanuel (Rebuffat-Emmanuel 1962, 360) con i ganci al Museo di Perugia (da Chieti, n. inv. 1239: Calzoni 1940, 57) e agli Staatliche Museen a Berlino (Friederichs 1871, 1046, 1047–1048 = Heres 1980, 80 s. tav. 4.3 per n. inv. 1046, mentre perduta è la coppia nn. inv. 1047–1048), ai quali si può aggiungere almeno un gancio forse da Capua (Münzen- und Medaillen AG, Sonderliste T, Oktober 1981). Un gancio al British Museum è simile solo per la posizione delle braccia (Suano 1986, 20, n. 40, tav. 25). Seconda metà del IV sec. a. C.

343. Armilla fusa **Tav. 99**
N. inv. O. 1845   Diam. cm 10.2; sezione cm 1.6
Provenienza sconosciuta; acquistata nel 1902 sul
mercato antiquario di Magonza (Reiling).
Integra, con cavità e bolle di fusione sulla superficie; patina verde scura.
A sezione pressoché circolare, presenta le estremità sovrapposte, decorate da quattro gruppi di
nervature alternate a incisioni. Sulle estremità appiattite è profondamente incisa una croce greca.

Behn 1920a, 104, n. 797.

Armille fuse con decorazioni plastiche e incise
sono diffuse in Etruria (Jerusalem 1991, 74, n. 83,
con bibliografia e confronti) e in altre regioni
dell'Italia antica come la Campania (Jurgeit 1999,
595–596 n. 1014). Si veda anche la scheda n. 1.4.
(n. inv. O. 37685). VIII sec. a. C.

344. Armilla fusa **Tav. 99**
N. inv. O. 1844 Diam. cm 6.8; sezione cm 1.3
Provenienza sconosciuta; acquistata nel 1902 sul
mercato antiquario di Magonza (Reiling).
Integra, con superficie regolare e patina verde
scura.
A sezione pressoché circolare, presenta le estremità sovrapposte, decorate da tre gruppi di nervature alternate a incisioni, sormontate da una
croce di Sant' Andrea, graffita con duplice linea.
Sulle estremità appiattite è profondamente incisa una croce greca, con duplice linea.

Behn 1920a, 104, n. 798.

Del tutto simile all'esemplare della scheda precedente, alla quale si rimanda. Ai confronti citati
si può aggiungere per le dimensioni simili almeno un esemplare al Louvre (De Ridder 1915, 83
n. 2273, tav. 91). IX–VIII sec. a. C.

345. Bracciale fuso **Tav. 99**
N. inv. O. 10427   Diam. cm 5.5; sezione cm 0.6
Provenienza sconosciuta; acquistato nel 1917
presso R. Forrer (Strasburgo), con indicazione
di provenienza dall'Italia.
Integro, superficie regolare; patina omogenea
verde scura, con chiazze biancastre.

Di forma circolare, presenta sezione poligonale
ed estremità sovrapposte.

Behn 1920a, 104, n. 796.

Tipo particolarmente diffuso nell'Italia centrale
nel IX–VIII sec. a. C. (Bietti Sestieri 1992, tipo
49a, 393, tav. 40). IX–VIII sec. a. C.

346. Armilla fusa **Fig. 88; tav. 99**
N. inv. O. 14118   Dimensioni: 8 × 5.8 cm; sezione cm 2.1 × 1.2
Comprata a Napoli, proverrebbe da Corcelletto,
in Calabria; acquistata nel 1927 da un collezionista privato a Monsheim (dr. Fliedner), che l'aveva comprata dalla collezione Naue (Monaco di
Baviera).
Integra, superficie regolare, patina omogenea,
verde scura.
Aperta, a sezione ellittica, presenta una forma a
cuore. E' decorata da linee oblique incise sulla
faccia superiore e da trattini incisi obliqui lungo
i bordi.

München 1908, 20 n. 287.

Il bracciale ad arco inflesso è un fossile guida dei
corredi femminili nella cultura di Oliveto-
Cairano dalla metà dell'VIII al VI sec. a. C. (Bailo
Modesti 1980, 40–42, con ampi rimandi bibliografici, da aggiornare con gli esemplari da Conza,
presentati in Barbera 1994, 28 tipo IV B). Esemplari di questa forma con la decorazione graffita
simile sono conservati nel museo D. Ridola a
Matera (Fototeca DAI Roma, Inst. Neg. 66.1242),

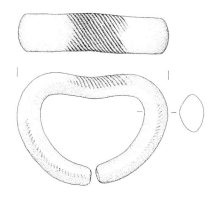

Fig. 88   Cat. 346   1 : 2

a_ Louvre (De Ridder 1915, 81 n. 2239 tav. 91) e nei depositi del British Museum (inediti, n. inv. G&R.1975.9–4 cortesemente mostratimi da J. Swaddling). Occorre valutare se e quanto possano aver influito sull'origine del tipo le armille di forma analoga, ma con coste trasversali, diffuse nell'Europa centrale già nell'età del Bronzo finale (Chaume 1989). VIII–VI sec. a. C.

347. Armilla in lamina Tav. 99

N. inv. O. 37300 Diam. cm 9.3; sezione cm 1.9 × 1.1

Provenienza sconosciuta; acquistata nel 1960 sul mercato antiquario a Spira (G. Wink).

Integra, con alcune fratture parziali. Superficie regolare, con macchie biancastre; patina omogenea, verde chiara.

Ricavata da una lamina ripiegata all'interno, a sezione pressoché ellittica, ha le estremità sovrapposte, affusolate, decorate da solchi trasversali.

Inedita.

Appartiene a un tipo largamente diffuso nel Lazio e nell'Etruria (Bietti Sestieri 1992, tipo 49b, 393, tav. 40), nonché a Bologna (Arm 1, varietà A: Parichelli 1990, 241 n. 4, tav. 209). VIII–VII sec. a. C.

348. Armilla in lamina Tav. 99

N. inv. O. 13001 H max. cons. cm 8.5; diam. cm 5.6

Provenienza sconosciuta; acquisita nel 1927 sul mercato antiquario a Monaco, proveniva dalle collezioni Marx (Magonza) e Sieck (Monaco di Baviera).

Priva di un'estremità; superficie regolare; patina omogenea, bruna con chiazze dorate.

In sottile lamina, rimangono cinque avvolgimenti, terminanti all'estremità conservata in un sottile filo, avvolto a spirale, forata al centro.

München 1918, 38 n. 600.

I confronti reperibili indicano la diffusione di questo ornamento femminile nella cultura picena, nella quale sono noti anche anelli con estremità spiraliformi (Dall'Osso 1915, 211), armille da Cupramarittima (Dumitrescu 1929, fig. 13, n. 15),

nella collezione Allevi (Cffida 1977, 79, tav. 39, B 336 senza spirali), da Novilara (Beinhauer 1985, tav. 116, n. 1298, tomba 58 senza spirali), da Ancona (N. Lucentini, in Frankfurt 1999, 259 n. 482 a fettuccia costolata) unitamente a quelli conservati in collezioni museali (Williams 1984, 48, n. 32) e private (Jerusalem 1991, 74, n. 84 = Genève 1993, 187, n. 91), che hanno permesso a M. Landolfi di proporne una datazione all'VIII sec. a. C. (Landolfi 1990, tav. VI). Due esemplari sono al Museo Nazionale Etrusco di Villa Giulia (collezione Castellani, nn. inv. 51077 e 51086). La foggia è attestata anche nella regione adriatica meridionale e in località del versante tirrenico (Barbera 1994, 59 n. 11), tra le quali si segnala il sepolcreto di Torre Galli (Pacciarelli 1999a, 137, W2A, fig. 37). VIII sec. a. C.

349. Anello fuso Tav. 99

N. inv. O. 23184 Diam. cm 4.8; sezione cm 0.4

Provenienza sconosciuta; catalogato nel 1932 dai vecchi fondi del RGZM.

Integro, con superficie coperta da incrostazioni biancastre.

Di forma circolare chiusa, ha sezione rotonda.

Behn 1920a, 103, n. 794.

L'anello di sospensione è una foggia diffusa nel Lazio e nella Campania etrusca (Bietti Sestieri 1992, tipo 45a, 381, tav. 40). IX–VIII sec. a. C.

350. Anellone a sei nodi Tav. 99

N. inv. O. 10339 Diam cm 14.9; sezione cm 0.9

Provenienza sconosciuta; acquistato nel 1917 da R. Forrer (Strasburgo), che lo aveva comprato in Italia, forse in Umbria.

Integro; superficie lievemente incrostata; patina omogenea, bruna.

Rotondo, a sezione circolare, presenta a distanza regolare sei protuberanze di forma biconica.

Behn 1920a, 127, n. 971; Le Roux 1959, 348, tav. 42, fig. 4.

Questi caratteristici ornamenti, frequenti nelle deposizioni femminili del territorio ascolano tra Cupramarittima e Grottammare (G. Baldelli, in Lollini 1989, 23, fig. 21) sono stati ascritti da D.

Lollini alla fase IV della cultura picena (Lollini 1976, tav. X.25; Lollini 1977, 143; Landolfi 1990, tavola VI). Ne sono noti numerosi esemplari (Dall'Osso 1915, 180–182, 190, 213; Dumitrescu 1929, fig. 13, n. 12 da Belmonte Piceno; Calzoni 1940, 21 e 56; Offida 1977, 89, tav. 51, B 2; Falconi Amorelli 1982, 91, n. 90; M. Landolfi, in Frankfurt 1999, 265 n. 540; inediti sono anche nell'Antiquarium del Museo Nazionale Etrusco di Villa Giulia a Roma), che hanno permesso di riconoscere una foggia con sei (tipo 1) e una con quattro (tipo 2) nodi, le cui dimensioni possono contare un diametro superiore a 20 cm e un peso di quasi 2 kg. Si possono quindi ipotizzare usi differenti, come sembrano indicare anche gli esemplari di giacitura nota, rinvenuti sopra al bacino o accanto a una mano, di solito la destra. Uno scavo eseguito in laboratorio su una tomba da Colli del Tronto ha rivelato che un anellone a sei nodi era appoggiato sul corpo della defunta, su una larga striscia di cuoio e su una collana in ambra (Lucentini 1991). La circoscritta area di diffusione permette di connetterli al culto della dea Cupra, che contava in quel distretto un importante santuario (Naso 2000a, 240–244). I reperti conservati in musei non italiani (De Ridder 1915, n. 1532, tav. 72; A.-M. Adam 1984, 135, nn. 172–173; Jerusalem 1991, 73, n. 81; Jurgeit 1999, 624–625 nn. 1093–1094) sono da ricondurre al commercio antiquario, come ha proposto J. Swaddling per un anellone di presunta provenienza irlandese (Rigby et alii 1995, 116–117) e non sono mai di provenienza locale, come un esemplare accreditato di una provenienza parigina soltanto dallo scopritore, il sedicente Charles Magne (Paris 1989, 35 n. 2: vedi nota 47). VI sec. a. C.

351. Due anelli fusi   Tav. 100
N. inv. O. 10342   Diam. cm 1.7
Provenienza sconosciuta; acquistati nel 1917 presso R. Forrer (Strasburgo), che li aveva comprati in Italia, forse in Umbria.
a) Integro, ma aperto e lievemente deformato. Superficie regolare e patina omogenea, bruna. A sezione quadrangolare, di forma pressoché circolare.
b) Integro, superficie regolare, con patina omogenea, verde chiara.

A sezione rotonda, di forma pressoché circolare.
Inediti.

I due anelli di sospensione, di foggia differente, erano pertinenti in origine a oggetti non identificati.

352. Capocchia   Tav. 100
N. inv. O. 10340   Diam. cm 3.3; H cm 1.4
Provenienza sconosciuta; acquistata nel 1917 presso R. Forrer (Strasburgo), che l'aveva comprata in Italia: proverrebbe dall'Umbria.
Integra, coperta da incrostazioni verdi, uniformi; patina bruna.
Capocchia fusa, di forma circolare, con protuberanza centrale cilindrica.
La base è inferiormente convessa.
Corrisponde per le dimensioni, ma non per la patina all'esemplare della scheda successiva.
Inedita.

353. Capocchia traforata   Tav. 100
N. inv. O. 10341   Diam. cm 3.3; H cm 1.2
Provenienza sconosciuta; acquistata nel 1917 presso R. Forrer (Strasburgo), che l'aveva comprata in Italia: proverrebbe dall'Umbria.
Integra, superficie regolare, patina omogenea, verde scura.
Capocchia fusa di pianta circolare e forma tronco-conica, aperta inferiormente e superiormente. Presenta lateralmente otto intagli di forma irregolarmente rettangolare.
Corrisponde per dimensioni, ma non per la patina all'esemplare della scheda precedente
Inedita.

Le due capocchie sono pertinenti a uno o più oggetti non identificati.

354. Fibula ad arco serpeggiante con profilo quadrangolare   Fig. 89
N. inv. O. 17236   L cm 10.3; H cm 4
Provenienza sconosciuta; acquistata nel 1928 sul mercato antiquario a Budapest (Stürmer) con al-

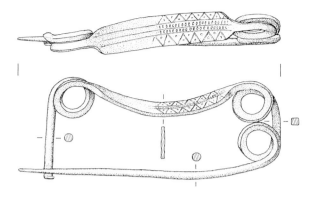

Fig. 89   Cat. 354   2:3

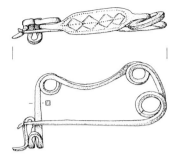

Fig. 90   Cat. 355   2:3

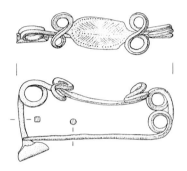

Fig. 91   Cat. 356   2:3

tri materiali (O. 17014 – O. 17252), tra i quali molti bronzi etrusco-italici.

Priva della staffa e lievemente ammaccata, altrimenti integra; patina omogenea di colore verde scuro, a eccezione di un settore dell'arco, coperto dalla corrosione.

Arco serpeggiante, a profilo quadrangolare, con tratto mediano appiattito e allargato, decorato al centro da due file orizzontali di puntini e lungo i bordi da due file di denti di lupo rivolti all'esterno; sui bordi corrono due file di puntini per parte, sfalsate.

Il filo a sezione quadrangolare che costituisce l'arco forma tre occhielli a un avvolgimento e 1/4, rispettivamente uno sulla staffa e due che fungono da molla (questi ultimi uno sull'altro): a l'uscita dal secondo occhiello, in corrispondenza dell'ago, la sezione del filo diviene circolare. La parte residua della staffa lascia pensare a un modello simile a quello dell'esemplare della scheda successiva.

Inedita: cenno in MainzZ 24–25, 1929–1930, 110 (G. Behrens).

Questa fibula trova stringenti confronti con esemplari pubblicati in anni successivi provenienti comunque da Allumiere-Poggio della Pozza, Fianello e Terni (Sundwall 1943, 145–146, D II o f, fig. 215; Allumiere e Pianello di Genga: Müller-Karpe 1959, tavv. 26.1 e 56.36; Terni: De Angelis 1979, 236 n. 2, fig. 7 n. 12 attribuita alla fase più recente dell'età del Bronzo finale in Umbria e nella Toscana interna). Non solo per la sequenza proposta per il Bronzo finale in Umbria e nella Toscana interna, ma anche per la presenza nella facies di Allumiere e per la signi-

ficativa mancanza della foggia tra i materiali caratteristici delle fasi recenti dell'età del Bronzo (Bietti Sestieri 1973), la fibula appartiene alla fase più recente dell'età del Bronzo finale. X sec. a. C.

355.   Fibula ad arco serpeggiante con profilo quadrangolare   Fig. 90

N. inv. O. 37812   L cm 5.2; H cm 2.6

Provenienza sconosciuta; acquistata nel 1960 da un privato a Monaco di Baviera.

Priva della parte finale della staffa e con la punta dell'ago piegata, altrimenti integra; patina verde chiara, omogenea.

Arco serpeggiante, a profilo quadrangolare, con tratto mediano appiattito e allargato, decorato da una fila di puntini al centro e lungo i bordi e da due file di denti di lupo rivolti all'esterno. Il filo a sezione quadrangolare, che costituisce l'arco, forma tre occhielli a un avvolgimento e ¼, rispettivamente uno sulla staffa e due che fungono

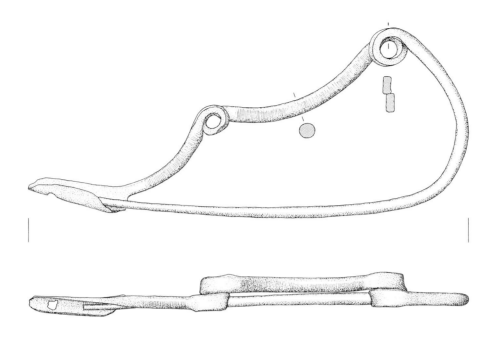

Fig. 92   Cat. 357   2:3

da molla (questi ultimi uno sull'altro): all'uscita dal secondo occhiello, in corrispondenza dell'ago, la sezione del filo diviene circolare. Sulla staffa il filo, a sezione quadrangolare, forma inizialmente un gancio, per bloccare l'ago, e quindi una piega in alto, che è troncata: nella parte non conservata doveva figurare un un disco spiraliforme.

Inedita.

Simile all'esemplare della scheda precedente. X sec. a. C.

356. Fibula ad arco serpeggiante con profilo quadrangolare Fig. 91
N. inv. O. 17235   L cm 6.2; H cm 2.6
Provenienza sconosciuta; acquistata nel 1928 sul mercato antiquario a Budapest (Stürmer) con altri materiali (O. 17014 – O. 17252), tra i quali molti bronzi etrusco-italici.
Integra, ma lievemente schiacciata all'estremità superiore; coperta da chiazze diffuse di corrosione; patina verde scura, omogenea.
Arco serpeggiante, a profilo quadrangolare-ellittico, con tratto mediano appiattito e allargato,

decorato da una fila di puntini lungo i bordi e da tratti obliqui al centro.
Il filo a sezione quadrangolare, che costituisce l'arco, forma tre occhielli a un avvolgimento e ¼, rispettivamente uno sulla staffa e due che fungono da molla (questi ultimi uno sull'altro): tra gli occhielli e il tratto mediano dell'arco il filo forma due occhielli «a otto» per parte. La sezione del filo diviene circolare in corrispondenza dell'ago. Staffa corta e simmetrica, leggermente piegata verso l'ago.
Inedita: cenno in MainzZ 24–25, 1929–1930, 110 (G. Behrens).

Si rimanda alla scheda n. 354 (n. inv. O. 17236): la decorazione incisa trova riscontro con l'esemplare da Allumiere, mentre rimangono peculiari di questa fibula gli occhielli sull'arco. X sec. a. C.

357. Fibula ad arco serpeggiante con due occhielli di tipo 'siciliano' Fig. 92
N. inv. O. 1842   L cm 17.6; H cm 8.6
Provenienza sconosciuta; acquistata nel 1902 sul mercato antiquario a Magonza (Reiling).
Priva della punta dell'ago, connesso alla staffa

dalla corrosione, e con una lacuna sulla staffa; patina omogenea, bruna.

Fibula serpeggiante con due occhielli, ognuno dei quali conta due avvolgimenti. La sezione del filo è circolare, passante a rettangolare in corrispondenza dei due occhielli; l'arco è decorato da sottili incisioni anulari. Ago ricurvo e staffa allungata.

Behn 1920a, 100, n.762.

Le fibule di questa foggia compaiono in numerosi corredi funerari di molte necropoli dell'età del Ferro nell'Italia meridionale e centrale, tanto che R. Peroni le ha inserite nel novero dei reperti più significativi per la determinazione del momento avanzato della fase iniziale della prima età del Ferro nella penisola italica (Peroni 1979, 195 con bibliografia); ne sono noti esemplari anche nel Trentino Alto-Adige (v. Eles Masi 1986, 211, nn. 2140–2141, tav. 16). Un'ampia bibliografia sulla diffusione nell'Italia centro-meridionale si trova nell'edizione dei materiali dell'Osteria dell'Osa (Bietti Sestieri 1992, 376–378, tipo 42 con numerose varianti, tav. 39): successivamente si vedano anche Frey 1991, passim; Genève 1993, 295–296, nn. 189–190; Chiartano 1994, passim; Pacciarelli 1999a, 133 gruppo E. Seconda metà del IX–VIII sec. a. C.

358. Fibula ad arco serpeggiante con due occhielli di tipo 'siciliano' Tav. 100

N. inv. O. 1843   L cm 17.2; H cm 8.7

Provenienza sconosciuta; acquistata nel 1902 sul mercato antiquario a Magonza (Reiling).

Integra, ma con l'ago ricongiunto da tre frammenti, lievemente deformato. Bella patina verde chiara, omogenea.

Fibula serpeggiante, con due occhielli, ognuno dei quali conta due avvolgimenti. La sezione del filo è circolare, passante a rettangolare in corrispondenza dei due occhielli; l'arco è liscio. Ago ricurvo e staffa allungata. Sull'ago rimane parte del filo spiraliforme che lo avvolgeva in origine per un settore più ampio, come indicano le tracce residue.

Behn 1920a, 100, n.766.

Si rimanda alla scheda n. 357 (n. inv. O. 1842). Seconda metà IX–VIII sec. a. C.

359. Fibula ad arco serpeggiante con due occhielli di tipo 'siciliano' Fig. 93

N. inv. O. 23182   L cm 17.6; H cm 8.6

Provenienza sconosciuta; catalogata nel 1932 dai vecchi fondi del RGZM.

Integra; patina omogenea, bruna.

Fibula serpeggiante, con due occhielli, ognuno dei quali conta due avvolgimenti. La sezione del filo è circolare, passante a rettangolare in corrispondenza dei due occhielli; l'arco è liscio. Ago ricurvo e staffa allungata.

Behn 1920a, 100, n.763; Egg, Pare 1995, 112 n.5.

Si rimanda alla scheda n. 357 (n. inv. O. 1842). Seconda metà del IX–VIII sec. a. C.

360. Fibula ad arco serpeggiante con due occhielli di tipo 'siciliano' Fig. 94

N. inv. O. 39114   L cm 14.6; H cm 5.4

Provenienza sconosciuta; acquistata nel 1967 sul mercato antiquario a Francoforte sul Meno.

Integra, ma con l'ago in due pezzi, ricongiunti. Patina omogenea, bruna.

Fibula serpeggiante, con due occhielli, ognuno dei quali conta due avvolgimenti. La sezione del filo è circolare sull'ago, quadrangolare sull'arco. Ago ricurvo e staffa allungata. Nell'ago è infilato un disco in ambra, con un'estremità fratturata.

Inedita.

Si rimanda alla scheda n. 357 (n. inv. O. 1842). Seconda metà IX–VIII sec. a C.

361. Fibula ad arco serpeggiante con staffa a disco Fig. 95

N. inv. O. 17226   L cm 12; H cm 3.2

Provenienza sconosciuta; acquistata nel 1928 sul mercato antiquario a Budapest (Stürmer) con altri materiali (O. 17014–O. 17252), tra i quali molti bronzi etrusco-italici.

Priva di parte dell'arco e dell'ago, con i margini della staffa lievemente sfrangiati; patina omogenea, verde chiara.

Arco serpeggiante, con molla a quattro avvolgimenti e occhio centrale, sotto il quale il filo bronzeo a sezione a quadrangolare dopo il fermo dell'

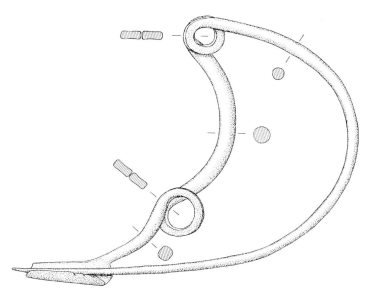

Fig. 93   Cat. 359   2:3

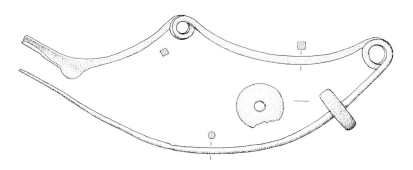

Fig. 94   Cat. 360   2:3

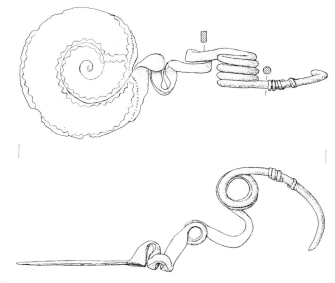

Fig. 95   Cat. 361   2:3

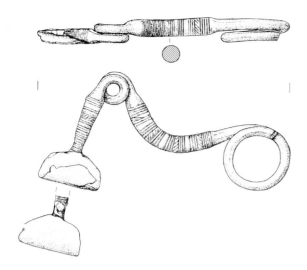

Fig. 96   Cat. 362   2:3

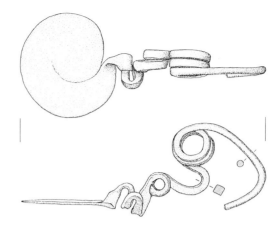

Fig. 97   Cat. 363   2:3

ago forma una curva verso l'alto, terminando quindi in un disco di lamina spiraliforme, decorato lungo i bordi della spirale da denti di lupo rivolti all'esterno costituiti da puntini impressi. La parte dell'arco compresa tra la molla e l'ago è ricoperta da un filo di bronzo strettamente avvolto, del quale rimangono pochi avvolgimenti.

Cenno in MainzZ 24–25, 1929–1930, 110 (G. Behrens); Egg, Pare 1995, 112 n. 6.

Inseribile in un tipo ben noto, considerato tipico dell'orizzonte più antico della fase iniziale della prima età del Ferro nell'Italia centro-meridionale tirrenica (Peroni 1979, 193; Peroni 1989, 399, fig. 75.3). IX sec. a. C.

trambi. Tra i due occhielli l'arco forma un'ampia curva verso il basso; dopo il secondo si allarga lievemente verso l'esterno. L'intero arco è coperto da una fitta serie di incisioni anulari e a spina di pesce.

Inedita.

La fibula, nella quale devono essere integrati una staffa a disco e un ago rettilineo, appartiene al tipo a due pezzi, diffuso nell'Italia centrale nella prima fase dell'orizzonte antico della prima età del Ferro (Batovic 1976, carta 2; Peroni 1979, 193–194; Bietti Sestieri 1986, 7 nn. 7–11 con staffa a disco spiraliforme; Bietti Sestieri 1992, 374–375, tipo 41d, tav. 38) e noto anche in Italia settentrionale (v. Eles Masi 1986, 210, n. 2127, tav. 162). Prima metà del IX sec. a. C.

362.   **Fibula ad arco serpeggiante in due pezzi**
                                              Fig. 96
N. inv. O. 13770   L cm 10; H cm 5.1
Provenienza sconosciuta; acquistata nel 1927 sul mercato antiquario a Roma (D. A. Valente), insieme ad altri oggetti etrusco-italici (O. 13762– O. 13814).
Molla conservata solo in parte, ago mancante del tutto. Alla fine dell'arco è stata connessa una staffa non pertinente, corta e simmetrica, costituita da un disco ripiegato. Arco di forma trapezoidale, con due occhielli: del primo, di dimensioni maggiori, posto sopra l'ago, rimane solo un avvolgimento, mentre del secondo sono conservati en-

363.   **Fibula ad arco serpeggiante con staffa a disco**
                                              Fig. 97
N. inv. O. 17227   L cm 9; H cm 3.6
Provenienza sconosciuta; acquistata nel 1928 sul mercato antiquario a Budapest (Stürmer) con altri materiali (O. 17014 – O. 17252), tra i quali molti bronzi etrusco-italici.
Priva dell'ago, altrimenti integra; patina omogenea, bruna.
Il corpo serpeggiante è ricavato da un unico filo di bronzo e articolato in due occhielli, a tre avvolgimenti quello superiore che funge da molla, e a due quello inferiore: all'uscita della molla in direzione dell'ago la sezione del filo passa da qua-

213

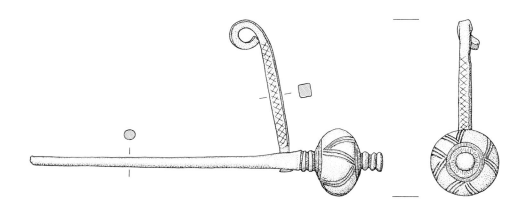

Fig. 98   Cat. 364   2:3

drangolare a circolare. Oltre il secondo occhiello il filo si allarga all'esterno, formando un appoggio per l'ago, che veniva bloccato prima di terminare sulla staffa: quest'ultima è in spessa lamina spiraliforme a due avvolgimenti, tirata a martello.

Inedita: cenno in MainzZ 24–25, 1929–1930, 110 (G. Behrens).

Fibule di questo tipo sono molto diffuse nella fase iniziale del primo orizzonte della prima età del Ferro in Italia centrale, specie in Etruria meridionale e nel Lazio (Peroni 1979, 193–194), con sporadiche attestazioni anche nelle regioni settentrionali (v. Eles Masi 1986, 210 n. 2130, tav. 162): un'articolata gamma tipologica è stata riscontrata nella necropoli dell'Osteria dell'Osa, dove le associazioni del tipo in numerosi corredi funerari hanno consentito di riconoscerne varianti e di distinguerne le cronologie. Questo esemplare rientra nella variante denominata 40b, diffusa dalla fase iniziale a quella avanzata del II periodo laziale (Bietti Sestieri 1992, 372–373, con ampia bibliografia sulla diffusione nell'Italia centrale e meridionale, tav. 38). Prima metà del IX sec. a. C.

364.   Frammento di fibula ad arco serpeggiante in due pezzi   **Fig. 98**
N. inv. O. 23171   L cm 14; H cm 5.9
Provenienza sconosciuta; catalogato nel 1932 dai vecchi fondi del RGZM.
Rimane la parte iniziale dell'ago, nel quale è inserita parte dell'arco; patina omogenea, verde scura.

Ago a sezione circolare, che presenta all'estremità iniziale una grande capocchia piena, decorata da denti di lupo a triplice linea, compresi tra due cerchi incisi, campiti da trattini obliqui. La capocchia è compresa tra i collarini che caratterizzano l'estremità dell'ago, tre in alto e due in basso. Sotto i collarini inferiori in un settore dell'ago allargato è inserita l'estremità dell'arco della fibula, a sezione quadrangolare, che prosegue pressoché dritta, arricciandosi solo nell'avvolgimento della molla, troncato.

Behn 1920a, 35, n. 256.

Il frammento è pertinente a una fibula con arco serpeggiante in due pezzi e staffa a disco, rinvenuta in numerose tombe maschili, in Italia meridionale (Cuma, tomba Osta 9: Müller-Karpe 1959, tav. 20 B 2) e centrale (dove è particolarmente frequente nella necropoli delle Acciaierie a Terni: tra le numerose tombe si ricordano le nn. 101, 148 e 116, per le quali si rimanda a Müller-Karpe 1959, rispettivamente tav. 40 D 1, 41 A 5 e 43 B 1). Gli esemplari delle regioni adriatiche sono stati attribuiti alla fase I della cultura picena (Lollini 1976, 120–122, tav. II. 8; Peroni 1976, 108–109, con bibliografia precedente, fig. 3.14; Glogović 1989, 61–62, tavv. 19–20). Le fibule rinvenute nell'Italia meridionale possono presentare decorazioni graffite sulla capocchia (Chiartano 1994, 60, per esempio tomba 185, tav. 15 B). Il tipo arriva sino alle regioni settentrionali (v. Eles Masi 1986, 210, nn. 2135–2139, tav. 163). I corredi funerari di Terni nei quali compare questo tipo di fibula sono datati all'orizzonte avanzato della fase iniziale della prima età del ferro (Peroni 1979,

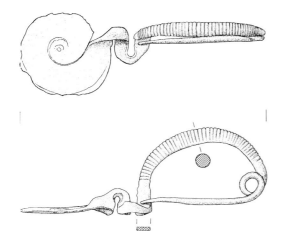

Fig. 99   Cat. 365   2:3

194 nota 38), mentre la tomba di Cuma (Peroni 1979, 197–198) risalirebbe all'orizzonte iniziale della seconda fase della prima età del Ferro; in seguito lo stesso studioso ha riconosciuto nelle fibule di questo tipo una foggia esclusiva dell'orizzonte avanzato della fase iniziale della prima età del Ferro nell'Italia centro-meridionale tirrenica (Peroni 1989, fig. 76 n. 7). Le grandi dimensioni e la decorazione incisa con cura indicano che il frammento apparteneva a un esemplare da parata di particolare impegno. Seconda metà del IX sec. a. C.

365.   Fibula ad arco semplice con staffa a disco
Fig. 99

N. inv. O. 17228   L cm 9.7; H cm 3.2
Provenienza sconosciuta; acquistata nel 1928 sul mercato antiquario a Budapest (Stürmer) con altri materiali (O. 17014 – O. 17252), tra i quali molti bronzi etrusco-italici.
Integra, ma con i bordi sfrangiati e con ristrette aree di corrosione sull'arco; patina omogenea di colore verde chiaro.
Arco lievemente ribassato, coperto da una fitta serie di nervature rilevate anulari, molla a due avvolgimenti, piega ferma-ago che descrive una curva in avanti e in alto, terminando in un disco di lamina spiraliforme, con un foro al centro.

Cenno in MainzZ 24–25, 1929–1930, 110 (G. Behrens); Egg, Pare 1995, 112 n. 4.

Questo esemplare appartiene a un tipo diffuso nei corredi funerari di personaggi femminili in Etruria meridionale e in altre aree dell'Italia centrale (Bietti Sestieri 1992, 362–363, tipo 38r, tav. 36, con diffusione). IX–VIII sec. a. C.

366.   Fibula ad arco leggermente ingrossato con staffa a disco
Fig. 100

N. inv. O. 17225   L cm 20.8; H cm 6
Provenienza sconosciuta; acquistata nel 1928 sul mercato antiquario a Budapest (Stürmer) con altri materiali (O. 17014 – O. 17252), tra i quali molti bronzi etrusco-italici.
Ago piegato e lesionato in più punti, margini del disco sfrangiati; patina omogenea verde scura.
Arco lievemente ingrossato, decorato da sottili incisioni anulari; molla a quattro avvolgimenti; staffa a disco, congiunta all'arco da un nastro a sezione rettangolare che, dopo aver formato una doppia piega, termina in una fettuccia orizzontale con sezione analoga, nella quale è incastrato il disco, entro un apposito taglio, fissato alla staffa con due ribattini. Il disco, unito tramite due ribattini alla fettuccia, è stato riparato in antico, poiché presenta tracce di altri due ribattini.

Inedita: cenno in MainzZ 24–25, 1929–1930, 110 (G. Behrens).

Le fibule di questa foggia, tipiche del costume femminile, sono diffuse nel IX sec. a. C. in Etruria, nel Lazio e in alcune località dell'Italia meridionale (Bietti Sestieri 1992, 362, tipo 38q, tav. 36, con bibliografia, cui adde almeno un esemplare adespota a Heidelberg, edito da Donder 1994, 35–36, n. 17, tav. 3). Anche una fibula da Terni di tipo differente presenta un analogo sistema di fissare il disco alla staffa (E. Schumacher 1991, 7 n. 3, tav. 8.1). IX sec. a. C.

367.   Fibula ad arco foliato con staffa a disco
Fig. 101

N. inv. O. 9316   L cm 10.3; H cm 2.8
Proviene forse da Arezzo; acquistata nel 1917 sul mercato antiquario di Monaco di Baviera (dr. Reisinger).
Priva dell'ago, altrimenti integra; patina verde scura, con chiazze più chiare.

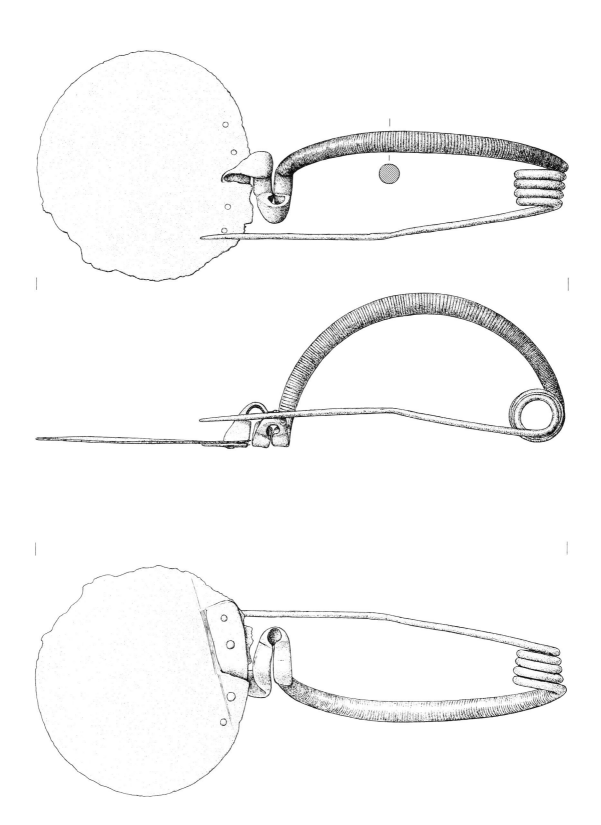

Fig. 100   Cat. 366   2:3

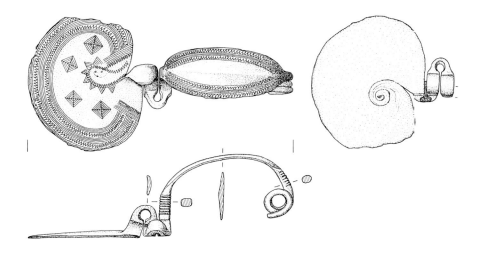

Fig. 101   Cat. 367   2:3

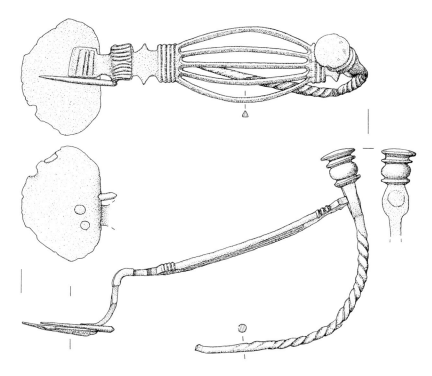

Fig. 102   Cat. 368   2:3

L'arco in lamina ribattuta e appiattita di forma quasi ellittica è decorato sulla faccia superiore da un fascio di incisioni lineari che ne seguono il contorno, nelle quali sono iscritti due ordini di denti di lupo penduli; i sostegni dell'arco sono decorati da incisioni verticali pittosto fitte; la molla è a tre avvolgimenti. Dopo il fermaago, il rastro a sezione rettangolare compie una curva verso l'alto, oltre la quale termina in una staffa quasi ellittica, decorata lungo il bordo da tre fasce di incisioni lineari, alternate a due fasce a denti di lupo. Nella staffa figurano anche quattro losanghe concentriche con croce centrale e una fila di denti di lupo ad andamento semicircolare, che inizia nel punto di tangenza tra staffa e sostegno.

217

MainzZ 12–13, 1917–1918, 168 (K. Schumacher); Behn 1920a, 34, n.249; Egg, Pare 1995, 112 n.3.

E' attribuibile a un tipo largamente diffuso nell' Italia medio-tirrenica e nel Piceno, dove sembra comparire in un momento più tardo, noto sporadicamente anche nell'Italia nord-orientale (Lollini 1977, 125, fig.3.5; v.Eles Masi 1986, 38, nn.286–289, tav.16 con altra bibliografia). La decorazione dei dischi delle fibule è stata esaminata in specie nel campione dalla necropoli del Pagliarone a Pontecagnano, nella quale motivi simili a quello in esame occorrono nella fase IB, datata dalla metà del IX sec.a.C. (Gastaldi 1998, 52–54, fig.35.18–19). Seconda metà del IX–VIII sec.a.C.

368. Fibula in due pezzi con staffa a disco
Fig. 102

N.inv.O.17238   L cm 14.1; H cm 7.8

Provenienza sconosciuta; acquistata nel 1928 sul mercato antiquario a Budapest (Stürmer) con altri materiali (O.17014 – O.17252), tra i quali molti bronzi etrusco-italici.

Priva dell'ago, la cui punta è stata unita alla staffa dalla corrosione, e con la staffa sfrangiata; patina omogenea, verde scura.

L'arco, che è connesso all'ago tramite il ribattimento della testa, è formato da cinque sbarrette sottili, disposte a profilo quasi ellittico, con le estremità confluenti in due placchette rettangolari percorse da nervature rilevate orizzontali e da due elementi a profilo biconico. L'arco a larga fascia si abbassa verso la staffa, comprendendo un elemento biconico: la fascia, la cui estremità è tagliata in obliquo, è unita alla staffa tramite un ribattino; la staffa, piuttosto piccola, è a disco, forse rilavorato. L'ago, attorto quasi per l'intera lunghezza, ha la testa decorata, formata da tre dischi appiattiti di larghezza progressivamente inferiore, con un globetto al centro.

Egg, Pare 1995, 112, n.7 (con numero d'inventario errato).

Questa fibula, attribuibile alla prima età del Ferro in base al confronto con il tipo a due pezzi con ago ricurvo e arco trifido in ferro (Peroni 1979, 195; Peroni 1989, 400–404, fig.77 n.6), è simile a esemplari da Capua, dove si conoscono fibule con arco a cinque elementi e staffa a disco (Jerusalem 1991, 68, n.71 con bibliografia precedente; una fibula è stata nuovamente edita in Genève 1993, 104 n.14; Johannowsky 1994, 96–97, tav.3), privi delle placchette biconiche. IX–VIII sec.a.C.

369. Fibula a occhiali
Fig. 103

N.inv.O.1839   L cm 13.2; H cm 1.5

Provenienza sconosciuta; acquistata nel 1902 sul mercato antiquario a Magonza (Reiling).

Integra, con patina omogenea, verde scura.

Due spirali di filo a sezione circolare, terminanti all'esterno con un ricciolo, sono accostate tra loro e fissate con due ribattini centrali a un supporto a verghetta rettangolare, che costituisce la fibula vera e propria, con molla a due avvolgimenti, ago a sezione circolare, staffa costituita da una fettuccia, che dopo aver formato il ferma-ago, è piegata di lato e verso l'alto, per poi finire troncata (riparazione antica?); la staffa non è conservata. La sezione del filo della spirale si assottiglia nella zona centrale.

Behn 1920a, 162, n.1172; Egg, Pare 1995, 148 n.326.

Le fibule a occhiali figurano tra i materiali caratteristici delle regioni affacciate sull'Adriatico a partire dal Caput Adriae, poiché sono diffuse sulla costa orientale (Batovic 1976, carta 4 e Glogović 1989, 62–63, tav.21 per gli esemplari liburnici) e su quella occidentale (Lollini 1976, tav.3 nn.7–8 nella fase Piceno II; Peroni 1976, fig.3.22). Dalle coste adriatiche raggiunsero anche numerose zone dell'Italia meridionale, dove sono attestate in Campania (d'Agostino 1991, tav.III), in Basilicata e in Calabria (Frey 1991, tomba 97, tav.4.6 e tomba 124, tav.31.13; Chiartano 1994, 58–60 per alcuni esemplari in contesto; Stutzinger 2000, 165–167 n.63 per una fibula adespota) e in misura minore in alcune località dell'Italia centrale aperte ai traffici con le regioni adriatiche, come Praeneste (Colonna 1992a, 14, fig.1) e l'Etruria (Jurgeit 1999, 572 n.961). L'identificazione delle diverse produzioni italiche richiede il sostanziale aggiornamento della rassegna di J. Alexander (Alexander 1965). IX sec.a.C.

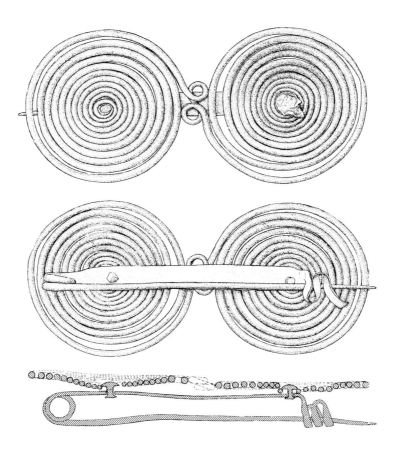

Fig. 103   Cat. 369   2:3

270.   Fibula a occhiali   **Fig. 104**

N.inv. O. 14074   L cm 22; H cm 2.3

Dalla Puglia; acquistata nel 1927 da un collezionista privato a Monsheim (dr. Fliedner), che l'aveva comprata dalla collezione Naue (Monaco di
Baviera).

Integra, ma priva della testa in ferro di un ribattino bronzeo; patina omogenea, verde scura.

Sono accostate tra loro due spirali di filo a sezione circolare, con un ricciolo all'esterno, oltre il
quale il filo assume una sezione rettangolare
schiacciata e raggiunge il centro della spirale
soprastante: ogni spirale è fissata con un ribattino
centrale al filo sottostante e a un supporto a
verghetta rettangolare, che costituisce la fibula
vera e propria, con molla a sezione rettangolare
schiacciata e due avvolgimenti, ago a sezione
circolare e staffa costituita da un filo piegato a

uncino verso l'alto. La sezione del filo della spirale si assottiglia nella zona centrale. I ribattini sono
in ferro con capocchia conca (ne rimane una sola).

München 1908, 22 n. 327; MainzZ 23, 1928, 8 (G. Behrens);
Egg, Pare 1995, 148 n. 325.

Questa fibula, afferente al tipo descritto nella
scheda precedente alla quale si rimanda, assume
per le grandi dimensioni il carattere di un esemplare da parata ("Spectacle Fibulae" di J. Alexander). Ai confronti specifici noti dalla bibliografia
citata in riferimento a un esemplare di provenienza sconosciuta ora a Heidelberg (Donder 1994,
76–79, n. 41, tav. 9) si può aggiungere almeno la
grande fibula da Norcia (Sgubini Moretti 2000,
175 n. 126). La provenienza dalla Puglia tradita
per questo esemplare è del tutto plausibile. IX
sec. a. C.

219

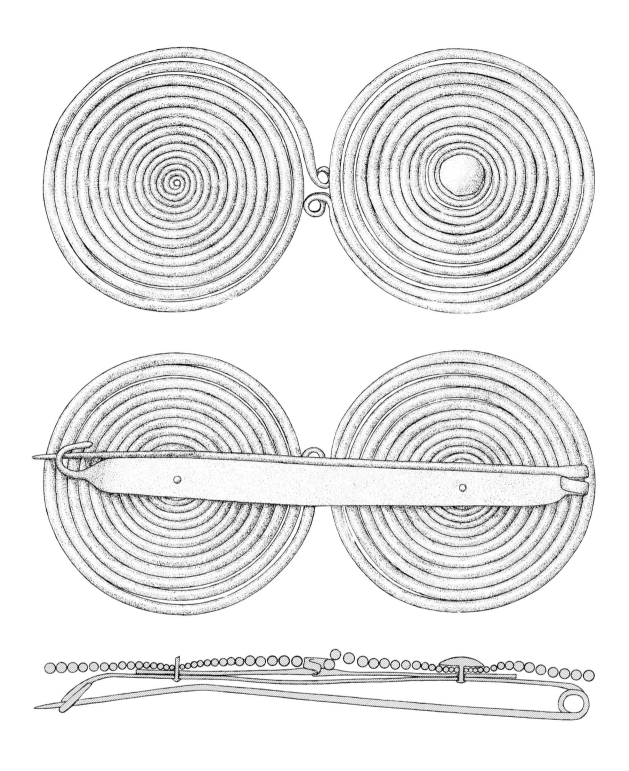

Fig. 104   Cat. 370   2:3

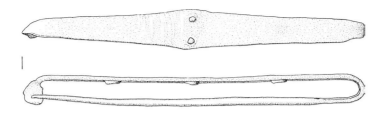

Fig. 105   Cat. 371   2:3

371. Sostegno di fibula a spirali   **Fig. 105**

N. inv. O. 23195   L cm 13.5; H cm 1.2

Provenienza sconosciuta; catalogata nel 1932 dai vecchi fondi del RGZM.

Integra; superficie coperta da incrostazioni diffuse; patina omogenea, verde scura.

Arco piatto, formato da una spessa lamina che presenta un ingrossamento centrale e due metà trapezoidali. Al centro, in corrispondenza della parte più larga, e nelle due metà si notano dei ribattini in ferro, rispettivamente due al centro e uno su ogni lato. La testa è situata nella metà inferiore, mentre su quella superiore rimangono tracce di incrostazioni ferrose. L'ago prende origine direttamente dall'arco, poiché non è prevista una molla, ma una semplice piega, in corrispondenza della quale la sezione del metallo rettangolare (sull'arco) passa a rotonda (sull'ago). Staffa corta e simmetrica.

Behn 1920a, 162, n. 1176.

Si tratta del sostegno di una fibula a occhiali privo dell'applicazione che caratterizza il tipo, largamente diffuso sulla costa orientale della penisola italiana, per il quale si rimanda alla scheda n. 369 (n. inv. O. 1839). IX sec. a. C.

372. Fibula a quattro spirali   **Fig. 106**

N. inv. O. 14075   L cm 14.8; H cm 2.6

Dalla Puglia; acquistata nel 1927 da un collezionista privato a Monsheim (dr. Fliedner), che l'aveva comprata dalla collezione Naue (Monaco di Baviera).

Integra, ma con l'elemento centrale sfrangiato e lievemente corroso; patina omogenea, verde scura.

Le quattro spirali sono formate dalla sovrapposizione di due elementi a doppia spirale contrapposta incrociati ortogonalmente, che un ribattino

centrale fissa tra loro e su un supporto a croce greca. Questo è formato da due sbarrette a sezione rettangolare; l'inferiore, che funge da fibula vera e propria, presenta una molla a due avvolgimenti, robusto ago a sezione circolare e staffa corta simmetrica. La sezione del filo della spirale si assottiglia nella zona centrale. Un disco in lamina decorato da quattro circoli concentrici di puntini sbalzati è fissato al centro della parte superiore.

München 1908, 22 n. 324, tav. 6; MainzZ 23, 1928, 8 (G. Behrens); Egg, Pare 1995, 148 n. 327.

Le fibule a quattro spirali appartengono a una foggia originaria dell'Italia meridionale specie in Basilicata e Calabria, ma contano attestazioni anche in Campania, nel Lazio, in Etruria e nel Piceno (Alexander 1965; Batovic 1976, 41 con bibliografia dello stesso; Bietti Sestieri 1986, 12, n. 51 con diffusione e inquadramento cronologico; Frey 1991, tomba 97, tav. 4.7 e tomba 124, tav. 31.13; Peroni 1991, figg. 133, 139–140; Jerusalem 1991, 65, nn. 67–68 = Genève 1993, 183, n. 85; Chiartano 1994, 58–60; Pacciarelli 1999b, 45 n. 65, 48 nn. 86–88, 59–60 nn. 197–200 con altra bibliografia). Il gruppo conosce varianti locali in base alla conformazione del supporto e delle applicazioni superiori: il disco circolare con puntini sbalzati è attestato nel tipo Sant'Onofrio, varietà B definito da F. Lo Schiavo (Lo Schiavo 1984, 143). Tra gli esemplari a quattro spirali di recente edizione se ne segnalano uno miniaturistico da Colleferro (Colonna 1992a, 16, fig. 3), uno da Vetulonia (Cygielman 1994, 273–274, tav. 5, con bibliografia) e quello a Karlsruhe (Jurgeit 1999, 573 n. 964, con menzione di altri esemplari). A Capua e in Campania, dove il tipo a quattro spirali è documentato con maggiore frequenza nelle necropoli della Fossakultur di Cairano e Cuma che in quelle di cultura villanoviana (Gastaldi 1979,

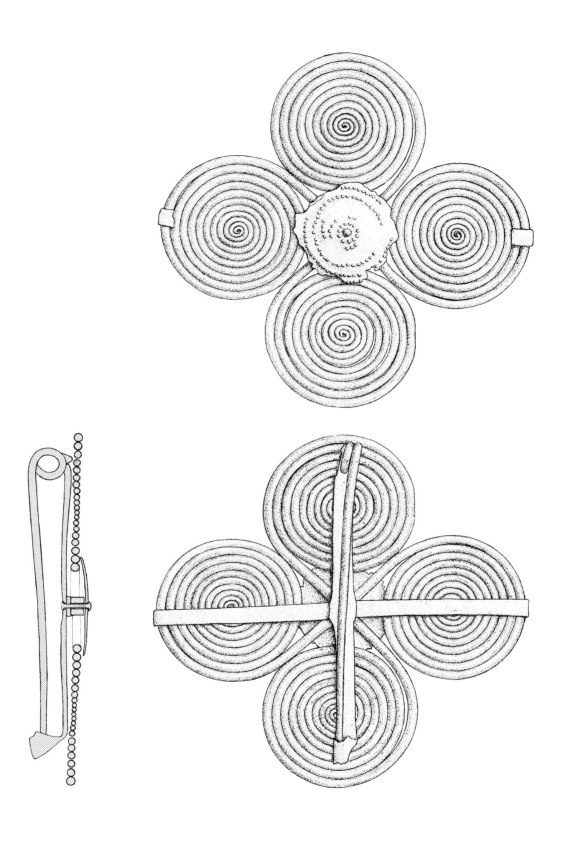

Fig. 106   Cat. 372   2 : 3

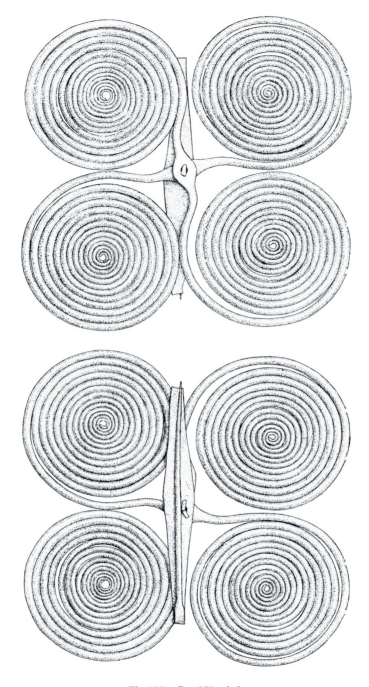

Fig. 107   Cat. 373   2:3

32–33), sono diffusi anche esemplari da parata ispirati a questo tipo con decorazione plastica applicata sulla placca centrale a quadrifoglio e quattro o più spirali sottostanti (Johannowsky 1983, tomba 363, tav. 35; Johannowsky 1994, 95–96, tav. 4–5). La cronologia del tipo, che nella Calabria meridionale non è documentato in un com-

plesso significativo quale Torre Galli, ma nel vicino e più recente orizzonte di Nicotera denominato Torre Galli 2A (Pacciarelli 1999a, 32 fig. 5 n. 8), si colloca nella fase recente dell'orizzonte antico della prima età del Ferro, in termini di cronologia assoluta dalla fine del IX sec. (Chiaromonte-San Pasquale) alla fine dell'VIII – prima

metà del VII sec. a. C (Amendolara). Il tipo Sant'
Onofrio risale alla fine del IX – prima metà
dell'VIII sec. a. C.

373. Fibula a quattro spirali   Fig. 107
N. inv. O. 1840   L cm 12.5; H cm 1.5
Provenienza sconosciuta; acquistata nel 1902 sul
mercato antiquario a Magonza (Reiling).
Integra, ma priva della staffa; patina omogenea,
verde scura.
Le quattro spirali sono formate dalla sovrapposizione di due elementi a doppia spirale contrapposta, che un ribattino con estremità inferiori
divaricate fissa tra loro e a una sbarretta a sezione rettangolare, con molla priva di avvolgimenti
e robusto ago. La sezione del filo della spirale si
assottiglia nella zona centrale.

Behn 1920a, 162, n. 1174; Egg, Pare 1995, 148 n. 324.

Nel novero del gruppo delle fibule a quattro spirali, per il quale si rimanda alla scheda n. 372 (n. inv.
O. 14075), questo esemplare è vicino al tipo Amendolara distinto da F. Lo Schiavo (Lo Schiavo 1980,
98 n. 14, 104–105). Prima metà dell'VIII sec. a. C.

374. Fibula ad arco ingrossato   Fig. 108
N. inv. O. 22508   L cm 10; H cm 5.9
Provenienza sconosciuta; acquisita nel 1932 per
cambio dall'Hist. Museum di Spira, insieme con
altre fibule (O. 22508 – O. 22512).
Integra, con bella patina omogenea di colore verde scuro.
Arco a tutto sesto gradualmente ingrossato, decorato da fasci di sottili solcature alternate ad aree
libere: al centro di queste corre una banda di trattini campiti a spina di pesce. Quasi alla sommità
dell'arco figura una zona libera più vasta, interamente campita da quattro file di trattini a spina
di pesce. Molla a tre avvolgimenti, con staffa simmetrica, lievemente allungata.

Inedita.

Attribuibile in base alla forma dell'arco e alla sintassi decorativa a un tipo noto prevalentemente nel
Lazio, ma diffuso anche in Etruria (Bietti Sestieri
1992, 360, tipo 38i, tav. 36). IX – inizio VIII sec. a. C.

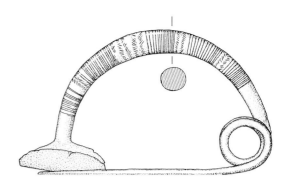

Fig. 108   Cat. 374   2:3

375. Fibula ad arco ingrossato   Tav. 100
N. inv. O. 1835   L cm 8.7; H cm 5.9
Provenienza sconosciuta; acquistata nel 1902 sul
mercato antiquario a Magonza (Reiling).
Lacunosa sulla staffa e con l'ago ridotto in due
frammenti; patina omogenea, verde scura.
Arco ingrossato quasi gobbo, decorato da fasci
di otto solcature, alternati ad aree campite da trattini verticali a spina di pesce; alle estremità dell'
arco corrono due ampie fasce campite da trattini
verticali a spina di pesce. Molla a tre avvolgimenti, staffa corta e simmetrica, con l'estremità
anteriore inclinata verso l'alto.

Behn 1920a, 33, n. 240.

La forma dell'arco rimane del tutto particolare;
la scansione decorativa trova invece confronto
con quella di un tipo diffuso nel Lazio (periodo
II) e in misura minore in Etruria (Bietti Sestieri
1992, 360, tipo 38 i, tav. 36, con bibliografia precedente). IX – inizio VIII sec. a. C.

376. Fibula ad arco ingrossato   Fig. 109
N. inv. O. 23170   L cm 11.8; H cm 7.4
Provenienza sconosciuta; catalogata nel 1932 dai
vecchi fondi del RGZM.
Rimangono arco e staffa, completamente privi di
molla e ago: la molla, di diametro di gran lunga
inferiore rispetto all'arco, potrebbe anche essersi spezzata in antico (nel campione più vasto di
queste fibule edito, proveniente dalla necropoli
di Osteria dell'Osa, molti esemplari risultano re-
staurati già in antico).
Arco a tutto sesto gradualmente ingrossato, che
alterna coste solcate da incisioni nette e profon-

224

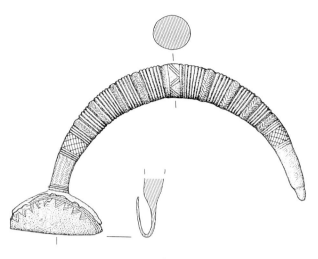

Fig. 109 Cat. 376 2:3

de a collarini rigonfi, campiti da trattini a spina di pesce: alle estremità dell'arco figurano due aree campite a reticolo obliquo, piuttosto fitto. Staffa simmetrica, lievemente allungata, decorata lungo l'estremità superiore da un'incisione semicircolare, dalla quale pendono denti di lupo.

Behn 1920a, 34, n. 241.

Assimilabile a un tipo ben noto, diffuso nel Lazio (Periodo II) e in Calabria (Torre Galli: Pacciarelli 1999a, 39 fase 1a, 43 fase 1b), sul quale si rimanda all'edizione degli esemplari della necropoli di Osteria dell'Osa (Bietti Sestieri 1992, 338, tipo 38d, tav. 36, con bibliografia precedente). IX – inizio VIII sec. a. C.

377. Fibula ad arco ingrossato   Fig. 110
N. inv. O. 1832   L cm 15.8; H cm 9.7
Provenienza sconosciuta; acquistata nel 1902 sul mercato antiquario a Magonza (Reiling).
Staffa lacunosa, ago privo della punta; patina omogenea, verde scura. La staffa è stata saldata all'arco (in epoca recente?), ma sembra comunque pertinente per la simile patina.
Arco a tutto sesto gradualmente ingrossato, decorato da una fitta serie di costolature verticali; molla a tre avvolgimenti; staffa corta simmetrica.

Behn 1920a, 33, n. 236.

Attribuibile a un tipo che trova confronti in Campania e in Calabria (Johannowsky 1983, 102–103,

Capua tomba 930, nn. 3–4, tav. IX, nn. 11, 14; Bietti Sestieri 1986, 9, nn. 21–23 attribuite a produzione campana), presente anche nel Lazio (Bietti Sestieri 1992, 358–359, 38e e 38e var I, tav. 36, con bibliografia). Fine IX–VIII sec. a. C.

378. Fibula ad arco ingrossato   Fig. 111
N. inv. O. 1830   L cm 11.8; H cm 7
Provenienza sconosciuta; acquistata nel 1902 sul mercato antiquario a Magonza (Reiling).
Priva di un'estremità della staffa; patina omogenea, verde scura.
Arco a tutto sesto gradualmente ingrossato, leggermente rialzato, decorato da fasce di sottili incisioni anulari separate da coppie di file di puntini. Molla a due avvolgimenti; staffa simmetrica, con profilo frontale triangolare, decorato solo su una faccia da incisioni lineari che seguono il profilo del bordo, dalle quali pendono denti di lupo, il cui vertice inferiore è marcato da un puntino impresso. Al centro una serie di losanghe concentriche, i cui vertici esterni sono marcati da punti impressi.

Behn 1920a, 33, n. 238; Egg, Pare 1995, 112 n. 1.

Si rimanda alla scheda n. 377 (n. inv. O. 1832). IX–VIII sec. a. C.

379. Fibula ad arco ingrossato   Fig. 112
N. inv. O. 1831   L cm 11.2; H cm 6.8
Provenienza sconosciuta; acquistata nel 1902 sul mercato antiquario a Magonza (Reiling).
Priva della punta dell'ago e di un'estremità della staffa; patina omogenea, verde scura.
Arco a tutto sesto gradualmente ingrossato, leggermente rialzato, decorato vicino alla staffa da una fascia campita a reticolo obliquo, che interrompe la successione continua di fasce a nervature rilevate e a trattini a spina di pesce. Molla a due avvolgimenti; staffa simmetrica, con profilo frontale triangolare. Nell'arco sono infilati tre anelli circolari a sezione romboidale (diam. cm 4).

Behn 1920a, 33, n. 246; Egg, Pare 1995, 112 n. 1.

Si rimanda alla scheda n. 377 (n. inv. O. 1832), integrando la rosa dei confronti con quelli indicati da Toms 2000, 109 n. 7, fig. 13. IX–VIII sec. a. C.

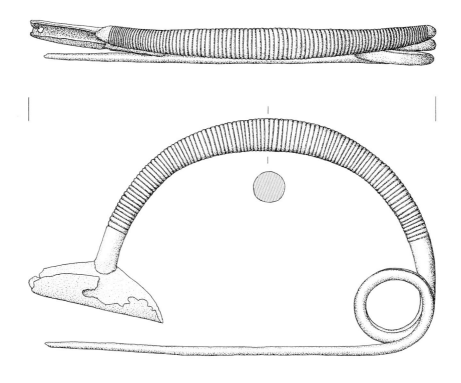

Fig. 110   Cat. 377   2:3

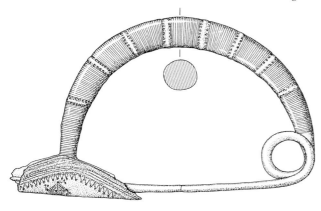

Fig. 111   Cat. 378   2:3

380. Fibula ad arco ingrossato   Tav. 100
N.inv. O.24771   L cm 15.5; H cm 9
Provenienza sconosciuta; acquistata nel 1932 dalla collezione Heerdt (Schloß Neuweier, Baden-Baden).
Molla deformata e piegata; priva dell'estremità dell'ago; staffa lievemente lacunosa. Patina omogenea, verde chiara.

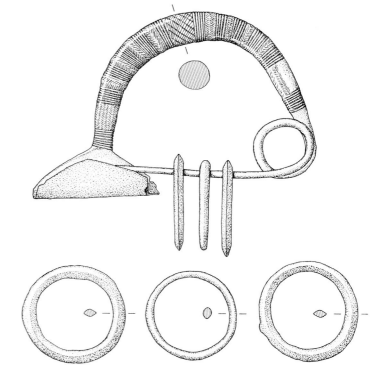

Fig. 112   Cat. 379   2:3

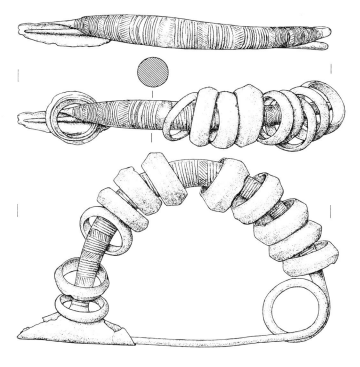

Fig. 113   Cat. 383   2:3

Arco a tutto sesto gradualmente ingrossato, decorato da una compatta serie di costolature; molla a tre avvolgimenti; staffa corta e simmetrica, decorata da incisioni a V, con il vertice in alto.

Inedita.

Si rimanda alla scheda n. 377 (n. inv. O. 1832). Fine IX–VIII sec. a. C.

331.   Fibula ad arco ingrossato   Tav. 100
N. inv. O. 1833   L cm 16.4; H cm 10.6
Provenienza sconosciuta; acquistata nel 1902 sul mercato antiquario a Magonza (Reiling).
Staffa lacunosa, priva di parte dell'ago. Coperta da incrostazioni diffuse e da corrosione. Patina omogenea, bruna.
Arco a tutto sesto gradualmente ingrossato, decorato da una fitta serie di costolature verticali, intervallate a trattini a spina di pesce; molla a due avvolgimenti; staffa corta e simmetrica.

Behn 1920a, 33, n. 237.

Si rimanda alla scheda n. 377 (n. inv. O. 1832). Fine IX–VIII sec. a. C.

382.   Fibula ad arco ingrossato   Tav. 100
N. inv. O. 1834   L cm 13.9; H cm 8.8
Provenienza sconosciuta; acquistata nel 1902 sul mercato antiquario a Magonza (Reiling).
Priva di parte dell'ago e con la staffa lievemente lacunosa. Patina omogenea, bruna.
Arco a tutto sesto gradualmente ingrossato, decorato da fasci di costolature verticali, comprese tra file di puntini. Alle estremità dell'arco corrono trattini a spina di pesce; molla a due avvolgimenti; staffa corta e simmetrica.

Behn 1920a, 33, n. 239.

Si rimanda alla scheda n. 377 (n. inv. O. 1832). Fine IX–VIII sec. a. C.

383.   Fibula ad arco ingrossato   Fig. 113
N. inv. O. 17397   L cm 14.5; H cm 9.2
Provenienza sconosciuta; acquistata nel 1930 sul mercato antiquario a Parigi (Alfandari).
Minuscola lacuna sulla staffa, altrimenti integra; bella patina omogenea, bruna con chiazze dorate.
Arco a tutto sesto gradualmente ingrossato, decorato da fasci di incisioni anulari, di numero ir-

227

regolare, da quattro a otto-dieci, alternati a zone campite a trattini obliqui. Nell'arco sono infilati undici anelli bronzei circolari a sezione biconica di altezza variabile (da cm 0.4 a cm 1.3; diam. cm 2.2): la decorazione graffita sull'arco è usurata specie sulla sommità in seguito al contatto con gli anelli, che scorrono liberamente.

Inedita: cenno in MainzZ 24–25, 1929–1930, 110 (G. Behrens).

Si rimanda alla scheda n. 377 (n. inv. O. 1832): per fibule di questo tipo con anelli si veda anche Donder 1994, 36–38, n. 18, tav. 4. Fine IX–VIII sec. a. C.

384. Fibula ad arco ingrossato   Tav. 100
N. inv. O. 26162   L cm 9.2; H cm 6
Provenienza sconosciuta; acquistata nel 1933 a Francoforte sul Meno (dalla collezione Riese: Katalog Sammlung Riese n. 49; A. Riese l'aveva comprata all'asta della collezione Smylski).
Priva dell'ago, con lacune sulla staffa. Reca scritto con inchiostro di china nero il n. 49. Patina verde scura, coperta parzialmente dalla corrosione.
Ad arco gradualmente ingrossato, a tutto sesto, decorato da una fittissima serie di incisioni anulari, con tre fasce vuote equidistanti; molla a due avvolgimenti; staffa simmetrica, lievemente allungata. Reca infilati nell'arco sei anelli di bronzo, differenti per profilo, altezza e diametro (da cm 2.9 a cm 2), uno dei quali a spirale.

Inedita: cenno in MainzZ 29, 1934, 89 (G. Behrens).

Fibule di questa forma con decorazione simile compaiono spesso nelle sequenze della prima età del Ferro nell'Italia centrale e meridionale (Bietti Sestieri 1992, 361–362, tipo 38m, tav. 36 con numerosi confronti). Si segnala anche un esemplare forse dall'area di Golasecca con una decorazione molto articolata (v. Eles Masi 1986, 34, n. 259, tav. 14). IX–VIII sec. a. C.

385. Fibula ad arco ingrossato   Tav. 101
N. inv. O. 17194   L cm 7; H cm 4.2
Provenienza sconosciuta; acquistata nel 1928 sul mercato antiquario a Budapest (Stürmer) con al-

tri materiali (O. 17014 – O. 17252), tra i quali molti bronzi etrusco-italici.
Integra, con lievi lacune sulla staffa; bella patina omogenea, verde chiara.
Ad arco a tutto sesto gradualmente ingrossato, decorato da fittissime incisioni anulari alternate a fasce vuote, con trattini a spina di pesce alle estremità; molla a due avvolgimenti; staffa simmetrica, lievemente allungata.

Inedita: cenno in MainzZ 24–25, 1929–1930, 110 (G. Behrens).

Si rimanda alla scheda n. 384 (n. inv. O. 26162). IX–VIII sec. a. C.

386. Fibula ad arco ingrossato   Tav. 101
N. inv. O. 17191   L cm 9.3; H cm 5.8
Provenienza sconosciuta; acquistata nel 1928 sul mercato antiquario a Budapest (Stürmer) con altri materiali (O. 17014 – O. 17252), tra i quali molti bronzi etrusco-italici.
Integra, ma con l'ago privo della punta e la staffa deformata; patina omogenea, bruna.
Ad arco a tutto sesto gradualmente ingrossato; molla a due avvolgimenti, a fettuccia; staffa simmetrica, lievemente allungata.

Inedito: cenno in MainzZ 24–25, 1929–1930, 110 (G. Behrens).

Si rimanda alla scheda n. 384 (n. inv. O. 26162). IX–VIII sec. a. C.

387. Fibula ad arco ingrossato   Tav. 101
N. inv. O. 10323   L cm 8.4; H cm 4.9
Proverrebbe da Bologna; acquistata nel 1917 presso R. Forrer (Strasburgo).
Integra, ma coperta da un consistente strato di corrosione, uniforme. Patina uniforme, verde.
Ad arco a tutto sesto gradualmente ingrossato, decorato da fittissime incisioni anulari alternate a fasce vuote; molla a due avvolgimenti; staffa simmetrica, lievemente allungata.

Behn 1920a, 123, n. 939.

Si rimanda alla scheda n. 384 (n. inv. O. 26162). Da Bologna si conoscono forme simili decorate con trattini a spina di pesce (Tovoli 1989, tipo 74, tav. 116). IX–VIII sec. a. C.

338. Fibula ad arco ingrossato   Tav. 101
N. inv. O. 17195   L cm 8.1; H cm 5.2
Provenienza sconosciuta; acquistata nel 1928 sul mercato antiquario a Budapest (Stürmer) con altri materiali (O. 17014 – O. 17252), tra i quali molti bronzi etrusco-italici.
Priva della molla e dell'ago, con la staffa lievemente lacunosa; ristrette aree di corrosione sull'arco; patina verde scura, omogenea, ma lievemente diversa sul globetto. Alla fibula erano stati connessi una molla e un ago non pertinenti.
Arco gradualmente ingrossato, a tutto sesto, decorato da fasce, alternatamente campite a incisioni verticali e a trattini obliqui, talore delimitate da file verticali di puntini. Nell'arco, nell'area soprastante la molla, è conficcato un chiodo a sezione quadrata, terminante in un globetto di grandi dimensioni; nella parte inferiore dell'arco, nel punto corrispondente al chiodo, figura un forellino.

Inedita: cenno in MainzZ 24–25, 1929–1930, 110 (G. Behrens).

Per fibule di forma simile con decorazioni analoghe, ma prive di globetto si rimanda alla scheda n. 384 (n. inv. O. 26162). E' verosimile che a questo esemplare siano stati uniti elementi non pertinenti (con sicurezza la molla e l'ago, forse anche il chiodo con globetto). IX–VIII sec. a. C.

389. Fibula ad arco ingrossato   Tav. 101
N. inv. O. 38495   L cm 6.5; H cm 4.5
Proviene dall'Etruria; acquistata nel 1965 da un collezionista privato a Monaco di Baviera.
Rimane solo l'arco con parte della molla; patina omogenea, verde scura.
Arco a tutto sesto gradualmente ingrossato, decorato da fitte costolature nettamente rilevate interrotte da tre collarini rigonfi, equidistanti tra loro, campiti da trattini a spina di pesce. Rimangono tre avvolgimenti della molla.

Inedita.

Archi a profilo ingrossato simili a questo per forma e sintassi decorativa sono documentati sulle fibule con staffa corta simmetrica e con staffa a disco spiraliforme, come si verifica per esempio nella tipologia approntata per la necropoli di Osteria dell'Osa (Bietti Sestieri 1992, tav. 36, rispettivamente 38e var I e 38r). IX–VIII sec. a. C.

390. Fibula ad arco semplice attorto
                       Tav. 101
N. inv. O. 17192   L cm 5.5; H cm 3.4
Provenienza sconosciuta; acquistata nel 1928 sul mercato antiquario a Budapest (Stürmer) con altri materiali (O. 17014 – O. 17252), tra i quali molti bronzi etrusco-italici.
Rimane solo l'arco, comprendente l'attacco superiore della staffa; patina omogenea, bruna.
Arco semplice, a tutto sesto, ma lievemente irregolare, attorto per la quasi totalità della lunghezza; la parte residua della staffa lascia presupporre una forma corta e simmetrica.

Inedito: cenno in MainzZ 24–25, 1929–1930, 110 (G. Behrens).

La foggia è diffusa in molte località dell'Italia centro-meridionale nella prima età del Ferro (Bietti Sestieri 1992, 358, tipo 38a, tav. 36, con bibliografia). IX–VIII sec. a. C.

391. Fibula ad arco rivestito   Fig. 114
N. inv. O. 5243   L cm 10.4; H cm 6.2
Provenienza sconosciuta; acquistata il 22.2.1910 da P. Reinecke all'asta della collezione Lipperheide insieme ad altri oggetti (O. 5212 – O. 5276). Con inchiostro di china bianco è scritto il numero 352, che però non si riferisce al catalogo della collezione Lipperheide, nel quale sotto quel numero è descritta una fibula romana.
Staffa incompleta, ago piegato e corroso nel centro. Patina omogenea, verde scura.
Arco a tutto sesto, con filo a sezione quadrangolare, passante circolare sulla molla a due avvolgimenti e sull'ago; staffa corta, fratturata anteriormente, ma forse simmetrica, fusa a parte e poi inserita alla base dell'arco. Nell'arco è infilato un grande nucleo d'ambra (lungh. cm 7.5; largh.

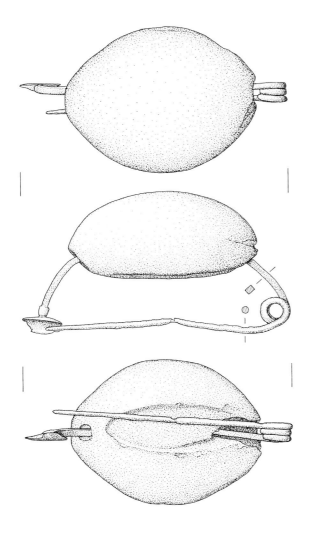

Fig. 114   Cat. 391   2:3

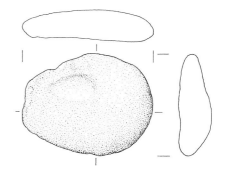

Fig. 115   Cat. 392   2:3

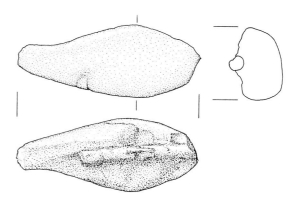

Fig. 116   Cat. 393,1   2:3

cm 6; spess. cm 3.5) pressoché ovale, che presenta in basso un incasso regolare di forma ellittica, profondo circa 3 mm.

Behn 1920a, 123, n.940, fig.5.14.

Nell'Italia preromana fibule rivestite da nuclei d'ambra sono diffuse con particolare concentrazione nelle regioni del versante adriatico (Veneto, Romagna, Piceno: per Novilara, tomba Servici 12, si vedano Sundwall 1943, 194, F II c 21 e Beinhauer 1985, 730–731, tav. 6), da cui furono redistribuite a Bologna (Panichelli 1990, FIB 25, 229, tav. 7 n. 152), in Etruria e sulla costa adriatica orientale, come mostrano le carte di distribuzione (Batovic 1976, carta 6). VIII secolo a. C.

392. Nucleo d'ambra   **Fig. 115; tav. 101**
N. inv. O. 10343   L max. cm 5; largh. cm 4
Provenienza sconosciuta; acquistato nel 1917 presso R. Forrer (Strasburgo).
Nucleo di forma ovale, destinato con grande verosimiglianza a essere impiegato per il rivestimento di una fibula simile al n. 391 (n. inv. O. 5243).

Behn 1920a, 107, n. 838.

393. Tre nuclei d'ambra   **Fig. 116; tav. 101**
N. inv. O. 11509   Lungh. 1 = cm 7.1; 2 = cm 4.2; 3 = cm 3.2
Provenienza sconosciuta; acquistati nel 1919 all' asta delle collezioni Marx-Sieck.
1 = Frammento ovale, di forma irregolare, attraversato da un foro longitudinale, che conserva ancora gran parte dell'arco della fibula, bronzeo.
2 = Ovale, con un lato piatto. Integro, con un foro longitudinale.

230

3 = Ovale, con un lato piatto. Con un'estremità fratturata, lacunoso, con un foro longitudinale.

München 1918, 44 n. 737.

Il costume di decorare l'arco delle fibule con nuclei in ambra di forme svariate, ma di grandi dimensioni, come un esemplare da Fossombrone che misura 12 cm di lunghezza e 7 di larghezza (Brizio 1899b) è particolarmente frequente nel Piceno e a Novilara, con un numero elevatissimo di attestazioni in sepolture pertinenti a individui di sesso femminile (Beinhauer 1985). VII sec. a. C.

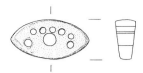

Fig. 117   Cat. 396   2:3

Si rimanda alla scheda precedente. Seconda metà del IX–VIII sec. a. C.

394.   Disco in ambra   Tav. 101
N. inv. O. 16941   Diam. cm 2.5
Proverrebbe da Narce; acquistato nel 1928 dalla collezione Marc Rosenberg (Berlino) con O. 16937–16947 (fibule e dischi d'ambra: O. 16947 pendente litico).
Integro. Di forma circolare, con un foro circolare al centro. È tagliato obliquamente, per essere inserito nell'arco di una fibula.

Inedito: cenno in MainzZ 24–25, 1929–1930, 110 (G. Behrens).

Pertinente alla decorazione di una fibula ad arco rivestito graduato, conformato verosimilmente a sanguisuga: le fibule con arco rivestito possono avere fogge diverse, da quelle più antiche con la staffa a disco della seconda metà del IX a quelle con staffa corta simmetrica risalenti all'VIII sec. a. C.

395.   Disco in ambra   Tav. 101
N. inv. O. 16943   Cm 2.8 × 1.6
Proverrebbe da Narce; acquistato nel 1928 dalla collezione Marc Rosenberg (Berlino) con O. 16937–16947 (fibule e dischi d'ambra: O. 16947 pendente litico).
Integro. Di forma ovale, presenta un foro circolare al centro. È tagliato obliquamente per essere inserito nell'arco di una fibula.

Inedito: cenno in MainzZ 24–25, 1929–1930, 110 (G. Behrens).

396.   Disco in ambra   Fig. 117; tav. 101
N. inv. O. 16944   L cm 3; largh. cm 1.6
Proverrebbe da Narce; acquistato nel 1928 dalla collezione Marc Rosenberg (Berlino) con O. 16937–16947 (fibule e dischi d'ambra: O. 16947 pendente litico).
Integro. Di forma ellittica, presenta un foro circolare al centro, sormontato da una raggera di sette fori di dimensioni minori. Tagliato obliquamente.

Inedito: cenno in MainzZ 24–25, 1929–1930, 110 (G. Behrens).

Pertinente alla decorazione di una fibula ad arco rivestito, graduato, di un tipo italico diffuso anche nell'Egeo (Samo: Kyrieleis 1985, 429, fig. 67). VIII–VII sec. a. C.

397.   Fibula ad arco semplice   Tav. 102
N. inv. O. 23194   L cm 7.5, h cm 4
Provenienza sconosciuta; catalogata nel 1932 dai vecchi fondi del RGZM.
Integra, con una patina verde chiara.
Ad arco semplice, piuttosto sottile, con molla a due avvolgimenti e piccola staffa simmetrica, lievemente piegata verso l'alto. Il filo è a sezione circolare.

Inedita.

Con grande verosimiglianza l'arco era in origine rivestito con dischi in ambra e/o in osso o con una perla di vetro, come le fibule del tipo Sundwall 1943, 192–195, F II c. VIII–VII sec. a. C.

231

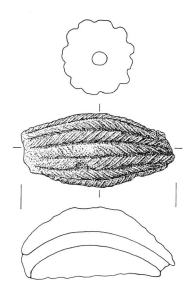

Fig. 118   Cat. 398   2:3

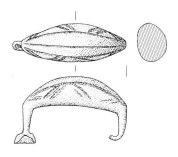

Fig. 119   Cat. 400   2:3

398.   Rivestimento in pasta vitrea di fibula ad arco   Fig. 118
N. inv. O. 5244   L cm 6; H max. cm 2.7
Provenienza «Oberitalien»; acquistato il 22.2.1910
da P. Reinecke all'asta della collezione Lipperheide insieme ad altri oggetti (O. 5212 – O. 5276).
Con le estremità lievemente sbreccate, altrimenti integra; colore grigio-bluastro. All'interno resti bronzei dell'arco della fibula. Nucleo interno sabbioso, piuttosto spesso, con numerosi inclusi cristallini, coperto da uno strato di vetro.
Corpo conformato a sanguisuga, suddiviso in dodici costolature orizzontali, decorate da trattini a spina di pesce.

Münich 1910, 27 n. 292; Behn 1920a, 124, n. 941, fig. 5. 12; Haevernick 1987, 120 n. 1947.

Rivestimenti in vetro di colore scuro come questo possono decorare fibule a staffa lunga (Sundwall 1943, 208, G I β b 19, fig. 333) e a staffa corta simmetrica (Sundwall 1943, 193, F II c 7, fig. 311; v. Eles Masi 1986, 83 s. n. 713, entrambe da Este), rinvenute almeno a Este, Bologna, varie località dell'Etruria e aree etruschizzate della penisola come Pontecagnano e Fermo (Haevernick 1987, 119–121: adde almeno München 1918, 44, n. 739 per un rivestimento del tutto simile). Gli esemplari da Marsiliana d'Albegna sono stati riediti di recente con fotocolor (Frankfurt 1988, 22 e 92–93, nn. 21–22). Fine VIII – prima metà del VII sec. a. C.

399.   Fibula ad arco semplice   Tav. 102
N. inv. O. 37811   L cm 4.8; H cm 2.0
Provenienza sconosciuta; acquistata nel 1960 da un privato a Monaco di Baviera.
Priva dell'ago e della staffa; patina omogenea, verde scura.
Arco piuttosto sottile, di forma ellittica, ribassato e schiacciato, decorato da incisioni oblique, alle quali si sovrappongono quattro tratti a V, incisi con orientamento inverso. Molla a tre avvolgimenti.

Inedita.

Assimilabile a un tipo diffuso nella cultura atestina, in Emilia e nel Piceno (Sundwall 1943, 121, C I α c; v. Eles Masi 1986, 63–67, nn. 531–588, tavv. 35–39). VIII–VII sec. a. C.

400.   Fibula a sanguisuga con arco ribassato e staffa corta   Fig. 119
N. inv. O. 7050   L cm 4.5; H cm 2.8
Proviene dai dintorni di Bologna; acquistata a Bologna nel 1913 dal prof. Pagan per 25 lire.
Priva della molla e dell'ago, altrimenti integra; patina omogenea, verde.
Ad arco ribassato e schiacciato, passante quasi a sanguisuga, con netto distacco tra arco e sostegni della staffa e dell'ago, che formano un angolo sporgente dal profilo. L'arco è decorato da tre solcature orizzontali al centro, e da linee spezzate formanti denti di lupo alle estremità. La staffa, corta e simmetrica, è lievemente piegata verso l'alto.

Behn 1920a, 124, n. 942.

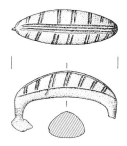

Fig. 120 Cat. 402 2:3

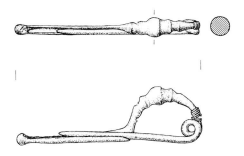

Fig. 121 Cat. 403 2:3

Il tipo con arco ribassato e schiacciato, largamente diffuso a Este, in Emilia e a Bologna nell'VIII sec. a. C. (Panichelli 1990, FIB 13, Varietà B, 225 tav. 6 n. 127) conta attestazioni anche nel Piceno, in Etruria e nel Lazio almeno dal pieno VIII alla fine del VI sec. a. C. (Peroni 1975, fig. 1, 8 e tav. V, A 1; v. Eles Masi 1986, varietà D, 66–67, nn. 559–573, tavv. 37–38). Cfr. anche le schede n. 401 (n. inv. O. 13819: variante dimensionale piccola, con decorazione identica) e n. 402 (n. inv. O. 26111). VIII–VI sec. a. C.

401. Fibula a sanguisuga con arco ribassato e staffa corta   Tav. 102
N. inv. O. 13819   L cm 3.3; H cm 2.3
Provenienza sconosciuta; acquisita insieme ad altre fibule (O. 13817–O. 13834) nel 1927 per cambio con l'Altertumsmuseum (attuale Landesmuseum) di Magonza, nei cui inventari non è rimasta traccia del nucleo.
Priva di parte della molla e dell'ago. Patina bruna. Ad arco ribassato e schiacciato, passante quasi a sanguisuga, con netto distacco tra arco e sostegni della staffa e dell'ago, che formano un angolo sporgente dal profilo. L'arco è decorato da tre solcature orizzontali, al centro, e da linee spezzate formanti denti di lupo, alla periferia. Della molla rimane solo parte del primo avvolgimento; la staffa, corta e simmetrica, è lievemente piegata verso l'alto.
        Inedita.

Si rimanda alla scheda precedente, che costituisce la variante dimensionale grande di questo esemplare, con decorazione identica. VIII–VI sec. a. C.

402. Fibula a sanguisuga con arco ribassato e staffa corta   Fig. 120
N. inv. O. 26111   L cm 4.1; H cm 2.4
Proverrebbe da Roma; acquistata nel 1933 a Francoforte sul Meno (dalla collezione Riese: Katalog Sammlung Riese n. 11).
Priva della molla e dell'ago; patina omogenea, verde chiaro.
Ad arco ribassato e schiacciato, passante quasi a sanguisuga, con netto distacco tra arco e sostegni della staffa e dell'ago, che formano un angolo sporgente dal profilo. L'arco è decorato da tre solcature orizzontali, al centro, e da linee oblique sui lati. La staffa, corta e simmetrica, è lievemente piegata verso l'alto.
        Inedita: cenno in MainzZ 29, 1934, 89 (G. Behrens).

Si rimanda alla scheda n. 400 (n. inv. n. O. 7050). VIII–VI sec. a. C.

403. Fibula ad arco semplice   Fig. 121
N. inv. O. 14090   L cm 7.2; H cm 2.3
Proverrebbe da Roma (ma tale provenienza andrà presumibilmente riferita al luogo di acquisto piuttosto che a quello di ritrovamento); acquistata nel 1927 da un collezionista privato a Monsheim (dr. Fliedner), che l'aveva comprata dalla collezione Naue (Monaco di Baviera).
Integrata (in antico?) con una molla e un ago non pertinenti: il punto di unione è rinforzato da un filo avvolto strettamente. Patina bruna sull'arco, verde sull'ago.
Arco a tutto sesto, con nodulo centrale maggiore e due minori su ogni lato; staffa lunga, concava, con bottone terminale.
        München 1908, 22 n. 337; MainzZ 23, 1928, 8 (G. Behrens).

233

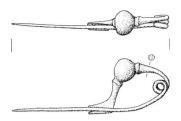

Fig. 122   Cat. 404   2:3

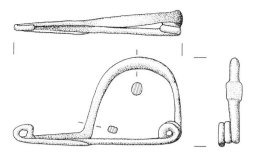

Fig. 123   Cat. 405   2:3

Non conosco confronti puntuali per questa fibula, per la quale si rimanda alla scheda successiva. VII sec. a. C.

404.   Fibula con globetto   **Fig. 122**
N. inv. O. 23191   L cm 6.3; H cm 2.1
Proverrebbe da Bologna (secondo F. Behn sarebbe stata comprata dalla collezione Alvensleben). Catalogata nel 1932 dai vecchi fondi del RGZM. Priva di gran parte della staffa, altrimenti ben conservata; patina omogenea, verde chiara.
Arco serpeggiante in filo a sezione rotonda, che si ingrandisce progressivamente verso il centro, dove figura un globetto (diam. cm 0.7) fiancheggiato da due noduli. Molla a due avvolgimenti; ago piegato in alto; staffa lunga.
Behn 1920a, 125, n. 953.

Questo tipo non è documentato tra le fibule edite della sequenza culturale di Bologna (un esemplare simile privo della staffa è documentato a Bologna-Arnoaldi: Montelius 1895, 10 n. 98, pl. X), esaminate di recente da S. Tovoli (Tovoli 1989, 270–272, con bibliografia precedente), ma sembra riecheggiare esemplari della sponda adriatica orientale e dell'Egeo, dove il gusto per i globetti inseriti nell'arco di fibule di varia foggia conta una lunga tradizione in un vastissimo settore geografico, esteso almeno dall'Albania (Prendi 1976, tav. 4.6) alla Tessaglia (Kilian 1975, 75, nn. 801–804, tav. 30), dalle isole adriatiche (Lo Schiavo 1970, 424 n. 219, tav. 22.3) a quelle greche (Sapouna-Sakellarakis 1978, tipi III e V a). Non conosco confronti puntuali nella penisola italica, neppure nella sterminata produzione picena (Lollini 1985, fig. 15 n. 3 ma con arco rivestito e di foggia diversa). I materiali citati inducono a preferire una datazione alta. VII sec. a. C.

405.   Fibula ad arco semplice con staffa allungata   **Fig. 123**
N. inv. O. 26126   L cm 6.5; H cm 3.5
Proverrebbe da Roma; acquistata nel 1933 a Francoforte sul Meno (dalla collezione Riese: Katalog Sammlung Riese n. 25).
Integra, ma coperta da uno strato consistente di corrosione, che ha bloccato l'ago e unito il ricciolo terminale alla staffa stessa.
Arco semplice, con una placchetta appiattita poco sopra la molla; molla a tre giri; staffa allungata, con l'estremità arricciata in alto e ripiegata, in modo da congiungersi alla staffa stessa.
Inedita: cenno in MainzZ 29, 1934, 89 (G. Behrens).

Il tipo è largamente diffuso nell'Italia centrale, tanto sul versante adriatico quanto su quello tirrenico (Sundwall 1943, 213, n. G I β c 34, fig. 342; Guzzo 1972, 25, tipo B II, tavv. 3–4). Tra gli esemplari editi di recente si vedano almeno quello da un corredo funerario di V sec. a. C. di Barrea – L'Aquila (Grossi 1988, 95, tav. XIX.1–2) e da Civitella Casanova (d'Ercole 1990, 90–91). Fine VI–V sec. a. C.

406.   Fibula ad arco semplice con staffa lunga   **Tav. 102**
N. inv. O. 26127   L cm 4.7; H cm 2.2
Proverrebbe da Roma; acquistata nel 1933 a Francoforte sul Meno (dalla collezione Riese: Katalog Sammlung Riese n. 21).
Priva dell'ago, altrimenti integra; patina omogenea, verde scura. Vi è legato un biglietto con l'annotazione «Rom 21».
Arco semplice, con una placchetta appiattita poco sopra la molla: sulla placchetta è incisa una X;

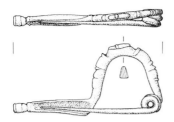

Fig. 124   Cat. 407   2:3

molla a tre giri; staffa allungata, con l'estremità arricciata in alto e ripiegata, in modo da congiungersi alla staffa stessa.

Inedita: cenno in MainzZ 29, 1934, 89 (G. Behrens).

Si rimanda alla scheda n. 405 (n. inv. O. 26126). Fine VI–V sec. a. C.

407.   Fibula ad arco semplice con staffa allungata   **Fig. 124**
N. inv. O. 17221   L cm 5.8; H cm 2.7
Provenienza sconosciuta; acquistata nel 1928 sul mercato antiquario a Budapest (Stürmer) con altri materiali (O. 17014 – O. 17252), tra i quali molti bronzi etrusco-italici.
Integra; patina omogenea, verde scura.
Arco semplice, lievemente schiacciato, con cresta seghettata e tratti incisi alle estremità; molla a tre giri; staffa allungata, che forma un canale aperto di fronte con globetto terminale.

Inedita: cenno in MainzZ 24–25, 1929–1930, 110 (G. Behrens).

Questo tipo di fibula, caratteristico delle regioni del versante adriatico (Bonomi Ponzi 1997, 109, III A 41, tav. 21 con bibliografia) è documentato anche in Etruria (Saturnia: Guzzo 1972, 52, tipo HH, tav. 15, 127). VI sec. a. C.

408.   Fibula ad arco semplice   **Fig. 125**
N. inv. O. 26080   L cm 9.8; H cm 3.2
Proverrebbe da Orvieto; acquistata nel 1933 a Francoforte sul Meno (dalla collezione Riese: Katalog Sammlung Riese n. 31).
Priva di parte della molla, dell'ago e dell'appendice superiore della staffa; superficie in parte co-

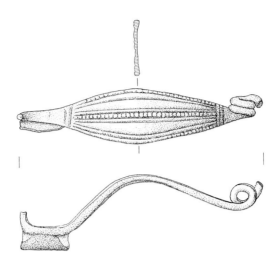

Fig. 125   Cat. 408   2:3

perta dalla corrosione; patina bruna, omogenea. Arco largo e appiattito, piegato regolarmente verso l'alto, decorato al centro e lungo i bordi da file di ovoli e da nervature rilevate. Molla a tre avvolgimenti soprastante l'arco; staffa lievemente allungata, con sezione a T, terminata da un'appendice retta, priva dell'estremità superiore.

Inedita: cenno in MainzZ 29, 1934, 89 (G. Behrens).

Attribuibile a un tipo documentato in Etruria (Guzzo 1972, 47, D3, tavv. 11–12 e 25–26, forse al sottogruppo III). VI sec. a. C.

409.   Fibula a grandi coste   **Fig. 126**
N. inv. O. 1841   L cm 10,1; H cm 7
Provenienza sconosciuta; acquistata nel 1902 sul mercato antiquario a Magonza (Reiling).
Priva dell'estremità dell'ago; corrosione diffusa in più punti; patina omogenea, verde chiara.
Arco formato da quindici costolature, suddivise in due gruppi di sette, separati da una centrale, dritta. Molla a due avvolgimenti inserita nell'arco; staffa simmetrica, lievemente sviluppata.

Behn 1920a, 147, n. 1076, fig. 5.9.

Appartenente al tipo Mörigen, diffuso nell'Italia settentrionale e a nord delle Alpi (Peroni 1975, 196, fig. 53.2; v. Eles Masi 1986, 41–42, nn. 305–331, tavv. 17–19) nel periodo Golasecca I B e a Bologna nella fase II (v. Eles Masi 1986, 43). VIII–VII sec. a. C.

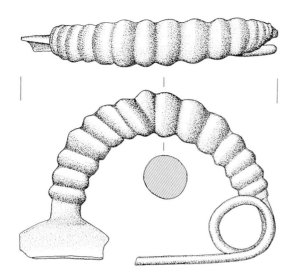

Fig. 126   Cat. 409   2 : 3

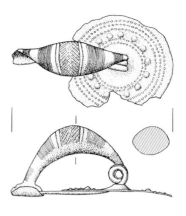

Fig. 127   Cat. 410   2 : 3

410. Fibula a sanguisuga con staffa corta
Fig. 127
N. inv. O. 14079   L cm 4.5; H cm 2.9
Proverrebbe da Firenze (ma tale provenienza andrà presumibilmente riferita al luogo di acquisto piuttosto che a quello di ritrovamento); acquistata nel 1927 da un collezionista privato a Monsheim (dr. Fliedner), che lo aveva comprato dalla collezione Naue (Monaco di Baviera), nel cui catalogo era riferita all'Italia meridionale.
Integra, patina omogenea, verde scura.
A sanguisuga a fusione piena, con staffa corta simmetrica, piegata verso l'alto, e molla a due avvolgimenti. Decorata sull'arco da fasci di linee graffite verticali alternate a fasce vuote: al centro una fascia a reticolo obliquo, a maglie regolari, molto piccole.
Nell'ago è infilato un cerchio in lamina bronzea (diam. cm 4.5), forato al centro, decorato da una fila di borchie, fiancheggiata da file concentriche di puntini.

> München 1908, 22 n. 330; MainzZ 23, 1928, 8 (G. Behrens; copia 10744); Egg, Pare 1995, 112 n. 2.

La fibula appartiene a un tipo di larga diffusione (Sundwall 1943, 182–188, tipo F I β); i dischi decorano di frequente l'ago delle fibule (Guidi 1993, 60, tipo 153, fig. 10.10 della fase Veio IIB). Si conoscono dischi bronzei miniaturistici che riproducono modelli di scudo (Colonna 1992b, 68, fig. 11). 750–700 a. C.

411.   Fibula a sanguisuga   **Tav. 102**
N. inv. O. 14077   L cm 11.2; H cm 7.9
Provenienza sconosciuta; acquistata nel 1927 da un collezionista privato a Monsheim (dr. Fliedner), che l'aveva comprata dalla collezione Naue (Monaco di Baviera).
Priva della molla e dell'ago, presenta due fori nella parte superiore dell'arco e una lacuna più estesa sotto lo stesso.
Corpo a sanguisuga, liscio superiormente, decorato solo sotto l'arco da fasce in leggero rilievo alternate ad altre in ritiro: sulle fasce rilevate, trattini obliqui incisi.

> MainzZ 23, 1928, 8 (G. Behrens).

Le dimensioni eccezionalmente grandi di questa fibula ne fanno un esemplare da parata e come tale poco frequente (Sundwall 1943, 177, F I α). Databile all'VIII sec. a. C., forse alla seconda metà.

412.   Fibula a sanguisuga con staffa corta
Fig. 128
N. inv. O. 13817   L cm 4.5; H cm 2.8
Provenienza sconosciuta; acquisita insieme ad altre fibule (O. 13817 – O. 13834) nel 1927 per cambio con l'Altertumsmuseum (attuale Landesmuseum) di Magonza, nei cui inventari non è rimasta traccia del nucleo.
Priva completamente dell'ago. Patina verde scura.
A sanguisuga, a fusione piena, con staffa corta simmetrica, lievemente piegata verso l'alto.

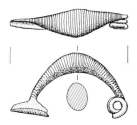

Fig. 128   Cat. 412   2:3

Molla a due avvolgimenti. Decorata sull'arco da incisioni lineari verticali, lievemente rilevate.

Inedita.

Questa fibula, nella quale con grande verosimiglianza si può integrare una staffa corta, è di una foggia piuttosto comune (Sundwall 1943, 177, F I α). VIII–VII sec. a. C.

413.   Fibula a sanguisuga   Tav. 102
N. inv. O. 26120   L cm 3.1; H cm 1.5
Provenienza sconosciuta; acquistata nel 1933 a Francoforte sul Meno (dalla collezione Riese). Priva della staffa e della molla, con corrosioni diffuse sull'arco; patina parzialmente corrosa, specie sul dorso dell'arco.
A sanguisuga, con arco a fusione piena, decorato nella parte residua da incisioni oblique.
Inedita: cenno in MainzZ 29, 1934, 89 (G. Behrens).

Si rimanda alla scheda n. 412 (n. inv. O. 13817). VIII–VII sec. a. C.

414.   Fibula a sanguisuga con staffa corta
Tav. 102
N. inv. O. 13820   L cm 2.3; H cm 1.6
Provenienza sconosciuta; acquisita insieme ad altre fibule (O. 13817–O. 13834) nel 1927 per cambio con l'Altertumsmuseum (attuale Landesmuseum) di Magonza, nei cui inventari non è rimasta traccia del nucleo. Rimangono l'arco, conservato per intero, e parte della staffa; mancano del tutto molla, ago e staffa. Patina verde scura.
L'arco completo e l'attacco della staffa, corta e simmetrica, lievemente piegata verso l'alto, sono

Fig. 129   Cat. 415   2:3

a fusione piena. L'arco è decorato da due incisioni verticali al centro, da cui si staccano denti di lupo orizzontali, rivolti all'esterno.

Inedita.

Si rimanda alla scheda n 412 (n. inv. O. 13817). VIII–VII sec. a. C.

415.   Fibula a sanguisuga con staffa corta
Fig. 129
N. inv. O. 26132   L cm 1.6; H cm 1.1
Proverrebbe da Roma; acquistata nel 1933 a Francoforte sul Meno (dalla collezione Riese: Katalog Sammlung Riese n. 17).
Integra, con l'ago privo della punta; patina verde scura.
Minuscola fibula a sanguisuga, con l'arco a fusione piena, decorato da un fascio di incisioni orizzontali compreso tra due gruppi di incisioni verticali. La molla, a un solo avvolgimento irregolarmente ritorto a causa delle ridotte dimensioni, conferisce un aspetto generale sbilenco alla fibula, altrimenti regolare.
Inedita: cenno in MainzZ 29, 1934, 89 (G. Behrens).

Si rimanda alla scheda n. 412 (n. inv. O. 13817). VIII–VII sec. a. C.

416.   Fibula a sanguisuga con staffa corta
Fig. 130
N. inv. O. 14082   L cm 3; H cm 1.8
Provenienza sconosciuta; acquistata nel 1927 da un collezionista privato a Monsheim (dr. Fliedner), che l'aveva comprata dalla collezione Naue (Monaco di Baviera). Integra, ma priva dell'estremità anteriore della staffa. Patina verde scura.
Minuscola fibula a sanguisuga, con l'arco a fusione piena, coperto interamente da una fitta de-

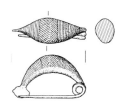

Fig. 130   Cat. 416   2:3

corazione incisa, costituita da un motivo a spina di pesce verticale compreso tra due gruppi di incisioni orizzontali. Molla a due avvolgimenti.

MainzZ 23, 1928, 8 (G. Behrens).

La fibula rientra in un tipo ben noto (Sundwall 1943, 177, F I α), ma è caratteristica per le piccole dimensioni. VIII–VII sec. a. C.

417.   Fibula a sanguisuga con staffa corta
                                              Tav. 102
N. inv. O. 17201   L cm 9.5; H cm 5.4
Provenienza sconosciuta; acquistata nel 1928 sul mercato antiquario a Budapest (Stürmer) con altri materiali (O. 17014 – O. 17252), tra i quali molti bronzi etrusco-italici. Integra; superficie corrosa e abrasa; patina verde scura.
A sanguisuga a fusione piena, con staffa corta simmetrica e molla a due avvolgimenti. Decorata sul dorso da fasce verticali di trattini a spina di pesce, intervallati a fasce vuote. Verso il basso due fasce a denti di lupo contrapposti, alternatamente vuoti e campiti a tratteggio orizzontale.

Inedita: cenno in MainzZ 24–25, 1929–1930, 110 (G. Behrens).

Sundwall 1943, 178–182, tipo F I α b; simile a Guidi 1993, 48, tipo 97 (Veio fase II A). Prima metà dell'VIII sec. a. C.

418.   Fibula a sanguisuga   Tav. 102
N. inv. O. 7056   L max. cons. cm 8.5; H cm 5.6 cm
Proviene dall'Etruria; acquistata a Firenze nel 1913 sul mercato antiquario (Anichini?) insieme ad altri oggetti (O. 7055 – O. 7064) per 20 lire.
Fortemente lacunosa nella parte inferiore, dove

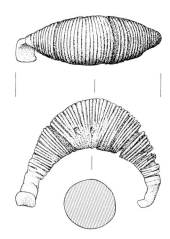

Fig. 131   Cat. 419   2:3

il bronzo è deformato e contorto, presumibilmente per lo spessore troppo esiguo della fusione. Priva della molla, dell'ago e della staffa.
A sanguisuga, decorata sull'arco da fasci di linee orizzontali e verticali, irregolarmente alternate a file di puntini: un cerchiello figura in ognuno dei tre campi quadrangolari che risultano dagli incroci. Sul lato dell'arco sono incisi due denti di lupo, formati da due fasci di linee spezzate analoghe a quelle dell'arco: tra i denti di lupo sono impressi due cerchielli ai lati di quattro linee verticali incise rozzamente.

Behn 1920a, 96, n. 716.

Forse del tipo con staffa allungata (Sundwall 1943, 182–188, F I β). VIII–VII sec. a. C.

419.   Fibula a sanguisuga con staffa corta
                                              Fig. 131
N. inv. O. 17199   L 5.4 cm; H 4.6 cm
Provenienza sconosciuta; acquistata nel 1928 sul mercato antiquario a Budapest (Stürmer) con altri materiali (O. 17014 – O. 17252), tra i quali molti bronzi etrusco-italici.
Priva dell'ago e della molla; incrostazioni diffuse sulla superficie.
Corpo formato da dischi di bronzo graduati fittamente accostati, molti dei quali sono uniti dalla corrosione agli elementi contigui. Staffa corta simmetrica, lievemente piegata verso l'alto.

Inedito: cenno in MainzZ 24–25, 1929–1930, 110 (G. Behrens).

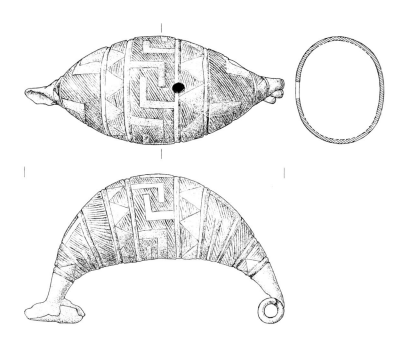

Fig. 132   Cat. 420   2:3

Questo esemplare appartiene al tipo con arco rivestito di dischi graduati di bronzo e/o di ambra e d'osso talora alternati sullo stesso esemplare (Sundwall 1943, 190–192, tipo F II β): a Veio i tipi decorati da dischi di solo bronzo sono più rari di quelli con ambra e osso (Toms 1986, Fibula II 4, fig. 25 (fase IIB); Guidi 1993, 52 e 86, tipo 111 (fase IIB). L'arco rivestito di dischi bronzei graduati compare nelle fibule con corpo a sanguisuga, ma con staffa a disco, considerate una foggia caratteristica dell'orizzonte avanzato della fase iniziale della prima età del Ferro, datato alla seconda metà del IX sec. a. C. (Bartoloni, Delpino 1979, 93–95; Peroni 1979, 194). Il tipo con staffa allungata è attribuito da J. Toms alla fase Veio IIB e più recentemente da A. Guidi alla fase IIB, sottofase 1. 760–730 a. C.

420.   Fibula a sanguisuga con staffa corta
Fig. 132

N. inv. O. 33640   L cm 10.1; H cm 5.9
Provenienza sconosciuta; acquistata nel 1949 sul mercato antiquario a Innsbruck (prof. Franz). Priva dell'ago e lacunosa sulla staffa, altrimenti integra; due fori circolari, rispettivamente sotto

e sull'arco, risalenti alla fusione; patina omogenea, verde scura.
A sanguisuga, decorata sull'intera circonferenza dell'arco da fasce verticali, separate da strisce incavate: in ogni fascia figurano motivi geometrici excisi disposti simmetricamente tra linee graffite. Nella fascia centrale, due file di pseudo-meandri angolari contrapposti; nelle due fasce contigue, denti di lupo campiti a tratteggio contrapposti ad altri vuoti; le fasce restanti ripetono la successione di pseudo-meandri e denti di lupo. Molla a tre avvolgimenti, staffa corta simmetrica.

Egg, Pare 1995, 112 n. 2.

Si tratta di un tipo originario dell'Italia centrale, diffuso anche nelle regioni settentrionali (v. Eles Masi 1986, 77–78, nn. 654–671 A, tavv. 44–47, in particolare n. 656, tav. 44, con motivi decorativi molto simili, ma disposti in maniera diversa; in seguito almeno Donder 1994, 49, n. 23, tav. 5). VIII sec. a. C.

421.   Fibula a sanguisuga con staffa corta
Fig. 133

N. inv. O. 17196   L cm 6.9; H cm 4

239

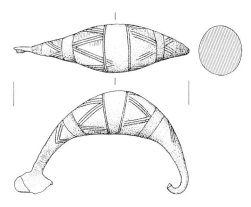

Fig. 133   Cat. 421   2 : 3

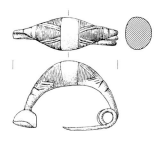

Fig. 134   Cat. 422   2 : 3

Sundwall 1943, 177, F I α; Guidi 1993, 46, tipo 89 varietà A (Veio, fase II A – IIB2). VIII sec. a. C.

423.   Fibula a sanguisuga con staffa corta
Fig. 135

N. inv. O. 23176   L cm 9.2; H cm 6.3
Provenienza sconosciuta; catalogata nel 1932 dai vecchi fondi del RGZM.
Priva dell'ago, altrimenti integra, lievemente ammaccata sull'arco; patina omogenea, di colore bruno dorato. Sotto l'arco al centro figura un'apertura rettangolare, da interpretare probabilmente come residuo dell'inserimento di un bastoncino per bloccare la forma interna durante la fusione (Formigli 1971, 142, figg. 14–15).
Arco a tutto sesto, decorato per l'intera circonferenza da fasce verticali, alternatamente campite da un tratteggio a spina di pesce e vuote. Staffa corta e simmetrica; molla a tre avvolgimenti.

Behn 1920a, 95, n. 708; Egg, Pare 1995, 112 n. 2.

Questo tipo (Sundwall 1943, 182–188, F I β 25, fig. 297) è stato considerato da R. Peroni caratteristico della fase Tarquinia IIA (Peroni 1989, fig. 79 n. 10). L'ampia diffusione è stata delineata da S. Tovoli (Tovoli 1989, 263, tipo 92, tav. 117) e da altri studiosi (A.-M. Adam 1984, 142–143, nn. 193–197; Jerusalem 1991, 59, n. 48; Guidi 1993, 46, tipo 90, attribuito alla fase Veio II A–II C). VIII sec. a. C.

424.   Fibula a sanguisuga con staffa corta
Fig. 136

N. inv. O. 17203   L cm 8.6; H cm 5.4
Provenienza sconosciuta; acquistata nel 1928 sul

Provenienza sconosciuta; acquistata nel 1928 sul mercato antiquario a Budapest (Stürmer) con altri materiali (O. 17014 – O. 17252), tra i quali molti bronzi etrusco-italici.
Priva dell'ago, della molla e dell'estremità ripiegata della staffa; patina omogenea, verde chiara. A sanguisuga a fusione piena, con staffa corta simmetrica. Decorata su tutto l'arco da linee spezzate oblique a denti di lupo orizzontali, in triplice ordine, tra le quali corrono linee sottili graffite, verticali. Il settore centrale è lasciato inornato.

Inedito: cenno in MainzZ 24–25, 1929–1930, 110 (G. Behrens).

Sundwall 1943, 177–182, tipo F I α b 16 (da Vetulonia); Guidi 1993, 46, tipo 89 varietà A (Veio, fase II A – IIB2). VIII sec. a. C.

422.   Fibula a sanguisuga con staffa corta
Fig. 134

N. inv. O. 13818   L cm 4.1; H cm 2.8
Provenienza sconosciuta; acquisita insieme ad altre fibule (O. 13817 – O. 13834) nel 1927 per cambio con l'Altertumsmuseum (attuale Landesmuseum) di Magonza, nei cui inventari non è rimasta traccia del nucleo.
Integra, ma priva di parte dell'ago. Patina verde. A sanguisuga, con arco a fusione piena e staffa corta simmetrica, lievemente piegata verso l'alto. Molla a due avvolgimenti. Decorata sull'arco da incisioni a denti di lupo orizzontali, rivolti all'interno, graffiti con triplice linea, tra i quali corrono linee sottilissime verticali.

Inedita.

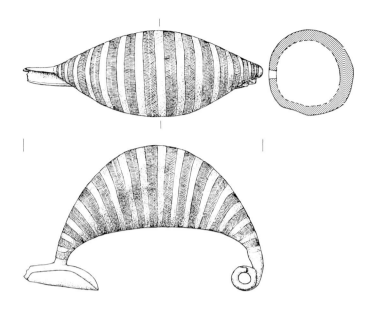

Fig. 135   Cat. 423   2:3

mercato antiquario a Budapest (Stürmer) con altri materiali (O.17014–O.17252), tra i quali molti bronzi etrusco-italici.

Priva della molla, dell'ago e di parte della staffa,
presenta nella parte inferiore tre lacune, dovute
allo spessore troppo esiguo del bronzo impiegato nella fusione. Una lacuna è di forma rettangolare, regolare. Coperta da uno strato di cenere,
sotto il quale affiora una patina di colore dorato,
probabilmente non uniforme: dovrebbe trattarsi
degli effetti dell'esposizione al fuoco (incendio
del RGZM nel 1942?).

Staffa corta, e per quanto, resta, simmetrica. Decorata sull'arco da fasce verticali, alternatamente
campite da un tratteggio a spina di pesce e vuote.

Inedito: cenno in MainzZ 24–25, 1929–1930, 110 (G. Behrens).

Si rimanda al n. 423 (n. inv. O.23176). VIII sec. a. C.

425.   Fibula a sanguisuga con staffa corta
Tav. 102

N. inv. O.23178   L cm 5.2; H cm 3.8
Provenienza sconosciuta; catalogata nel 1932 dai
vecchi fondi del RGZM.

Integra, ma priva della staffa. Coperta da incrostazioni e corrosioni, che lasciano intravvedere
una patina verde chiara.

A sanguisuga, con molla a due avvolgimenti: a
giudicare dall'ago, completamente conservato, la
staffa doveva essere corta e simmetrica. Decorata da fasce verticali, alternatamente vuote e campite da un tratteggio a spina di pesce. Nell'arco
sono infilati due anelli cilindrici, piuttosto alti
(rispettivamente cm 1.8 e 1.1), il minore dei quali è unito dalla corrosione all'arco stesso.

Behn 1920a, 97, n. 721.

Si rimanda al n. 423 (n. inv. O.23176). VIII sec. a. C.

426.   Fibula a sanguisuga   Tav. 102

N. inv. O.24774   L max. cons. cm 6.1; H cm
4.2   Provenienza sconosciuta; acquistata nel
1932 dalla collezione Heerdt (Schloß Neuweier,
Baden-Baden).

Priva della molla, dell'ago e della staffa. La superficie, completamente corrosa e priva di patina, ha
assunto un colore marrone per effetto dell'esposizione al fuoco (incendio del RGZM nel 1942?).

A sanguisuga a fusione cava, non mostra attualmente alcuna traccia di decorazione graffita: in
origine era però decorata da fasce verticali campite da trattini orizzontali, come si vede in una
fotografia scattata poco dopo l'acquisto.

Inedita.

Si rimanda al n. 423 (n. inv. O.23176). VIII sec. a. C.

241

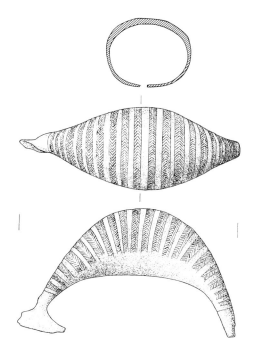

Fig. 136   Cat. 424   2:3

427.   Fibula a sanguisuga con staffa lunga
Tav. 102

N. inv. O. 7144   L cm 5.5; H cm 2
Proverrebbe da Bologna. Comprata a Bologna nel 1913 inseme a O.7095 e a O.7143–O.7146 per 10 lire. Priva dell'ago, patina uniforme verde dorata.
A sanguisuga, con staffa lunga piegata verso l'alto e robusta molla a due avvolgimenti. Sulla sommità dell'arco due apofisi laterali.

Behn 1920a, 124, n. 948.

La fibula è di un tipo molto comune (Sundwall 1943, 195–197, G I α). Fine VIII–VII sec. a. C.

428.   Fibula a sanguisuga con staffa lunga
Tav. 102

N. inv. O. 1836   L max. cons. cm 11.9; H cm 6.8
Provenienza sconosciuta; acquistata nel 1902 sul mercato antiquario a Magonza (Reiling).
Priva di parte della staffa e dell'estremità finale dell'ago, presenta quale errore di fusione una vasta lacuna sotto il corpo, dovuta allo spessore troppo esiguo. Patina omogenea, verde scura.

A sanguisuga, con molla a sezione rettangolare con due avvolgimenti, fissata da due ribattini al corpo, e staffa lievemente piegata verso l'alto. La frattura sulla parte anteriore della staffa e la lunghezza dell'ago inducono a postularne la pertinenza al tipo a staffa lunga. Decorata sull'arco da gruppi di solcature orizzontali (al centro) e verticali (alle estremità): dalle solcature esterne pendono denti di lupo tracciati con un triplice linea.

Behn 1920a, 96, n. 713.

Si rimanda alla scheda n. 427 (n. inv. O. 7144). Fine VIII–VII sec. a. C.

429.   Fibula a sanguisuga con staffa lunga
Tav. 102

N. inv. O. 13827   L cm 7.1; H cm 2.7
Provenienza sconosciuta; acquisita nel 1927 insieme ad altre fibule (O. 13817–O. 13834) per cambio con l'Altertumsmuseum (attuale Landesmuseum) di Magonza, nei cui inventari non è rimasta traccia del nucleo.
Priva della punta dell'ago e dell'estremità della staffa; patina omogenea, di colore verde-nerastro.
A sanguisuga, con molla irregolare a due avvolgimenti, e staffa lunga, costituita da una lamina ripiegata incompleta. Arco liscio.

Inedita.

Si rimanda alla scheda n. 427 (n. inv. O. 7144). Fine VIII–VII sec. a. C.

430.   Fibula a sanguisuga con staffa lunga
Tav. 102

N. inv. O. 37303   L cm 6.1; H cm 1.6
Provenienza sconosciuta; acquistata nel 1960 sul mercato antiquario a Spira (G. Wink).
Integra, con l'ago unito dalla corrosione alla staffa. Corrosione diffusa in superficie, patina non omogenea, verde e grigia.
A sanguisuga, con staffa lunga piegata verso l'alto, molla a due avvolgimenti e ago.

Inedita.

Si rimanda alla scheda n. 427 (n. inv. O. 7144). Fine VIII–VII sec. a. C.

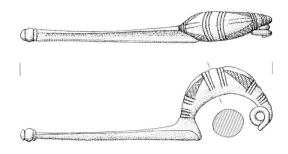

Fig. 137   Cat. 431   2:3

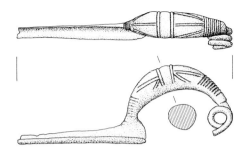

Fig. 138   Cat. 432   2:3

431. Fibula a sanguisuga con staffa lunga
Fig. 137

N. inv. O. 7053   L cm 9.9; H cm 3.1

Proviene dall'Etruria; acquistata a Firenze nel 1923 sul mercato antiquario (Anichini?) insieme ad altri oggetti (O. 7055 – O. 7064) per 20 lire.
Priva dell'ago, è coperta da incrostazioni diffuse; patina omogenea, verde scura.
A sanguisuga, con molla a due avvolgimenti e staffa lunga, costituita da una lamina ripiegata con un globetto terminale. Decorata sulla parte in vista dell'arco da profonde solcature verticali, tra le cui estremità è graffita una linea mediana longitudinale affiancata da linee oblique convergenti. Agli estremi inferiori dell'arco solcature verticali.

Behn 1920a, 97, n. 723.

Sundwall 1943, 210–215, G I β c. Fine VIII–VII sec. a. C.

432. Fibula a sanguisuga con staffa lunga
Fig. 138

N inv. O. 26136   L cm 8.5; H cm 3

Provenienza sconosciuta; acquistata nel 1933 a Francoforte sul Meno (dalla collezione: Katalog Sammlung Riese n. 46; A. Riese l'aveva comprata all'asta della collezione Smylski).
Priva dell'ago e dell'estremità della staffa; bella patina omogenea, verde chiara.
A sanguisuga, con molla a due avvolgimenti e staffa lunga, costituita da una lamina ripiegata, incompleta. Decorata sulla parte in vista dell'arco da profonde solcature verticali, tra le cui estremità è graffita una linea mediana longitudinale

affiancata da linee oblique convergenti. Agli estremi inferiori dell'arco solcature verticali.

Inedita: cenno in MainzZ 29, 1934, 89 (G. Behrens).

Si rimanda al n. 431 (n. inv. O. 7058). Fine VIII–VII sec. a. C.

433. Fibula a sanguisuga con staffa lunga
Tav. 102

N. inv. O. 17216   L cm 6.4; H cm 2.8

Provenienza sconosciuta; acquistata nel 1928 sul mercato antiquario a Budapest (Stürmer) con altri materiali (O. 17014 – O. 17252), tra i quali molti bronzi etrusco-italici.
Priva dell'ago, lacune sulla staffa. Patina verde chiara.
A sanguisuga, con staffa lunga piegata verso l'alto e molla a due avvolgimenti. Decorata plasticamente sull'arco con una nervatura orizzontale al centro e due bottoncini applicati ai lati.

Inedita: cenno in MainzZ 24–25, 1929–1930, 110 (G. Behrens).

Del genere Sundwall 1943, 224–227, G III β a. Fine VIII–VII sec. a. C.

434. Fibula a sanguisuga di tipo tardo alpino
Fig. 139

N. inv. O. 22512   L cm 11; H cm 4.5

Provenienza sconosciuta; acquisita nel 1932 per cambio dall'Hist. Museum di Spira, insieme con altre fibule (O. 22508 – O. 22512).

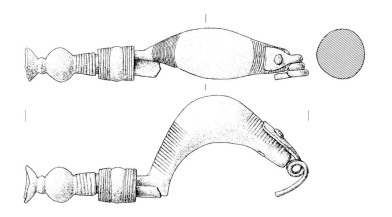

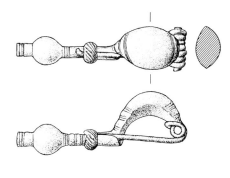

Fig. 139   Cat. 434   2:3   Fig. 140   Cat. 435   2:3

Priva dell'ago; la molla originaria inserita nell'arco è stata sostituita da una molla con una placchetta terminale, fissata sull'arco con un ribattino. Un forellino figura sull'arco in corrispondenza della molla. Il vaso terminale non è integro; l'arco della fibula è fratturato in due metà ricongiunte. Patina omogenea, verde scura.

Corpo a sanguisuga cava, decorato nella metà superiore da due gruppi di solcature posti alle estremità dell'arco. La staffa lunga forma un canale aperto in alto e inserito entro un'appendice, costituita da base cilindrica, bottone globulare terminato da un collarino rigonfio e un'appendice a cono rovesciato. Nella staffa è infilato un anello cilindrico, con rigonfiamento al centro e due fasci di solcature anulari alle estremità.

Inedita.

Inseribile nella varietà C del tipo a sanguisuga con bottone a vaso, largamente diffuso dalla fine del VI all'inizio del V sec. a. C. nell'Italia settentrionale da Golasecca a Este e noto anche in Slovenia (de Marinis 1981, 120, nn. 4–9 con riferimenti e 219–220, fig. 4; v. Eles Masi 1986, 171–176, tavv. 131–136, nn. 1614–1733). Nell'ambito della varietà, caratterizzata dalla decorazione a due gruppi di solcature alle estremità dell'arco, è comune la presenza di un anello ferma-ago (v. Eles Masi 1986, 174–175, tav. 136, nn. 1699–1712); sono anche documentati casi analoghi di

riparazione della molla, sovrapposta e fissata con un ribattino (ibidem, 175, tav. 136, n. 1706). Fine VI – inizio V sec. a. C.

435.   Fibula a sanguisuga di tipo tardo alpino
Fig. 140

N. inv. O. 6980   L cm 6.6; H cm 2
Provenienza sconosciuta; comprata a Milano nel 1913 per 8 lire.
Integra; patina omogenea, scura.

A sanguisuga piena, decorata alle estremità dell'arco da due fasci di linee verticali. La molla, infilata nell'arco, è quasi del tipo a cerniera, con sei avvolgimenti attorno a un perno orizzontale. L'ago è infilato in un canale, nel quale è inserito un anello ferma-ago, a sezione biconica, decorato da incisioni oblique. Oltre l'anello, bloccato dalla corrosione, ma in origine mobile, la staffa è decorata da tre coppie di solcature, un globetto sferico e un'appendice tronco-conica, con lievi costolature all'estremità.

Behn 1920a, 147, n. 1079; Egg, Pare 1995, 160, n. 23.

Le fibule di questo tipo sono state studiate da R. de Marinis, che ne ha riconosciuto tre varianti in successione cronologica: questo esemplare può essere classificato nella variante A, tipica del periodo Golasecca III A 1 (de Marinis 1981, 217–219, fig. 4). 480–440 a. C.

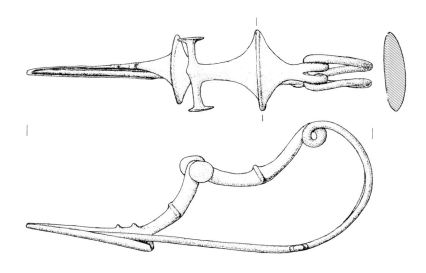

Fig. 141   Cat. 436   2:3

436.   Fibula a drago   **Fig. 141**
N. inv. O. 17229   L cm 13.6; H cm 6
Provenienza sconosciuta; acquistata nel 1928 sul
mercato antiquario a Budapest (Stürmer) con altri materiali (O. 17014 – O. 17252), tra i quali molti bronzi etrusco-italici.
Integra; patina verde scura, omogenea.
Arco serpeggiante, con tre coppie di appendici
laterali, due a losanga appuntita con una nervatura centrale e una a disco appiattito sul gomito;
due molle affiancate, entrambe a un giro, sono
sorrette da altrettanti sostegni in filo a sezione
circolare, che si congiungono prima di confluire
nell'ago formando una placchetta rettangolare.
Staffa allungata, con due protrusioni triangolari
all'inizio.

> Cenni in MainzZ 24–25, 1929–1930, 110 (G. Behrens) e
> Egg, Pare 1995, 152 n. 16.

Fibule a drago di questa foggia sono diffuse nell'
Etruria e nel Lazio (Sundwall 1943, 239–240, H
II α d 2, fig. 392; Bietti Sestieri 1992, 378, tipo
42j, tav. 39). 770–730/720 a. C.

437.   Fibula a drago   **Fig. 142**
N. inv. O. 17231   L cm 9.3; H cm 4.6
Provenienza sconosciuta; acquistata nel 1928 sul
mercato antiquario a Budapest (Stürmer) con altri materiali (O. 17014 – O. 17252), tra i quali
molti bronzi etrusco-italici.

Priva di gran parte della staffa, presenta un ago
non pertinente, con patina diversa: quella della
fibula è più chiara, con lievi tracce di corrosione.
Arco serpeggiante, con quattro coppie di appendici laterali, alternatamente appuntite e appiattite; una coppia di sporgenze figura anche sotto l'arco in prossimità dell'ago; staffa in origine lunga.

> Cenni in MainzZ 24–25, 1929–1930, 110 (G. Behrens) e
> Egg, Pare 1995, 152 n. 16.

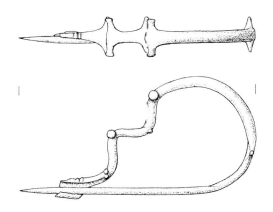

Fig. 142   Cat. 437   2:3

Fibule a drago di questa foggia sono diffuse
nell'Etruria e nel Lazio (Sundwall 1943, 247–248,
H III α c 1, fig. 410; Bietti Sestieri 1992, 378, tipo
42l, tav. 39; Donder 1994, 75, n. 37, tav. 8). Fine
VIII–VII sec. a. C.

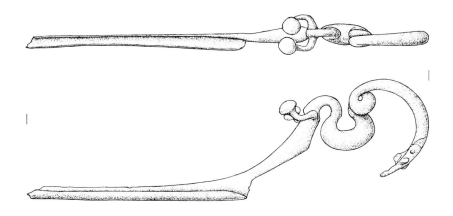

Fig. 143 Cat. 440 2:3

438. **Fibula a drago con staffa allungata, in argento** **Tav. 103**
N. inv. O. 16486   L cm 6.1; H cm 2.9
Proverrebbe dall'Ungheria: ma per questa indicazione di provenienza si veda quanto osservato supra (nota 27); acquistata nel 1929 sul mercato antiquario a Budapest (Stürmer).
Priva dell'ago, altrimenti integra, con patina chiara, omogenea e ben conservata.
Arco serpeggiante, con sezione a sanguisuga e spigoli mediani: nella tangenza delle due metà dell'arco sporgono di lato due cornetti, lievemente inclinati in avanti e verso l'alto. Alle spalle dell'arco sono due molle affiancate, entrambe a un giro, sorrette da altrettanti sostegni in filo a sezione circolare, che si congiungono prima di confluire nell'ago formando una placchetta a cuore. Staffa allungata, con sezione a L.
    Inedita.

Fibule in bronzo di forma simile furono riunite da J. Sundwall nel proprio gruppo H II α b (Sundwall 1943, 237–238), nel quale si segnala in particolare un esemplare in argento dalla tomba Artiaco 104 di Cuma (G. Pellegrini 1903, 229, fig. 8; Sundwall 1943, 238, n. 6); sul gruppo recentemente A.-M. Adam 1984, 146–147, nn. 211–212. Fine VIII–VII sec. a. C.

439. **Fibula a drago** **Tav. 103**
N. inv. O. 12071   L max. cons. cm 4.7; H cm 3.0
Provenienza sconosciuta; acquistata nel 1924.
Priva della staffa e dell'ago; aree di corrosione diffuse; patina omogenea, verde scura.
Arco serpeggiante, con sezione a sanguisuga e spigoli mediani: nella tangenza tra arco e molla e tra le due metà dell'arco sporge di lato una coppia di cornetti, lievemente inclinati in avanti e verso l'alto. Alle spalle dell'arco sono due sostegni affiancati in filo a sezione circolare, che si congiungono e confluiscono nell'ago: nel punto di tangenza tra sostegni e ago sporgono di lato due appendici.
    Inedita.

Si rimanda alla scheda n. 438 (n. inv. O. 16486). Fibule in bronzo di forma simile furono riunite da J. Sundwall nel proprio gruppo H II α b (Sundwall 1943, 237–238), sul quale è intervenuta A.-M. Adam 1984, 146–147, nn. 211–212. Fine VIII–VII sec. a. C.

440. **Fibula a drago ad antenne desinenti a bottoncino** **Fig. 143**
N. inv. O. 16499   L cm 15.8; H cm 4.7
Provenienza sconosciuta; acquistata nel 1929.
Priva dell'ago e dell'estremità della staffa, altrimenti integra; patina omogenea, verde scura.
L'ago deve essersi rotto una prima volta già in antico, poiché fu sostituito da un altro, di cui rimane un breve segmento fissato con due ribattini alla fine dell'arco, oltre il tipico nodulo fermapieghe, ora non conservato.
A corpo serpeggiante, con rigonfiamento accentuato tra l'occhiello e il gomito, dal quale si stacca una coppia di cornetti tesi in avanti e terminanti in un globetto. Occhiello a un avvolgimento e staffa lunga.
    Egg, Pare 1995, 158, n. 7.

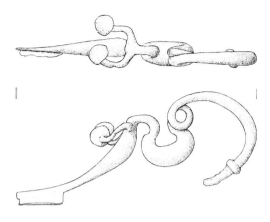

Fig. 144   Cat. 441   2:3

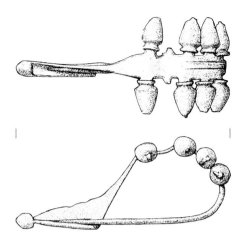

Fig. 145   Cat. 442   2:3

Fibule a drago di questa forma compaiono a Bologna nell'VIII sec.a.C. (Panichelli 1990, 239, FIB 56, tav.9 n.201) e caratterizzano la fase III della cultura picena (Lollini 1976, 132, tav.6 n.4; Lollini 1977, 137, fig.8; Landolfi 1990, tav.6); costituiscono uno degli elementi tipici nella koiné adriatica (Peroni 1976, 101, tav.2 n.3; per gli esemplari da Este e da altre località del Veneto: v.Eles Masi 1986, 230–231, varietà A, nn.2390–2399, tavv.177–178). Dal versante adriatico, forse con il tramite piceno, giunsero anche in Umbria e in Etruria (Bonomi Ponzi 1997, 72–73, tav.12, II 2 A). VII sec.a.C.

441. Fibula a drago ad antenne desinenti a bottoncino   Fig. 144

N.inv.O.23183   L cm 9.8; H cm 5.2
Provenienza sconosciuta; catalogata nel 1932 dai vecchi fondi del RGZM.
Priva dell'ago e di gran parte della staffa, altrimenti integra; patina omogenea, verde scura.
A corpo serpeggiante, con rigonfiamento accentuato tra la molla e il gomito, dal quale si stacca una coppia di cornetti tesi in avanti e terminanti in un globetto. Molla a un avvolgimento e nodulo fermapieghe nella parte inferiore dell'arco, in prossimità dell'ago. Staffa allungata.

Lindenschmit d.J. 1889, tav. 35.10 (?); Behn 1920a, 101, n.774; Egg, Pare 1995, 158, n.7.

Si rimanda alla scheda n.440 (n.inv.O.16499). VII sec.a.C.

442. Fibula a drago   Fig. 145

N.inv.O.28506   L cm 8.1; H cm 3.4
Provenienza sconosciuta; acquistata nel 1934 sul mercato antiquario a Magonza (Bloch). Integra, con tracce di corrosione in superficie; patina omogenea, bruna.
A drago, con arco in lamina appiattita, ago a sezione circolare e staffa lunga, piegata verso l'alto e chiusa su un lato, terminata da un bottone. La sommità dell'arco è decorata da due profonde incisioni lineari e lateralmente da quattro coppie di appendici plastiche a ghianda, infilate entro altrettanti spunzoni. Tra le prime tre appendici e l'ultima figura una coppia di spunzoni vuoti.

Inedita.

Questo tipo, già noto a J. Sundwall (Sundwall 1943, 247, H III α b, fig.408: dalla lista è preferibile enucleare l'esemplare da Este, afferente a un'altra varietà) è frequente in Campania e nel Sannio, dove costituisce la foggia più diffusa in periodo tardo orientalizzante (Tagliamonte 1997, 42): tra i numerosissimi esemplari si segnalano quelli da Vico Equense (Bonghi Jovino 1982, passim e tav.58, 3), a Capua (Johannowsky 1983, 60 per l'attribuzione alla fase Capua IV a; 175, nn.8–9, tav.22b e LV nn.12 e 17 per alcuni esemplari da Capua, tomba Fornaci 346), da Suessula (Johannowsky 1983, 285 n.106, tav.59a) e privi di provenienza (Jerusalem 1991, 64, nn.64–65; Barbera 1994, 57 n.6, tav.23.6; Donder 1994, 75, nn.38–40, tav.8). Seconda metà del VII sec.a.C.

443. Fibula a drago Tav. 103
N.inv.O.37296   L cm 7; H cm 2.5
Proviene forse da Firenze; acquistata nel 1960 sul mercato antiquario a Spira (G. Wink).
Patina verde chiara. Contorta e priva di alcune appendici.
Frammento di fibula a drago, comprendente arco e ago. Arco in lamina appiattita e ago a sezione circolare. La sommità dell'arco è decorata da due profonde incisioni lineari e lateralmente da quattro coppie di appendici plastiche a ghianda, infilate entro altrettanti spunzoni. Tra le prime tre appendici e l'ultima figura una coppia di spunzoni vuoti.
Nella fibula è infilato un pendente, costituito da una catenella a sei maglie con anelli doppi, alla quale è appesa una doppia spirale.

> Inedita.

Si rimanda alla scheda n.442 (n.inv.O.28506).
Seconda metà del VII sec.a.C.

444. Fibula a drago Tav. 103
N.inv.O.39149   L cm 5.8; H cm 2.5
Provenienza sconosciuta; acquistata nel 1967 sul mercato antiquario a Francoforte sul Meno (H. Möwes).
Frammento di fibula a drago, comprendente l'arco e la staffa.
Arco in lamina appiattita e staffa allungata, piegata verso l'alto e chiusa su un lato, terminata da un bottone scanalato. La sommità dell'arco è decorata da due profonde incisioni lineari e lateralmente da quattro coppie di appendici plastiche a ghianda, infilate entro altrettanti spunzoni.
Tra le prime tre appendici e l'ultima figura una coppia di spunzoni vuoti. Due coppie di appendici sono rinforzate inferiormente da due sbarrette.

> Inedita.

Si rimanda alla scheda n.442 (n.inv.O.28506).
Seconda metà del VII sec.a.C.

445. Fibula a drago Fig.146
N.inv.O.17234   L cm 9; H cm 3.8
Provenienza sconosciuta; acquistata nel 1928 sul

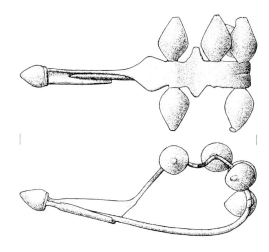

Fig. 146   Cat. 445   2:3

mercato antiquario a Budapest (Stürmer) con altri materiali (O.17014 – O.17252), tra i quali molti bronzi etrusco-italici.
Integra, ma priva di una ghianda; bella patina omogenea, verde scura.
A drago, con arco in lamina appiattita, che frontalmente comprende una placchetta biconica; ago a sezione circolare e staffa lunga, piegata verso l'alto e terminata da una ghianda. La sommità dell'arco è decorata di lato da quattro coppie di appendici plastiche a ghianda, infilate entro altrettanti spunzoni. Tra le prime tre appendici e l'ultima figura una coppia di spunzoni vuoti.

> Cenni in MainzZ 24–25, 1929–1930, 110 (G. Behrens); Egg,
> Pare 1995, 148 n.329.

Si rimanda alla scheda n.442 (n.inv.O.28506).
Seconda metà del VII sec.a.C.

446. Fibula a drago Fig.147
N.inv.O.14076   L cm 10.8; H cm 4.7
Proverrebbe dalla Calabria; acquistata nel 1927 da un collezionista privato a Monsheim (dr. Fliedner), che l'aveva comprata dalla collezione Naue (Monaco di Baviera).
Integra, con l'ago assemblato e tracce di corrosione in superficie; patina omogenea, verde scura.
A drago, con arco in lamina appiattita, ago a sezione circolare e staffa lunga, inclinata verso l'alto

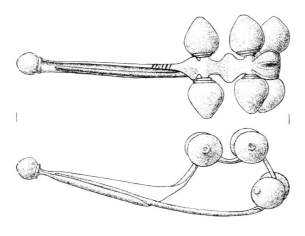

Fig. 147   Cat. 446   2:3

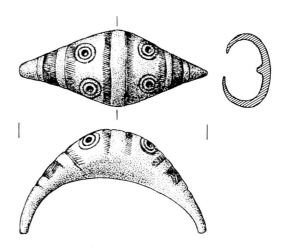

Fig. 148   Cat. 448   1:1

e terminata da una ghianda. L'arco, che nella parte iniziale è conformato a ellissi con un taglio centrale e due incisioni lungo il perimetro, è decorato lateralmente da tre coppie di appendici plastiche a ghianda, infilate entro altrettanti spunzoni. Tra le prime due appendici e l'ultima figura una coppia di spunzoni vuoti.

Lindenschmit d. J. 1889, tav. 35.4; München 1908, 22 n. 333; MainzZ 23, 1928, 8 (G. Behrens); Egg, Pare 1995, 148 n. 328.

La possibilità della provenienza dalla Calabria può trovare conferma nella distribuzione del tipo, concentrato nell'Italia meridionale in particolare nel Sannio pentro: si rimanda alla scheda n. 442 (n. inv. O. 28506). Seconda metà del VII sec. a. C.

447.   Fibula a navicella con staffa corta
Tav. 103

N. inv. O. 7057   L cm 6.1; H cm 3.6
Proviene dall'Etruria; acquistata a Firenze nel 1913 dall'antiquario Anichini (?) insieme ad altri oggetti (O. 7055 – O. 7064) per 20 lire.
Priva dell'ago e della molla, nonché di parti dell'arco e della staffa. Patina verde scura.
A navicella, cava, con staffa corta e simmetrica. Decorata sull'arco in modo complesso: lateralmente corrono due file orizzontali di cerchielli, tra i quali sono al centro tre riquadri, delimitati da due file verticali di cerchielli (al centro) e da incisioni verticali (alla base).
Il riquadro centrale è campito da un graticcio inciso, quelli laterali da cerchielli e da motivi a

spina di pesce, disposti entrambi in file orizzontali. Sulle facce laterali dell'arco sono graffiti fasci di linee oblique spezzate, convergenti in modo tale che le centrali formano un dente di lupo pendulo.

Behn 1920a, 96, n. 715.

Del tipo Sundwall 1943, 182–188, F I β, diffuso specialmente nell'Etruria e nel Lazio nella seconda metà dell'VIII sec. a. C. (Guidi 1993, 50, tipo 102, fig. 16.3, fase Veio II C). 750–700 a. C.

448.   Fibula a navicella
Fig. 148

N. inv. O. 26195   L cm 5.0; H cm 3.0
Provenienza sconosciuta; acquistata nel 1932 con indicazione di provenienza dall'Ungheria, per la quale si veda quanto osservato supra, nota 27.
Priva della molla, dell'ago e della staffa. Patina verde scura.
A navicella con arco a profilo romboidale e staffa presumibilmente allungata o lunga, a giudicare dal profilo eccentrico della porzione residua dell'arco sopra la molla; decorata sul corpo da tre gruppi di due solcature verticali, comprendenti sulla sommità due coppie di cerchietti.

Inedita.

La fibula è di classificazione incerta anche per lo stato frammentario: forma e motivi decorativi trovano confronto con esemplari a staffa allungata da Osteria dell'Osa con decorazione elaborata (Bietti Sestieri 1992, 566, tav. 37, tipo 38 ff., var. 1), diffusi anche nell'Italia settentrionale (v. Eles Masi 1986, 85–86, nn. 724–725, tav. 50). Fine VIII-VII sec. a.C.

449. Fibula a navicella con staffa allungata
Fig. 149

N. inv. O. 14078   L cm 8.5; H cm 3.9
Proverrebbe da Bologna; acquistata nel 1927 da un collezionista privato a Monsheim (dr. Fliedner), che l'aveva comprata dalla collezione Naue (Monaco di Baviera).

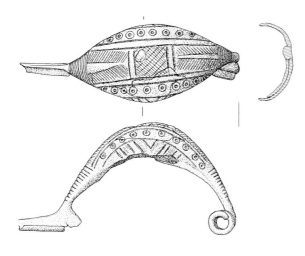

Fig. 149   Cat. 449   2 : 3

Priva dell'ago, lievemente lacunosa sulla staffa; patina omogenea, verde scura. La parte superiore dell'arco fu restaurata, verosimilmente già nell' antichità: al centro si distinguono un foro e una lacuna. Il foro fu riempito con un ribattino, del quale in basso sporge la capocchia, e la lacuna fu risarcita, applicando di nuovo il pezzo originale, che fu rinforzato con l'applicazione di una piccola quantità di metallo, di forma del tutto irregolare.
A navicella profonda, decorata al centro dell'arco da un pannello campito a reticolo, compreso entro un tratteggio a spina di pesce. Ai lati dell' arco due pannelli campiti da trattini e puntini a spina di pesce; alle estremità dell'arco linee verticali rilevate. I lati dell'arco sono decorati da un fregio a cerchietti e da tratti obliqui a spina di pesce. Staffa allungata e molla a tre avvolgimenti.

München 1908, 22 n. 331; MainzZ 23, 1928, 8 (G. Behrens); Behn 1920a, 124, n. 943 (Copia 10743); Egg, Pare 1995, 112 n. 2.

Si tratta di un tipo largamente diffuso nell'Italia centrale, presente sporadicamente anche nelle regioni settentrionali (v. Eles Masi 1986, 85–86, nn. 715–727, tavv. 49–51, in particolare n. 720, tav. 50). Sono diffusi anche esemplari di forma simile, ma con differente sintassi decorativa (Bietti Sestieri 1992, 365–366, tipo 38dd, tav. 37). Metà VIII – VII sec. a. C.

450. Fibula a navicella con staffa allungata
Fig. 150

N. inv. O. 17205   L cm 7.6; H cm 4.9
Provenienza sconosciuta; acquistata nel 1928 sul mercato antiquario a Budapest (Stürmer) con altri materiali (O. 17014 – O. 17252), tra i quali molti bronzi etrusco-italici.
Priva della molla e dell'ago, lievemente lacunosa sulla staffa; patina omogenea, verde chiara.
A navicella profonda, decorata al centro dell'arco da un rettangolo exciso, compreso entro un tratteggio a spina di pesce, fiancheggiato da due fasce verticali campite con tre cerchietti. La medesima sintassi decorativa caratterizza anche le aree periferiche dell'arco e le zone laterali, nelle quali corrono linee orizzontali di cerchietti incisi e tratti verticali campiti a spina di pesce, alternati ad altri vuoti. Staffa allungata.

Inedita: cenno in MainzZ 24–25, 1929–1930, 110 (G. Behrens); Egg, Pare 1995, 112 n. 2.

Si rimanda alla scheda precedente. Metà VIII – VII sec. a. C.

451. Fibula a navicella con staffa allungata
Fig. 151

N. inv. O. 23177   L cm 11.2; H cm 6.1
Provenienza sconosciuta; catalogata nel 1932 dai vecchi fondi del RGZM.

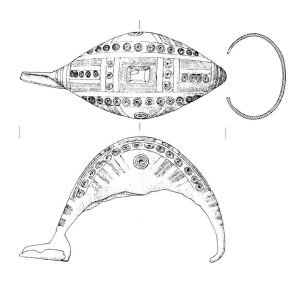

Fig. 150   Cat. 450   2:3

Priva della molla e dell'ago, lievemente lacunosa sulla staffa; patina omogenea, bruna.

A navicella profonda, decorata al centro dell'arco da un pannello campito a reticolo, fiancheggiato da due fasce verticali campite da tratti a spina di pesce alternati ad altri vuoti. La medesima sintassi decorativa caratterizza anche le aree periferiche dell'arco e le zone laterali, nelle quali corrono linee orizzontali di cerchietti incisi e tratti verticali campiti a spina di pesce, alternati ad altri vuoti. Staffa allungata.

Behn 1920a, 95, n. 709, fig. 5, n. 6; Egg, Pare 1995, 112 n. 2.

Si rimanda alla scheda n. 449 (n. inv. O. 14078). Metà VIII – VII sec. a. C.

452.   Fibula a navicella   **Fig. 152**
N. inv. O. 13826   L cm 9.9; H cm 4.9
Provenienza sconosciuta; acquisita insieme ad altre fibule (O. 13817 – O. 13834) nel 1927 per cambio con l'Altertumsmuseum (attuale Landesmuseum) di Magonza, nei cui inventari non è rimasta traccia del nucleo.
Priva dell'estremità anteriore della staffa e con la punta dell'ago piegata; presenta un foro sulla sommità dell'arco. Aree di corrosione diffuse; patina verde chiara.
Arco a navicella espansa, decorato da file orizzontali di cerchietti, alternati a file di trattini a spina di pesce: al centro, riquadro vuoto; alle estremità dell'arco, cinque incisioni verticali. Staffa allungata, molla a quattro avvolgimenti, il cui diametro si restringe progressivamente verso il centro.

Inedita.

L'esemplare è da riferire al tipo a navicella con staffa allungata originario dell'Etruria meridionale e del Lazio, ma noto anche nell'Italia settentrionale, specie a Este (A.-M. Adam 1984, 144–145, nn. 203–205; v. Eles Masi 1986, 85–86, con bibliografia anche per l'Italia centrale). L'articolata sintassi decorativa, tracciata già sul modello in cera della fibula (Formigli 1971, 140–141), prevede file di cerchietti e riquadri, alternati tra loro in vari modi, ma per lo più delimitati da linee incise, vuoti e/o campiti da reticolo, spesso obliquo: si confronti la tipologia degli esemplari rinvenuti nella necropoli di Osteria dell'Osa (Bietti Sestieri 1992, 366, tav. 37, tipi 38dd var I, 38dd var II, 38ee e 38ff). I contesti dell'Italia centrale elencati nella bibliografia citata rendono probabile un'introduzione alla metà dell'VIII sec. a. C. (fase avanzata del III periodo laziale), e un uso durato almeno sino al 650 (IV periodo laziale, fase A1), grazie all'attestazione nella tomba 62 di Pratica di Mare. 750–650 a. C.

453.   Fibula a navicella   **Fig. 153**
N. inv. O. 17198   L cm 6.9; H cm 3.4
Provenienza sconosciuta; acquistata nel 1928 sul mercato antiquario a Budapest (Stürmer) con altri materiali (O. 17014 – O. 17252), tra i quali molti bronzi etrusco-italici.
Priva dell'ago e dell'estremità anteriore della staffa; patina omogenea, verde scura.
Arco a navicella espansa, decorato di lato da una fila di trattini obliqui e una di cerchietti, che delimitano riquadri suddivisi da linee orizzontali e verticali: il riquadro centrale è campito da un reticolo obliquo, molto fitto; alle estremità tre coppie di linee verticali. Molla a tre avvolgimenti, staffa allungata.

Inedita: cenno in MainzZ 24–25, 1929–1930, 110 (G. Behrens).

Si rimanda alla scheda n. 452 (n. inv. O. 13826). 750–650 a. C.

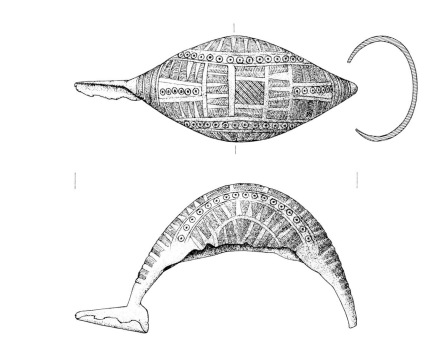

Fig. 151   Cat. 451   2:3

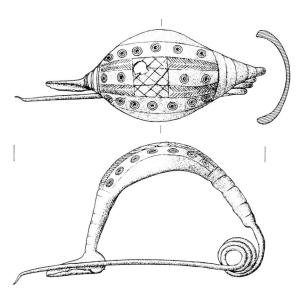

Fig. 152   Cat. 452   2:3

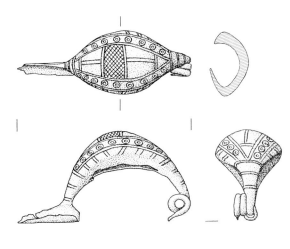

Fig. 153   Cat. 453   2:3

454.   Fibula a navicella con staffa lunga

Tav. 103

N. inv. O. 7145   L cm 4; H cm 2.1

Proverrebbe da Bologna. Comprata a Bologna nel 1913 insieme a O. 7095 e a O. 7143 – O. 7146 per 10 lire.

Priva della molla, dell'ago e dell'estremità anteriore della staffa; forellino sull'arco; patina verde scura, con chiazze dorate.

Arco a navicella espansa, decorato lungo l'intero perimetro da trattini obliqui, che delimitano un campo di forma analoga all'arco, che contiene a propria volta due file di cerchietti e, al centro, un settore fittamente campito da trattini a spina di pesce. Staffa lunga, conservata solo parzialmente.

Behn 1920a, 124, n. 944.

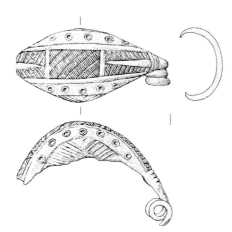

Fig. 154   Cat. 456   2:3

La fibula, del tutto simile all'esemplare esaminato nella scheda n. 452 (n. inv. O. 13826), si distingue per le dimensioni ridotte. 750–650 a.C.

455. Fibula a navicella   Tav. 103
N. inv. O. 8458   L cm 6.4; H cm 4.2
Donata nel 1915 dal maggiore Mathes (Bitsch), che l'aveva comprata a Roma nel 1905.
Priva della staffa, dell'ago, e di gran parte della molla; lacune sui margini inferiori dell'arco.
Arco a navicella espansa, decorato di lato da una fila di cerchietti che delimitano l'area centrale, tripartita da linee verticali: nei due settori esterni figurano tre cerchietti per parte, in quello interno più vasto fitto reticolo obliquo; alle estremità dell'arco corrono due fasci di linee verticali. Della molla rimangono due avvolgimenti, della staffa una piccola porzione.

Behn 1920a, 98, n. 735.

Si rimanda alla scheda n. 452 (n. inv. O. 13826). 750–650 a.C.

456. Fibula a navicella   Fig. 154
N. inv. O. 24773   L cm 6.6; H cm 4.4
Provenienza sconosciuta; acquistata nel 1932 dalla collezione Heerdt (Schloß Neuweier, Baden-Baden).
Priva dell'estremità sopra la staffa, della staffa stessa, di parte della molla e dell'ago; superficie parzialmente corrosa; patina bruna.

Arco a navicella espansa decorato di lato da trattini a spina di pesce e da una fila di cerchietti; nel settore centrale, riquadri campiti a reticolo obliquo, molto fitto, separati da coppie di incisioni lineari. Della molla rimangono tre avvolgimenti.

Inedita.

Si rimanda alla scheda n. 452 (n. inv. O. 13826). 750–650 a.C.

457. Fibula a navicella   Fig. 155
N. inv. O. 17200   L cm 12.4; H cm 6.8
Provenienza sconosciuta; acquistata nel 1928 sul mercato antiquario a Budapest (Stürmer) con altri materiali (O. 17014 – O. 17252), tra i quali molti bronzi etrusco-italici.
Priva delle estremità dell'ago e della staffa, altrimenti integra; patina molto omogenea, verde scuro.
Corpo a losanga espansa con appendici laterali sporgenti; l'arco è decorato di lato da una fila di cerchietti incisi che delimitano il campo centrale, suddiviso in riquadri da linee che si incrociano in senso ortogonale. Ogni fila di riquadri è campita alternatamente da due cerchietti e da file di trattini obliqui, compresi entro linee pure oblique. All'estremità dell'arco corrono tre gruppi di tre linee incise ciascuno. Molla a tre avvolgimenti, ago incompleto, staffa lunga, che forma un canale aperto nella parte superiore.

Inedito: cenno in MainzZ 24–25, 1929–1930, 110 (G. Behrens).

Questo tipo, che le appendici laterali distinguono dal gruppo esaminato (nn. 452–456) pur se presenta la stessa sintassi decorativa, è diffuso in Etruria meridionale e nel Lazio (Bietti Sestieri 1992, 366, tipo 38ff, tav. 37) nel IV periodo. Fibule simili a queste sono note anche nell'Italia settentrionale, a Este (v. Eles Masi 1986, 127, nn. 1169–1170, tav. 100). Ultimo quarto VIII – prima metà VII sec. a.C.

458. Fibula a navicella con staffa lunga
                                              Fig. 156
N. inv. O. 23190   L cm 6.7; H cm 2.9

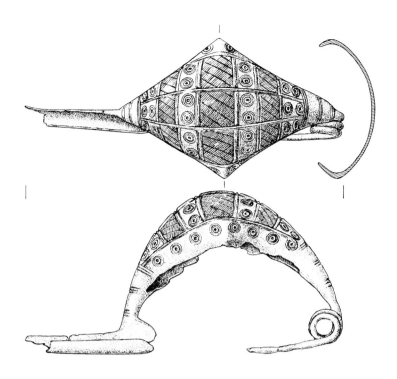

Fig. 155　Cat. 457　2:3

Proviene da Bologna. Catalogata nel 1932 dai vecchi fondi del RGZM.

Integra, con alcune zone intaccate dalla corrosione sull'ago; bella patina verde.

Navicella a losanga piena, espansa lateralmente, decorata nella zona centrale dell'arco da un pannello a fasce di trattini verticali alternate a strisce vuote, comprese tra due strisce verticali; le estremità dell'arco sono decorate da sottili incisioni verticali e da incisioni a V, con il vertice rivolto verso la sommità dell'arco stesso. Molla a tre avvolgimenti, staffa lunga, che forma un canale aperto solo superiormente.

    Behn 1920a, 124, n. 946.

Esemplare molto diffuso nell'Italia centrale (Sundwall 1943, 218, G II β a 19). Fine VIII–VII sec. a. C.

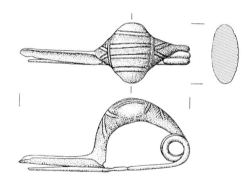

Fig. 156　Cat. 458　2:3

459.　Fibula a navicella con staffa allungata
                               Fig. 157
N. inv. O. 17209　　L cm 6; H cm 3.4
Provenienza sconosciuta; acquistata nel 1928 sul mercato antiquario a Budapest (Stürmer) con al-

tri materiali (O. 17014 – O. 17252), tra i quali molti bronzi etrusco-italici.

Priva di parte della molla e dell'ago, con la staffa lacunosa. Patina uniforme, verde scura.

Navicella a losanga piena, espansa lateralmente, fino a formare delle vere e proprie appendici. L'arco è decorato da tre fasci di solcature orizzontali, fiancheggiate da due gruppi di solcature

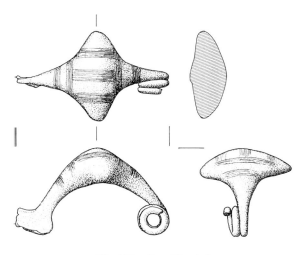

Fig. 157   Cat. 459   2:3

Fig. 158   Cat. 461   2:3

verticali. Molla a tre avvolgimenti; della staffa rimane solo la parte iniziale, probabilmente pertinente al tipo allungato.

Inedita: cenno in MainzZ 24–25, 1929–1930, 110 (G. Behrens).

Si rimanda alla scheda n. 458 (n. inv. O. 23190). Fine VIII–VII sec. a. C.

460.   Fibula a navicella   Tav. 103
N. inv. O. 26081   L max. cons. cm 8.6; H cm 4.8
Proverrebbe da Orvieto; acquistata nel 1933 a Francoforte sul Meno (dalla collezione Riese: Katalog Sammlung Riese n. 10).
Priva della molla e dell'ago, presenta i margini sfrangiati in basso e la staffa conservata solo in parte. Patina omogenea, verde scura.
A navicella, decorata sull'arco da un grande pannello centrale campito da un tratteggio a reticolo, ai cui lati sono due pannelli suddivisi in triangoli disposti alternatamente di base e di punta, che contengono due cerchielli ognuno. Le estremità dell'arco sono graffite da linee orizzontali, piuttosto irregolari. Ai lati dell'arco fregio di cerchielli.

Inedita: cenno in MainzZ 29, 1934, 89 (G. Behrens).

Di una foggia diffusa nell'Italia centrale (Sundwall 1943, 182–188, F I β), nota anche nelle regioni settentrionali (per la decorazione v. Eles Masi 1986, 85, n. 714). Fine VIII–VII sec. a. C.

461.   Fibula a navicella con staffa allungata
Fig. 158
N. inv. O. 17206   L cm 10.3; H cm 6.2
Provenienza sconosciuta; acquistata nel 1928 sul mercato antiquario a Budapest (Stürmer) con altri materiali (O. 17014 – O. 17252), tra i quali molti bronzi etrusco-italici.
Priva della molla e dell'ago, con lacune sulla staffa; patina omogenea, verde scura.
A navicella profonda, espansa sui lati, decorata al centro dell'arco da un grande pannello campito a reticolo obliquo, compreso entro un tratteggio a spina di pesce. Sui lati corre un reticolo a maglie larghe di linee incise, che prevede un cerchietto graffito in ogni incrocio: l'intera decorazione dell'arco, già prevista nella forma di fusione, è stata in seguito obliterata da fori passanti, con il fondo di diametro minore rispetto all'imboccatura, destinati a ospitare una decorazione in materiale di riporto (ambra, osso, pasta vitrea), della quale non rimangono tracce in nessuno dei quattordici incassi. Staffa allungata.

Inedita: cenno in MainzZ 24–25, 1929–1930, 110 (G. Behrens); Egg, Pare 1995, 112 n. 2.

Attribuibile a un tipo diffuso nell'Etruria e nel Lazio, presente anche nella civiltà atestina (v. Eles Masi 1986, 90–91, nn. 750–765, tavv. 53–55). Per il costume di incastonare dischi di riporto in ambra, osso o pasta vitrea, comune non solo a esemplari di grandi dimensioni, ma anche a quelli di minore impegno (Bietti Sestieri 1992, 366, tipo 38hh, tav. 37), si veda una grande fibula da parata (Genève 1993, 181, n. 83: incrostazioni originarie?). Fine VIII–VII sec. a. C.

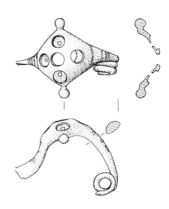

Fig. 159   Cat. 464   2 : 3

462.   Fibula a navicella appiattita   Tav. 103
N. inv. O. 11179   L cm 4.0; H cm 1.8
Provenienza sconosciuta; acquisita nel 1919.
Integra; bella patina omogenea, verde scura.
A navicella piena, appiattita ed espansa, decorata nella parte centrale dell'arco da due cerchietti e alle estremità da incisioni verticali, di livello progressivamente più basso. Molla a tre avvolgimenti; staffa allungata.

Behn 1920a, 96, n. 718.

Assimilabile a un tipo diffuso nell'Etruria meridionale e nel Lazio in periodo orientalizzante (Bietti Sestieri 1992, 365, tipo 38bb, tav. 37) e nella civiltà di Golasecca nel VII sec. a. C. (ma con differente sintassi decorativa: v. Eles Masi 1986, 129–130, nn. 1187–1196, tav. 102). Fine VIII–VII sec. a. C.

464.   Fibula a navicella con bottoni laterali
Fig. 159
N. inv. O. 26116   L cm 4.2; H cm 3.2
Proverrebbe da Roma; acquistata nel 1933 a Francoforte sul Meno (dalla collezione Riese: Katalog Sammlung Riese n. 5).
Priva della staffa, dell'ago e delle incrostazioni originariamente incastonate nell'arco; superficie omogenea, verde chiara.
Corpo a losanga espansa, che forma lateralmente due appendici sporgenti: sull'arco figurano cinque incavi circolari, disposti a croce greca, destinati a contenere applicazioni in materiale vario (ambra, osso, pasta vitrea); alle estremità dell'arco corrono due sottili nervature verticali rilevate e sotto, un fascio di incisioni, pure verticali. Molla a tre avvolgimenti; della staffa rimane solo la parte iniziale allungata.

Inedita: cenno in MainzZ 29, 1934, 89 (G. Behrens).

463.   Fibula a navicella   Tav. 103
N. inv. O. 26138   L cm 5.2; H cm 2.8
Provenienza sconosciuta; acquistata nel 1933 a Francoforte sul Meno (dalla collezione Riese: Katalog Sammlung Riese n. 42; A. Riese l'aveva comprata all'asta della collezione Smylski).
Priva di parte della molla, dell'ago e della staffa. Patina omogenea, verde scura.
Arco a tutto sesto, decorato sulla sommità da fasce orizzontali campite da trattini a spina di pesce. Della molla rimangono due avvolgimenti, della staffa solo l'attacco.

Inedita: cenno in MainzZ 29, 1934, 89 (G. Behrens).

Simile alle fibule a navicella tipo Candeo (v. Eles Masi 1986, 105–106, nn. 935–936, tav. 69), note da due corredi tombali da Este. Fine VIII–VII sec. a. C.

Fibule a navicella di questo tipo con inserti in ambra sono diffuse nella fase IVA della cultura laziale e in Etruria meridionale dall'ultimo quarto dell'VIII (Bietti Sestieri 1992, 367, tipo 38hh, tav. 37, da tombe datate alla fase IV A1, datata al 730/720–660–650 a. C.). Un esemplare da parata di grandi dimensioni a staffa lunga con incrostazioni in pasta vitrea e ambra (originarie?) è stato recentemente edito (Genève 1993, 181, n. 83). Fine VIII–metà VII sec. a. C.

465. Fibula a navicella   Tav. 103

N.inv.O.29839   L cm 3.3; H cm 1.7

Provenienza sconosciuta; acquistata nel 1936 sul mercato antiquario a Roma (Fallani).

Priva della staffa e delle incrostazioni in origine incastonate nell'arco; superficie omogenea, verde chiara.

Corpo a losanga espansa, che forma sui lati due appendici sporgenti: sull'arco figurano cinque incavi circolari, disposti a croce greca, destinati a contenere applicazioni in materiale vario (ambra, osso, pasta vitrea). Molla a due avvolgimenti; a giudicare dalla lunghezza dell'ago, del tutto conservato, la staffa doveva essere allungata.

    Inedita.

Si rimanda alla scheda n.464 (n.inv.O.26116).
VIII–metà VII sec.a.C.

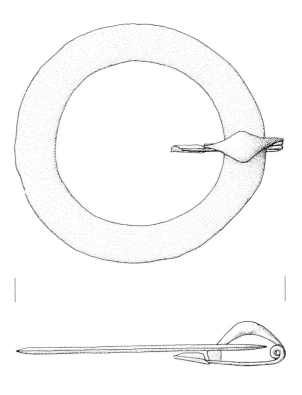

Fig. 160   Cat. 466   2:3

466. Fibula a navicella con staffa allungata
                       Fig. 160

N.inv.O.10324   L cm 4.5; H cm 1.8; diam. anello cm 9.8

Proverrebbe da Bologna; acquistata nel 1917 presso R. Forrer (Strasburgo).

L'estremità finale della staffa è staccata dal proprio attacco, ma è unita all'ago dalla corrosione; coperta da uno strato uniforme di corrosione, patina bruna. Nell'ago è infilato un anello piatto bronzeo a fascia (largh. cm 1.6).

Navicella a losanga piena, espansa lateralmente; molla a tre avvolgimenti; staffa allungata, che forma un canale aperto solo superiormente.

    Behn 1920a, 124, n.947, fig.5.5, con confronti.

Anelli bronzei di questo tipo facevano parte del costume femminile dei personaggi di rango alto o emergente, come attesta per esempio la tomba 153 della necropoli di Castel di Decima, dove un anello simile è stato rinvenuto sul ventre di una defunta abbigliata con insolita ricchezza di ornamenti personali (Roma 1976, 287, n.91, tav.73). Agli esemplari citati per confronto occorre aggiungere per l'Italia centrale almeno i dati della necropoli di Osteria dell'Osa riferibili al periodo IV A 1 (Bietti Sestieri 1992, 367, tipo 38 gg var I, tav.37 e confronti citati). Ultimo quarto VIII–metà VII sec.a.C.

467. Fibula a navicella   Tav. 103

N.inv.O.26119   L cm 5.2; H cm 3

Proverrebbe da Roma; acquistata nel 1933 a Francoforte sul Meno (dalla collezione Riese: Katalog Sammlung Riese n.12).

Priva della molla, dell'ago e di gran parte della staffa; patina verde scura. All'interno è scritto con inchiostro di china nero il n.12.

Navicella a losanga concava, espansa lateralmente, fino a formare delle appendici sporgenti. Della staffa rimane solo la parte iniziale, verosimilmente del tipo allungato o lungo.

    Inedita: cenno in MainzZ 29, 1934, 89 (G. Behrens).

La foggia molto comune e a lungo in uso assieme al tipo a navicella a losanga con appendici plastiche laterali è documentata nelle sequenze dell'Italia centrale, come a Osteria dell'Osa, nei periodi III e IV (circa 770–580 a.C.: Bietti Sestieri 1992, 366–367, tipo 38 gg, tav.37) e settentrionale, come a Este, dove appare nei periodi II–III (VIII–fine del VII/VI sec.a.C.: Peroni 1975, 28, fig.2.3). Fine VIII–inizio VI sec.a.C.

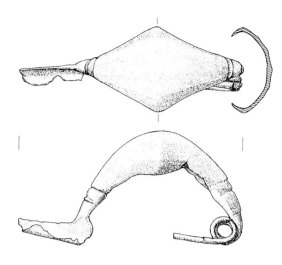

Fig. 161   Cat. 468   2:3

468.   Fibula a navicella   **Fig. 161**
N. inv. O. 13823   L cm 8.8; H cm 4.3
Provenienza sconosciuta; acquisita insieme ad altre fibule (O. 13817–O. 13834) nel 1927 per cambio con l'Altertumsmuseum (attuale Landesmuseum) di Magonza, nei cui inventari non è rimasta traccia del nucleo.
Priva dell'ago e dell'estremità anteriore della staffa, lievemente contorta; patina omogenea, verde
scura con affioramenti azzurri.
Corpo a losanga espansa, con estremità sporgenti lateralmente; l'arco è attraversato da nervature
orizzontali rilevate, che formano tre larghe solcature. Alle estremità dell'arco, fascia incavata.
Molla a tre avvolgimenti, staffa lunga, aperta di
lato e di sopra

Behn 1920a, 99, n. 748.

Appartiene a un tipo diffuso in Etruria, per esempio a Volterra (Viegi 1954, 422 ss., n. 33). VII
sec. a. C.

469.   Fibula a navicella   **Tav. 103**
N. inv. O. 7061   L cm 5.2; H cm 3.5
Proviene dall'Etruria; acquistata a Firenze nel
1913 sul mercato antiquario (Anichini?) insieme
ad altri oggetti (O. 7055–O. 7064) per 20 lire.
Rimane solo l'arco, con una lacuna nella parte
inferiore e un foro sulla sommità. Patina omogenea, verde chiara.

Corpo a losanga espansa, con sporgenze laterali,
attraversato da due nervature rilevate orizzontali, che formano tre larghe solcature.

Behn 1920a, 99, n. 749.

Si rimanda alla scheda n. 468 (n. inv. O. 13823). VII
sec. a. C.

470.   Fibula a navicella   **Tav. 103**
N. inv. O. 22510   L cm 10.1; H cm 6
Provenienza sconosciuta; acquisita nel 1932 per
cambio dall'Historisches Museum di Spira, insieme con altre fibule (O. 22508–O. 22512).
Priva di parte della molla e dell'ago, con lacune
nella zona inferiore della staffa. Patina omogenea, verde scura.
Corpo a losanga espansa, con due bottoni applicati lateralmente; l'arco è decorato da due linee
verticali graffite tra i bottoni: nei due campi delimitati da queste ultime figurano cerchietti e trattini verticali; alle estremità dell'arco, fasce verticali a rilievo. Della molla rimane un avvolgimento, la staffa è allungata.

Inedita.

Attribuibile a un tipo frequente nell'Italia meridionale e centrale (A.-M. Adam 1984, 146 n. 210,
con bibliografia) e noto anche nelle regioni settentrionali, con particolare riferimento a Este
(v. Eles Masi 1986, 137–138, tavv. 107–108). VII
sec. a. C.

471.   Fibula a navicella   **Fig. 162**
N. inv. O. 17204   L cm 12.2; H cm 7.8
Provenienza sconosciuta; acquistata nel 1928 sul
mercato antiquario a Budapest (Stürmer) con altri materiali (O. 17014–O. 17252), tra i quali molti bronzi etrusco-italici.
Priva di parte della molla, dell'ago e dell'estremità della staffa; vasta lacuna sull'arco, alle cui
estremità sono due fori, uno per parte, lungo la
linea mediana; patina omogenea, bruna.
Arco a losanga espansa, che forma due sporgenze sui lati, decorato da incisioni lineari orizzontali, campite da trattini a spina di pesce: al centro
sono due riquadri verticali, campiti da trattini a

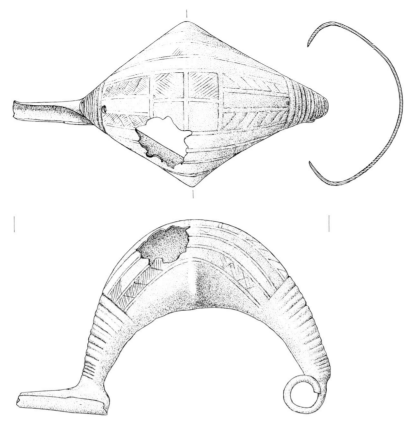

Fig. 162   Cat. 471   2 : 3

spina di pesce, di dimensioni maggiori degli altri. Alle estremità dell'arco corrono fasce verticali a rilievo separate da linee graffite. Della molla, inserita nell'arco, rimane un solo avvolgimento; della staffa resta un tratto a canale, aperto solo nella parte superiore.

Inedita: cenno in MainzZ 24–25, 1929–1930, 110 (G. Behrens).

Questo vistoso esemplare da parata è inquadrabile nella cultura picena: grazie ai confronti con le fibule da Novilara-Servici (numerosi esemplari: Dumitrescu 1929, fig. 16 n. 17; Beinhauer 1985, tav. 158, n. 1775 e tav. 189 n. 2220) e da Numana nella collezione Rilli (Lollini 1977, fig. 7; Landolfi 1990, 363, tav. VI), si può postularne la pertinenza al tipo a staffa lunga con globetto terminale, che può essere eccezionalmente sostituito da una protome umana o animale. Il frequente rinvenimento a Novilara di tali fibule a navicella di grandi dimensioni all'altezza del bacino (Beinhauer 1985, 782–783, nn. 119–120) permette di ipotiz-

zarne l'originaria collocazione come chiusura sulla vita del costume femminile. L'attribuzione alla III fase della cultura picena ne consente una datazione al pieno VII sec. a. C.

472.   Fibula a navicella a staffa lunga

Tav. 103

N. inv. O. 11180   L cm 6.5; H cm 1.4
Provenienza sconosciuta; acquistata nel 1919.
Quasi integra, con lievi lacune sulla staffa, alla quale l'ago è unito dalla corrosione; patina verde chiara.
Navicella a losanga concava espansa lateralmente e terminata da bottoni laterali, a globetto profilato. Molla a tre avvolgimenti. Staffa lunga e sottile costituita da una lamina ripiegata, terminata da un minuscolo globetto.

Behn 1920a, 100, n. 759.

Si tratta della variante dimensionale piccola di

259

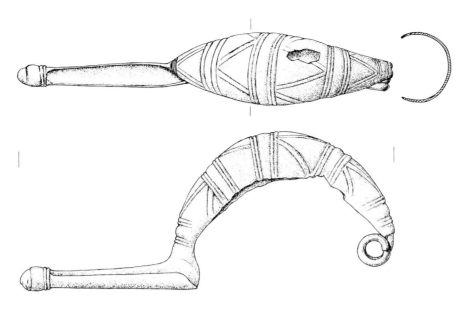

Fig. 163   Cat. 475   2:3

una varietà estremamente diffusa nel VII sec. a. C. nell'Italia settentrionale (v. Eles Masi 1986, 138, nn. 1280–1283, tav. 108) e centrale (con dischi in ambra sull'arco: Bietti Sestieri 1992, 367, tipo 38 hh, tav. 37); sul tipo recentemente anche Donder 1994, 51–54, n. 28, tav. 6. VII sec. a. C.

473.   Fibula a navicella a staffa lunga
                                                    Tav. 104
N. inv. O. 11182   L cm 5.1; H cm 1.5
Provenienza sconosciuta; acquistata nel 1919.
Priva dell'estremità anteriore della staffa e di un'appendice a globetto, con l'ago conservato per intero, ma piegato; patina verde chiara.
Navicella a losanga concava espansa di lato e terminata da bottoni laterali, a globetto. Molla a tre avvolgimenti. Staffa lunga e sottile costituita da una lamina ripiegata, conservata solo in parte.

Behn 1920a, 100, n. 757.

Si rimanda alla scheda n. 472 (n. inv. O. 11180). VII sec. a. C.

474.   Fibula a navicella a staffa lunga
                                                    Tav. 104
N. inv. O. 11183   L cm 6.2; H cm 1.6
Provenienza sconosciuta; acquistata nel 1919.

Priva di gran parte della staffa, altrimenti integra; patina verde chiara, uniforme.
Navicella a losanga concava espansa lateralmente e terminata da bottoni laterali, a globetto. Molla a tre avvolgimenti. Staffa lunga e sottile costituita da una lamina ripiegata, della quale si conserva solo la parte iniziale.

Behn 1920a, 99, n. 751.

Si rimanda alla scheda n. 472 (n. inv. O. 11180). VII sec. a. C.

475.   Fibula a navicella   **Fig. 163**
N. inv. O. 23180   L cm 14.8; H cm 6.7
Provenienza sconosciuta; catalogata nel 1932 dai vecchi fondi del RGZM.
Priva dell'ago, con i margini inferiori dell'arco sfrangiati, presenta delle lacune sull'arco, dovute probabilmente a una fusione difettosa. Patina omogenea, bruna, con fioriture azzurre. Arco a tutto sesto, con un foro circolare nella parte inferiore, decorato superiormente da quattro fasce verticali lievemente rilevate, delimitate da coppie di linee verticali graffite e campite da motivi angolari. Staffa allungata, che forma un canale aperto solo superiormente, terminato da un globetto con incisioni verticali. Molla a due avvolgimenti innestata nell'arco.

Behn 1920a, 99, n. 742.

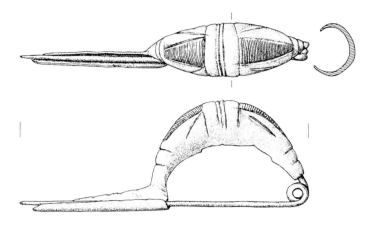

Fig. 164   Cat. 476   2:3

La caratteristica decorazione è riferibile a un tipo piuttosto frequente, diffuso non solo nel Lazio, in Etruria, nel Piceno e a Este (A.-M. Adam 1984, 145–146, n. 208), ma anche in località dell'Italia settentrionale, come Bologna, Este e Como (Ca' Morta), seppure in epoche differenti. Nell'Italia settentrionale ne sono state distinte tre varianti (v. Eles Masi 1986, 111–116, nn. 977–1065), databili dalla metà del VII alla metà del VI sec. a. C., che appaiono inizialmente a Bologna e a Este, per poi diffondersi nell'area della civiltà di Golasecca. 650–550 a. C.

476. Fibula a navicella   Fig. 164
N. inv. O. 1837   L cm 11.4; H cm 4.4
Provenienza sconosciuta; acquistata nel 1902 sul mercato antiquario a Magonza (Reiling).
Integra, priva dell'estremità della staffa; minuscole bolle di fusione in superficie; patina omogenea, verde scura. Margini inferiori sfrangiati.
Arco a tutto sesto, diviso in due metà da una solcatura verticale centrale: nelle due parti sono incisi profondi solchi angolari, tra i quali al centro corre una fitta campitura di linee verticali; alle estremità dell'arco fasce lievemente incavate. Molla a tre avvolgimenti, inserita nell'arco; staffa lunga, a canale aperto solo superiormente.

Behn 1920a, 98, n. 740.

Si rimanda alla scheda n. 475 (n. inv. 23180). 650–550 a. C.

477. Fibula a navicella   Tav. 104
N. inv. O. 7055   L cm 13.5; H cm 6.5
Proviene dall'Etruria; acquistata sul mercato antiquario a Firenze nel 1913 (Anichini?) insieme ad altri oggetti (O. 7055 – O. 7064) per 20 lire.
Priva dell'ago, presenta sull'intera superficie gli effetti prodotti da una prolungata esposizione al fuoco (incendio del RGZM nel 1942?).
Arco a tutto sesto, decorato al centro da un'incisione orizzontale, dalla quale si staccano motivi angolari. Alle estremità dell'arco, tre coppie di linee verticali graffite. Staffa lunga, che forma un canale aperto solo superiormente, terminante anteriormente in un globetto. Molla a tre avvolgimenti inserita nell'arco.

Behn 1920a, 99, n. 741.

Si rimanda alla scheda n. 475 (n. inv. 23180): l'asserita provenienza dall'Etruria trova confronto con numerosi ritrovamenti in questa regione (per esempio da Volterra: Viegi 1954, 424, nn. 36–37, con notizia di altri esemplari). VII sec. a. C.

478. Fibula a navicella   Fig. 165
N. inv. O. 11865   L cm 8.5; H cm 4.7
Provenienza sconosciuta; acquistata nel 1923.
Priva della molla, dell'ago e dell'estremità della staffa; patina omogenea bruna.
Arco a tutto sesto, decorato da un solco orizzontale, dal quale si staccano motivi angolari, profondamente incisi. Della molla rimane soltan-

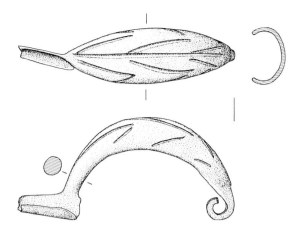

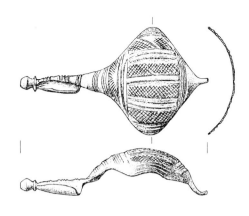

Fig. 165 Cat. 478 2:3   Fig. 166 Cat. 479 2:3

to la parte iniziale, inserita nell'arco; staffa allungata, ma priva dell'estremità.

Inedita.

Si rimanda alla scheda n. 475 (n. inv. 23180). 650–550 a. C.

479. Fibula a navicella   **Fig. 166**
N. inv. O. 23181   L cm 7.4; H cm 2.6
Provenienza sconosciuta; catalogata nel 1932 dai vecchi fondi del RGZM.
Priva della molla e dell'ago; patina omogenea, verde scura.
Ricavata da una lamina molto sottile, ha forma a navicella a losanga molto espansa, con l'arco sviluppato più in larghezza che in altezza; è graffita con fasce orizzontali campite a reticolo obliquo, alternate a strisce vuote, separate da sottili nervature. Staffa allungata, con sezione a C, appiattita superiormente, ma inclinata all'indietro; la parte anteriore è decorata da tre gruppi di solcature verticali e da un globetto profilato all'estremità. L'area dell'arco soprastante la staffa è decorata da due gruppi di nervature rilevate e da una striscia a tratteggio obliquo.

Behn 1920a, 99, n. 746, fig. 5.11.

Sundwall 1943, 217, G II β a 7, fig. 347, di un tipo presente anche nell'Italia settentrionale alla fine del VII–VI sec. a. C. (Como, Cà Morta: v. Eles Masi 1986, 124, n. 1148, tav. 97). VII–VI sec. a. C.

480. Fibula a navicella con bottoni laterali
Fig. 167
N. inv. O. 11505   L cm 13.2; H cm 3.9
Provenienza sconosciuta; acquistata nel 1919 all' asta delle collezioni Marx-Sieck.
Ago staccato dalla molla; staffa priva dell'estremità anteriore; incrostazioni diffuse; patina omogenea, verde scura.
A navicella cava e aperta in basso, un po' espansa in alto e dotata di due grandi bottoni laterali, percorsi da tre solcature anulari. L'arco della fibula è decorato solo nelle aree periferiche: tre incisioni semicircolari, concentriche, corrono intorno ai bottoni, mentre alle estremità compaiono quattro nervature rilevate, alternate a tre fasce rigonfie. Molla a tre avvolgimenti, ago robusto, staffa lunga, priva dell'estremità.

München 1918, 45 n. 750.

Fibule a navicella con bottoni laterali sono molto diffuse in Italia, nella koiné adriatica (Peroni 1976, 104–107, fig. 3.2) e nelle regioni settentrionali (v. Eles Masi 1986, 134, varietà A, nn. 1233–1238), con motivi decorativi simili a quelli di quest'esemplare; si veda anche Donder 1994, 55–57, n. 30, tav. 6. VII sec. a. C.

481. Fibula a navicella con bottoni laterali
Tav. 104
N. inv. O. 26128   L cm 4.7; H cm 2.0
Proverrebbe da Roma; acquistata nel 1933 a Francoforte sul Meno (dalla collezione Riese: Katalog Sammlung Riese n. 15).

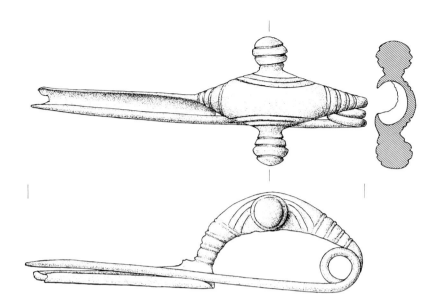

Fig. 167   Cat. 480   2:3

Mclla deformata, alla quale è stato saldato un ago non pertinente; staffa lacunosa; patina omogenea, verde scura.
Navicella a losanga molto stretta, con lieve nervatura centrale e due bottoni laterali profilati.

Inedita: cenno in MainzZ 29, 1934, 89 (G. Behrens).

Assimilabile a un tipo largamente diffuso nella koiné adriatica nella fine del VII–VI secolo a.C. (Peroni 1976, 104–107, fig. 3.2). Fine VII–VI sec. a.C.

482. Fibula a navicella con bottoni laterali
Fig. 168

N.inv.O.26122   L cm 4.7; H cm 2.9
Proverrebbe da Roma; acquistata nel 1933 a Francoforte sul Meno (dalla collezione Riese: Katalog Sammlung Riese n. 13).
Priva della molla, dell'ago e della staffa e di parte dell'arco; patina uniforme, verde.
Navicella a losanga piena, piuttosto bassa, con spigolo mediano, e bottoni laterali massicci e profilati, con un collarino.

Inedita: cenno in MainzZ 29, 1934, 89 (G. Behrens).

Per quanto lacunosa e priva della staffa, questa fibula si può assimilare a un tipo a staffa lunga con sezione a C, diffusa in Etruria, nella koiné adriatica e nell'Italia meridionale dalla fine del VII al VI sec. a.C. (Peroni 1976, 104–107, fig. 3.4; A.-M. Adam 1984, 146, n. 210, con altra bibliografia). VII–VI sec. a.C.

483. Fibula a navicella con bottoni laterali
Tav. 104

N.inv.O.17208   L cm 8; H cm 3.7
Provenienza sconosciuta; acquistata nel 1928 sul mercato antiquario a Budapest (Stürmer) con altri materiali (O.17014–O.17252), tra i quali molti bronzi etrusco-italici.
Priva della molla, che venne riparata in antico, fissandola all'arco con due ribattini, dei quali rimangono i fori; staffa lacunosa.
Navicella a losanga concava espansa sui lati e con due globetti laterali; decorata sulle estremità dell'arco da un gruppo di solcature verticali per parte, piuttosto larghe; staffa lunga, in parte conservata, costituita da una lamina piegata.

Inedita: cenno in MainzZ 24–25, 1929–1930, 110 (G. Behrens).

Variante di grandi dimensioni di un tipo frequente in Campania (Barbera 1994, 57 n. 7), attestato anche nell'Italia settentrionale (v. Eles Masi 1986, 138, nn. 1272–1279, tavv. 107–108). VII–VI sec. a.C.

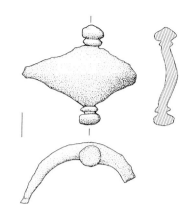

Fig. 168   Cat. 482   2:3

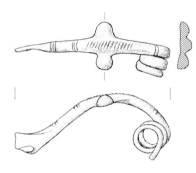

Fig. 169   Cat. 485   2:3

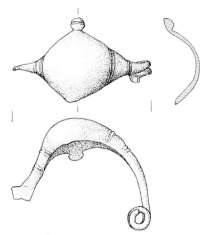

Fig. 170   Cat. 487   2:3

tri materiali (O.17014–O.17252), tra i quali molti bronzi etrusco-italici.

Priva di parte della molla e della staffa, dell'intero ago; patina verde scura, con chiazze dorate.

A navicella a losanga, con due bottoni laterali: tra i bottoni corre una fascia verticale lievemente rilevata, percorsa da striature orizzontali e solcata da incisioni oblique; della molla rimangono due avvolgimenti, della staffa solo la parte iniziale.

Inedita: cenno in MainzZ 24–25, 1929–1930, 110 (G. Behrens).

Si rimanda alla scheda n.483 (n.inv.O.17208): una fibula simile è documentata a Este, dove è isolata, compresa in un corredo datato alla metà del VI sec.a.C. (v. Eles Masi 1986, 141, n.1304, tav.110). VII–VI sec.a.C.

484.   Fibula a navicella   Tav. 104
N.inv.O.13821   L cm 5; H cm 2.4
Provenienza sconosciuta; acquisita insieme ad altre fibule (O.13817–O.13834) nel 1927 per cambio con l'Altertumsmuseum (attuale Landesmuseum) di Magonza, nei cui inventari non è rimasta traccia del nucleo.
Priva delle appendici dell'arco, della molla, della staffa e dell'ago. Navicella a losanga concava espansa lateralmente; della staffa rimane solo la parte iniziale.

Inedita.

Si rimanda alla scheda n.483 (n.inv.O.17208). VII sec.a.C.

486.   Fibula a navicella   Tav. 104
N.inv.O.24772   L cm 5.3; H cm 4.1
Provenienza sconosciuta; acquistata nel 1932 dalla collezione Heerdt (Schloß Neuweier, Baden-Baden).
Priva dell'ago e di un globetto dell'arco; staffa lacunosa.
Navicella a losanga concava espansa e con due globetti laterali; decorata alle estremità dell'arco da due gruppi di due solcature per parte; molla a tre avvolgimenti; della staffa rimane solo la parte iniziale.

Inedita.

Si rimanda alla scheda n.483 (n.inv.O.17208). VII–VI sec.a.C.

485.   Fibula a navicella a staffa lunga   Fig. 169
N.inv.O.17215   L cm 6.6; H cm 3.1
Provenienza sconosciuta; acquistata nel 1928 sul mercato antiquario a Budapest (Stürmer) con al-

487. Fibula a navicella con bottoni laterali
Fig. 170

N. inv. O. 26137   L cm 5.8; H cm 4.5
Provenienza sconosciuta; acquistata nel 1933 a
Francoforte sul Meno (dalla collezione Riese: Katalog Sammlung Riese n. 45; A. Riese l'aveva comprata all'asta della collezione Smylski).
Priva dell'ago e di un globetto dell'arco; staffa
fortemente lacunosa; patina verde, omogenea.
All'interno reca scritto con inchiostro di china
nero il n. 45.
Navicella a losanga concava espansa e con due
globetti laterali; decorata sulle estremità dell'arco da due gruppi di due solcature per parte; molla a tre avvolgimenti; della staffa rimane solo la
parte iniziale. Il tratto di raccordo tra molla e
arco è molto lungo.

Inedita: cenno in MainzZ 29, 1934, 89 (G. Behrens).

Si rimanda alla scheda n. 483 (n. inv. O. 17208).
VII–VI sec. a. C.

488. Fibula a navicella con bottoni laterali
Tav. 104

N. inv. O. 13824   L cm 4.2; H cm 2.7
Provenienza sconosciuta; acquisita insieme ad altre fibule (O. 13817 – O. 13834) nel 1927 per cambio con l'Altertumsmuseum (attuale Landesmuseum) di Magonza, nei cui inventari non è rimasta traccia del nucleo.
Priva della molla, mostra un foro sull'arco nella
zona sopra la molla, che nell'antichità venne sostituita con una molla di riporto, fissata all'arco
con un ribattino, del quale rimane il foro e l'impronta nella zona circostante; staffa priva dell'
estremità. Patina uniforme, verde chiara.
Navicella piena, con estremità piuttosto inclinate e due bottoni laterali sull'arco; staffa lacunosa,
verosimilmente del tipo allungato.

Inedita.

Il tipo è attribuibile alla fase IV A della cultura
picena (Lollini 1976, tav. IX. 5). VI sec. a. C.

489. Fibula a navicella con bottoni laterali
Tav. 104

N. inv. O. 23179   L cm 9.3; H cm 3.7

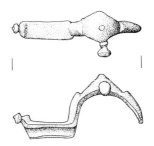

Fig. 171   Cat. 490   2:3

Provenienza sconosciuta; catalogata nel 1932 dai
vecchi fondi del RGZM.
Priva di parte dell'arco, della molla, dell'ago e di
due appendici; coperta da un consistente strato
di corrosione, sotto il quale affiora una patina
verde scura.
Navicella a losanga piena, espansa sui lati, con
un bottone per lato, appiattito di fronte, e uno
sulla sommità dell'arco (ora mancante); presenta
alle estremità dell'arco due collarini, solo superiori e non anulari. Staffa a C, superiormente
appiattita, terminata nella parte anteriore da un
globetto rivolto verso l'alto.

Behn 1920a, 98, n. 730.

Inquadrabile all'interno del tipo Grottazzolina,
diffuso sul versante adriatico, da Eraclea a Este,
nel VI sec. a. C., tipico della fase IV A della cultura picena, del quale si sono occupati numerosi
studiosi (Lollini 1976, 133–135, tav. IX. 1; Peroni
1976, 107–108, fig. 3.5; Lollini 1977, 140; v. Eles
Masi 1986, 142, nn. 1312–1312 A, tav. 110 e soprattutto 206, nn. 2088–2100, varietà B, tav. 160;
Massi Secondari 1988, 186–187, nn. 22–28, figg. 5–
6; Landolfi 1990, tav. VI; Jerusalem 1991, 64, n. 66;
Donder 1994, 56–58, n. 31, tav. 6; Barbera 1994,
46 nn. 24 e 26, fig. 37, a, d, sino a M. Egg, che ha
stilato un elenco comprendente 381 esemplari di
fibule a tre bottoni, dei quali occorre distinguere
le varianti regionali (Egg 1996, 187–199), come per
esempio il tipo Brezje, diffuso specie in Slovenia
nel VI sec. a. C. (un esemplare anche da Canne in
Puglia: Bari 1992, 105–106 n. 4). VI sec. a. C.

490. Fibula a navicella con bottoni laterali
Fig. 171

N. inv. O. 13829   L cm 5.1; H cm 2.6

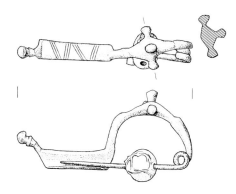

Fig. 172   Cat. 491   2:3

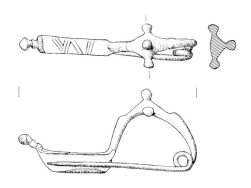

Fig. 173   Cat. 492   2:3

Provenienza sconosciuta; acquisita insieme ad altre fibule (O.13817–O.13834) nel 1927 per cambio con l'Altertumsmuseum (attuale Landesmuseum) di Magonza, nei cui inventari non è rimasta traccia del nucleo.

Priva della molla, dell'ago e di due appendici dell'arco; coperta da un consistente strato di corrosione, sotto il quale affiora una patina bruna, omogenea.

Navicella a losanga piena, espansa lateralmente, con un bottone per lato e uno sulla sommità dell'arco (ora mancante); presenta alle estremità inferiori dell'arco due rigonfiamenti, limitati alla parte superiore. Staffa a C, superiormente appiattita, con un globetto terminale rivolto verso l'alto.

Inedita.

Variante dimensionale piccola della fibula esaminata nella scheda precedente, alla quale si rimanda. VI sec. a. C.

491.   Fibula a navicella con bottoni laterali
Fig. 172

N.inv.O.22509   L cm 6.9; H cm 3.1
Provenienza sconosciuta; acquisita nel 1932 per cambio dall'Historisches Museum di Spira, insieme con altre fibule (O.22508–O.22512).
Integra, con patina verde scura.
Navicella a losanga piena, espansa lateralmente, con un globetto per lato e uno sulla sommità dell'arco; presenta alle estremità dell'arco due collarini, limitati alla parte superiore. Molla a tre avvolgimenti; staffa a C, superiormente appiattita, con un globetto terminale rivolto verso l'alto. Nell'ago è infilata una perla rotonda di pasta vitrea di colore

giallo, decorata con motivi blu e bianchi.

Egg, Pare 1995, 158, n. 8.

Ascrivibile al tipo Grottazzolina, per il quale si rimanda alla scheda n.489 (n.inv.O.23179): perle simili di pasta vitrea sono comuni anche nella cultura picena (Lollini 1977, fig.18 in basso a destra). VI sec. a. C.

492.   Fibula a navicella con bottoni laterali
Fig. 173

N.inv.O.17211   L cm 6.9; H cm 3
Provenienza sconosciuta; acquistata nel 1928 sul mercato antiquario a Budapest (Stürmer) con altri materiali (O.17014–O.17252), tra i quali molti bronzi etrusco-italici.
Integra, con patina verde scura.
Navicella a losanga piena, espansa lateralmente, con un globetto per lato e uno sulla sommità dell'arco; presenta alle estremità dell'arco due collarini, limitati alla parte superiore. Molla a due avvolgimenti; staffa a C, superiormente appiattita, con un globetto terminale rivolto verso l'alto.

Cenno in MainzZ 24–25, 1929–1930, 110 (G. Behrens); Egg, Pare 1995, 158, n. 8.

Ascrivibile al tipo Grottazzolina, per il quale si rimanda alla scheda n.489 (n.inv.O.23179). VI sec. a. C.

493.   Fibula a navicella   Tav. 104
N.inv.O.13830   L cm 3.4; H cm 3
Provenienza sconosciuta; acquisita insieme ad altre fibule (O.13817–O.13834) nel 1927 per cam-

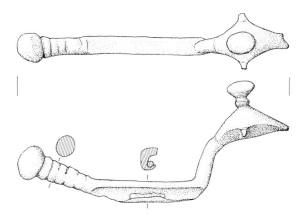

Fig. 174   Cat. 494   2:3

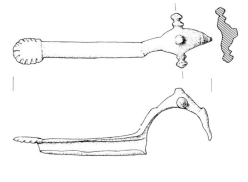

Fig. 175   Cat. 495   2:3

bio con l'Altertumsmuseum (attuale Landesmuseum) di Magonza, nei cui inventari non è rimasta traccia del nucleo.
Priva di parte dell'arco, della molla, dell'ago e della staffa; patina omogenea, verde scura.
Navicella a losanga piena, espansa lateralmente, con un bottone per lato e uno sulla sommità dell'arco, profilati e arrotondati; presenta alle estremità dell'arco due rigonfiamenti, limitati alla parte superiore.
Inedita.

Ascrivibile al gruppo Grottazzolina, per il quale si rimanda alla scheda n. 489 (n. inv. O. 23179). VI sec. a. C.

494. Fibula a navicella   **Fig. 174**
N. inv. O. 36184   L cm 11; H cm 4.6
Provenienza sconosciuta; acquistata nel 1958 sul mercato antiquario a Monaco di Baviera-Schleissheim (N. Junkelmann).
Priva di parte dell'arco, della molla, dell'ago e dei bottoni laterali; presenta lievi ammaccature. Patina omogenea, bruna.
Arco a losanga piena, espansa lateralmente, con un bottone per lato e uno sulla sommità dell'arco; presenta alle estremità dell'arco due rigonfiamenti, limitati alla parte superiore. Staffa a C, superiormente appiattita, terminata da una lunga appendice rivolta in alto, decorata da fasce anulari e coronata da un globetto.
Inedita.

Ascrivibile al gruppo Grottazzolina, per il quale si rimanda alla scheda n. 489 (n. inv. O. 23179). VI sec. a. C.

495. Fibula a navicella   **Fig. 175**
N. inv. O. 17212   L cm 7.9; H cm 2.7
Provenienza sconosciuta; acquistata nel 1928 sul mercato antiquario a Budapest (Stürmer) con altri materiali (O. 17014 – O. 17252), tra i quali molti bronzi etrusco-italici.
Priva della molla e dell'ago; patina verde scura, con affioramenti azzurri all'interno della staffa.
Navicella piena, centralmente espansa e dotata di due bottoni laterali e uno centrale, a doppio arco profilato; alle estremità dell'arco presenta due rigonfiamenti, limitati alla parte superiore. La staffa lunga ha sezione a C appiattita, superiormente più larga: è terminata da un'appendice semicircolare, decorata da trattini incisi sull'orlo, che ricorda la forma di una palmetta.
Inedita: cenno in MainzZ 24–25, 1929–1930, 110 (G. Behrens).

Questo esemplare, ascrivibile al gruppo Grottazzolina per il quale si rimanda alla scheda n. 489 (n. inv. O. 23179), è caratterizzato dalla cavità sui bottoni, forse riempita in origine con altro materiale (ambra, pasta vitrea o osso), e dalla terminazione della staffa a palmetta, che permettono di datarla alla fase IV B della cultura picena (Lollini 1976, tav. 14 n. 13; Peroni 1976, 104–108, figg. 3.6). Fine VI–V sec. a. C.

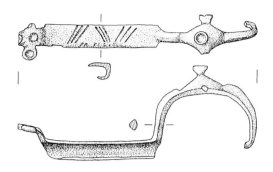

Fig. 176   Cat. 496   2:3

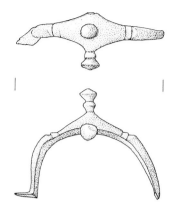

Fig. 177   Cat. 497   2:3

496.   Fibula a navicella   **Fig. 176**
N. inv. O. 26123   L cm 9.4; H cm 3.8
Proverrebbe da Roma; acquistata nel 1933 a Francoforte sul Meno (dalla collezione Riese: Katalog Sammlung Riese n. 14).
Priva della molla, dell'ago, di un globetto laterale e di parte dell'estremità anteriore della staffa; patina omogenea, bruna. Reca scritto sul dorso con inchiostro di china nero il n. 14.
Navicella a losanga piena, con due bottoni laterali e uno sulla sommità, profilati e cavi; l'arco presenta la losanga al centro e due rigonfiamenti alle estremità, piuttosto netti. La staffa ha sezione a C, appiattita e larga nella parte superiore, decorata da tre fasci di linee spezzate oblique disposte in triplice ordine. La staffa termina con una placchetta sub-rettangolare, rivolta verso l'alto, dotata in origine di tre appendici (una frontale e una per lato), sulle quali figuravano quattro cavità circolari.

Inedita: cenno in MainzZ 29, 1934, 89 (G. Behrens).

Questo esemplare, ascrivibile al gruppo Grottazzolina per il quale si rimanda alla scheda n. 489 (n. inv. O. 23179), è caratterizzato dalla cavità sui bottoni e dalla terminazione della staffa a triplo dischetto (Peroni 1976, 104–108, figg. 3.7). VI sec. a. C.

497.   Fibula a navicella   **Fig. 177**
N. inv. O. 30911   L cm 5.7; H cm 4.6
Provenienza sconosciuta; acquisita nel 1939 dal Museo di Worms.
Priva della molla, dell'ago, della staffa e di un globetto laterale; patina omogenea, bruna.

Arco a losanga piena, espansa lateralmente, con un bottone per lato e uno sulla sommità dell'arco, tutti a doppio globetto; presenta alle estremità dell'arco due rigonfiamenti, solo superiori e non anulari, preceduti da due tacche. Staffa a C, superiormente appiattita.

Inedita.

Assimilabile al gruppo Grottazzolina, per il quale si rimanda alle schede n. 489 (n. inv. O. 23179) e n. 496 (n. inv. O. 26123). VI sec. a. C.

498.   Fibula ad arco ingrossato passante a navicella   **Tav. 104**
N. inv. O. 17217   L cm 3.5; H cm 2.1
Provenienza sconosciuta; acquistata nel 1928 sul mercato antiquario a Budapest (Stürmer) con altri materiali (O. 17014 – O. 17252), tra i quali molti bronzi etrusco-italici.
Priva dell'ago e di parte della staffa; superficie corrosa, patina omogenea, verde scura.
Arco ingrossato passante superiormente a navicella, con due bottoni laterali e un occhio centrale, nel quale figura un cilindro rilevato, destinato a contenere un'applicazione (in ambra, pasta vitrea, osso), perduta. La parte superiore dell'arco è percorsa da una fitta serie di incisioni. Molla a tre avvolgimenti, staffa conservata solo in parte, forse corta e simmetrica.

Inedita: cenno in MainzZ 24–25, 1929–1930, 110 (G. Behrens).

Assimilabile al gruppo Grottazzolina, per il quale si veda la scheda n. 489 (n. inv. O. 23179). VI sec. a. C.

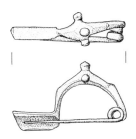

Fig. 178   Cat. 499   2:3

499. Fibula ad arco ingrossato, passante a navicella   **Fig. 178**

N. inv. O. 17214   L cm 4.5; H cm 2.4
Provenienza sconosciuta; acquistata nel 1928 sul mercato antiquario a Budapest (Stürmer) con altri materiali (O. 17014 – O. 17252), tra i quali molti bronzi etrusco-italici.
Integra, ma priva del globetto che coronava la staffa, rivolto in origine verso l'alto, come indica la traccia residua; patina omogenea, verde scura. Arco a losanga piena espansa, con un bottone per lato e uno sulla sommità dell'arco, profilati; presenta alle estremità dell'arco due rigonfiamenti, limitati alla parte superiore. Molla a tre avvolgimenti; staffa a C, superiormente appiattita.

Inedita: cenno in MainzZ 24–25, 1929–1930, 110 (G. Behrens).

La fibula è strettamente correlata al gruppo Grottazzolina, esaminato nella scheda n. 489 (n. inv. O. 23179), ma la particolare forma dell'arco e lo spigolo mediano ne fanno un esemplare a sé stante. VI sec. a. C.

500. Fibula a navicella   **Fig. 179**

N. inv. O. 17202   L cm 10.2 (arco); H cm 6.8
Provenienza sconosciuta; acquistata nel 1928 sul mercato antiquario a Budapest (Stürmer) con altri materiali (O. 17014 – O. 17252), tra i quali molti bronzi etrusco-italici.
All'arco è stata saldata una staffa allungata non pertinente. Superficie lievemente corrosa; patina omogenea, bruna.
Arco a tutto sesto, decorato al centro da quattro incisioni orizzontali comprese tra due gruppi di incisioni verticali situati alle estremità: in corrispondenza delle incisioni orizzontali, corre una

serie di quattro motivi angolari, graffiti con doppia linea. Molla a tre avvolgimenti. La staffa, caratterizzata da una patina più scura, è formata da una lamina piegata, aperta solo di fronte e coronata nella parte superiore da un globetto.

Inedita: cenno in MainzZ 24–25, 1929–1930, 110 (G. Behrens).

Esemplari di grandi dimensioni e con sintassi decorativa simile sono documentati nella fase IV A della cultura picena con modelli a staffa lunga a Numana (Lollini 1977, fig. 11, al centro, secondo dall'alto) e a staffa corta da Novilara (Dumitrescu 1929, fig. 16, n. 11 = Sundwall 1943, 196, G I α 11). Il tipo a staffa lunga è attestato anche nella cultura di Oliveto-Cairano (Barbera 1994, 56 n. 1). La staffa aggiunta è pertinente a una fibula del tipo Grottazzolina, sostanzialmente coeva (si veda la scheda n. 489, n. inv. O. 23179). VI sec. a. C.

501. Fibula a navicella con staffa lunga   **Fig. 180**

N. inv. O. 17207   L cm 9.5; H cm 5
Provenienza sconosciuta; acquistata nel 1928 sul mercato antiquario a Budapest (Stürmer) con altri materiali (O. 17014 – O. 17252), tra i quali molti bronzi etrusco-italici.
Priva dell'ago e dell'estremità anteriore della staffa, con la parte restante accartocciata; lacunosa nella parte inferiore; patina omogenea, verde scura.
A navicella, decorata sull'arco da quattro fasce verticali rigonfie, distinte da coppie di nervature rilevate pure verticali. Tra ogni fascia corre un motivo a denti di lupo incisi, campiti da un tratteggio a linee verticali fittissime. La molla, della quale rimangono due avvolgimenti, è infissa nell'arco; la staffa, conservata solo in parte, è lunga e aperta in alto.

Cenno in MainzZ 24–25, 1929–1930, 110 (G. Behrens); Egg, Pare 1995, 158, n. 10.

Le fibule di questo tipo costituiscono uno degli elementi caratteristici del costume femminile nella fase IV A della cultura picena (Lollini 1976, 135, tav. 9 n. 16; Lollini 1977, 140, fig. 11; Landolfi 1990, tav. 6). VI sec. a. C.

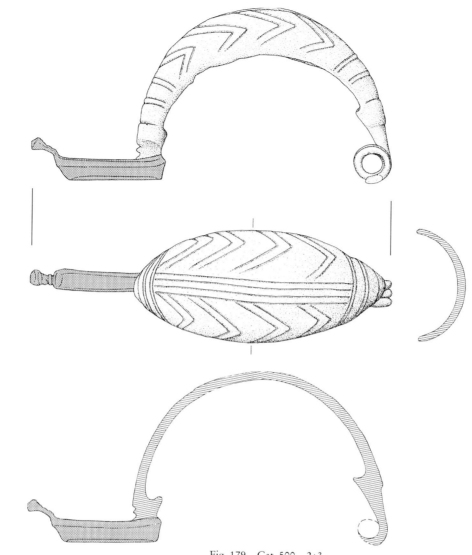

Fig. 179   Cat. 500   2:3

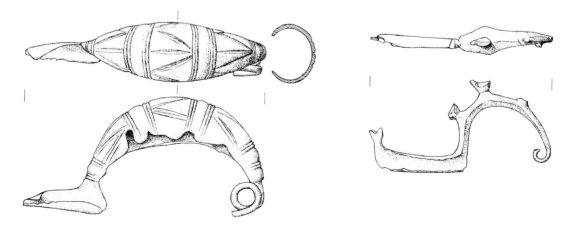

Fig. 180   Cat. 501   2:3

Fig. 181   Cat. 502   2:3

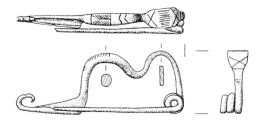

Fig. 182   Cat. 503   2:3

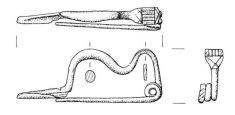

Fig. 183   Cat. 505   2:3

502.   Fibula ad arco semplice con decorazione plastica   **Fig. 181**
N. inv. O. 13834   L cm 7; H cm 3.5
Provenienza sconosciuta; acquisita insieme ad altre fibule (O. 13817-O. 13834) nel 1927 per cambio con l'Altertumsmuseum (attuale Landesmuseum) di Magonza, nei cui inventari non è rimasta traccia del nucleo.
Priva dell'ago e di un uccellino sull'arco; patina verde scura.
Navicella a losanga piena, lievemente espansa di lato, presenta tre sagome stilizzate di uccello applicate sull'arco, a distanza regolare l'una dall'altra. Della molla rimane un avvolgimento; staffa a C, appiattita in alto, con un'appendice plastica a due punte all'estremità.
   Egg, Pare 1995, 158, n. 9.

Le fibule di questa forma con le protomi di uccello stilizzate sull'arco sono tipiche della fase IV A della cultura picena (Lollini 1976, 135, tav. 9 n. 10; Lollini 1977, 140, fig. 11 (in alto a destra); Landolfi 1990, tav. 6). VI sec. a. C.

503.   Fibula con arco a gomito   **Fig. 182**
N. inv. O. 17223   L cm 6.5; H cm 2.4
Provenienza sconosciuta; acquistata nel 1928 sul mercato antiquario a Budapest (Stürmer) con altri materiali (O. 17014 – O. 17252), tra i quali molti bronzi etrusco-italici.
Integra, a eccezione dell'ago, privo della punta; bella patina omogena, verde scuro.
Arco a gomito, appiattito in corrispondenza della molla, a sezione circolare nel secondo segmento: le decorazioni graffite riproducono linee orizzontali tra due croci di Sant'Andrea e una spina di pesce con una linea orizzontale. Staffa allun-

gata, piegata verso l'alto, con un ricciolo all'estremità. Molla a tre avvolgimenti.
   Inedita: cenno in MainzZ 24–25, 1929–1930, 110 (G. Behrens).

Questo tipo è considerato caratteristico della cultura picena (Sundwall 1943, 232, G V β 4, da Fermo) e inquadrato nella fase IV A (Lollini 1976, tav. IX. 15; Lollini 1977, 140 e 151; Lollini 1985, 343 fig. 22. 3): esemplari sono noti anche nella Puglia, da Cerveteri, dove ne è stato rinvenuto uno in oro, e nelle stipi votive da località del Lazio come Satricum, Valvisciolo e Anagni (Colonna 1992a, 23 fig. 16; S. Gatti in Anagni 1993, 74 e 91). VI sec. a. C.

504.   Fibula con arco a gomito   **Tav. 104**
N. inv. O. 13833   L cm 5.4; H cm 1.8
Provenienza sconosciuta; acquisita insieme ad altre fibule (O. 13817 – O. 13834) nel 1927 per cambio con l'Altertumsmuseum (attuale Landesmuseum) di Magonza, nei cui inventari non è rimasta traccia del nucleo. Priva dell'ago. Patina verde scura.
Arco a gomito, con sezione circolare; staffa allungata, aperta solo lateralmente; molla a tre avvolgimenti.
   Inedita.

Si rimanda alla scheda n. 503 (n. inv. O. 17223). VI sec. a. C.

505.   Fibula con arco a gomito   **Fig. 183**
N. inv. O. 26146   L cm 5.6; H cm 2.1
Provenienza sconosciuta; acquistata nel 1933 a

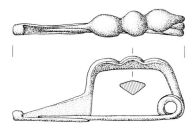

Fig. 184   Cat. 506   2 : 3

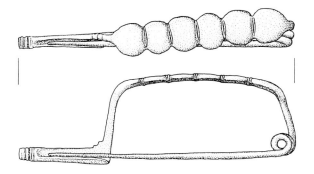

Fig. 185   Cat. 507   2 : 3

Francoforte sul Meno (dalla collezione Riese: Katalog Sammlung Riese n. 18; A. Riese l'aveva comprata all'asta della collezione Smylski, R. 57). Priva delle estremità della staffa e dell'ago, altrimenti integra; area di corrosione sulla sola staffa; patina omogenea, verde scura.

Arco a gomito, appiattito in corrispondenza della molla, a sezione circolare nel secondo segmento: il primo tratto reca una decorazione graffita riproducente linee orizzontali tra due croci di Sant'Andrea. Staffa allungata, piegata verso l'alto; molla a tre avvolgimenti.

Inedita: cenno in MainzZ 29, 1934, 89 (G. Behrens).

Si rimanda alla scheda n. 503 (n. inv. O. 17223). VI sec. a. C.

506.   Fibula con arco a bozze   **Fig. 184**
N. inv. O. 17220   L cm 6.7; H cm 2.6
Provenienza sconosciuta; acquistata nel 1928 sul mercato antiquario a Budapest (Stürmer) con altri materiali (O. 17014 – O. 17252), tra i quali molti bronzi etrusco-italici.
Integra, con leggera corrosione diffusa; patina omogenea, verde scuro.
Arco di forma rettangolare, conformato a tre bozze, a sezione concavo-convessa, aperta in basso. Staffa allungata, chiusa di fronte da un bottone; molla a tre avvolgimenti.

Inedita: cenno in MainzZ 24–25, 1929–1930, 110 (G. Behrens).

La forma ripete quella degli esemplari bronzei rinvenuti nel Lazio e in Campania, considerata il luogo di elaborazione del tipo (Sundwall 1943, 232, G V β; Bonghi Jovino 1982, 106), che nel Sannio viene comunemente prodotto in ferro:

nella tipologia elaborata per i materiali provenienti dalla necropoli di Alfedena ne sono stati distinti sei tipi di varie dimensioni (AA.VV. 1982, 13–14, figg. 7–8). Fibule bronzee con arco a bozze del tutto simili all'esemplare in oggetto sono state rinvenute nei depositi votivi di numerosi santuari laziali, quali Valvisciolo, Satricum, Cassino e ultimo in ordine di scoperta, Anagni (Colonna 1992a, 23, fig. 17; S. Gatti, in Anagni 1993, 74 per la diffusione e 91 per nuovi esemplari). I materiali rinvenuti nel Lazio dovrebbero corrispondere a fenomeni di mobilità geografica di individui femminili allogeni che offrivano alle divinità ornamenti in metallo più pregiato rispetto a quelli di uso quotidiano, che venivano deposti nelle tombe. Avanzato VI–V sec. a. C.

507.   Fibula con arco a bozze   **Fig. 185**
N. inv. O. 26076   L cm 10.8; H cm 3.5
Proverrebbe da Corneto (odierna Tarquinia); acquistata nel 1933 a Francoforte sul Meno (dalla collezione Riese: Katalog Sammlung Riese n. 4). Integra, con leggera diffusione di corrosione; bella patina verde chiara, omogenea. Attorno alla molla sono annodati tre cartellini cartacei, ingialliti, con la scritta «Rom 1878 angeblich aus Corneto». Arco rettangolare, conformato nella parte superiore a sei bozze ovali appiattite, inferiormente concave; una sottile incisione lineare separa ogni bozza dalla successiva. Staffa allungata piegata verso l'alto, chiusa nella parte anteriore da un bottone decorato da tre incisioni lineari verticali. Molla a tre avvolgimenti.

Inedita: cenno in MainzZ 29, 1934, 89 (G. Behrens).

Del tipo esaminato nella scheda precedente, alla quale si rimanda. La provenienza da Tarquinia, purtroppo non accertabile, costituirebbe un dato di un certo interesse per la fibula di un tipo diffuso prevalentemente nella Campania e nel Sannio: le dimensioni da parata potrebbero però giustificare l'ipotesi della provenienza eccentrica rispetto alle aree di produzione e di circolazione sinora accertate, specie presupponendone un uso votivo. Avanzato VI–V sec. a. C.

508. Fibula pre-Certosa   Tav. 104
N. inv. O. 13828   L cm 5.5; H cm 2.5
Provenienza sconosciuta; acquisita insieme ad altre fibule (O. 13817 – O. 13834) nel 1927 per cambio con l'Altertumsmuseum (attuale Landesmuseum) di Magonza, nei cui inventari non è rimasta traccia del nucleo.
Priva di parte della molla e dell'ago; patina omogenea verde chiara, con una traccia di corrosione sulla staffa.
Arco a tutto sesto ingrossato, staffa lunga con sezione a C, aperta di fronte, con un'appendice a globetto applicata sull'estremità anteriore.

Inedita.

L'esemplare è pertinente a una foggia di fibule di larghissima diffusione nella penisola italiana (Peroni 1976, 97; da ultima S. Gatti, Anagni 1993, 89, n. 8. 104, con bibliografia, cui si può aggiungere v. Eles Masi 1986, 207, nn. 2101–2105, tav. 161). VI–V sec. a. C.

509. Fibula pre-Certosa   Tav. 104
N. inv. O. 25855   L cm 3.7; H cm 1.9
Provenienza sconosciuta; acquistata nel 1933 a Neustadt (C. Mehlis: etrurische Funde Bologna, Orvieto, Rom n. O. 25852 – O. 25860). Priva dell'ago e dell'estremità anteriore della staffa. Patina omogenea, verde scura.
Arco a tutto sesto ingrossato, molla a tre avvolgimenti, staffa lunga a sezione a forma di C, aperta di fronte.

Inedita: cenno in MainzZ 29, 1934, 89 (G. Behrens).

Si rimanda alla scheda n. 508 (n. inv. O. 13828). VI–V sec. a. C.

510. Fibula tipo pre-Certosa   Tav. 105
N. inv. O. 14080   L cm 4 8; H cm 2.9
Proviene dall'Italia settentrionale; acquistata nel 1927 da un collezionista privato a Monsheim (dr. Fliedner), che l'aveva comprata dalla collezione Naue (Monaco di Baviera). Copia 10667.
Priva di parte della molla, dell'ago e di parte della staffa; patina uniforme, verde scura.
Arco ingrossato con nervature orizzontali, decorato sui lati da un fregio di denti di lupo; molla della quale rimangono due avvolgimenti. Staffa allungata, con estremità superiore appiattita e sezione a L.

München 1908, 22 n. 338; MainzZ 23, 1928, 8 (G. Behrens).

Si rimanda alla scheda n. 508 (n. inv. O. 13828). VI–V sec. a. C.

511. Fibula tipo pre-Certosa   Tav. 105
N. inv. O. 14081   L cm 5.4; H cm 2.5
Provenienza sconosciuta; acquistata nel 1927 da un collezionista privato a Monsheim (dr. Fliedner), che l'aveva comprata dalla collezione Naue (Monaco di Baviera).
Priva della parte inferiore della staffa, altrimenti integra; patina uniforme, verde scura.
Arco lievemente ingrossato e liscio; molla a tre avvolgimenti; staffa allungata, con sezione a C e lato frontale appiattito, sul quale sono graffiti tre cerchietti all'esterno e due all'interno.

MainzZ 23, 1928, 8 (G. Behrens).

Si rimanda alla scheda n. 508 (n. inv. O. 13828). VI–V sec. a. C.

512. Fibula tipo pre-Certosa   Tav. 105
N. inv. O. 23197   L cm 5.6; H cm 3.6
Provenienza sconosciuta; catalogata nel 1932 dai vecchi fondi del RGZM.
Priva di parte della staffa; ago deformato; patina uniforme, verde scura.
Arco ingrossato, rivestito da un filo strettamente avvolto, del quale rimangono tre brandelli. Molla a tre avvolgimenti. Staffa allungata, con estremità superiore appiattita.

Behn 1920a, 161, n. 1163, fig. 5.3.

La staffa permette di riconoscere nell'esemplare una fibula del gruppo pre-Certosa, per la quale si rimanda alla scheda n.508 (n.inv.O.13828). VI–V sec.a.C.

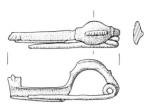

Fig. 186   Cat. 513   2:3

513.   Fibula pre-Certosa ad appendice rialzata
Fig. 186

N.inv.O.17219   L cm 4.3; H cm 1.6
Provenienza sconosciuta; acquistata nel 1928 sul mercato antiquario a Budapest (Stürmer) con altri materiali (O.17014–O.17252), tra i quali molti bronzi etrusco-italici.
Integra, a eccezione della punta dell'ago; patina omogenea, verde scura.
Arco a tutto sesto espanso alla sommità, percorsa da una nervatura orizzontale rilevata e decorata con trattini verticali incisi; due nervature rilevate verticali anche alle estremità dell'arco. Molla a tre avvolgimenti; staffa allungata, con sezione a C appiattita in alto e appendice terminale rialzata a tre lobi.

> Inedita: cenno in MainzZ 24–25, 1929–1930, 110 (G. Behrens).

La variante, inseribile nel vasto gruppo delle fibule pre-Certosa, è diffusa nella koiné adriatica (Peroni 1976, 97, fig.1, n.4; Lollini 1976, 136, tav.9. 17; v.Eles Masi 1986, 207, nn.2101–2105, tav.161 per gli esemplari da Este). VI–V sec.a.C.

514.   Fibula Certosa con staffa lunga
Tav. 105

N.inv.O.14085   L cm 6.4; H cm 2.5
Provenienza sconosciuta; acquistata nel 1927 da un collezionista privato a Monsheim (dr. Fliedner), che l'aveva comprata dalla collezione Naue (Monaco di Baviera). Priva di parte dell'ago; patina omogenea, verde scura.
Ad arco angolato, con sezione ellittica, molla a tre avvolgimenti e staffa lunga, costituita da una lamina piegata. La parte anteriore dell'arco è decorata da un fascio di incisioni verticali.

> München 1908, 22, n.342 (?); MainzZ 23, 1928, 8 (G. Behrens).

Le fibule di questa classe, contraddistinte dal caratteristico arco angolato comune a molte varianti regionali in Lombardia, Este, Slovenia, Pannonia (Teržan 1977), costituiscono un elemento caratteristico della koiné culturale adriatica (da ultimi G.L. Carancini, in Peroni 1975, 41–44; de Marinis 1981, 224–225 per l'Italia settentrionale; S. Gatti, Anagni 1993, 89, nn.8.105–8.106, con bibliografia, per due esemplari dal deposito votivo di Anagni), imitata anche nei Balcani occidentali (Batovic 1976, 69, carta 8). VI–V sec.a.C.

515.   Fibula Certosa con staffa lunga
Tav. 105

N.inv.O.14086   L cm 7.3; H cm 2.7
Provenienza sconosciuta; acquistata nel 1927 da un collezionista privato a Monsheim (dr. Fliedner), che l'aveva comprata dalla collezione Naue (Monaco di Baviera): se si identifica con il n.340 di quella collezione, come sembra possibile, se ne potrebbe identificare in Dercolo (Trentino-Alto Adige) il luogo di provenienza.
Integra, bella patina omogenea, verde scura.
Ad arco angolato con sezione ellittica, molla a tre avvolgimenti e staffa lunga.

> München 1908, 22, n.340 (?); MainzZ 23, 1928, 8 (G. Behrens).

Si rimanda alla scheda n.514 (n.inv.O.14085). VI–V sec.a.C.

516.   Fibula Certosa con staffa allungata
Tav. 105

N.inv.O.3489   L cm 5.8; H cm 2
Provenienza sconosciuta; acquistata nell'aprile 1907 da P. Reinecke presso gli antiquari Pacini e Pini (Firenze) insieme a oggetti di età pre-protostorica (O.3481–O.3491), etrusca (O.3492–O.3546), romana (O.3534–O.3449).

Priva di parte della molla e dell'ago; patina verde chiara.
Arco angolato simmetrico a sezione ellittica, molla a due avvolgimenti e staffa allungata, a canale aperto frontalmente, sormontata all'estremità anteriore da un'appendice a globetto.

Behn 1920a, 102, n. 781.

Si rimanda alla scheda n. 514 (n. inv. O. 14085). VI–V sec. a. C.

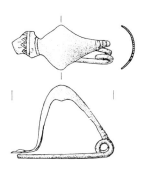

Fig. 187   Cat. 519   2:3

517. Fibula Certosa   Tav. 105
N. inv. O. 26115   L cm 5.6; H cm 3.4
Proverrebbe da Roma; acquistata nel 1933 a Francoforte sul Meno (dalla collezione Riese: Katalog Samlung. Riese n. 26).
Priva della staffa, con l'arco contorto e deformato; reca sotto l'arco scritto con inchiostro di china nero il n. 26; patina uniforme, bruna.
Arco a tutto sesto di lamina appiattita; molla a tre avvolgimenti, alla quale è affiancata una seconda molla, ugualmente a tre avvolgimenti, incrociata alla prima e costituita dal medesimo filo, che non mostra segni di giunture; staffa allungata, con l'estremità inferiore estesa e piegata verso l'alto, coronata da un bottone obliquo terminale decorato da due solcature orizzontali.

Inedita: cenno in MainzZ 29, 1934, 89 (G. Behrens).

Si rimanda alla scheda n. 514 (n. inv. O. 14085). Le condizioni dell'arco e la presenza della doppia molla indicano che quest'esemplare è stato riparato in epoca imprecisata. VI–V sec. a. C.

518. Fibula Certosa con staffa allungata
    Tav. 105
N. inv. O. 26164   L cm 6.2; H cm 2.9
Provenienza sconosciuta; acquistata nel 1933 a Francoforte sul Meno (dalla collezione Riese: Katalog Sammlung Riese n. 56; A. Riese l'aveva comprata all'asta della collezione Smylski).
Ago piegato al limite della frattura, altrimenti integra; aree di corrosione; patina omogenea, verde.
Arco a tutto sesto di lamina appiattita; molla a tre avvolgimenti; staffa allungata a estremità inferiore estesa e piegata verso l'alto, coronata da

un bottone obliquo terminale decorato da due solcature orizzontali

Inedita: cenno in MainzZ 29, 1934, 89 (G. Behrens).

Si rimanda alla scheda n. 514 (n. inv. O. 14085). VI–V sec. a. C.

519. Fibula a navicella in argento   Fig. 187
N. inv. O. 39116   L cm 4; H cm 3
Provenienza sconosciuta; acquistata nel 1967 sul mercato antiquario a Francoforte sul Meno.
Priva dell'ago e dell'estremità della staffa.
A navicella aperta a losanga, con arco piuttosto alto di larghezza crescente verso la sommità, espansa e dotata di una costolatura mediana verticale; tre incisioni verticali corrono all'estremità dell'arco sopra la molla, che ha tre avvolgimenti. Della staffa rimane solo la parte iniziale, costituita da una lamina orizzontale piatta e più larga dell'arco, ma priva dei margini originali.

Egg, Pare 1995, 160, n. 20.

Questa fibula replica in metallo nobile una foggia di antica tradizione, secondo una moda seguita anche da esemplari bronzei di piccole dimensioni diffusi per lo più nell'area della civiltà di Golasecca e con minore frequenza a Este (v. Eles Masi 1986, 131, nn. 1207–1211, tav. 103). Attorno alla metà del VI sec. a. C.

520. Fibula ad arco serpeggiante tipo Brembate   Fig. 188
N. inv. O. 10321   L cm 10.5; H cm 7.5

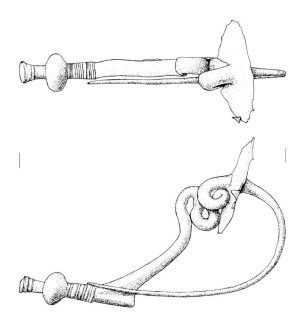

Fig. 188   Cat. 520   2:3

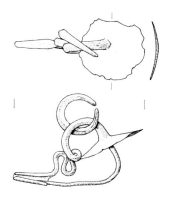

Fig. 189   Cat. 521   2:3

Provenienza sconosciuta; acquistata nel 1917 presso R. Forrer (Strasburgo).

Integra, ma con il disco dell'arco lievemente sfrangiato e deformato.

Arco serpeggiante a gomiti ondulati, a fettuccia; alla sommità dell'arco è inserito un grande disco appiattito, oltre il quale l'ago assume sezione circolare. Staffa allungata a un canale, alla cui estremità è infilato un cappuccio, costituito da un collo tronco-conico decorato da costolature verticali, un globetto espanso e un'appendice tronco-conica con incisioni verticali sulla punta. Sull'estremità dell'appendice è visibile il ribattino che fissa il cappuccio alla staffa.

Behn 1920a, 100, n. 767; Egg, Pare 1995, 160, n. 21.

Le fibule di questa foggia, frequenti nell'area della civiltà di Golasecca, sono state studiate da R. de Marinis, che ne ha proposto la denominazione Brembate in base alla provenienza di un esemplare con una decorazione particolare, e le ha attribuite alla fase Golasecca III A 1 (de Marinis 1981, 215, fig. 3; v. Eles Masi 1986, 222–226, nn. 2278–2351, tav. 170–174). Prima metà del V sec. a. C.

521.   Fibula serpeggiante tipo Valle Pega in argento   Fig. 189

N. inv. O. 39115   L cm 5; H cm 2.8

Provenienza sconosciuta; acquistata nel 1967 sul mercato antiquario a Francoforte sul Meno.

Integra, ma con il disco dell'arco lievemente sfrangiato; priva dell'estremità della staffa.

Arco serpeggiante a gomiti ondulati con sezione quadrangolare e spigolo mediano: vi è infilato un anello ferma-pieghe a sezione simile aperto. Nella parte discendente dell'arco è inserito un grande disco, lievemente convesso in alto, oltre il quale l'ago assume sezione circolare. Staffa allungata.

Egg, Pare 1995, 160, n. 20.

Quest'esemplare in metallo nobile, documentato in argento a Este (Montelius 1895, 26 n. 277, pl. XX), corrisponde allo stadio finale di una lunga produzione di fibule di tipo tardo-alpino, frequenti nell'area della civiltà di Golasecca, ma rinvenute anche altrove, per esempio in due tombe della necropoli di Valle Pega a Spina, che sono state assunte come eponime del tipo da R. de Marinis (Sundwall 1943, 235–236, gruppo H I δ, fig. 383; de Marinis 1981, 217, fig. 3, con dettagliato inquadramento culturale e cronologico; v. Eles Masi 1986, 222–226, nn. 2278–2351, tav. 170–174). V–IV sec. a. C.

522.   Fibula con molla a cerniera   Tav. 105

N. inv. O. 26110   L cm 5.4; H cm 2.5

Proverrebbe da Roma; acquistata nel 1933 a Francoforte sul Meno (dalla collezione Riese: Katalog Sammlung Riese n. 27).

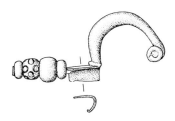

Fig. 190   Cat. 523   2:3

Integra, con l'ago distaccato, ma pertinente; corrosione diffusa; patina omogenea, verde scura-bruna. Arco a fascia triangolare, assottigliantesi verso la staffa; al centro corre una fascia rilevata decorata da perline. L'estremità inferiore dell'arco è piegata all'indietro, sino a toccare l'arco vero e proprio: la punta è assottigliata e tesa verso l'alto, in modo da ricordare il becco di un uccello. La staffa è corta e simmetrica. La molla è del tipo a cerniera, ossidata.

Inedita: cenno in MainzZ 29, 1934, 89 (G. Behrens).

Del tutto simile a un esemplare da Orvieto (Guzzo 1972, 60, b III 1, tav. 17). Le fibule a cerniera, caratterizzate dall'adozione di questa particolare chiusura che sostituiva la tradizionale molla, vennero introdotte nel II sec. a. C. nella penisola italica e si diffusero rapidamente: la conformazione della staffa a testa d'uccello è piuttosto frequente (Guzzo 1972, 150–151). II–I sec. a. C.

523.   Fibula di composizione moderna Fig. 190
N. inv. O. 12070   L cm 6.1; H cm 2.7
Provenienza sconosciuta; acquistata nel 1924.
Priva di parte della staffa e dell'ago; patina omogenea, verde scura.
All'arco ingrossato e liscio in origine più lungo, dotato di una molla della quale rimangono due avvolgimenti, è stata applicata la staffa a C di una fibula del tipo pre-Certosa con estremità superiore appiattita: nell'appendice frontale sono infilati quattro vaghi di pasta vitrea blu di varie dimensioni, uno dei quali decorato da cerchietti incisi parzialmente riempiti di bianco.

Inedita.

Il pastiche è stato assemblato con elementi provenienti da fibule di vario tipo, che sono stati ricomposti in maniera arbitraria.

524.   Fibula a navicella in ferro   Tav. 105
N. inv. O. 11178   L cm 9; H cm 4.5
Provenienza sconosciuta; acquistata nel 1919.
Priva completamente della molla e dell'ago, in gran parte della staffa. Assemblata da numerosi frammenti, con integrazioni ampie e diffuse. Patina bruna, omogenea.
Navicella molto ampia, specie inferiormente, del tutto inornata. Conserva l'attacco della staffa, costituito da una lamina piegata verso il basso.

Behn 1920a, 98, n. 739.

Il pessimo stato di conservazione di questa fibula e la mancanza di qualsiasi elemento caratterizzante, a eccezione del ferro con il quale è realizzata, ne rendono arduo l'inquadramento culturale.

525.   «Faretrina» nuragica   Tav. 105
N. inv. O. 13002   H cm 9.7
Provenienza sconosciuta; acquisita nel 1927 sul mercato antiquario a Monaco di Baviera (dr. F. Weizinger u. Co.).
Integra, superficie regolare, patina omogenea, verde scuro.
Di forma triangolare con estremità inferiore arrotondata: lungo il lato destro sporgono due occhielli, l'uno sulla sommità, l'altro a metà. Sulla parte anteriore sono raffigurati tre spilloni con elsa affusolata; sulla parte posteriore figura un pugnale a bassissimo rilievo con elsa molto lunga e lama corta: all'estremità inferiore dell'elsa sono due bottoncini rilevati.

Inedita.

La fuorviante definizione di faretrina per questi caratteristici pendenti è ormai radicata nell'uso: in realtà viene raffigurata una guaina con un pugnale su un lato e spilloni sull'altro, che rimandano all'immaginario della caccia o della guerra e quindi a un mondo maschile. Nello studio degli esemplari rinvenuti a Tharros R. Zucca ne ha proposto una tipologia, basata sulla foggia delle armi e degli spilloni riprodotti: questo esemplare corrisponde al tipo II, risalente all'VIII–VII secolo a. C. (Zucca 1987, 123). La lista dei pendenti editi sarebbe molto lunga (Lilliu 1966, 457, n. 348, fig. 637; Karlsruhe 1980, 418, n. 244; Gras 1985, 142–143 con bibliografia; Lo Schiavo 1985,

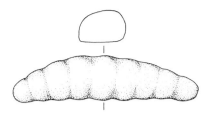

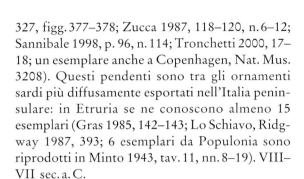

Fig. 191   Cat. 526   2:3

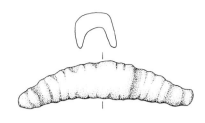

Fig. 192   Cat. 528   2:3

327, figg. 377–378; Zucca 1987, 118–120, n. 6–12; Sannibale 1998, p. 96, n. 114; Tronchetti 2000, 17–18; un esemplare anche a Copenhagen, Nat. Mus. 3208). Questi pendenti sono tra gli ornamenti sardi più diffusamente esportati nell'Italia peninsulare: in Etruria se ne conoscono almeno 15 esemplari (Gras 1985, 142–143; Lo Schiavo, Ridgway 1987, 393; 6 esemplari da Populonia sono riprodotti in Minto 1943, tav. 11, nn. 8–19). VIII–VII sec. a. C.

sata al centro e assottigliata alle estremità, presenta solo lateralmente nove solchi verticali, di larghezza e profondità analoghe, che isolano dieci rigonfiamenti verticali. Estremità superiore appiattita, base del tutto piatta e spianata. Bronzo fuso, massiccio.

Inedito.

Si rimanda alla scheda n. 528 (n. inv. O. 17108).

526. «Lingotto» (?)   **Fig. 191; tav. 106**
N. inv. O. 17107   Lungh. cm 7.2
Provenienza sconosciuta; acquistato nel 1928 sul mercato antiquario a Budapest (Stürmer) con altri materiali (O. 17014 – O. 17252), tra i quali molti bronzi etrusco-italici.
Integro; coperto da incrostazioni che impediscono di giudicare la patina.
Di forma oblunga e quasi semicircolare, ingrossata al centro e assottigliata alle estremità, presenta solo di lato otto solchi verticali per parte, che isolano nove rigonfiamenti di dimensioni analoghe. Superiormente appiattito; base piatta. Bronzo fuso, massiccio.
Inedito.

Si rimanda alla scheda n. 528 (n. inv. O. 17108).

527. «Lingotto» (?)   **Tav. 106**
N. inv. O. 37302   Lungh. cm 5.6
Acquistato nel 1961 sul mercato antiquario a Spira (G. Wink), con asserita provenienza da Firenze.
Integro; superficie regolare; patina verde chiara.
Di forma oblunga e quasi semicircolare, ingros-

528. «Lingotto» (?)   **Fig. 192; tav. 196**
N. inv. O. 17108   Lungh. cm 6.8
Provenienza sconosciuta; acquistato nel 1928 sul mercato antiquario a Budapest (Stürmer) con altri materiali (O. 17014 – O. 17252), tra i quali molti bronzi etrusco-italici.
Integro; superficie regolare; patina verde chiara.
Di forma oblunga e quasi semicircolare, ingrossata al centro e assottigliata alle estremità, presenta solo di lato solchi verticali, diversi per larghezza e profondità. Superiormente appiattito; inferiormente privo della base e cavo. Bronzo fuso.
Inedito.

Questo oggetto e i due precedenti trovano confronto in un esemplare di provenienza sconosciuta al Museo Oliveriano di Pesaro, caratterizzato dal corpo cavo e dalle solcature laterali, classificato come fibula (Falconi Amorelli 1982, 159, tav. 85, i: sulla riproduzione edita non sono indicate le fratture degli ipotetici pezzi mancanti). La somiglianza con fibule a sanguisuga dell'VIII sec. a. C. da Bologna (Panichelli 1990, 228 FIB 19, Variante 1, tav. 6 n. 143) induce a ipotizzare che in realtà si possa trattare di parti di fibule non finite.

529. Frammento di lamina Tav. 106

N. inv. O. 10424 Diam. max. cons. cm 7.3 × 4

Proverrebbe da Bologna; acquistato nel 1917 da R. Forrer (Strasburgo).

Bordi sfrangiati; superficie regolare; patina verde e bruna.

Frammento di oggetto non identificato: reca a un'estremità i resti di una seconda lamina sovrapposta, fissata con un ribattino, fermato in basso da una piastrina.

Inedito.

530. Frammento di manico attorto Tav. 106

N. inv. O. 38496 Diam. cm 3

Dall'Italia; acquistato nel 1965 insieme alla fibula O. 38495.

Integro, superficie regolare, lievemente incrostata; patina bruna.

Manico attorto di forma circolare, aperto, con le estremità diverse, l'una di forma triangolare, appiattita, l'altra affusolata. Due fori su entrambe le estremità.

Inedito.

Pertinente a un oggetto non identificato, ricorda la forma dei manici dei rasoi villanoviani, dai quali si differenzia per essere aperto.

531. Ercole in assalto Tav. 106
N. inv. O. 33644 H cm 12.5
Provenienza sconosciuta; acquisito nel 1949 sul mercato antiquario a Innsbruck (prof. Franz). Stante sulla gamba sinistra, con la destra flessa in avanti, la statuetta è del tutto sbilanciata all'indietro, al punto da non sostenersi. Masse muscolari atticciate; mano destra molto grande, testa e mano sinistra molto piccola. Foro cieco nella mano destra per l'inserimento della clava (mancante), di aspetto moderno (margini taglienti). Superficie regolare, patina non omogenea, con molti affioramenti di colore verde squillante. Poggia su una base di forma ovale, forata per l'inserimento dei tenoni e con un terzo foro al centro.
Inedito.

Il falso fu riconosciuto già dal prof. H. Klumbach, direttore dal 1954 al 1969 della sezione romana del RGZM, che scrisse un appunto nell'inventario. Fa parte di una serie di statuette del tutto simili, opera evidentemente di un unico falsario, caratterizzate dalla ponderazione ribaltata rispetto alla norma e dalle fasce muscolari atticciate. Il nucleo, ora disperso in vari musei, è stato individuato da L. Franzoni, che lo ha attribuito all'attività di un'officina veneta attiva attorno alla metà del XIX secolo, dedita alla produzione di statuette ispirate agli esemplari antichi (Franzoni 1966, 50–51, fig. 11). Tra i pezzi della serie editi o riediti in seguito si possono citare almeno Boucher 1971, 70, n. 25 (non riconosciuto come falso) e Franzoni 1980, 225, n. 207 (= G. Bodon, in Padova 2000, 82 n. 96). Alla lista di Franzoni si possono aggiungere almeno 4 bronzetti: 1. Tolentino, Museo Civico (Massi Secondari 1977, 32, fig. 7, non riconosciuto come falso); 2. Tolfa, collezione Pergi (Morra 1979, fig. 8: nel catalogo della collezione compilato per conto della Soprintendenza Archeologica per l'Etruria Meridionale il bronzetto reca il n. cat. gen. 00467521); 3. Cortona, Museo dell'Accademia Etrusca (Cagianelli 1992, 121–122, n. 160, tav. 28, riconosciuto come falso); 4. questo esemplare.

532. Bronzetto a figura umana Tav. 106
N. inv. O. 21268 H cm 7.4
Acquisto nel 1931 dal Museo di Zurigo, con indicazione di provenienza dall'Ungheria, per la quale si veda quanto osservato supra (nota 27). Integro, con patina nerastra.
Raffigura un personaggio maschile stante sulla gamba sinistra, con la destra avanzata e piegata: entrambi gli arti, poco modellati, sono di forma cilindrica. Il braccio destro, piegato all'altezza della spalla, è rivolto in alto, mentre il sinistro ricade lungo il fianco. Il torso asseconda il movimento sottinteso dal braccio destro. Il volto è rappresentato in maniera rozza e sommaria, con la capigliatura che ricade sulle spalle. La statuetta poggia su un robusto anello.
Inedito.

Il bronzetto fa parte di una serie di falsi riconosciuta da L. Franzoni, che l'ha denominata del 'mimo danzante' (Franzoni 1966, 51, fig. 12). Ai cinque esemplari elencati si possono aggiungere almeno una statuetta inedita dei Musei Civici di Modena e questa. In seguito all'isolamento dei falsi le due statuette dei Musei Civici di Verona e di Padova non sono state inserite nelle edizioni dei bronzetti di quegli istituti museali (rispettivamente Franzoni 1980 e Zampieri 1986).

533. Applique Tav. 106
N. inv. O. 16606 H cm 15.5
Provenienza sconosciuta; acquistata nel 1928 sul mercato antiquario a Parigi (Alfandari). Superficie con screpolature diffuse; patina di colore marrone, dovuta all'esposizione a una forte fonte di calore (incendio del RGZM nel 1942?). Sulla massiccia placca di forma trapezoidale configurata a palmetta è raffigurata la parte superiore del busto di un essere demoniaco femminile alato, che tiene una nodosa clava sulla spalla destra, impugnandola con la mano corrispondente: il particolare taglio della bocca, stretta in centro

e allargata sui lati conferisce al volto del demone un ghigno. Le orecchie sono caprine, la capigliatura compatta è divisa in piccole ciocche e termina sotto le orecchie in riccioli. Alla base del robusto collo corre una collana a vaghi sferoidali. La veste copre la spalla destra, sulla quale è appoggiata la clava, ma lascia scoperti la spalla e il seno sinistro, lambendone la parte inferiore ed è avvolta con giri regolari attorno al braccio sinistro. Delle ali è riprodotta solo quella destra, con contorno e setti interni rilevati: non è chiaro se una linea ondulata, situata sopra la spalla sinistra, possa essere riferita alla seconda ala o piuttosto a una voluta floreale, come sembra più probabile. Nel campo attorno alla figura compaiono rosette con un punto centrale e petali concentrici; la parte inferiore è conformata a palmetta, con l'elemento centrale più lungo e due per lato, ben distinti. L'area restante della superficie è occupata da solcature alternate a nervature, alcune delle quali terminano in volute: al centro della voluta un foro cieco. La testa poggia sull'attacco inferiore di un'ansa, troncato nella parte posteriore, costituito dalla successione simmetrica (da sinistra a destra) di tre nervature rilevate verticali, di una rotella cilindrica e di un nodulo ingrossato. I margini dell'applique sono irregolari, frastagliati dalle terminazioni degli elementi rilevati.

MainzZ 24–25, 1929–1930, 110, tav. 23.5 (G. Behrens).

L'autenticità di questo pezzo è messa in dubbio dalle caratteristiche formali e dall'occorrenza di numerosi dettagli: l'impianto generale della figura ricorda quello di Vanth, la cui iconografia prevede le ali e la fiaccola appoggiata sulla spalla con il seno scoperto, come compare per esempio nell'urna dall'ipogeo dei Volumni (da ultima Paschinger 1992, fig. 329), ma il sorriso demoniaco e le peculiari orecchie caprine sfuggono a ogni possibilità di confronto, come d'altronde la clava portata sulla spalla destra, che ha sostituito la fiaccola ardente impugnata sempre da Vanth. Il rendimento delle ali, delle rosette e delle volute della decorazione accessoria nel campo risente di uno stile unico, del tutto particolare. Oltre all'iconografia, poco chiare risultano anche funzione e posizione originaria dell'applique: i resti

dell'attacco inferiore dell'ansa sopra la testa della figura sembrano attribuibili a un cratere a volute o a un'anfora, dei quali pochi esemplari potrebbero sopportare un'applique di tali dimensioni e di tale peso (612, 15 g).

La composizione della superficie determinata con la fluorescenza X (analisi della dr. S. Greiff, RGZM) è la seguente:

piombo	32%
stagno	11%
rame	56%
argento	tracce

La presenza dell'argento, che sia pure in tracce potrebbe costituire un elemento in qualche modo favorevole all'autenticità, non è determinante, perché si può supporre che un falsario in grado di elaborare una figura ispirata all'arte antica abbia avuto l'accortezza di utilizzare per la fusione bronzi antichi, che di solito contengono tracce di argento. Nei depositi del British Museum sono per esempio conservati bronzi falsi ispirati all'arte etrusca e caratterizzati dalla presenza di argento, come mi ha cortesemente comunicato la dr. S. Haynes.

Ispirato forse da reperti quali la coppia di anse a palmetta del Museo Archeologico di Firenze (sala XIV, vetrina 4, pertinenti forse a idria), da appliques di grandi dimensioni dotate di anse mobili (Piombino 1989, 142–143, n. 175) e da unica come un problematico esemplare a San Pietroburgo (Berlin 1988, 193, n. B 7.40, attribuito al V sec. a. C.), il falsario inserì nella propria creazione la figura di Vanth, riprodotta in modo del tutto personale: fa piacere in proposito ricordare un giudizio del prof. M. Cristofani, prematuramente scomparso, che al quesito posto da chi scrive sulla dubbia autenticità di questo pezzo rispose "Bella, ma infedele". È opportuno segnalare che nello stesso anno era stata acquisita dal RGZM presso il medesimo antiquario un'altra applique bronzea di dimensioni analoghe (n. inv. O. 15943), riproducente un personaggio femminile con cornucopia nell'iconografia comune a Fortuna o Abundantia, ma riconosciuta anch'essa falsa, come indica un appunto nell'inventario di mano del prof. H. Klumbach. Quel pezzo non è stato più trovato dopo l'incendio del 1942.

ADDENDUM

Nelle more della stampa sono stati identificati nei depositi del RGZM altri reperti, che vengono di seguito presentati.

534. Rasoio lunato Tav. 106

N. inv. O. 17168   H cm 5.3

Provenienza sconosciuta; acquistato nel 1928 sul mercato antiquario a Budapest (Stürmer) con altri materiali (O. 17014 – O. 17252), tra i quali molti bronzi etrusco-italici.

Pressoché integro, ma con mancanze lungo il dorso e il taglio, che sono consunti. Patina verde chiara. Manichetto circolare con due appendici plastiche superiori, di forma irregolare (una robusta, l'altra esile e tronca) e breve fusto. Lama a crescente lunare con resti dello sperone; taglio poco espanso.

Attribuibile al tipo Tarquinia (Bianco Peroni 1979, 69–79, nn. 360–455): la diversificata e particolare conformazione delle appendici, che nell' ambito del tipo di lunga durata sono state considerate una variante significativa, induce a prediligere una cronologia alta. Seconda metà del IX sec. a. C.

APPENDICE

ARUN BANERJEE AND JOACHIM HUTH[*]

A PAINTED ETRUSCAN BRONZE HELMET: SPECTROSCOPIC AND SCANNING ELECTRON MICROSCOPIC INVESTIGATIONS OF AN UNIQUE ARCHAEOLOGICAL OBJECT

(Catalogue no. 204, tav. 3,1)

Painted bronze objects have been mentioned in the literature, but hardly any such item has yet been displayed. Due to this reason the painted bronze helmet under investigation (Inv. No. O. 39510) is a very rare piece of archaeological importance. According to reliable sources it was found in Vulci in the district of Viterbo, Lazio in Italy. In all probability the helmet can be dated back to eighth century before Christ. The polychromatic painting on the surface of the helmet could be observed only after its restoration. The present investigation deals with the measurement of the different colours of the paints, their surface structures and their chemical compositions.

Methods

The methods of investigation are as follows:
1. Measurement of colour and determination of colour co-ordinates
2. Observation of the morphology by a Scanning Electron Microscope (SEM) and Semi-quantitative chemical analysis by Energy Dispersive X-ray (EDX)-technique
3. Fourier transform infrared (FTIR)-spectroscopic investigation

Measurement of colour and determination of colour co-ordinates

After restoration the whole helmet was subjected to colour measurement. A spectrophotometer CM 503i (Minolta) using diffuse illumination of a light source D65 at 8° angle of observation was used for the colour measurement. The CM 503i is a reflectance spectrophotometer which measures the amount of light reflected by a surface as a function of wavelength to produce a reflectance spectrum. According to CIE (Commission Internationale de l'Eclairage, International Commission on Illumination) the reflectance spectrum of a sample is used in conjunction with the CIE-Standard observer function and the relative spectral energy distribution of an illuminant, to calculate the CIE-tristimulus values for that sample under that illuminant (Schulze, 1966).

Homogeneously coloured undamaged areas measuring about three square millimetre on the surface of the helmet were selected for colour measurement. Three following colours on the surface of the helmet were chosen for this purpose:
   a) dark red – b) light red – c) white
The colour co-ordinates of the paints were obtained directly from CM 503i (Minolta).

[*] Institut für Geowissenschaften der Johannes Gutenberg-Universität Mainz (A. B.)
   Max-Planck-Institut für Chemie, Mainz (J. H.)

SEM and EDX

Small samples of about three square millimetres were taken from the painted areas for SEM and EDX investigations. The morphology of the painted areas and structure of the layers direct under the surface of the paints mentioned above were observed by a high resolution SEM (LEO 1530), which together with an EDX system (Oxford Instrument) provides the ability to visualise and to analyse surface features of materials as small as 0.3 microns in diameter.

Chemical analysis (semi- quantitative) of the four following paints were performed by EDX:

   a) dark red – b) light red – c) white – d) grey

The surfaces of the paints under investigation were not sputtered by carbon or gold, so that they could be readily analysed by the EDX-system avoiding any contamination.

FTIR-Reflection-spectroscopy

The same samples which had been already analysed by SEM and EDX mentioned above were used for FTIR-Reflection spectroscopy. The spectra of the surface layer of the samples were collected using an FTIR-spectrophotometer (Perkin-Elmer 1760) equipped with a micro-illuminator accessory for the measurement of small samples.

Results

Measurement of colour

The first question which arises by visual observation of different paints on the surface of the helmet is, how to describe their respective colours. As known, a great confusion arises when we try to describe colours through the use of descriptive names. Due to this reason colours are defined in *colour specification systems* whereby numerical designations are assigned to a particular colour. The oldest *colour specification system* is the Munsell system, in which a large number of colours are represented by painted chips which are arranged in an orderly system. Each chip is specified by a numerical designation consisting of three parameters, »hue«, »chroma« and »value«. The Munsell system is based on a visual comparison under standard conditions of differences and involves the concept of a three-dimensional arrangement of colours. This colour solid has a vertical axis representing the neutrals (greys), with white at the north pole and black at the south pole. Around the equator of the colour solid all the different hues are arranged in a systematic manner. Moving in from the equator toward the centre of the solid, the colours gradually becomes less saturated (Winter, 1979). The CIE-LAB system have been successfully applied for the measurement of colours of archaeological objects (Heck, et al., 1998; Hofmann and Banerjee, 1994; Banerjee and Huth, 2001).

According to CIE painted surfaces are most exactly defined in CIELAB-system (fig. 1) which is based on the Munsell-system which uses the three following co-ordinates: a^* = red-green-axis; b^* = yellow-blue- axis and L^* = axis of brightness.

The colour co-ordinates of the paints (CIELAB-system) are given (tab. 1).

Pigment	L^*	a^*	b^*
a) dark red	31.77	10.95	7.71
b) light red	32.24	7.59	9.11
c) white	49.8	−0.97	13.38

Tab. 1   Colour co-ordinates of the pigments.

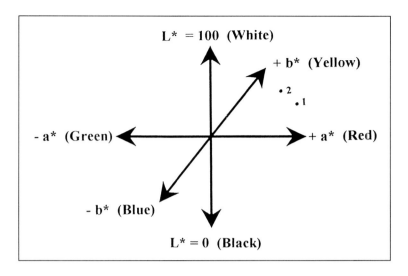

Fig. 1   Colour co-ordinates of the light red (1) and dark red (2) paint in the CIELAB-Colourspace diagram. The white and grey paints are located along the L* = 100 and L* = 0-axis.

The colour co-ordinates of the paints were plotted in the CIELAB- space diagram (fig. 1). It should be noted, that the dark red paint is slightly more yellowish than the light red paint due to the fact that the former contains more iron than the latter, as shown by the following EDX-analysis. Similar phenomenon was observed also by Heck, et al. (1998).

SEM and EDX analysis

As mentioned above, the paint on the surface of the helmet is corroded due to weathering. But the SEM investigation of the undamaged surface areas which had been restored by the conservation technique prove the high quality of the paint (fig. 2 to 5). It is further shown, that the paints consist of different layers (fig. 2b, 5a and b). The most remarkable feature of this observation is that the layers under the surfaces of the paints are highly corroded, while the overlying surface is very smooth and is not corroded at all! The result of chemical analysis (EDX) of the pigments are as follows:

Paint	Chemical elements
a) Dark red	Iron (++)
b) Light red	Iron (+)
c) White	Calcium
d) Grey	Carbon

Tab. 2   Major chemical elements of the paints.   ++ relatively high value and   + relatively low value.

The EDX-spectra of the characteristic chemical elements are shown (fig. 6, 7 and 8).
It should be pointed out that not all the elements shown in the EDX-spectra of the paints can be correlated to their chemical composition. Copper, for example, which originates from the metallic surface of the helmet was found in all paints. The same is true also for silica and some other elements like ma-

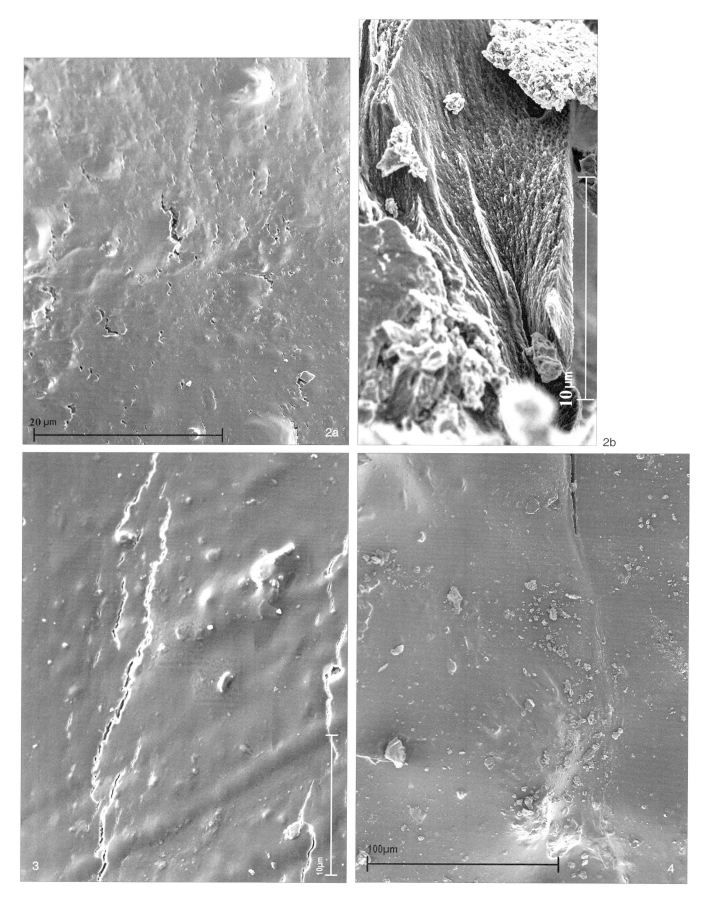

Fig. 2   a SEM-micrograph of the surface of the white paint. – b SEM-micrograph of the layers of calcite crystals (?) underlying the surface of the white paint.

Fig. 3   SEM-micrograph of the surface of the light red paint.

Fig. 4   SEM- micrographof the surface of the grey paint.

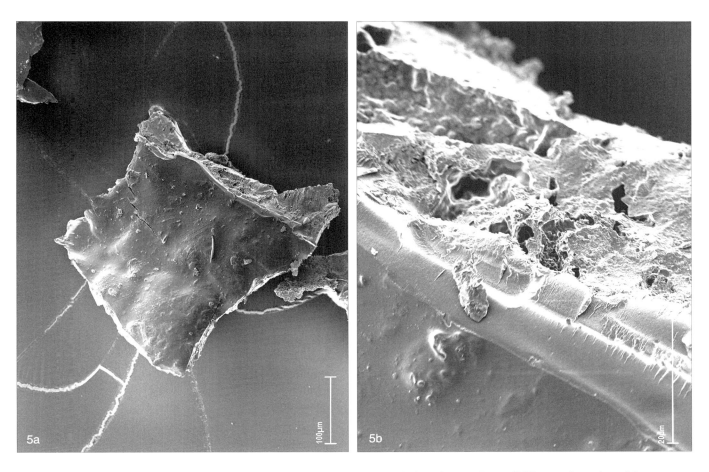

Fig. 5 a SEM-micrograph of the surface of the dark red paint with the underlying layers. The parallel lines on the surface of the paint are due to the strokes of the painting brush! – b SEM-micrograph of the different layers (in detail) underlying the dark red paint.

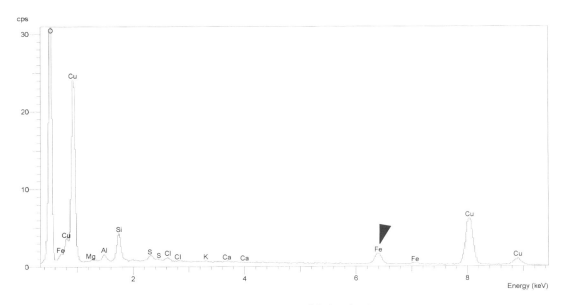

Fig. 6 EDX-spectrum of dark red paint

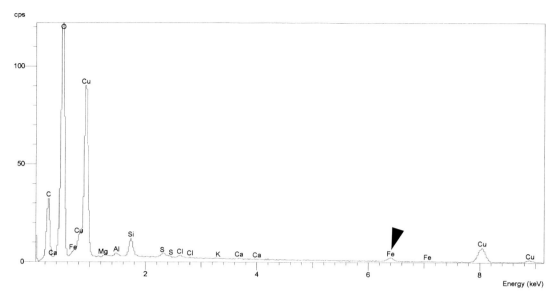

Fig. 7   EDX-spectrum of light red paint

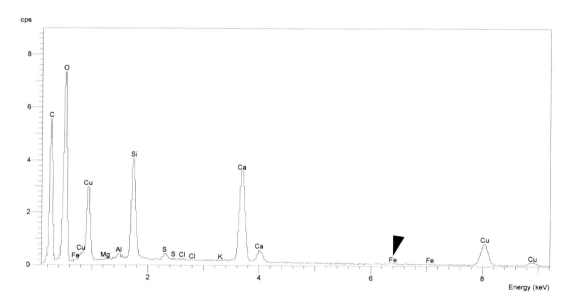

Fig. 8   EDX-spectrum of white paint

gnesium, which should be considered as contamination. The source of some of the elements may be the binding medium of the paint, the identification of which is beyond the scope of the present investigation.

Result of the FTIR-spectroscopy

The FTIR-Reflection spectra of the paints proved that the mineral *hematite* was used for the red pigment (fig. 9) and the white pigment consists of *calcite* (fig. 10). The FTIR-Reflection-spectra of the paints are in accordance with the results of the chemical analysis (EDX) mentioned above.

288

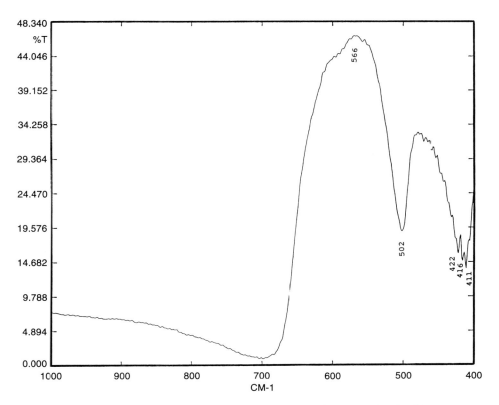

Fig. 9   FTIR-Reflection spectra of the red paint showing finger print bands of hematite.

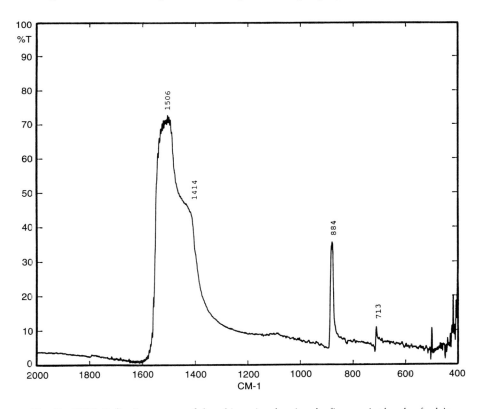

Fig. 10   FTIR-Reflection spectra of the white paint showing the finger print bands of calcite.

289

Discussion

The beauty of the helmet and the colours on its surface could be fully appreciated only after the restoration. Although antique painted bronze objects have been mentioned from time to time in the literature, the present painted bronze helmet can be regarded as an unique example of its kind of particular archaeological importance. According to the present investigation the minerals hematite and calcite were used to paint the surface of the helmet. A list of minerals which had been frequently used in ancient times in paints follows (tab. 3).

Colour	Mineral
Black or Brown	Manganese-oxide Iron-oxide Graphite
Red	Hematite Ockre Cinnober Red lead Realgar
White	Calcite Dolomite Plaster of Paris Anhydrite Lead-white Kaolinite
Yellow	Goethite Auripigment
Green	Malacite Chrysocolla Seladonite Glaconite
Blue	Azurite Lapislazuli Lazulite

Table 3   Examples of minerals used as pigments (Ref. Noll [1979])

As known a most important factor, which is responsible for the surface quality of a paint consisting of a mineral pigment is the particle size of the mineral. Paints with a smooth surface can be produced only by mineral powder with particles of a few micron dimension (Geismer, 1973). The smoothness of the surface of the paint prove that very finely ground powders were used to paint the helmet. It may be concluded that the decoration of the surface of the bronze helmet had been worked out very carefully. Because of its painted surface the helmet is an unique archaeological object.

References

Banerjee, A. and Huth, J. (2002): Untersuchung der Stabilität von Mayablau anhand eines Tonkopffragments. Baesseler Archiv: Beitrag zur Völkerkunde (submitted).

Geismer, G. (1973): Die optische Leistung anorganischer Buntpigmente als Funktion von Kristallchemie und der Eigenschaften ihres Teilchenkollektives, Fortschritte der Mineralogie, 51, 1, 106-125.

Heck, M., Hoffmann, P., Theune, C. and Callmer, J. (1998): Farbmessung an merowingerzeitlichen Glasperlen, Tagungsbericht. Archäometrie und Denkmalpflege, Würzburg, 158-160.

Hofmann, G. and Banerjee, A. (1994): Wandmalereien aus einem römischen Wohnhaus in Mainz: Naturwissenschaftliche Untersuchungen über den Aufbau der Putzschichten und die Zusammensetzung der Farbpigmente. Mainzer Archäologische Zeitschrift 1, 211-227.

Noll, W., Holm, R. and Born, L. (1974): Die Malerei auf polychromen attischen Lekythoi als Dokument antiker keramischer Technik. Neues Jahrbuch der Mineralogie Abh., 122, 119-144.

Noll, W. (1979): Anorganische Pigmente in Vorgeschichte und Antike. Fortschritte der Mineralogie, 57, 2, 203-263.

Schulze, W. (1966): Farbenlehre und Farbmessung 2 (Berlin).

Winter, G. (1979): Anorganische Buntpigmente: Disperse Festkörper mit technisch verwertbaren optischen und magnetischen Eigenschaften. Fortschritte der Mineralogie, 57, 2, 172-22.

INDICI

INDICI

ABBREVIAZIONI BIBLIOGRAFICHE

Per i periodici sono state adottate le abbreviazioni dell'Archäologische Bibliographie e, qualora non previste, altre che vi si conformano.

AA.VV.
1975   Alfedena (L'Aquila). Scavi del 1974 nella necropoli. NSc 1975, 409–481.
1982   Necropoli di Alfedena (scavi 1974–1979): proposta di una cronologia relativa. AnnAStAnt 4, 1982, 1–41.
1989   Les donateurs du Louvre, Paris 1989.

V. Acconcia
1998   Il gruppo di lamine e bronzetti della collezione Prospero Sarti nel Museo Archeologico di Firenze. RendPontAc 68, 1995–1996 [1998], 263–294.
2000   Il santuario del Pozzarello a Bolsena (scavi Gabrici 1904), Roma 2000.

A.-M. Adam
1984   Bronzes étrusques et italiques. Bibliothèque Nationale, Paris 1984.
1993   Due torques in bronzo dalla Val di Non. Archeoalp 2, 1993, 47–57.
1995   Aspects de l'iconographie des cavaliers en Étrurie du VI au IV siècle avant notre ère: représentation et idéologie. MEFRA 107.1, 1995, 71–96.

R. Adam
1980   Recherches sur les miroirs prénestins, Paris 1980.

Agde
1991   Regard sur l'art étrusque. Musée de l'éphèbe – Le Cap d'Agde, Lodève 1991.

L. Aigner-Foresti
1992   Etrusker nördlich von Etrurien. Akten des Symposions, hrsg. L. Aigner-Foresti, Wien 1992.

R. M. Albanese Procelli
1985   Considerazioni sulla distribuzione dei bacini bronzei in area tirrenica e in Sicilia, in: Atti Roma 1985, 179–206.
1993   Ripostigli di bronzi della Sicilia nel Museo Archeologico di Siracusa, Palermo 1993.

J. Alexander
1965   The Spectacle Fibulae from Southern Europe. AJA 69, 1965, 7–23.

G. Alvino
1987   Corvaro di Borgorose: seconda campagna di scavo del tumulo in località Montariolo, in: Archeologia Laziale 8 (QuadAEI 14), Roma 1987, 333–339.
1995   Santuari, culti e paesaggio in un'area italica: il Cicolano, in: Archeologia Laziale 12. 2 (QuadAEI 24), Roma 1995, 475–483.

L. Ambrosini
1998   Una coppia di specchi del gruppo «delle Lase» con una nuova raffigurazione. StEtr 62, 1996 [1998], 63–94.
2000   Ceramica falisca a figure rosse: the Satyr and Dolphin Group e lo schema iconografico del Dolphin Rider. ArchCl 51, n.s. 1, 1999–2000, 245–275.
2002   Thymiateria etruschi in bronzo di età tardo-classica, alto e medio ellenistica, Roma 2002.
c.s.   I balsamari in metallo, in: I Celti e l'Italia, vol. II, 2, a cura di P. Piana Agostinetti, Popoli e civiltà dell'Italia Antica, Roma in stampa.

L. Ambrosini, L. M. Michetti
1995   'Sostegni' a testa femminile in ceramica argentata. ArchCl 46, 1994 [1995], 109–168.

Amburgo
1977   Kunst der Antike. Schätze aus norddeutschem Privatbesitz, hrsg. W. Hornbostel, Mainz am Rhein 1977.

Anagni
1993   Dives Anagnia. Archeologia nella valle del Sacco. Catalogo della mostra, a cura di S. Gatti, Roma 1993.

A. Ancona
1880   Catalogo descrittivo delle raccolte egizia, preromana ed etrusco-romana di Amilcare Ancona, Milano 1880.
1886   Le armi, le fibule e qualche altro cimelio della sua collezione archeologica, Milano 1886.
1889   Supplemento, Milano 1889.
1892   Catalogo della collezione di antichità fu Amilcare Ancona, Milano 1892.

J. K. Anderson
1961   Ancient Greek Horsemanship, Berkeley, Los Angeles 1961.

S. Angioni
1990   Schede dei materiali, in: Caere e il suo territorio. Da Agylla a Centumcellae, a cura di A. Maffei, F. Nastasi, Roma 1990, 240–275.

P. Attema
1993   An archaeological Survey in the Pontine Region. A contribution to the early settlement history of South Lazio, 900–100 BC, Groningen 1993.

Atti Avezzano
1991   Il Fucino e le aree limitrofe nell'antichità. Atti del Convegno, Roma 1991.

Atti Benevento
1992   La Campania fra il VI e il III secolo a.C. Atti del XIV Convegno di Studi Etruschi e Italici, Galatina 1992.

Atti Berlino
1990a   Die Welt der Etrusker. Internationales Kolloquium, hrsg. H. Heres, M. Kunze, Berlin 1990.
1990b   Akten des XIII. internationalen Kongresses für klassische Archäologie, Mainz am Rhein 1990.

Atti Bologna
1987   Celti ed Etruschi nell'Italia centro-settentrionale dal V secolo a.C. alla romanizzazione, Atti del colloquio internazionale, a cura di D. Vitali, Bologna 1987.

Atti Cagliari
1987   La Sardegna nel Mediterraneo tra il secondo e il primo millennio a.C. Atti del II convegno di studi, Cagliari 1987.

Atti Chianciano
1993   La civiltà di Chiusi e del suo territorio. Atti del XVII Convegno di Studi Etruschi e Italici, Firenze 1993.

Atti Civita Castellana
1990   La civiltà dei Falisci. Atti del XV Convegno di Studi Etruschi e Italici, Firenze 1990.

Atti Dubrovnik
1976   Jadranska obala u protohistoriji. Kulturni i etnički problemi (Dubrovnik 1972), Zagreb 1976.

Atti Farnese
1995   Preistoria e protostoria in Etruria. Atti del Secondo Incontro di Studi, a cura di N. Negroni Catacchio, Milano 1995, voll. 1–2.

Atti Firenze
1974   Aspetti e problemi dell'Etruria interna. Atti dell'VIII Convegno Nazionale di Studi Etruschi e Italici, Firenze 1974.
1977   La civiltà arcaica di Vulci e la sua espansione. Atti del X Convegno di Studi Etruschi e Italici, Firenze 1977.
1992   Populonia in età ellenistica. I materiali dalle necropoli. Atti del seminario, Firenze 1992.

Atti Lausanne
1979   Bronzes hellénistiques et romains. Tradition et renouveau. Actes du V Colloque international sur les bronzes antiques, Lausanne 1979.

Atti Londra
1986   Italian Iron Age Artefacts in the British Museum. Papers of the Sixth British Museum Classical Colloquium, ed. J. Swaddling, London 1986.

Atti Mannheim
1981   Die Aufnahme fremder Kultureinflüsse in Etrurien und das Problem des Retardierens in der etruskischen Kunst (Schriften des DArV, 5), Mannheim 1981.

Atti Palestrina
1992   La necropoli di Praeneste. Periodi orientalizzante e medio-repubblicano. Atti del 2° Convegno di studi archeologici, Palestrina 1992.

Atti Parigi
1988   Les Princes Celtes et la Méditerranée (Rencontres de l'École du Louvre), Paris 1988.

Atti Roma
1985   Il commercio etrusco arcaico. Atti dell'incontro di studio, a cura di M. Cristofani (QuadAEI 9), Roma 1985.
1996   Alba Longa. Mito, storia, archeologia. Atti dell'incontro di studio, Roma 1996.

Atti Salerno
1994   La presenza etrusca nella Campania meridionale. Atti delle giornate di studio (Biblioteca di «Studi Etruschi» 28), Firenze 1994.

Atti Taranto
1996   Magna Grecia, Etruschi, Fenici. Atti del 33. Convegno di studi sulla Magna Grecia (Taranto 1993), Napoli 1996.
2000   Magna Grecia e Oriente mediterraneo prima dell'età ellenistica. Atti del 39. Convegno di studi sulla Magna Grecia (Taranto 1999), Napoli 2000.

Atti Villetta Barrea
1988   Il territorio del Parco Nazionale d'Abruzzo nell'antichità. Atti del I Convegno nazionale di archeologia, Civitella Alfedena 1988.

M.P. Baglione
1976   Il territorio di Bomarzo (Ricognizioni archeologiche in Etruria, 2), Roma 1976.
1992   Osservazioni sui contesti delle necropoli medio-repubblicane di Praeneste, in: Atti Palestrina 1992, 163–187.

G. Bailo Modesti
1980   Cairano nell'età arcaica. L'abitato e la necropoli (AnnAStAntQuad. 1), Napoli 1980.

D. Baldoni
1993   Due donne dell'Italia antica. Corredi da Spina e da Forentum. Catalogo della mostra, a cura di D. Baldoni, Padova 1993.

M. Barbera
1994   Compsa e l'alta valle dell'Ofanto. Contributi per una carta archeologica dell'Irpinia, a cura di M. Barbera, Roma 1994.
1999   La collezione Gorga, a cura di M. Barbera, Milano 1999.

M. Barnabei, F. Delpino
1991   Le «Memorie di un archeologo» di Felice Barnabei, a cura di M. Barnabei, F. Delpino, Roma 1991.

Bari
1992   Principi, imperatori, vescovi. Duemila anni di storia a Canosa. Catalogo della mostra, a cura di R. Cassano, Venezia 1992.

G. Bartoloni
1989   La cultura villanoviana, Firenze 1989.
2000   La prima età del Ferro a Populonia: le strutture tombali, in: L'architettura funeraria a Populonia tra IX e VI secolo a.C. Atti del convegno, a cura di A. Zifferero, Firenze 2000, 19–36.

G. Bartoloni, F. Buranelli, V. d'Atri, A. De Santis
1987 Le urne a capanna rinvenute in Italia (Tyrrhenica 1), Roma 1987.

G. Bartoloni, M. Cataldi Dini
1980 Periodo IV A. DialA 2, 1980.1 (La formazione della città nel Lazio), 125–164.

G. Bartoloni, F. Delpino
1979 Veio I. Introduzione allo studio delle necropoli arcaiche di Veio. Il sepolcreto di Valle la Fata. MonAnt, serie monografica, I, Roma 1979.

Basel
1968 Bronzegefäße und Bronzegeräte der Antike. Münzen und Medaillen AG, Sonderliste J, Basel 1968.
1975 Münzen und Medaillen AG, Auktion 51. Antike Bildwerke, Basel 1975.

S. Batovic
1976 Le relazioni culturali tra le sponde adriatiche nell'età del ferro, in: Atti Dubrovnik 1976, 11–93.

J. D. Beazley
1947 Etruscan Vase-Painting, Oxford 1947.

A. Bedini, F. Cordano
1980 Periodo III. DialA 2, 1980.1 (La formazione della città nel Lazio), 97–124.

F. Behn
1910 Ausgewählte Neuerwerbungen des Römisch-Germanischen Central-Museums an Original-Altertümern. MainzZ 5, 1910, 79–82.
1911 Der altionische Bronzekandelaber des Römisch-Germanischen Central-Museums. MainzZ 6, 1911, 4–7.
1914 Ausgewählte Neuerwerbungen des Römisch-Germanischen Central-Museums an Original-Altertümern. MainzZ 8–9, 1913–1914, 5–17.
1920a Italische Altertümer vorhellenistischer Zeit (Kataloge des Römisch-Germanischen Centralmuseums, 8), Mainz 1920.
1920b Mittelitalische Bronzescheiben. RM 35, 1920, 1–18.
1927 Ausgewählte Neuerwerbungen des Römisch-Germanischen Central-Museums an Original-Altertümern von 1914 bis 1926, in: Festschrift zur Feier des fünfundsiebzigjährigen Bestehens des Römisch-Germanischen Central-Museums zu Mainz, Mainz 1927, 97–112.

G. Behrens
1952 Das Römisch-Germanische Zentralmuseum von 1927 bis 1952, in: Festschrift des Römisch-Germanischen Zentralmuseums in Mainz zur Feier seines hundertjährigen Bestehens, Mainz 1952, Band III, 182–193.

K. W. Beinhauer
1985 Untersuchungen zu den Bestattungsplätzen von Novilara (Provinz Pesaro und Urbino, Italien), Frankfurt a. M. 1985.

C. Belardelli et alii
1995 Capena e il suo territorio, Roma 1995.

V. Bellelli
1993 Tombe con bronzi etruschi da Nocera, in: Miscellanea etrusco-italica I, a cura di M. Cristofani (QuadAEI 22), Roma 1993, 65–104.
1995 'Anomalie pompeiane'. Prospettiva 77, 1995, 2–15.
c. s. Artigianato del bronzo e contesti produttivi. Bilancio etrusco-campano. Orizzonti III, 2002, in stampa.

G. Bellucci
1910 Guida alle collezioni del Museo etrusco-romano di Perugia, Perugia 1910.
1914 Cuspidi di freccia in bronzo; loro impiego votivo. BPI 40, 1914, 56–71.

R. Benassai
1995 Sui dinoi bronzei campani, in: Studi sulla Campania preromana, a cura di M. Cristofani, F. Zevi, Roma 1995, 157–205.

E. Benelli, A. Naso
c.s. Relazioni e scambi nell'Abruzzo preromano. MEFRA, 114, 2002, in stampa.

M. Bentz
1992 Etruskische Votivbronzen des Hellenismus (Biblioteca di «Studi Etruschi», 25), Firenze 1992.
1994 Juppiter, Tinia oder Veiovis ? AA 1994, 159–183.

K. Berger
1994 Die griechischen und italischen Antiken des archäologischen Instituts der Universität zu Köln. KölnJb-VFrühGesch 26, 1993 [1994], 217–319.

K. Berggren
1995 Pettini in miniatura e ceramica con decorazione a 'pettine': due espressioni del rito funebre ?, in: Atti Farnese 1995, 199–208.

Berlin
1988 Die Welt der Etrusker. Archäologische Denkmäler aus Museen der sozialistischen Länder, Berlin 1988.

G. Bermond Montanari
1985 Elmo di bronzo da S. Pietro in Campiano. StEtr 51, 1983 [1985], 39–42.

Bern
1996 Faszination der Antike. The George Ortiz Collection, Bern 1996.

G. B. Bertolani, C. Casi, V. d'Ercole, P. Tamburini
1993 Materiali preistorici e protostorici dal territorio di Acquapendente. Informazioni II, 9, 1993, 11–18.

A. Bertrang
1935 Le Musée luxembourgeois. Archéologie, Histoire, Folklore, Arlon 1935.

M. C. Bettini
1996 Due nuovi affibbiagli orientalizzanti da Roselle. RassAPiomb 13, 1996, 221–229.

C. Bianchi
1995 Bronzetti preromani a figura animale nelle Civiche Raccolte Archeologiche di Milano (NotMilano, Suppl. 14), Milano 1995.

V. Bianco Peroni
1970 Die Schwerter in Italien / Le spade nell'Italia continentale (PBF IV, 1), München 1970.
1974 Neue Schwerter aus Italien / Nuove spade dall'Italia continentale, in: Müller Karpe 1974, 1–26.
1976 Die Messer in Italien / I coltelli nell'Italia continentale (PBF VII, 2), München 1976.
1979 I rasoi nell'Italia continentale (PBF VIII, 2), München 1979.

M. Bieber
1915 Die antiken Skulpturen und Bronzen des königlichen Museum Fridericianum in Cassel, Marburg 1915.

A. M. Bietti Sestieri
1973 The Metal Industry of Continental Italy, 13th to the 11th Century BC, and its connections with the Aegean. ProcPrehistSoc 39, 1973, 383–424.
1986 Italian Swords and Fibulae of the Late Bronze and Early Iron Ages, in: Atti Londra 1986, 3–23.
1992 La necropoli laziale di Osteria dell'Osa, a cura di A. M. Bietti Sestieri, Roma 1992.

L. Bignami
1987 I bronzetti di Valle Fuino di Cascia conservati nei Musei Vaticani, Todi 1987.

M. P. Bini, G. Caramella, S. Buccioli
1995 I bronzi etruschi e romani (Materiali del Museo Archeologico di Tarquinia, 13), Roma 1995.

H. Blanck
1992 Testina di bronzo con diadema composto di due navi. ArchCl 43, 1991 [1992], 771–793.

K. Böhner
1978 Das Römisch-Germanische Zentralmuseum. Eine vaterländische und gelehrte Gründung des 19. Jahrhunderts. JbZMusMainz 25, 1978, 1–48.
1981 Das Römisch-Germanische Zentralmuseum von 1953 bis 1981. JbZMusMainz 28, 1981, VII–XXXIX.

Bologna
1960 Mostra dell'Etruria padana e della città di Spina. Catalogo della mostra, Bologna 1960.
1981 La Romagna tra VI e IV sec. a.C. La necropoli di Montericco e la protostoria romagnola. Catalogo della mostra, a cura di P. v. Eles Masi, Bologna 1981.
1987 La formazione della città in Emilia Romagna. Prime esperienze urbane attraverso le nuove scoperte archeologiche. Catalogo della mostra, Bologna 1987.
2000 Principi etruschi tra Mediterraneo ed Europa. Catalogo della mostra, Venezia 2000.

M. Bonamici
1974 I buccheri con figurazioni graffite (Biblioteca di «Studi Etruschi», 8), Firenze 1974.
1996 La Proserpina del Catajo, ritrovata. Prospettiva 81, 1995 [1996], 2–16.

M. Bonghi Jovino
1982 La necropoli preromana di Vico Equense, Cava dei Tirreni 1982.

L. Bonomi Ponzi
1997 La necropoli plestina di Colfiorito di Foligno, Perugia 1997.

G. Bordenache Battaglia, A. Emiliozzi
1979 Le ciste prenestine I.1 Corpus, Roma 1979.
1990 Le ciste prenestine I.2 Corpus, Roma 1990.
1992 Nuovi apporti di conoscenza per le ciste prenestine, in: Atti Palestrina 1992, 147–161.

B. Borell
1989 Statuetten, Gefässe und andere Gegenstände aus Metall (Katalog der Sammlung antiker Kleinkunst des Archäologischen Instituts der Universität Heidelberg, Band 3.1), Mainz am Rhein 1989.

S. P. Boriskovskaja
1990 Etruscan Bronze Helmets from the Campana Collection in the Hermitage Museum, in: Atti Berlino 1990a, 171–173.

H. Born
1985 Archäologische Bronzen. Antike Kunst, moderne Technik, hrsg. H. Born, Berlin 1985.
1990 Patinated and Painted Bronzes: Exotique Technique or Ancient Tradition?, in: Small Bronze Sculpture from the Ancient World, Malibu 1990, 179–196.
1991 Zur Herstellung der etruskischen Bronzehelme mit Scheitelknauf. AKorrBl 21, 1991, 73–78.

H. Born, L. D. Nebelsick
1991 Ein bronzener Prunkhelm der Hallstattzeit, Berlin 1991.

B. Bosio, A. Pugnetti
1986 Gli Etruschi di Cerveteri. La necropoli di Monte Abatone, tombe 32, 45, 76, 77, 79, 81, 83, 89, 90, 94, 102. Catalogo della mostra, Modena 1986.

C. Bossert-Radtke
1990a Eine campanische Bronzestatuette in Mainz. AKorrBl 20, 1990, 409–414.
1990b Ein Bronzekessel aus Capua. Rundschau, Landesgewerbeanstalt Nürnberg 89.4, 1990, 119–123.

D. v. Bothmer
1990 Glories of the Past. Ancient Art from the Shelby White and Leon Levy Collection, ed. D. v. Bothmer, Verona 1990.

A. Bottini
1979 Una nuova necropoli del Melfese e alcuni problemi del periodo arcaico nel mondo indigeno. AnnAStAnt 1, 1979, 77–94.
1980 Osservazioni sulla topografia di Banzi preromana. AnnAStAnt 2, 1980, 69–81.
1982 Principi guerrieri della Daunia del VII secolo, Bari 1982.
1983 Cinturoni a placche dell'area melfese. AnnAStAnt 5, 1983, 33–63.

A. Bottini, M. P. Fresa
1991 Forentum II. L'acropoli in età classica, Venosa 1991.

A. Bottini, M. Tagliente
1996 Osservazioni sulle importazioni etrusche in area lucana, in: Atti Taranto 1996, 487–528.

P. Bottini
1998   Greci e indigeni tra Noce e Lao, Lavello 1998.

S. Boucher
1970   Bronzes grecs, hellénistiques et étrusques des Musées de Lyon, Lyon 1970.
1971   Vienne. Bronzes antiques, Paris 1971.
1983   Les bronzes figurés antiques. Musée Denon, Châlon-sur-Saône, Lyon 1983.

S. Boucher, G. Perdu, M. Feugère
1980   Bronzes antiques du Musée de la Civilisation gallo-romaine à Lyon. II. Instrumentum, aegyptiaca, Lyon 1980.

S. Boucher, S. Tassinari
1976   Bronzes antiques du Musée de la Civilisation gallo-romaine à Lyon. I. Inscriptions, statuaire, vaisselle, Lyon 1976.

B. Bouloumié
1968   Les oenochoés à bec en bronze des Musées d'Étrurie centrale et méridionale. MEFR 80, 1968, 399–460.
1973a   Les oenochoés en bronze du type "Schnabelkanne" en Italie (Coll. Éc. Franç. Rome, 15), Rome 1973.
1973b   Les oenochoés en bronze du type "Schnabelkanne" en France et en Belgique. Gallia 31.1, 1973, 1–35.
1973   Les stamnoi étrusques de bronze trouvés en Gaule. Latomus 37.1, 1978, 3–24.
1985   Les vases de bronze étrusques et leur diffusion hors d'Italie, in: Atti Roma 1985, 167–178.
1985   Vases de bronze étrusques du service du vin, in: Atti Londra 1986, 63–79.

B. Bouloumié, Ch. Lagrand
1977   Les bassins à rebord perlé et autres bassins de Provence. RANarb 10, 1977, 1–31.

J. Bouzek
1980   Unknown Italic Bronzes and Vases in Czechoslovak Collections. Eirene 17, 1980, 65–75.

E. Brizio
1899a   Il sepolcreto gallico di Montefortino presso Arcevia. MonAnt 9, 1899, 617–807.
1899b   Fossombrone. NSc 1899, 259–261.

W. Ll. Brown
1960   The etruscan Lion, Oxford 1960.

F. Brommer
1955   Antike Kleinkunst in Schloß Fasanerie (Adolphseck), Marburg 1955.

S. Bruni
2000   in: Ricerche di archeologia medievale a Pisa. I. Piazza dei Cavalieri, la campagna di scavo 1993, a cura di S. Bruni, E. Abela, G. Berti, Firenze 2000, 7 sgg.

F. Buranelli
1989   La raccolta Giacinto Guglielmi, Roma 1989.
1991   Uno scavo clandestino a Civita di Grotte di Castro, in: Antichità dell'Umbria a New York. Catalogo della mostra, Perugia 1991, 225–228.

F. Buranelli, M. Sannibale
1998   Reparto antichità etrusco-italiche (1984–1996). BMonMusPont 18, 1998, 139–441.

A. Burgio
1993   Cinturoni di bronzo da Terravecchia di Cuti. BArte 77, 1993, 47–54.

L. Byvanck-Quarles van Ufford
1986   Réponse à l'étude: «Situle a beccuccio. Origine e diffusione» (1985). BABesch 61, 1986, 208–211.

C. Cagianelli
1992   Bronzetti etruschi, italici e romani del Museo dell'Accademia etrusca. AnnAcEtr 25, 1991–1992, 9–169.
1997   Il tempio etrusco di Fiesole: due secoli di indagini. AnnAcEtr 27, 1995–1996 [1997], 11–57.
1999   Bronzi a figura umana (MonMusPont cataloghi 5), Città del Vaticano 1999.

D. Cahn
1989   Waffen und Zaumzeug (Antikenmuseum Basel und Sammlung Ludwig), Basel 1989.

J. Cahn
1929   Alexander Riese. Archiv für Frankfurts Geschichte und Kunst 2, 1929, 1–5.

L. M. Caliò
2000   La collezione Bonifacio Falcioni, parte prima, Città del Vaticano 2000.

G. Calzecchi Onesti
1993   Elmi a calotta. AnnPerugia 27, 1989–1990 [1993], 69–196.

U. Calzoni
1940   Il Museo Preistorico dell'Italia centrale in Perugia (Itin. Musei e Monum. d'Italia, 71), Roma 1940.

Cambridge
1967   Master Bronzes from the Classical World, ed. D. G. Mitten, S. F. Doeringer, Mainz on Rhine 1967.
1970   Art and Technology. A Symposium on Classical Bronzes, ed. S. F. Doeringer, D. G. Mitten, A. Steinberg, Cambridge Mass. 1970.

E. Campanile
1992   Note sulle divinità degli Italici meridionali e centrali. StClOr 41, 1991 [1992], 279–297.

G. Camporeale
1967   La tomba del Duce, Firenze 1967.
1969   I commerci di Vetulonia in età orientalizzante, Firenze 1969.
1974   Irradiazione della cultura chiusina arcaica, in: Atti Firenze 1974, 99–130.
1976   Un gruppo di brocchette etrusche arcaiche di bronzo, in: Homenaje a García Bellido, 2, Madrid 1976, 159–168.
1977   Irradiazione della cultura vulcente nell'Etruria centro-orientale. Facies villanoviana e orientalizzante, in: Atti Firenze 1977, 215–233.
1981   Recensione di B. Shefton, Die «rhodischen» Bronzekannen, Marburg 1979. ArchCl 33, 1981, 400–405.

1986   Su due placchette bronzee etrusche con Eracle e Kyknos, in: Atti Londra 1986, 447–451.

1991   La collezione C. A. Impasti e buccheri I, Roma 1991.

1994   Un gruppo di vasi bronzei chiusini di facies orientalizzante. StEtr 59, 1993 [1994], 29–37.

M. Candela

1985   Situle metalliche e ceramiche a beccuccio nel IV e III secolo a. C. Origine e diffusione. BABesch 60, 1985, 24–71.

D. Candilio

1988   Cinturoni a lamina rettangolare della collezione Betti al Museo Nazionale Romano. Xenia 16, 1988, 29–42.

P. Carafa

1997   Le terrecotte figurate della stipe di Ariccia. Considerazioni sull'artigianato artistico di un centro del Latium Vetus in età ellenistica. ArchCl 48, 1996 [1997], 273–294.

G. L. Carancini

1975   Die Nadeln in Italien / Gli spilloni nell'Italia continentale (PBF XIII, 2), München 1975.

1984   Le asce nell'Italia continentale II (PBF IX, 12), München 1984.

G. L. Carancini, R. Peroni

1999   L'età del bronzo in Italia: per una cronologia della produzione metallurgica, Città di Castello 1999.

S. Casini

1988   Il vasellame bronzeo di importazione, in: de Marinis 1988, I, 238–240.

P. Càssola Guida

1978   Bronzetti a figura umana dalle collezioni dei Civici Musei di Storia ed Arte di Trieste, Venezia 1978.

1989   I bronzetti friulani a figura umana tra protostoria ed età della romanizzazione (Cataloghi e monografie archeologiche dei Civici Musei di Udine 1), Roma 1989.

M. Castoldi

1995   Recipienti di bronzo greci, magnogreci ed etrusco-italici nelle Civiche Raccolte Archeologiche di Milano. NotMilano Suppl. 15, 1995.

A. Chabouillet

1861   Description des antiquités et objets d'art composant le Cabinet de M. Louis Fould, Paris 1861.

B. Chaume

1989   Les anneaux réniformes à côtes transversales du Bronze final: à propos de deux exemplaires du musée de Châtillon-sur-Seine (Côte d'Or). RAE 40.1, 1989, 11–30.

B. Chaume, M. Feugère

1990   Les sépultures tumulaires aristocratiques du Hallstatt ancien de Poiseul-La-Ville (Côte d'Or) (10. Supplément RAE), Dijon 1990.

A. Cherici

1996   Un bronzetto da Sala in Casentino e una nota sui contatti tra l'Etruria propria e l'Etruria padana. AttiMemFirenze 61, 1996, 1–61.

B. Chiartano

1994   La necropoli dell'età del Ferro dell'Incoronata e di S. Teodoro (scavi 1978–1985), Galatina 1994.

V. Cianfarani

1977   La cultura medio-adriatica, in: Popoli e civiltà dell'Italia antica 5, Roma 1977, 11–106.

G. C. Cianferoni

1980   Un cratere bronzeo etrusco dalla Gorgona. Prospettiva 23, 1980, 57–61.

1992   I reperti metallici, in: Atti Firenze 1992, 13–41.

CIE

Corpus Inscriptionum Etruscarum, Berolini, Florentiae, Romae.

CIL

Corpus Inscriptionum Latinarum, Berolini.

M. Cipriani

2000   Italici a Poseidonia nella seconda metà del V sec. a. C. Nuove ricerche nella necropoli del Gaudo, in: Paestum. Studi, scavi, ricerche. Bilancio di un decennio (1988–1998), a cura di E. Greco, F. Longo, Salerno 2000, 197–212.

Cleveland

1988   The Gods Delight. The Human Figure in Classical Bronzes, Cleveland 1988.

F. Coarelli

1976   Un elmo con iscrizione latina arcaica al museo di Cremona, in: L'Italie préromaine et la Rome républicaine (Mélanges J. Heurgon) I, Rome 1976, 157–179.

G. Colonna

1958   Placche arcaiche da cinturone di produzione capenate. ArchCl 10, 1958, 69–80.

1970   Bronzi votivi umbro-sabellici a figura umana. I. Periodo arcaico, Firenze 1970.

1974   Su una classe di dischi-corazza centro-italici, in: Atti Firenze 1974, 193–205.

1974a   Intervento in discussione, in: Civiltà arcaica dei Sabini nella valle del Tevere II. Incontro di studio, Roma 1974, 91–96.

1975   Problemi dell'arte figurativa di età ellenistica nell'Italia adriatica, in: Introduzione alle antichità adriatiche, Chieti 1975, 172–177.

1976   La dea etrusca Cel e i santuari del Trasimeno. RStorAnt 6–7, 1976–1977, 45–62.

1977   La presenza di Vulci nelle valli del Fiora e dell'Albegna prima del IV secolo a. C., in: Atti Firenze 1977, 189–213.

1980   Problemi dell'archeologia e della storia di Orvieto etrusca, in: AnnFaina I, 1980, 43–53.

1981   La Sicilia e il Tirreno nel V e IV secolo. Kokalos 26–27, 1980–1981.1, 157–183.

1982   Di Augusto Castellani e del cosiddetto calice a cariatidi prenestino, in: Miscellanea archaeologica Tobias Dohrn dedicata, Roma 1982, 33–44.

1985   Società e cultura a Volsinii, in: AnnFaina II, 1985, 101–131.

1991   Acqua Acetosa Laurentina, l'Ager Romanus antiquus e i santuari del I miglio. Scienze dell'Antichità 5, 1991, 209–232.

1992a Praeneste arcaica e il mondo etrusco-italico, in: Atti Palestrina 1992, 13–51.

1992b Gli scudi bilobati dell'Italia centrale e l'ancile dei Salii. ArchCl 43.1, 1991 [1992], 55–121.

1993 Il santuario di Cupra fra Etruschi, Greci, Umbri e Picenti, in: Cupra Marittima e il suo territorio in età antica. Atti del convegno di studi, a cura di G. Paci (Picus, Suppl. 2), Tivoli 1993, 3–31.

1996a Roma arcaica, i suoi sepolcreti e le vie per i Colli Albani, in: Atti Roma 1996, 335–354.

1996b Il *dokanon*, il culto dei Dioscuri e gli aspetti ellenizzanti della religione dei morti nell'Etruria tardo-arcaica, in: Scritti di antichità in memoria di Sandro Stucchi, a cura di L. Bacchielli e M. Bonanno Aravantinos, vol. II (StMisc 29), Roma 1996, 165–184.

1997a L'Italia antica: l'Italia centrale, in: Viterbo 1997, 15–23.

1997b Un Ercole sabellico dal Vallo di Adriano. ArchCl 49, 1997, 65–100.

M. Comstock, C. C. Vermeule

1971 Greek, Etruscan and Roman Bronzes in the Museum of Fine Arts, Boston 1971.

G. Conestabile

1862 Sovra alcuni oggetti, che sono nei Musei di Parigi e di Londra. BdI 1862, 69–80.

P. Connolly

1986 Notes on the Development of Breastplates in Southern Italy, in: Atti Londra 1986, 117–125.

Copenhagen

1928 Bildertafeln des etruskischen Museums (Helbig Museum) der Ny Carlsberg Glyptothek, Kopenhagen 1928.

F. Coppola

2001 Manici isolati (Le ciste prenestine I.3), Roma 2001.

G. Cordier

1966 Une figurine ornithomorphe hallstattienne. RA 1966, 79–88.

S. Corsi

1997 Casa Buonarroti. La collezione archeologica, a cura di S. Corsi, Milano 1997.

Cortona

1985 L'accademia etrusca. Catalogo della mostra, a cura di P. Barocchi, P. Gallo, Milano 1985.

1992 La Cortona dei principes. Catalogo della mostra, a cura di P. Zamarchi Grassi, Cortona 1992.

A. Crespellani

1881 Scavi del Modenese (1879). AttMemBologna n. s. 6, 1881, 227–249.

M. Cristofani

1971 Sul più antico gruppo di canopi chiusini. ArchCl 23, 1971, 12–25.

1977 Problemi poleografici dell'agro cosano e caletrano in età arcaica, in: Atti Firenze 1977, 234–257.

1981 Gli Etruschi. Una nuova immagine, a cura di M. Cristofani, Firenze 1981.

1985 I bronzi degli Etruschi, Novara 1985.

1994 Contributo a Spina. Prospettiva 72, 1993 [1994], 43–50.

M. Cristofani, M. Martelli

1983 L'oro degli Etruschi, a cura di M. Cristofani, M. Martelli, Novara 1983.

M. Cristofani Martelli

1974 Intervento in discussione, in: Civiltà arcaica dei Sabini nella valle del Tevere II. Incontro di studio, Roma 1974, 114–118.

1977 Per una definizione archeologica della Sabina: la situazione storico-culturale di Poggio Sommavilla in età arcaica, in: Civiltà arcaica dei Sabini nella valle del Tevere III. Rilettura critica della necropoli di Poggio Sommavilla, Roma 1977, 9–48.

A. Crivelli

1971 La revisione critica della necropoli di Giubiasco, in: Oblatio. Raccolta di studi di antichità ed arte in onore di Aristide Calderini, Como 1971, 287–309.

CSE

Belgique 1 Bruxelles, Courtray, Gand, Hamme, Louvain-la-Neuve, Morlanwelz, collections privéees, a cura di R. Lambrechts, Roma 1987.

BRD 1 Bad Schwalbach, Bochum, Bonn, Darmstadt, Essen, Frankfurt, Kassel, Köln, Mainz, Mannheim, Schloss Fasanerie bei Fulda, a cura di U. Höckmann, München 1987.

BRD 2 Braunschweig, Göttingen, Hamburg, Hannover, Kiel, Münster, Steinhorst, Wolfenbüttel, a cura di U. Liepmann, München 1988.

DDR 1 Berlin, Antikensammlung, a cura di G. Heres, Berlin 1986.

France 1 Musée du Louvre I, a cura di D. Emmanuel Rebuffat, Roma 1988.

Great Britain 1 The British Museum I. Archaic and Classical Mirrors, a cura di J. Swaddling, London 2001.

Italia 1 Bologna, Museo Civico, fasc. I, a cura di G. Sassatelli, Roma 1981.

Italia 3 Volterra, Museo Guarnacci, fasc. I, a cura di G. Cateni, Roma 1995.

Italia 4 Orvieto, Museo Claudio Faina, a cura di M. S. Pacetti, Roma 1998.

C. B. Curri

1977 Relazioni fra un centro costiero di Vetulonia e il territorio di Vulci, in: Atti Firenze 1977, 259–276.

M. Cygielman

1994 Note preliminari per una periodizzazione del villanoviano di Vetulona, in: Atti Salerno 1994, 255–292.

H.-W. Dämmer

1986 San Pietro Montagnon (Montegrotto). Ein vorgeschichtliches Seeheiligtum in Venetien / Un santuario protostorico lacustre nel Veneto, Mainz am Rhein 1986.

B. d'Agostino

1991 Le genti della Basilicata antica, in: Italia omnium terrarum parens, a cura di G. Pugliese Carratelli, Milano 1991, 193–246.

B. d'Agostino, P. Gastaldi

1990 Pontecagnano. II. La necropoli del Picentino. 1. Le tombe della prima età del Ferro (AnnAStAntQuad 5), a cura di B. d'Agostino, P. Gastaldi, Napoli 1988 [1990].

I. Dall'Osso
1915 Guida illustrata del Museo Nazionale di Ancona, Ancona 1915.

H. Damgaard Andersen
1993 The Etruscan Ancestral Cult. Its Origin and Development and the Importance of Anthropomorphization. AnalRom 21, 1993, 7–66.

M. C. De Angelis
1979 Il Bronzo finale in Umbria e in Toscana interna, in: Atti della XXI riunione scientifica (IIPP). Il Bronzo finale in Italia, Firenze 1979, 221–247.

M. A. Del Chiaro
1981 Re-exhumed Etruscan Bronzes. A Loan Exhibition at the University Art Museum Santa Barbara, California.

A. Della Seta
1914 Vasi di Campagnano. MonAnt 23, 1914, 277–312.

G. Delli Ponti
1973 I bronzi del Museo Provinciale di Lecce, Galatina 1973.

F. Delpino
1977 Elementi antropomorfi in corredi villanoviani, in: Atti Firenze 1977, 173–182.

M. A. De Lucia Brolli
1991 Civita Castellana, il Museo archeologico dell'Agro Falisco, Roma 1991.

R. de Marinis
1981 Il periodo Golasecca III A in Lombardia, in: Studi Archeologici (Bergamo), I, 1981, 41–299.
1988 Gli Etruschi a nord del Po. Catalogo della mostra, a cura di R. de Marinis, voll. I–II, Udine 1988².
1999 Il confine occidentale del mondo proto-veneto/paleoveneto dal Bronzo finale alle invasioni galliche del 388 a. C., in: Protostoria e storia del 'Venetorum Angulus'. Atti del XX Convegno di Studi Etruschi ed Italici, Pisa / Roma 1999, 511–564.
2000 Le placche da cintura ticinesi in lamina bronzea, in: I Leponti tra mito e realtà. Raccolta di saggi in occasione della mostra, a cura di R. C. de Marinis, S. Biaggio Simona, vol. 2, Locarno 2000, 11–29.

M. De Menna
1998 La preziosa collezione dei baroni Casamarte, in: Loreto Aprutino ed il suo territorio dalla preistoria al medioevo, a cura di A. R. Staffa, Pescara 1998, 29–30.

M. de Min
1998 Documenti inediti dell'Italia antica, a cura di M. de Min, Treviso 1998.

V. d'Ercole
1990 L'Abruzzo dalla preistoria alla storia, in: Antica terra d'Abruzzo I, a cura di G. Grossi, L'Aquila 1990, 17–106.

V. d'Ercole, R. Cairoli
1998 Archeologia in Abruzzo. Storia di un metanodotto tra industria e cultura, a cura di V. d'Ercole, R. Cairoli, Tarquinia 1998.

A. De Ridder
1915 Les bronzes antiques du Louvre, I–II, Paris 1913–1915.

G. M. De Rossi
1980 Lazio meridionale, Roma 1980.

T. Dezsö
1998 Oriental Influences in the Aegean and Eastern Mediterranean Helmet Traditions in the 9th–7th centuries BC: The Patterns of Orientalization (BAR Int. Ser. 691), Oxford 1998.

E. Diehl
1964 Die Hydria. Formgeschichte und Verwendung im Kult des Altertums, Mainz am Rhein 1964.

A. Di Niro
1977 Il culto di Ercole tra i Sanniti Pentri e Frentani. Nuove testimonianze, Salerno 1977.
1978 Piccoli bronzi figurati nel Museo di Campobasso, Campobasso 1978.

A. Di Niro, P. P. Petrone
1993 Insediamenti di epoca sannitica nel territorio circostante la valle del torrente Tappino (Campobasso, Molise). BSR 61, 1993, 7–49.

C. A Di Stefano
1975 Bronzetti figurati del Museo Nazionale di Palermo, Roma 1975.

T. Dohrn
1982 Die etruskische Kunst im Zeitalter der griechischen Klassik. Die Interimsperiode, Mainz am Rhein 1982.

P. A. R. van Dommelen
1991 The Picene Finds from the Allevi Collection in the Leiden National Museum of Antiquities. OudhMeded 71, 1991, 29–58.

L. Donati
1993 Dalla "plumpe" alla "Schnabelkanne" nella produzione ceramica etrusca, in: Atti Chianciano 1993, 239–263.

H. Donder
1994 Die Fibeln (Katalog der Sammlung antiker Kleinkunst des Archäologischen Instituts der Universität Heidelberg, Band 3.2), Mainz 1994.

W. O. Dressler
1934 Dresslers Kunsthandbuch, 1. Band, hrsg. W. O. Dressler, Halle / Berlin 1934[10].

Fr. v. Duhn
1907 Kurzes Verzeichnis der Abgüsse nach antiken Bildwerken im Archäologischen Institut der Universität Heidelberg, Heidelberg 1907[5].

V. Dumitrescu
1929 L'età del ferro nel Piceno fino all'invasione dei Galli-Senoni, Bucarest 1929.

M. Egg
1982 Ein neuer Helmhut mit zusammengesetzter Kalotte. JbZMusMainz 29, 1982, 273–277.

1983 Ein eisenzeitlicher Weihefund aus Sizilien. JbZMus-Mainz 30, 1983, 195–205.
1986a Italische Helme, Mainz 1986.
1986b Die «Herrin der Pferde» im Alpengebiet. AKorrBl 16, 1986, 69–78.
1995 Ein neuer Kesselwagen aus Etrurien. JbZMusMainz 38.1, 1991 [1995], 191–220.
1996 Das hallstattzeitliche Fürstengrab von Strettweg bei Judenburg in der Obersteiermak (RGZM, Monographien 37), Mainz 1996.

M. Egg, Ch. Pare
1995 Die Metallzeiten in Europa und im Vorderen Orient. Die Abteilung Vorgeschichte im Römisch-Germanischen Zentralmuseum (Kataloge vor- und frühgeschichtlicher Altertümer, 26), Mainz 1995.

M. Eichberg
1987 Scutum. Die Entwicklung einer italisch-etruskischen Schildform von den Anfängen bis zur Zeit Caesars, Frankfurt am Main 1987.

L. Eiden
1995 Neue Aspekte zur Herstellungstechnik von etruskischen Schnabelkannen am Beispiel der Pellinger Schnabelkanne. TrZ 58, 1995, 143–160.

P. v. Eles Masi
1986 Le fibule dell'Italia settentrionale (PBF XIV, 5), München 1986.

E. Espérandieu, H. Rolland
1959 Bronzes antiques de la Seine-Maritime (Gallia, 13. Suppl.), Paris 1959.

ES
E. Gerhard, Etruskische Spiegel, I–V, Berlin 1841–1897.

A. M. Esposito
1999 Principi guerrieri. La necropoli etrusca di Casale Marittimo, a cura di A. M. Esposito, Milano 1999.

M. T. Falconi Amorelli
1964 Bronzetto del Museo delle Origini. ArchCl 16, 1964, 298–299.
1968 Materiali di Ischia di Castro conservati nel Museo di Villa Giulia. StEtr 36, 1968, 169–177.
1977 Todi preromana. Catalogo dei materiali conservati nel Museo Comunale di Todi, a cura di M. T. Falconi Amorelli, Perugia 1977.
1982 I materiali archeologici pre-romani del Museo Oliveriano di Pesaro, Roma 1982.
1987 La collezione Borgia, Roma 1987.

M. Fekete
1982 Angaben zu Kontakten zwischen Italien und Transdanubien. Savaria 16, 1982, 129–144.

Ferrara
1993 Spina. Storia di una città tra Greci ed Etruschi. Catalogo della mostra, a cura di F. Berti, P. G. Guzzo, Ferrara 1993.

F. Ferrari
1913 Relazione sulle antichità preistoriche rinvenute nella contrada Comino presso Guardiagrele, Guardiagrele 1913.

M. Feugère, A. Freises
1996 Un casque étrusque du V s. av. notre ère trouvé en mer prés d'Agde (Hérault). RANarb 27–28, 1994–1995 [1996], 1–7.

Firenze
1971 Nuove letture di monumenti etruschi dopo il restauro, a cura di M. Cristofani, Firenze 1971.
1985 Civiltà degli Etruschi. Catalogo della mostra, a cura di M. Cristofani, Milano 1985.

G. Fogolari, G. Gambacurta
2001 Materiali veneti preromani e romani dal santuario di Lagole di Calalzo al Museo di Pieve di Cadore, Roma 2001.

W. Fol
1874 Catalogue du Musée Fol. Antiquités I. Ceramiques et plastique, Genève 1874.

P. Fontaine
1996 A propos des inscriptions suthina sur la vaisselle métallique étrusque. REA, 97. 1–2, 1995 [1996], 201–216.

E. Formigli
1971 La tecnica di lavorazione di alcuni bronzi etruschi. StEtr 39, 1971, 127–147.

R. Forrer
1892 Ein Fund primitiver Bronzefigürchen von Todi. Antiqua 10, 1892, 26–27.
1893 Antike Schleuderbleie mit Inschriften von Poggibonsi. Antiqua 11, 1893, 12–14.
1896 Die Waffensammlung des Herrn Stadtrath R. Zschille in Großenhain (Sachsen), 1896.

R. Forrer, R. Zschille
1891 Der Sporn in seiner Formen-Entwicklung, Berlin 1891.
1893 Die Pferdetrense in ihrer Formen-Entwicklung, Berlin 1893.
1896 Die Steigbügel in ihrer Formen-Entwicklung, Berlin 1896.

C. Franci
1889 Nuove indagini nell'area di un antico santuario in contrada La Capretta, nel territorio di Orvieto. NSc 1889, 334–335.

L. Franchi Dell'Orto, A. La Regina
1978 Culture adriatiche antiche d'Abruzzo e di Molise, Roma 1978.

N. Franken
1995 Die antiken Bronzen im Römisch-Germanischen Museum Köln. Die Bronzestatuetten ohne Fundortangabe. Die Statuetten aus dem Fund von La Comelle-sous-Beuvray. KölnJbVFrühGesch 27, 1994 [1995], 405–511.

Frankfurt
1883 Catalog der Kunst- und Antiquitäten-Sammlung des verstorbenen Herrn Carl Anton Milani, Frankfurt a. M. 1883.

1988 Etrusker in der Toskana. Etruskische Gräber der Frühzeit, Firenze 1988.
1999 Piceni, popolo d'Europa. Catalogo della mostra, Roma 1999.

L. Franzoni
1966 Bronzetti pseudoantichi di officine venete. AttiVenezia 124, 1965–1966, 39–59.
1980 Bronzetti etruschi e italici del Museo Archeologico di Verona (Collezioni e musei archeologici del Veneto, 10), Roma 1980.

O.-H. Frey
1957 Der Import etruskischer Bronzeschnabelkannen in Mitteleuropa, Diss. Freiburg.
1988 I rapporti commerciali tra l'Italia settentrionale e l'Europa centrale dal VII al IV secolo a. C. in: de Marinis 1988, II, 11–17.
1990 Ein tönerner Kammhelm aus Populonia: Überlegungen zur Verbreitung früher Helme in Italien, in: Gedenkschrift für Jürgen Driehaus, hrsg. F. M. Andraschko, W.-R. Teegen, Mainz am Rhein 1990, 225–234.
1991 Eine Nekropole der frühen Eisenzeit bei Santa Maria d'Anglona, Galatina 1991.

C. Friederichs
1871 Kleinere Kunst und Industrie im Altertum, Düsseldorf 1871.

W. Froehner
1901 Collection Auguste Dutuit. Bronzes antiques II, Paris 1901.

P. Frontini
1988 La necropoli della Ca' Morta, in: de Marinis 1988, II, 46–53.

A. Furtwängler
1890 Die Bronzen und die übrigen kleineren Funde von Olympia (Olympia IV.), Berlin 1890.

M. A. Fugazzola Delpino
1984 La cultura villanoviana. Guida ai materiali della prima età del Ferro nel Museo di Villa Giulia, Roma 1984.

V. Galliazzo
1979 Bronzi romani del Museo Civico di Treviso, Roma 1979.

E. N. Gardiner
1955 Athletics of the Ancient World, Oxford 1955[2].

P. Gastaldi
1979 Le necropoli protostoriche della Valle del Sarno: proposta per una suddivisione in fasi. AnnAStAnt 1, 1979, 13–58.
1998 Pontecagnano II.4 La necropoli del Pagliarone (AnnAStAntQuad 10), Napoli 1998.

A. Geiger
1994 Treibverzierte Bronzerundschilde der italischen Eisenzeit aus Italien und Griechenland (PBF III, 1), Stuttgart 1994.

R. D. Gempeler
1974 Die etruskischen Kanopen. Herstellung, Typologie, Entwicklungsgeschichte, Einsiedeln 1974.

Genève
1993 L'art des peuples italiques, 3000 à 300 avant J. C., Naples 1993.

G. M. Genovese
2000 Considerazioni sul culto di Herakles nella Calabria antica. ArchCl 51, n. s. 1, 1999–2000, 329–359.

W. B. Gercke
1996 Etruskische Kunst im Kestner-Museum Hannover, Hannover 1996.

G. Q. Giglioli
1935 L'arte etrusca, Milano 1935.

F. Gilotta
1995 Note di plastica spinetica. Prospettiva 77, 1995, 51–57.

M.-V. Giuliani Pomes
1954 Cronologia delle situle rivenute in Etruria. StEtr 23, 1954, 149–194.

M. Gjødesen
1970 The Artistic Context and Enviroment of some Greek Bronzes in the Master Bronzes Exhibition, in: Cambridge 1970, 145–165.

D. Glogović
1989 Prilozi poznavanju željeznog doba na sjevernom Jadranu. Hrvatsko primorje i Kvarnerski otoci (Studies in the Iron Age of the Northern Adriatic. Hrvatsko primorje and Kvarner Islands) (in croato, con riassunto inglese), Zagreb 1989.

G. Gozzadini
1875 De quelque mors de cheval italique et de l'epée de Ronzano en bronze, Bologna 1875.

M. Gras
1985 Trafics tyrrhéniens archaïques (BEFAR 258), Rome 1985.

B. Grassi
2000 Vasellame e oggetti in bronzo. Artigiani e committenza (Capua preromana, VIII), Pisa / Roma 2000.

G. Grossi
1988 Il territorio del parco nel quadro della civiltà safina (X–IV secolo a. C.), in: Atti Villetta Barrea 1988, 65–109.
1990 La «Safina-Túta» in Abruzzo: Aequi-Aequiculi, Sabini, Marsi, Volsci, Pentri e Frentani dal 1000 al 290 a. C., in: Antica terra d'Abruzzo I, a cura di G. Grossi, L'Aquila 1990, 221–353.

M. Guarducci
1936 I bronzi di Vulci. StEtr 10, 1936, 15–53.

A. Guidi
1980 Subiaco. La collezione Ceselli nel monastero di Santa Scolastica. Materiali delle età del Bronzo e del Ferro, Roma 1980.
1983 Scambi tra la cerchia hallstattiana orientale e il mondo a sud delle Alpi nel VII secolo a. C. (Kleine Schriften Marburg, 13), Marburg 1983.
1988 Storia della paletnologia, Roma / Bari 1988.

302

1993 La necropoli veiente dei Quattro Fontanili nel quadro della fase recente della prima età del Ferro italiana (Biblioteca di «Studi Etruschi», 26), Firenze 1993.

P. G. Guzzo
1970 Una classe di brocchette in bronzo. RendLinc 1970, s. VIII, vol. 25, 87–111.
1972 Le fibule in Etruria dal VI al I secolo, Firenze 1972.

Th. E. Haevernick
1983 Glasperlen der vorrömischen Eisenzeit I (Marburger Studien zur Vor- und Frühgeschichte, 5), Mainz 1983.
1987 Ringaugenperlen und verwandte Perlengruppen (Marburger Studien zur Vor- und Frühgeschichte, 9), Marburg 1987.

G. Hafner
1958 Die Bronzen der Sammlung Dr. Heinrich Scheufelen in Oberlenningen, Mainz 1958.

E. Hall Dohan
1942 Italic Tomb Groups in the University Museum, Philadelphia 1942.

Hamburg
1981 Kunst der Etrusker, Hamburg 1981.
1987 Etrusker in der Toskana, Hamburg 1987.

Hannover
Führer durch das Kestner-Museum, Hannover s. d. (ma anni '50).

M. Harari
1999 Il Conte di Caylus e il lungo viaggio di un piccolo bronzo etrusco da Chiusi a Casteggio a Parigi, in: Multas per gentes et multa per aequora. Culture antiche in provincia di Pavia: Lomellina, Pavese, Oltrepò. Atti della giornata di studi, a cura di C. Maccabruni et aliae, Milano 1999, 29–42.

F.-W. v. Hase
1969 Die Trensen der Früheisenzeit in Italien (PBF XVI, 1), München 1969.
1971 Gürtelschließen des 7. und 6. Jahrhunderts v. Chr. in Mittelitalien. JdI 86, 1971, 1–59.
1979 Zur Interpretation villanovazeitlicher und frühetruskischer Funde in Griechenland und der Ägäis. Kleine Schriften Marburg 5, 1979, 62–99.
1981 Zum Beginn des Fernhandels von und nach Etrurien, in: Atti Mannheim 1981, 9–24.
1988 Früheisenzeitliche Kammhelme aus Italien, in: Mainz 1988, 195–211.
1992 Etrurien und Mitteleuropa. Zur Bedeutung der ersten italisch-etruskischen Funde der späten Urnenfelder- und frühen Hallstattzeit in Zentraleuropa, in: Aigner Foresti 1992, 235–266.
1995 Ägäische, griechische und vorderorientalische Einflüsse auf das tyrrhenische Mittelitalien, in: Beiträge zur Urnenfelderzeit nördlich und südlich der Alpen. Ergebnisse eines Kolloquiums (RGZM Monographien 35), Bonn 1995, 239–285.
1997 Présences étrusques et italiques dans les sanctuaires grecs (VIIIe–VIIe siècle av. J. C.), in: Les Étrusques, les plus religieux des hommes. État de la recherche sur la religion étrusque. Actes du colloque international, a cura di F. Gaultier, D. Briquel, Paris 1997, 293–323.

2000 Ludwig Lindenschmit et Napoléon III. Un chapitre précoce de la coopération archéologique franco-allemande, in: Aspects de l'archéologie française au XIXème siècle, Montbrison 2000, 63–85.

J. W. Hayes
1975 The Etruscan and Italic Collections in the Royal Ontario Museum, Toronto: a Survey. StEtr 43, 1975, 71–103.
1984 Greek, Roman and Related Metalware in the Royal Ontario Museum, Toronto 1984.

S. Haynes
1959 Etruskische Bronzekopfgefäße aus hellenistischer Zeit. JbZMusMainz 6, 1959, 115–127.
1960 The bronze Priest and Priesteness from Nemi. RM 67, 1960, 34–47.
1965 Etruscan Bronze Utensils, London 1965.
1966 Neue etruskische Bronzen. AntK 9, 1966, 101–105.
1970 Etruscan Bronzes in the British Museum: New Acquisitions and Old Possessions, in: Cambridge 1970, 177–193.
1985 Etruscan Bronzes, London 1985.

W.-D. Heilmeyer
1988 Antikenmuseum Berlin. Die ausgestellten Werke, hrsg. W.-D. Heilmeyer, Berlin 1988.

J. M. Hemelrijk
1984 Caeretan Hydriae, Mainz am Rhein 1984.

H. Hencken
1968 Tarquinia, Villanovans and Early Etruscans (Bull. Am. School Prehist. Research, 23), Cambridge Mass. 1968.
1971 The Earliest European Helmets (Bull. Am. School Prehist. Research, 29), Cambridge Mass. 1971.

R. Herbig
1952 Die jüngeretruskischen Steinsarkophage, Berlin 1952.

G. Heres
1980 Samnitische Bronzegürtel der Berliner Antikensammlung (Beiträge zur antiken Bronzekunst III). Eirene 17, 1980, 77–88.

M. Herfort Koch
1986 Archaische Bronzeplastik Lakoniens (Boreas, Beiheft 4), Münster 1986.

W. Herrmann
1964 Katalog der antiken Metallarbeiten (Antikenmuseum, Leipzig), Diss. Leipzig 1964.

E. Hill Richardson
1983 Etruscan Votive Bronzes. Geometric, Orientalizing, Archaic, Mainz am Rhein 1983.
1996 The Muscle Cuirasse in Etruria and Southern Italy: Votive Bronzes. AJA 100, 1996, 91–120.

F. Hiller
1983 Recensione di B. Shefton, Die «rhodischen» Bronzekannen, Marburg 1979. BJb 183, 1983, 792–796.

K. Hitzl
1983 Bronzene Applik vom Hals eines Volutenkraters in Mainz. AA 1983, 5–11.

303

U. Höckmann
1982   Die Bronzen aus dem Fürstengrab von Castel San Mariano bei Perugia, München 1982.
1993   Etruskische und italische Bronzen, in: Antike in Wiesbaden. Griechische und italische Antiken der Sammlung Nassauischer Altertümer im Museum Wiesbaden, Wiesbaden 1993, 47–49.

E. Hofstetter
1990   Sirenen im archaischen und klassischen Griechenland (Beiträge zur Archäologie, 19), Würzburg 1990.

E. Hostetter
1979   Warriors from Spina, in: Atti Lausanne 1979, 141–156.
1986   Bronzes from Spina. I The figural classes: Tripod, kraters, basin, cista, protome, utensil stands, candelabra and votive statuettes, Mainz 1986.

P. H. G. Howes Smith
1984   Bronze Ribbed Bowls from Central Italy and Etruria. Import and Imitation. BABesch 59.2, 1984, 73–107.

S. Hummel
1983   Die etruskische Sammlung im Museum des Kunsthandwerks in Leipzig. AA 1983, 1–4.

L. Husty
1990   Ein neuer etruskischer Gefäßtyp aus der frühlatènezeitlichen Adelsnekropole Bescheid „Bei den Hübeln", Kreis Trier-Saarburg. TrZ 53, 1990, 7–54.

ILLRP
Inscriptiones Latinae Liberae Rei Publicae, ed. A. Degrassi, I–II, Firenze 1957–1963.

ILS
Inscriptiones Latinae Selectae, ed. H. Dessau, 1892–1916.

Isernia
1980   Sannio. Pentri e Frentani dal VI al I sec. a. C. Catalogo della mostra, Roma 1980.

H. P. Isler
1970   Acheloos. Eine Monographie, Bern 1970.

A. Jandolo
1938   Le memorie di un antiquario, Milano 1938².

J.-R. Jannot
1984   Les reliefs archaïques de Chiusi (Coll. Éc. Franç. Rome, 71), Roma 1984.
1993   Insignia potestatis. Les signes du pouvoir dans l'iconographie de Chiusi, in: Atti Chianciano 1993, 217–237.

A. Jatta
1904   Avanzi della prima età del ferro nelle Murge baresi. BPI 30, 1904, 32–79.

J. e L. Jehasse
1973   La nécropole préromaine d'Aleria (1960–1968), XXV suppl. Gallia, Paris 1973.

Jerusalem
1991   Italy of the Etruscans, Mainz am Rhein 1991.

A. Jockenhövel
1995   Die «Burg» bei Dietzhölztal-Rittershausen, Lahn-Dill-Kreis: Residenz eines frühkeltischen «Fürsten»?, in: Eisenland. Zu den Wurzeln der nassauischen Eisenindustrie, Ausstellungskatalog, hrsg. B. Pinsker, Wiesbaden 1995, 123–141.

W. Johannowsky
1983   Materiali di età arcaica dalla Campania (Monumenti antichi della Magna Grecia, IV), Napoli 1983.
1992   Problemi riguardanti la situazione culturale della Campania interna in rapporto con le zone limitrofe fra il sesto sec. a. C. e la conquista romana, in: Atti Benevento 1992, 257–276.
1994   Appunti sulla cultura di Capua nella prima età del ferro, in: Atti Salerno 1994, 83–110.
1996   Intervento in discussione, in: Atti Taranto 1996, 617–619.

M. A. Johnstone
1937   Etruscan Collections in the Royal Scottish Museum, Edinburgh and the National Museum of Antiquities of Scotland, Edinburgh. StEtr 11, 1937, 387–406.

V. Jolivet
1995   Un foyer d'hellenisation en Italie centrale et son rayonnement (IV–III s. av. J. C.). Préneste et la diffusion des strigiles inscrits en grec, in: Sur le pas des Grecs en Occident. Hommages à A. Nickels (Études massaliètes, 4), Marseille 1995, 445–458.

H. Jucker
1961   Das Bildnis im Blätterkelch. Geschichte und Bedeutung einer römischen Porträtform, Lausanne und Freiburg 1961.
1966   Bronzehenkel und Bronzehydria in Pesaro. StOliv 13–14, 1966, 1–128.
1970   Etruscan Votiv Bronzes of Populonia, in: Cambridge 1970, 195–219.

I. Jucker
1988   Bemerkungen zu einigen etruskischen Klappspiegeln. RM 95, 1988, 1–39.

M. Junkelmann
2000   Römische Helme (Sammlung A. Guttmann VIII), Berlin 2000.

F. Jurgeit
1986   «Cistenfüsse» etruskischer und praenestiner Bronzewerkstätten (Le ciste prenestine II), Roma 1986.
1990a   Hellenistische Greifenköpfe aus Todi, in: Atti Berlino 1990b, 377–378.
1990b   Fragmente eines etruskischen Rundthrones in Karlsruhe. RM 97, 1990, 1–32.
1990c   Su un vaso falisco a Karlsruhe, in: Atti Civita Castellana 1990, 103–108.
1999   Die etruskischen und italischen Bronzen sowie Gegenstände aus Eisen, Blei und Leder im Badischen Landesmuseum Karlsruhe, Pisa / Roma 1999.

H.-M. v. Kaenel
1991   Cinturoni, in: Forentum II. L'acropoli in età classica, a cura di A. Bottini, M. P. Fresa, Venosa 1991, 103–106.

1992 I cinturoni, in: Laos II. La tomba a camera di Marcellina, a cura di E. Greco, P. G. Guzzo (Magna Grecia 7), Taranto 1992, 35–58.

1993 Cinturoni, in: Armi. Gli strumenti della guerra in Lucania. Catalogo della mostra, a cura di A. Bottini, Bari 1993, 181–183, 189–191, 195–196, 205–207.

Karlsruhe
1980 Kunst und Kultur Sardiniens vom Neolithikum bis zum Ende der Nuraghenzeit, Karlsruhe 1980.

A. Kaufmann-Heinimann
1977 Die römischen Bronzen der Schweiz. I. Augst und das Gebiet der Colonia Augusta Raurica, Mainz am Rhein 1977.

D. Kent Hill
1942 Wine Ladles and Strainers from Ancient Times. JWaltersArtGal 5, 1942, 41–56.

1949 Catalogue of Classical Bronze Sculpture in the Walters Art Gallery, Baltimore 1949.

1976 Greek and Roman Metalware. A Loan Exhibition, The Walters Art Gallery, Baltimore 1976.

J. H. C. Kern
1957 An Etruscan Bronze Discus-thrower of the 5th Century BC. OudhMeded 38, 1957, 45–53.

K. Kilian
1974 Zu den früheisenzeitlichen Schwertformen der Apenninhalbinsel, in: Müller-Karpe 1974, 33–80.

1975 Fibeln in Thessalien von der mykenischen bis zur archaischen Zeit (PBF XIV, 2), München 1975.

W. Kimmig
1988 Das Kleinaspergle, Stuttgart 1988.

E. Kistler
2001 Thronende vor üppig beladener Tafel – orientalisierende "Fürsten" in Chiusi, in: Zona archeologica. Festschrift für Hans-Peter Isler, Bonn 2001, 219–238.

O. Klindt-Jensen
1950 Foreign Influences in Denmark's Early Iron Age. ActaArch 20, 1949 [1950], 1–229.

H. Klumbach
1937 Tarentiner Grabkunst, Reutlingen 1937.

1940 Etruskischer Goldanhänger im Zentralmuseum für Deutsche Vor- und Frühgeschichte. StEtr 14, 1940, 427–430.

K. Knoll et alii
1993 Die Antiken im Albertinum. Staatliche Kunstsammlungen Dresden. Skulpturensammlung, Mainz am Rhein 1993.

G. Körte
1917 Göttinger Bronzen, Berlin 1917.

E. Kotera-Feyer
1993 Die Strigilis, Frankfurt am Main 1993.

I. Krauskopf
1981 Etruskische und griechische Kannen der Form VI im 5. Jh., in: Atti Mannheim 1981, 146–155.

1987 Todesdämonen und Totengötter im vorhellenistischen Etrurien, Firenze 1987.

1992 Il ciclo delle metope del primo thesaurós della Foce del Sele e l'Etruria. AttiMemMagnaGr 3. s., I, 1992, 219–231.

1995 Schnabelkannen und Griffphialen aus Bronze und Ton. AA 1995, 501–526.

D. Krauße
1996 Hochdorf III. Das Trink- und Speiseservice aus dem späthallstattzeitlichen Fürstengrab von Eberdingen-Hochdorf (Kr. Ludwigsburg), Stuttgart 1996.

M. Krumme
1989 Kunst und Archäologie. Die Sammlung Brommer, Berlin 1989.

V. Kruta
1990 I Celti, in: Italia omnium terrarum alumna, a cura di G. Pugliese Carratelli, Milano 1990, 263–311.

H. Külb
1836 Fr. Lehne, Gesammelte Schriften, hrsg. H. Külb, I–III, Mainz 1836–1838.

H. Küthmann
1956 Etruskisches Kunsthandwerk (Bilderhefte des RGZM), Mainz 1956.

H. Kusel
1917 Die Neuerwerbungen des Hamburgischen Museums für Kunst und Gewerbe. II. Italisches. AA 1917, 72–79.

H. Kyrieleis
1985 Ausgrabungen im Heraion von Samos 1980–1981. AA 1985, 404–450.

R. Lambrechts
1978 Les miroirs étrusques et prénestins des Musées Royaux d'Art et d'Histoire à Bruxelles, Bruxelles 1978.

M. Landolfi
1987 Presenze galliche nel Piceno a sud del fiume Esino, in: Atti Bologna 1987, 443–458.

1990 I Piceni, in: Italia omnium terrarum alumna, a cura di G. Pugliese Carratelli, Milano 1990, 313–372.

E. La Rocca
1990 Linguaggio artistico e ideologia politica a Roma in età repubblicana, in: Roma e l'Italia. Radices Imperii, Milano 1990, 287–495.

V. La Rosa
1991 Le popolazioni della Sicilia: Sicani, Siculi, Elimi, in: Italia omnium terrarum parens, a cura di G. Pugliese Carratelli, Milano 1991, 3–110.

P. Lebel, S. Boucher
1975 Bronzes figurés antiques (grecs, étrusques et romains), Autun 1975.

Lecce
1990 Archeologia dei Messapi. Catalogo della mostra, a cura di F. D'Andria, Bari 1990.

S. Lehman
1988   Ptolemaios III. Euergetes – Hermes Enagonios als Pentathlos und Pankratiast, in: Griechische und römische Statuetten und Großbronzen. Akten der 9. Tagung über antike Bronzen, Wien 1988, 290–301.

M. Lenerz-de Wilde
1991   Iberia celtica. Archäologische Zeugnisse keltischer Kultur auf der Pyrenäenhalbinsel, Stuttgart 1994.

Leningrado
1990   Gens antiquissima Italiae. Antichità dall'Umbria a Leningrado. Catalogo della mostra, a cura di F. Roncalli, Perugia 1990.

F. Le Roux
1959   Documents inédits ou peu connus. Ogam 11, 1959, 346–349.

D. Levi
1931   Chiusi. Esplorazioni sul Colle di Poggio Renzo. NSc 1931, 196–236.

B. Limata
1995   Su alcuni pendagli in bronzo da Pompei, in: Studi sulla Campania preromana, a cura di M. Cristofani, F. Zevi, Roma 1995, 99–103.

LIMC
        Lexicon Iconographicum Mythologiae Classicae, Zürich / München 1981–1997.

L. Lindenschmit d. Ä.
1858   Die Altertümer unserer heidnischen Vorzeit. I, Mainz 1858.
1870   Die Altertümer unserer heidnischen Vorzeit. II, Mainz 1870.
1881   Die Altertümer unserer heidnischen Vorzeit. III, Mainz 1881.

L. Lindenschmit d. J.
1889   Das Römisch-Germanische Central-Museum in bildlichen Darstellungen aus seinen Sammlungen, Mainz 1889.
1900   Die Altertümer unserer heidnischen Vorzeit. IV, Mainz 1900.
1911   Die Altertümer unserer heidnischen Vorzeit. V, Mainz 1911.
1927   Erinnerungen als Randverzierungen zum Charakterbild Ludwig Lindenschmits und zur Geschichte seines Lebenswerkes, in: Festschrift zur Feier des fünfundsiebzigjährigen Bestehens des Römisch-Germanischen Central-Museums zu Mainz, Mainz 1927, 53–88.

F. v. Lipperheide
1896   Antike Helme, München 1896.

A. Lippert
1994   Amulettschmuck der frühen Eisenzeit aus Italien. MAnthrWien 123–124, 1993–1994 (Festschrift K. Kromer), 151–174.

Lisboa
1995   Um gosto privado. Um olhar publico. Doaçoes. D. Luis Bramao, Bustorff Silva, Barros e Sa. Catalogo della mostra, Lisboa 1995.

Livorno
1997   Dal bronzo al ferro. Il II millennio a. C. nella Toscana centro-occidentale. Catalogo della mostra, a cura di A. Zanini, Pisa 1997.

G. Lloyd Morgan
1986   Some Bronze Janiform Animal Figures, in: Atti Londra 1986, 47–51.

D. Lollini
1976   Sintesi della civiltà picena, in: Atti Dubrovnik 1976, 117–155.
1977   La civiltà picena, in: Popoli e civiltà dell'Italia antica 5, Roma 1977, 109–195.
1985   Rapporto tra area romagnola e picena nel VI–IV sec. a. C., in: La Romagna tra VI e IV sec. a. C. nel quadro della protostoria dell'Italia centrale. Atti del convegno, Bologna 1985, 323–350.
1989   Museo Archeologico Nazionale delle Marche. Sezione protostorica, a cura di D. Lollini, Roma 1989.

F. G. Lo Porto
1992   Metaponto (Matera). Rinvenimenti nella città antica e nel suo retroterra ellenizzato. NSc 1988–1989 [1992], 299–441.

F. Lo Schiavo
1970   Il gruppo liburnico-japodico. Per una definizione nell' ambito della protostoria balcanica. MemLinc s. VIII, vol. 14, 1969–1970, 363–525.
1980   Le fibule di bronzo [da Francavilla Marittima]. AttiMemMagnaGr 18–20, 1977–1979 [1980], 94–109.
1984   Le fibule di bronzo [da Francavilla Marittima]. AttiMemMagnaGr 24–25, 1983–1984 [1984], 111–156.
1985   Economia e società nell'età dei nuraghi, in: Ichnussa. La Sardegna dalle origini all'età classica, a cura di G. Pugliese Carratelli, Milano 1985, 253–347.

F. Lo Schiavo, D. Ridgway
1987   La Sardegna e il Mediterraneo occidentale allo scorcio del II millennio, in: Atti Cagliari 1987, 391–418.

N. Lucentini
1991   Colli del Tronto (AP), località Colle Vaccaro: tomba picena, in: Scavi e ricerche nelle Marche. Introduzione alla mostra, a cura di M. Luni, Urbino 1991, 23.
1999   Fonti archivistiche per la civica collezione archeologica di Ascoli Piceno. Picus 19, 1999, 139–178.
2000   Prima della Salaria: testimonianze protostoriche della valle del Tronto, in: La via Salaria in età antica. Atti del Convegno di studi, a cura di E. Catani, G. Paci, Roma 2000, 293–329.

G. Lugli
1928   Circeii (Forma Italiae I, 2,1), Roma 1928.

R. Lullies, W. Schiering
1988   Archäologenbildnisse. Porträts und Kurzbiographien von Klassischen Archäologen deutscher Sprache, Mainz am Rhein 1988.

E. Macnamara
1986   The Construction of Some Etruscan Incense-Burners and Candelabra, in: Atti Londra 1986, 81–98.

G. Maetzke
1957   Per un Corpus dei bronzetti etruschi. La collezione del Museo Archeologico Nazionale di Chiusi. StEtr 25, 1957, 489–523.

F. Magi
1941   La raccolta Benedetto Guglielmi nel Museo Gregoriano Etrusco. II. Bronzi e oggetti vari, Città del Vaticano 1941.

Mainz
1952   100 Jahre Römisch-Germanisches Zentralmuseum Mainz, Mainz 1952.
1988   Antike Helme. Sammlung Lipperheide und andere Bestände des Antikenmuseums Berlin, Mainz 1988.

M. G. Maioli, A. Mastrocinque
1992   La stipe di Villa di Villa e i culti degli antichi Veneti, Roma 1992.

L. Malnati
1999   Un elmo con calotta carenata e gola dal Museo Archeologico Nazionale di Venezia e il problema degli elmi dei Veneti, in: Koiná. Miscellanea di studi archeologici in onore di Piero Orlandini, a cura di M. Castoldi, Milano 1999, 245–254.
2000   L'età del Ferro nel bacino centro-settentrionale dell' Adriatico, in: Hesperia 12, a cura di L. Braccesi (Roma 2000), 65–87.

D. Manconi, M. C. De Angelis
1987   Il santuario di Ancarano di Norcia. DialA 3. s., 5, 1985, 17–27.

E. Mangani
1985   Le fabbriche di specchi nell'Etruria settentrionale. BArte 77, 1985, 21–40.
2000   I materiali del Museo Nazionale Preistorico-Etnografico "Luigi Pigorini" provenienti dal territorio dell' Aquila, in: Roma 2000, 166–182.

Mannheim
1996   Italien vor den Römern. Aus der Antikensammlung des Reiss-Museums Mannheim, a cura di K. v. Welck, R. Stupperich, Dresden 1996.

G. A. Mansuelli
1947   Bronzetti inediti del Museo Civico di Bologna. StEtr 19, 1946–1947, 315–329.

P. Marconi
1933   La cultura orientalizzante del Piceno. MonAnt 35, 1933, 265–454.

Z. Mari
1996   Insediamenti arcaici nella Sabina meridionale, in: Identità e civiltà dei Sabini. Atti del XVIII Convegno di Studi Etruschi e Italici, Firenze 1996, 297–323.

L. Mariani
1901   Aufidena. Ricerche storiche ed archeologiche nel Sannio settentrionale. MonAnt 10, 1901, 225–632.

L. Marinelli
1998   "Meine ... alten und dreckigen Götter". Aus Sigmund Freuds Sammlung, Katalog zur Ausstellung, hrsg. L. Marinelli, Frankfurt am Main 1998.

A. Marinetti
1985   Le iscrizioni sudpicene. I. I testi, Firenze 1985.

M. Martelli
1976   Recensione di A. Emiliozzi, La collezione Rossi-Danielli nel Museo Civico di Viterbo, Roma 1974. Prospettiva 4, 1976, 42–49.
1983   Il «Marte» di Ravenna. Xenia 6, 1983, 25–36.
1987   La ceramica degli Etruschi. La pittura vascolare, a cura di M. Martelli, Novara 1987.
1988   La cultura artistica di Vulci arcaica, in: Roma 1988, 22–28.
1992   Festa etrusca, in: Kotinos. Festschrift für Erika Simon, Mainz am Rhein 1992, 342–346.
1995   Circolazione dei beni suntuari e stile del potere nell'orientalizzante, in: Viaggi e commerci nell'antichità. Atti VII giornata archeologica, Genova 1995, 9–26.

F. Marzatico
1992   Il gruppo Fritzens-Sanzeno, in: Metzger, Gleirscher 1992, 213–246.

D. Marzoli
1991   Etruskische Bronzekannen in Spanien. MM 32, 1991, 86–93.

B. Massabò, L. Ricciardi
1988   Il tempio, l'altare e il deposito votivo. BArte 48, 1988, 27–40.

A. Massi Secondari
1977   Il Museo Civico di Tolentino, Perugia 1977.
1988   Le fibule del Museo Civico di Macerata. AnnPerugia 23, 1985–1986 [1988], 173–193.

Matera
1976   Il Museo Nazionale Ridola di Matera, Matera 1976.

G. Matthies
1912   Die pränestinischen Spiegel, Strasbourg / Göttingen 1912.

M. Matteini Chiari
2000   Il santuario italico di San Pietro di Cantoni di Sepino, in: Roma 2000, 280–291.

E. Mattiocco, F. van Wonterghem
1989   Dalla villa di Ovidio al santuario di Ercole, Sulmona 1989.

Q. Maule
1977   A Near-classical Sculptural Style in Italy. AJA 81, 1977, 487–505.
1988   The Monteguragazza Style. StEtr 54, 1986 [1988], 61–74.
1991   The Master of Florence Warrior 586. StEtr 57, 1991, 54–63.
1993   Etrusco-Italian Bronzes: the Todi Workshop. StEtr 58, 1992 [1993], 75–88.
1994a   The Strong Jaw Master. RM 101, 1994, 33–42.
1994b   Regional Styles: the Valley of the Esino. StEtr 59, 1993 [1994], 87–101.

A. Mazzocchi
1997 Bronzetti votivi a figura umana di età arcaica di Roma e del Lazio, in: Miscellanea etrusco-italica II (Quad-AEI 26), Roma 1997, 129–185.

E. de Meester de Ravestein
1884 Musée de Ravestein, Bruxelles 1884.

Melfi
1993 Armi. Gli strumenti della guerra in Lucania. Catalogo della mostra, a cura di A. Bottini, Bari 1993.

P. Melli
1999 Nuovi scavi nel complesso di Santa Maria in Passione a Genova. RStLig 63–64, 1997–1998 [1999], 161–186.

W. Menghin
1983 Sammlungs- und Forschungsgeschichte, in: Die Vor- und Frühgeschichtliche Sammlung des Germanischen Nationalmuseums, Nürnberg 1983, 7–48.

H. Menzel
1959 Zwei etruskische Kopfgefässe im Römisch-Germanischen Zentralmuseum. JbZMusMainz 6, 1959, 110–114.

E. v. Mercklin
1935 Neuerwerbungen der antiken Abteilung im Hamburgischen Museum für Kunst und Gewerbe. AA 1935, 70–159.

M. Merkel Guldan
1988 Die Tagebücher von Ludwig Pollak. Kennerschaft und Kunsthandel in Rom 1893–1934, Wien 1988.

F. Messerschmidt
1928 Untersuchungen zum Mars von Todi. RM 43, 1928, 147–164.

I. R. Metzger, P. Gleirscher
1992 Die Räter – I Reti, a cura di I. R. Metzger, P. Gleirscher, Bolzano 1992.

M. Micozzi
1988 Dischi bronzei del Museo Nazionale de L'Aquila. Prospettiva 49, 1987 [1988], 47–52.
1991 Recensione di R. Papi, Dischi-corazza abruzzesi a decorazione geometrica nei musei italiani, Roma 1990. Prospettiva 63, 1991, 88–92.
2000 Situle bronzee con attacchi configurati: un'applique da Cerveteri, in: Damarato. Studi di antichità classica offerti a Paola Pelagatti, Milano 2000, 172–180.

Milano
1986 Gli Etruschi di Tarquinia. Catalogo della mostra, a cura di M. Bonghi Jovino, Modena 1986.

P. Mingazzini
1932 Fiesole. Edicola e stipe votiva rinvenuta nella villa di proprietà Marchi. NSc 1932, 442–481.

A. Minto
1921 Marsiliana d'Albegna. Le scoperte archeologiche del principe Don Tommaso Corsini, Firenze 1921.
1943 Populonia, Firenze 1943.

D. G. Mitten
1975 Classical Bronzes. Museum of Art Rhode Island School of Design, Providence 1975.

M. Moltesen, M. Nielsen
1996 Ny Carlsberg Glyptothek. Etruria and Central Italy, Copenhagen 1996.

D. Monacchi
1988 Nota sulla stipe votiva di Grotta Bella (Terni). StEtr 54, 1986 [1988], 75–99.

O. Montelius
1895– La civilisation primitive en Italie depuis l'introduction
1910 des metaux, Stockholm 1895–1910.

J. P. Morel
1981 Céramique campanienne: les formes (BEFAR, 244), Roma 1981.

M. Moretti, A. M. Sgubini Moretti
1983 I Curunas di Tuscania, a cura di M. Moretti, A. M. Sgubini Moretti, Roma 1983.

C. Morigi Govi
1971 Il tintinnabulo della «tomba degli Ori» dell'Arsenale militare di Bologna. ArchCl 23, 1971, 211–235.

O. Morra
1979 Tolfa. Profilo storico e guida illustrativa, Civitavecchia 1979.

G. Muffatti
1969 Problemi e testimonianze della città etrusca di Marzabotto. L'instrumentum in bronzo. StEtr 37, 1969, 247–272.

H. Müller-Karpe
1959 Beiträge zur Chronologie der Urnenfelderzeit nördlich und südlich der Alpen (RGF 22), Berlin 1959.
1961 Die Vollgriffschwerter der Urnenfelderzeit aus Bayern, München 1961.
1974 Beiträge zu italienischen und griechischen Bronzefunden (PBF XX, 1) hrsg. H. Müller-Karpe, München 1974.

München
1908 Sammlung Professor Dr. Jul. Naue: Keramik, figürliche Terrakotten, Marmorbildwerke, Bronze- und Edelmetallarbeiten der vorgeschichtlichen Zeit und des klassischen Altertums. Auktion München, Galerie Helbing, den 19. Mai 1908, München 1908.
1910 P. Arndt, Kunstbesitz eines bekannten norddeutschen Sammlers IV. Abteilung: Antike Bronzen und Keramik. Auktion München, Galerie Helbing, am 22. Februar 1910, München 1910.
1918 Katalog der Sammlungen Ludwig Marx – Mainz, Albert Sieck – München, München 1918.

O. W. Muscarella
1974 Ancient Art. The Norbert Schimmel Collection, ed. O. W. Muscarella, Mainz 1974.

A. Naso
1993 Un corredo funerario etrusco da Torrimpietra e gli affibbiagli bronzei a traverse interne. ArchCl 44, 1992 [1993], 1–49.

1996 Architetture dipinte. Decorazioni parietali non figurate nelle tombe a camera dell'Etruria meridionale
(VII–V secolo a. C.) (Bibliotheca Archaeologica, 18),
Roma 1996.
2000a I Piceni. Storia e archeologia delle Marche in epoca
preromana, Milano 2000.
2000b Materiali etruschi e italici nell'Oriente mediterraneo,
in: Atti Taranto 2000, 185–205.
2000c Etruskische und italische Weihungen in der Ägäis:
Altbekannte und neue Funde, in: Die Ägäis und das
westliche Mittelmeer. Beziehungen und Wechselwir-
kungen 8. bis 5. Jh. v. Chr., Akten des Symposions,
Wien 2000, 157–163.
2001 Reflexe des griechischen Wunders in Etrurien, in: Gab
es das Griechische Wunder? Akten des Symposions,
hrsg. D. Papenfuß, V. M. Strocka, Mainz am Rhein
2001, 317–326.
2002 a Carrelli cultuali metallici nell'Italia preromana, in:
Sformate immagini di bronzo. Il carrello di Lucera tra
VIII e VII secolo a.C., a cura di L. Pietropaolo, Foggia 2002, 87–119.
2002 b Il deposito votivo di Fontana Liscia, in: AnnFaina IX,
2002, 343–376.

J. Naue
1896 Armi italiane della collezione Naue in Monaco. BPI
22, 1896, 94–104.

K. A. Neugebauer
1922 Erwerbungen der Antiken-Sammlung in Deutschland.
Berlin. AA 1921–1922, 59–119.
1923 Vulcenter Bronzeindustrie. AA 1923–1924, 302–326.
1923–24 Reifarchaische Bronzevasen mit Zungenmuster.
RM 38–39, 1923–1924, 341–440.
1924 Archaisch-etruskische Weihrauchständer. BerlMus 45,
1924, 28–35.
1936 Kohlenbecken aus Clusium und Verwandtes. RM 51,
1936, 181–211.
1943 Archaische vulcenter Bronzen. JdI 58, 1943, 206–278.

New York
1987 Antiquities from the Collection of Christos G. Bastis,
ed. E. Swan Hall, New York 1987.
1991 Gens antiquissima Italiae. Antichità dell'Umbria a
New York. Catalogo della mostra, a cura di F. Roncalli,
Perugia 1991.

Off.da
1977 I materiali della collezione Allevi raccolti nel Museo
Civico di Offida, Offida 1977.

M. Ohly-Dumm
1975 Attische Vasenbilder ..., München 1975.

P. Orsi
1926 Le necropoli preelleniche calabresi di Torre Galli e
di Canale, Janchina, Patariti. MonAnt 31, 1926, 1–375.

M. Pacciarelli
1999a Torre Galli. La necropoli della prima età del ferro (scavi
Paolo Orsi 1922–23), Soveria Mannelli 1999.
1999b La necropoli protostorica di Castellace e considerazioni sui processi culturali dei secoli XII–X a.C., in:
Oppido Mamertina (Calabria, Italia). Ricerche archeologiche nel territorio e in contrada Mella, a cura di L.
Costamagna, P. Visonà, Roma 1999, 35–80.

Padova
2000 Bronzi antichi del Museo Archeologico di Padova.
Catalogo della mostra, a cura di G. Zampieri, B. Lavarone, Roma 2000.

Paestum
1996 I Greci in Occidente. Poseidonia e i Lucani. Catalogo
della mostra, a cura di M. Cipriani, F. Longo, Napoli
1996.

M. Pandolfini
1987 Considerazioni sulle iscrizioni etrusche di Bolsena su
instrumentum. MEFRA 99.2, 1987, 621–633.

S. Panichelli
1990 Le sepolture bolognesi dell'VIII sec. a. C., in: Miscellanea protostorica, a cura di G. L. Carancini, Roma 1990,
189–408.

T. Panke
1998 Altertumskunde zwischen Fortschritt und Beharrung:
Ludwig Lindenschmit d. Ä. (1809–1893) in seiner Zeit.
JbZMusMainz 45, 1998, 711–773.

M. Paoletti
1991 L'insediamento di Amplero e la Vallelonga, in: Atti
Avezzano 1991, 299–321.

G. Paolucci
1991 La collezione Terrosi nel Museo Civico di Chianciano
Terme, Chianciano Terme 1991.
1999 Il confine settentrionale del territorio di Orvieto e i
rapporti con Chiusi, in: AnnFaina VI, 1999, 281–295.
2000 Prime considerazioni sulla necropoli di Tolle presso
Chianciano Terme, in: AnnFaina VII, 2000, 219–248.

G. Paolucci, A. Rastrelli
1999 Chianciano Terme I. Necropoli della Pedata (tomba
1–21). Necropoli di via Montale (tombe 2–24), Chianciano Terme 1999.

R. Papi
1979 Materiali archeologici da Villalfonsina (Chieti). ArchCl
31, 1979, 18–95.
1988 La necropoli di Alfedena e la via d'acqua del Sangro,
in: Atti Villetta Barrea 1988, 137–164.
1990a Dischi-corazza abruzzesi a decorazione geometrica
nei musei italiani (Tyrrhenica 2), Roma 1990.
1990b L'Abruzzo settentrionale tra VIII e V secolo a. C., in:
Antica terra d'Abruzzo I, a cura di G. Grossi, L'Aquila
1990, 107–219.
1991 La produzione metallurgica in area fucense tra VIII e
VI secolo a. C., in: Atti Avezzano 1991, 238–252.
1992 Riflessi della grande arte nella piccola plastica votiva
italica. Nota preliminare. ArchCL 43, 1991 [1992],
1054–1064.
1996 Produzione metallurgica e mobilità nel mondo italico,
in: La tavola di Agnone nel contesto italico, a cura di
L. Del Tutto Palma, Firenze 1996, 89–128.
2000 Continuità e trasformazione dell'ideologia militare nei
territori sabellici medioadriatici, in: Roma 2000, 138–
165.

Ch. F. E. Pare
1992　Ein zweites Fürstengrab von Aspremont- «La Motte aux Fées» (Arr. Vesoul, Dép. Haute-Saône). Untersuchungen zur Späthallstattkultur im französischen Raum. JbZMusMainz 36, 1989 [1992], 411–472.

L. Pareti
1947　La tomba Regolini-Galassi del Museo Gregoriano Etrusco e la civiltà dell'Italia centrale nel VII sec. a. C., Città del Vaticano 1947.

R. Paribeni
1906　Necropoli del territorio capenate. MonAnt 16, 1906, 277–490.

Paris
1968　L'art étrusque (Galerie Borowski), Paris 1968.
1987　Trésors des princes celts, Paris 1987.
1989　Les bronzes antiques de Paris. Collections du Musée Carnavalet, a cura di Ph. Velay, Paris 1989.
1992　Gli Etruschi e l'Europa. Catalogo della mostra, Milano 1992.

F. Parise Badoni, M. Ruggeri Giove
1980　Alfedena. La necropoli di Campo Consolino, Chieti 1980.

E. Paschinger
1992　Die etruskische Todesgöttin Vanth, Wien 1992.

P. Pascucci
1990　I depositi votivi paleoveneti. Per un'archeologia del culto (ArchVeneta 13), Padova 1990.

P. Pelagatti
2000　Sulla dispersione del patrimonio archeologico: le ragioni di un secondo incontro e il caso Sicilia, in: Antichità senza provenienza II. Atti del colloquio internazionale, Suppl. al Bollettino d'Arte 101–102, 1997 [2000], 9–28.

E. Pellegrini
1999　Insediamenti preistorici e città etrusche nella media valle del fiume Fiora. Guida al Museo Civico Archeologico di Pitigliano, a cura di E. Pellegrini, Pitigliano 1999.

G. Pellegrini
1896　Canino. NSc 1896, 286–288.
1903　Tombe greche arcaiche … di Cuma. MonAnt 13, 1903, 204–294.

E. Percossi Serenelli
1989　La civiltà picena. Ripatransone: un museo, un territorio, Ripatransone 1989.
1992　La tomba di S. Egidio di Tolentino nella problematica dell'orientalizzante piceno, in: La civiltà picena nelle Marche. Studi in onore di Giovanni Annibaldi, Ripatransone 1992, 140–177.

R. Peroni
1975　Studi sulla cronologia delle civiltà di Este e Golasecca, Firenze 1975.
1976　La «koiné» adriatica e il suo processo di formazione, in: Atti Dubrovnik 1976, 95–115.
1979　Osservazioni sulla cronologia della prima età del ferro nell'Italia continentale, in: Bianco Peroni 1979, 192–200.

1989　Protostoria dell'Italia continentale. La penisola italiana nelle età del bronzo e del ferro, in: Popoli e civiltà dell'Italia antica, 9, Roma 1989.
1991　Enotri, Ausoni, Itali e altre popolazioni dell'estremo sud d'Italia, in: Italia omnium terrarum parens, a cura di G. Pugliese Carratelli, Milano 1991, 113–189.

H. Pflug
1988　Franz v. Lipperheide Verleger, Sammler und Mäzen, in: Mainz 1988, 1–7.

M. Pfrommer
1983　Italien, Makedonien, Kleinasien. Interdipendenz spätklassischer und frühhellenistischer Toreutik. JdI 98, 1983, 235–285.

P. Piana Agostinetti
1997　Il torques con terminazioni ad anello tra mondo italico e mondo celtico, in: Etrusca et Italica. Scritti in ricordo di Massimo Pallottino, Roma / Pisa 1997, 497–514.

R. Pincelli, C. Morigi Govi
1975　La necropoli villanoviana di San Vitale, Bologna 1975.

Piombino
1989　Il patrimonio disperso. Reperti archeologici sequestrati dalla Guardia di Finanza. Catalogo della mostra, a cura di A. Romualdi, Roma 1989.

B. Pitlik
1989　Etruskische und italische figürliche Kleinbronzen aus der Antikensammlung des Kunsthistorischen Museums Wien, in: Akten des 3. Österreichischen Archäologentages (Innsbruck 1987), Wien 1989, 153–159.

E. Pochmarski
1988　Zwei neue etruskische Klappspiegelreliefs mit dionysischer Gruppe. AA 1988, 487–499.

L. Pollak
1906　Catalogo della collezione oggetti di scavo del fu Prof. Prospero Sarti, Roma 1906.
1994　Römische Memoiren. Künstler, Kunstliebhaber und Gelehrte 1893–1943, hrsg. M. Merkel Guldan, Roma 1994.

G. Pontiroli
1974　Catalogo della sezione archeologica del Museo Civico «Ala Ponzone» di Cremona, Milano 1974.

A. Pontrandolfo, A. Rouveret
1990　Le tombe dipinte di Paestum, Modena 1990.

A. Pontrandolfo, L. Tomay, R. Donnarumma
1994　Modelli di organizzazione in età arcaica attraverso la lettura della necropoli di Fratte, in: Atti Salerno 1994, 453–484.

F. Poulsen
1927　Aus einer alten Etruskerstadt, Copenhagen 1927.

F. Prendi
1976　Un aperçu sur la civilisation de la première période du fer en Albanie, in: Atti Dubrovnik 1976, 155–175.

M. Primas
1992 Grab 119 aus Giubiasco und die Romanisierung der Poebene, in: Festschrift zum 50jährigen Bestehen des Institutes für Ur- und Frühgeschichte der Leopold-Franzens-Universität Innsbruck, hrsg. A. Lippert, K. Spindler, Bonn 1992, 473–483.

M. Princ
1975 Helme der jüngeren Hallstattzeit und der Latènezeit in Mitteleuropa. PamA 66. 2, 1975, 344–382 (deutsche Zusammenfassung 375–380).

G. Proietti
1980 Il Museo Nazionale Etrusco di Villa Giulia, a cura di G. Proietti, Roma 1980.

F. Quesada Sanz
1997 Montefortino-type and related Helmets in the Iberian Peninsula: a study in archaeological context, in: L'equipement militaire et l'armement de la République, ed. M. Feugère. Journal of Roman Military Equipment Studies 8, Exeter 1997, 151–166.

K. Raddatz
1990 Tassen frühorientalisierender Zeit aus Vulci (Com. Montalto di Castro, Prov. Viterbo), in: Gedenkschrift für Jurgen Driehaus, hrsg. F. M. Andraschko, W.-R. Teegen, Mainz am Rhein 1990, 235–246.
1998 Über Tonhelme der Villanovakultur Mittelitaliens. JbZMusMainz 43, 1996, 281–325.

A. Rallo
1974 Lasa. Iconografia ed esegesi, Firenze 1974.

B. A. Raev, A. V. Simonenko, M. J. Treister
1995 Etrusco-Italic and Celtic Helmets in Eastern Europe. JbZMusMainz 38.2, 1991 [1995], 465–496.

T. B. Rasmussen
1979 Bucchero Pottery from Southern Etruria, Cambridge 1979.

D. Rebuffat Emmanuel
1962 Ceinturons italiques. MEFR 74, 1962, 335–367.
1966 Agrafes de cinturons samnites au Musée de Saint-Germain. MEFR 78, 1966, 49–65.

REE
Rivista di Epigrafia Etrusca (in StEtr)

P. Reinecke
1907 Die Originalaltertümer in den Sammlungen des Römisch-Germanischen Centralmuseums in Mainz. MainzZ 2, 1907, 40–53.

C. Reusser
1986 Testimonianze d'arte etrusca in collezioni private ticinesi, Lugano 1986.
1988 Etruskische Kunst. Antikenmuseum Basel und Sammlung Ludwig, Basel 1988.

G. M. A. Richter
1915 Greek, Etruscan and Roman Bronzes. The Metropolitan Museum of Art, New York 1915.
1926 Ancient Furniture. A History of Greek, Etruscan and Roman Furniture, Oxford 1926.

1940 The Metropolitan Museum of Art. Handbook of the Etruscan Collection, New York 1940.
1966 The Furniture of the Greeks, Etruscans and Romans, London 1966.

L. Ricciardi
1992 Canino (Viterbo). Il santuario etrusco di Fontanile di Legnisina a Vulci. Relazione delle campagne di scavo 1985 e 1986: l'altare monumentale e il deposito votivo. NSc 1988–1989 [1992], 137–209.

R. Ridella
1994 Alcune note su un elmo preromano atipico da Cuneo. QuadAPiem 12, 1994, 43–52.

V. Rigby, J. Swaddling, M. Cowell
1995 The Blandford Forum Group: are any Etruscan figures true Finds from Great Britain and Eire?, in: Italy in Europe: Economic Relations 700 BC–AD 50, ed. J. Swaddling, S. Walker, P. Roberts (BM Occasional Papers 97), London 1995, 107–130.

R. Righi
1981 Il territorio pontino meridionale: ricerche e rinvenimenti, in: Archeologia Laziale IV (QuadAEI 5), Roma 1981, 198–218.

P. J. Riis
1941 Tyrrhenica, Copenhagen 1941.
1998 Vulcientia vetustiora. A Study of Archaic Vulcian Bronzes, Copenhagen 1998.

S. Ritter
1994 Die Bronzestatuetten des Hercules im Römisch-Germanischen Museum Köln. KölnJbVFrühGesch 26, 1993 [1994], 461–479.
1995 Die antiken Bronzen im Römisch-Germanischen Museum Köln. Die Statuetten aus Köln. KölnJbVFrühGesch 27, 1994 [1995], 317–403.

E. G. D. Robinson
1995 South Italian Bronze Armour, in: Classical Art in the Nicholson Museum, Sydney, ed. A. Cambitoglou, Mainz 1995, 145–165.

C. Rolley
1982 Les vases de bronze de l'archaïsme récent en Grand Grèce, Naples 1982.
1988 Importations méditerranéennes, in: Atti Parigi 1988, 93–101.

Roma
1969 Antiche civiltà d'Abruzzo. Catalogo della mostra, Roma 1969.
1976 Civiltà del Lazio primitivo. Catalogo della mostra, Roma 1976.
1978 I Galli e l'Italia. Catalogo della mostra, Roma 1978.
1981 Prima Italia. L'arte italica del primo millennio a. C. Catalogo della mostra, Roma 1981.
1988 Un artista etrusco e il suo mondo: il Pittore di Micali. Catalogo della mostra, a cura di M. A. Rizzo, Roma 1988.
1990a La grande Roma dei Tarquini. Catalogo della mostra, a cura di M. Cristofani, Roma 1990.

1990b   Archeologia a Roma. La materia e la tecnica nell'arte antica. Catalogo della mostra, a cura di M. R. Di Mino, M. Bertinetti, Roma 1990.
2000   Studi sull'Italia dei Sanniti, Milano 2000.
2001a   Eroi e regine. Piceni, popolo d'Europa. Catalogo della mostra, Roma 2001.
2001b   Città etrusche a confronto. Veio, Cerveteri, Tarquinia. Catalogo della mostra, a cura di A. M. Moretti Sgubini, Roma 2001.

M. Romito
1995   I cinturoni sannitici (Materiae, 4), Salerno 1995.
2000   I cinturoni sannitici, in: Roma 2000, 192–201

A. Romualdi
1981   Catalogo del deposito di Brolio in Val di Chiana, Roma 1981.
1987   La piccola plastica votiva ed i luoghi di culto della Romagna nel periodo arcaico e classico, in: Bologna 1987, 284–301.

F. Roncalli
1965   Le lastre dipinte da Cerveteri, Firenze 1965.
1973   Il «Marte» di Todi. Bronzistica etrusca ed ispirazione classica. MemPontAc s. III, vol. XI, II, 1973.

P. Ruby
1995   Le crépuscule des marges. Le premier âge du Fer à Sala Consilina, Rome, Naples 1995.

E. v. Sacken
1871   Die antiken Bronzen des kaiserlichen königlichen Münz- und Antikenkabinetts in Wien, Wien 1871.

Salerno
1990   Fratte. Un insediamento etrusco-campano. Catalogo della mostra, a cura di G. Greco, A. Pontrandolfo, Modena 1990.

M. Sannibale
1995   Cinturoni italici della collezione Gorga. MEFRA 107.2, 1995, 937–1020.
1998   Le armi della collezione Gorga al Museo Nazionale Romano, Roma 1998.

P. Santoro
1977   Colle del Forno. Loc. Montelibretti (Roma). Relazione di scavo sulle campagne 1971–1974 nella necropoli. NSc 1977, 211–298.
1985   Sequenza culturale della necropoli di Colle del Forno in Sabina. StEtr 51, 1983 [1985], 13–37.

E. Sapouna-Sakellarakis
1978   Die Fibeln der griechischen Inseln (PBF XIV, 4), München 1978.

G. Sassatelli
1987   Un «nuovo» candelabro etrusco da Spina. Aspetti ellenizzanti nella cultura dell'Etruria padana, in: Atti Bologna 1987, 61–87.

L. Savignoni
1897   Di un bronzetto arcaico dell'Acropoli di Atene e di una classe di tripodi di tipo greco-orientale. MonAnt 7, 1897, 277–376.

V. Scarani Ussani
1996   Il significato simbolico dell'hasta nel III periodo della cultura laziale. Ostraka 5, 1996, 321–332.

M. G. Scarpellini
2001   La collezione Vincenzo Funghini nel Museo Archeologico Nazionale di Arezzo, in: Etruschi nel tempo. I ritrovamenti di Arezzo dal '500 ad oggi, catalogo della mostra a cura di S. Vilucchi e P. Zamarchi Grassi, Firenze 2001, 177–241.

M. Scarpignato
1988   Bronzetti votivi da Bettona. AnnPerugia 23, 1985–1986 [1988], 241–255.

U. Schaaff
1969   Versuch einer regionalen Gliederung frühlatènezeitlicher Fürstengräber, in: Marburger Beiträge zur Archäologie der Kelten. Festschrift für W. Dehn zum 60. Geburtstag, hrsg. O.-H. Frey, Bonn 1969, 187–202.
1971   Ein keltisches Fürstengrab von Worms-Herrnsheim. JbZMusMainz 18, 1971, 51–113.
1973   Frühlatènezeitliche Grabfunde mit Helmen vom Typ Berru. JbZMusMainz 20, 1973 [1975], 81–106.
1977   Keltische Eisenhelme aus vorrömischer Zeit. JbZMusMainz 21, 1974 [1977], 149–204.
1981   Zur Frage der keltischen und etruskischen Helme, in: Atti Mannheim 1981, 41–45 (= AKorrBl 11, 1981, 217–221).
1986   JbZMusMainz 33, 1986, 905–906.
1988a   Keltische Helme, in: Mainz 1988, 293–317.
1988b   Etruskisch-römische Helme, in: Mainz 1988, 318–326.

Schaffhausen
1992   Idole, Masken, Menschen. Frühe Kulturen. Alte Welt und Neue Welt, Museum zu Allerheiligen Schaffhausen, Sammlung Ebnöther, Schaffhausen 1992.

P. Schauer
1988   Die kegel- und glockenförmigen Helme mit gegossenem Scheitelknauf der jüngeren Bronzezeit Alteuropas, in: Mainz 1988, 181–194.

W. Schiering
1978   Orientalisierende Kardiophylakes mit Reliefdarstellungen aus dem westlichen Mittelitalien. RM 85, 1978, 1–26.

M. Schindler
1998   Der Depotfund von Arbedo TI und die Bronzedepotfunde des Alpenraums vom 6. bis zum Beginn des 4. Jh. v. Chr., Basel 1998.

W. Schüle
1969   Die Meseta-Kulturen der iberischen Halbinsel (Madrider Forschungen, 3), Berlin 1969.

E. Schumacher
1991   Eine Sammlung italischer Bronzen im Ruhrlandmuseum Essen (Kleine Schriften Marburg 36), Marburg 1991.

K. Schumacher
1890   Beschreibung der Sammlung antiker Bronzen in Karlsruhe, Karlsruhe 1890.

312

1927   Das Römisch-Germanische Central-Museum von
        1901 bis 1926, in: Festschrift zur Feier des fünfund-
        siebzigjährigen Bestehens des Römisch-Germanischen
        Central-Museums zu Mainz, Mainz 1927, 53–88.

E. Schumacher, H. Klumbach
1935   Germanendarstellungen. I. Teil: Darstellungen aus
        dem Altertum, Mainz 1935⁴.

F. Scotto di Freca
1995   Una statuetta con iscrizione osca del British Museum.
        ArchCl 46, 1994 [1995], 355–367.

S. Sebastiani, G. Calzecchi Onesti
1991   Le armi picene a Castel S. Angelo, Roma 1991.

A. M. Sgubini Moretti
2000   La collezione Augusto Castellani, a cura di A. M.
        Sgubini Moretti, Roma 2000.

B. F. Shefton
1979   Die «rhodischen» Bronzekannen (Marburger Studien
        zur Vor- und Frühgeschichte 2), Marburg 1979.
1988   Der Stamnos, in: Kimmig 1988, 104–160.
1992   The Recanati Group. A Study of Some Archaic Bronze
        Vessels in Central Italy and their Greek Antecedents.
        RM 99, 1992, 139–162.

E. J Sheperd
1992   Ceramica acroma, verniciata e argentata, in: Atti Fi-
        renze 1992, 152–178.

T. Sheppard
1941   Bronze-Age Implements in the Mortimer Museum,
        Hull. The North Western Naturalist, March–June
        1941, 9–27 and September 1941, 137–155 (= Hull 1941:
        Hull Museum Publications, 213).

Siena
1985   Case e palazzi d'Etruria. Catalogo della mostra, a cura
        di S. Stopponi, Milano 1985.

A. Silveri Gentiloni
1886   San Ginesio. NSc 1886, 39–48.

E. Simon
1985   Etruskischer Gitterwagen, in: Nachrichten aus dem
        Martin-von-Wagner Museum der Universität Würz-
        burg, hrsg. E. Simon. AA 1985, 296–299.
1992   Era ed Eracle alla Foce del Sele e nell'Italia centrale.
        AttiMemMagnaGr 3. s., I, 1992, 209–218.

N. Spivey
1987   The Micali Painter and His Followers, Oxford 1987.

P. F. Stary
1981   Zur eisenzeitlichen Bewaffnung und Kampfesweise in
        Mittelitalien (ca. 9. bis 6. Jhs. v. Chr.) (Marburger Stu-
        dien zur Vor- und Frühgeschichte 3), Marburg 1981.
1986   Italische Helme des I. Jahrtausende vor Christus, in:
        Atti Londra 1986, 25–36.
1994   Zur eisenzeitlichen Bewaffnung und Kampfweise auf
        der iberischen Halbinsel, Berlin / New York 1994.

S. Steingräber
1979   Etruskische Möbel, Roma 1979.
1980   Zum Phänomen der etruskisch-italischen Votivköpfe.
        RM 87, 1980, 215–253.

H.-G. Stephan
1986   Bronze- und eisenzeitliche Funde aus Mittelitalien in
        der Sammlung des Seminars für Ur- und Frühgeschich-
        te der Universität Göttingen. Die Kunde N. F. 37, 1986,
        197–228.

C. M. Stibbe
1992   Archaic Bronze Hydriai. BABesch 67, 1992, 1–62.
1994a   Eine archaische Bronzekanne in Basel. AntK 37, 1994,
        108–120.
1994b   Between Babyka and Knakion. Three Addenda.
        BABesch 69, 1994, 63–102.
1998   Frauen und Löwen. Eine Untersuchung zu den An-
        fängen der lakonischen Bronzeindustrie. JbZMus-
        Mainz 43, 1996 [1998], 355–381.

P. Strobel
1888   Anelli gemini problematici. BPI 14, 1888, 92–100.
1889   Anelli gemini problematici. BPI 15, 1889, 11–37.

I. Strøm
1986   Decorated Bronze Sheets from a Chair, in: Atti Lon-
        dra 1986, 53–62.
1989   Orientalizing Bronze Reliefs from Chiusi. AnalRom
        17–18, 1989, 8–27.
1990   Die Bronzethronlehne aus Chiusi. Staatliche Museen
        zu Berlin, DDR. Inv. M. I. 8383, in: Atti Berlino 1990a,
        139–142.

D. Stutzinger
2000   Archäologische Reihe. Neuerwerbungen des Museums
        aus den Jahren 1986–1999, hrsg. D. Stutzinger, Frank-
        furt am Main 2000.

M. Suano
1986   Sabellian-Samnite Bronze Belts in the British Museum
        (BM Occasional Papers 57), London 1986.
1991   Alcune osservazioni sui cinturoni in bronzo di tipo
        sannitico, in: Samnium. Archeologia del Molise. Ca-
        talogo della mostra, a cura di S. Capini, A. Di Niro,
        Roma 1991, 135–139.
2000   Il cinturone sabellico-sannita come abbigliamento so-
        ciale, in: Roma 2000, 183–191.

J. Sundwall
1943   Die älteren italischen Fibeln, Berlin 1943.

J. Swaddling
1978   Etruscan Bronze Belt Clasps with Iron Inlay. StEtr
        46, 1978, 47–53.

M. Szabó
1982   Rapports entre le Picenum et l'Europe extra-méditer-
        ranéenne à l'age du fer. Savaria 16, 1982, 223–241.

J. G. Szilágyi
1962   Etruskische Funde in Ungarn?, in: Hommages à A.
        Grenier (Coll. Latomus 58), Bruxelles 1962, 1467–1475.
1989   Antichità dall'Umbria a Budapest, in: Gens antiquis-
        sima Italiae. Antichità dall'Umbria a Budapest e Cra-
        covia. Catalogo della mostra, Perugia 1989, 174–178.

313

1992   Transdanubien und Italien im 6.–5. Jh., in: Aigner Foresti 1992, 219–234.
1994   Materiale etrusco e magnogreco in una collezione ungherese dell'Ottocento. Scienze dell'Antichità 5, 1991 [1994], 485–572.

J. G. Szilágyi, M. Szabó
1976   Art antique au musée Déri de Debrecen et dans d'autres collections hongroises. BMusHongr 46–47, 1976, 3–86.

G. P. Tabone
1990   Bronzistica a figura umana dell'Italia preromana nelle Civiche Raccolte Archeologiche di Milano (NotMilano, Suppl. 6), Milano 1990.
1996   I bronzetti preromani, in: M. Bolla, G. P. Tabone, Bronzistica figurata preromana e romana del Civico Museo Archeologico «Giovio» di Como, Como 1996, 15–203.

G. Tagliamonte
1993   Gli strigili iscritti da Praeneste, in: Miscellanea etrusco-italica I, a cura di M. Cristofani, Roma 1993, 185–202.
1994a   I figli di Marte. Mobilità, mercenari e mercenariato italico in Magna Grecia e Sicilia (Tyrrhenica, 3), Roma 1994.
1994b   Gancio di cinturone 'sannitico' da Morgantina. ArchCl 45, 1993 [1994], 293–308.
1997   I Sanniti. Caudini, Irpini, Pentri, Carricini, Frentani, Milano 1997.

A. Talocchini
1942   Le armi di Vetulonia e di Populonia. StEtr 16, 1942, 9–87.
1944   Rassegna tipologica delle armi raccolte nel Museo Topografico dell'Etruria. StEtr 18, 1944, 269–307.

C. Tarditi
1996   Vasi di bronzo in area apula. Produzioni greche ed italiche di età arcaica e classica, Lecce 1996.

R. S. Teitz
1967   Masterpieces of Etruscan Art, Worcester Mass. 1967.

B. Teržan
1977   Čertoska Fibula (Die Certosafibel). AVes 27, 1976 [1977], 317–536 (Zusammenfassung 424–443).

A. Testa
1989   Candelabri e thymiateria, Roma 1989.

Y. Texier
1999   La question de Gergovie. Essai sur un problème de localisation (Coll. Latomus 251), Bruxelles 1999.

ThlE
        Thesaurus linguae etruscae, Roma 1978 sgg.

N. Thomson de Grummond
1982   A Guide to Etruscan Mirrors, ed. N. Thomson de Grummond, Tallahassee 1982.

J.-P. Thuillier
1985   Les jeux athlétiques dans la civilisation étrusque (BEFAR 256), Roma 1985.

M. Tombolani
1976   Stipi votive, in: Padova preromana. Catalogo della mostra, Padova 1976, 173–197.
1981   Bronzi figurati etruschi, italici, paleoveneti e romani del Museo provinciale di Torcello (Collezioni e musei archeologici del Veneto, 19), Roma 1981.

G. Tomedi
1987   Zur Typologie und Chronologie italischer Panzerplatten und Panzerscheiben, in: Berichte des 2. Österreichischen Archäologentages (Seggau bei Leibnitz, 1984), Graz 1987, 60–64.
1993   Zu einem bemerkenswerten Paar von Panzerscheiben aus Pitino San Severino Marche. MAnthrWien 123–124, 1993–1994 (Festschrift K. Kromer), 259–276.
1994   Ein Fragment einer abruzzesischen Panzerscheibe aus dem hallstattzeitlichen Depotfund von Fliess, Nordtirol. AKorrBl 24, 1994, 49–58.
2000   Italische Panzerplatten und Panzerscheiben (PBF III, 3), Stuttgart 2000 [recensito in Germania c. s.].
c. s.   Confini dell'arte: dischi-corazza medio-adriatici come simbolo distintivo delle tribe arcaiche, in: L'alto e medio Adriatico tra VI e V sec. a. C. Atti del Convegno (Adria, 19–21.03.1999), in preparazione.

J. Toms
1986   The Relative Chronology of the Villanovan Cemetery of Quattro Fontanili at Veii. AnnAStAnt 8, 1986, 41–97.
2000   The Arch Fibula in Early Iron Age Italy, in: Ancient Italy and its Mediterranean Setting. Studies in Honour of Ellen Macnamara, London 2000, 91–116.

M. Torelli
1997   "Domiseda, lanifica, univira". Il trono di Verucchio e il ruolo e l'immagine della donna tra arcaismo e repubblica, in: M. Torelli, Il rango, il rito e l'immagine. Alle origini della rappresentazione storica romana, Milano 1997, 52–86.

Torino
1967   Arte e civiltà degli Etruschi. Catalogo della mostra, Torino 1967.

S. Tovoli
1989   Il sepolcreto villanoviano Benacci Caprara di Bologna, Bologna 1989.

M. Ju. Treister
1991   Etruscan Objects in the North Pontic Area. StEtr 57, 1991, 71–79.

C. Tronchetti
2000   I bronzetti "nuragici": ideologia, iconografia, cronologia. AnnAStAnt n. s. 4, 1998 [2000], 9–34.

G. Ulbert
1984   Cáceres el Viejo. Ein spätrepublikanisches Legionslager in Spanisch-Extremadura (MadrBeitr 11), Mainz am Rhein 1984.

O. W. v. Vacano
1955   Die Etrusker. Werden und geistige Welt, Stuttgart 1955.

314

S. Vassallo
1999 Colle Madore. Un caso di ellenizzazione in terra sicana, a cura di S. Vassallo, Palermo 1999

Veletri
1996 I due mondi del vino. Il mondo di Dioniso e quello degli uomini. Catalogo della mostra, a cura di T. Ceccarini, Roma 1996.

Venezia
1991 I Celti. Catalogo della mostra, Milano 1991.
2000 Gli Etruschi. Catalogo della mostra, a cura di M. Torelli, Milano 2000.

C. C. Vermeule, M. B. Comstock
1988 Sculpture in Stone and Bronze in the Museum of Fine Arts, Boston. Additions to the Collections of Greek, Etruscan and Roman Art 1971–1988, Boston 1988.

G. Viegi
1954 Le fibule dell'antico fondo del Museo «Guarnacci» di Volterra. StEtr 23, 1954, 417–433.

M. Viel
1999 Analisi e interpretazione di alcuni contesti funerari del Bellunese, tesi di laurea in Preistoria e Protostoria Europea, Università di Udine, a. a. 1998–1999 (inedita).

F. Villard, F. Gaultier
1985 Les stamnoi Fould. Un dernier éclat de la peinture sur vases en Etrurie. MonPiot 67, 1985, 1–30.

D. Vitali
1991 Elmi di ferro e cinturoni a catena. Nuove proposte per l'archeologia dei Celti in Italia. JbZMusMainz 35, 1988 [1991], 239–284.
1992 Tombe e necropoli galliche di Bologna e territorio, Bologna 1992.

Viterbo
1997 Carri da guerra e principi etruschi. Catalogo della mostra, a cura di A. Emiliozzi, Roma 1997.

S. Vitri
1980 Un'oinochoe etrusca da S. Lucia di Tolmino – Most na Soči. Situla 20–21, 1980 (Festschrift S. Gabrovec), 267–277.

Volterra
1985 Artigianato artistico. L'Etruria settentrionale interna in età ellenistica. Catalogo della mostra, a cura di A. Maggiani, Milano 1985.

D. Vorlauf
1997 Die etruskischen Bronzeschnabelkannen. Eine Untersuchung anhand der technologisch-typologischen Methode, Teile I–II, Espelkamp 1997.

D. J. Waarsenburg
1995 The Northwest Necropolis of Satricum. An Iron Age Cemetery in Latium Vetus, Amsterdam 1995.

G. Walberg
1987 Die Sammlung italischer Bronzen im Akademischen Kunstmuseum, Bonn. AA 1987, 449–466.

E. Walde-Psenner
1979 Die vorrömischen und römischen Bronzestatuetten aus Südtirol, Calliano 1979.
1983 I bronzetti figurati antichi del Trentino, Trento 1983.

H. B. Walters
1899 Catalogue of the Bronzes, Greek, Roman and Etruscan, in the Department of Greek and Roman Antiquities, British Museum, London 1899.

P. G. Warden
1982 Bullae: Roman Custom and Italic Tradition. OpRom 14, 1982, 69–75.
1985 The Metal Finds from Poggio Civitate (Murlo) 1966–1978 (Archaeologica 47), Roma 1985.

C. Watzinger
1944 Theodor Wiegand, ein deutscher Archäologe, 1864–1936, München 1944.

Th. Weber
1983a Bronzekannen. Studien zu ausgewählten archaischen und klassischen Oinochoenformen aus Metall in Griechenland und Etrurien, Frankfurt 1983.
1983b Eine spätarchaisch-korinthische Bronzeolpe in Mainz. AA 1983, 187–198.
1990 Etruskisches Bronzegerät in Syrien. AA 1990, 435–448.

I. Wehgartner
1995 Toreut und Töpfer als Konkurrenten. Zu etruskischen Amphoren des 7. Jhs. v. Chr. REA 97, 1995, 89–102.

K. Wigand
1912 Thymiateria. BJb 122, 1912, 1–97.

Ö. Wikander
1983a Etruscan Bronzes in the von Beskow Collection. MedelhavsMusB 18, 1983, 26–44.
1983b Two etruscan Thymiateria in the von Beskow Collection. MedelhavsMusB 18, 1983, 45–67.

E. R. Williams
1984 The archaeological Collection of the John Hopkins University, Baltimore and London 1984.

I. M. B. Wiman
1990 Malstria-Malena. Metals and Motifs in Etruscan Mirror Craft, Göteborg 1990.

F. van Wonterghem
1973 Le culte d'Hercule chez les Paeligni. Documents anciens et nouveaux. AntCl 42, 1973, 36–48.
1992 Il culto di Ercole tra i popoli osco-sabellici, in: Héraclès. D'une rive à l'autre de la Méditerranée. Bilan et perspective, ed. C. Bonnet, C. Jourdain-Annequin, Bruxelles / Rome 1992, 319–351.

E. Woytowitsch
1978 Die Wagen der Bronze- und frühen Eisenzeit in Italien (PBF XVII, 1), München 1978.

G. Zahlhaas
1971 Großgriechische und römische Metalleimer, Diss., München 1971.

P. Zamarchi Grassi, D. Bartoli
1988   Museo Archeologico Nazionale G. Cilnio Mecenate di Arezzo, Arezzo 1988.
1993   Museo Archeologico Nazionale G. Cilnio Mecenate. Arezzo, Roma 1993 (Itin. Musei Gallerie, Scavi e Mon. d'Italia, n. s. 19).

G. Zampieri
1986   Bronzetti figurati etruschi, italici, paleoveneti e romani del Museo Civico di Padova (Collezioni e musei archeologici del Veneto, 29), Roma 1986.

P. Zancani Montuoro
1950   Un mito italiota in Etruria. ASAtene 8–10, 1946–1948 [1950], 85–98.

O. Zanco
1974   Bronzi arcaici da Campovalano (Documenti di antichità italiche e romane, 6), Roma 1974.

A. Zannoni
1876   Gli scavi della Certosa di Bologna, Bologna 1876.

L. Zemmer-Plank
1980   Teile importierter Bronzegürtel im Ferdinandeum. Situla 20–21, 1980, 365–373.

E. Zerbinati
1994   Breve nota su alcuni bronzi preromani scoperti nel Settecento a Pezzoli-Mezzana di Ceregnano (RO), in: Studi di archeologia della X. Regio in ricordo di Michele Tombolani, a cura di B. M. Scarfì, Roma 1994, 147–155.

F. Zevi
1993   La tomba del Guerriero di Lanuvio, in: Spectacles sportifs et scéniques dans le monde étrusco-romaine. Actes de la table-ronde, Roma 1993, 409–442.

R. Zucca
1987   Bronzi nuragici da Tharros, in: Atti Cagliari 1987, 117–132.

M. Zuffa
1959   Un pendaglio piceno nel Civico Museo di Rimini, in: I Piceni e la civiltà etrusco-italica. Atti del II Convegno di Studi Etruschi, Firenze 1959, 61–69.
1960   Infundibula. StEtr 28, 1960, 165–208.

Zürich
1955   Kunst und Leben der Etrusker. Katalog zur Ausstellung, hrsg. H. Jucker, Zürich 1955.

INDICI ANALITICI

Luoghi di provenienza · Collezioni · Antiquari

Sono indicati i numeri di catalogo

Pacini, Giuseppe (Firenze) 516
Pagan, M. (Bologna) 291–292, 295–296, 400
Petraccelli, Paolo (Chianciano Terme) 243–244
Pini (Firenze) 516

Ratto (Milano) 115–116
Reiling, David (Magonza) 150, 152, 183, 196, 343–344, 357–358, 369, 373, 375, 377–379, 381–382, 409, 428, 476
Reisinger (Monaco di Baviera) 367
Rosonowsky (Budapest) 218

Schmitz (Colonia) 73
Segredakis (Parigi) 227
Simotti Rocchi, Giulio (Roma) 9, 179, 201–202

Squilloni (Firenze) 301
Streubert (Bachern) 158
Stürmer (Budapest) 3–4, 10–12, 15, 18, 24, 29, 33, 37–38, 40–43, 46–47, 51, 58, 60–61, 68, 93, 95, 105, 123, 128, 153, 165, 214, 220, 229, 231–239, 241, 249–250, 252, 257–259, 271, 289, 299, 304–305, 310, 334, 354, 356, 361, 363, 365–366, 368, 385–386, 388, 390, 407, 417, 419, 421, 424, 433, 436–438, 445, 450, 453, 457, 459, 461, 471, 483, 485, 492, 495, 498–501, 503, 506, 513, 526, 528, 534

Valente, D.A. (Roma) 362
Vogell, G. (Ettlingenweier) 99

Weizinger, F. (Monaco di Baviera) 525
Wink, G. (Spira) 55, 265, 286, 347, 430, 443, 527

TABELLA DI CONCORDANZA

Inventario · Catalogo · Negativi

Numero d'inv.	Numero di cat.	Numero del negativo	Numero d'inv.	Numero di cat.	Numero del negativo	Numero d'inv.	Numero di cat.	Numero del negativo
O. 1830	378	T 2001/819	O. 5240	297	T 63/9: T 2001/548	O. 7049	296	T 2001/620
O. 1831	379	T 2001/820				O. 7050	400	
O. 1832	377	T 62/222	O. 5241	322	T 65/237; T 67/1668–70	O. 7051	291	T 2001/690
O. 1833	381	T 2001/714				O. 7052	292	T 2001/615
O. 1834	382	T 2001/716	O. 5242	224	T 63/10, T 81/388–89	O. 7055	477	T 2001/733
O. 1835	375	T 2001/720				O. 7056	418	T 2001/725
O. 1836	428	T 2001/721	O. 5243	391	T 64/2222: T 2001/523	O. 7057	447	T 2001/757
O. 1837	476					O. 7058	431	
O. 1839	369	T 63/8	O. 5244	398	56/209; 56/283; T 2001/545	O. 7061	469	T 2001/741
O. 1840	373	T 63/5				O. 7064	35	T 2001/799
O. 1841	409	T 64/2214; T 2001/718				O. 7073	115	T 2001/858
O. 1842	357		O. 5256	67	T 2001/711	O. 7074	116	T 2001/478, 480
O. 1843	358	T 2001/719	O. 5257	50	T 2001/805			
O. 1844	344	T 63/4	O. 5258	23	T 63/11–12; T 86/635–638	O. 7079 a–c	129	T 77/228
O. 1845	343	T 63/4				O. 7093	216	Pl. 3776
O. 1957	196	T 2001/854	O. 5624	320	T 63/7; T 2001/425–426	O. 7094	269	Pl. 3776
O. 1979	218	T 81/527–528				O. 7095	215	Pl. 3776
O. 2935	183	T 67/767–770	O. 6369	114		O. 7095 a	270	T 2001/564
O. 3489	516	T 2001/754	O. 6370	113	Pl. 1642; 3468; 3619	O. 7143	279	T 2001/561
O. 4721 a–c	312	Pl. 1365; T 2001/415–416	O. 6371	112	Pl. 1642; 3468; 3619	O. 7144	427	T 2001/746
						O. 7145	454	T 2001/740
O. 4722 a–b	311	T 67/1671–1672	O. 6975	244	T 2001/593	O. 7146	245	T 2001/594
			O. 6976	243	T 2001/593	O. 8458	455	T 2001/741
O. 5238	88	T 74/1544	O. 6980	435	T 2001/875	O. 8790	192	T 63/774
O. 5238	89	T 2001/496–497	O. 7036	301		O. 8791	193	T 63/774
			O. 7047	242	T 2001/590	O. 8792	54	T 2001/761
O. 5239	298	T 2001/548	O. 7048	295	T 2001/550, 620	O. 8793	66	T 2001/767, 771
						O. 8794	48	T 2001/765

318

Numero d'inv.	Numero di cat.	Numero del negativo
O. 8795	52	T 2001/764
O. 8796	57	T 2001/800–801
O. 8797	28	T 2001/795–796
O. 8799	283	T 2001/578
O. 8919	150	Pl .1461; 4550; 5995–5996; 55/10; 55/244; T 81/713–716
O. 8957	110	T 2001/606
O. 8958	7	T 72/593–596
O. 8959	5	T 72/589–592
O. 8961	34	T 2001/768
O. 8963	284	T 2001/581
O. 8970	59	T 2001/792
O. 8980	83	34/715–716
O. 9077	75	T 2001/883–884
O. 9079	228	Pl. 1364; T 63/775; T 81/855–858
O. 9092	145	Pl. 6230–6232; T 73/1577, 1743, 1775–1778
O. 9316	367	T 2001/824
O. 9317	17	T 2001/798
O. 10256	266	T 2001/561, 607
O. 10257	294	T 2001/547
O. 10296	207	T 2001/619
O. 10321	520	T 2001/874
O. 10323	387	T 2001/726
O. 10324	466	
O. 10326	267	T 2001/608
O. 10327	281	T 2001/613
O. 10331	268	T 2001/608
O. 10339	350	57/380
O. 10340	352	
O. 10341	353	
O. 10342	351	T 2001/607
O. 10343	392	T 2001/553
O. 10409	278	T 2001/540
O. 10421	254	T 2001/584, 601
O. 10423	272	T 2001/539
O. 10424	529	T 2001/541–542
O. 10425	273	T 2001/539
O. 10427	345	T 2001/491
O. 10756	173	T 79/805–806; T 80/453–454, 733–734, 825–831
O. 10781	255	T 2001/587–588
O. 11140	219	Pl. 1586; T 91/521–522
O. 11178	524	T 2001/1208
O. 11179	462	T 2001/743
O. 11180	472	T 2001/739
O. 11182	473	T 2001/739
O. 11183	474	T 2001/739
O. 11243	342	T 2001/464
O. 11348	30	T 2001/803
O. 11355	256	T 2001/587–588
O. 11488	253	T 63/773; T 2001/493
O. 11492	106	
O. 11495	144	T 2001/471
O. 11498	263	Pl. 6345
O. 11499	262	Pl. 6344; T 89/1388
O. 11505	480	
O. 11509	393	T 2001/546
O. 11865	478	
O. 12070	523	T 2001/563
O. 12071	439	T 2001/756
O. 12073	139	T 66/249–252
O. 12120	152	T 2001/524
O. 12368	248	T 2001/594
O. 12897	212	Pl. 331; 332; 1568; T 90/562–563
O. 13001	348	T 2001/492
O. 13002	525	T 2001/610–611
O. 13099	119	56/118–119; 56/189
O. 13420	124	T 2001/468, 475
O. 13619	120	56/46–47
O. 13684	137	T 2001/481
O. 13770	362	
O. 13817	412	
O. 13818	422	
O. 13819	401	T 2001/745
O. 13820	414	T 2001/745
O. 13821	484	T 2001/740
O. 13823	468	
O. 13824	488	T 2001/752
O. 13826	452	
O. 13827	429	T 2001/747
O. 13828	508	T 2001/749
O. 13829	490	
O. 13830	493	T 2001/751
O. 13833	504	T 2001/752
O. 13834	502	T 2001/877
O. 14000	104	Pl. 3717; 6397; 56/106; T 85/103 –106; T 85/126
O. 14001	64	Pl. 6396
O. 14002	56	Pl. 6396
O. 14003	49	Pl. 6396
O. 14006	85	Pl. 34/715–716; 6398; T 86/651–654
O. 14074	370	Pl. 6392
O. 14075	372	Pl. 6393
O. 14076	446	Pl. 6398; T 2001/879
O. 14077	411	Pl. 6504; T 2001/723
O. 14078	449	Pl. 6504
O. 14079	410	
O. 14080	510	Pl. 6573; T 2001/750
O. 14081	511	Pl. 6524; T 2001/750
O. 14082	416	Pl. 6504
O. 14085	514	Pl. 6573; T 2001/754
O. 14086	515	Pl. 6573; T 2001/754
O. 14090	403	Pl. 6502
O. 14091	340	Pl. 6399; T 2001/458
O. 14092	325	Pl. 6394; T 2001/450
O. 14093	324	Pl. 6399; T 2001/450
O. 14094	341	Pl. 6398; T 2001/462
O. 14095	328	Pl. 6398; T 2001/459
O. 14096	335	Pl. 6398; T 2001/456
O. 14097	329	Pl. 6398; T 2001/461
O. 14098	326	Pl. 6394; T 2001/450
O. 14099	321	Pl. 6398; T 2001/455
O. 14100	327	T 2001/450
O. 14101	323	Pl. 6398; T 2001/424
O. 14102	306	Pl. 6502; T 69/3304–3305
O. 14104	293	Pl. 6399; T 2001/615
O. 14106	282	Pl. 6399
O. 14107 a–b	264	a = Pl. 6395; b = T 2001/544
O. 14109	251	Pl. 6519; T 2001/557
O. 14118	346	Pl. 6504; T 2001/514
O. 16275	201	T 2001/848
O. 16278	9	T 2001/713
O. 16486	438	
O. 16499	440	T 2001/877
O. 16600	171	T 2001/418, 1211–1212
O. 16601	174	T 65/745; T 2001/422, 428
O. 16606	533	T 2001/446

Numero d'inv.	Numero di cat.	Numero del negativo	Numero d'inv.	Numero di cat.	Numero del negativo	Numero d'inv.	Numero di cat.	Numero del negativo
O. 16730	176	Pl. 4498; 56/77–78; T 80/457–458, 729–730, 825–831	O. 17107	526	T 2001/551	O. 21268	532	
			O. 17108	528	T 2001/551	O. 21269	63	T 2001/565
			O. 17115	93	T 2001/866, 868	O. 21270	82	T 2001/565
O. 16759	134	T 2001/483–484	O. 17124	214	T 2001/852	O. 21271	76	T 2001/566
O. 16760	100	T 2001/472	O. 17125	95	T 2001/477	O. 21272	77	T 2001/566
O. 16770	229	T 2001/423	O. 17129	165	T 2001/521–522	O. 21273	78	
O. 16941	394	T 2001/552				O. 21274	79	
O. 16943	395	T 2001/552	O. 17132	252	T 2001/557	O. 21275	80	T 2001/568
O. 16944	396	T 2001/552	O. 17168	534		O. 21276	81	T 2001/568
O. 17015	60	T 2001/775	O. 17169	220	T 81/517–518	O. 21544	247	T 2001/594
O. 17017	47		O. 17173	305	T 69/3302	O. 21657	179	T 2001/844
O. 17018	58	T 2001/776	O. 17174	299	34/614–615; T 69/3312–3313	O. 21659	202	T 2001/847
O. 17020	68	T 2001/781–782				O. 22110	197	T 2001/854
O. 17021	51	T 2001/762	O. 17175	304	T 69/3310–3311	O. 22112	203	T 2001/501
O. 17022	24	T 2001/772	O. 17176	310	T 69/3303	O. 22351	73	65/1901–1902; T 86/631–634
O. 17023	61	T 2001/777	O. 17177	334	T 2001/460			
O. 17025	15	T 2001/572	O. 17178	271	T 2001/614	O. 22434	186	T 2001/506
O. 17026	10	T 2001/571	O. 17191	386	T 2001/727	O. 22435	187	T 2001/500
O. 17027	12	T 2001/867–868	O. 17192	390	T 2001/731	O. 22436	191	T 2001/504
			O. 17194	385	T 2001/729	O. 22437	190	T 2001/502
O. 17029	18	T 2001/744	O. 17195	388	T 2001/728	O. 22438	185	T 2001/507
O. 17030	3	T 2001/785–786	O. 17196	421		O. 22439	198	T 2001/854
O. 17031	46	T 2001/789	O. 17198	453		O. 22440	195	T 2001/505
O. 17033	29	T 86/635–638	O. 17199	419		O. 22442	184	T 2001/508
O. 17035	37	T 2001/793–794	O. 17200	457		O. 22508	374	
			O. 17201	417	T 2001/722	O. 22509	491	T 2001/800
O. 17036	43	T 69/3306–3307	O. 17202	500		O. 22510	470	T 2001/734
			O. 17203	424		O. 22512	434	
O. 17037	33	T 2001/790	O. 17204	471		O. 22513	149	37/157–159; 56/107
O. 17038	41	T 86/639–642	O. 17205	450	T 2001/821			
O. 17044	4	T 2001/783–784	O. 17206	461	T 2001/822	O. 22515	94	T 2001/709–710
			O. 17207	501	T 2001/876			
O. 17045	40	T 86/643–646	O. 17208	483	T 2001/736	O. 22851	163	T 2001/517–518
O. 17048	38	T 2001/778	O. 17209	459				
O. 17051	42	T 86/643–646	O. 17211	492	T 2001/877	O. 23170	376	
O. 17053	123	T 77/224–225	O. 17212	495		O. 23171	364	
O. 17054	128		O. 17214	499		O. 23175	188	Pl. 1630
O. 17056	105	T 2001/476	O. 17215	485		O. 23176	423	
O. 17060	153	T 2001/603	O. 17216	433	T 2001/746	O. 23177	451	Pl. 1629
O. 17081	238	T 2001/589	O. 17217	498	T 2001/751	O. 23178	425	T 2001/472
O. 17082	237	T 2001/589	O. 17219	513		O. 23179	489	Pl. 1630; T 2001/748
O. 17083	236	T 2001/526	O. 17220	506				
O. 17084	239	T 2001/590	O. 17221	407		O. 23180	475	Pl. 1629
O. 17085	241	T 2001/590	O. 17223	503		O. 23181	479	Pl. 1629
O. 17086	249	T 2001/595	O. 17225	366		O. 23182	359	Pl. 1629
O. 17087	250	T 2001/595	O. 17226	361	T 2001/826	O. 23183	441	Pl. 1629
O. 17088	231	T 2001/597	O. 17227	363		O. 23184	349	Pl. 1630; T 2001/1206
O. 17089	232	T 2001/525	O. 17228	365	T 2001/825			
O. 17090	233	T 2001/525	O. 17229	436		O. 23185	154	Pl. 1658
O. 17091	234	T 2001/596	O. 17231	437		O. 23186	287	Pl. 1630; T 2001/582
O. 17092	235	T 2001/596	O. 17234	445	T 2001/873			
O. 17095	259	T 63/772; T 2001/583, 598	O. 17235	356		O. 23187	288	T 2001/1204
			O. 17236	354		O. 23189	146	T 89/1259
O. 17096	257	T 2001/586, 600	O. 17238	368	T 2001/828	O. 23190	458	Pl. 1630
			O. 17397	383		O. 23191	404	Pl. 1630
O. 17097	258	T 2001/585, 599	O. 17964	109	T 2001/470	O. 23192	285	Pl. 1630; T 2001/579
			O. 17985	178	T 2001/845	O. 23193	221	Pl. 2300; T 81/523–524

Numero d'inv.	Numero di cat.	Numero del negativo	Numero d'inv.	Numero di cat.	Numero del negativo	Numero d'inv.	Numero di cat.	Numero del negativo
O. 23194	397	Pl. 1629; T 2001/554	O. 25853	194	T 2001/505	O. 28842	172	T 67/887–890; T 80/579– 580, 735–736, 825–831
O. 23195	371	Pl. 1630	O. 25855	509	T 2001/749			
O. 23197	512	Pl. 1629; T 2001/755	O. 25856	338	T 2001/463			
			O. 25857	339	T 2001/457			
O. 23201	333	Pl. 1658; T 2001/432	O. 25858	280	T 2001/280	O. 28850	8	T 2001/618
			O. 26076	507		O. 28996	209	T 2001/870
O. 23202	330	Pl. 1630; T 2001/432	O. 26080	408		O. 29119	121	T 2001/519– 520
O. 23203	331	Pl. 1630; T 2001/432	O. 26081	460	T 2001/735			
			O. 26110	522	T 2001/753	O. 29121	180	T 75/166–167
O. 24323	122	Pl. 1086; 56/ 79; T 77/767	O. 26111	402		O. 29376	211	37/84
			O. 26115	517	T 2001/755	O. 29377	182	56/156
O. 24324	117	Pl. 1086	O. 26116	464		O. 29686	62	37/271–273; T 86/627–630
O. 24325	90	Pl. 1085; T 2001/856	O. 26119	467	T 2001/740			
			O. 26120	413	T 2001/745	O. 29839	465	38/141; T 2001/1207
O. 24329	65	Pl. 1017	O. 26122	482				
O. 24330	32	Pl. 1051; T 2001/779–780	O. 26123	496		O. 29843	155	T 2001/865, 881
			O. 26126	405				
O. 24331	27	Pl. 1051; T 86/663–666	O. 26127	406	T 2001/746	O. 29950	102	T 2001/857
			O. 26128	481	T 2001/743	O. 29952	157	T 2001/171
O. 24332	16	Pl. 1051; T 2001/774	O. 26132	415		O. 30513	222	Pl. 6356; T 81/511–512
			O. 26136	432				
O. 24333	72	Pl. 1052; T 2001/899–900	O. 26137	487		O. 30538	125	T 77/227
			O. 26138	463	T 2001/741	O. 30539	126	T 77/227
O. 24334	22	Pl. 1052; T 86/675–678	O. 26146	505		O. 30697	307	T 69/3301
			O. 26162	384	T 2001/730	O. 30698	308	T 69/3300
O. 24335	70	Pl. 1052; T 2001/763	O. 26164	518	T 2001/753	O. 30699	313	T 2001/412– 413
			O. 26195	448				
O. 24340	25	Pl. 1019; T 86/647–650	O. 26704	170	T 2001/724, 861	O. 30704	138	T 2001/411, 487
O. 24341	36	Pl. 1019; T 2001/574–575	O. 26709	274	T 2001/1205	O. 30797	217	Pl. 1590; 6355; T 81/513–516
			O. 26711	277	T 2001/604			
O. 24344	44	Pl. 1054; T 2001/791	O. 26713	97	T 2001/474	O. 30821	290	T 2001/556
			O. 26986	11	Pl. 2082; T 2001/571	O. 30882	336	T 67/1677– 1678; T 2001/ 431
O. 24346	132	Pl. 1055; T 77/229						
O. 24349	147	Pl. 1056; T 2001/430	O. 26987	289	Pl. 2082; T 2001/602	O. 30883	337	T 67/1677–78
			O. 27586	118	T 2001/509	O. 30886	275	T 2001/604
O. 24350	131	Pl. 1056; T 77/229	O. 27966	127	T 77/226	O. 30887	276	T 2001/604
			O. 27969	162	T 2001/1209– 1210	O. 30899	151	T 2001/543
O. 24352	130	Pl. 1056; T 77/229				O. 30903	84	T 86/639–642
			O. 28075	199	T 2001/846	O. 30911	497	
O. 24393	166	Pl. 1023; T 2001/447–448	O. 28086	133	T 69/3287– 3289	O. 31068	20	Pl. 6929; T 63/548–549
O. 24444	92	T 76/179–182	O. 28278	181	T 2001/849	O. 31643	141	T 2001/617
O. 24771	380	Pl. 1111; T 2001/715	O. 28346	99	Pl. 3243	O. 32418	107	T 2001/860
			O. 28384	39	35/310; T 86/ 623–626; T 2001/760	O. 33640	420	T 2001/823
O. 24772	486	Pl. 1111; T 2001/742				O. 33643	74	T 86/655–658
						O. 33644	531	T 94/1106– 1107
O. 24773	456	Pl. 1111	O. 28490	108	T 2001/859			
O. 24774	426	Pl. 1111; T 2001/757	O. 28493	98	T 2001/864	O. 33646	71	T 2001/569
			O. 28502	302	T 69/3310– 3311	O. 34197	26	T 86/667–670
O. 24775	246					O. 34201	101	T 69 /3298– 3299
O. 24776	230		O. 28506	442				
O. 24777	240	T 2001/590	O. 28571	69	T 2001/769– 770	O. 34239	169	T 79/807– 808; T 80/ 451–452, 468– 469, 575–576, 825–831
O. 25052	164	T 72/111–112						
O. 25813	45	Pl. 3220; T 2001/787–788	O. 28663	177	T 2001/417			
			O. 28724	142				
			O. 28839	91	T 76/303; T 76/448–449	O. 34629	227	T 59/598
O. 25846	31	T 2001/773	O. 28841	175	T 2001/862– 863	O. 34796	168	T 2001/421

Numero d'inv.	Numero di cat.	Numero del negativo	Numero d'inv.	Numero di cat.	Numero del negativo	Numero d'inv.	Numero di cat.	Numero del negativo
O. 36084	111	Pl. 1642; T 2001/482, 494	O. 37299	14				323–324
			O. 37299 bis	13	T 2001/712	O. 38886	317	T 67/1682–1685
O. 36085	19	57/360	O. 37300	347	T 61/857; T 2001/489	O. 39114	360	T 68/3604
O. 36086	6	57/405	O. 37302	527	T 61/867; T 2001/551	O. 39115	521	T 68/3605
O. 36087	53	57/360				O. 39116	519	T 68/3605
O. 36090	167	57/367; T 2001/429	O. 37303	430	T 61/857; T 2001/747	O. 39149	444	T 68/3532; T 2001/737
O. 36091	96	57/368	O. 37304	148	T 61/867	O. 39260	160	T 69/2230
O. 36092	332	57/369; T 2001/454	O. 37327	265	T 61/1024; T 2001/495	O. 39365	156	T 70/399–401
O. 36093	309	57/369				O. 39459	213	T 83/80–82
O. 36094	300	57/370; T 69/3308–3309	O. 37683	1.2	T 62/732; T 2001/843	O. 39510	204	T 72/517–518; T 2001/895
O. 36095	303	57/370; T 69/3308–3309	O. 37684	1.3	T 62/732; T 2001/843	O. 39648	136	T 75/472–475; T 78/3258–3259
O. 36096	223	T 81/519–520	O. 37685	1.4	T 62/732; T 2001/843			
O. 36184	494		O. 37686	1.1	T 62/732; T 2001/843	O. 39767	205	T 77/1734–1740
O. 36231	21	T 2001/804				O. 39819	208	T 82 /483
O. 36650	316	L 453/18–19; T 67/1675–1676	O. 37811	399	T 63/580; T 2001/756	O. 39845	2.1–22	T 82/2081–2086, 2088–2089, 2091–2096; T 83/42, 179–181
O. 36651	315	L 453/20–21; T 67/1679–1681; T 2001/850	O. 37812	355	T 63/565–566			
			O. 38063	158	T 64/1383			
			O. 38495	389	T 65/1873; T 66/3; T 2001/732			
O. 36652	318	T 2001/427				O. 39853	206	
O. 36653	225	T 67/1673–1674	O. 38496	530	T 65/1873; T 66/3; T 2001/613	O. 39882	210	T 85/337–340
						O. 41258	200	
O. 36654	319	T 67/1677–1678; T 2001/449	O. 38860	261	T 66/351–352; T 2001/817	O. 41300	86	T 2001/397
						O. 41301	87	T 2001/855
O. 37155	189	T 61/346; T 2001/503	O. 38861	260	T 66/351–352; T 2001/814–816	O. 41302	135	T 97/393
						O. 41303	143	T 2001/851
O. 37296	443	T 61/856; T 2001/738				O. 41304	226	T 2001/853
O. 37297	286	T 61/854; T 2001/580	O. 38885	314	T 67/1216–1219; T 73/	O. 41305	103	T 97/392
						O. 41306	140	T 97/394
O. 37298	55	T 61/855				O. 41307	159	T 97/380
						O. 41308	161	T 97/379

322

TAVOLE 1-106

1

2

3

4

Nro.	Gegenstand		Größe
17021	Bronzefigur		1:1
17022	"		1:1
17023	"		1:1
17024	"		1:1
17025	"		1:1
17026	"		1:1
17027	"		1:1
17028	"		1:1
17029	"		1:1
17030	"		1:1
17031	"		1:1
17032	"		1:1
17033	"		1:1

Cat. 1.1   2:3

Cat. 1.2   2:3

Cat. 1.3   2:3

Cat. 1.4   2:3

Cat. 2.1   1:3

Cat. 2.2   1:3

Cat. 2.3   1:3

Cat. 2.4   1:3

Cat. 2.5   1:3

Cat. 2.6   1:3

Cat. 2.7   1:3

Cat. 2.8　1:3

Cat. 2.9　1:3

Cat. 2.10　1:3

Cat. 2.11　1:3

Cat. 2.12　1:3

Cat. 2.13　1:3

Cat. 2.14　1:3

Cat. 2.15　1:3

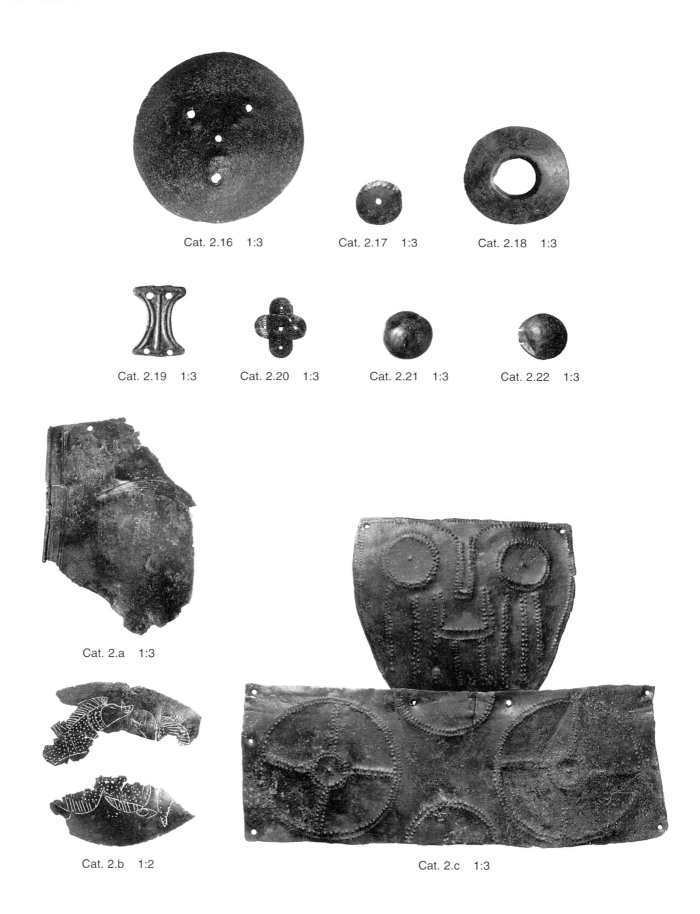

Cat. 2.16   1:3

Cat. 2.17   1:3

Cat. 2.18   1:3

Cat. 2.19   1:3

Cat. 2.20   1:3

Cat. 2.21   1:3

Cat. 2.22   1:3

Cat. 2.a   1:3

Cat. 2.b   1:2

Cat. 2.c   1:3

Cat. 3   1:1

Cat. 4   1:1

Cat. 5   1:1

Cat. 6   1:1

Cat. 7   1:1

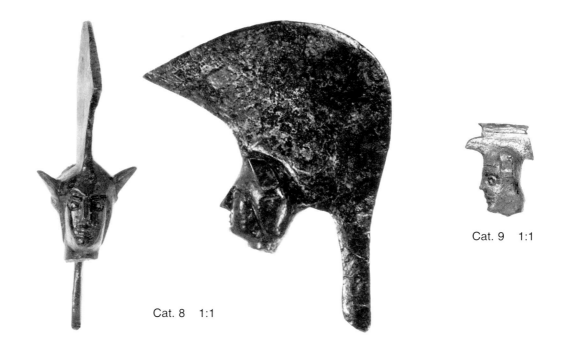

Cat. 8   1:1

Cat. 9   1:1

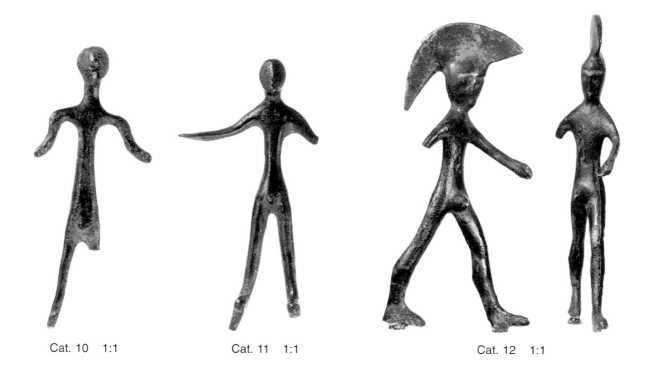

Cat. 10   1:1

Cat. 11   1:1

Cat. 12   1:1

Cat. 13   1:1

Cat. 14   1:1

Cat. 15   1:1

Cat. 16   1:1

Cat. 17   1:1

Cat. 18   1:1

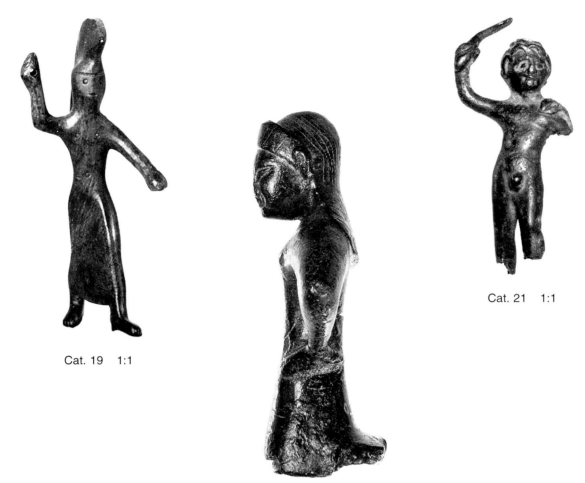

Cat. 19   1:1

Cat. 21   1:1

Cat. 20   1:1

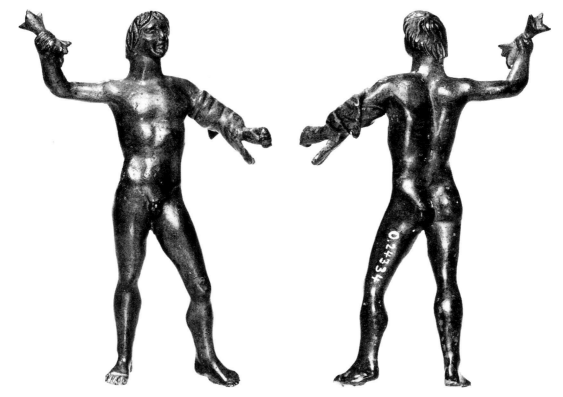

Cat. 22   1:1

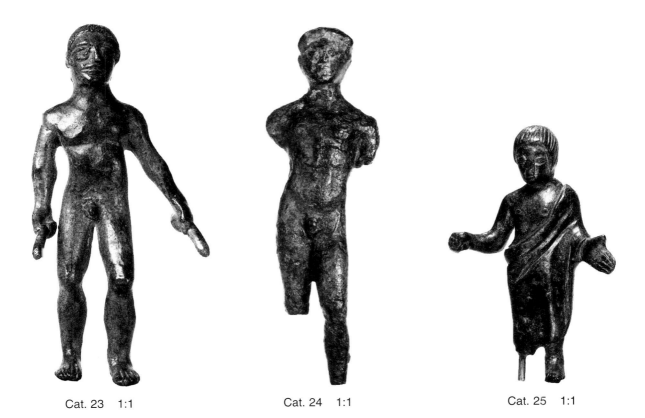

Cat. 23   1:1   Cat. 24   1:1   Cat. 25   1:1

Cat. 26   1:1

Cat. 28   1:1

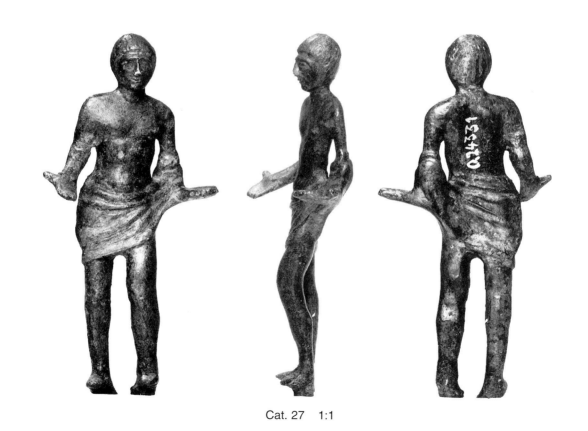

Cat. 27   1:1

Cat. 29   1:1

Cat. 30   1:1

Cat. 31   1:1

Cat. 32   1:1

Cat. 33   1:1

Cat. 34   1:ˉ

Cat. 35   1:1

Cat. 36   1:1

Cat. 37   1:1

Cat. 38   1:1

Cat. 39   1:1

Cat. 40   1:1

Cat. 41   1:1

Cat. 42   1:1

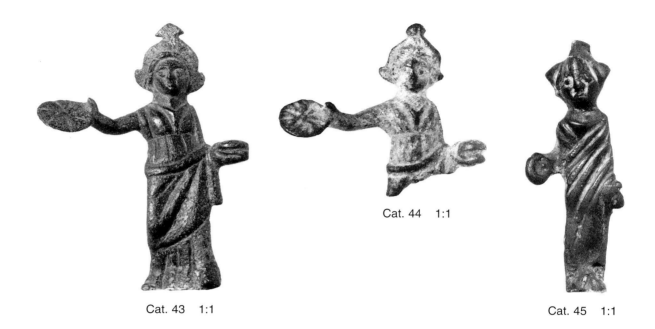

Cat. 43   1:1

Cat. 44   1:1

Cat. 45   1:1

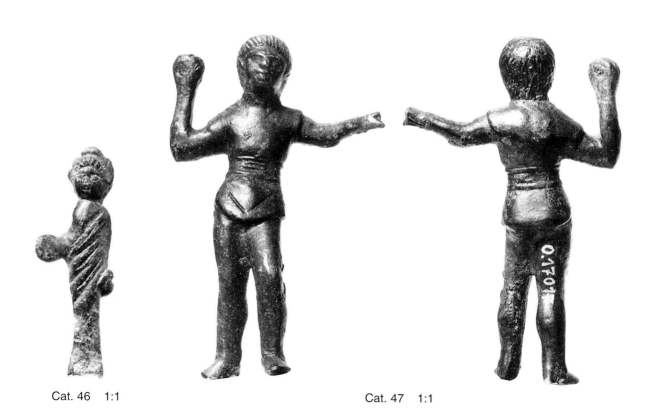

Cat. 46   1:1

Cat. 47   1:1

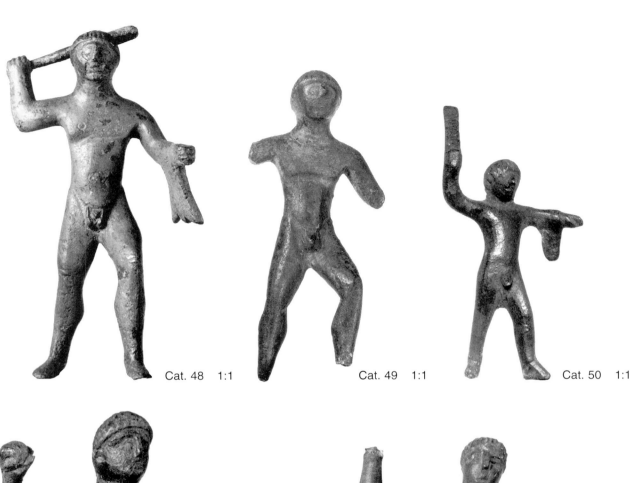

Cat. 48   1:1   Cat. 49   1:1   Cat. 50   1:1

Cat. 51   1:1

Cat. 52   1:1

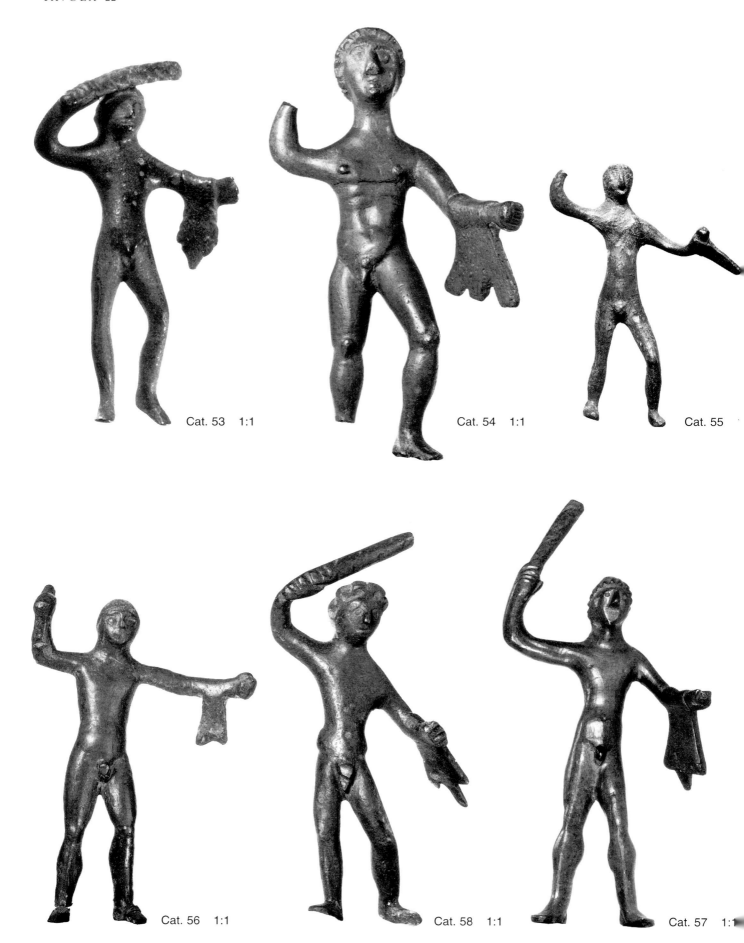

Cat. 53   1:1

Cat. 54   1:1

Cat. 55

Cat. 56   1:1

Cat. 58   1:1

Cat. 57   1:1

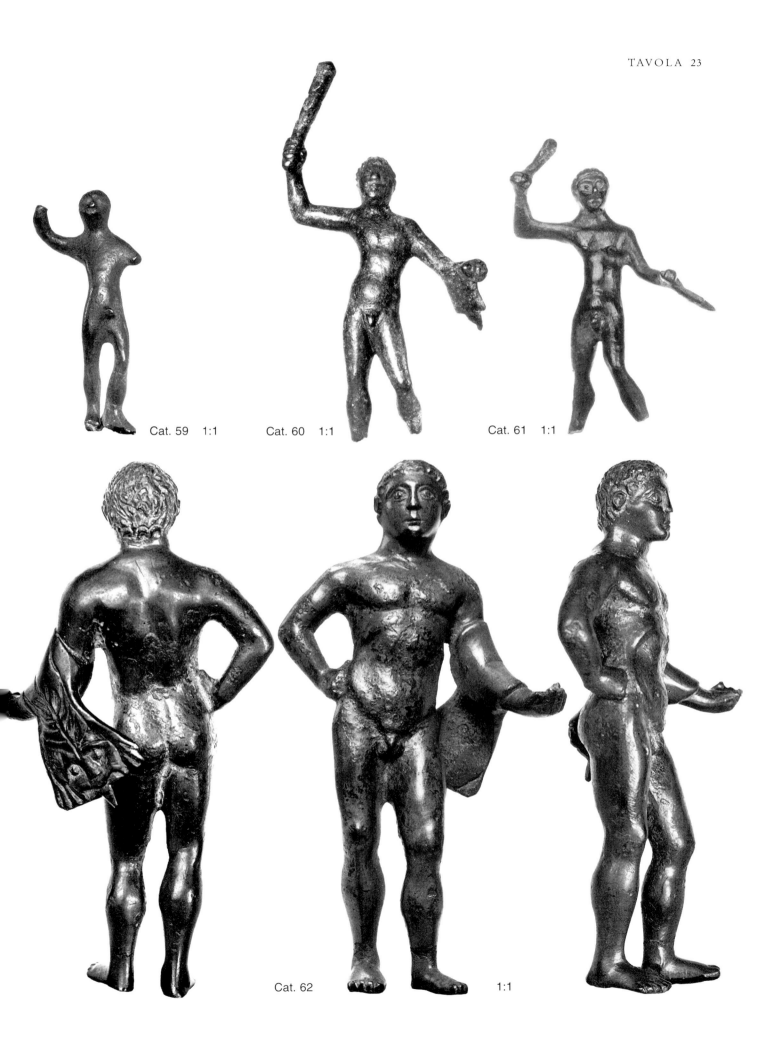

Cat. 59   1:1   Cat. 60   1:1   Cat. 61   1:1

Cat. 62   1:1

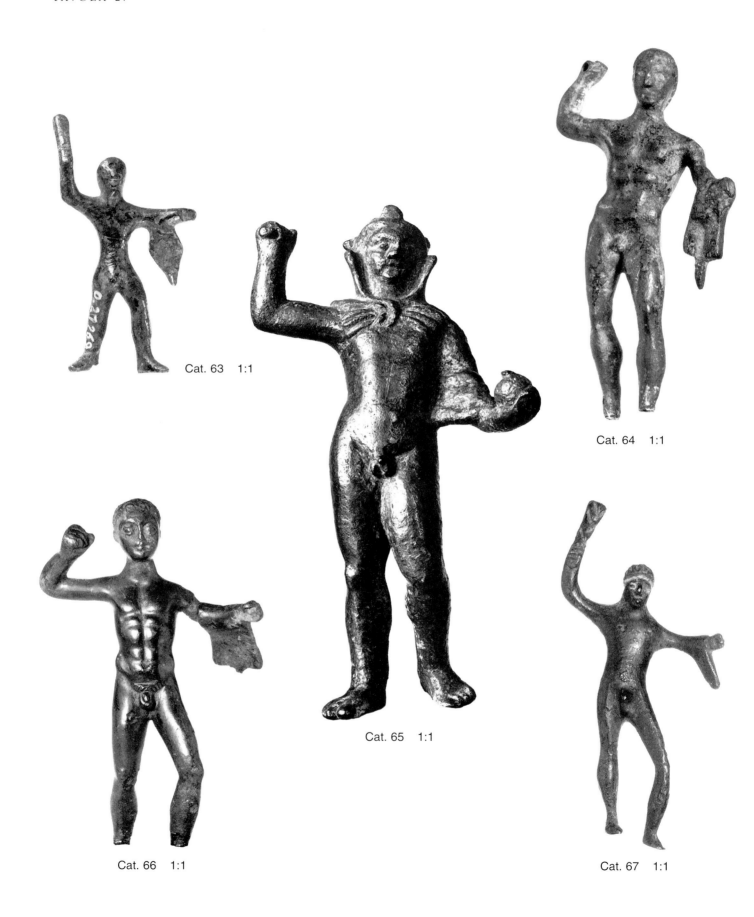

Cat. 63   1:1

Cat. 64   1:1

Cat. 65   1:1

Cat. 66   1:1

Cat. 67   1:1

Cat. 68   1:1

Cat. 70   1:1

Cat. 69   1:1

Cat. 71   1:1

Cat. 72   1:1

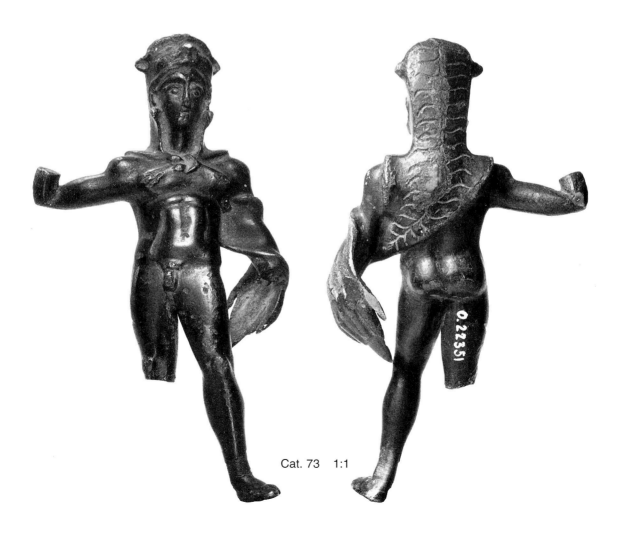

Cat. 73   1:1

Cat. 74   1:1

Cat. 75   1:1

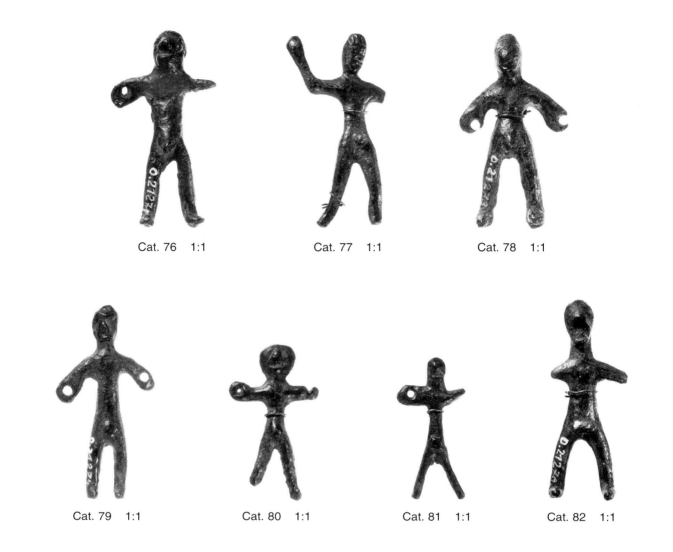

Cat. 76   1:1

Cat. 77   1:1

Cat. 78   1:1

Cat. 79   1:1

Cat. 80   1:1

Cat. 81   1:1

Cat. 82   1:1

Cat. 83   1:1

Cat. 84   1:1

Cat. 85   1:1

Cat. 86   1:2

Cat. 87 1:2

Cat. 88   1:3

Cat. 89   1:2

Cat. 90   2:3

Cat. 91   2:3

Cat. 92   2:3

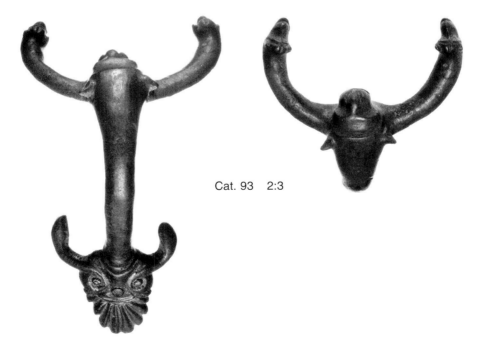

Cat. 93   2:3

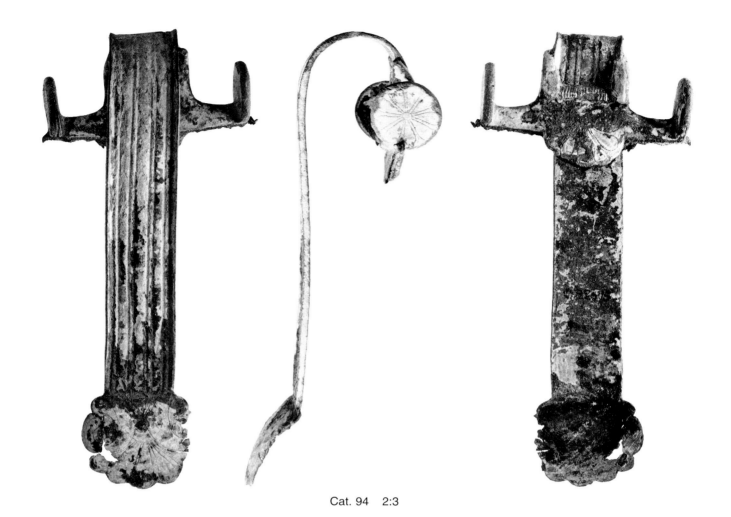

Cat. 94   2:3

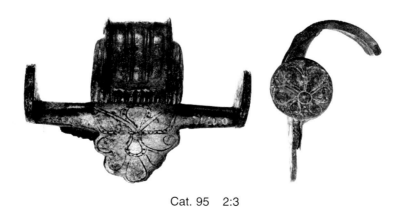

Cat. 95   2:3

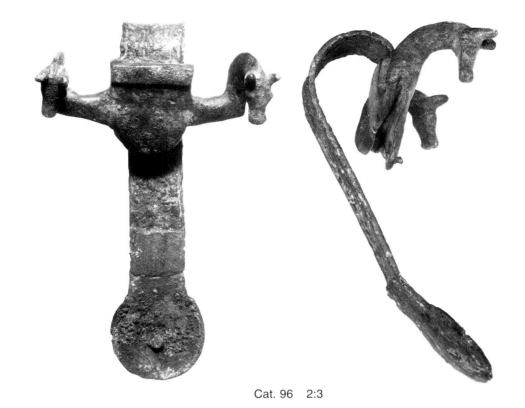

Cat. 96   2:3

Cat. 97   2:3

Cat. 98   2:3

Cat. 99   1:2

Cat. 101   2:3

Cat. 100   2:3

1:2

2:3

Cat. 102

Cat. 103   1:2

Cat. 104   1:1

Cat. 105   1:1

Cat. 107   2:3

Cat. 106   2:3

Cat. 108   1:2

Cat. 109   1:2

Cat. 111   Fuori scala

Cat. 110   1:1

Cat. 112   1:1

Cat. 113   1:1

Cat. 114   2:3

Cat. 115   2:3

Cat. 116   2:3

Cat. 117   2:3

Cat. 118   2:3

Cat. 120   2:3　　　　　　　　　　　　　　Cat. 121   2:3

Cat. 122   2:3

Cat. 123   1:1

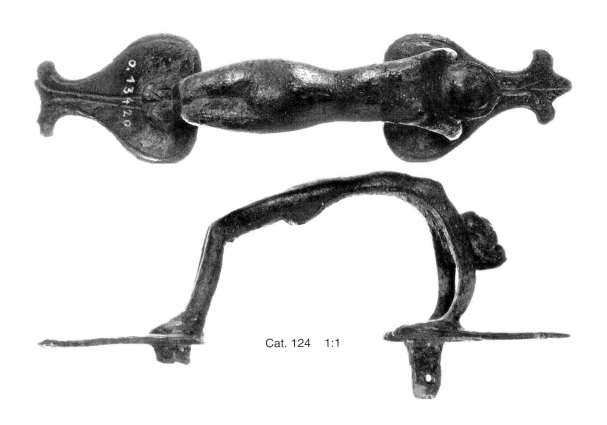

Cat. 124   1:1

Cat. 125   1:1

Cat. 126   1:1

Cat. 127   1:1

Cat. 129   1:1

Cat. 130   1:1   Cat. 131   1:1

Cat. 128   1:1

Cat. 132   1:1

Cat. 133   1:2

Cat. 135   1:2

Cat. 134   1:2

Cat. 136   1:2

Cat. 137   1:2

Cat. 138   1:3

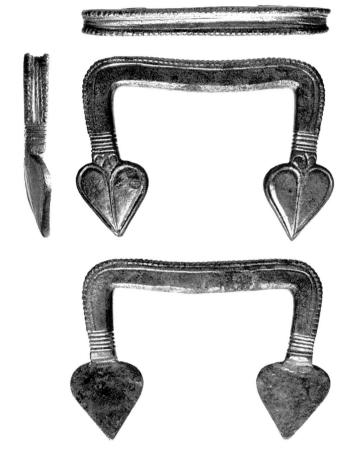

Cat. 139   2:3

Cat. 140   2:3

Cat. 141   1:1

Cat. 142   1:1

Cat. 143   1:1

Cat. 144   1:1

Cat. 145   1:1

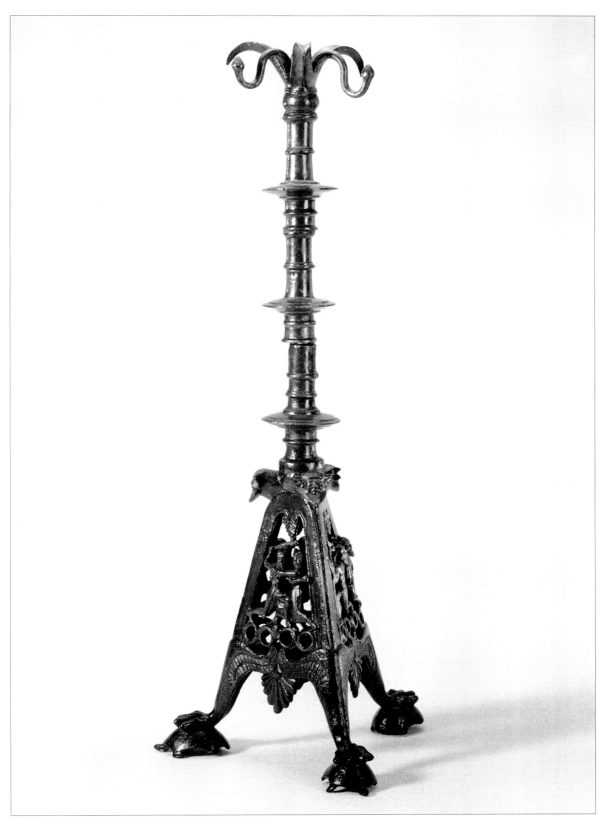

Cat. 146

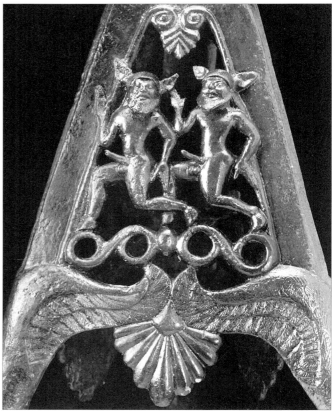

Cat. 146   Fuori scala

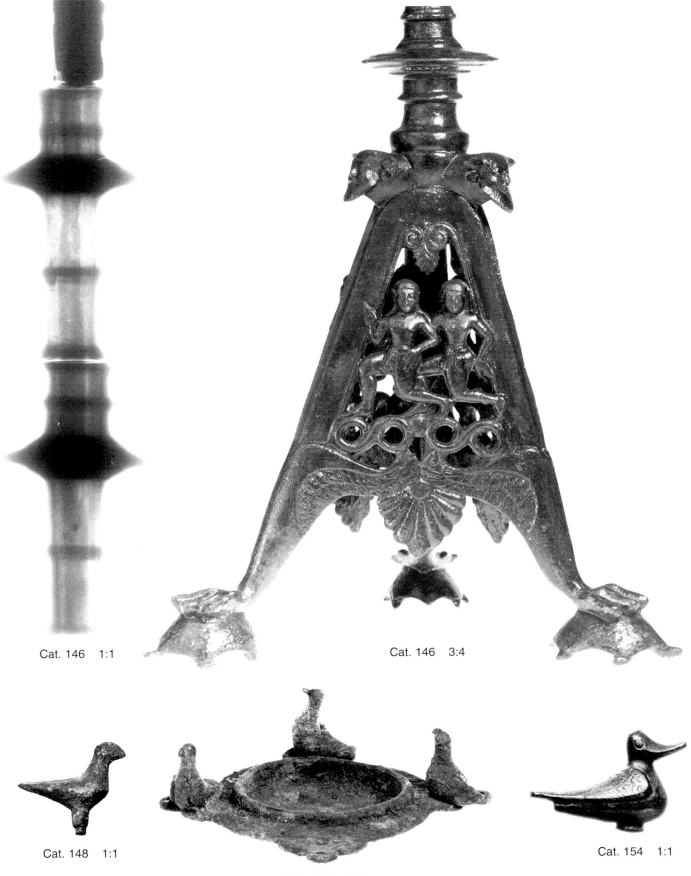

Cat. 146   1:1

Cat. 146   3:4

Cat. 148   1:1

Cat. 147   1:1

Cat. 154   1:1

1:1

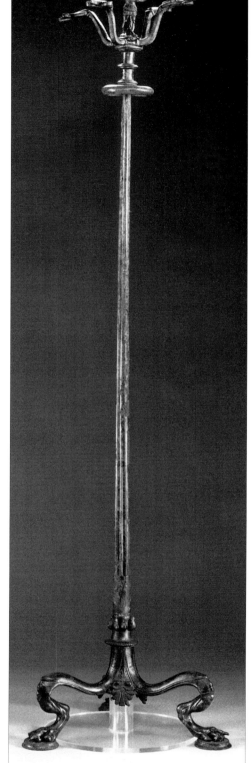

Cat. 149   Fuori scala

Cat. 150   1:1

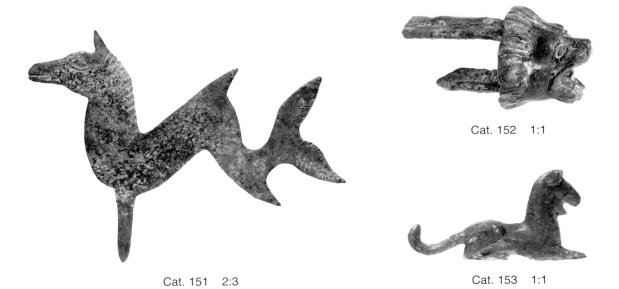

Cat. 151   2:3

Cat. 152   1:1

Cat. 153   1:1

Cat. 155   1:2

Cat. 156   1:2

Cat. 157   1:2

Cat. 158   1:2

Cat. 159   1:2

Cat. 160   1:2

Cat. 161   1:2

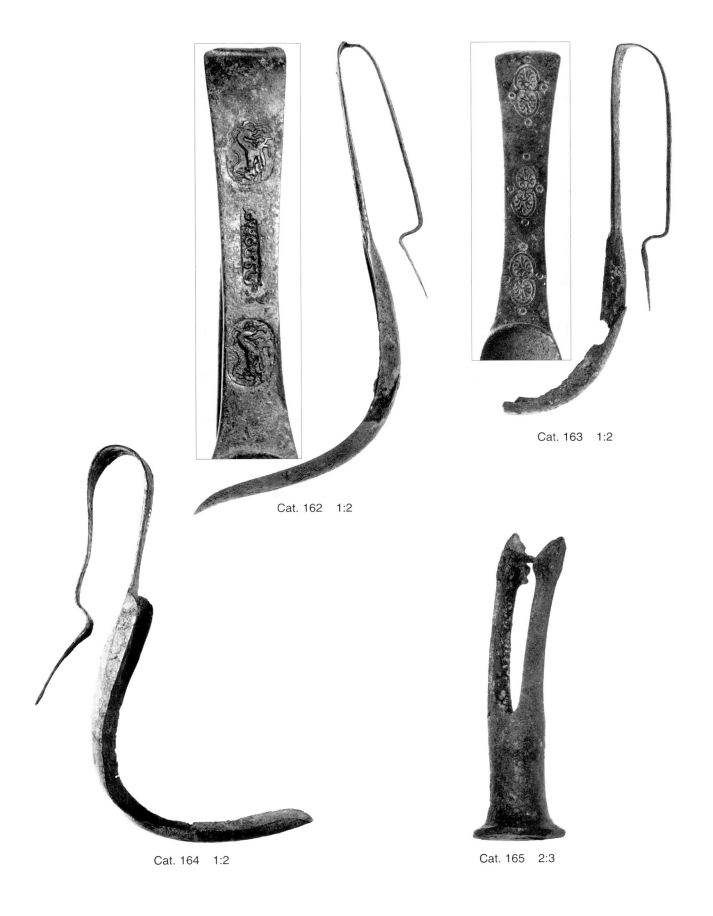

Cat. 162   1:2

Cat. 163   1:2

Cat. 164   1:2

Cat. 165   2:3

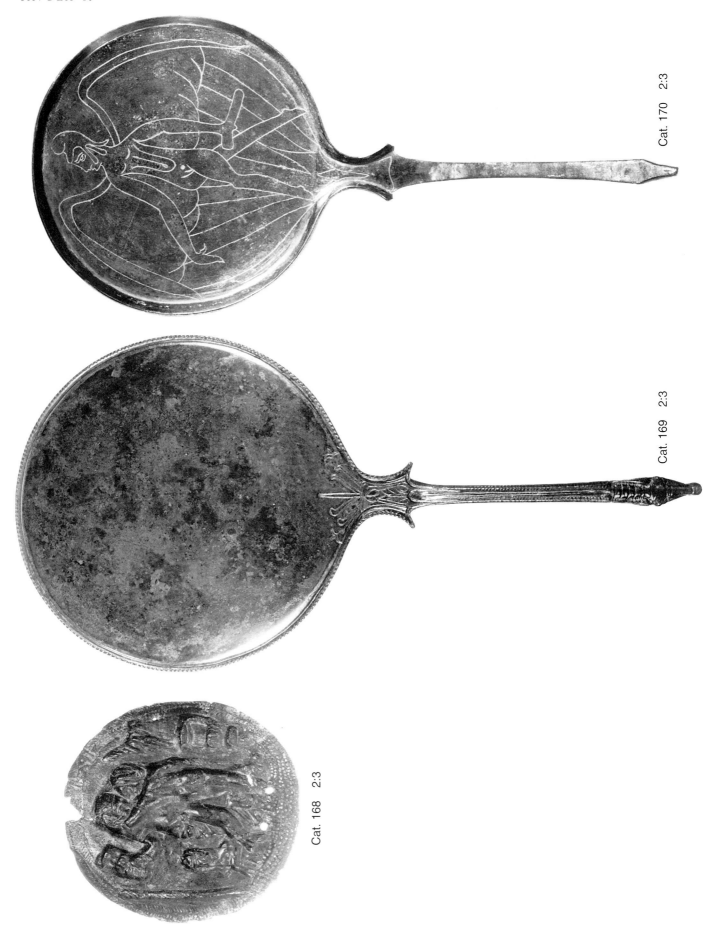

Cat. 170 2:3

Cat. 169 2:3

Cat. 168 2:3

Cat. 175   2:3

Cat. 174   2:3

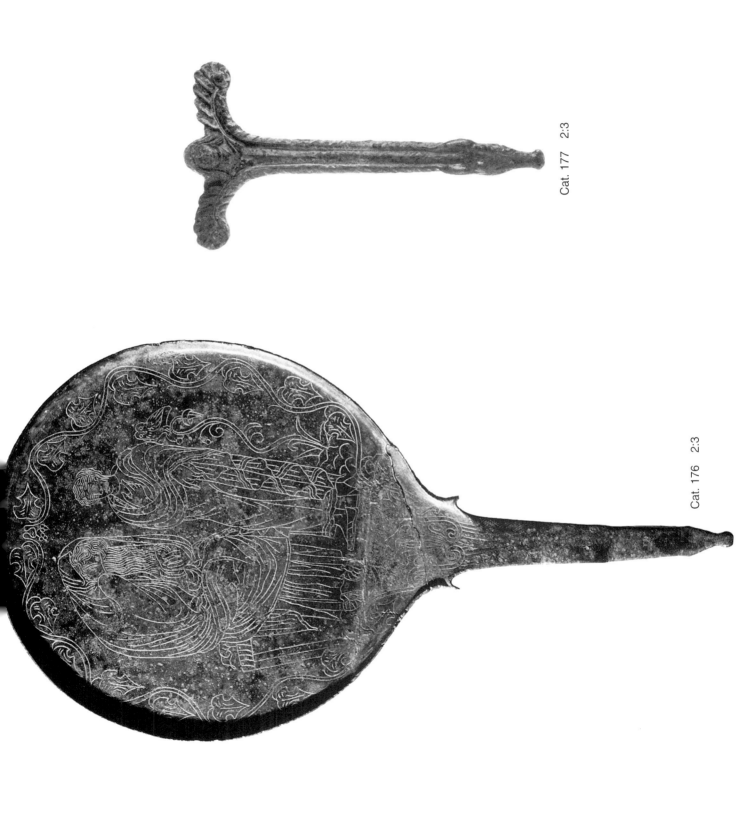

Cat. 177 2:3

Cat. 176 2:3

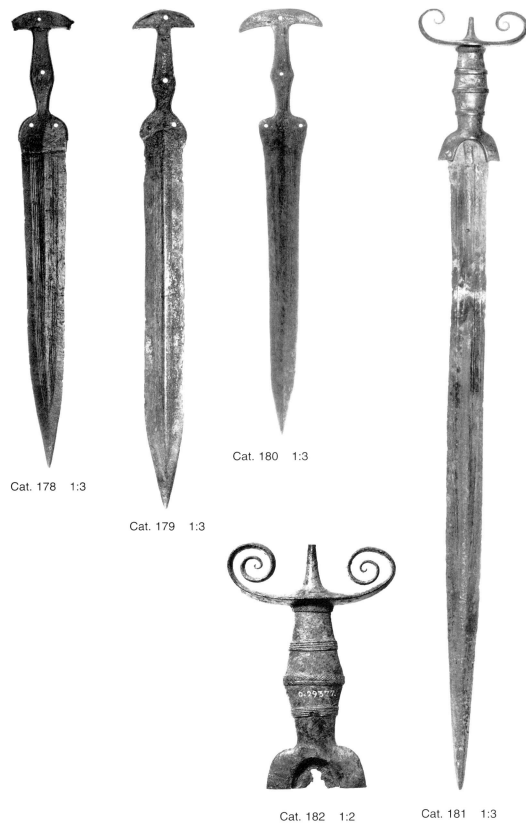

Cat. 178   1:3

Cat. 179   1:3

Cat. 180   1:3

Cat. 182   1:2

Cat. 181   1:3

1:1

Cat. 183

1:3

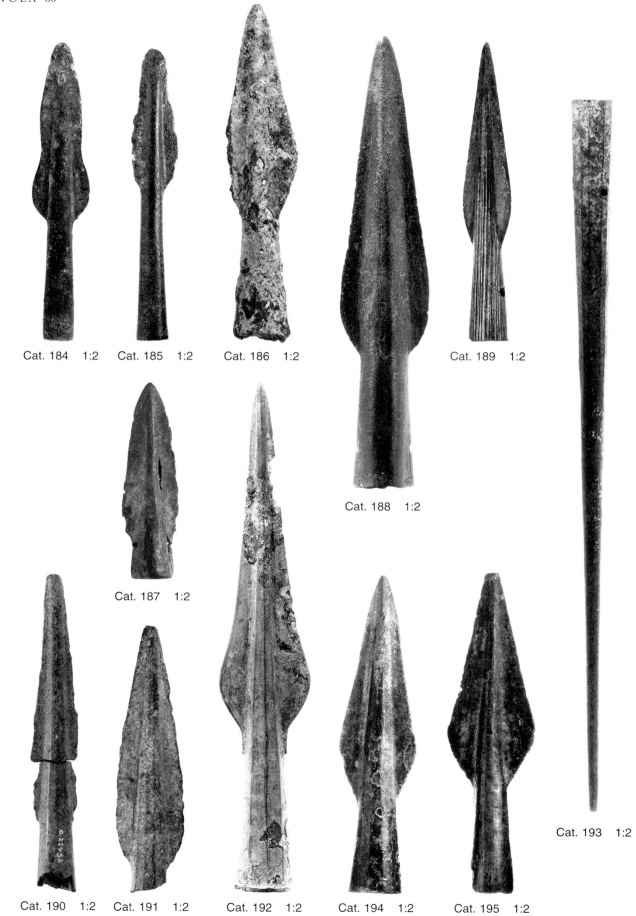

Cat. 184   1:2   Cat. 185   1:2   Cat. 186   1:2

Cat. 189   1:2

Cat. 188   1:2

Cat. 187   1:2

Cat. 193   1:2

Cat. 190   1:2   Cat. 191   1:2   Cat. 192   1:2   Cat. 194   1:2   Cat. 195   1:2

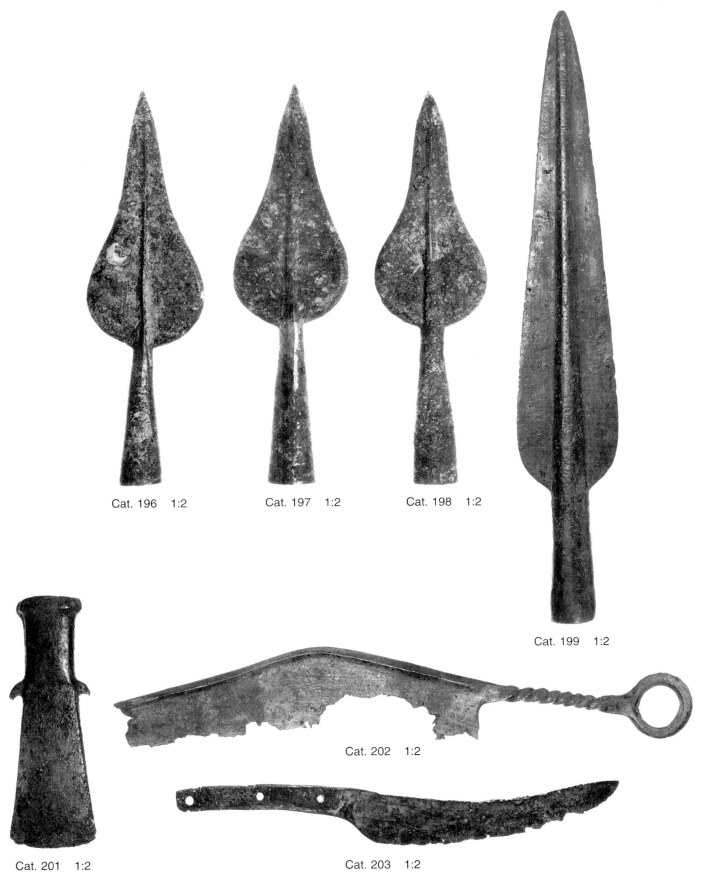

Cat. 196 1:2

Cat. 197 1:2

Cat. 198 1:2

Cat. 199 1:2

Cat. 202 1:2

Cat. 201 1:2

Cat. 203 1:2

Cat. 205   1:2

Cat. 206   1:2

Cat. 207   1:2

Cat. 209   1:1

Cat. 208   1:2

Cat. 210   1:2

Cat. 211   1:2

Cat. 212   1:2

Cat. 213   1:2

Cat. 214   2:3

Cat. 216   2:3

Cat. 215   2:3

Cat. 217   1:3

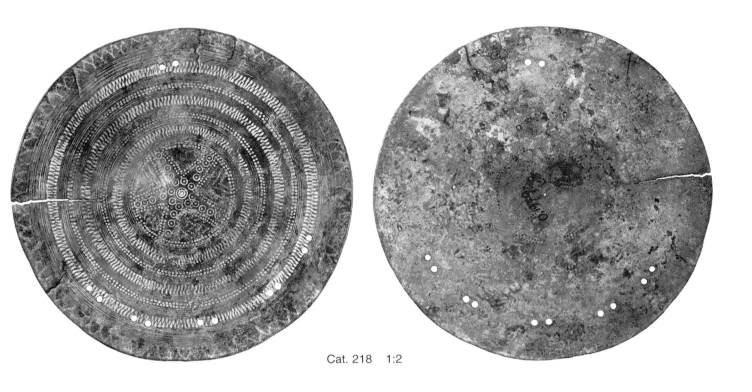

Cat. 218 1:2

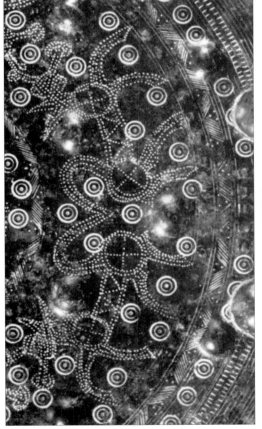

1:1

Cat. 219 1:2

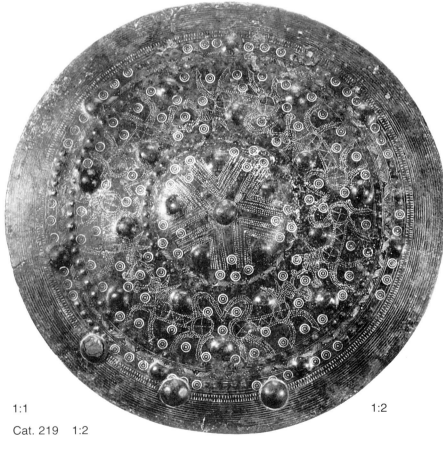

1:2

Cat. 220   1:2

Cat. 221   1:2

Cat. 222   1:2

Cat. 223   1:2

Cat. 224   1:2

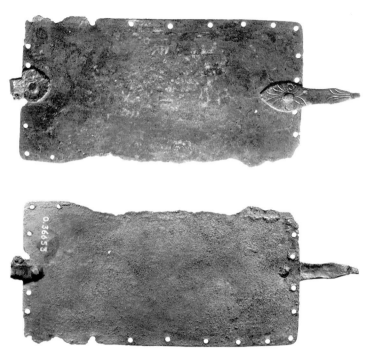

Cat. 225   1:2

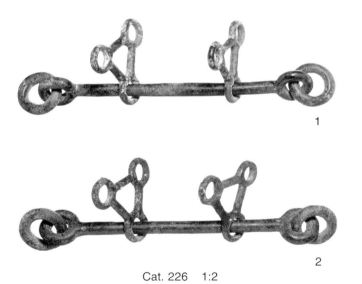

1

2

Cat. 226   1:2

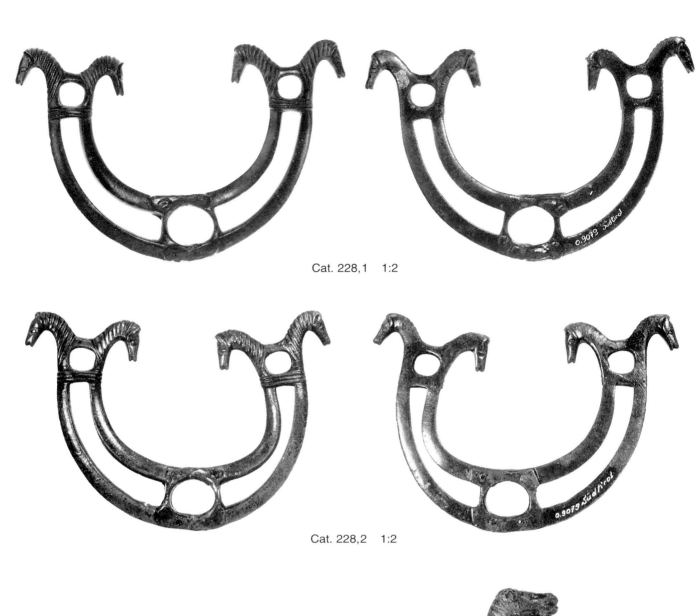

Cat. 228,1   1:2

Cat. 228,2   1:2

Cat. 227

Cat. 229   2:3

Cat. 230   1:1

Cat. 231   1:1

Cat. 232   1:1

Cat. 233   1:1

Cat. 234   1:1

Cat. 235   1:1

Cat. 236   1:1

Cat. 237   1:1

Cat. 238   1:1

Cat. 239   1:1

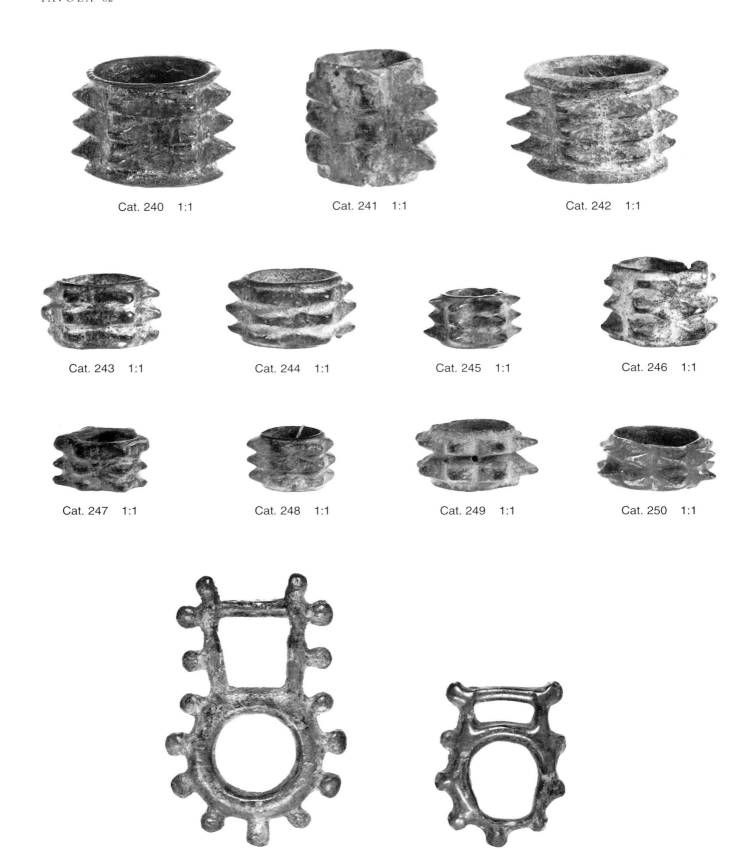

Cat. 240   1:1

Cat. 241   1:1

Cat. 242   1:1

Cat. 243   1:1

Cat. 244   1:1

Cat. 245   1:1

Cat. 246   1:1

Cat. 247   1:1

Cat. 248   1:1

Cat. 249   1:1

Cat. 250   1:1

Cat. 251   1:1

Cat. 252   1:1

Cat. 254   2:3

Cat. 255   2:3   Cat. 256   2:3

Cat. 253   2:3

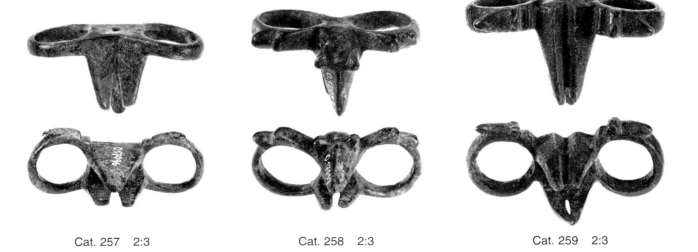

Cat. 257   2:3   Cat. 258   2:3   Cat. 259   2:3

1:3

1:2

Cat. 260

1:3

1:2

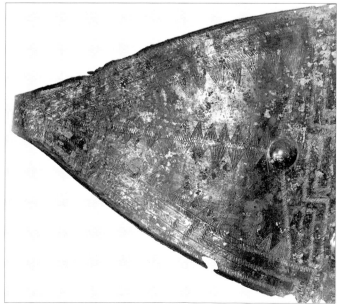

1:2

Cat. 261

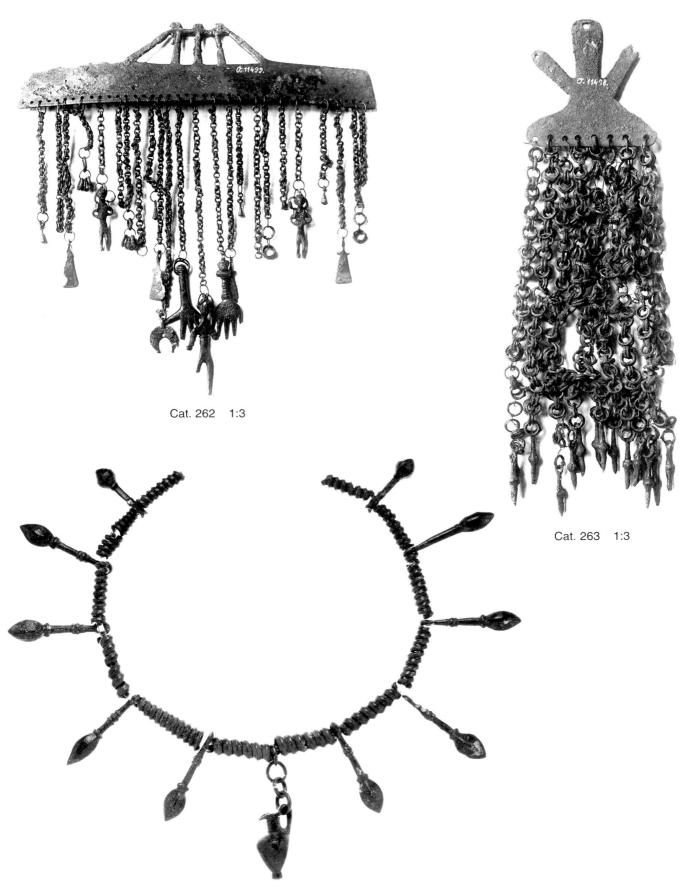

Cat. 262   1:3

Cat. 263   1:3

Cat. 265   1:2

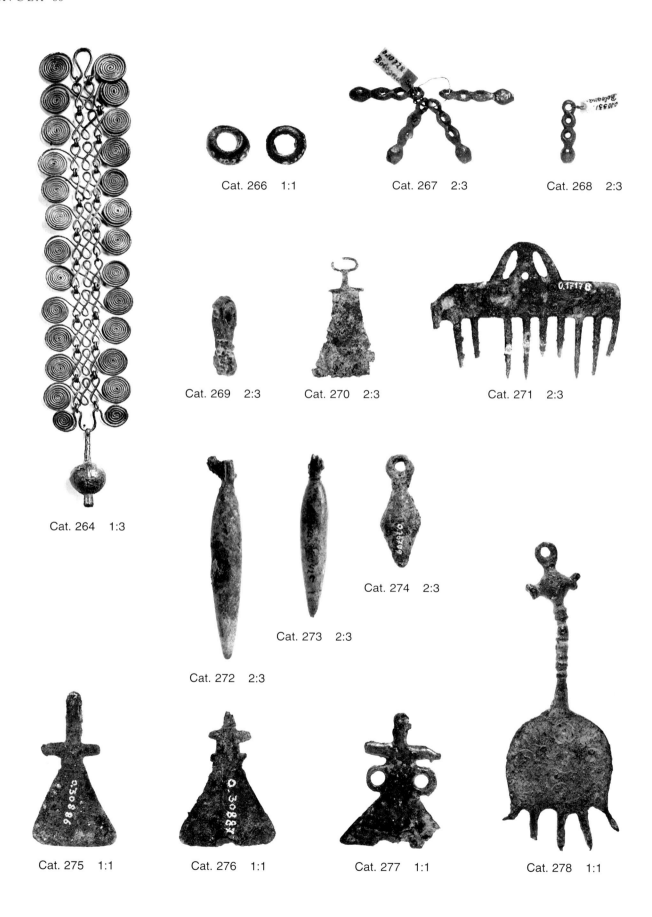

Cat. 266   1:1

Cat. 267   2:3

Cat. 268   2:3

Cat. 264   1:3

Cat. 269   2:3

Cat. 270   2:3

Cat. 271   2:3

Cat. 274   2:3

Cat. 273   2:3

Cat. 272   2:3

Cat. 275   1:1

Cat. 276   1:1

Cat. 277   1:1

Cat. 278   1:1

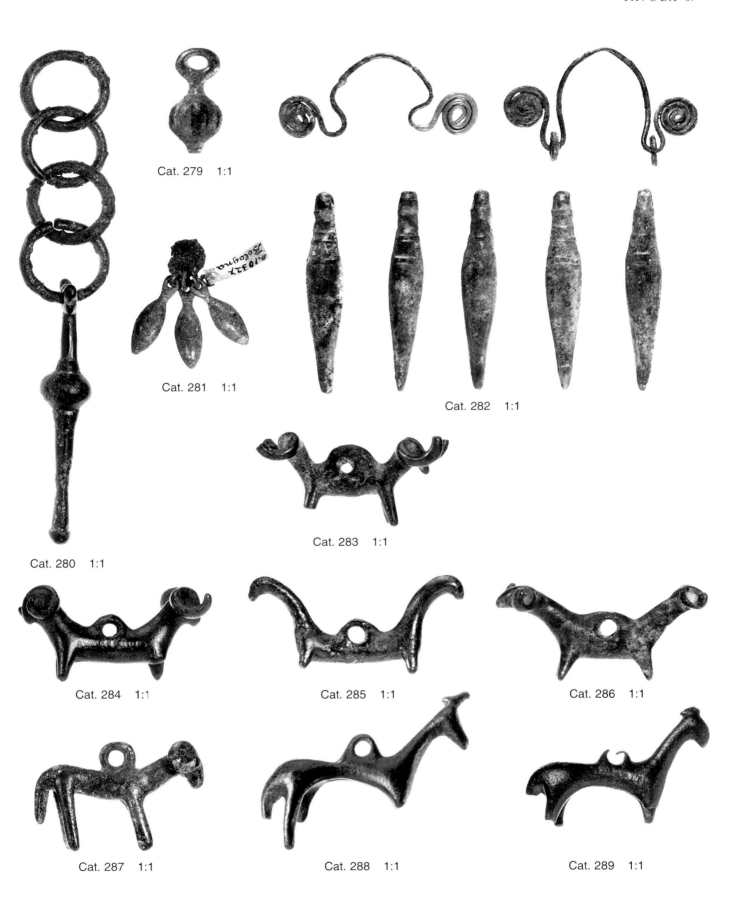

Cat. 279   1:1

Cat. 281   1:1

Cat. 282   1:1

Cat. 280   1:1

Cat. 283   1:1

Cat. 284   1:1

Cat. 285   1:1

Cat. 286   1:1

Cat. 287   1:1

Cat. 288   1:1

Cat. 289   1:1

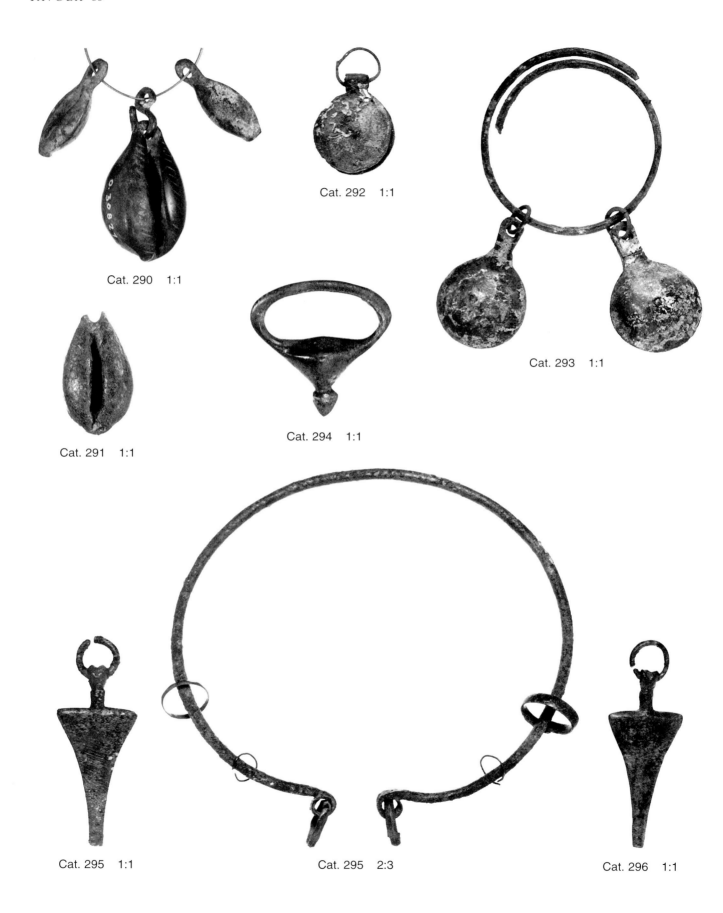

Cat. 290   1:1

Cat. 291   1:1

Cat. 292   1:1

Cat. 294   1:1

Cat. 293   1:1

Cat. 295   1:1

Cat. 295   2:3

Cat. 296   1:1

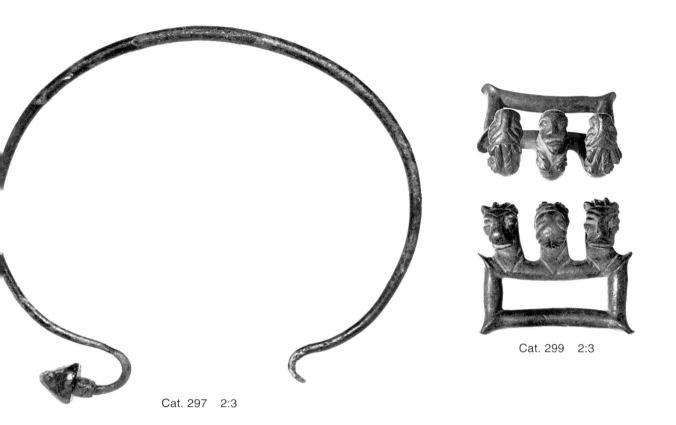

Cat. 297   2:3

Cat. 299   2:3

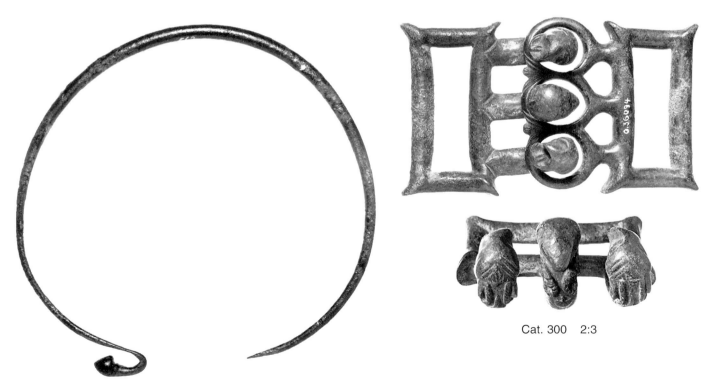

Cat. 298   2:3

Cat. 300   2:3

Cat. 302   2:3

Cat. 301   2:3

Cat. 303   2:3

Cat. 304   2:3

Cat. 305   2:3

Cat. 306   2:3

Cat. 307   2:3

Cat. 308   2:3

Cat. 310   2:3

Cat. 309   2:3

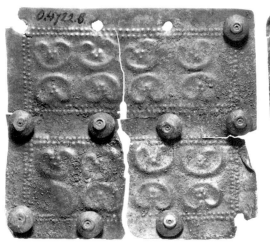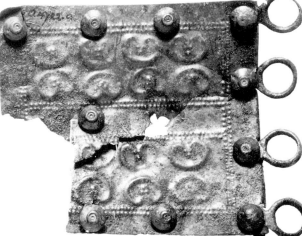

Cat. 311   2:3

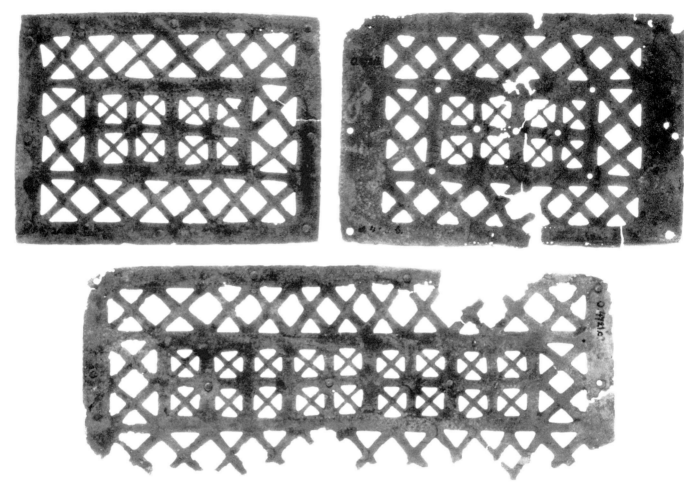

Cat. 312   2:3

Cat. 313   2:3

Fuori scala

1:1

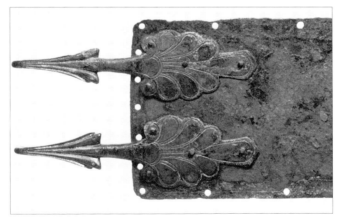

1:1

Cat. 314

Cat. 315   2:3

Cat. 316   2:3

Fuori scala

Cat. 317   2:3

Cat. 318   2:3

Cat. 319   2:3

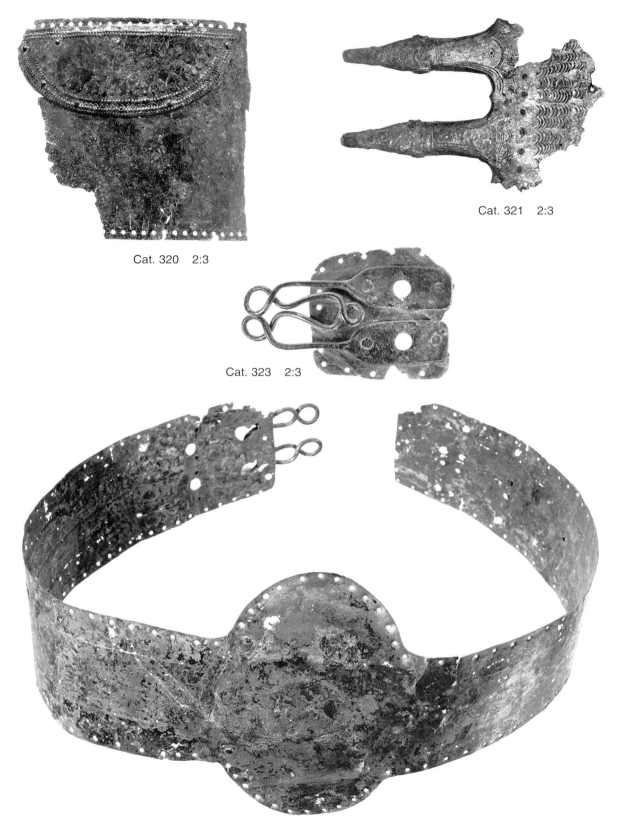

Cat. 320   2:3

Cat. 321   2:3

Cat. 323   2:3

Cat. 322   1:2

Cat. 324   1:1

Cat. 325   1:1

Cat. 326   1:1

Cat. 327   1:1

Cat. 328   1:1

Cat. 329   1:1

Cat. 330   1:1

Cat. 332   1:1

Cat. 331   1:1

Cat. 333   1:1

Cat. 334   1:1

Cat. 335   1:1

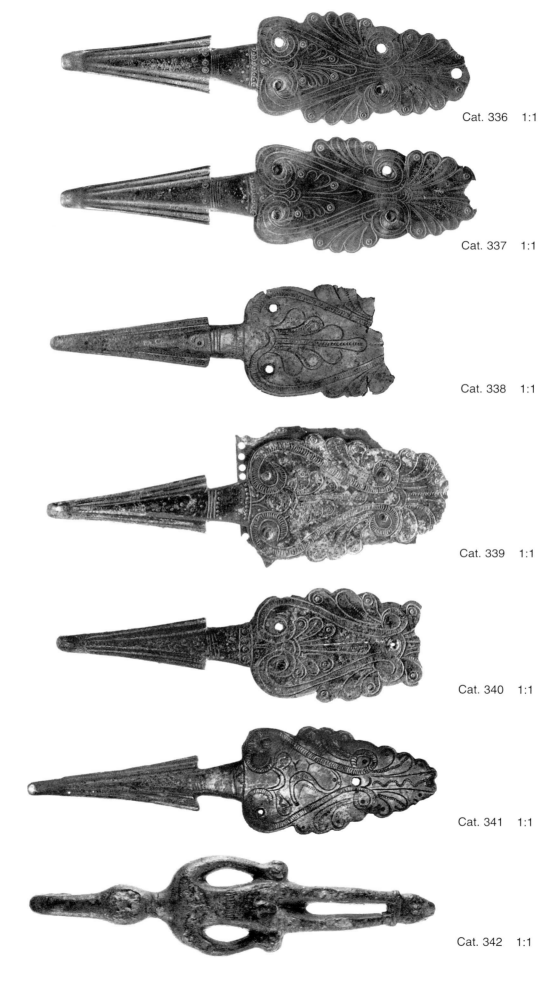

Cat. 336   1:1

Cat. 337   1:1

Cat. 338   1:1

Cat. 339   1:1

Cat. 340   1:1

Cat. 341   1:1

Cat. 342   1:1

Cat. 343   2:3

Cat. 344   2:3

Cat. 345   2:3

Cat. 346   2:3

Cat. 347   2:3

Cat. 348   2:3

Cat. 350   2:3

Cat. 349   2:3

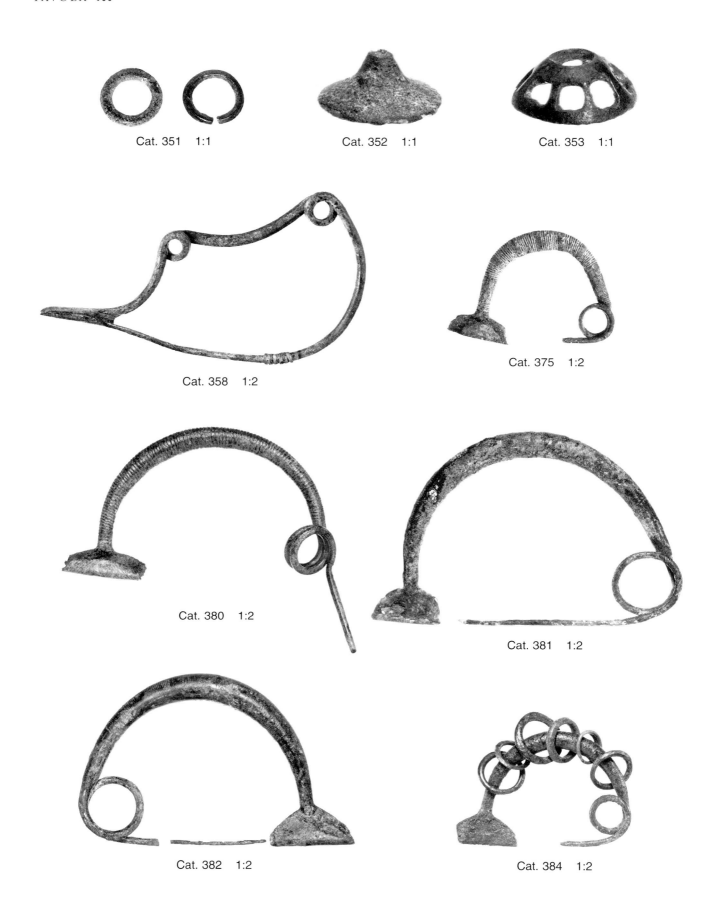

Cat. 351   1:1

Cat. 352   1:1

Cat. 353   1:1

Cat. 358   1:2

Cat. 375   1:2

Cat. 380   1:2

Cat. 381   1:2

Cat. 382   1:2

Cat. 384   1:2

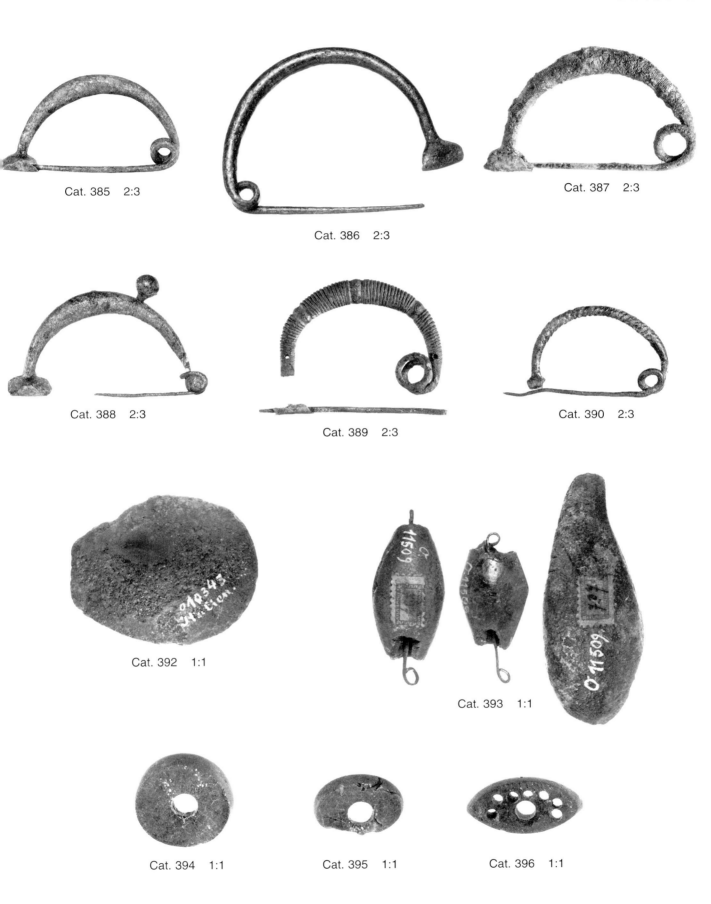

Cat. 385 2:3

Cat. 386 2:3

Cat. 387 2:3

Cat. 388 2:3

Cat. 389 2:3

Cat. 390 2:3

Cat. 392 1:1

Cat. 393 1:1

Cat. 394 1:1

Cat. 395 1:1

Cat. 396 1:1

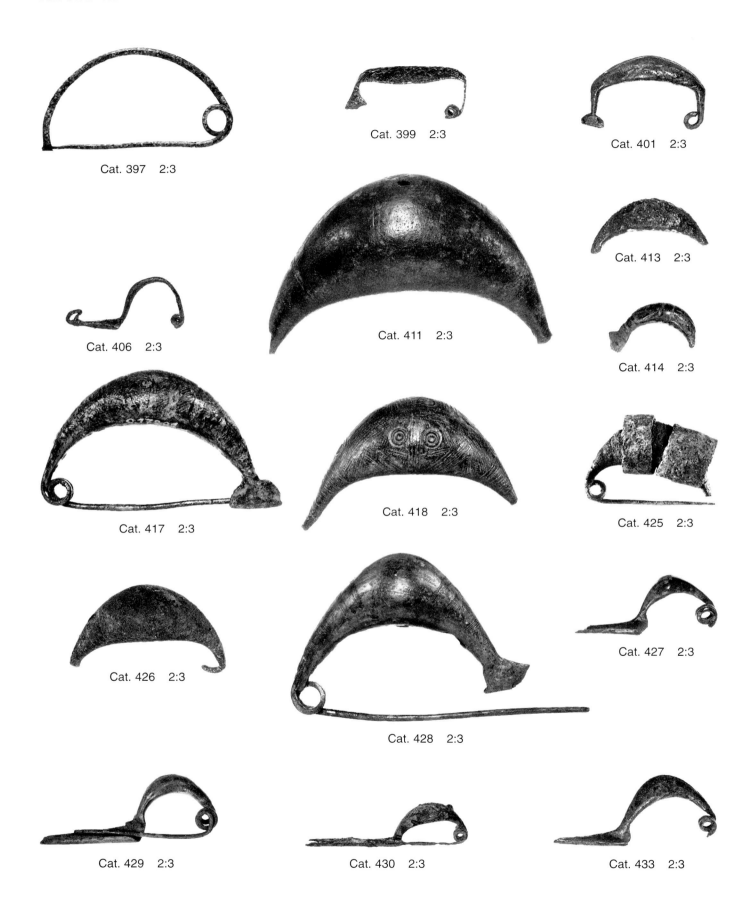

Cat. 397   2:3

Cat. 399   2:3

Cat. 401   2:3

Cat. 413   2:3

Cat. 406   2:3

Cat. 411   2:3

Cat. 414   2:3

Cat. 417   2:3

Cat. 418   2:3

Cat. 425   2:3

Cat. 426   2:3

Cat. 427   2:3

Cat. 428   2:3

Cat. 429   2:3

Cat. 430   2:3

Cat. 433   2:3

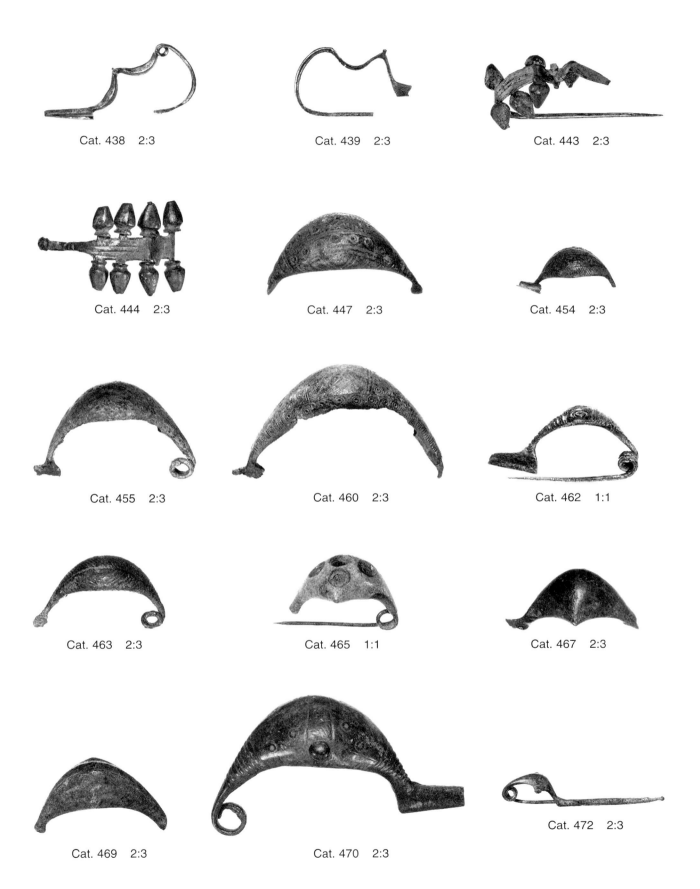

Cat. 438   2:3

Cat. 439   2:3

Cat. 443   2:3

Cat. 444   2:3

Cat. 447   2:3

Cat. 454   2:3

Cat. 455   2:3

Cat. 460   2:3

Cat. 462   1:1

Cat. 463   2:3

Cat. 465   1:1

Cat. 467   2:3

Cat. 469   2:3

Cat. 470   2:3

Cat. 472   2:3

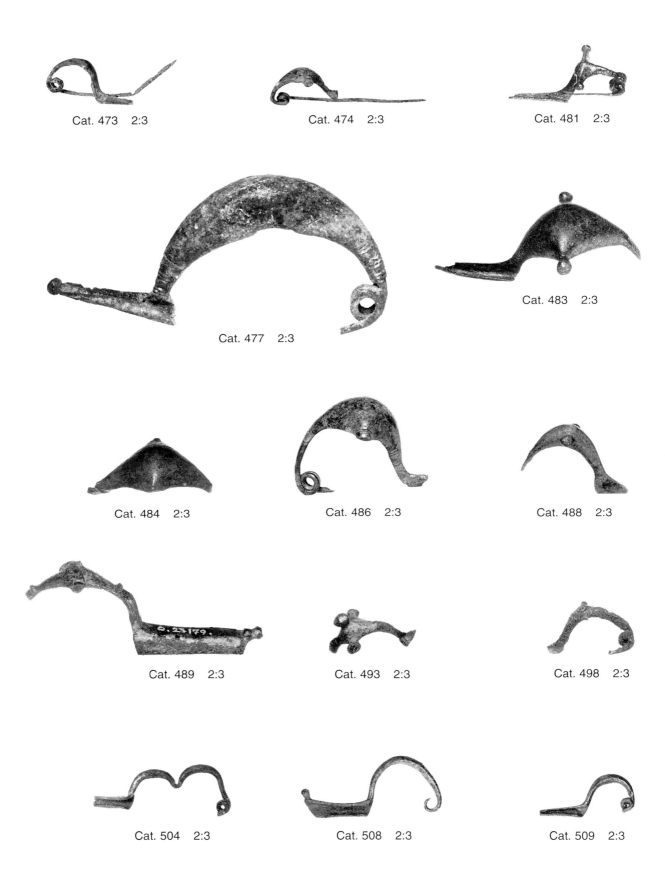

Cat. 473   2:3

Cat. 474   2:3

Cat. 481   2:3

Cat. 477   2:3

Cat. 483   2:3

Cat. 484   2:3

Cat. 486   2:3

Cat. 488   2:3

Cat. 489   2:3

Cat. 493   2:3

Cat. 498   2:3

Cat. 504   2:3

Cat. 508   2:3

Cat. 509   2:3

Cat. 510   2:3

Cat. 511   2:3

Cat. 512   2:3

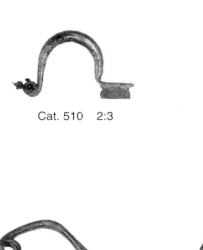

Cat. 514   2:3

Cat. 515   2:3

Cat. 516   2:3

Cat. 517   2:3

Cat. 518   2:3

Cat. 522   2:3

Cat. 524   2:3

Cat. 525   2:3

Cat. 526   2:3

Cat. 527   2:3

Cat. 528   2:3

Cat. 529   2:3

Cat. 530   2:3

Cat. 532   2:3

Cat. 531   2:3

Cat. 533   2:3

Cat. 534   2:3